KANDINSKY

L'exposition « Kandinsky »
a été réalisée en collaboration
avec la Städtische Galerie im
Lenbachhaus und Kunstbau, Munich
et le Solomon R. Guggenheim
Museum, New York

Städtische Galerie im Lenbachhaus
und Kunstbau, Munich
25 octobre 2008 – 8 mars 2009

Centre Pompidou, Paris, Galerie 1
8 avril – 10 août 2009

Solomon R. Guggenheim Museum,
New York
18 septembre 2009 – 31 janvier 2010

Centre
Pompidou

Le Centre national d'art
et de culture Georges Pompidou
est un établissement public national
placé sous la tutelle du ministère
chargé de la culture
(loi n° 75-1 du 3 janvier 1975)

Exposition

Commissaire
Christian Derouet

Chargée d'études et de recherches
Angelika Weißbach

Chargé de production
Bruno Veret
assisté de **Marie Bertran**

Architecte-scénographe
Laurence Fontaine

Régisseur des œuvres
Caroline Camus-Caplain
assisté de **Lora Houssaye**

Chargée des prêts et des dépôts
Olga Makhroff

Conception graphique
Module / Anne Courtois

Cabinet d'art graphique

Agnès de la Beaumelle
conservateur, chef de service
Gilles Pezzana
José Da Silva
Marion Jahan

Bibliothèque Kandinsky

Didier Schulmann
conservateur, chef de service

Chantal Lachkar
conservateur, chef de service adjointe

Christelle Courrègelongue
documentaliste principale

Catherine Tiraby
responsable des collections
photographiques

Véronique Borgeaud
responsable des collections d'archives

Agnès de Bretagne
responsable des collections de périodiques

Stéphanie Bouvier
documentaliste

Christelle Desclouds
restauratrice

Laurent Juillard
restaurateur

ISBN : 978-2-84426-381-0
N° d'éditeur : 1368
Dépôt légal : avril 2009

En couverture :
Bild mit schwarzem Bogen, 1912
[Tableau avec l'arc noir]
Huile sur toile, 189 x 198 cm
Centre Pompidou, Musée national d'art moderne, Paris
Donation Nina Kandinsky, 1976

Catalogue

Service de la restauration

Jacques Hourrière
chef de service, restaurateur

Ingrid Novion
adjointe au chef de service

Emilie Aparicio-Bentz
Anne-Catherine Courtois-Prud'homme, **Benoît Dagron**
Géraldine Guillaume-Chavannes
Sylvie Lepigeon
restaurateurs

Ateliers et moyens techniques

Régisseur des espaces
Fabien Lepage

Menuiserie
Philippe Delapierre
responsable d'atelier
Pascal Dumont
Ludovic Heissler
Patrice Richard

Serrurerie
Laurent Melloul

Peinture
Emmanuel Gentilhomme
Dominique Gentilhomme
Lamri Bouaoune
Mokhlos Farhat
Sofiane Saal

Éclairage
Thierry Kouache,
assisté de **Philippe Fourrier**
et **Michael Iniesta**

Montage et installation
des documents papier
James Caritey,
assisté de **Céline Breton**

Encadrement
Daniel Legué
Gilles Pezzana
Tony Riga
Lydia Serio-Bouzard

Service audiovisuel

Guy Carrard
responsable du laboratoire photographique

Bruno Descout
technicien photographique

Adam Rzepka
photographe

Musée national d'art moderne-Centre de création industrielle

Directeur
Alfred Pacquement

Directeurs-adjoints
Brigitte Leal
en charge des collections

Frédéric Migayrou
en charge de la création industrielle

Didier Ottinger
en charge de la programmation culturelle

Administratrice
Sylvie Perras

Chef du service des collections
Catherine Duruel

Direction de la production

Directrice
Catherine Sentis-Maillac

Chef du service administration et finances
Laure Rolland
adjointe à la directrice

Chef du service des manifestations
Martine Silie

Chef du service de la régie des œuvres
Annie Boucher

Chef du service architecture
et réalisations muséographiques
Katia Lafitte

Chef du service des ateliers
et moyens techniques
Jess Perez

Chef du service audiovisuel
Laurie Szulc

Coordinateur opérationnel
Didier Bantignie

Direction de l'action éducative et des publics

Directeur
Vincent Poussou

Chef du service de l'accueil du public
Cléa Richon
adjointe au directeur

Chef du service éducatif
Marie Rouhète

Pédagogie
Yari Vaniscotte

Direction de la communication

Directrice
Françoise Pams

Pôle presse
Isabelle Danto

Attachée de presse
Anne-Marie Pereira

Pôle relations publiques
Stéphane Berthelot

Pôle image
Christian Beneyton

Pôle communication interne
Marie-Annick Hamon

Gestion administrative et financière
Yann Breheret

Direction d'ouvrage
Christian Derouet

Chargée d'édition
Jeanne Alechinsky
avec la collaboration de
Dominique Moyen
et d'**Amarante Szidon**

Conception graphique
et mise en page
Pascal Guth, Paris

Traduction de l'allemand
Corinne Graber Guillou
Jean-Léon Muller
Jean Torrent

Traduction de l'anglais
Jean-François Allain

Photographe
Adam Rzepka

Assistants de gestion
Isabelle Charles-Planchet
Xavier Delamare
Danielle Malemanche

Fabrication
Patrice Henry

Direction des Éditions

Directrice
Annie Pérez

Directeur adjoint
Jean-Christophe Claude

Pôle éditorial
Françoise Marquet

Pôle commercial
Benoît Collier

Gestion administrative et financière
Nicole Parmentier

Gestion des droits et des contrats
Claudine Guillon
Matthias Battestini

Pôle administration des ventes
Josiane Peperty

Service Multimedia
Guy Morvan
Frédéric Nassar

Communication
Évelyne Poret

Remerciements

Nos remerciements s'adressent tout d'abord aux institutions partenaires du Centre Pompidou avec lesquelles ce projet a été réalisé et présenté successivement :

À Munich,
à **la Städtische Galerie im Lenbachhaus**
du 25 octobre 2008
au 8 mars 2009

À New York,
au **Solomon R. Guggenheim Museum**
du 18 septembre 2009
au 31 janvier 2010

Städtische Galerie im Lenbachhaus, Munich

Prof. Dr. Helmut Friedel, *directeur*
Kurt Laube, *directeur administratif*
Sonja Schamberger, *directrice administratif déléguée*
Dr. Annegret Hoberg, *conservatrice de la collection du Blauer Reiter et des Archives Alfred Kubin*
Susanne Böller, *régisseur principal*
Melanie Horst, *assistante d'exposition*
Iris Winkelmeyer, *restauratrice*
Ulrike Fischer, *restauratrice*
Judith Ortner, *restauratrice*
Isa Päffgen, *restauratrice stagiaire*

Solomon R. Guggenheim Foundation, New York

Richard Armstrong, *Directeur du Solomon R. Guggenheim Foundation and Museum*
Tracey Bashkoff, conservatrice des collections et des expositions
Karole Vail, *conservatrice adjointe*
Elizabeth Levy, *directrice des publications et du site internet*
Elizabeth Franzen, *directrice-adjointe des publications, département éditorial*
Melissa Secondino, *directrice-adjointe des publications, département de la production*
Jessica Ludwig, *directrice de la programmation et de la réalisation*
Yvette Lee Crowley, *chargée de production*
Hannah Byers, *ex-chargée de production*
Meryl Cohen, *ex-directrice de la régie des œuvres*
Maria Paula Armelin, *régisseur-adjoint des expositions*
Carol Stringari, *conservatrice en chef*
Gillian McMillan, *conservateur principal des collections*
Julie Barten, *conservatrice des collections et des expositions*
Vanessa Kowalski, *lauréat de la Fondation Samuel H. Kress 2007-2008*

Nos remerciements s'adressent ensuite aux musées et institutions, galeries et collectionneurs qui, par leur précieux concours, ont permis l'accomplissement de ce projet.

Franz Marc Museumsgesellschaft, Munich

Dr. Cathrin Klingsöhre-Leroy, *directrice artistique*

Fondation Beyeler, Riehen

Ernst Beyeler, *président*
Samuel Keller, *directeur*
Philippe Büttner, *conservateur*

Gabriele Münter- und Johannes Eichner-Stiftung, Munich

Prof. Dr. Helmut Friedel, *président du conseil de la Fondation*
Peter Paul Walter, *directeur administratif*
Jan Ahlers, *membre du conseil de la Fondation*
Sabine Helms, *membre du conseil de la Fondation*
Michael Leonhart, *membre du conseil de la Fondation*
Dr. Hans-Werner Hürholz, *membre du conseil de la Fondation*
Dr. Isabelle Jansen, *conservatrice associée*

Galerie nationale Tretiakov, Moscou

Valentin A. Rodionov, *directeur général*
Lidia Iovleva, *premier vice-directeur*
Elena Maslova, *chargée de la coordination, département des expositions internationales*
Katerina Semenova, *chargée de la coordination, département des expositions internationales*

Gemeentemuseum Den Haag, La Haye

Dr. Wim van Krimpen, *directeur*

Kunstmuseum Basel, Bâle

Dr. Bernhard Mendes Bürgi, *directeur*
Dr. Nina Zimmer, *conservatrice des collections du XIXème siècle et de l'art moderne*

Kunstmuseum Bern, Berne

Dr. Matthias Frehner, *directeur*

Kunstsammlung Nordrhein-Wetsfalen, K20 K21, Dusseldorf

Dr. Pia Müller-Tamm, *directrice par intérim*
Dr. Anette Kryszynski, *conservatrice en chef des collections*

Metropolitan Museum, New York

Philippe de Montebello, *directeur*
Gary Tinterow, *directeur du département du XIXème siècle, de l'art moderne et de l'art contemporain*

Moderna Museet, Stockholm

Lars Nittve, *directeur*

Musée d'état des beaux-arts Pouchkine, Moscou

Irina Antonova, *directrice*
Tatiana Potapova, *conservateur en chef*
Maria Kostaki, *directrice du département des relations extérieures*
Inna Orn, *directrice suppléante du département des relations extérieures*
Alexey Petukhov, *conservateur des collections européennes et américaines du XIXème et XXème siècle*
Natalia Avtonomova, *directrice du département des collections privées*

Musée national de Géorgie, Tbilissi

Prof. David Lordkipanidzé, *directeur général*
Irina Arsenichvili, *restauratrice principale de la Direction des Beaux-arts*
Nino Taboutsadzé, *assistante de gestion des collections*
Maia Khachidzé, *gestionnaire des projets relatifs au patrimoine culturel*
Nana Chervachidzé, *conservateur du fonds de l'Art russe*

Musée national des beaux-arts de Nijnii Novgorod, Moscou

Marina Bratanova, *directrice générale*

Musée d'art moderne de Saint-Étienne, Saint-Étienne

Lorand Hegyi, *directeur*
Jacques Beauffet, *conservateur en chef*

Musée d'art moderne et contemporain, Strasbourg

Joëlle Pijaudier-Cabot, *directrice des musées de Strasbourg*
Marie-Jeanne Geyer, *conservateur*

Museum Boijmans van Beuningen, Rotterdam

Sjarel Ex, *directeur*

Musée Cantini, Marseille

Olivier Cousinou, *conservateur*

Musée des Beaux-arts de Nantes, Nantes

Blandine Chavanne, *directrice, conservateur en chef*

Museum Ludwig, Cologne

Prof. Kasper König, *directeur*
Dr. Stefan Diederich, *conservateur de la collection des peintures*

National Gallery of Art, Washington

Earl A. Powell III, *directeur*

Peggy Guggenheim Collection, Venise

Philip Rylands, *directeur*

Philadelphia Museum of Art, Philadelphie

Anne d'Harnoncourt, *directrice †*
Michael Taylor, *conservateur de la collection*
Muriel et Philip Berman *pour l'art moderne*

Staatsgalerie Stuttgart, Stuttgart

Dr. Sean Rainbird, *directeur*
Dr. Ina Conzen, *conservateur des collections d'art moderne*

Stedelijk Museum, Amsterdam

Gijys van Tuyl, *directeur*
Geurt Imanse, *conservateur en chef des collections*

The Museum of Modern Art, New York

Glenn Lowry, *directeur*
John Elderfield, *conservateur en chef au département des sculptures et des peintures*
Cora Rosevear, *conservateur adjoint au département des peintures et des sculptures*

Zentral Institut für Kunstgeschichte

Ingo Borges, *stagiaire en Master au service photographique*

Kunsthaus Zug, Zug

Dr. Matthias Haldemann, *directeur*

Collections particulières

Berlin

Wolfgang Wittrock

Londres

J. Shafran
Mark E.Gill
Theobald Jennings

New York

Helly Nahmad Gallery, New York
David et Helly Nahmad

Paris

Pierre Sebastien

Ainsi qu'à tous ceux qui ont souhaité garder l'anonymat.

Nous tenons à remercier chaleureusement pour leurs conseils, leur disponibilité, leur enthousiasme, tous ceux qui, à des titres divers, ont apporté leur concours à l'élaboration de l'exposition et de son catalogue :

Ambassade de France en Géorgie

Son Ex. Eric Fournier,
ambassadeur de France en Géorgie
Joël Bastenaire,
attaché culturel de l'ambassade

Thomas W. Gaehtgens et the Getty Research Center, Los Angeles

Jessica Boissel, Aloïs de Becdelièvre, Marie de Brugerolle, Pierre Brullé, Jacqueline Chevalier, Benoît Dagron, Macha Daniel, Jacques Faujour, Nathalie Filser, Yves de Fontbrune, Robert Groborne, Étienne-Alain Hubert, Hélène Klein, Constance de Monbrison, Pierre-Emmanuel Perrier de la Bathie, Jean-Claude Marcadé, Olga Makhroff, Philippe-Alain Michaud, Serge Plantureux, Svonko Podkovac, Lionel Richard, Christiane Rojouan, Germain Viatte.

9 **ALAIN SEBAN** *Avant-propos*

11 **HELMUT FRIEDEL, ALFRED PACQUEMENT ET RICHARD ARMSTRONG** *Préface*

20 **BIOGRAPHIE**
ANNEGRET HOBERG

48 **ŒUVRES**

Ch. D. : Christian Derouet
A. H. : Annegret Hoberg
K.V. : Karole Vail

198 **ESSAIS**

198 **ANNEGRET HOBERG** *Vassily Kandinsky – Abstrait. Absolu. Concret*

230 **RICCARDO MARCHI** *Kandinsky et Der Sturm*

246 **VIVIAN ENDICOTT BARNETT** *L'artiste se réinvente. Changements, crises, tournants*

262 **ANGELIKA WEIßBACH** *Plus qu'une respiration libre. Kandinsky et Dresde dans les années 1920*

276 **MATTHIAS HALDEMANN** *Théâtre de l'image. L'abstraction de l'abstraction de Kandinsky*

292 **TRACY BASHKOFF** *Kandinsky et « l'Amérique en général »*

306 **CHRISTIAN DEROUET** *Kandinsky et les Cahiers d'art (1927-1944)*

324 **LE FONDS KANDINSKY ET LA SOCIÉTÉ KANDINSKY**
CHRISTIAN DEROUET

358 **LISTE DES ŒUVRES EXPOSÉES**

« La désintégration de l'atome était, dans mon âme, pareille à l'effondrement du monde tout entier. »
Aux yeux de Kandinsky, ce qui se dérobe en cette année 1913 où Niels Bohr formule sa théorie de la structure atomique, ce sont d'abord les apparences de la réalité : « Je n'aurais pas été surpris, observe-t-il, si j'avais vu devant moi une pierre se dissoudre dans l'air et devenir invisible. » C'est aussi la démarche scientifique elle-même qui se trouve radicalement mise en cause.
L'artiste imagine-t-il, en cet instant, que moins d'un demi-siècle plus tard, cette science, dévoyée, va précipiter l'humanité dans l'abomination rationaliste de la solution finale et l'épouvante nucléaire d'Hiroshima et Nagasaki ? Ces deux tragédies au cœur du XXe siècle, Kandinsky, mort en 1944, n'en a pas eu connaissance. Mais dès l'aube du siècle, avant même la Première Guerre mondiale, j'aime à penser qu'avec sa lucidité fulgurante d'artiste, il en avait eu le pressentiment. Face à la faillite du matérialisme et du rationalisme, il a voulu inventer alors des « instruments supérieurs de perception » pour « parler du mystère par le mystère », des armes magiques grâce auxquelles : « L'homme parle à l'homme de ce qui dépasse l'homme. » Dresser l'art face à la déroute de la science et face à la matière qui se dérobe. Mais le dresser aussi face aux drames de l'Histoire, ces drames au cœur desquels n'a cessé de cheminer Vassily Kandinsky, né russe en 1866, comme Russe contraint par la Première Guerre mondiale de fuir l'Allemagne, chassé de Russie par la dérive du régime bolchevique, Allemand chassé d'Allemagne par la montée du nazisme pour finir sa vie Français dans Paris tout juste libéré.
De ces tragédies, rien ne semble transpirer dans son œuvre car elle regarde au-delà du monde et du temps, au-delà des apparences de l'univers visible, pour traduire l'essence même du réel et le sauver ainsi de l'abolition qui le menace. Et pourtant dans cette entreprise démesurée, héroïque et presque surhumaine, derrière cette œuvre qui s'épanouit dans les époustouflantes métaphores apocalyptiques du *Sturm*, s'apaise dans les cosmogonies sidérales de Dessau, se risque dans l'embryogénie diaphane à Paris, se trouve un homme, un artiste à qui il faut aujourd'hui restituer sa cohérence interne.
Pour rendre compte de ces ondulantes découvertes de la peinture abstraite et de l'itinéraire personnel qui les entrelace, nous avons voulu rassembler dans une symphonie exceptionnelle de quelque quatre-vingt dix chefs-d'œuvre, un choix d'une ampleur sans précédent des *Impressions* et des *Improvisations*, ces formats constants, toutes périodes confondues, où l'artiste devant son chevalet expérimente les rapports de l'espace et du mouvement. Au Centre Pompidou en 1984, il s'était agi de la prise de possession du legs insigne de Nina Kandinsky. En 2009, l'exposition réalisée en partenariat avec la Galerie du Lenbachhaus de Munich et le Solomon R. Guggenheim Museum de New York, et qui réunit ainsi, exceptionnellement, les trois plus importants fonds de l'artiste, donne enfin toute sa dimension à la rétrospective longtemps attendue de l'œuvre de Vassily Kandinsky. Elle est complétée à Paris par la mise en perspective du Fonds Kandinsky devenu une référence internationale, comme le souhaitait sa veuve. L'exposition rend également compte des enrichissements constants des collections du Musée national d'art moderne, depuis le don inaugural de Nina Kandinsky en 1976, jusqu'au legs du fonds d'atelier de Neuilly en 1980, de la dation en 1994 (ancienne collection Karl Flinker), à la constante générosité de la Société Kandinsky. Je veux dire ici notre profonde gratitude à tous ceux qui ont, par leurs efforts, permis qu'après l'atelier Brancusi, un nouveau trésor, la Bibliothèque Kandinsky, s'affirme au sein du Musée national d'art moderne, et qui nous donnent aujourd'hui la possibilité d'offrir au plus grand nombre un regard renouvelé sur l'un des plus grands artistes du XXe siècle.

Alain Seban
Président du Centre Pompidou

Cette exposition est un projet commun au Lenbachhaus de Munich, au Centre Pompidou de Paris et au Solomon R. Guggenheim Museum de New York. Pour la première fois depuis plus de trente ans, l'ensemble de l'œuvre de ce grand artiste russe est montré dans toutes ses phases à travers des tableaux majeurs. Toutes les autres expositions consacrées à Vassily Kandinsky lors de ces trois dernières décennies ont ciblé des aspects particuliers de sa création, en se concentrant sur l'une ou l'autre de ses périodes, ou ont été axées sur des collections. Avec le choix d'œuvres que nous proposons, qui vont de 1907 à 1942 pour cette exposition internationale, la contribution de Kandinsky à l'art moderne est ici retracée de manière unique. Le passage à l'abstraction, puis les évolutions successives de celle-ci au cours de l'existence de Kandinsky révèlent un cheminement cohérent et réfléchi de ses idées expérimentées au quotidien dans l'acte de peindre. En outre, Kandinsky a toujours accompagné son processus créatif de réflexions théoriques. Il a même souvent anticipé dans ses textes, comme par exemple dans son fameux *Über das Geistige in der Kunst, insbesondere in der Malerei* [*Du spirituel dans l'art, et dans la peinture en particulier*] de 1912, des évolutions qu'il n'expérimenta dans ses tableaux que plus tardivement. Les trois musées associés de Munich, Paris et New York, en mutualisant leurs archives, ont pu contribuer à la mise en valeur de nombreux écrits, essais ou lettres, ainsi que de l'héritage personnel de l'artiste comme ses photographies et sa collection d'œuvres d'art. S'il est vrai que chaque tableau révèle d'emblée la pertinence du message de Kandinsky, leur réunion nous permet aussi d'appréhender les différents moments historiques de sa vie et de son œuvre. Ils conservent jusqu'à aujourd'hui la surprenante fraîcheur du langage de ses couleurs.

Cette exposition présente les principales œuvres de chacune des étapes de la création de l'artiste : Munich, Moscou, le Bauhaus à Weimar ou à Dessau et enfin Paris. Elle tire sa force et sa qualité de l'occasion unique offerte par la coopération étroite et amicale des trois plus importantes collections d'œuvres de Kandinsky au monde : la Städtische Galerie im Lenbachhaus und Kunstbau de Munich, le Centre Pompidou, Musée national d'art moderne de Paris et le Solomon R. Guggenheim Museum de New York. Chacune illustre un aspect essentiel de sa création : le Lenbachhaus abrite, avec la donation de Gabriele Münter, l'œuvre précoce de ses années de Munich et de Murnau jusqu'en 1914, incluant donc l'époque majeure du Blaue Reiter [Le Cavalier bleu] ; le Centre Pompidou brille tout particulièrement avec le legs Nina Kandinsky qui présente certains tableaux essentiels des années de la révolution russe jusqu'en 1921, de l'époque du Bauhaus jusqu'en 1933 et de l'époque parisienne plus tardive ; le Guggenheim Museum, avec les acquisitions de Solomon R. Guggenheim et Hilla Rebay, expose de façon magistrale les années parisiennes jusqu'à la mort de l'artiste en 1944, mais contribue également avec des chefs-d'œuvre à témoigner de son cheminement expressif vers l'abstraction avant 1914.

En 1976, une exposition à la Haus der Kunst de Munich avait déjà réuni des œuvres des trois collections Kandinsky de Paris, New York et Munich, accompagnées de textes faisant état des connaissances de l'époque et d'autres textes plus personnels de Thomas M. Messer, alors directeur du Guggenheim Museum. Il y eut ensuite en 1982 au Lenbachhaus la remarquable présentation « Kandinsky in München, 1896-1914 » de Peg Weiss et Armin Zweite, qui avait été montrée auparavant au Guggenheim Museum de New York et au Museum of Modern Art de San Francisco. Ce projet constituait le premier volet de l'ambitieuse trilogie du Guggenheim Museum. Il fut suivi par l'exposition « Russian and Bauhaus Years 1915-1933 » en 1983 réalisée en collaboration avec le Bauhaus-Archiv de Berlin et le Kunsthaus de Zurich. En 1985, le troisième volet, « Kandinsky in Paris, 1934-1944 », fut l'occasion d'associer les collègues parisiens à l'élaboration du catalogue. Le Lenbachhaus a ensuite présenté en 1995 la dernière grande exposition Kandinsky à Munich, « Das bunte Leben ». Un riche fonds de plus de 600 œuvres originales de l'époque du Blaue Reiter, complété par quelques prêts, fut présenté pour la première fois. Cette exposition fut accompagnée d'une publication de Vivian Endicott Barnett. À Paris, dernière étape de la vie de l'artiste, il n'y avait eu aucune grande exposition Kandinsky depuis la présentation des collections propres en 1984. Mais le Centre Pompidou s'est en revanche distingué par un catalogue scientifique volumineux des œuvres de Kandinsky en sa possession, ainsi que par différents catalogues accompagnant les expositions de sa collection dans d'autres lieux, comme par exemple à la Kunsthalle de Tübingen en 1999. Le Centre Pompidou, le Lenbachhaus et le Guggenheim Museum furent aussi les principaux prêteurs occidentaux de l'exposition « Die erste sowjetische Retrospective » de Kandinsky en 1989, l'année de la perestroïka, à Leningrad, Moscou et Francfort. Pour la première fois depuis presque 70 ans, on y présenta ensemble des fonds issus de musées russes et de musées occidentaux. Il y eut aussi, depuis, de nombreuses expositions Kandinsky en Italie, en Espagne et en Suisse, mais elles se limitaient presque toutes, comme dernièrement à la Tate Modern à Londres et au Kunstmuseum de Bâle en 2005-2006, au « cheminement de Kandinsky vers l'abstraction » et n'allaient pas au-delà de 1921. C'est pourquoi notre projet constitue une opportunité et un défi particuliers, car il permet, par la combinaison exceptionnelle des collections impliquées, de déployer l'éventail de l'ensemble de son œuvre dans une succession de tableaux majeurs et de les appréhender avec un regard nouveau.

Pendant les années du Blaue Reiter, lors de son séjour à Munich et à Murnau entre 1896 et 1914, Kandinsky a d'abord travaillé sur des études selon nature de petit format, puis sur de plus grands formats en couleurs où il s'est affranchi de plus en plus des contraintes figuratives. En même temps sont apparus à partir de 1900 des « dessins colorés », peintures à la détrempe sur fond sombre, dans lesquelles des scènes issues d'un passé imaginaire furent évoquées le plus souvent par le recours aux motifs de la vieille Russie. Les deux grands tableaux *Reitendes Paar* [Couple à cheval] et *La Vie mélangée (Das bunte Leben)* de 1907 concluent cette phase de son œuvre précoce. Ils constituent le point de départ de notre exposition. L'expérience du peintre à Murnau, à partir de 1908, a favorisé la libération de la couleur. Il fallait qu'elle agisse immédiatement sur le spectateur à la manière de notes de musique. Dans le *ductus* du trait de pinceau prenait vie l'*impetus* du peintre. À cette époque, Kandinsky ne renonça pas pour autant totalement à la signification figurative, mais il cherchait à démontrer et à représenter par le codage d'éléments figuratifs résiduels l'existence d'une réalité « spirituelle » derrière les apparences du réel. Il classa ses plus grands tableaux en trois catégories : *Impressions*, *Improvisations* et *Compositions*. Cette dernière catégorie représentait pour lui la synthèse parfaite entre impressions externes et intérieures, alliant spontanéité et fantaisie à une construction artistique maîtrisée. Elle a été reprise dans ses œuvres plus tardives. Dans l'exposition, nous montrons, à côté de l'esquisse de *Komposition II* [Composition II] de 1909-1910, détruite pendant la guerre, *Komposition IV* de 1911, ainsi que *Komposition VIII* [Composition VIII] de 1923 et *Composition IX* de 1936. Les années russes de 1915 à 1921 pendant la Première Guerre mondiale et la révolution à Moscou correspondirent à un tournant pour Kandinsky. Il participa au processus d'élaboration d'une nouvelle société en s'impliquant dans des organes politico-culturels dont la charge absorba beaucoup de son énergie. Sans être directement lié à ses contacts avec les constructivistes russes et le suprématisme de l'art « purement mécanique » – vis-à-vis desquels Kandinsky a toujours conservé ses distances – le remplacement définitif de motifs figuratifs résiduels par la représentation de formes purement géométriques s'opéra néanmoins alors dans sa peinture. Pendant les années où il fut professeur au Bauhaus, à partir de 1922 – dans un premier temps à Weimar, puis ensuite à Dessau jusqu'à la fermeture du Bauhaus en 1933 à Berlin par les nationaux-socialistes – Kandinsky a commencé à systématiser dans son enseignement pratique son vocabulaire des formes géométriques : les éléments fondamentaux comme la ligne, le plan, le triangle, le rectangle et le cercle. Kandinsky affectionnait tout particulièrement ce dernier car il y voyait un « lien avec le cosmique ». Son impressionnant *Gelb – Rot – Blau* [Jaune – Rouge – Bleu], grand tableau de 1925, montre ainsi, en intégrant des éléments opposés, la diversité et la densité de ces relations formelles, typiques de la façon particulière qu'avait Kandinsky d'expérimenter l'infinie variété des possibilités de l'abstraction. Dans sa manière de travailler en surfaces, dans son choix des couleurs comme dans la combinaison des formes, il déploie dans ses tableaux des « univers », petits et grands, qui, malgré leur réduction à des formes géométriques, n'en vibrent pas moins avec sensualité. L'œuvre tardif du Kandinsky des années parisiennes, à partir de 1933, est représenté de façon magistrale par des tableaux comme *Monde bleu* de 1934, *Formes capricieuses* de 1937 ou *Parties diverses* de 1940. On y découvre des structures organiques microbiennes, sortes de microcosmes d'éléments en suspension, vivants et non-figuratifs à la fois, qui expriment le contre-projet de Kandinsky : celui d'opposer aux « lois de la nature » les lois de l'art « concret » en tant qu'univers autonome égal à la nature. Les couleurs, qui frappent souvent par leur aspect artificiel, rose, turquoise, mauve et or, ont été interprétées, probablement à juste titre, comme un lointain souvenir des origines russes de Kandinsky et des couleurs de l'univers culturel oriental. Jusqu'aux derniers grands tableaux comme *Accord réciproque* et *Tensions délicates* de 1942, on peut ainsi retrouver les principes de l'antithèse, de la confrontation et de l'équilibre des oppositions qui s'étirent comme un fil rouge tout au long de son œuvre. Collectivement, les conservateurs des trois établissements – Annegret Hoberg, Christian Derouet et Tracey Bashkoff, en collaboration avec les directeurs – ont effectué un choix de 95 tableaux. L'ensemble est composé d'œuvres des collections propres qui constituent les deux tiers de cette exposition, mais également de travaux importants provenant d'autres musées ou de collections privées. Montrer Kandinsky peintre signifiait concevoir une exposition qui se concentre sur ses tableaux. Lors du choix des œuvres, nous avons donc volontairement écarté les belles études préparatoires, les aquarelles et les esquisses dont disposait chacun des trois musées associés de Munich, Paris et New York. Notre sélection a pour ambition en revanche de donner à voir d'une manière singulière les principes et les concepts artistiques du peintre. Pour Kandinsky, les tableaux constituaient le but réel de son travail d'artiste. Au cours d'un échange qui a duré plus de deux ans, la liste d'œuvres s'est élaborée avec l'intention affichée de ne retenir que des travaux majeurs, auxquels Kandinsky lui-même attribuait une signification particulière et qui soient révélateurs de son évolution. Les œuvres ont été sélectionnées à la fois parmi les trois fonds et les prêts complémentaires. Il en résulte une exposition presque parfaite, uniquement limitée par l'impossibilité d'y adjoindre quelques œuvres-clés du début des années 1920 ou des années 1930, comme par exemple celles de la donation Galka Scheyer du musée Norton Simon à Pasadena ou de certaines collections privées. Au fil des discussions, le choix des œuvres s'est porté presque inévitablement sur des formats assez grands et sur les toile. C'est ainsi que les paysages de l'époque de Murnau – des huiles sur carton –, dont le Lenbachhaus possède un si grand nombre et qui sont significatives des impressions bavaroises très colorées de l'art de Kandinsky des années du Blaue Reiter, ont été écartés du choix. Font également défaut les œuvres de plus petit format produites quasiment en séries à partir de 1942 sur le fond de carton sombre qu'il a utilisé pendant la Seconde Guerre mondiale du fait du manque de toile et des privations endurées sous l'Occupation allemande de Paris. Chaque musée associé à cette exposition enrichit en outre la tournée itinérante de la grande exposition centrale des œuvres de Kandinsky d'une présentation d'œuvres et de documents additionnels de l'artiste. Sur la base des différentes collections, des aspects complémentaires de sa création seront présentés dans une exposition parallèle. Le Lenbachhaus exposera pour la première fois depuis 1966 la quasi totalité de sa collection d'œuvres gravées de Kandinsky, accompagnée d'un catalogue spécifique. Le Centre Pompidou montrera les nouvelles acquisitions d'aquarelles de la succession du neveu de Kandinsky, Alexandre Kojève, ainsi que des documents récemment acquis. Le Guggenheim Museum, pour sa part, participe en présentant ses archives sur la constitution de la collection Kandinsky, comme des lettres de l'artiste à Hilla Rebay et à Solomon R. Guggenheim, ainsi qu'une documentation sur l'évolution du Museum of Non-Objective Painting. Kandinsky étant cosmopolite, notre projet reflète cette réalité : né à Moscou, il disait de Munich et de Paris qu'elles étaient sa deuxième et sa troisième patrie. En tant que Russe, il a dû quitter l'Allemagne sans délai en 1914 après le déclenchement de la Première Guerre mondiale. Après son retour en 1921 et ses activités au Bauhaus, les nationaux-socialistes l'obligèrent à s'exiler pour la seconde fois en 1933. Avec l'Amérique, Kandinsky avait noué des contacts dès 1913 grâce à l'acquisition de ses œuvres par des collectionneurs et des galeristes comme Arthur Jerome Eddy ou Alfred Stieglitz, tout comme par ses relations avec Katherine S. Dreier, Hilla Rebay et Solomon R. Guggenheim. Vers 1935, durant ses années parisiennes, invité par son ancien collègue du Bauhaus Josef Albers émigré aux États-Unis, il caressa lui aussi l'idée de quitter Paris pour l'Amérique et d'abandonner derrière lui les circonstances politiques. Mais Paris le retint. En 1939, à l'âge de 73 ans, il devint citoyen français après avoir obtenu la nationalité allemande en 1928 et il déclara, après le déclenchement de la Seconde Guerre mondiale, être certain de vouloir rester en France pour toujours. Pour une meilleure compréhension de l'étendue et de la signification des trois grandes collections Kandinsky, les prochains paragraphes vont esquisser l'histoire de ses œuvres dans les trois musées.

I — Le Lenbachhaus à Munich et la donation Gabriele Münter

À l'exception d'une lithographie, acquise en 1926, provenant d'un des cartons du Bauhaus, la Städtische Galerie im Lenbachhaus ne possédait pas d'autres travaux de Vassily Kandinsky avant 1957. Avec la grandiose donation de Gabriele Münter, qui a légué à la Städtische Galerie im Lenbachhaus lors de son quatre-vingtième anniversaire en 1957 l'ensemble des œuvres de celui qui fut son compagnon de 1904 à 1914, le musée devint un lieu de renommée mondiale. Ce qui surprend dans l'héritage de Kandinsky que Gabriele Münter avait conservé pendant des décennies, c'est sa complexité. Chacune des phases de l'évolution de Kandinsky jusqu'à son départ de Munich en 1914, qui inclut donc son cheminement vers l'abstraction, y est documentée quasiment sans discontinuité par des moyens d'expression très variés : peintures, aquarelles, dessins et œuvres graphiques, peintures sur verre, gravures sur bois et meubles peints. Au point qu'on serait tenté d'y voir une intention d'ordonnancement. L'évolution, que l'artiste a manifestement agencée de façon réfléchie dans une progression systématique, est complétée par des réflexions théoriques et un inventaire de ses catalogues personnels de Munich. Elle offre un aperçu de son cheminement dans son ensemble. Il y a là plus que la somme d'un grand nombre d'œuvres : la collection qui est entrée au Lenbachhaus présente un des chapitres principaux de l'histoire de l'art du XXe siècle : le cheminement vers l'abstraction. On comprend donc quelle tragédie ce fut pour l'artiste, avec le déclenchement de la guerre en 1914, de devoir abandonner d'un jour à l'autre à Munich l'ensemble de son œuvre. Même si Kandinsky était dès 1912 conscient de la menace d'une confrontation entre l'Allemagne et la Russie, la nécessité de partir fut si soudaine pour le Russe de Munich qu'il n'eut pas le temps de se préoccuper d'un endroit où entreposer ses œuvres. Kandinsky ne pouvait pas deviner que ce départ constituait ses adieux définitifs

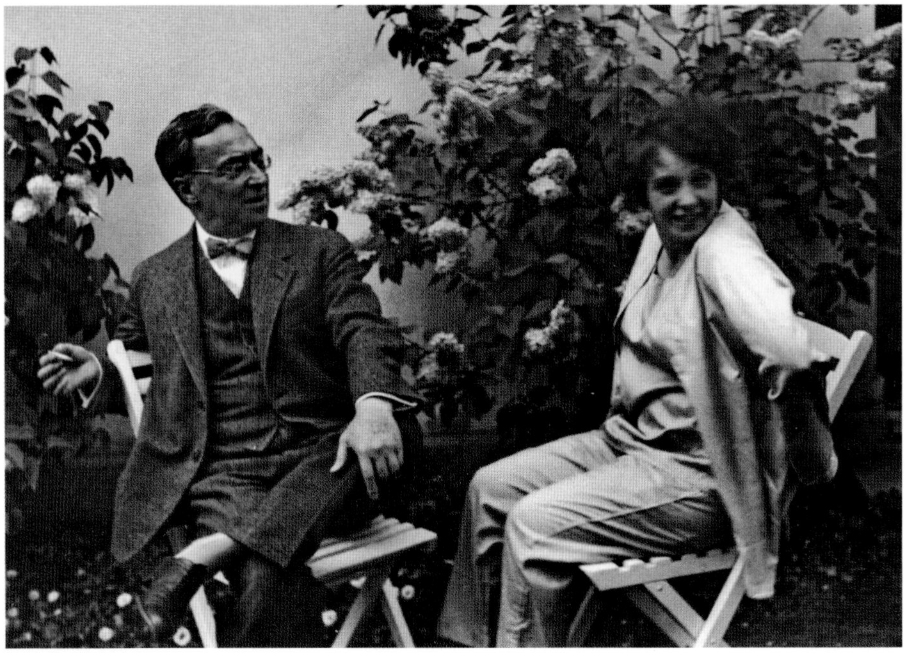

Vassily et Nina Kandinsky dans le jardin du Bauhaus, Dessau, vers 1931
Bibliothèque Kandinsky, Centre Pompidou, Paris

à Munich et à la majeure partie des œuvres qu'il avait réalisées jusqu'alors. Gabriele Münter, avant son départ de Munich en 1915 pour un séjour de cinq ans en Scandinavie, se chargea d'entreposer les œuvres de Kandinsky dans des garde-meubles. Lors de leur dernière rencontre à Stockholm en 1916, Kandinsky tenta de se constituer une vision d'ensemble des œuvres dispersées en recopiant l'inventaire personnel de Münter et en le transposant en cyrillique. À l'évidence, il s'agissait bien plus pour lui d'exercer un contrôle sur ses biens. C'était le recensement de son « Musée imaginaire », ce dont témoignent les esquisses et compositions qu'il réalisa à cette époque. Après son retour en Allemagne en 1922 comme professeur au Bauhaus à Weimar, il réclama sa propriété laissée chez Münter. La querelle qui s'ensuivit était principalement liée à la profonde déception et à la douleur que devait éprouver Gabriele Münter lorsque Kandinsky revint de Russie avec une nouvelle femme, Nina Andreievskaïa, qu'il avait épousée en février 1917 à Moscou. Au terme d'un litige qui dura des années, Gabriele Münter, dans une déclaration signée par son ancien compagnon Kandinsky en avril 1926 à Dessau, obtint finalement presque la moitié de toutes ses huiles antérieures à 1909, ainsi que de nombreux autres travaux et tous les verres peints à quelques rares exceptions près. Après 1933, Münter retira cet important fonds des garde-meubles de Munich et les dissimula dans sa cave à Murnau. C'est grâce à la compréhension, à l'habileté et à l'engagement de Hans Konrad Roethel, alors directeur de la Städtische Galerie im Lenbachhaus, que ce trésor, qui représentait pour Münter Kandinsky « tout entier », à la fois l'artiste et l'homme, a pu être préservé dans son intégralité. L'ensemble de la donation Münter, qui entra à la Städtische Galerie en 1957, consistait en 88 tableaux, 24 verres peints, 116 aquarelles et travaux à la détrempe, 160 dessins, 28 carnets d'esquisses et de notes ainsi que l'ensemble de l'œuvre gravé de Kandinsky. Les archives volumineuses de Münter composées de nombreux manuscrits de Kandinsky, des échanges épistolaires qu'ils eurent entre eux et avec de nombreux autres artistes, tout comme sa maison à Murnau et sa propre succession artistique entrèrent, par disposition testamentaire, à la Gabriele Münter- und Johannes Eichner-Stiftung, qui fut créée en 1966. En 1971, l'œuvre majeure *La Vie mélangée (Das bunte Leben)*, qui date de son séjour à Paris en 1907, entra au Lenbachhaus en tant que prêt permanent de la Bayrische Landesbank. *Roter Fleck II* de 1921, provenant de la collection Nina Kandinsky, entra définitivement au Lenbachhaus en 1982 avec la participation de la Bayerische Hypotheken- und Wechsel-Bank de Munich. La Gabriele Münter- und Johannes Eichner-Stiftung acquit en outre en 1969 de la succession de l'artiste *Parties diverses* de 1940. Nina Kandinsky offrit par ailleurs à cette fondation un travail de technique mixte datant de 1927. Enfin, il y a cinq ans, grâce au soutien de la Société Kandinsky et d'un donateur privé, fut acquis un tableau de l'époque de Moscou, *Zubovsky – Platz* de 1916. Si ces acquisitions permettent au Lenbachhaus de proposer un éclairage sur la création de Kandinsky postérieure aux années munichoises, ils n'en donnent pas une vue d'ensemble. C'est désormais possible aujourd'hui grâce aux partenaires internationaux dans la présente exposition.

2— Le Fonds Kandinsky au Musée national d'art moderne

La création du Fonds Kandinsky du Musée national d'art moderne est une aventure fascinante qui commence lentement par des achats directs à l'artiste. En 1937, André Dézarrois, conservateur du musée des Écoles Étrangères, achète une gouache, *La Ligne blanche* ; en 1939, il s'arrange avec le directeur général des Beaux-Arts pour acquérir la *Composition IX*, de 1936 en contournant toutes les commissions du temps. En 1959, Jean Cassou, directeur du Musée national d'art moderne au Palais de Tokyo, achète à Nina Kandinsky, sa veuve, *Entwicklung in Braun* [Développement en brun], 1933, et la Société des amis du musée *Complexité simple*, 1939. En 1966, Bernard Dorival met une salle du musée à la disposition de Nina Kandinsky qui y dépose quelques œuvres significatives et donne l'*Improvisation 14* (1910), deux aquarelles de Paul Klee et une peinture d'August Macke.

Dix ans plus tard, en 1976, le Centre Pompidou est en construction. L'amitié de Claude Pompidou et les attentions de Pontus Hulten obtiennent une donation exceptionnelle : quinze tableaux, quinze aquarelles. Nina Kandinsky renonce à la clause d'usufruit et donne en plus cinq maquettes réalisées par Kandinsky pour le salon de la Juryfreie à Berlin en 1922, qui est reconstitué à l'entrée du nouveau musée.

Après le succès de l'exposition « Kandinsky. Trente tableaux des musées soviétiques », Nina Kandinsky lègue au Centre Pompidou, le 12 janvier 1980, tout ce qui reste en sa possession et qui intéresse l'œuvre de Kandinsky. Elle meurt à Gstaad la même année. Le tribunal de Grande Instance de Nanterre envoie en possession le Centre national d'art et de culture Georges Pompidou d'une collection qui est acceptée le 8 octobre 1981.

À côté de chefs-d'œuvre universellement reconnus, c'est une extraordinaire collection d'œuvres sur papier, dont le joyau est la série de 54 dessins et de 22 aquarelles de la période moscovite (1915-1921), qui entre au Cabinet d'art graphique. Le fonds comprend l'inventaire de ses peintures, de ses aquarelles, tenu par l'artiste en six cahiers ; des objets ethnographiques provenant de son appartement de l'Ainmillerstrasse à Munich, la salle à manger offerte par Marcel Breuer pour meubler l'appartement la Burgkühnauer Alle à Dessau, une inestimable collection de peintures, de dessins d'autres artistes : la *Tête de paysan* de Kasimir Malevitch y voisine avec *KN Forgeron* de Paul Klee. Des correspondances courent d'Anton von Webern à Joan Miró ; s'y ajoutent chevalets et matériel de l'atelier de Neuilly. Le catalogue de ce continent englouti est publié en 1984 sous la direction de Christian Derouet. Les deux premières périodes y sont moins bien représentées qu'à la Gabriele Münter- und Johannes Eichner-Stiftung : « 1900-1907 : Formation-Voyages et le premier long séjour à Paris », « 1908-1914 : Munich, Murnau la période géniale » ; la documentation devient essentielle pour « 1915-1921 : l' "Intermezzo" moscovite. 1922-1933 Bauhaus », et « 1934-1944 : l'exil à Paris ».

Le Fonds Kandinsky est un trait d'union entre Moscou, l'Allemagne et Paris. Cette richesse incomparable reste en perpétuel devenir : don des correspondances Kandinsky-Kojève par Madame Ivanoff, aquarelles provenant des dations (ancienne collection Karl Flinker et ancienne collection André Breton) et surtout interventions constantes de la Société Kandinsky, créée en 1979 par Nina Kandinsky au Centre Pompidou, pour protéger et promouvoir l'œuvre de Kandinsky. Sous la présidence de Claude Pompidou et grâce à la constante attention de Christian Derouet, conservateur au Musée national d'art moderne et trésorier de la Société Kandinsky, cette association a procédé depuis 2001 par des dons à la réintégration de parties de ce patrimoine soustraites lors du legs : le portfolio offert à Kandinsky pour son soixantième anniversaire à Dessau le 4 décembre 1926, des œuvres dédicacées d'Albers, de Bayer,

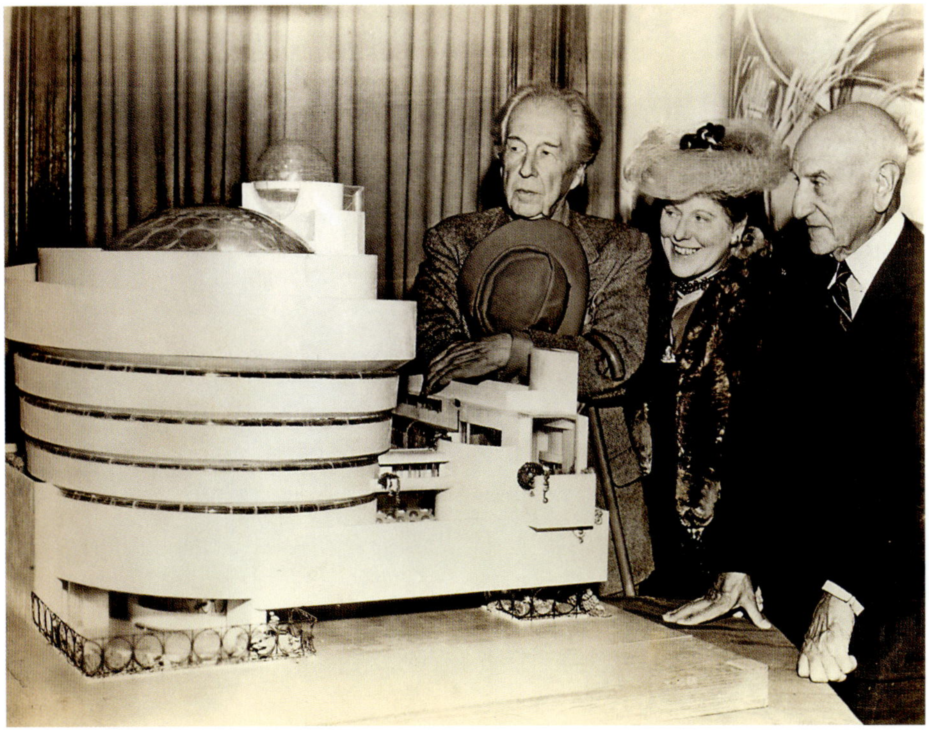

Frank Lloyd Wright, Hilla Rebay et Solomon R. Guggenheim devant la maquette du futur Guggenheim Museum, New York, vers 1945
Bibliothèque Kandinsky, Centre Pompidou, Paris

de Feininger, de Moholy-Nagy, de Klee, de Schlemmer, de Gunta Stölzl, et, tout récemment, le manuscrit allemand et russe du *Über das Materialle in der kunst*, écrit à Goldach en 1914, est retenu par la commission des Trésors nationaux et acquis en 2008. À cela, il faudrait ajouter les aquarelles et dessins de 1915 de l'ancienne collection Kojève, les œuvres de Baumeister, de Paul Klee, les lettres exceptionnelles à Delaunay, etc. L'ensemble est si impressionnant qu'il a semblé heureux de donner à la documentation du Musée national d'art moderne le nom de Bibliothèque Kandinsky.

3— Solomon R. Guggenheim Foundation

Solomon R. Guggenheim commence à constituer le fonds de son musée et à en définir la mission première – promouvoir l'art de son temps – en 1929, c'est-à-dire à partir du moment où il commence à s'intéresser à l'art non-objectif après que l'artiste allemande Hilla Rebay (qui avait été chargée de faire son portrait en 1927) l'eut initié à l'avant-garde européenne et eut développé son goût pour ce type d'art. Avant cette rencontre, les Guggenheim achetaient des œuvres semblables à toutes celles que collectionnaient les grandes familles new-yorkaises. Irene Rothschild Guggenheim, par exemple, possédait des tableaux de maîtres anciens, des toiles de l'école de Barbizon, des estampes d'Audubon, des peintures flamandes sur panneaux et autres formes d'art traditionnelles. Très jeune, Rebay étudie les beaux-arts et la musique mais, malgré ses talents de portraitiste, elle finira par adopter les tendances les plus radicales de l'art européen. Hans Arp, artiste dadaïste (qui fut aussi son soupirant entre 1915 et 1917), lui fait découvrir l'avant-garde artistique. Pour la Noël 1916, il lui offre un exemplaire du traité de Kandinsky, *Du spirituel dans l'art, et dans la peinture en particulier*, et, cette même année, il lui présente Herwarth Walden, propriétaire de la galerie Der Sturm à Berlin. Fréquentant Delaunay, Albert Gleizes, Kandinsky et l'homme qui deviendra son confident et son amant, Rudolf Bauer, Rebay adopte le principe de la non-objectivité en art à la fois comme style et comme philosophie esthétique. Faisant la distinction entre l'abstraction en tant que modification esthétique de formes dérivées de la nature et la non-objectivité en tant que pure invention artistique, Rebay se lance dans cette deuxième voie qui, pour elle, comporte aussi une dimension mystique essentielle. À l'âge de 14 ans, elle avait étudié auprès de Rudolf Steiner cette religion ésotérique qu'est la théosophie ; dès lors, elle entamera une quête du « spirituel dans l'art » qui l'animera toute sa vie.

Ayant émigré en Amérique, en 1927, Rebay va y mener une croisade personnelle pour défendre l'art auquel elle croit si profondément. Guggenheim, impressionné par son engagement passionné et séduit peut-être par l'idée de constituer une collection dans un secteur artistique relativement vierge, se met à acquérir des œuvres d'artistes non-objectifs. Dans les années 1930, les Guggenheim accompagnent Rebay lors d'un voyage en Europe. Présenté à Kandinsky dans l'atelier de l'artiste à Dessau, Solomon achète un certain nombre de chefs-d'œuvre et s'engage à enrichir la collection de son musée au cours des années suivantes. L'enthousiasme que manifeste Rebay pour les tendances expérimentales de la peinture européenne trouve un écho dans l'attitude de Guggenheim vis-à-vis de tout ce qui relève de l'innovation. Motivé peut-être par certaines expériences de son enfance (jeune, sa découverte d'un nouveau procédé d'extraction du cuivre dans les mines familiales s'était heurtée à l'incompréhension de ses proches), Guggenheim entend donner sa chance à quiconque développe des visions nouvelles. « Je me suis toujours intéressé aux pionniers qui, par leurs innovations, contribuent à la richesse matérielle et culturelle de l'humanité. Dès lors que je suis convaincu de l'intérêt d'un but, aucun obstacle ne peut m'empêcher de le poursuivre. La première fois que j'ai vu un tableau non-objectif en Europe, j'ai été séduit et j'ai vu dans cet art un moyen pour le peintre américain de s'affranchir du passé, car l'élément rythmique est une qualité qui, généralement, plaît aux Américains. » Bien que Bauer occupe une place privilégiée dans la vision qu'a Rebay de l'art non-objectif – elle a obtenu que Guggenheim lui verse un revenu mensuel en échange de ses tableaux –, c'est la présence d'œuvres de Kandinsky qui, finalement, fera l'originalité et le principal intérêt de la collection du mécène. De ce point de vue, d'ailleurs, Bauer ne cesse de défendre la production de Kandinsky, et, au fil des années, la collection de Guggenheim s'enrichira ainsi de 150 de ses œuvres, de toutes les époques et dans toutes les techniques.

En 1937 est créée la Solomon R. Guggenheim Foundation, qui décide rapidement d'édifier un musée. Deux ans plus tard, le Museum of Non-Objective Painting ouvre ses portes à Manhattan sous la direction de Rebay, et des salles permanentes sont consacrées à Kandinsky (pratique que le Guggenheim Museum a récemment remise au goût du jour). En 1945, peu après le décès de l'artiste, Rebay organise une exposition commémorative réunissant plus de 250 œuvres, et elle traduit en anglais quelques-uns des textes fondateurs du peintre. Entre-temps, il est envisagé de construire un nouveau bâtiment pour abriter la collection toujours plus riche de Guggenheim, et c'est Frank Lloyd Wright qui est choisi pour édifier, selon les mots mêmes de Rebay, ce « temple à l'esprit ». À la mort de Solomon en 1949, Wright propose de repenser son projet pour en faire un hommage à Guggenheim. Le nouveau bâtiment, qui se dresse sur la Cinquième Avenue à New York et porte clairement la signature de Wright, va donc prendre en 1952 le nom de Solomon R. Guggenheim Museum ; il ouvrira ses portes en 1959. À l'occasion du cinquantième anniversaire (en 2009) de la construction de ce bâtiment emblématique, il est juste que la célèbre spirale accueille des toiles du peintre qui a directement inspiré la création de cette prestigieuse institution.

Helmut Friedel
Städtische Galerie im Lenbachhaus und Kunstbau, Munich
(traduit de l'allemand par Corinne Graber Guillou)

Alfred Pacquement
Centre Pompidou, Musée national d'art moderne, Paris

Richard Armstrong
Solomon R. Guggenheim Foundation, New York
(traduit de l'anglais par Jean-François Allain)

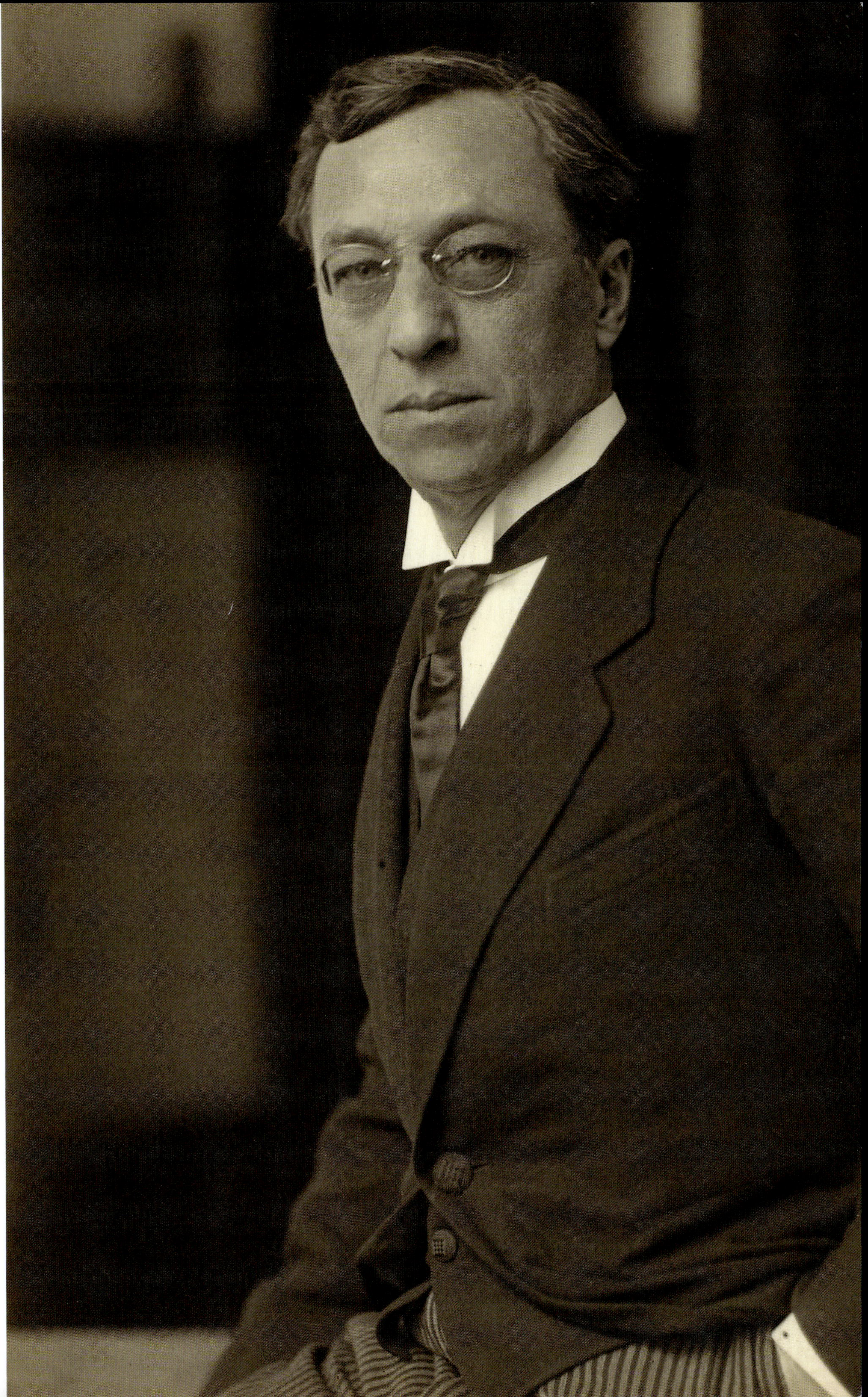

Portrait de Vassily Kandinsky, reproduit dans *Berliner Illustrierte Zeitung*, n° 42, 15 janvier 1922, p. 2 avec la mention suivante : « Le peintre W. Kandinsky, un des plus importants représentants de la peinture russe actuelle, qui s'est installé à Berlin comme beaucoup d'autres artistes russes. »

Biographie

Annegret Hoberg

Traduit de l'allemand par Jean-Léon Muller

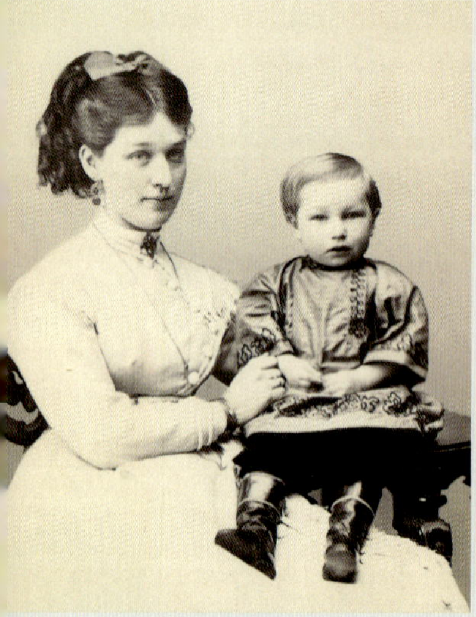

Vassily Kandinsky, âgé de trois ans, en compagnie de sa mère Lydia Ivanovna Tikheïeva, Moscou, 1869
Bibliothèque Kandinsky, Centre Pompidou, Paris

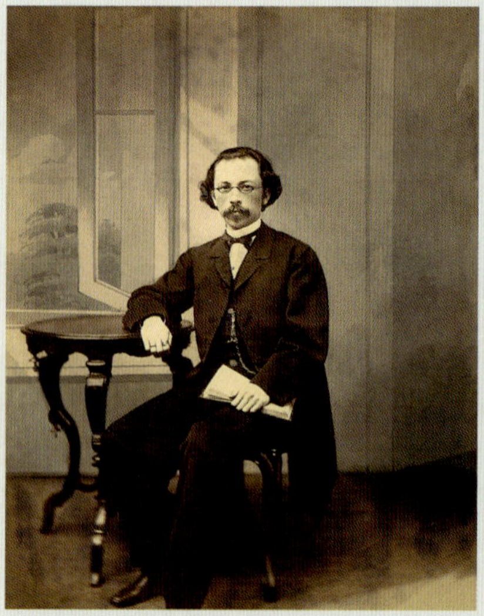

Le père de Kandinsky, Vassily Silvestrovitch Kandinsky, vers 1866
Gabriele Münter- und Johannes Eichner-Stiftung, Munich

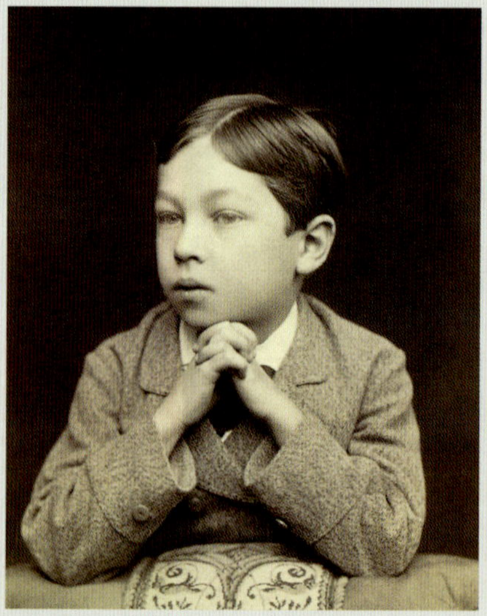

Kandinsky à l'âge de huit ans, Odessa, décembre 1874
Bibliothèque Kandinsky, Centre Pompidou, Paris

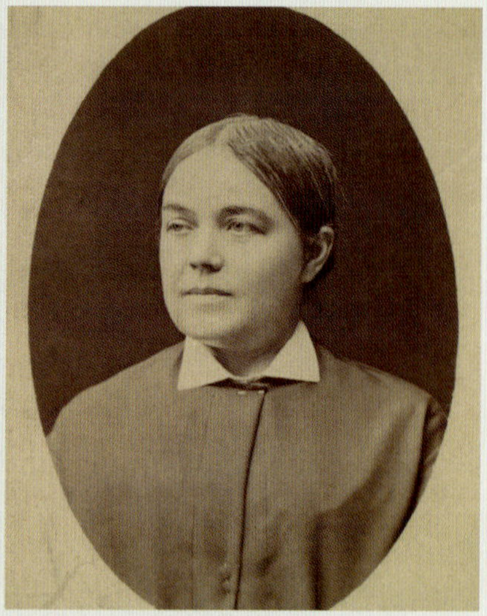

La tante maternelle de Kandinsky, Elizaveta Tikheïeva, vers 1870
Bibliothèque Kandinsky, Centre Pompidou, Paris

1866 Vassily Kandinsky naît le 4 décembre à Moscou, dans une famille fortunée. Il est le fils de Vassily Silvestrovitch Kandinsky et de Lydia Ivanovna Tikheïeva. Son père, négociant en thé, est originaire de Kiakhta en Sibérie orientale, à la frontière nord de la Mongolie, où ses ancêtres avaient été déplacés depuis la Sibérie occidentale. Sa mère est issue de la haute bourgeoisie moscovite, et sa grand-mère maternelle, d'origine balte, est germanophone.

1869 Accompagnés de leur fils de trois ans, les Kandinsky voyagent en Italie du nord et visitent notamment Venise.

1871 La santé fragile du père conduit la famille Kandinsky à déménager à Odessa, sur les bords de la mer Noire. Peu de temps après, le couple divorce. Vassily reste avec son père, tandis que sa mère se remarie. Les deux familles demeurent néanmoins en contact, et le jeune garçon voit fréquemment ses demi-frères Nikolaï et Alexeï Kojevnikov, ainsi que sa demi-sœur Lisa. Son éducation est pour l'essentiel assurée par sa tante Elizaveta Tikheïeva, sœur aînée de sa mère. C'est à cette femme très cultivée que Kandinsky dédicacera *Über das Geistige in der Kunst, insbesondere in der Malerei* [*Du spirituel dans l'art, et dans la peinture en particulier*].

1876-1885 Vassily fréquente le lycée d'Odessa et, à l'occasion des vacances d'été, accompagne fréquemment son père à Moscou. Pendant toute son enfance, c'est dans cette ville qu'il se sentira le plus chez lui.

1885 Kandinsky s'installe à Moscou et entreprend des études de droit, d'économie et de statistiques à l'université. Il a entre autres pour professeur d'économie Alexandre Ivanovitch Tchouprov, avec lequel il noue une relation de confiance et d'amitié.

1889 À la demande de la Société impériale de sciences naturelles, d'anthropologie et d'ethnographie, il entreprend un voyage dans la province de Vologda, du 9 juin au 15 juillet. Il s'agit d'étudier la survivance des rites païens et l'exercice du droit coutumier chez les Komis et les Permiaks, deux peuples apparentés d'origine finnoise. Kandinsky consigne les grandes étapes de son périple dans un journal de voyage. Il consacrera plus tard un passage de ses « Rückblicke » [Regards sur le passé] à la forte impression qu'il ressent en pénétrant dans les intérieurs paysans de la région aux murs peints de couleurs vives qui lui procurent la sensation d'évoluer à l'intérieur même d'un tableau. À son retour, Kandinsky témoigne de son expérience dans deux articles qui paraissent dans la revue d'ethnographie de la Société impériale. De 1889 à 1900, celle-ci publie en outre sept comptes rendus de sa main. Kandinsky effectue un voyage à Saint-Pétersbourg et, en octobre, se rend pour la première fois à Paris.

1892 Kandinsky épouse sa cousine Ania Fedorovna Tchimiakina. La sœur de cette dernière est mariée au propriétaire de la chocolaterie Abrikossov, dont le siège se trouve dans la prestigieuse rue Tverskaïa à Moscou. La famille possède par ailleurs une grande propriété à Akhtyrka, dans la région de Moscou, un lieu dont Kandinsky tirera plusieurs motifs pour ses tableaux.

1893 En novembre, Kandinsky passe avec succès son examen de fin d'études à l'Université de Moscou et devient assistant scientifique en économie et en statistiques. Il travaille d'abord avec le professeur Tchouprov et présente un mémoire sur la légalité des salaires des ouvriers.

1895 Kandinsky renonce à poursuivre sa thèse et l'annonce à son directeur de recherches dans une lettre datée du 7 novembre. À la fin de l'année, il accepte la direction artistique de l'imprimerie Kouchnerev à Moscou.

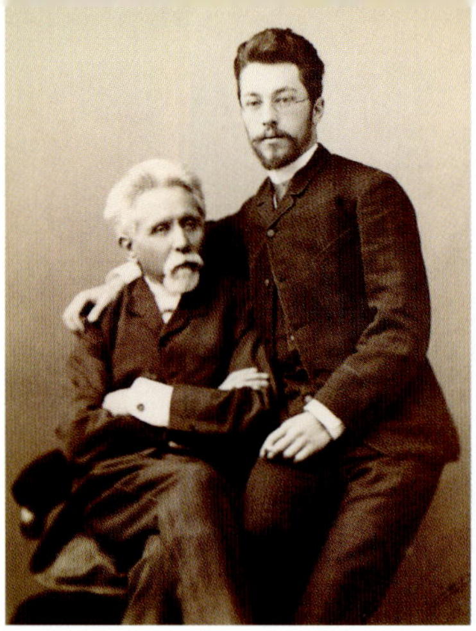

Kandinsky et son oncle paternel Alexandre Silvestrovitch Kandinsky, Moscou, vers 1885
Bibliothèque Kandinsky, Centre Pompidou, Paris

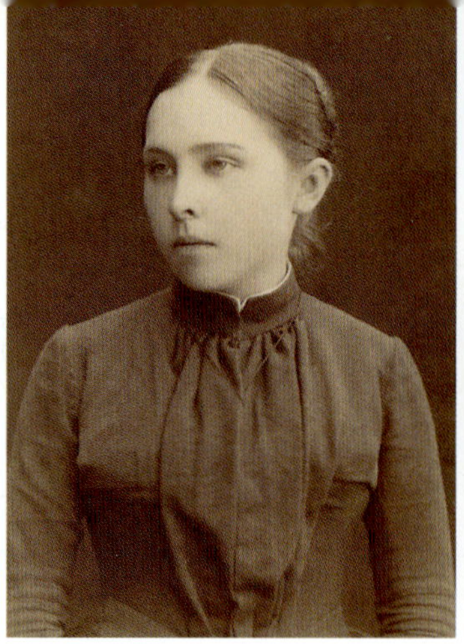

La première femme de Kandinsky, Ania Fedorovna Tchimiakina, Moscou, vers 1892
Gabriele Münter- und Johannes Eichner-Stiftung, Munich

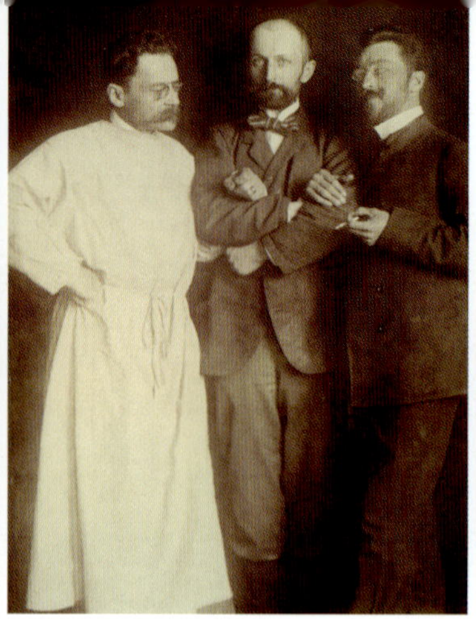

Dimitri Kardovsky, Nikolaï Seddeler et Vassily Kandinsky à l'école d'Anton Ažbe à Munich, vers 1897
Bibliothèque Kandinsky, Centre Pompidou, Paris

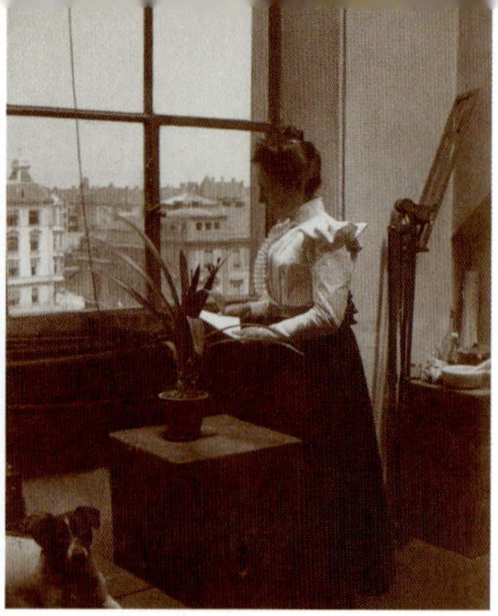

Ania Kandinsky dans l'appartement-atelier de Kandinsky à Schwabing (Munich), probablement au numéro 1 de la Friedrichstraße, vers 1901
Gabriele Münter- und Johannes Eichner-Stiftung, Munich

1896 Kandinsky vit deux expériences artistiques décisives qui vont conditionner son évolution professionnelle. À l'Exposition d'art français de Moscou, il découvre une des *Meules de foin* de Claude Monet et est frappé par le rendu non-figuratif de l'œuvre. Sa seconde expérience marquante est la représentation du *Lohengrin* de Richard Wagner au théâtre du Bolchoï. Kandinsky refuse le poste de maître de conférences que lui propose l'Université de Dorpat (actuellement Tartu, en Estonie) et décide d'aller étudier la peinture à Munich. La ville est alors le point de ralliement de nombreux étudiants en art originaires d'Europe orientale et de Russie. Kandinsky s'y installe en décembre avec sa femme Ania.

1897 À Munich, Kandinsky suit les cours de la prestigieuse école privée du Slovène Anton Ažbe. C'est là qu'il fait la connaissance de ses compatriotes Dimitri Kardovsky, Igor Grabar, Nicolaï Zeddler, Alexeï von Jawlensky et Marianne von Werefkin.

1898 Le jeune peintre participe pour la première fois à l'exposition de l'Union des artistes de Russie du Sud. Il y présentera plusieurs œuvres jusqu'en 1910.

1899 Kandinsky se présente à l'Académie des beaux-arts de Munich afin d'être admis dans la classe de Franz von Stuck, mais sa candidature est refusée. Ses premiers articles d'artiste, deux comptes rendus sur « Münchner Secession » [La Sécession munichoise] et un essai sur « Die Wunder der Photographie » [Les merveilles de la photographie], paraissent dans le journal moscovite *Novosti Dnia* [Nouvelles du jour].

1900 En février, Kandinsky participe à l'exposition de la Société des artistes de Moscou qui organise des expositions annuelles, à l'image des sécessions de Munich ou de Berlin. Le peintre y présentera ses œuvres régulièrement jusqu'en 1908. Après une nouvelle candidature, Kandinsky est autorisé à suivre les cours de Franz von Stuck à Munich, ce qu'il fera pendant un an. Outre nombre d'artistes de l'avant-garde naissante ou adeptes de l'Art nouveau, il y côtoie Alexander von Salzmann, Ernst Stern, Hans Purrmann et Albert Weisgerber.

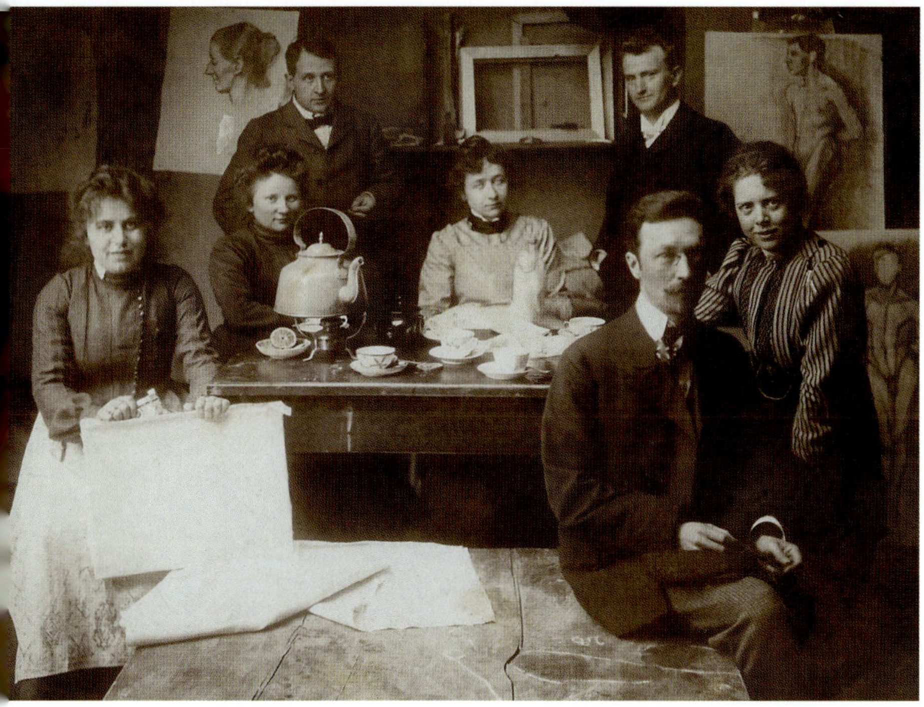

Membres de l'école du groupe Phalanx, Munich, 1902
(de gauche à droite:
Olga Meerson, Emmy Dressler, Wilhelm Hüsgen, Gabriele Münter, Richard Kothe, Maria Giesler, Vassily Kandinsky)
Gabriele Münter- und Johannes Eichner-Stiftung, Munich

1901 Déçu par l'enseignement académique, Kandinsky prend de plus en plus souvent l'initiative de peindre en plein air de petites études à l'huile représentant des vues de Munich et de ses environs. Dans le même temps apparaissent ses premières compositions a tempera. Différentes à la fois par leur technique et leur thématique, elles figurent souvent des scènes inspirées par le passé et les traditions russes. En mai, Kandinsky, Stern et Salzmann s'associent aux sculpteurs Waldemar Hecker et Wilhelm Hüsgen et à d'autres personnalités de la bohème du quartier munichois de Schwabing pour fonder l'association d'artistes Phalanx [Phalange]. En juillet, Vassily et Ania Kandinsky louent un logement plus spacieux au numéro 1 de la Friedrichstraße après avoir habité Georgenstraße puis Giselastraße, toujours dans le quartier de Schwabing. En août, Phalanx organise sa première exposition. Onze autres suivront jusqu'en 1904. On peut y voir les œuvres des membres de l'association mais aussi celles d'artistes contemporains encore jamais présentés à Munich, comme Claude Monet ou Alfred Kubin. À l'automne, Kandinsky est élu président de Phalanx. En septembre, il se rend à Odessa et à Moscou où il vient d'hériter d'un immeuble de rapport ayant appartenu à son oncle. Les revenus qu'il en tire, la somme en liquide provenant d'un autre héritage et les versements alloués par son père lui assureront une confortable indépendance financière jusqu'en 1914.

1902 Au début de l'année, Phalanx ouvre une école de peinture à Schwabing. Kandinsky y enseigne la peinture et le dessin. Alors âgée de 24 ans, Gabriele Münter devient son élève. Avec sa classe, dont font aussi partie Olga Meerson, Emmy Dressler et Carl Palme, il séjourne plusieurs semaines d'été à Kochel, au pied des Alpes de Bavière, non loin de Garmisch. Tous deux passionnés de bicyclette, Vassily Kandinsky et Gabriele Münter tissent des liens de plus en plus étroits. La célèbre revue pétersbourgeoise *Mir Iskousstva* [Le Monde de l'art] publie «Korrespondenz aus München» [Correspondance depuis Munich], un article de Kandinsky sur la vie artistique munichoise.

1903 En avril, Kandinsky se rend à Vienne où il visite l'exposition de printemps de la Sécession. Cette expérience l'encourage fortement à s'adonner à la gravure sur bois. Jusqu'en 1908, il produira ainsi l'essentiel de son œuvre graphique, avec de nombreuses xylographies en noir et blanc et en couleurs. Pendant l'été, il séjourne plusieurs semaines avec les élèves de Phalanx à Kallmünz, dans le Palatinat, au nord de Regensburg. C'est à cette occasion que se concrétise sa liaison avec Gabriele Münter. En août, il visite avec elle d'autres localités d'Allemagne du sud comme Nabburg, Regensburg et Landshut. Peter Behrens lui propose la direction d'une classe de peinture à l'École des arts décoratifs de Düsseldorf, mais il décline l'offre. À Moscou paraît aux éditions Stroganoff son album de gravures sur bois, *Stikki bez slovi* [*Poésies sans paroles*]. Il expose pour la première fois au Salon d'Automne à Paris et à la Sécession berlinoise. À l'automne, il passe par Venise et par Vienne avant de se rendre à Odessa puis à Moscou. Au cours de son voyage de retour vers Munich, il fait étape à Berlin.

1904 Afin d'échapper aux difficultés causées par leur relation à Munich, Kandinsky et Münter décident, au mois de mai, de partir en voyage. Leur périple durera plusieurs années. Ils se rendent tout d'abord aux Pays-Bas, où ils visitent entre autres Rotterdam, Amsterdam, Scheveningen et Arnhem. La dernière exposition de Phalanx est présentée à Darmstadt. Le départ de Kandinsky précipite la dissolution de l'association. À l'automne, il quitte aussi l'appartement de la Friedrichstraße où il habitait avec sa femme Ania. Il compose les premiers dessins qui illustrent ses réflexions sur la technique picturale et la symbolique des couleurs. C'est de cette époque que datent « Die Farbensprache » [Le langage des couleurs] et « Definieren der Farbe » [La définition des couleurs], deux essais qui seront ensuite intégrés à *Über das Geistige in der Kunst…* [*Du spirituel dans l'art…*]. Cette même année, Kandinsky expose à plusieurs reprises à Paris, notamment dans la galerie de la revue *Tendances Nouvelles* et une nouvelle fois au Salon d'Automne. Il participe aussi à diverses expositions collectives à Krefeld, Varsovie, Cracovie et Vienne. Le 6 décembre, Kandinsky et Gabriele Münter partent pour la Tunisie avec deux étapes prévues à Lyon et Marseille. Ils arrivent à Tunis le 25 décembre, où ils descendent à l'Hôtel de Suisse. Ils y resteront plus de trois mois.

1905 Début février, le couple fait une excursion à Carthage et visite en mars Sousse et Kairouan. Kandinsky s'inquiète pour son demi-frère Vladimir, porté disparu pendant la guerre russo-japonaise. Il décide de rentrer à Munich le 5 avril, en passant par Palerme, Rome, Florence et Bologne. En définitive, Vladimir mourra sur le front au mois de mai. Dès la fin du mois, le couple Kandinsky-Münter se rend à Dresde pour un séjour qui se prolonge une bonne partie de l'été. De là, les deux artistes entreprennent de grandes excursions à bicyclette en Suisse saxonne et dans la vallée de l'Elbe. À la mi-août, Gabriele Münter se rend en Rhénanie, tandis que Kandinsky loue pour trois mois un appartement-atelier au 72 Amalienstraße, à Schwabing. À l'automne, Kandinsky expose pour la première fois au Salon des Indépendants à Paris. Il y participera régulièrement jusqu'en 1912, tout comme il le fera pour le Salon d'Automne. Début octobre, il fait étape à Budapest et à Lemberg (actuellement Lviv, en Ukraine), avant de séjourner plusieurs semaines à Odessa, où il est témoin de l'agitation révolutionnaire. De retour à Munich, il part en novembre avec Gabriele Münter pour Cologne, Bruxelles et Milan avant de se retrouver sur la Riviera italienne. Après un séjour à Sestri Levante, tous deux emménagent, le 23 décembre, dans une maison louée à Rapallo.

Kandinsky à Dresde,
été 1905
Gabriele Münter- und Johannes Eichner-Stiftung, Munich

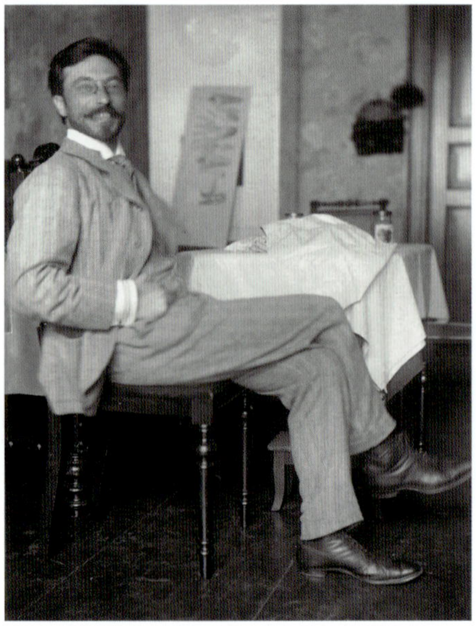

1906 Le couple reste cinq mois à Rapallo et rend notamment visite au père de Kandinsky, ainsi qu'à deux amis artistes, Emmy Dressler et Carl Palme. Immédiatement après cette villégiature, Kandinsky et Münter vont à Paris où ils s'installent le 22 mai, pour un mois, dans un appartement en location, rue des Ursulines. Ici aussi, le peintre aspire à une existence retirée, loin de la métropole et de sa vie agitée. Il reste néanmoins en contact avec la scène artistique, en particulier grâce à la revue et à l'association Tendances Nouvelles. Fin juin, le couple déménage dans un logement plus calme, situé dans l'ouest parisien à Sèvres, non loin de Saint-Cloud. Quelques mois plus tard, Kandinsky présente 21 œuvres au Salon d'Automne, dont il remporte le Grand Prix. Finalement, Kandinsky et sa compagne passent ainsi à Paris plus d'une année. Mais ils ne vivent pas toujours sous le même toit, car Vassily est tourmenté par un profond sentiment de culpabilité envers sa femme Ania.

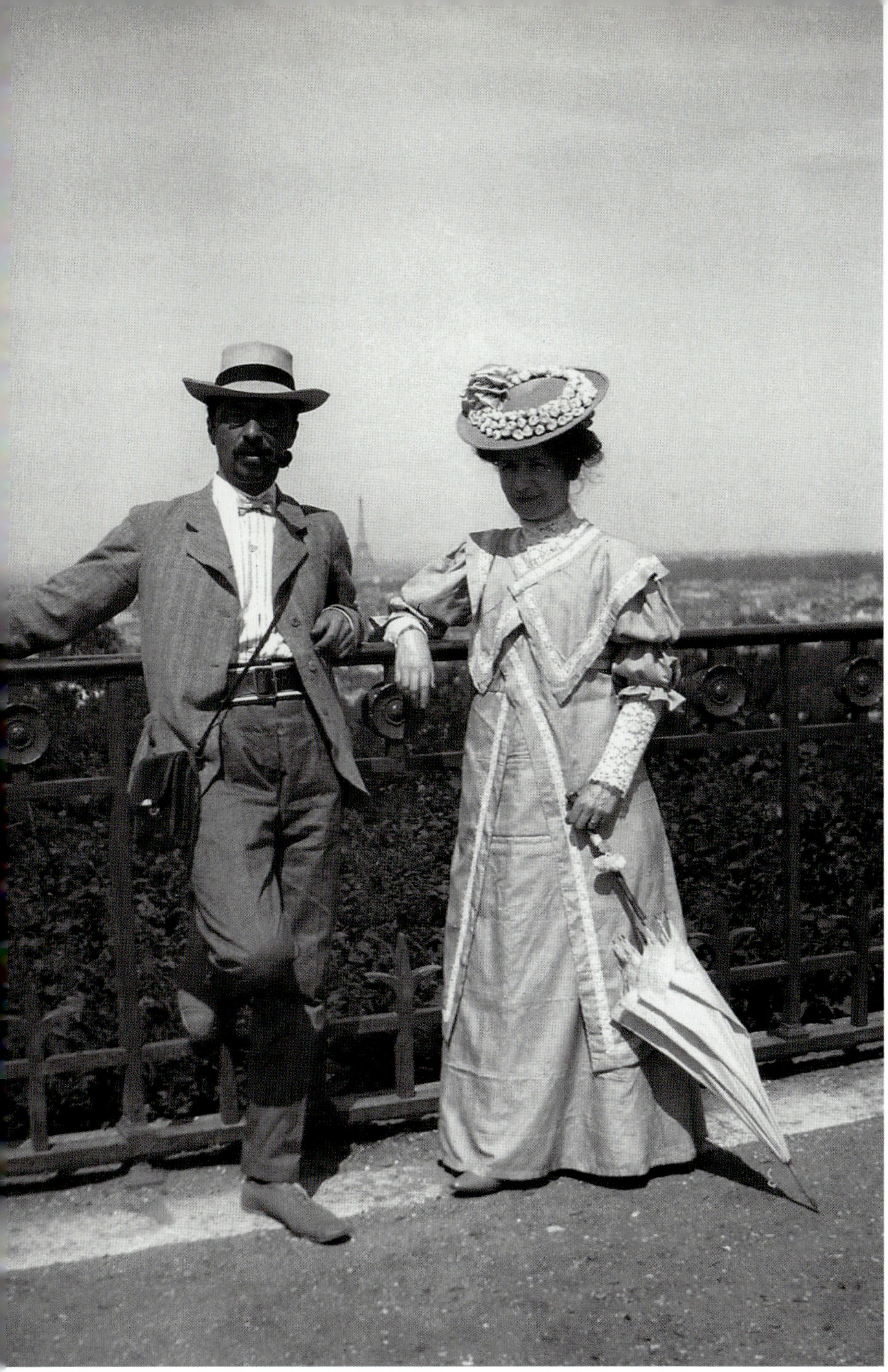

Vassily Kandinsky et Gabriele Münter sur la terrasse du parc de Saint-Cloud, 1906-1907
Gabriele Münter- und Johannes Eichner-Stiftung, Munich

1907 En mai, les liens que Kandinsky entretient avec Tendances Nouvelles lui permettent d'exposer 109 de ses œuvres au Musée du peuple d'Angers, mais il est déçu par l'accueil réservé à l'événement. Depuis 1904 et pendant toutes leurs années de voyage, Kandinsky et Münter sont restés fidèles aux études à l'huile réalisées en plein air, au couteau. Parallèlement, Kandinsky peint a tempera des compositions féeriques et nostalgiques qui trouvent leur aboutissement avec *Reitendes Paar* [Couple à cheval] et *La Vie mélangée* (voir cat. p. 51 et 53). Le 9 juin, le couple quitte la capitale française. Kandinsky va d'abord passer cinq semaines à Bad Reichenhall pour rétablir sa santé, affectée par les difficultés de sa vie privée et l'impression d'enlisement qu'il ressent dans son évolution artistique. Il se rend ensuite en Suisse pour une grande excursion estivale à bicyclette, en compagnie de Gabriele Münter. En septembre, le couple s'installe pour six mois à Berlin. C'est là que, en assistant à des conférences, Kandinsky découvre la théosophie de Rudolf Steiner. L'esthétique de la mise en scène développée par Max Reinhardt et Edward Gordon Craig produisent aussi sur lui une impression durable. Il participe la même année aux expositions de la Sécession berlinoise et de l'Union des artistes de Russie du sud, à Odessa.

1908 Après leur séjour à Berlin, Kandinsky et Münter entreprennent fin avril un voyage de plusieurs semaines dans le Tyrol du sud, où ils séjournent la plupart du temps à Lana. En juin, ils rentrent à Munich et décident de s'établir à nouveau durablement dans la capitale de la Bavière. Dans le même temps, ils se mettent en quête d'un lieu agréable pour peindre. Au cours de leurs excursions au sud de la ville, ils découvrent l'ancienne localité de Murnau située aux pieds des Alpes, sur les rives du lac de Staffel, non loin de Garmisch. Enthousiasmés par ce lieu pittoresque, ils en parlent à leurs amis Alexeï von Jawlensky et Marianne von Werefkin. En août, les quatre artistes s'installent à l'auberge Griesbräu de Murnau donnant sur l'Obere Hauptstraße. Leur séjour se révèle particulièrement productif et marque un tournant dans leurs évolutions artistiques. C'est là qu'ils développent en peu de temps un nouveau style pictural.

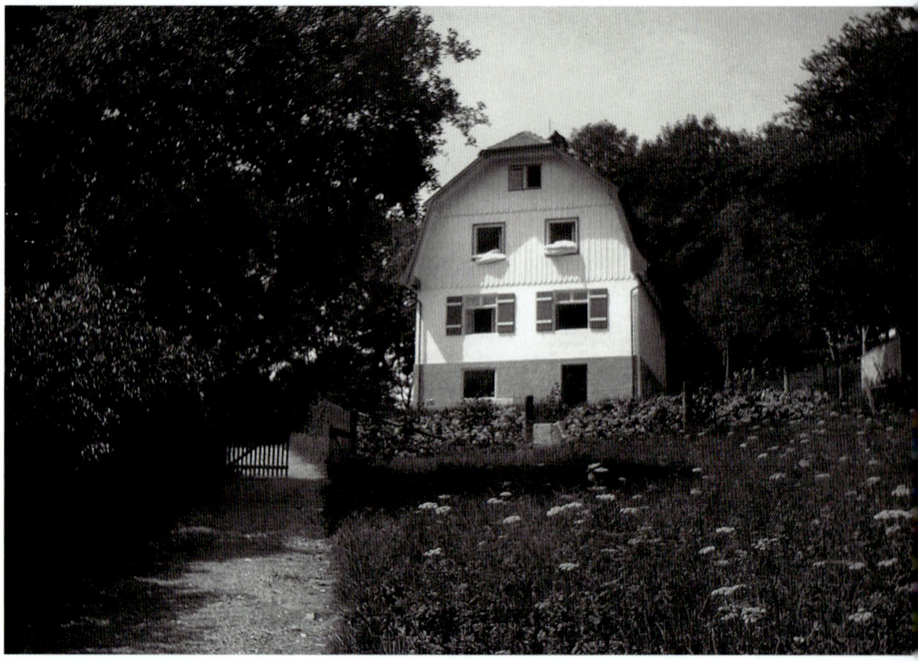

La maison de Münter à Murnau, vers 1910
Gabriele Münter- und Johannes Eichner-Stiftung, Munich

Expressif et haut en couleurs, ce style pose les premiers jalons du Blaue Reiter [Cavalier bleu], annonce la rupture fondatrice de la modernité et, dans le cas de Kandinsky, ouvre la voie vers l'abstraction. Le 4 septembre, alors qu'il est encore à Murnau, Kandinsky loue à nouveau un logement pour lui à Munich, dans le quartier de Schwabing, à l'arrière du 36 Ainmillerstraße. Il y occupe le premier puis le troisième étage. Cette adresse deviendra le point de ralliement des amis du peintre jusqu'en 1914. Pendant l'hiver, Kandinsky travaille avec le compositeur et interprète russe Thomas von Hartmann, qu'il a rencontré à Munich. Tous deux projettent de créer les premières représentations théâtrales où couleurs, sons, paroles et mouvements se combinent en une œuvre d'art totale. Kandinsky participe à la première grande exposition internationale, organisée par Vladimir Izdebski à Odessa, et qui sera ensuite présentée à Kiev, Riga et Saint-Pétersbourg. Dans cette dernière, il expose aussi au salon de Sergueï Makovski. Dans la foulée de cette manifestation, la revue *Apollon*, dont Makovski est l'éditeur, publiera des articles de Kandinsky jusqu'en 1910, sous le titre « Briefe aus München » [Lettres de Munich].

1909 Stimulés par la collaboration très productive initiée à Murnau, Kandinsky, Jawlensky, Münter et Werefkin fondent le 22 janvier la Neue Künstlervereinigung München [Nouvelle association des artistes de Munich ou NKVM]. Les autres membres du groupe sont Adolf Erbslöh, Alexander Kanoldt, Alfred Kubin, Vladimir Bekhteïev, Erma Bossi, Moisseï Kogan, Karl Hofer, le danseur Alexandre Sakharov et les collectionneurs Heinrich Schnabel et Oskar Wittenstein. Kandinsky rédige la circulaire qui annonce la fondation du groupe et qui sera envoyée en mai aux galeristes, aux collectionneurs et aux musées.
En février et mars, Kandinsky et Münter passent deux semaines à Kochel en compagnie de leurs amis Thomas et Olga von Hartmann.

Dès le mois de mai, Kandinsky et Münter se retrouvent une nouvelle fois à Murnau pour peindre en compagnie de Jawlensky et de Werefkin. Au cours de ce séjour, ils découvrent la peinture religieuse sur verre de Bavière, dont les représentations simples aux couleurs vives les encouragent à s'essayer à cette technique.
Ils se mettent dans le même temps à collectionner des objets d'art populaire et des tableaux sur verre, donnant ainsi une coloration folklorique à la découverte de l'art « primitif » par l'avant-garde. À partir du mois de juin, le couple Kandinsky-Münter loge dans une petite villa de l'allée Kottmüller. Récemment construite pour loger des estivants, elle est située en périphérie de la ville de Murnau et offre une vue sur la colline de l'église et le marais. Sous la pression enthousiaste de Kandinsky, Gabriele Münter achète la maison le 21 août. Le couple y séjourna de plusieurs semaines à plusieurs mois, jusqu'au début de la Première Guerre mondiale. Après un intense travail de promotion en faveur de la nouvelle association munichoise et grâce à l'entremise du directeur de musée Hugo von Tschudi, auprès duquel Kandinsky est intervenu, la première exposition de la NKMV a lieu à la galerie Thannhauser à Munich. Kandinsky y présente huit huiles et cinq gravures sur bois en couleurs. L'exposition est violemment attaquée par la critique.

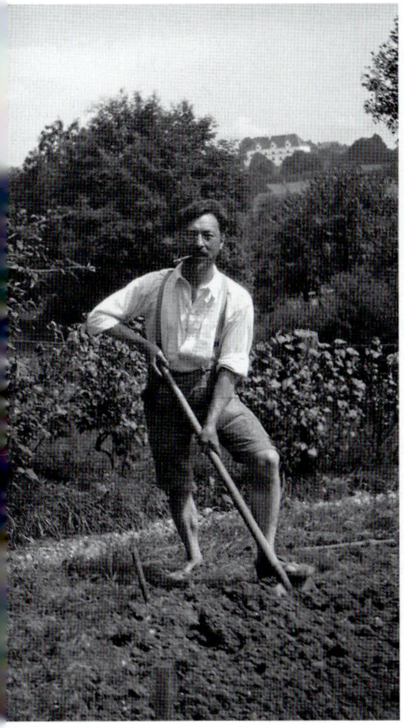

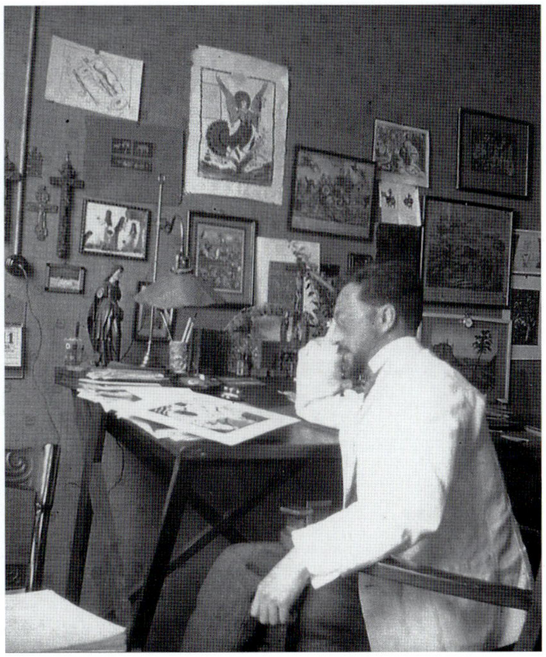

Kandinsky dans le jardin de la maison de Murnau, vers 1910-1911
Gabriele Münter- und Johannes Eichner-Stiftung, Munich

Kandinsky assis au bureau de son appartement du 36 Ainmillerstraße, Munich, juin 1911
Gabriele Münter- und Johannes Eichner-Stiftung, Munich

1910 Vassily Kandinsky et Gabriele Münter passent le printemps et l'essentiel de l'été à Murnau. Du 1er au 14 septembre a lieu la deuxième exposition de la NKVM à la galerie Thannhauser, avec cette fois la participation d'artistes venus de France et de Russie comme Pablo Picasso, Georges Braque, André Derain, Henri Le Fauconnier, David et Vladimir Bourliouk ou encore Vassili Denissov. À cette occasion, Kandinsky présente notamment ses grands tableaux *Komposition II* [Composition II], *Improvisation 10* et *Kahnfahrt* [Promenade en barque]. L'exposition est une fois de plus très mal accueillie par la presse et le public, au point d'inciter le peintre munichois Franz Marc à écrire une critique positive, ce qui le conduit à entrer en contact avec le groupe. D'octobre à décembre, Kandinsky séjourne à Moscou, puis dans sa famille à Odessa.
Il s'enthousiasme à nouveau pour Moscou d'autant qu'il s'agit de son premier voyage en Russie depuis cinq ans et qu'il n'a pas revu sa ville natale depuis sept ans.
Il renouvelle et multiplie les contacts avec les milieux artistiques et musicaux, notamment avec Thomas von Hartmann, Piotr Kontchalovski, Ilia Machkov, le compositeur élève de Iarovski, Sergueï Taneïev, Natalia Gontcharova et Mikhaïl Larionov. En décembre, il participe à Moscou à l'exposition du nouveau groupe d'artistes Le Valet de carreau, sous la direction de Larionov. Peu avant Noël, il retourne à Munich.

1911 Le 1er janvier, Vassily Kandinsky et Franz Marc font connaissance lors d'une réception de la saint Sylvestre dans le salon d'Alexeï von Jawlensky et de Marianne von Werefkin, situé Giselastraße à Schwabing. Une profonde amitié se noue très rapidement, suivie de visites à Munich, à Murnau et dans la localité proche de Sindelsdorf, où Franz Marc s'est installé. Le 2 janvier, les deux peintres assistent avec d'autres amis du NKVM à un concert donné par Arnold Schönberg à Munich. Kandinsky en sera fortement impressionné et, à peine un mois plus tard, il prend contact avec le compositeur viennois. Au cours des années suivantes, les deux hommes échangeront une correspondance soutenue. Le 10 janvier, à la suite de conflits avec les membres conservateurs du NKVM, Kandinsky démissionne de son poste de président et est remplacé par Jawlensky. Le deuxième Salon International 1910-1911, organisé par Vladimir Izdebski à Odessa, ouvre ses portes en février. Kandinsky y présente 53 œuvres.
En mars, le catalogue dont Kandinsky a conçu la couverture paraît. Il contient en outre un article du peintre sur Schönberg, intitulé « Inhalt und Form » [Contenu et forme], et sa propre traduction en russe d'un chapitre de *Harmonielehre* [*Traité d'harmonie*] du compositeur, avant même la parution du texte en allemand. Kandinsky fait ainsi connaître très tôt l'œuvre de Schönberg en Russie.
En février, le divorce entre Kandinsky et Ania Tchimiakina est prononcé officiellement à Saint-Pétersbourg. Les idées progressistes de Kandinsky et de Marc, devenu membre de la NKVM en février, s'opposent de plus en plus aux tendances modérées du groupe munichois. En juin, Kandinsky présente à Marc son projet de publication d'un almanach où pourraient s'exprimer des artistes de diverses disciplines et de différents pays. Dès l'origine, il envisage de faire dialoguer des œuvres de genres et d'époques variés, en incluant l'art non-européen et l'art populaire.

Première exposition
du groupe Der Blaue Reiter,
galerie Heinrich Thannhauser,
Munich, 1911-1912
Gabriele Münter- und Johannes
Eichner-Stiftung, Munich

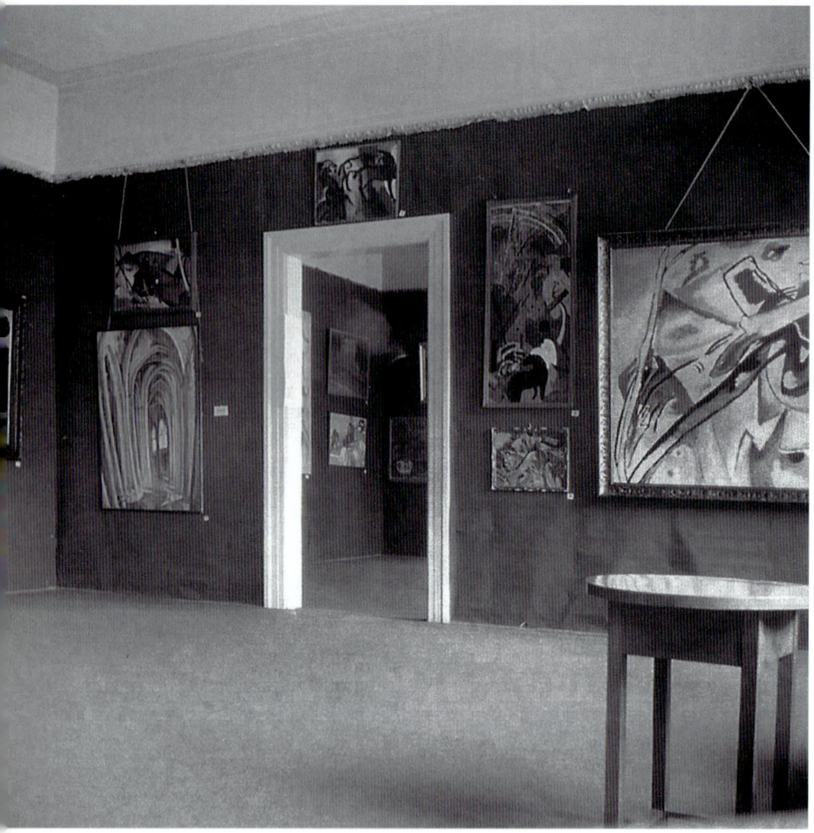

Peu de temps après, Kandinsky le baptise *Der Blaue Reiter* [*Almanach du Blaue Reiter*] et travaille plusieurs mois d'arrache-pied en compagnie de Franz Marc afin de réaliser ce projet. Le 2 décembre, la réunion du jury de la NKVM en vue de la troisième exposition du groupe provoque une scission. Après le rejet de *Komposition V* [Composition V], une œuvre quasi abstraite de Kandinsky, ce dernier quitte l'association en même temps que Franz Marc et Gabriele Münter.
En deux semaines, les trois artistes organisent leur propre manifestation présentée du 18 décembre 1911 au 1er janvier 1912, en même temps que celle de la NKVM et par la même galerie Thannhauser.

Elle a pour nom officiel « Erste Ausstellung der Redaktion Der Blaue Reiter » [Première exposition de la rédaction du Blaue Reiter] et présente des œuvres signées Vassily Kandinsky, Gabriele Münter, Franz Marc, August Macke, Heinrich Campendonk, David et Vladimir Bourliouk, Robert Delaunay, Arnold Schönberg et Henri Rousseau, dit « le Douanier ». Outre sa *Komposition V*, Kandinsky y présente *Improvisation 22* et *Impression II (Moskau)* [Impression II (Moscou)], deux œuvres aujourd'hui détruites. Après des années de travaux préliminaires, Kandinsky publie *Über das Geistige in der Kunst, insbesondere in der Malerei* [*Du spirituel dans l'art, et dans la peinture en particulier*] chez Reinhard Piper à Munich, en décembre (la date d'édition mentionnée est 1912). Les 29 et 31 décembre, au cours du deuxième Congrès panrusse des peintres, plusieurs chapitres de ce texte théorique, le plus important écrit par Kandinsky avant 1914, sont lus en public par Nikolaï Koulbine et font forte impression.

1912 De février à avril, se tient la deuxième exposition du groupe Blaue Reiter avec pour sous-titre « Noir et blanc ». Entièrement consacrée aux œuvres graphiques, elle présente également des feuilles de Paul Klee, d'Alfred Kubin et d'artistes du groupe Die Brücke [Le Pont].
En mai, l'almanach du groupe paraît, toujours chez l'éditeur munichois Reinhard Piper. Il comprend deux grands articles de Kandinsky « Über die Formfrage » [Sur la question de la forme] et « Über Bühnenkomposition » [Sur la composition scénique], ainsi qu'une première version des indications de mise en scène pour la pièce de théâtre *Der Gelbe Klang* [La Sonorité jaune]. Le même mois s'ouvre à Cologne la « Sonderbund-Ausstellung », exposition offrant un vaste panorama de l'avant-garde internationale. Kandinsky et plusieurs de ses confrères y participent mais, certaines de leurs œuvres ayant été refusées, ils s'estiment mal représentés. En réaction, ils organisent une exposition dite des « Refusés du Sonderbund » avec pour titre « Der Blaue Reiter », et cette manifestation permet à Herwarth Walden d'inaugurer sa galerie berlinoise Der Sturm [La Tempête]. À l'été, des œuvres signées Kandinsky, Marc, Münter et Klee sont présentées à l'exposition zurichoise du groupe suisse Der moderne Bund [Le Cercle moderne], à l'invitation de Hans Arp et de Cuno Amiet.

Membres du Blaue Reiter sur le balcon du 36 Ainmillerstraße à Munich, 1911-1912.
(de gauche à droite: Maria et Franz Marc, Bernhard Koehler, Heinrich Campendonk, Thomas von Hartmann; assis au premier rang: Vassily Kandinsky)
Gabriele Münter- und Johannes Eichner-Stiftung, Munich

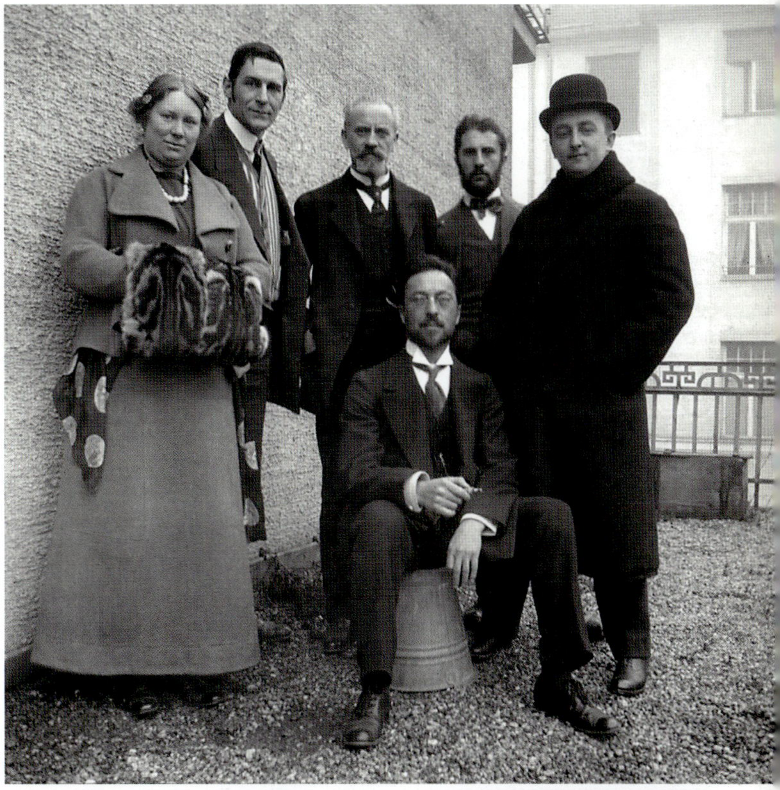

En octobre, Walden présente à la galerie Der Sturm la première exposition monographique consacrée à Kandinsky sous le titre « Kandinsky. Kollektiv-Ausstellung 1902-1912 ». Plus de 70 peintures y sont rassemblées, et l'exposition est reprise pendant l'hiver 1912-1913 par la galerie Goltz de Munich. À l'occasion de l'exposition de Berlin, Kandinsky se rend sur place puis va passer deux mois dans son pays natal, à Odessa puis Moscou.

1913 En février et en mars, il participe à l'« Armory Show » présenté à New York, puis à Chicago et Boston. C'est à cette occasion qu'Alfred Stieglitz fait l'acquisition d'*Improvisation 27 (Garten der Liebe II)* [Improvisation 27 (Le Jardin d'amour II)] (voir cat. p. 99) pour sa galerie new-yorkaise. D'autres collectionneurs américains remarquent l'œuvre de Kandinsky. Depuis longtemps en préparation, l'album *Klänge* [Sonorités], rassemblant 12 xylographies en couleurs, 44 en noir et blanc et des poèmes, eux aussi composés par Kandinsky, paraît dans une édition pour bibliophiles chez Piper à Munich. Au printemps, Franz Marc élabore le plan d'une édition illustrée de la Bible réalisée par le Blaue Reiter. Outre sa propre participation, l'ouvrage doit rassembler des contributions de Vassily Kandinsky (pour le livre de l'Apocalypse), Paul Klee, Alfred Kubin, Oskar Kokoschka et Erich Heckel. À l'été, l'avocat et collectionneur de Chicago Arthur Jerome Eddy et Willem Beffie des Pays-Bas rendent visite à Kandinsky à Murnau et lui achètent plusieurs tableaux. En juillet, Kandinsky se rend à nouveau à Moscou en passant par Berlin. Il vend sa maison moscovite et fait construire un immeuble de rapport de six étages et 24 appartements près de la place Zoubovskaïa. Du 20 septembre au 12 décembre se tient à Berlin la plus importante des expositions de l'avant-garde internationale en Europe avant la Première Guerre mondiale : le Herbstsalon [Salon d'Automne] de la galerie Der Sturm. Kandinsky y présente sept grandes peintures dont *Improvisation 31 (Seeschlacht)* [Improvisation 31 (Bataille navale)] (voir cat. p. 104) et *Entwurf II zu Bild mit Weissem Rand* [Esquisse II pour peinture au bord blanc]. Un mois plus tard, les éditions de la galerie publient

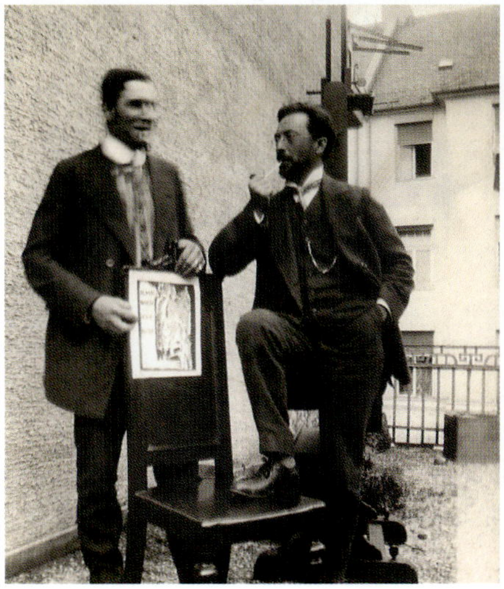

Franz Marc et Vassily Kandinsky présentent la xylographie de la page de titre de l'almanach *Der Blaue Reiter* sur le balcon du 36 Ainmillerstraße à Munich, 1911-1912
Gabriele Münter- und Johannes Eichner-Stiftung, Munich

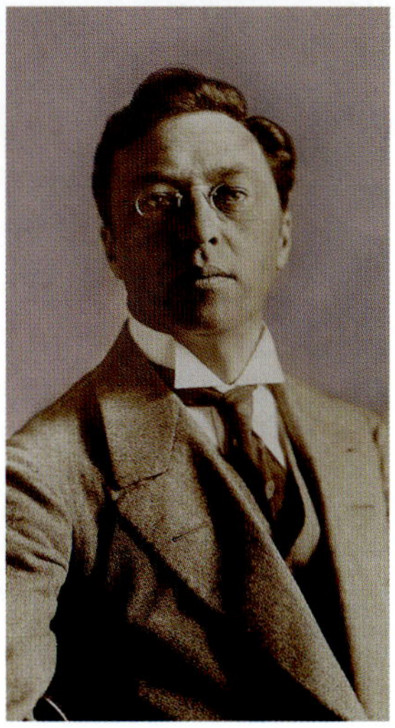

Photo de Kandinsky publiée en portfolio dans l'album *Kandinsky, 1901-1913*, édité par Der Sturm, Berlin, 1913
Gabriele Münter- und Johannes Eichner-Stiftung, Munich

l'album *Kandinsky, 1901-1913* avec plus de 80 illustrations. Il contient en outre la première publication du texte autobiographique du peintre « Rückblicke » [Regards sur le passé] ainsi que des descriptions de ses peintures de grand format comme *Komposition IV* [Composition IV], *Komposition VI* [Composition VI] (voir ill. p. 250) et *Bild mit Weissem Rand (Moskau)* [Peinture au bord blanc (Moscou)] (voir cat. p. 107). C'est désormais le galeriste et éditeur Herwarth Walden qui sera l'agent de Kandinsky, et ce pour plusieurs années.

1914 En janvier, Kandinsky présente une exposition monographique au Kreis für Kunst [Cercle pour l'art] de Cologne. À l'occasion du vernissage, il est donné lecture d'un deuxième écrit autobiographique du peintre, titré « Mein Werdegang » [Mon développement] ou « Kölner Konferenz » [Conférence de Cologne]. En mars, la deuxième édition de *Der Blaue Reiter* paraît, avec deux préfaces remaniées des initiateurs de l'ouvrage : Vassily Kandinsky et Franz Marc. Quant au second volume, depuis longtemps en projet, il est finalement abandonné. En avril, *Über das Geistige in der Kunst…* paraît à Londres et à Boston dans une traduction de Michael T. Sadler sous le titre *The Art of Spiritual Harmony*. Ce même mois, Kandinsky passe deux semaines de vacances dans le Tyrol du sud à Merano, en compagnie de sa mère et d'autres parents. Sa relation avec Gabriele Münter se dégrade de plus en plus. Hugo Ball propose de monter la pièce de Kandinsky *Der Gelbe Klang* [La Sonorité jaune] au Künstlertheater de Munich. Le début de la Première Guerre mondiale met un terme à toutes ces activités. Kandinsky et Münter quittent précipitamment Murnau pour Munich et repartent dès le 3 août pour la Suisse. En tant que ressortissant d'une « puissance ennemie », Kandinsky est en effet devenu indésirable en Allemagne, tout comme Jawlensky et Werefkin. Les deux fugitifs s'installent d'abord à Goldach bei Rorschach, sur la rive suisse du lac de Constance, dans une villa appartenant à leur propriétaire de Munich. Sur place, Kandinsky travaille surtout aux notes qui serviront à son essai théorique de 1926, *Punkt und Linie zu Fläche* [*Point et ligne sur plan*]. Le couple déménage ensuite à Zurich avant de se séparer en novembre. Avec un groupe de parents et d'autres Russes, Kandinsky entreprend de regagner Moscou, sa ville natale, au prix d'un long périple de six semaines par les Balkans et Odessa. Il laisse l'essentiel de ses biens et de ses tableaux à Gabriele Münter. Plus de 70 œuvres sont par ailleurs mises en dépôt chez Herwarth Walden à Berlin où, pendant les années de guerre, le marchand n'aura de cesse de les vendre, malgré l'opposition manifeste de Kandinsky.

1915 À Moscou, Kandinsky peut bientôt emménager au dernier étage de l'immeuble de rapport construit en 1913 rue Dolgy, non loin de la place Zoubovskaïa. Il s'installe dans un cinq pièces qui vient justement de se libérer. Il participe à Moscou à l'exposition « Peinture 1915 », en compagnie de Nathan Altmann, David et Vladimir Bourliouk, Natalia Gontcharova et Mikhaïl Larionov. Toute l'année, Kandinsky est perturbé dans son travail et ne crée aucune nouvelle œuvre, à l'exception de travaux graphiques. Gabriele Münter a pour sa part fermé sa maison de Murnau, quitté le logement de Schwabing, au 36 Ainmillerstraße, et rassemblé l'ensemble des biens meubles et des tableaux de Kandinsky dans le dépôt d'une société de transport munichoise. Elle veut se rendre à Stockholm afin de revoir l'artiste en territoire neutre. Ce n'est qu'au prix d'un long échange de lettres et après avoir obtenu l'organisation d'une exposition monographique pour elle et Kandinsky chez Gummesons Konsthandel, qu'elle parvient à le convaincre de la rejoindre en Suède, le 23 décembre.

1916 Le 1er février, une exposition monographique d'œuvres de Kandinsky s'ouvre à la galerie de Carl Gummeson, un partenaire de Herwarth Walden. Au cours de ces trois mois, les derniers qu'ils passent ensemble, Kandinsky et Münter fréquentent le psychiatre Poul Bjerre, le couple de peintres Isaac Grünewald et Sigrid Hjertén, ainsi que d'autres représentants de l'avant-garde suédoise. Pendant son séjour en Suède, Kandinsky réalise une série de gravures et d'aquarelles, pour l'essentiel figuratives, intitulées *Bagatellen* [Bagatelles]. Début mars, c'est au tour de Gabriele Münter d'exposer chez Gummesons Konsthandel. À cette occasion, Kandinsky lui dédie une brochure titrée

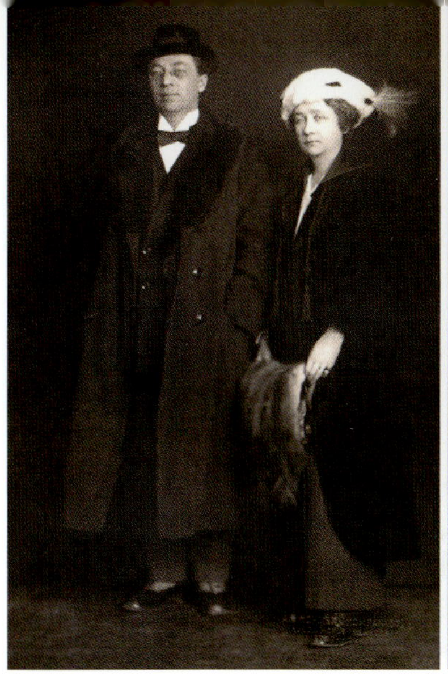

Vassily Kandinsky
et Gabriele Münter,
photographiés à
Stockholm en 1916
Bibliothèque Kandinsky,
Centre Pompidou, Paris

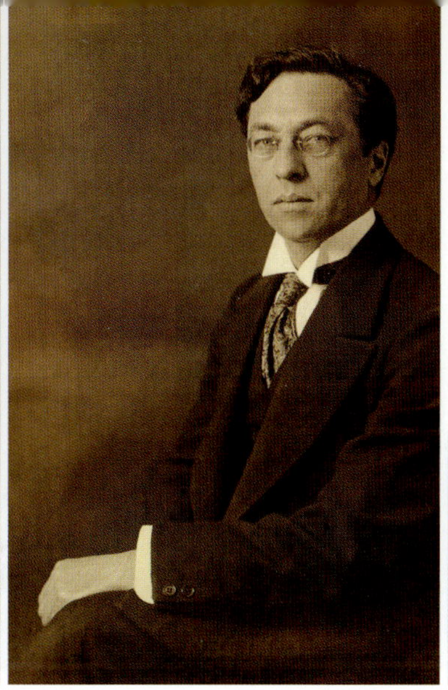

Photo de Kandinsky
publiée en portfolio
de l'édition russe de
son texte autobiographique
Regards sur le passé,
Moscou, 1918
Bibliothèque Kandinsky,
Centre Pompidou, Paris

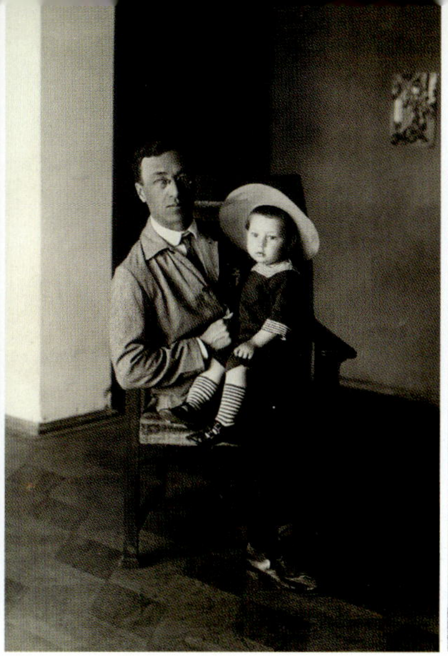

Kandinsky et son fils
Vsevolod dans leur
appartement de Moscou
vers 1919
Bibliothèque Kandinsky,
Centre Pompidou, Paris

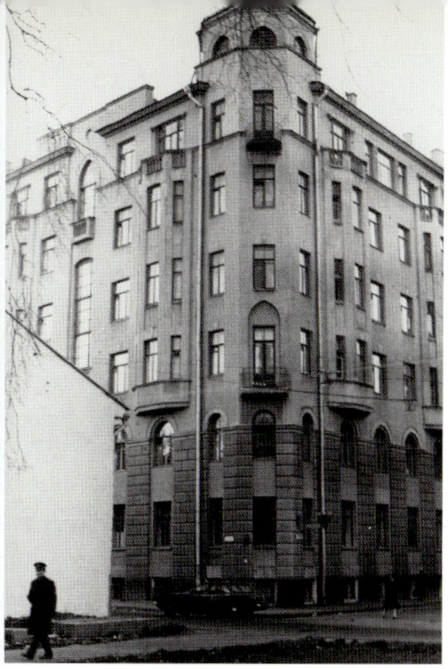

L'immeuble ayant
appartenu à Kandinsky
à l'angle des rues Dolgy
et Trety Neopalimovsky,
Moscou, 1978
Bibliothèque Kandinsky,
Centre Pompidou, Paris

Om Konstnären [Sur l'artiste], la traduction suédoise d'un de ses essais. Le 16 mars, Kandinsky quitte Stockholm et reprend la route de Moscou. Ce départ marque la séparation définitive du couple. Une combinaison des œuvres présentées à Stockholm est exposée à Kristiania (actuellement Oslo) par Der Sturm sous le titre « Kandinsky-Gabriele Münter ». En mai, à la faveur d'une conversation téléphonique, Kandinsky fait par hasard la connaissance de Nina Nikolaïevna Andreievskaïa, la fille âgée de 20 ans d'un officier russe récemment décédé, ancien ami de son neveu Analoij Scheiman. Séduit par la voix de la jeune femme, il souhaite faire sa connaissance. Après les vacances d'été, Kandinsky obtient satisfaction et rencontre Nina au cours d'un rendez-vous au musée Alexandre III (actuellement Musée Pouchkine). À l'automne, Kandinsky réalise à nouveau quelques peintures dont *Moskau I* [Moscou I]. La plupart des vues de la place Zoubovskaïa saisies depuis son appartement moscovite datent aussi de cette période.

1917 En janvier, Kandinsky vend son immeuble de rapport de la rue Dolgy, tout en veillant à conserver le droit d'occuper le dernier étage. Il acquiert par ailleurs le terrain attenant dans l'intention d'y faire construire une maison individuelle avec atelier. Le 11 février, Vassily Kandinsky et Nina Andreievskaïa se marient à Moscou selon le rite orthodoxe russe. Ils entreprennent ensuite un voyage de noces dans le grand-duché de Finlande, avec une étape à Petrograd (nouveau nom de Saint-Pétersbourg depuis 1914). C'est dans un hôtel de Helsingfors (aujourd'hui Helsinki) qu'ils apprennent le déclenchement de la Révolution de Février. Ils passent les vacances d'été à Akhtyrka, dans la propriété de la famille Abrikosov, apparentée à la première femme de Kandinsky.
En septembre, le couple se réjouit de la naissance de leur fils prénommé Vsevolod (surnommé Volodia). La double exposition « Kandinsky-Münter » organisée par Der Sturm est présentée à Helsingfors et Petrograd. À la fin de la tournée, une partie des œuvres reste en Russie. Après le déclenchement de la Révolution d'Octobre et l'éviction du gouvernement Kerenski par les bolcheviques, Kandinsky se voit confisquer tous ses biens, y compris le terrain dont il vient de faire l'acquisition.

1918 Au début de l'année, et pour le restant de son séjour en Russie, Kandinsky est nommé dans plusieurs comités révolutionnaires pour l'éducation artistique et l'administration des musées. Il devient d'abord membre du Département des beaux-arts (ISO) dirigé par Vladimir Tatline au sein du nouveau Commissariat du peuple à l'éducation (Narkompros ou NKP). Il y retrouve notamment Alexandre Rodchenko, Lioubov Popova et Olga Rozanova. À l'été, il est nommé président des sections théâtre et cinéma de l'ISO. À partir d'octobre, on lui confie la direction de l'atelier de peinture des Ateliers nationaux libres (Svomas), créés à Moscou au printemps. Les Svomas de Petrograd et de Vitebsk sont alors dirigés respectivement par Antoine Pevsner et Kasimir Malevitch. Les « Rückblicke » [Regards sur le passé] de Kandinsky, publiés en 1913, paraissent pour la première fois traduits en russe, à Moscou, dans une édition complétée, sous le titre *Vassily Kandinsky. Tekst Khoudojnika* [*Vassily Kandinsky. Texte de l'artiste*] avec pour sous-titre *Stoupiéni* [*Les Marches*]. Au cours de ses deux expositions intitulées « Marc Chagall, Kandinsky, William Wauer » et « Expressionnistes russes », la galerie berlinoise Der Sturm présente des œuvres de Kandinsky. Absorbé tout au long de l'année par l'évolution politique et par ses activités de responsable institutionnel et d'enseignant, l'artiste ne peint pas une seule huile. Alexandre Rodchenko et Varvara Stepanova installent temporairement leurs ateliers chez Kandinsky.
En décembre, ce dernier participe à la « V. Staatliche Ausstellung » [Ve Exposition d'État] qui se tient au Musée des beaux-arts de Moscou jusqu'en février 1919.

1919 En février, Kandinsky devient le premier directeur du Musée de culture artistique de Moscou. Avec l'aide de Rodchenko, il se lance pour deux ans dans la création de 22 musées en province. Il s'agit de décentraliser les établissements culturels publics dont la taille a beaucoup augmenté à la suite des expropriations. Kandinsky répartit aussi nombre de ses œuvres entre divers musées, entre autres à Novgorod, Krasnodar ou Astrakhan.
En novembre, il devient président de la Commission générale des acquisitions pour l'ensemble de la Russie auprès du Bureau des musées de l'ISO. Il participe en outre à une autre commission pour la publication d'une *Encyclopédie des beaux-arts*, un projet qui restera sans suite. L'article qu'il écrit pour la circonstance est publié en juin 1919 en Allemagne par la revue *Das Kunstblatt* sous le titre « W. Kandinsky. Selbstcharakteristik » [V. Kandinsky. Une auto-caractérisation]. D'autres essais comme « Über den Punkt » [Le point] et « Über die Linie » [La ligne] paraissent dans la revue russe *Iskousstvo*. Pendant cette période, sa production picturale reste limitée : à peine six peintures en 1919 et dix en 1920. Nina Kandinsky travaille elle aussi auprès du Narkompros, d'abord comme secrétaire de Kandinsky, puis comme chef de bureau et secrétaire du Département de l'intendance des centres académiques, postes où elle sera parfois mieux payée que son époux. Mais pour les Kandinsky comme pour leur fils Vsevolod, la vie est de plus en plus marquée par les privations et les difficultés d'approvisionnement de toutes sortes.

1920 De janvier à avril, Kandinsky publie successivement trois essais dans la revue moscovite *Khoudojestvennaïa Jizn* [La Vie artistique]. Publiée par l'ISO, elle a succédé en 1919 à *Mir Iskousstvo*. Parmi les articles de Kandinsky on peut citer « Das große Utopia » [La grande utopie] et « Programm für das Institut für künstlerische Kultur » [Programme pour l'institut de culture artistique]. En mai, l'Institut pour la culture artistique (Inkhouk) voit le jour et Kandinsky est nommé à la tête de la section « Art monumental ».
Des représentations locales de l'Inkhouk voient bientôt le jour à Petrograd, Vitebsk et dans d'autres villes de Russie et d'Europe. Le 16 juin, le jeune Vsevolod décède. Le même mois, Kandinsky présente à Moscou le programme pédagogique de l'Inkhouk, à l'occasion de la première Conférence panrusse des chefs des sections artistiques du Narkompros. Sa proposition est cependant rejetée par les représentants du mouvement constructiviste. À la fin de l'année, Kandinsky quitte l'Inkhouk. Il est nommé docteur *honoris causa* de l'Université de Moscou. Avec Alexandre Rodchenko, Varvara Stepanova et Nikolaï Sinezoubov, il participe à Moscou à l'« Exposition des quatre ».

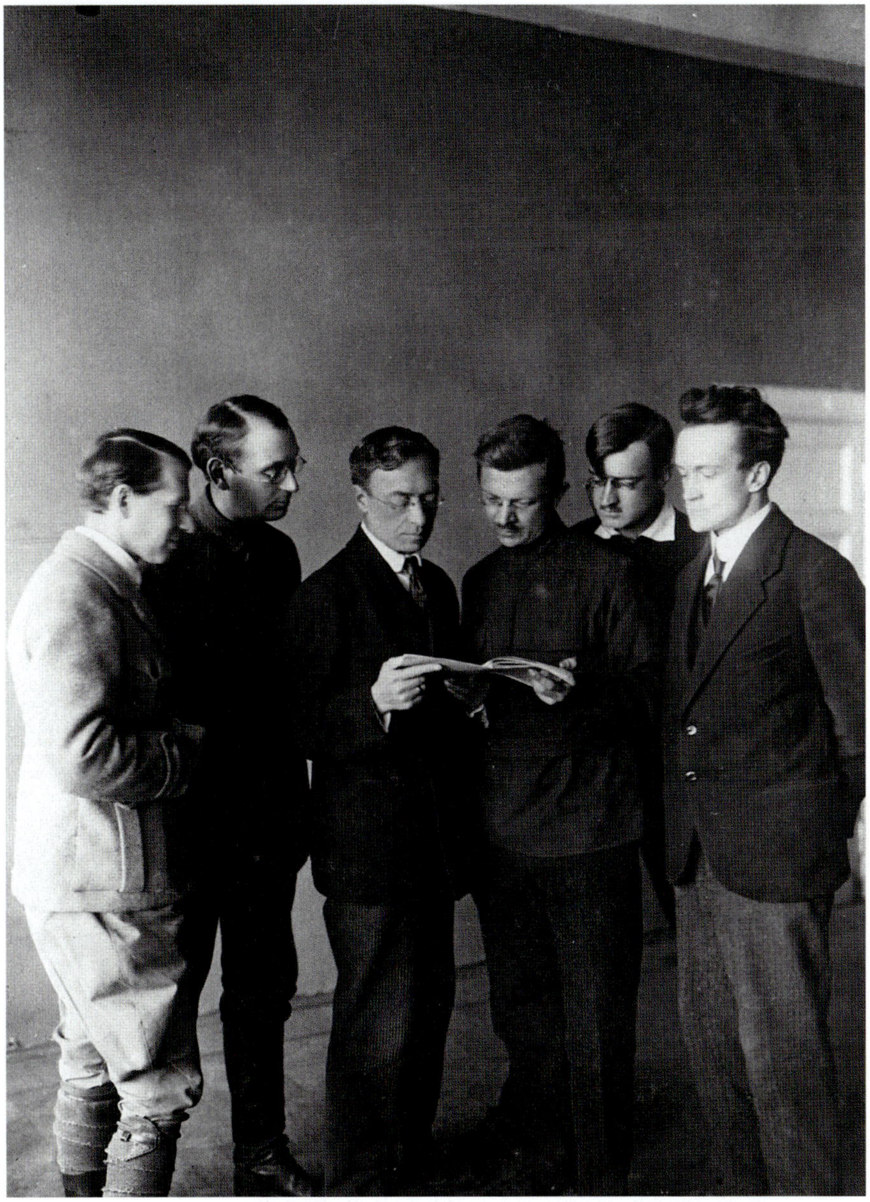

Kandinsky et des collègues du Narkompros (de gauche à droite : Robert Falk, peintre ; Youri Shor, violoniste ; Vassily Kandinsky ; Alexandre Chenchine ; V. Pavlov, chrorégraphe ; Piotr Ousbensky, physicien)
Bibliothèque Kandinsky, Centre Pompidou, Paris

Fondés en 1918, les Ateliers nationaux libres ou Svomas sont remplacés par les Vkhoutemas (Ateliers supérieurs d'art et de technique). Kandinsky y poursuit ses activités d'enseignant. En novembre et décembre, il participe à une exposition de la Société Anonyme à New York et à la XIXe exposition du Bureau central Panrusse des expositions de l'ISO du Narkompros où il présente 54 œuvres.

1921 Tout comme Piotr Kogan et A. M. Rodionov, Kandinsky est pressenti pour faire partie d'une commission de consultation en vue de la fondation d'une Académie russe des sciences artistiques (Rakhn). Il devient dans le même temps chef du sous-comité pour la physico-psychologie et les beaux-arts. En juin, Kandinsky élabore son programme pour ce département. Le projet est entériné le 21 juin par la commission de consultation. En été, lors d'une conférence devant la commission des sciences artistiques, Kandinsky expose ses conceptions sur les fondements de la peinture. Le département des beaux-arts ne verra cependant le jour qu'en janvier 1922. En octobre, l'Académie russe des sciences artistiques est officiellement créée. Vassily Kandinsky n'étant pas membre du parti communiste, il doit se contenter de la vice-présidence et c'est Piotr Kogan qui est nommé président. Cette déception, le rejet de son programme, sa démission de l'Inkhouk, son isolement artistique et politique et des conditions matérielles de plus en plus difficiles du fait de la révolution et de la guerre civile renforcent Kandinsky dans son intention de quitter la Russie. Il participe encore à des expositions comme « Mir Iskousstva » et la IIIe Exposition itinérante du sous-département régional de la direction des musées à Sovetsk. Fin décembre, Vassily et Nina Kandinsky quittent la Russie et arrivent épuisés et affamés à Berlin, où ils louent une chambre meublée dans le quartier de Charlottenburg. Si l'on en croit les mémoires de Nina Kandinsky, son mari aurait obtenu une invitation au Bauhaus à l'automne 1921, grâce à des intermédiaires russes. Sur intervention de l'ambassadeur d'Allemagne à Moscou, le couple a pu emporter des tableaux, mais, pensant que ce séjour en Allemagne serait provisoire, Kandinsky n'en avait sélectionné qu'une douzaine.

Peu après son arrivée, Kandinsky rencontre Lyonel Feininger et rend aussi visite à Herwarth Walden à la galerie Der Sturm. Il apprend que toutes ses œuvres laissées en dépôt ont été vendues sans son autorisation et qu'en raison de la situation économique, elles n'ont rapporté que fort peu d'argent.

1922 Kandinsky passe les six premiers mois à Berlin, retiré du monde. Bien que le milieu artistique soit prêt à l'accueillir à bras ouverts, il préfère se remettre des épreuves qu'il vient de traverser. Il ne rencontre ses confrères qu'à de rares occasions, comme George Grosz ou encore Alexeï von Jawlensky, venu de Wiesbaden à Berlin pour revoir son ami, après plusieurs années d'absence. En mars, Walter Gropius rend visite à Kandinsky, accompagné de sa femme Alma, la veuve de Gustave Mahler. Il remet au peintre une invitation officielle à venir enseigner à l'école du Bauhaus, fondée à Weimar en 1919. En mai, Kandinsky se rend une première fois sur place et, à partir du mois de juin, occupe le poste de maître des formes à l'atelier de peinture murale. Il enseigne aussi les formes en cours préparatoire. En plus de ses collègues peintres et professeurs Lyonel Feininger, Johannes Itten et Oskar Schlemmer, il y retrouve son vieux compagnon de route Paul Klee. Les Kandinsky emménagent sans délai à Weimar. De fin avril à juin, la galerie Goldschmidt-Wallerstein de Berlin expose les douze peintures que l'artiste a rapportées de Russie et deux autres œuvres réalisées au cours des six mois passés à Berlin. Il s'agit de la première exposition monographique du peintre présentée après-guerre en Allemagne, juste avant celle de la galerie Thannhauser, qui se tient du 1er au 14 juillet à Munich. Kandinsky participe aussi avec deux nouvelles œuvres à l'Exposition d'art internationale de Düsseldorf, dans la section « Artistes étrangers / Russie ». Pendant l'été, à l'occasion de la « Juryfreie Kunstschau », Kandinsky imagine pour la grande salle d'exposition du Land, située dans la gare Lehrter de Berlin, de grands panneaux muraux figurant l'entrée d'un musée d'art imaginaire. Il réalise ce décor avec Herbert Bayer et ses étudiants du Bauhaus. Le couple Kandinsky passe ses vacances dans la maison de la mère de Gropius à Timmendorf, au bord de la Baltique. L'été suivant, les Kandinsky se rendront à Graal-Müritz, toujours sur la Baltique, ainsi qu'à Binz, sur l'île de Rügen.

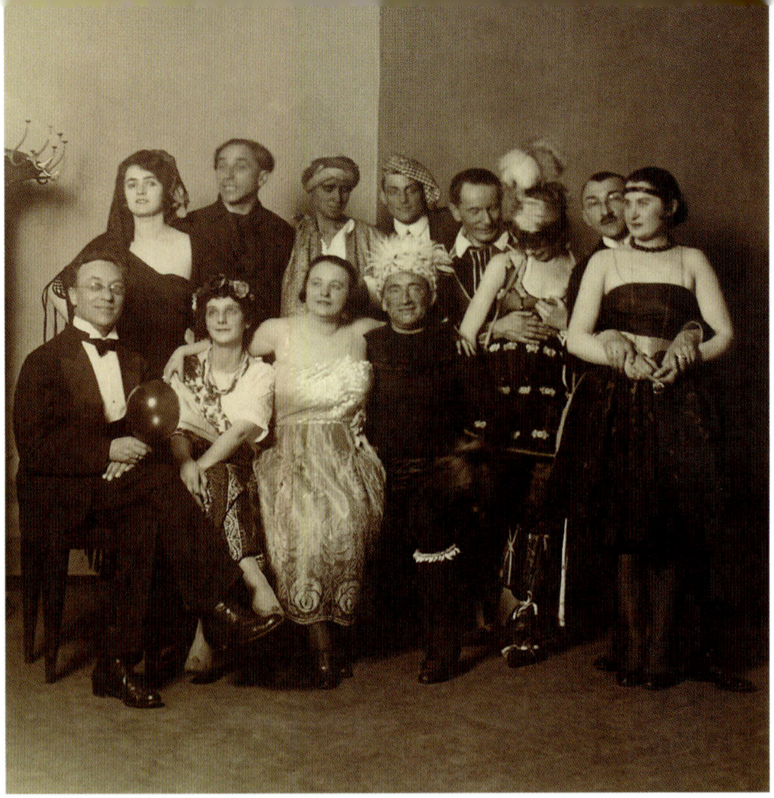

Bal costumé au Bauhaus en 1923 (assis à gauche Vassily et Nina Kandinsky)
Bibliothèque Kandinsky, Centre Pompidou, Paris

Du 1er septembre au 15 octobre, la galerie Gummesons Konsthandel de Stockholm présente à nouveau des œuvres de Kandinsky. Le peintre participe aussi avec six tableaux à la Première exposition d'art russe, importante manifestation de la galerie berlinoise Van Diemen. Outre des œuvres des frères Bourliouk, Chagall, Denissov, El Lissitzky, Malevitch et Rodchenko, on peut y voir celles de nombreux artistes nés dans les années 1900. Vers la fin de l'année, le portfolio *Petits mondes*, avec ses douze feuilles réalisées au Bauhaus par un imprimeur de Weimar, paraît chez Propyläen à Berlin.

1923 Au début de l'année, Kandinsky participe à l'exposition de la galerie Hans Goltz intitulée « Zehn Jahre Neue Kunst in München » [Dix années d'art moderne à Munich].
Du 23 mars au 4 mai, la première exposition entièrement consacrée à Kandinsky est présentée par la Société Anonyme de New York, dont il devient le vice-président. Au même moment, Kandinsky fait plus ample connaissance avec Katherine Dreier. Il commence aussi son importante correspondance avec l'historien et critique d'art Will Grohmann, qu'il a rencontré en 1921. Du 15 août au 30 septembre a lieu la première grande exposition du Bauhaus, à l'occasion du cinquième anniversaire de l'école. Professeurs et élèves de toutes les disciplines exposent.

Le bâtiment du Bauhaus avec à droite l'aile des ateliers.
Photo Lucia Moholy, Dessau, 1925
Bibliothèque Kandinsky, Centre Pompidou, Paris

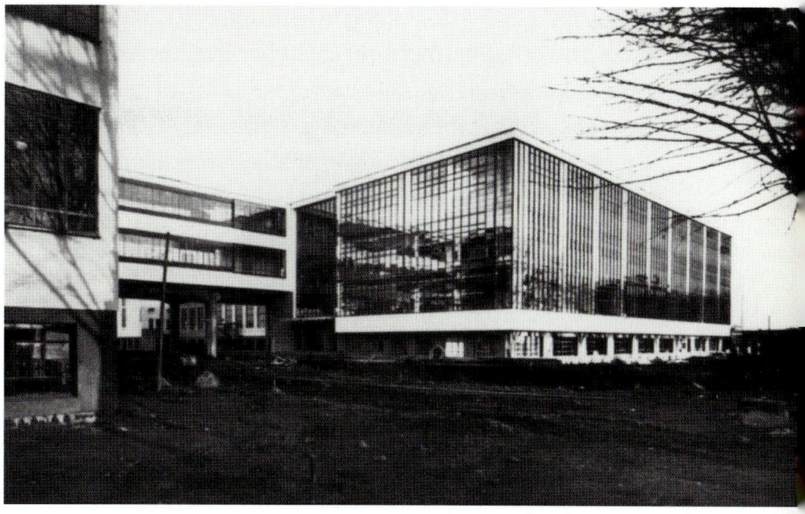

Dans le cadre de la « Bauhaus Woche » [Semaine du Bauhaus], Kandinsky donne une conférence, tout comme Walter Gropius et Jacobus Johannes Pieter Oud. Son intervention est intitulée « Über synthetische Kunst » [De l'art synthétique]. Dans le cadre des célébrations, on joue aussi pour la première fois le *Ballet triadique* d'Oskar Schlemmer et l'*Histoire du soldat* d'Igor Stravinsky, créée en 1918. Dans l'anthologie *Staatliches Bauhaus in Weimar, 1919-1923*, publiée à cette occasion, paraissent aussi trois essais de Kandinsky : « Die Grundelemente der Form » [Les éléments fondamentaux de la forme], « Farbkurs und Seminar » [Cours et séminaire sur la couleur] et « Über die abstrakte Bühnensynthese » [De la synthèse scénique abstraite]. Outre leurs liens d'amitié avec Paul et Lily Klee, les Kandinsky entretiennent des relations suivies avec Lyonel et Julia Feininger, Oskar et Anna Helena Schlemmer, Georg et El Muche.

1924 En mars, le groupe The Blue Four [Les Quatre bleus] réunissant Feininger, Jawlensky, Kandinsky et Klee, est créé sous l'égide de Galka Scheyer. Il s'agit de faire connaître aux États-Unis l'œuvre des quatre membres du groupe, grâce à des expositions et à des ventes. Peintre reconvertie dans le commerce de l'art, Galka Scheyer s'est liée d'amitié avec Jawlensky et sa famille en 1916, et a émigré la même année aux États-Unis, d'abord à New York puis à Hollywood. Elle deviendra pendant presque vingt ans le seul agent et marchand de Kandinsky outre-Atlantique. Vassily et Nina Kandinsky passent leurs vacances d'été à Wenningstedt sur l'île de Sylt, en mer du Nord. À l'automne, Kandinsky participe à l'« Exposition d'art internationale » de la Sécession viennoise. Paul Klee y expose également ainsi que Fernand Léger, dont c'est la première participation. À cette occasion, Kandinsky se rend à Vienne où il donne une conférence. Ce voyage l'amène sans doute à passer par Munich, ville qu'il reverra une dernière fois pour un cours séjour en 1927. Le 26 décembre, en raison des attaques menées contre le Bauhaus par les conservateurs et l'extrême droite nazie, déjà fort influente à Weimar, le gouvernement régional de Thuringe décide de licencier les enseignants de l'école.

1925 Du 20 février au 10 mars, à l'initiative de Galka Scheyer, des œuvres du groupe Blue Four sont pour la première fois présentées à New York à la Daniel Gallery. L'événement s'accompagne de la publication d'un catalogue, mais la galerie ne réalise pas la moindre vente. Au même moment se tient la Dixième exposition annuelle du musée municipal de Leipzig qui, dans une section intitulée « Staatliches Bauhaus Weimar, Meister des Bauhauses » [École régionale du Bauhaus de Weimar, maîtres du Bauhaus], présente pour la première fois Feininger, Kandinsky, Klee, Moholy-Nagy, Muche et Schlemmer, avec une seule peinture par artiste. En février, à l'occasion d'une de leurs nombreuses visites à Dresde, Vassily et Nina Kandinsky séjournent un temps chez Will Grohmann puis chez la collectionneuse Ida Bienert. Le couple entreprend ensuite un cours voyage à Dessau pour évaluer avec Georg et El Muche la possibilité d'y installer l'école du Bauhaus. Kandinsky participe avec Klee à l'exposition de mars du Nassauischer Kunstverein de Weisbaden [Société d'art de Weisbaden], dans le nouveau musée de la ville. Il y présente notamment *Komposition VIII* [Composition VIII] (voir cat. p. 153) et donne à nouveau une conférence. Le 1er avril, le Bauhaus ferme définitivement ses portes à Weimar, victime de l'acharnement des conservateurs et des nazis. Le 25 mai, Walter Gropius signe le contrat prévoyant l'installation du

Bauhaus à Dessau. À l'été commence la construction du bâtiment de l'école, d'une villa pour son directeur et de trois maisons jumelées pour les enseignants. Elles doivent loger respectivement Moholy-Nagy et Feininger, Muche et Schlemmer ainsi que Kandinsky et Klee. L'ensemble des plans sont de la main de Walter Gropius. Le déménagement de l'école a lieu en juin à Dessau, où les Kandinsky logent d'abord dans une maison meublée au 7 de la Moltkestraße. Ils sous-louent en outre l'une de leurs pièces à Paul Klee. À la Grande exposition d'art qui se tient de mai à octobre à l'occasion des Expositions jubilaires de Düsseldorf, Kandinsky présente cinq tableaux. Il publie son article « Abstrakte Kunst » [L'Art abstrait] dans la revue *Der Cicerone*. En été, les Kandinsky vont pour la deuxième fois passer leurs vacances à Binz, sur l'île de Rügen. Sur le modèle de la Société Klee créée un an auparavant, Otto Ralfs fonde à Braunschweig une Société Kandinsky avec huit autres collectionneurs d'art. Vers la fin de l'année, Kandinsky achève le manuscrit de *Punkt und Linie zu Fläche* [*Point et ligne sur plan*].

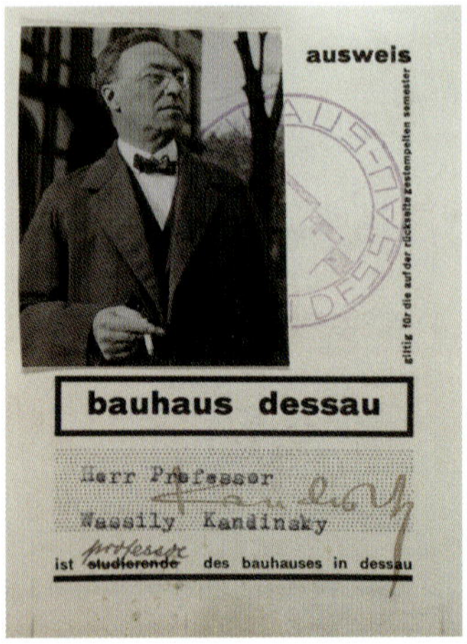

Carte de professeur
de Vassily Kandinsky au
Bauhaus de Dessau, 1926
Bibliothèque Kandinsky,
Centre Pompidou, Paris

1926 *Punkt und Linie zu Fläche* [*Point et ligne sur plan*] paraît chez l'éditeur Albert Langen à Munich dans la collection « Bauhaus-Bücher », dont il constitue le neuvième volume. En mai s'ouvre au château de Braunschweig (Brunswick) une importante exposition itinérante pour le soixantième anniversaire de Kandinsky. Elle est organisée par la Société des amis de l'art moderne et présente 52 peintures et de nombreuses aquarelles qui seront ensuite exposées à la galerie Arnold de Dresde, à Berlin, Dessau et dans d'autres villes d'Allemagne. Le catalogue édité pour l'occasion contient des textes de Paul Klee, de Will Grohmann, de l'historienne de l'art viennoise Fannina Halle et de Katherine Dreier de New York. Les artistes du Bauhaus participent durant l'été à l'« Ausstellung der Abstrakten. Große Berliner Kunstausstellung » [Exposition des abstraits. Grande exposition d'art de Berlin] et prennent en charge le décor des salles et la réalisation du catalogue. En juin, les Kandinsky emménagent dans l'une des maisons jumelées construites par Gropius, au numéro 6 de la Burgkühnauer Allee (actuelle Ebertallee). Ils partagent cette adresse avec Paul et Lily Klee.
Dans la revue *Das Kunstblatt* paraît l'article de Kandinsky titré « Tanzkurven : zu den Tänzen der Palucca » [Courbes dansées : à propos de la danse de Palucca].
Le peintre avait déjà évoqué le langage corporel de cette danseuse et chorégraphe allemande dans *Punkt und Linie zu Fläche*. Le père de Kandinsky décède à Odessa. Avant son départ pour l'Allemagne en 1921, le peintre avait déjà perdu sa mère pendant la guerre civile. En septembre, après des années de bataille juridique avec Gabriele Münter, Kandinsky obtient la restitution d'une partie de ses biens munichois, dont quelques tableaux et du mobilier. En novembre, il participe à l'exposition organisée par la Société Anonyme au Brooklyn Museum de New York et intitulée « An International Exhibition of Modern Art » [Une exposition internationale d'art moderne].
En décembre, la revue *Bauhaus* paraît pour la première fois avec une présentation et des moyens minimalistes.
Sa première livraison est consacrée au soixantième anniversaire de Kandinsky et comprend son article « La valeur de l'enseignement théorique en peinture ».
Le 4 décembre, la fête d'inauguration du bâtiment du

Le corps enseignant du Bauhaus le jour de l'inauguration, sur le toit du bâtiment de Dessau, le 4 décembre 1926
(de gauche à droite : Josef Albers, Hinnerk Scheper, Georg Muche, László Moholy-Nagy, Herbert Bayer, Joost Schmidt, Walter Gropius, Marcel Breuer, Vassily Kandinsky, Paul Klee, Lyonel Feininger, Gunta Stölzl et Oskar Schlemmer)
Bibliothèque Kandinsky, Centre Pompidou, Paris

Vassily Kandinsky et Paul Klee dans le jardin de leur maison jumelle à Dessau, vers 1927
Bibliothèque Kandinsky, Centre Pompidou, Paris

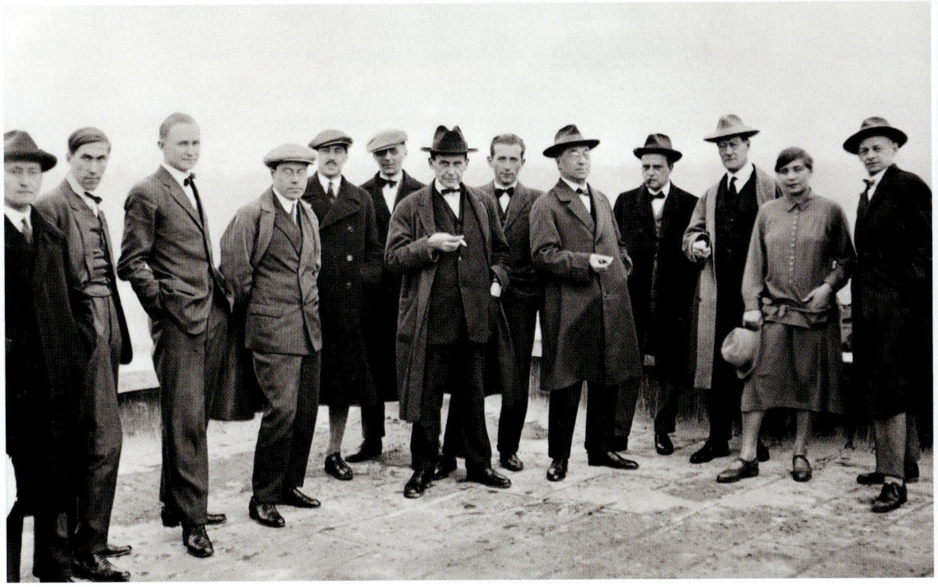

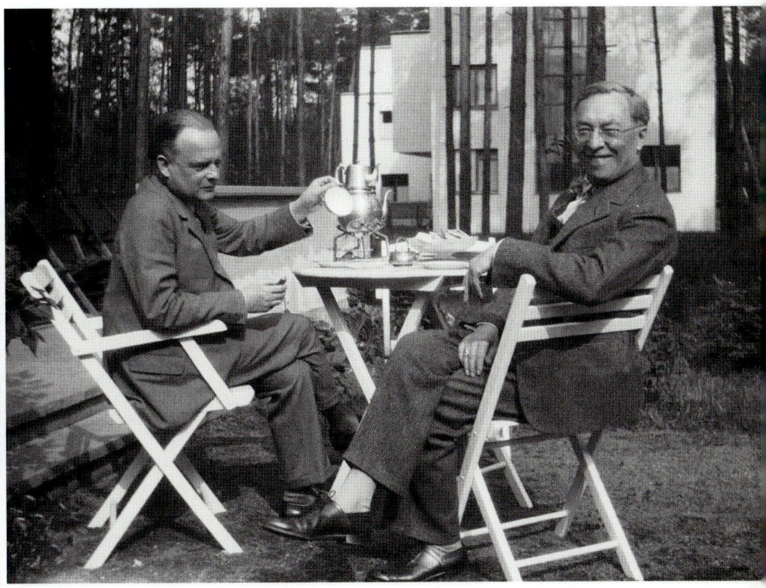

Bauhaus a lieu à Dessau. Les anciens élèves de l'école – Josef Albers, Herbert Bayer, Marcel Breuer, Hinnerk Scheper, Joost Schmidt et Gunta Stölzl – sont nommés professeurs et intègrent ainsi le corps enseignant permanent du Bauhaus.

1927 L'exposition de la Kunsthalle de Mannheim intitulée « Wege und Richtungen der abstrakten Malerei in Europa » [Voies et directions de la peinture abstraite en Europe] offre pour la première fois en Allemagne un panorama international de l'art abstrait. Elle présente entre autres des œuvres d'Alexandre Archipenko, Willi Baumeister, Robert et Sonia Delaunay, Albert Gleizes, Juan Gris, Paul Klee, Fernand Léger, László Moholy-Nagy, Piet Mondrian, Pablo Picasso, Oskar Schlemmer, Kurt Schwitters et Friedrich Vordemberge-Gildewart. Le directeur de la Kunsthalle, Gustav F. Hartlaub, réserve un espace considérable à Kandinsky. Il est l'artiste qui a le plus d'œuvres exposées. La sélection comprend à la fois des huiles et des aquarelles, en partie déjà présentées à l'exposition itinérante de 1926. Dans la revue internationale *i10* à Amsterdam paraît l'important essai théorique de Kandinsky « Und. Einiges über synthetische Kunst » [Et. Éléments sur l'art synthétique]. Kandinsky, Klee et Feininger commencent à donner des cours dits « de peinture libre » qui ont lieu dans les ateliers de leurs maisons au Bauhaus. Les Kandinsky passent leurs vacances d'été en Autriche, à Pörtschach, au bord du Wörthersee, puis en Suisse. Leur voyage les conduit à Munich. C'est la seconde fois depuis la guerre et la dernière fois de sa vie que Kandinsky voit la capitale de la Bavière. À Pörtschach, le couple rencontre par hasard Arnold Schönberg et sa deuxième femme Gertrud.
Les quatre amis passent quelques jours ensemble. Le malentendu né du prétendu antisémitisme de Kandinsky – une rumeur sans doute alimentée par Alma Gropius – est réparé, mais les deux artistes ne reprendront jamais leur correspondance soutenue. À Dessau, Kandinsky fait la connaissance de Christian Zervos, éditeur d'origine grecque de la revue parisienne *Cahiers d'Art*. Kandinsky est enthousiasmé par la publication qu'il lui propose et par les possibilités offertes par la future galerie éponyme, qui vont lui offrir un forum de choix à Paris jusqu'en 1935.

1928 Le 8 mars, Kandinsky et sa femme obtiennent enfin la nationalité allemande qu'ils réclamaient depuis plusieurs années. Leurs nouveaux passeports vont faciliter leurs voyages à l'étranger. Pour fêter l'événement, ils organisent un bal costumé dans leur maison de Dessau. Vêtu d'un frac et d'une culotte bavaroise, Kandinsky y fait une apparition remarquée. Le 1er avril, l'architecte suisse Hannes Meyer, ancien assistant de Gropius, lui succède à la tête du Bauhaus. Sous sa direction, l'opposition entre peinture et design appliqué, entre art libre et industrie, se renforce. Marcel Breuer et Hannes Bayer quittent également le Bauhaus et ouvrent comme Gropius des bureaux privés à Berlin. Kandinsky réalise les décors et la mise en scène de la suite pour orchestre *Tableaux d'une exposition* de Modest Moussorgski, produite par Georg Hartmann, directeur du Friedrich-Theater de Dessau. L'assistant metteur en scène est Felix Klee. La première a lieu le 4 avril, suivie d'une nouvelle représentation le 11 avril. Il s'agit de la seule œuvre scénique de Kandinsky à avoir été jouée en public. Les articles de Kandinsky « Kunstpädagogik » [Pédagogie de l'art] et « Analytisches Zeichnen » [Dessin analytique] sont publiés dans la revue *Bauhaus*. L'exposition d'été de la galerie Ludwig Schames de Francfort présente des peintures et des aquarelles de Kandinsky, en même temps que des œuvres de Dix, Feininger, Heckel, Hofer, Jawlensky, Kirchner, Kokoschka, Klee, Nolde et Schmidt-Rottluff.

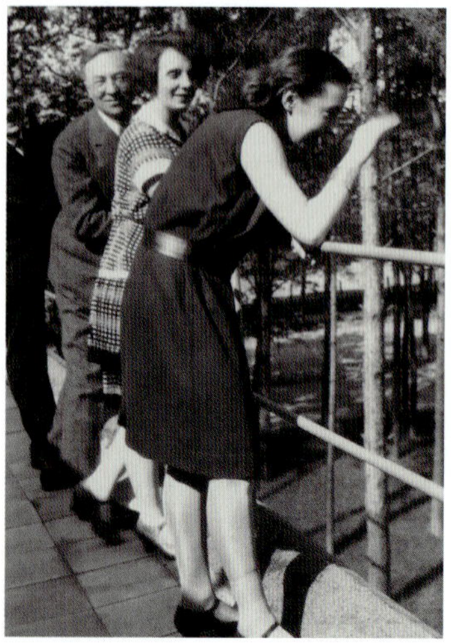

Gret Palucca en compagnie de Vassily et Nina Kandinsky sur une terrasse du bâtiment du Bauhaus à Dessau, mai 1928
Bibliothèque Kandinsky, Centre Pompidou, Paris

C'est à Nice et Juan-les-Pins, puis aux Sables-d'Olonne, que les Kandinsky décident de passer leur été. En octobre, la galerie Ferdinand Möller de Berlin présente une grande exposition d'aquarelles de Kandinsky, avec 54 nouvelles œuvres. L'artiste écrit une courte préface pour le catalogue. Peu de temps après, la galerie Neue Kunst Fides de Rudolf Probst, qui représente aussi Franz Marc, décédé en 1916, consacre une exposition monographique à Kandinsky. Par l'entremise de Georg Muche, le couple Kandinsky est invité dans la villa du peintre Rudolf Bauer à Berlin. Kandinsky participe à l'exposition berlinoise « Novembergruppe », au cours de laquelle Solomon R. Guggenheim achète deux de ses œuvres.

1929 Du 15 au 31 janvier, la galerie Zak présente à Paris la première exposition monographique de Kandinsky. Elle comprend 66 aquarelles des trois dernières années. La préface de la brochure qui fait office de catalogue est signée E. Tériade. André Breton fait l'acquisition de deux feuilles. Il n'est pas le seul acheteur. Dans les *Cahiers d'Art*, Christian Zervos écrit un premier texte sur Kandinsky. En avril, un nouvel accrochage de The Blue Four [Les Quatre bleus] est présenté à l'Oakland Art Gallery. Le 20 avril, à la Kunsthalle de Bâle, s'ouvre une vaste exposition consacrée aux maîtres du Bauhaus. Le catalogue, dont la typographie est empruntée au style de l'école, reproduit en pleine page quelques-unes des 28 nouvelles peintures que Kandinsky présente pour l'occasion. C'est ici que Josef Albers montre pour la première fois ses « Fenster-Bilder » [tableaux-fenêtres] et ses « Wand-Bilder » [tableaux-murs]. Début mai, Marcel Duchamp et Katherine Dreier visitent l'école du Bauhaus à Dessau. Les Kandinsky passent leurs vacances d'été avec les Klee à Hendaye. À l'aller, Kandinsky fait un détour par la Belgique pour rendre visite à James Ensor à Ostende. En octobre a lieu la première et seule exposition de Blue Four en Allemagne. C'est la galerie berlinoise Ferdinand Möller qui présente les œuvres du groupe. Assez importante, la sélection compte des œuvres de Feininger, Jawlensky et Klee ainsi que 18 peintures de Kandinsky. Le catalogue comprend un texte introductif signé Ernst Kállai.

Visite de 30 étudiants sud-africains avec le Pr. Bohle-Kapstadt à Dessau, janvier 1929 (de gauche à droite : Vassily Kandinsky, Fritz Hesse, Hugo Junkers, Pr. Bohle, Lyonel Feininger, Hannes Meyer)
Bibliothèque Kandinsky, Centre Pompidou, Paris

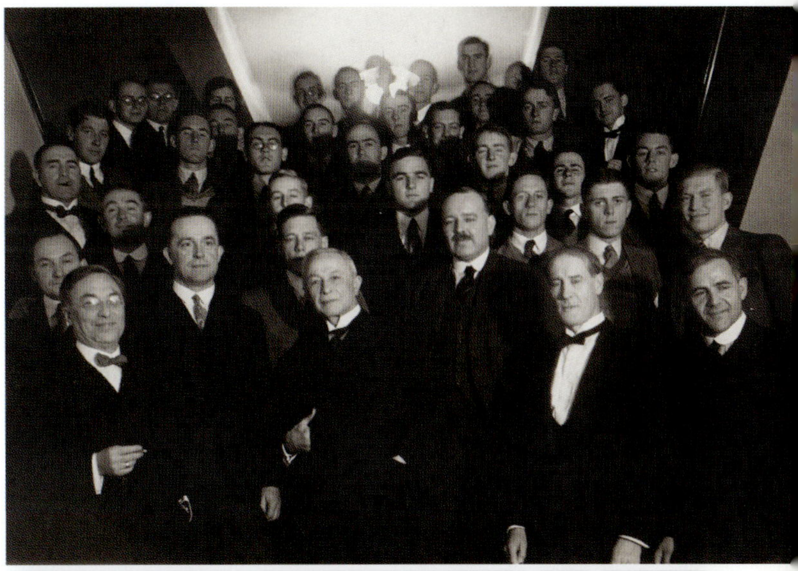

En novembre, *Cahiers d'Art* publie un long article de Will Grohmann sur Kandinsky. L'artiste participe en outre à plusieurs manifestations collectives à Berlin, Wiesbaden et Cologne. Mais il réserve sa contribution la plus importante, avec 32 œuvres, à l'exposition de la Société des amis des arts du Schlesisches Museum de Breslau (actuellement Wroczaw, en Pologne).

1930 Au début de l'année se tient une grande exposition collective avec plus de 50 œuvres signées par Kandinsky au Staatliches Museum de Saarbrücken. L'artiste fait le voyage de Saarbrücken avec sa femme pour y donner une conférence. Par ailleurs, l'école du Bauhaus organise une exposition à Essen, au Folkwang Museum, où Kandinsky présente quelques-unes de ses nouvelles peintures. Michel Seuphor invite l'artiste à participer à l'éphémère groupe Cercle et Carré. Il y retrouve Mondrian, Léger, Le Corbusier et Baumeister, avec lequel il entamera une correspondance l'année suivante. Une présentation monographique de deux semaines est consacrée à Kandinsky par la Braxton Art Gallery à Hollywood. Elle inaugure une série d'expositions individuelles de tous les membres de Blue Four [Les Quatre bleus], qui se prolongeront jusqu'au 15 mai.
Le cycle est soutenu financièrement par le metteur en scène Josef von Sternberg, mais sa collaboration avec Galka Scheyer n'ira pas plus loin. Du 14 au 31 mars a lieu la deuxième exposition parisienne entièrement consacrée à Kandinsky dans la galerie de France. Kandinsky se rend pour l'occasion dans la capitale française, où il fait notamment la connaissance de Jean Hélion et de l'écrivain et critique Gualtieri di San Lazzaro, futur éditeur de la revue *XXe Siècle*. En avril, deux œuvres de Kandinsky sont présentées à l'exposition du groupe Cercle et Carré, à la galerie 23 à Paris.
Au début de l'été, Solomon et Irene Guggenheim rendent visite à Kandinsky à Dessau, accompagnés de Hilla Rebay, qui constitue alors avec détermination leur collection d'art abstrait. À cette occasion, Solomon Guggenheim achète trois œuvres, dont *Komposition VIII* [Composition VIII].
Peu de temps après, le couple Kandinsky se rend sur la côte adriatique à Cattolica en passant par Gênes et Bologne.

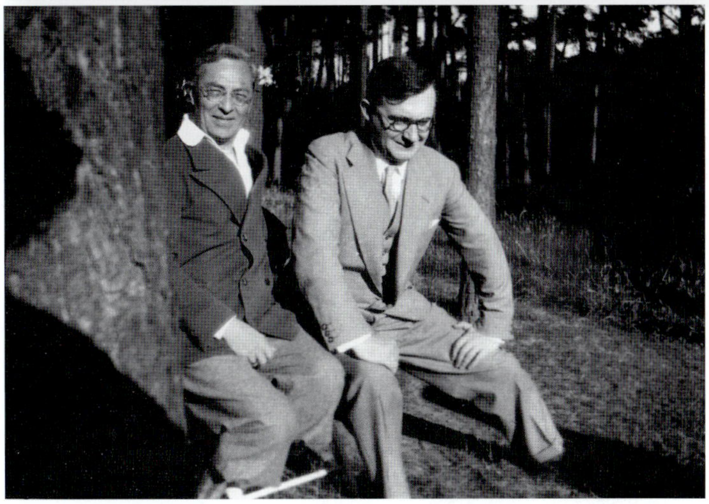

Kandinsky et Ludwig Grote dans les jardins du *Bauhaus* à Dessau en 1929
Bibliothèque Kandinsky, Centre Pompidou, Paris

Marcel Duchamp, Katherine Dreier et Vassily Kandinsky à la gare de Dessau, mai 1929
Bibliothèque Kandinsky, Centre Pompidou, Paris

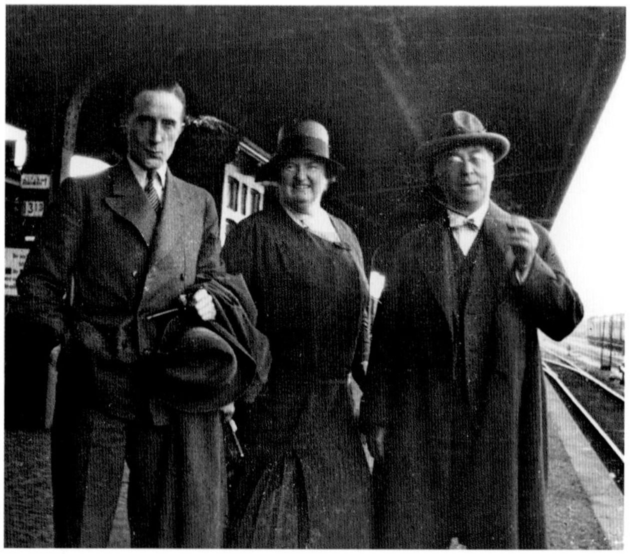

Il visite aussi Urbino, Venise et Ravenne, où Kandinsky est particulièrement impressionné par les mosaïques. Sur les instructions de l'architecte et théoricien d'art Paul Schultze-Naumburg, placé à la tête de la Kunsthochschule [École supérieure d'art] de Weimar par les Nazis, des œuvres de Kandinsky et de Klee sont exclues du musée municipal et les fresques signées Schlemmer, encore présentes dans la cage d'escalier de l'ancien bâtiment du Bauhaus, sont détruites. À la demande de l'éditeur Paul Westheim, la revue *Das Kunstblatt* publie le texte de souvenirs de Kandinsky intitulé « Der Blaue Reiter (Rückblick) » [Le Cavalier Bleu (Regards sur le passé)], qui sera par la suite abondamment cité. La relation de l'artiste avec Hannes Meyer et les étudiants du Bauhaus devient de plus en plus conflictuelle. Au cours des vacances d'été, Hannes Meyer, sympathisant communiste, est démis de ses fonctions, à la suite de protestations auxquelles Kandinsky n'est pas étranger. En août, l'architecte Ludwig Mies van der Rohe lui succède au poste de directeur du Bauhaus. À la fin de l'année, un ouvrage sur Kandinsky signé Will Grohmann est publié dans la série des Éditions des Cahiers d'Art. Après le petit livre de Hugo Zehder, paru en 1920, il s'agit de la première monographie consacrée à l'artiste. Le livre est aussi imprimé en allemand, sous la forme d'un hors-série édité par la Société Kandinsky de Braunschweig.

1931 Pour la première fois en France, le numéro annuel des *Cahiers d'Art* de Christian Zervos publie un article de Kandinsky. Il s'agit d'un important essai théorique intitulé « Réflexions sur l'art abstrait ». La galerie Alfred Flechtheim de Berlin présente en février une grande exposition consacrée à Kandinsky. Elle réunit 45 peintures et 23 aquarelles. La préface du catalogue reproduit des passages de la monographie de Will Grohmann, qui vient de paraître. Kandinsky assiste en personne à l'ouverture. Le 15 février est fondé à Paris le groupe Abstraction-Création dont la revue consacrera des articles à Albers, Baumeister, Freundlich, Moholy-Nagy et Schwitters. En février, Kandinsky se voit proposer un poste d'enseignant à l'Art Students League de New York, mais il refuse l'offre.

Deux expositions couplées, Kandinsky-Feininger et Jawlensky-Klee, sont organisées respectivement en avril et en mai, à San Francisco, dans le cadre de Blue Four [Les Quatre bleus]. Les deux manifestations sont ensuite présentées conjointement au Mexique. Pour l'édition espagnole du catalogue, Galka Scheyer convainc Diego Rivera d'écrire deux textes sur Kandinsky et sur Klee. C'est d'après un projet de Kandinsky qu'est réalisé le décor en céramique d'un salon de musique à la Deutsche Bauausstellung de Berlin. Le décor est présenté au public du 9 mai au 2 août, au centre d'exposition près de la tour de la radio. En mai, Kandinsky édite un numéro spécial de la revue *Bauhaus* en hommage à Paul Klee qui a décidé de quitter l'école. Dans ce même numéro, Kandinsky signe un article sur son ami peintre. En été, il entreprend une croisière en Méditerranée avec Nina. Parti de Marseille, le couple visite l'Égypte, la Palestine, Istanbul, la Grèce et l'Italie. Kandinsky est particulièrement marqué par les pyramides d'Égypte. Amédée Ozenfant visite le Bauhaus à Dessau et rencontre Mies van der Rohe, Kandinsky et Klee.

Kandinsky en compagnie de Josef et Anni Albers dans les jardins du Bauhaus à Dessau vers 1931
Bibliothèque Kandinsky, Centre Pompidou, Paris

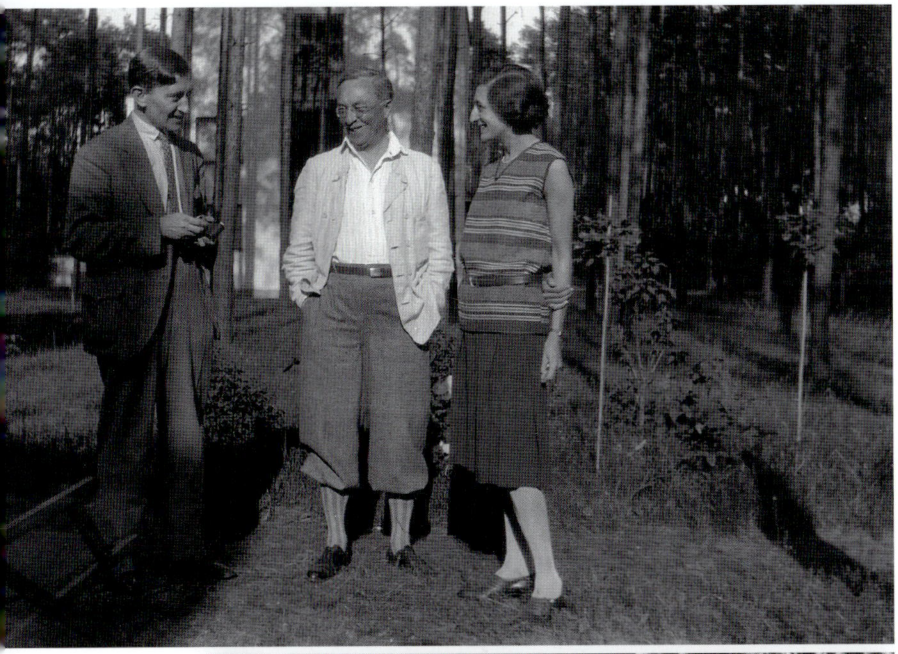

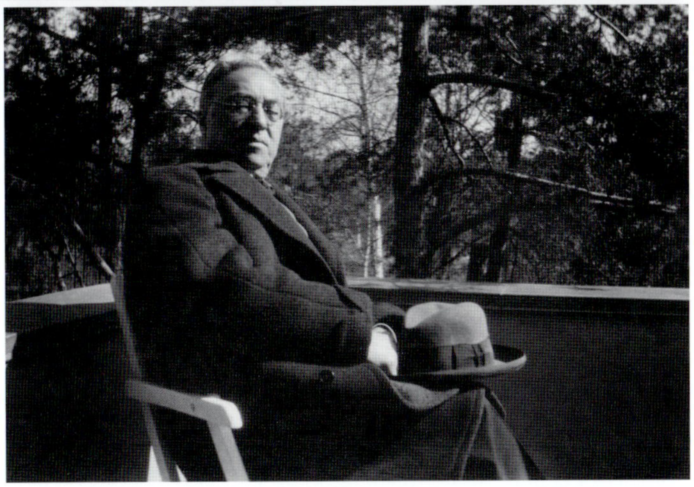

Kandinsky sur le balcon de la villa Henning à Berlin, 1933
Bibliothèque Kandinsky, Centre Pompidou, Paris

1932 En février, la galerie Ferdinand Möller de Berlin consacre une nouvelle exposition à Kandinsky, intitulée « W. Kandinsky. Zeichnungen 1910-1931, Neue Aquarelle. Graphiken » [V. Kandinsky. Dessins 1910-1931, nouvelles aquarelles. Œuvres graphiques]. Elle présente pour la première fois des dessins en noir et blanc, au sujet desquels Kandinsky s'explique dans un extrait de lettre reproduit dans le catalogue. En mai, une exposition de Blue Four [Les Quatre bleus] se tient à la Faulkner Memorial Art Gallery de Santa Barbara. Le catalogue cite à nouveau les déclarations enthousiastes de Rivera sur Kandinsky.
Les nazis ayant remporté les élections régionales, le conseil municipal de Dessau décide, le 22 août, de fermer l'école du Bauhaus. Les contrats des enseignants et le versement de leurs salaires doivent être interrompus à partir du 1er octobre. En septembre, les Kandinsky passent leurs vacances à Dubrovnik, en Yougoslavie. Le Bauhaus déménage à Berlin-Steglitz, dans une ancienne fabrique de télégraphes. Il survit sous la forme d'une institution privée dirigée par Mies van der Rohe. La Valentine Gallery de New York présente en novembre une exposition comprenant des peintures de Kandinsky. Le 10 décembre, Vassily et Nina Kandinsky quittent leur maison de Dessau et déménagent à Berlin-Südende, où ils occupent un étage de la villa Henning, au 9 de la Bahnstraße. Ils y resteront un an. Sous l'égide de Mies van der Rohe, plusieurs de leurs collègues du Bauhaus, comme Josef Albers, Friedrich Engemann, Walter Peterhans et Hinnerk Scheper, déménagent aussi à Berlin.

1933 Le 11 avril, peu après l'arrivée au pouvoir de Hitler, le Bauhaus subit une inspection de la police de Berlin et des SA, qui mettent les scellées au bâtiment. Mies van der Rohe négocie pour obtenir sa réouverture. Le 20 juillet, la conférence des enseignants ayant voté sa dissolution à l'unanimité, l'école est fermée définitivement. En août, Kandinsky passe par Paris avant de se rendre aux Sablettes pour de longues vacances au bord de la Méditerranée.

En octobre, au cours de son voyage de retour, il fait à nouveau halte à Paris où il rencontre notamment Marcel Duchamp, Tristan Tzara et Paul Eluard. Du 27 octobre au 26 novembre, en tant qu'invité d'honneur des surréalistes, il participe à Paris à l'exposition de l'Association artistique les surindépendants. Une fois de retour à Berlin, lui et Nina préparent leur déménagement dans la capitale française et partent le 16 décembre. Après une étape à Berne, ils arrivent à Paris le 21. À la fin du mois, ils emménagent dans un appartement, au sixième étage d'un immeuble neuf, au 135 du boulevard de la Seine (aujourd'hui boulevard du général Koenig), à Neuilly-sur-Seine. C'est Marcel Duchamp qui leur avait signalé ces nouvelles constructions.

1934 En février, après avoir installé son atelier dans le trois pièces de Neuilly, Kandinsky recommence à peindre. Quelques-uns de ses parents russes vivent aussi à Paris, dont Mania Abrikossof, une sœur de sa première femme Ania, et son neveu le philosophe Alexandre Kojève, fils de son demi-frère Vladimir Kojevnikov. En avril et en mai, la Galleria del Milione de Milan présente une exposition Kandinsky intitulée « 45 acquerelli e disegni dal 1924 al 1933 per la prima volta in Italia » [45 aquarelles et dessins de 1924 à 1933 montrés pour la première fois en Italie]. Rue du Dragon à Paris, du 23 mai au 3 juin, Christian et Yvonne Zervos organisent la première exposition entièrement consacrée à Kandinsky par la galerie des Cahiers d'Art, intitulée « Kandinsky. Peintures de toutes les époques, aquarelles et dessins ». Kandinsky est, entre autres, régulièrement en contact avec Fernand Léger, Robert et Sonia Delaunay, Joan Miró, et aussi parfois avec Man Ray, Max Ernst et le galeriste Pierre Loeb. Toutefois, il privilégie de plus en plus ses relations avec Jean et Sophie Taeuber-Arp, Alberto Magnelli, Piet Mondrian et André Breton. La galerie Gummesons Konsthandel de Stockholm présente une importante exposition monographique titrée « Kandinsky 1924-1934 », avec pas moins de 42 peintures. Mais, au lieu d'un catalogue, elle se contente de faire imprimer une simple carte à deux volets.

1935 Par l'entremise de son ancien collègue du Bauhaus, Josef Albers, qui enseigne à présent au Black Mountain College, en Caroline du Nord, Kandinsky se voit offrir une place d'artiste résident. Bien qu'il ait plusieurs fois envisagé d'émigrer aux États-Unis, il refuse une nouvelle fois l'offre. Du 24 au 31 mars, au Kunstmuseum de Lucerne, Kandinsky participe à l'importante exposition « Thèse, antithèse, synthèse » aux côtés de Jean Arp, Georges Braque, Alexandre Calder, André Derain, Hans Erni, Max Ernst, Jean Hélion, Paul Klee, Fernand Léger, Joan Miró, Piet Mondrian, Ben Nicholson, Amédée Ozenfant, Pablo Picasso et Sophie Taeuber-Arp. Outre des prises de position signées Sigfried Giedion, Jean Hélion et Fernand Léger, le catalogue contient aussi un court texte de sa main. Au New Art Circle d'Israel Ber Neumann à New York sont exposées des œuvres de Kandinsky et de Klee. Neumann, qui a émigré en Amérique tout comme Curt Valentin, devient l'agent de Kandinsky pour l'est des États-Unis. Au cours de l'année, Kandinsky fait paraître un nombre élevé de textes théoriques qui ont tous pour objet la défense de l'art abstrait. La revue *Cahiers d'Art* publie un nouvel essai intitulé « L'art d'aujourd'hui est plus vivant que jamais », suivi dans le prochain numéro par un texte plutôt poétique : « Toile vide ». La revue hollandaise *Kroniek van Hedendaagse Kunst en Kultuur* [Chroniques d'art et de culture contemporains] publie une traduction de son essai *Abstrakte Malerei* [Peinture abstraite] et la revue *Konkretion* de Copenhague édite son article « Zwei Richtungen » [Deux directions]. En mai, il assiste à une conférence de Filippo Tommaso Marinetti et rencontre le futuriste italien à la galerie Bernheim-Jeune. Du 21 juin au 10 septembre, se tient la deuxième exposition Kandinsky à la galerie des Cahiers d'Art.

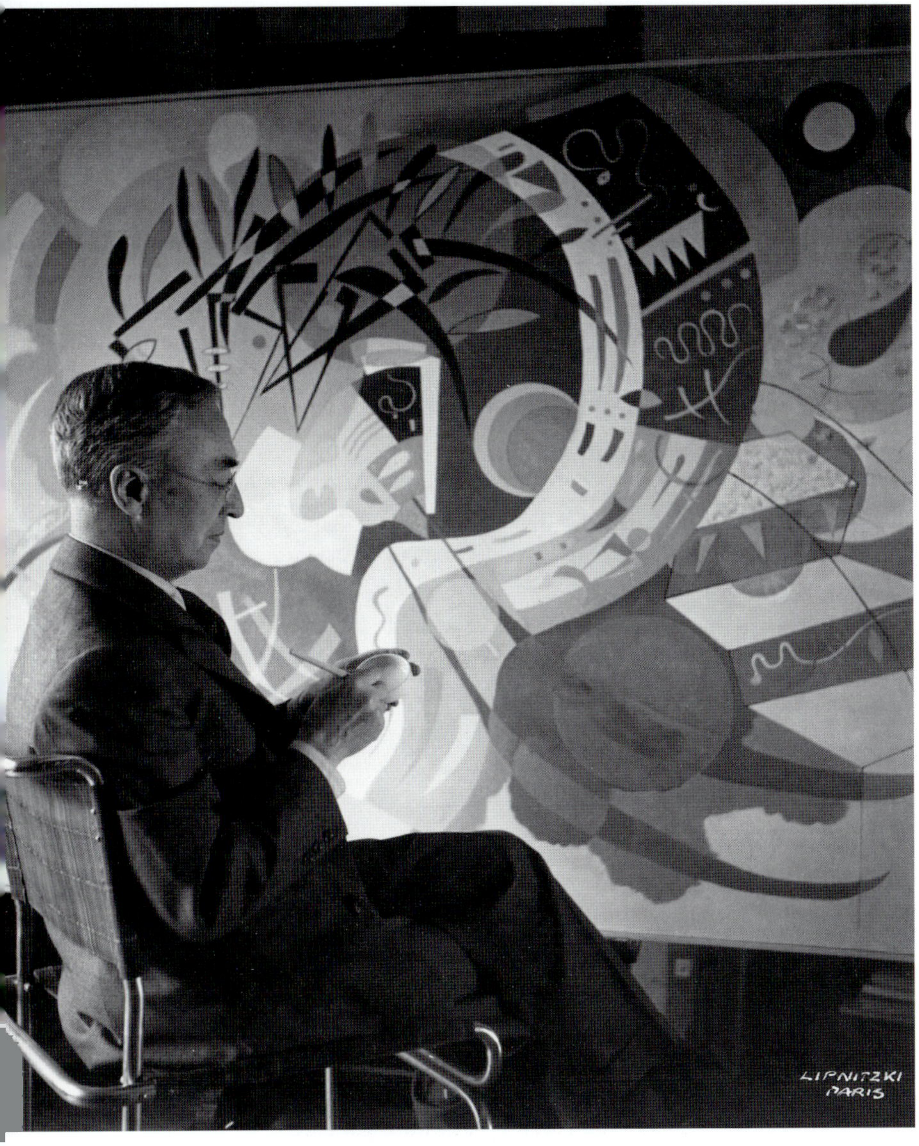

Kandinsky photographié
assis devant sa peinture
Courbe dominante en 1936
Bibliothèque Kandinsky,
Centre Pompidou, Paris
Photographie Boris Lipnitzki

1936 Le New Art Circle de New York et la Stendahl Gallery de Los Angeles organisent des expositions monographiques pour le soixante-dixième anniversaire de l'artiste. Kandinsky participe par ailleurs à deux expositions majeures : « Abstract & Concrete » à la Lefevre Gallery de Londres et « Cubism and Abstract Art » au Museum of Modern Art de New York. La première rassemble de nombreux artistes allant de Calder à Nicholson, en passant par Moholy-Nagy, Miró et Hepworth. La seconde, vaste panorama organisé par Alfred Barr, s'accompagne de l'édition d'un grand catalogue. À la demande de Kandinsky, Christian Zervos publie dans les *Cahiers d'Art* un texte en hommage à Franz Marc, pour le vingtième anniversaire de sa mort, alors que la monographie *Franz Marc* par Alois Schardt est interdite à la diffusion en Allemagne nazie. La galeriste Jeanne Bucher, chez qui André Dézarrois, futur directeur du Jeu de Paume, fait la connaissance de Kandinsky, présente du 3 au 19 décembre une première exposition exclusivement consacrée au peintre : « Kandinsky. Toiles récentes. Aquarelles. Graphiques de 1910-1935 ».

1937 Karl Nierendorf organise à New York une exposition Kandinsky. À cette occasion, il réalise une interview de l'artiste qu'il consigne par écrit. L'exposition est ensuite présentée au Museum at Harvard University de Cambridge (actuel Busch-Reisinger Museum). Du 21 février au 29 mars, une importante rétrospective Kandinsky a lieu en Suisse à la Kunsthalle de Berne. Il s'agit de la plus grande rétrospective depuis 1926 et de la dernière qui a lieu du vivant de l'artiste. Intitulée « Wassily Kandinsky. Französischer Meister der Gegenwart » [Vassily Kandinsky. Un maître français du temps présent], elle réunit 71 peintures de toutes les périodes et 15 aquarelles. Son propos est de confronter ses œuvres à des tableaux de Maurice de Vlaminck, Henri Le Fauconnier, Roger de la Fresnay, Othon Friesz, Raoul Dufy et Maurice Utrillo. Kandinsky visite l'exposition avec Paul Klee, déjà fortement atteint par la maladie. Persécuté par les nazis, Klee a fui l'Allemagne en 1933 pour s'installer à Berne, dans son pays natal. Ce sera la dernière rencontre des deux artistes. Kandinsky et sa femme passent des vacances à Mürren

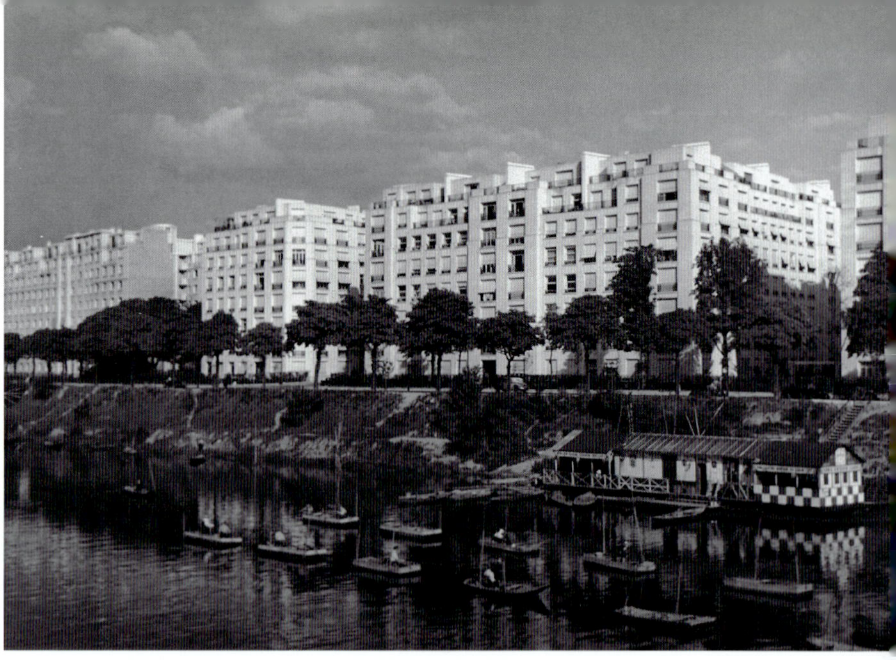

L'immeuble (deuxième en partant de la droite) où logeaient les Kandinsky, boulevard de la Seine à Neuilly-sur-Seine, 1938
Bibliothèque Kandinsky, Centre Pompidou, Paris

dans les Alpes suisses, où il rencontre le couple de collectionneurs Hermann et Margrit Rupf. L'année est marquée par la saisie dans les musées allemands de 57 œuvres de Kandinsky, en même temps que celles de nombreux autres artistes contemporains. Deux de ses peintures et douze œuvres graphiques sont sélectionnées pour l'exposition de propagande « Entartete Kunst » [Art dégénéré] qui s'ouvre le 19 juillet à Munich aux Hofgarten-Arkaden, avant d'être présentée dans de nombreuses villes d'Allemagne. Au cours de l'exposition universelle de Paris, la sélection officielle du Petit Palais intitulée « Les Maîtres de l'Art indépendant 1895-1937 » exclut les peintres abstraits et les surréalistes. Une contre-manifestation intitulée « Origines et développement de l'Art international indépendant » est organisée au Jeu de Paume du 30 juillet au 15 novembre. Les œuvres de Kandinsky y côtoient celles de Max Ernst, Willi Baumeister, Yves Tanguy, Joan Miró, Paul Klee, Man Ray, Louis Marcoussis, Piet Mondrian, František Kupka, Alberto Magnelli, René Magritte, Hans Arp et Theodor Werner. Christian Zervos se libère de ses engagements et participe à l'organisation de l'exposition en collaboration avec le directeur du Jeu de Paume, André Dézarrois. Du 1er au 13 septembre, l'exposition collective « Efter-Expressionisme, Abstrakt Kunst, Neoplasticisme, Surrealisme » [Post-expressionnisme, art abstrait, néoplasticisme, surréalisme] est présentée à Copenhague par Ejler Bille et Richard Mortensen. Pour leur revue *Linien* [Lignes], Kandinsky écrit un article intitulé « Zugang zur Kunst » [Accès à l'art], qui est publié en danois. Pendant l'hiver, Kandinsky visite les galeries parisiennes qui exposent les œuvres de Hans Arp, Sophie Taeuber-Arp et Joan Miró.

1938 Sous le titre « Abstract or concreet ? » [Abstrait ou concret ?], Kandinsky écrit un article pour le catalogue de la grande manifestation du Stedelijk Museum d'Amsterdam intitulée « Tentoonstelling Abstracte Kunst » [Exposition d'art abstrait]. On peut y voir des œuvres de Constantin Brancusi, César Domela, Otto Freundlich, Fernand Léger, László Moholy-Nagy, Piet Mondrian, Friedrich Vordemberge-Gildewart et d'autres représentants de l'abstraction. Le même mois, Kandinsky se voit consacrer une exposition monographique par la galerie Guggenheim Jeune de Londres. À cette époque, une telle manifestation est devenue totalement impossible en Allemagne. Il y présente 38 peintures, y compris des travaux précoces, et le catalogue publie le premier texte d'André Breton sur son œuvre, titré « Some Appreciations of the Work of Wassily Kandinsky ». Il est accompagné de citations de Will Grohmann, Diego Rivera, Michael T. Sadler, Alberto Satoris et Christian Zervos. En mars, l'article de Kandinsky « L'Art concret » paraît dans le numéro de la revue *XXe Siècle*, dirigée par Gualtieri di San Lazzaro. À la galerie Jeanne Bucher, Kandinsky assiste à l'hommage au sculpteur Otto Freundlich, dont une sculpture est reproduite dans le catalogue de l'exposition « Entartete kunst ». Le mois suivant, il signe une pétition en sa faveur. En juillet, Herbert Read organise la dernière exposition d'avant-guerre consacrée à l'art moderne allemand aux New Burlington Galleries de Londres. Dans le catalogue, il évoque la difficile situation des artistes qualifiés de « dégénérés » par le régime nazi. Il précise qu'il n'a demandé son consentement à aucun des artistes exposés et qu'aucune des œuvres présentées ne vient directement d'Allemagne. La manifestation réunit des travaux de Barlach, Baumeister, Dix, Ernst, Feininger, Freundlich, Grosz, Heckel, Kirchner et Klee. Quant à Kandinsky, il est représenté par six peintures et quatre aquarelles. En août, les passeports de Vassily et Nina Kandinsky arrivent à échéance. Ayant appris à l'ambassade d'Allemagne que l'établissement de nouveaux papiers supposait une enquête sur l'aryanité des ancêtres, ils renoncent à les faire renouveler.

1939 En janvier, avec *Composition X*, Kandinsky signe son dernier tableau de grand format. Il négocie avec le Jeu de Paume la possibilité d'une rétrospective de son œuvre. André Dézarrois se porte acquéreur de sa *Composition IX* (voir cat. p. 181). Hormis l'achat d'une gouache, il s'agit là de la seule acquisition d'un Kandinsky par l'État français du vivant de l'artiste. Dans la revue *XXe Siècle* paraît le dernier grand texte théorique de Kandinsky : « La valeur d'une œuvre concrète ». Du 10 au 27 mai, il participe à l'exposition « Abstract and Concrete Art » [Art abstrait et concert] à la galerie Guggenheim Jeune de Londres. Il écrit une brève préface pour le catalogue, laquelle est reprise le même mois dans le *London Bulletin*. Le 1er juin, le Museum of Non-Objective Painting présente à New York l'exposition « Art of Tomorrow » [L'art de demain], avec de nombreuses œuvres signées Kandinsky. À Paris, chez Jeanne Bucher, une exposition monographique rassemblant des aquarelles et des gouaches de l'artiste a lieu en juin. Dans la première quinzaine de juillet, toujours à Paris, la galerie Charpentier présente le premier accrochage de la série *Réalités Nouvelles*, qui compte aussi quelques œuvres de Kandinsky. Sur intervention du jeune juge et collectionneur Pierre Bruguière, Kandinsky et son épouse obtiennent la citoyenneté française. Le couple passe ses traditionnelles vacances d'été à La Croix-Valmer, près de Saint-Tropez. Le 3 septembre commence la Seconde Guerre mondiale. L'armée allemande est entrée en Pologne. À la fin du mois, Kandinsky met en dépôt 75 de ses œuvres chez un ami dans le centre de la France.

1940 Le 10 mai marque le début de l'offensive allemande contre la France. En quelques semaines, la moitié nord du pays est envahie. Afin d'échapper aux envahisseurs, Vassily et Nina Kandinsky se réfugient à Cauterets, dans les Pyrénées. Les troupes de la Wehrmacht entrent dans Paris le 14 juin. Une semaine plus tard, l'armistice est signée. L'occupation du pays va durer plus de quatre ans. Le 29 juin, les Kandinsky apprennent la mort de Paul Klee par télégramme. Vassily en est très affecté. C'est seulement à la fin août qu'ils regagnent Paris en passant par Vichy, alarmés par la menace d'une réquisition de leur logement de Neuilly par les Allemands. Finalement, le couple ne sera pas inquiété.

1941 L'Emergency Rescue Committe, organisation fondée aux États-Unis par des émigrés allemands comme Thomas Mann ou Albert Einstein et soutenue par des collectionneurs et des responsables de musées américains, recrute un journaliste antinazi du nom de Varian Fry. Bientôt surnommé « l'ange gardien américain », Fry est envoyé de 1940 à 1941 à Marseille pour aider les artistes et les intellectuels pourchassés par les nazis à fuir l'Europe. Vassily et Nina Kandinsky sont sur sa liste. Il leur propose de les aider à gagner New York. Mais le couple décide de rester à Paris. En dépit de tous les bouleversements provoqués par la guerre, les Kandinsky passent leurs vacances de septembre à Marlotte, au sud de Paris.

1942 À partir du milieu de l'année, Kandinsky ne peint plus que des petits formats sur bois ou sur carton. L'année voit la parution du portfolio *10 Origins*, conçu par l'artiste suisse Max Bill, ancien élève du Bauhaus. Il comprend neuf estampes signées Hans Arp, Max Bill, Sonia Delaunay, César Domela, Leo Leuppi, Richard Paul Lohse, Magnelli, Sophie Taeuber-Arp et Georges Vantongerloo, auxquelles s'ajoutent un court avant-propos et une xylographie de la main de Kandinsky. Les épreuves de la gravure devront transiter par la zone libre avant d'être acheminées en Suisse. Du 21 juin au 4 août, la galerie Jeanne Bucher organise une petite exposition consacrée à Kandinsky, mais, en raison de la présence de l'occupant, l'événement a lieu dans la clandestinité. De décembre 1942 à février 1943, une exposition Kandinsky a lieu à la Nierendorf Gallery de New York.

1943 Au printemps, l'ouest parisien subi d'importants bombardements. Les Alliés visent entre autres les usines de Billancourt, non loin de Neuilly. En juin, Kandinsky écrit une préface pour un album de César Domela. Affecté par la mort de Sophie Taeuber-Arp, il consacre son ultime texte à ses reliefs en couleurs. En septembre, les Kandinsky passent des vacances à Rochefort-en-Yvelines.

1944 En janvier, Jeanne Bucher expose à nouveau Kandinsky dans sa galerie, en même temps que César Domela et Nicolas de Staël. En mars, Kandinsky achève le dernier tableau inscrit au catalogue de la galerie : *L'Élan tempéré*. En mars et avril, des œuvres de sa main sont présentées dans une exposition collective. Cette importante manifestation intitulée « Konkrete Kunst » [Art concret] a lieu à la Kunsthalle de Bâle et présente plusieurs sélections de travaux signés Arp, Bill, Kandinsky, Klee, Leuppi, Mondrian, Taeuber-Arp et Vantongerloo. En avril, Kandinsky expose avec Domela, de Staël et Magnelli à la galerie parisienne L'Esquisse. Kandinsky tombe malade au printemps. Il présente les symptômes d'une sévère artériosclérose, mais continue malgré tout à travailler jusqu'à fin juillet. Le 24 août, Paris est libéré.
Du 7 novembre au 15 décembre, une dernière exposition Kandinsky est organisée du vivant de l'artiste par la galerie L'Esquisse. Le 13 décembre, Vassily Kandinsky, âgé de 78 ans, meurt d'une attaque cérébrale à son domicile de Neuilly-sur-Seine.

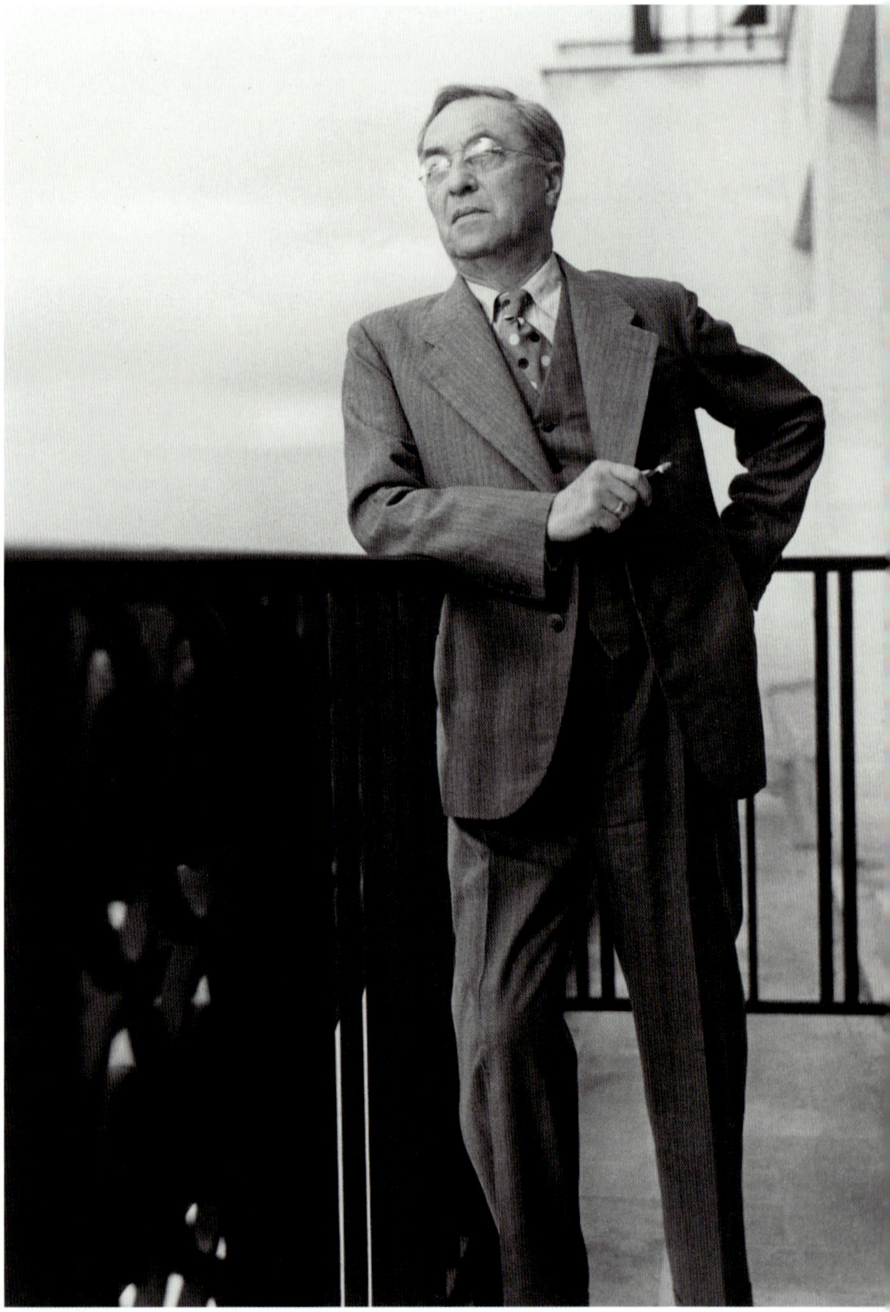

Kandinsky sur le balcon de son appartement de Neuilly-sur-Seine, vers 1938
Bibliothèque Kandinsky, Centre Pompidou, Paris

CATALOGUE

49 **PARIS** 1907

55 **MUNICH** 1908-1914

123 **MOSCOU** 1916-1921

141 **BAUHAUS** 1922-1933

169 **PARIS** 1934-1944

2

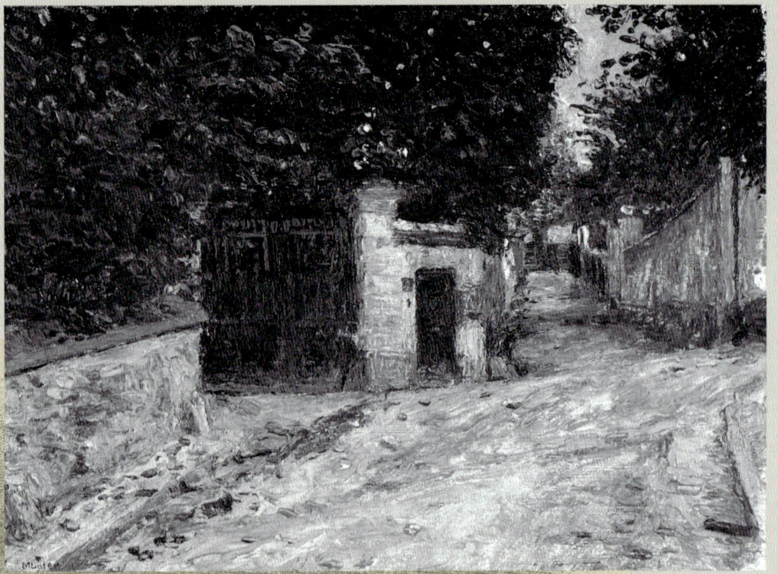

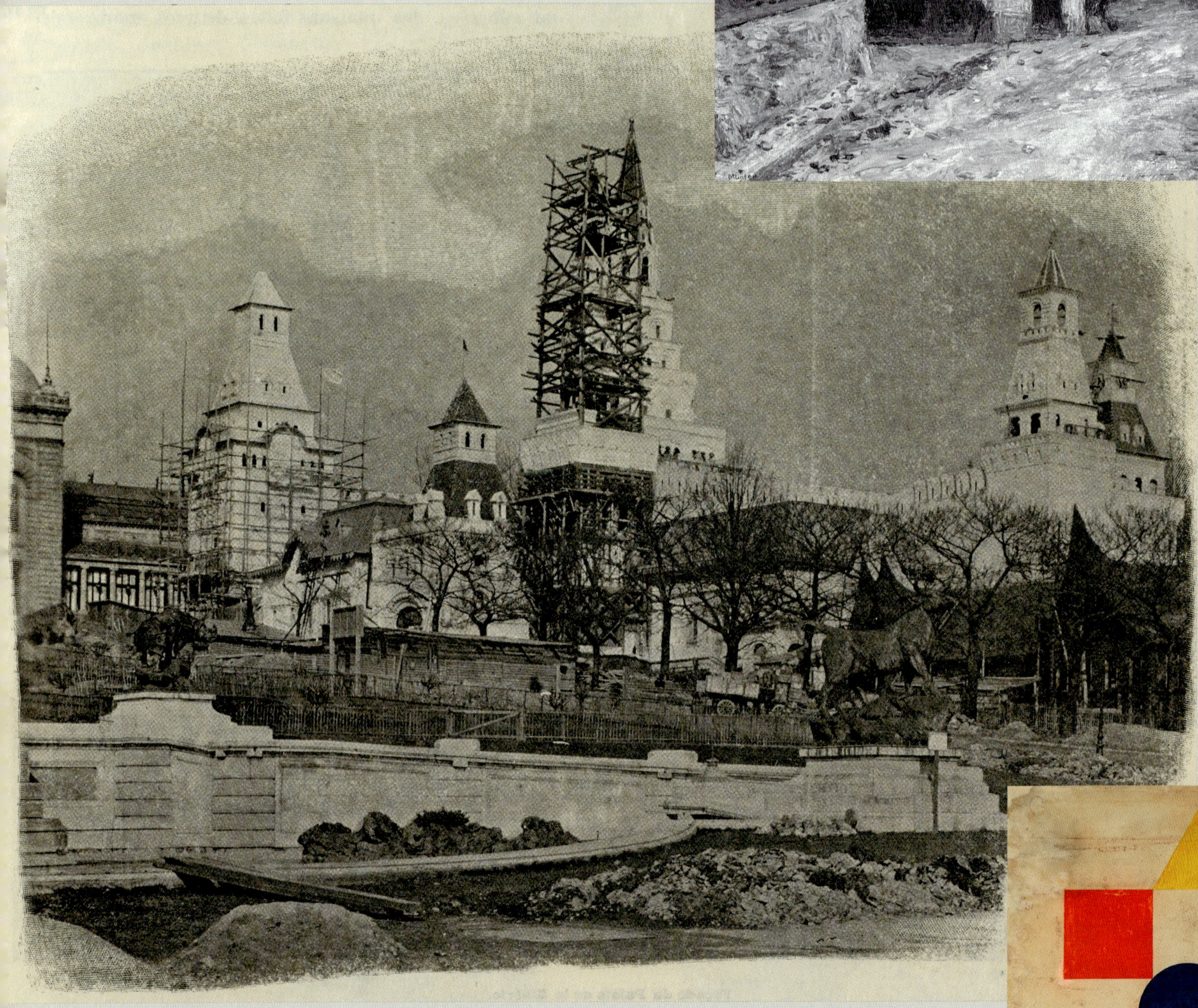

1

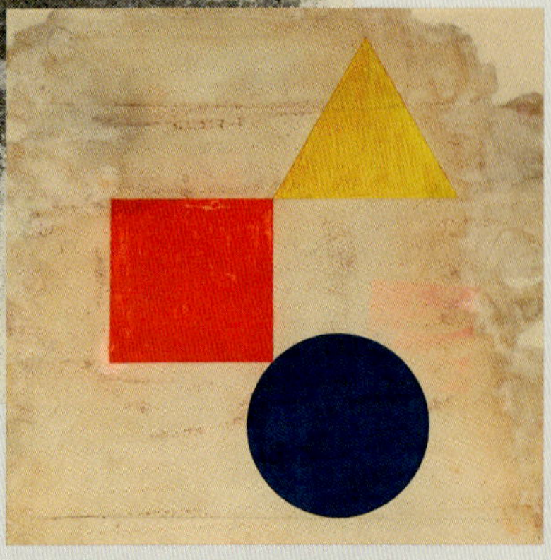

1. Le Palais de l'Asie russe
au Trocadéro, Paris,
Exposition Universelle 1900

2. Gabriele Münter (1877-1962),
Gartentor in Sèvres, Unser Mauer Tor
[Portail de notre maison à Sèvres],
1906, huile sur toile
Gabriele Münter-und Joahnnes
Eichner-Stiftung, Munich

PARIS 1907

“

FORMATION À MUNICH ET VOYAGES À TRAVERS L'EUROPE. 1896-1907

Le Palais de l'Asie russe, entrepris par les frères Meltzer en octobre 1896, est inauguré le 14 avril 1900. La haute tour du Kremlin culmine à 47 m dans les jardins du Trocadéro ; elle impressionne un public enthousiasmé par le panorama du chantier du Transsibérien et les illuminations du Pont Alexandre III.
C'est dans cette russophilie parisienne qui perdure jusqu'en 1914 avec l'engouement pour les premiers Ballets Russes, que Kandinsky produit à Paris en 1907 une étonnante composition.
La Vie mélangée (Das Bunte Leben) est peinte à Sèvres et exposée à Angers en mai 1907 au Musée du peuple, avant d'occuper le centre de son panneau au Salon d'Automne, au Grand Palais des Champs-Élysées, en octobre 1907. *La Vie bigarée* (autre titre) donne une vision pittoresque d'une idyllique société russe porteuse de la culture paysanne patriarcale, non encore altérée par l'occidentalisation forcée sous Pierre le Grand.
Avec ce tableau, Kandinsky met un terme à son abondante production historiciste néo-russe, qui participe plus de l'imagerie à succès d'Ivan Bilibine que des louboks mis à la mode avec les explorations ethnographiques subventionnées par le régime dans des provinces reculées de l'empire ; Kandinsky a sacrifié un été à ce genre d'expéditions en 1889 dans la région de Vologda.
Le premier long séjour parisien de Kandinsky est attristé par la perte de son demi-frère Vladimir Kojevnikov au cours du conflit russo-japonais (1904-1906).
Il arrive à Paris le 22 mai 1906, y reste quelques temps avec sa compagne Gabriele Münter, puis s'isole dans une maisonnette au 4 rue des Binelles à Sèvres.
À mi-pente sur les contreforts de Meudon, il domine la Seine et le parc de Saint-Cloud dont il peint les sous-bois avec une technique divisionniste qui relève plus du néo-impressionnisme finissant que du fauvisme.
Il ne rencontre aucun artiste d'importance. Pour lui tenir compagnie, il a un chat, Waske, qu'il introduit – fantaisie de pince-sans-rire – parmi les Moujiks en liesse de *La Vie mélangée*. C'est la plus grande peinture de Kandinsky de cette période de formation qui nous soit parvenue. Il ne subsiste que trois ou quatre des 18 œuvres d'assez grandes dimensions connues grâce à l'inventaire de l'artiste et aux médiocres reproductions photographiques. – Ch. D.

”

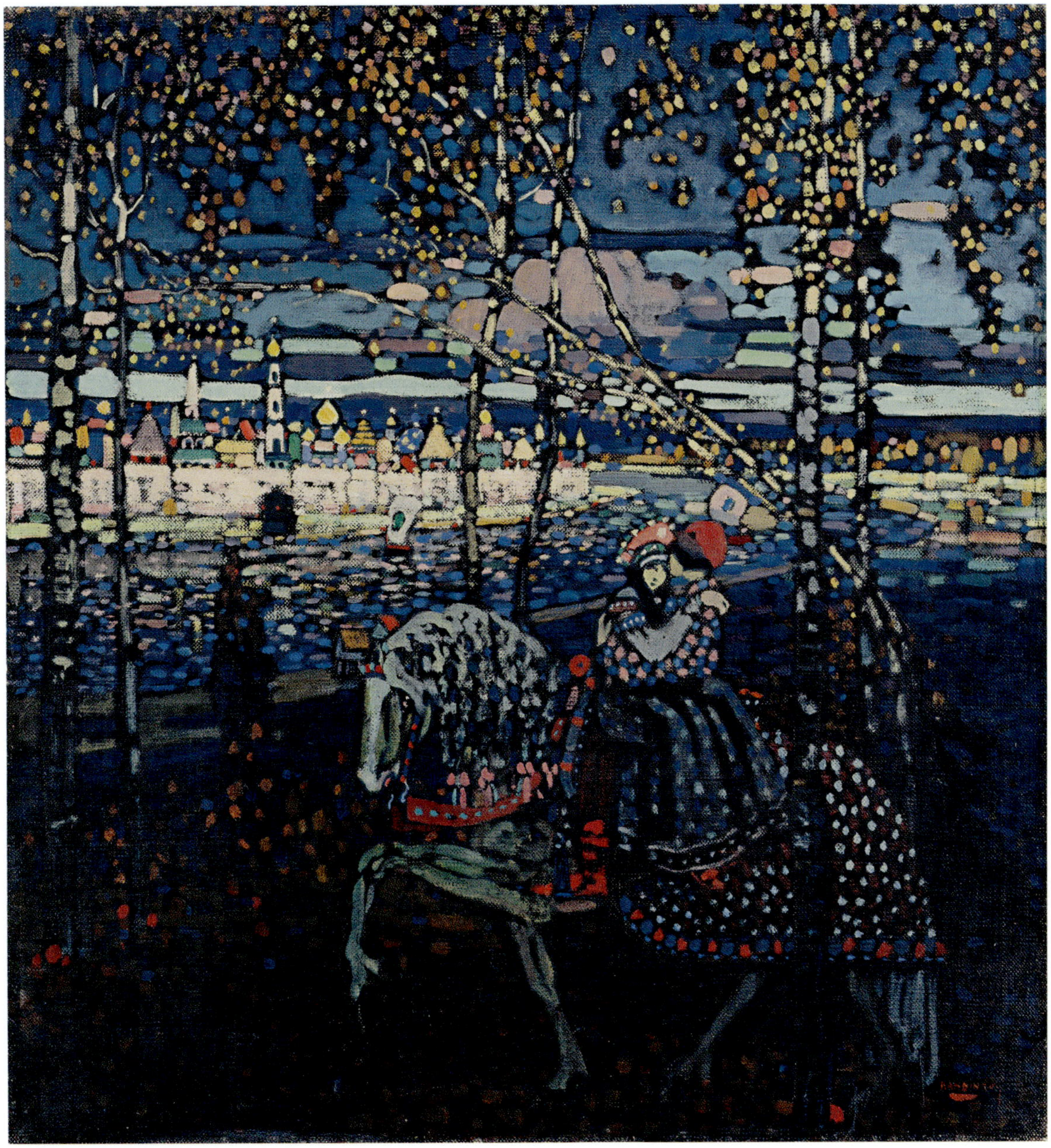

REITENDES PAAR, 1906-1907
COUPLE À CHEVAL
HUILE SUR TOILE, 55 X 50,5 CM
GABRIELE MÜNTER STIFTUNG, 1957
STÄDTISCHE GALERIE IM LENBACHHAUS, MUNICH

La Vie mélangée (Das bunte Leben), constitue avec le tableau *Reitendes Paar* [Couple à cheval] réalisé peu de temps auparavant, le point final du grand ensemble de peintures de l'œuvre précoce de Kandinsky de la période 1902-1907. Ces « dessins colorés », comme il les désigne, exécutés pour la plupart sur du papier foncé, mais aussi parfois sur des toiles plus grandes, montrent presque tous des scènes empreintes de nostalgie, transposées dans un passé éloigné et intégrant des figures de la vieille Russie, de la vieille Allemagne ou encore de l'époque Biedermeier. Dans *La Vie mélangée* le regard glisse avec légèreté sur un panorama de la vie humaine aux multiples facettes, une époque révolue de l'existence russe librement imaginée ; il est composé de taches colorées et lumineuses sur un fond sombre. Il semble qu'en faisant l'amalgame entre la figure et le fond, l'artiste s'exerce déjà dans ce genre de scènes à des visions presque abstraites. Ce faisant, « le caractère révolu » du passé lui donne la liberté de manœuvre nécessaire pour se détacher des modèles réalistes. « Dans *La Vie mélangée*, où l'enjeu principal était de restituer le désordre entre les masses, les taches et les lignes, j'ai utilisé une perspective aérienne afin de pouvoir superposer les figures. Pour ordonner selon mon souhait la répartition des taches et l'utilisation des traits, il fallait à chaque fois trouver un prétexte concernant la perspective » (Kandinksy, « Mein Werdegang » [1914] dans *Gesammelte Schriften I*, Munich, Prestel, 1980, p. 54). Les figures ici rassemblées – le cavalier, le couple amoureux, le couple sacré des frères enlacés au milieu, le rameur sur le fleuve tranquille du fond ou la citadelle du Kremlin qui se déploie sur l'imposante colline avec ses tours et ses coupoles colorées – se retrouvent sous de multiples formes codées dans l'œuvre tardive de Kandinsky et leur donnent, avec les éléments figuratifs qui subsistent, un rayonnement suggestif, secret et vivant. – A.H.

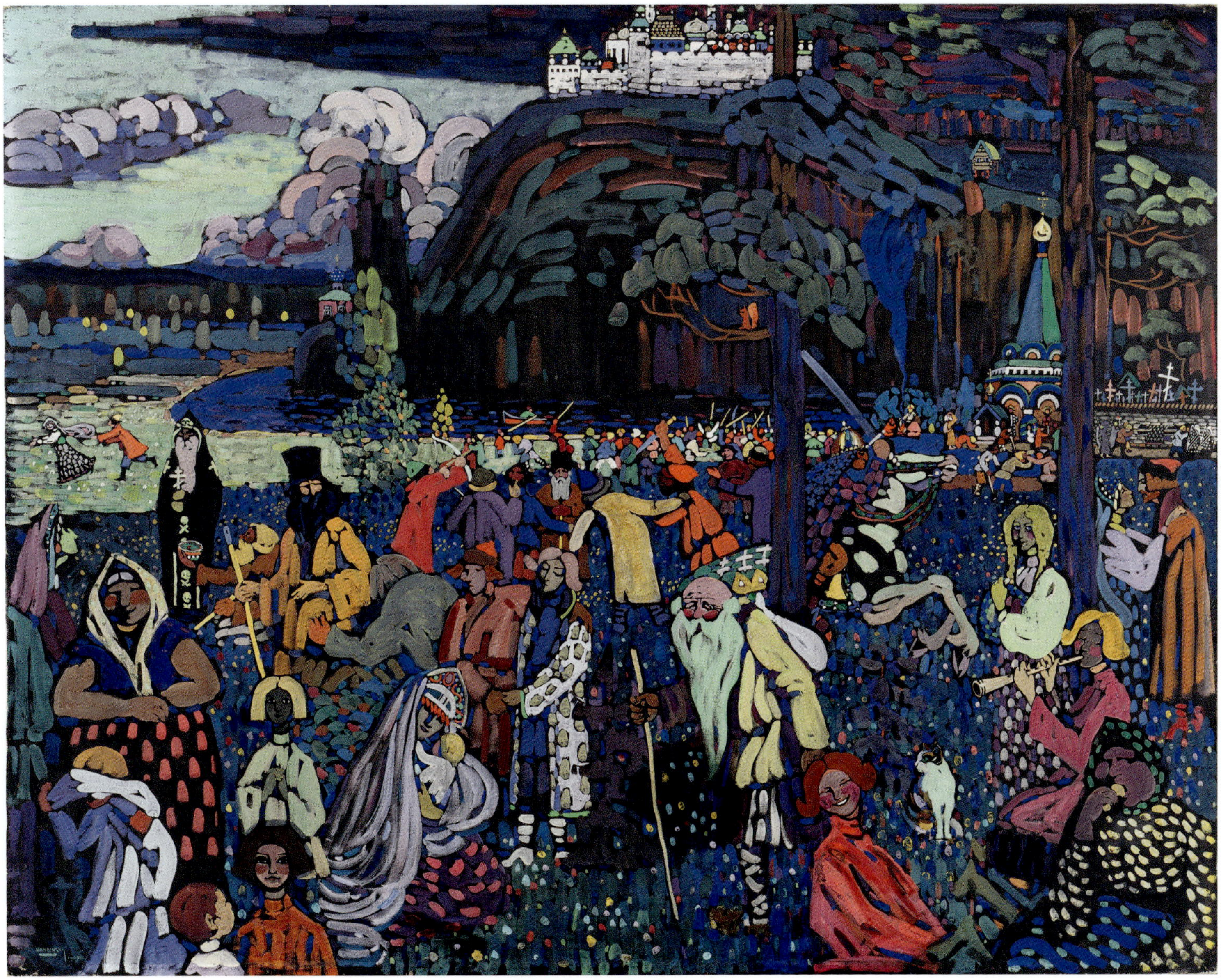

LA VIE MÉLANGÉE (DAS BUNTE LEBEN), 1907
TEMPERA SUR TOILE, 130 X 162 CM
DÉPÔT PERMANENT DE LA BAYERN LB À LA STÄDTISCHE GALERIE IM LENBACHHAUS, MUNICH

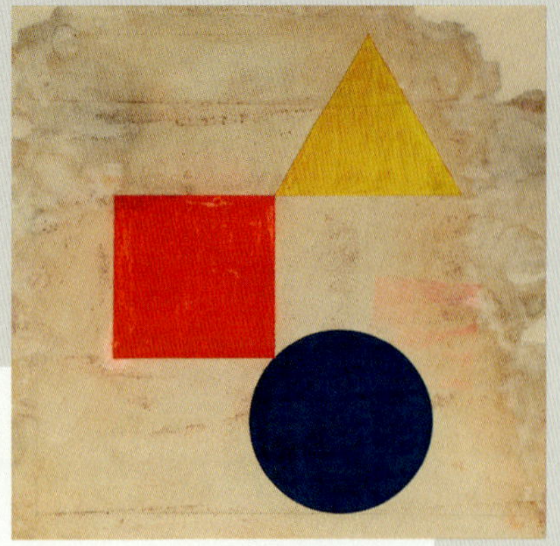

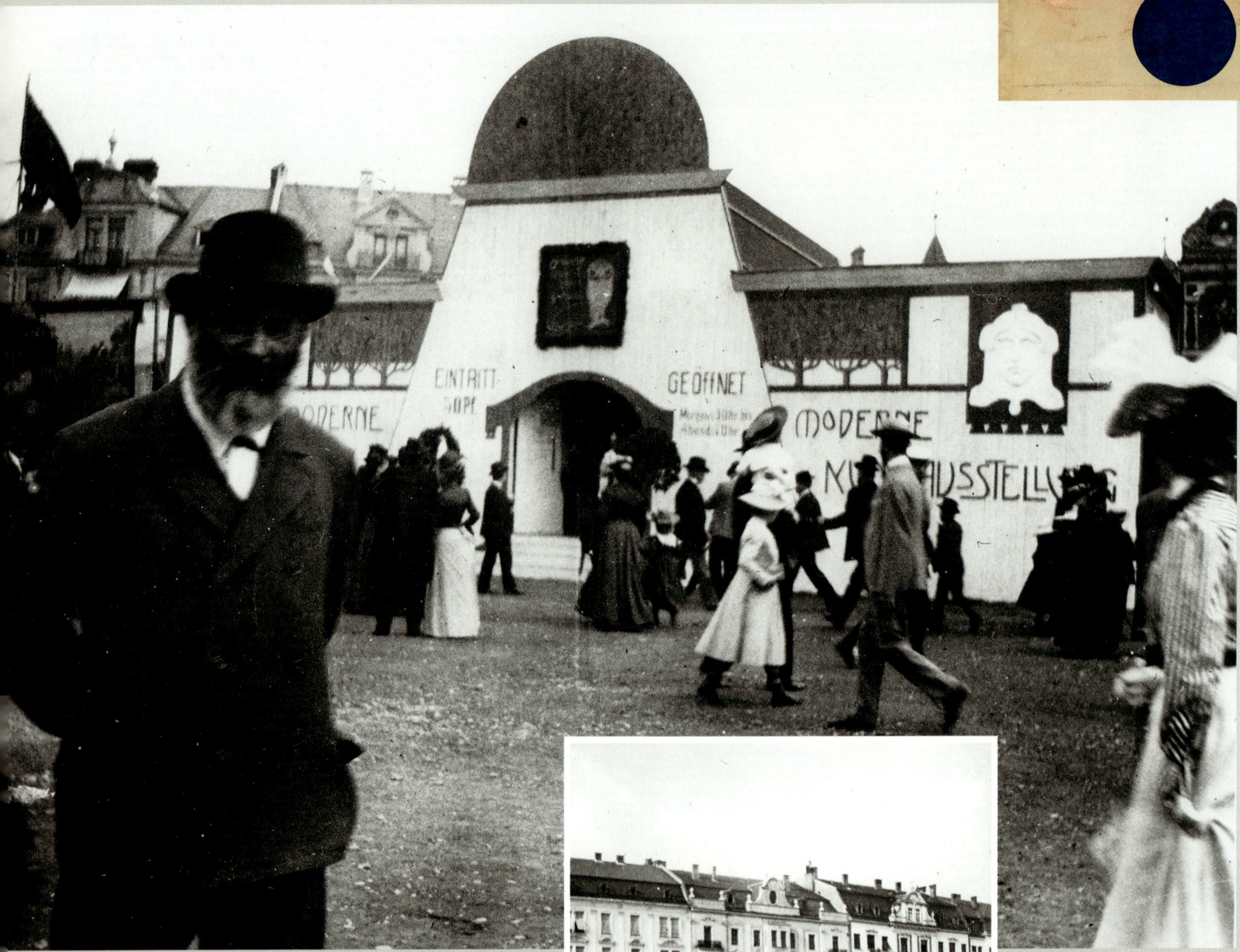

1

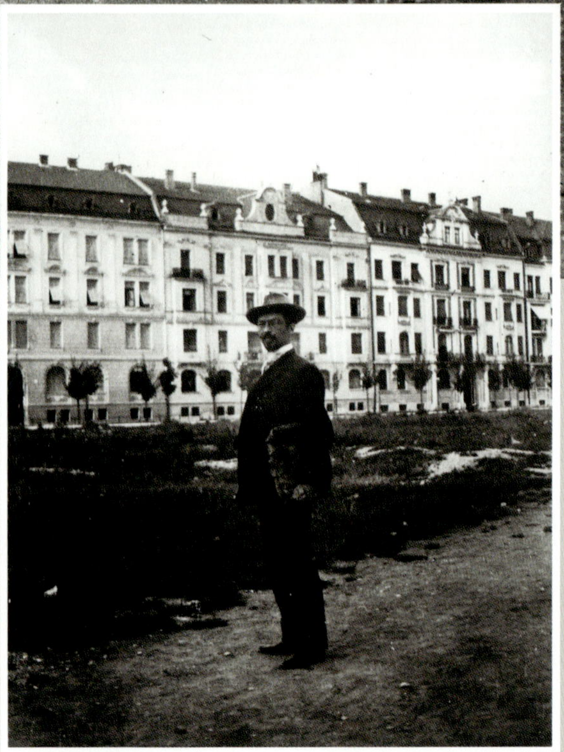

2

1. Entrée du Pavillon des arts à la foire d'octobre, à Munich, 1903
Bibliothèque Kandinsky, Centre Pompidou, Paris

2. Kandinsky devant la Franz-Joseph-Straße à Munich, vers 1905
Bibliothèque Kandinsky, Centre Pompidou, Paris

MUNICH

“

MUNICH 1896-1914

En 1908, Kandinsky s'établit à Munich avec Gabriele Münter. Il est encore un dandy qui porte barbe et moustache, mais il ne doute plus du bien fondé de la révolution qu'il apporte à la peinture. S'entourant d'une colonie d'artistes internationale, il provoque avec les expositions de la Neue Kunstlervereinigung München (1909-1910) puis celles du Blaue Reiter (1911-1912) les conformismes de Munich, une capitale artistique assoupie dans les délices du Jugendstil. Il accroche dans l'appartement à Schwabing une peinture de Pierre Girieud et la *Basse-Cour* du douanier Rousseau parmi les Louboks et les peintures sur verre des paysans bavarois. De Murnau, lieu de villégiature estival, il enchaîne la rédaction et la publication de *Über Das Geistige in der Kunst* (1911), *Der Blaue Reiter* avec Franz Marc (1912), du recueil de poésies et de gravures *Klänge* (1913) et met en forme, avec *Rückblicke*, sa première monographie à la galerie-revue Der Sturm à Berlin. Il peint jusqu'à la déclaration de la guerre, le 1er août 1914, 120 toiles de format important. Il expédie *Compositions*, *Improvisations*, *Impressions*,… d'Odessa à Paris. Cette donnée quantitative, ces envois de tableaux sont essentiels pour apprécier l'apport de Kandinsky en tant que peintre. Son dernier envoi au Salon des Artistes Indépendants en mars 1912 inclut ses nouvelles *Improvisation 24 (Troika II)*, *Improvisation 25 (Garten der Liebe II)*, *Improvisation 26 (Rudern)*. Kandinsky n'enverra plus rien car Guillaume Apollinaire, le critique d'origine slave qu'il ménage de ses attentions, succombe au chauvinisme local : “ …Kandinski [*sic*] expose des *Improvisations* qui ne sont pas sans intérêt, car elles représentent à peu près seules l'influence de Matisse. Mais Kandinski pousse à l'extrême la théorie de Matisse sur l'obéissance à l'instinct et n'obéit plus qu'au hasard. Mme Münter nous montre ce qui se passe dans le ménage d'un végétarien pauvre de Montparnasse, et ce n'est pas réjouissant ” (G. Apollinaire, dans *L'Intransigeant*, 25 mars 1912). – Ch. D.

”

La pratique du paysage mène Kandinsky à la découverte d'une peinture libérée de la figuration, une peinture qui devient son propre objet.
La composition de ce paysage d'été part d'une petite esquisse sur carton entoilé comme le sont les paysages postimpressionnistes que Kandinsky exécutait au cours de ses voyages de 1902-1907, avant son installation définitive à Munich.
Il s'attarde sur une bâtisse industrielle et pittoresque dans les environs de Murnau : la brasserie Pantl sur Lindenburg. Une esquisse à l'huile, à peine plus grande, conservée aujourd'hui au Solomon R. Guggenheim Museum, cale la conception définitive : la tour anime désormais le paysage et saille sur le bleu du ciel.
Dans la composition définitive, de format beaucoup plus grand mais toujours sur carton, l'écart s'accentue. La tour et le bouquet d'arbres, toujours au premier plan, cèdent la préséance au ciel bleu qui, avec ses touches exaltées et multidirectionnelles, finit par peser plus lourd. C'est une réminiscence des cieux labourés de Vincent Van Gogh au-dessus d'Auvers-sur-Oise.
Landschaft mit Turm est montré lors de la première exposition de la Neue Künstlervereinigung, nouveau groupement d'artistes animé par Kandinsky, à la galerie Thannhauser, à Munich en 1909-1910. – Ch. D.

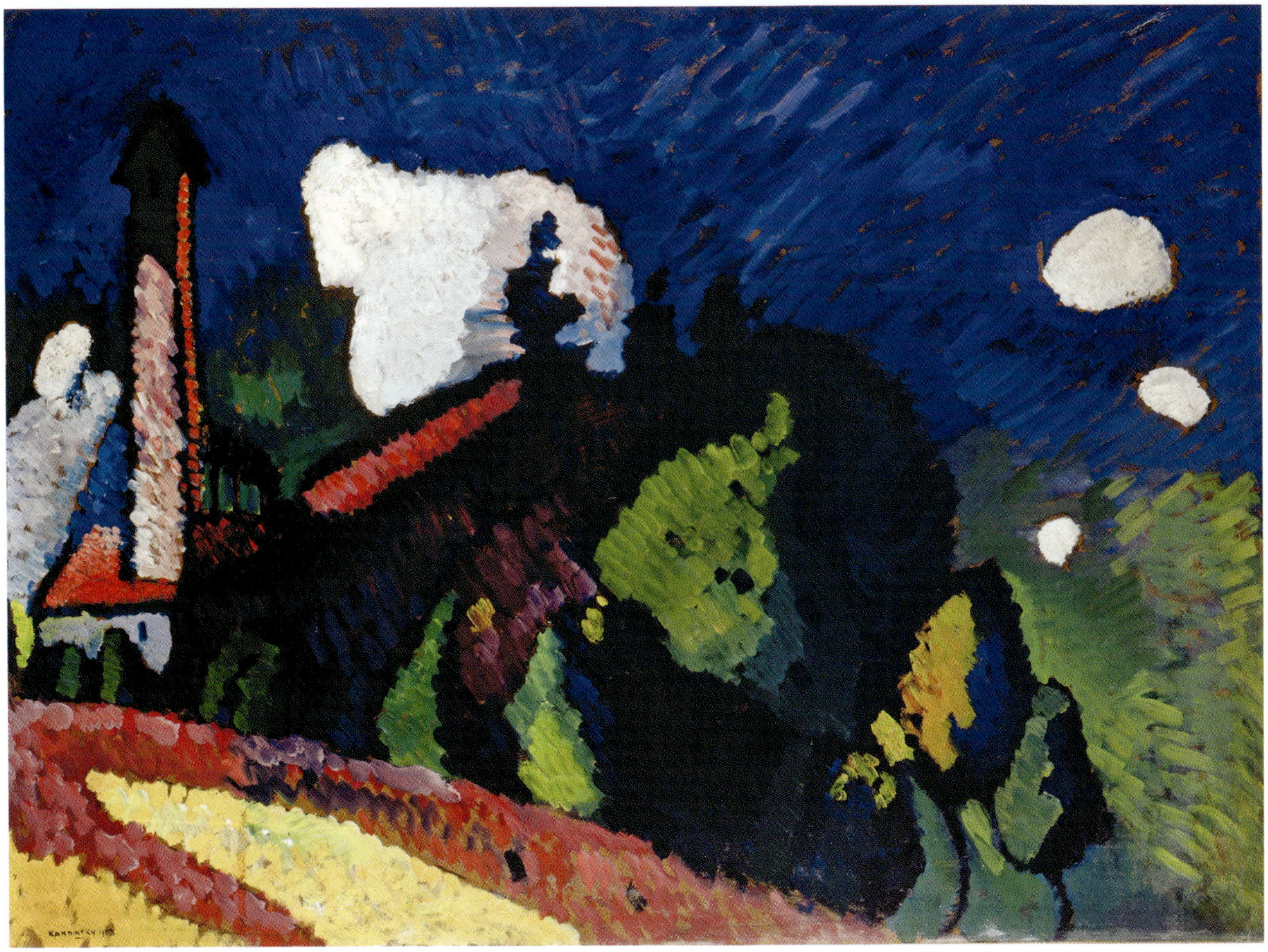

LANDSCHAFT MIT TURM, 1908
PAYSAGE À LA TOUR
HUILE SUR CARTON, 74 X 98,5 CM
CENTRE POMPIDOU, MUSÉE NATIONAL D'ART MODERNE, PARIS

Après avoir voyagé durant plusieurs années en Europe et en Tunisie, Kandinsky et sa compagne, l'artiste Gabriele Münter, s'établissent au printemps 1908 à Murnau, petit bourg pittoresque au sud de Munich fréquenté par les écrivains et les artistes. Le paysage bavarois inspire Kandinsky, qui le fait figurer en bonne place dans ses toiles. Il découvre également la peinture sur verre locale, renommée pour ses images colorées. *Der blaue Berg*, toile exécutée au cours de l'hiver 1908-1909, est typique de l'évolution stylistique du peintre, qui s'oriente vers des œuvres plus contrastées et aux couleurs plus vives depuis son séjour à Paris en 1906-1907, au cours duquel il s'est familiarisé avec les toiles éclatantes des Fauves (qu'il trouve « miraculeuses »), notamment celles de Georges Braque, André Derain et Henri Matisse.

Kandinsky aime les chevaux depuis son enfance, et *Der blaue Berg* est l'une de ses nombreuses œuvres où apparaissent des chevaux et des cavaliers ; mais le traitement de ce motif exprime ici des valeurs esthétiques non-conventionnelles, conformes à la mission que s'est fixée le peintre de contribuer par l'art à l'avènement d'une ère nouvelle, plus spirituelle. En effet, dans son ascension vers l'abstraction, et tandis que son imagerie se détache lentement de la nature, Kandinsky retire à ce défilé de cavaliers et de personnages toute forme véritablement identifiable, et les couleurs elles-mêmes jouent un rôle essentiel mais autonome, leur but étant désormais de déclencher des réactions émotionnelles. De même – dans un clin d'œil à ses premières œuvres graphiques et notamment à ses bois gravés très expressifs –, les contours des chevaux, de la montagne et du paysage sont plus schématiques, se limitant à souligner des plans. À cette époque, Kandinsky prend confiance en lui, à la fois dans son évolution esthétique et dans son développement personnel. – K.V.

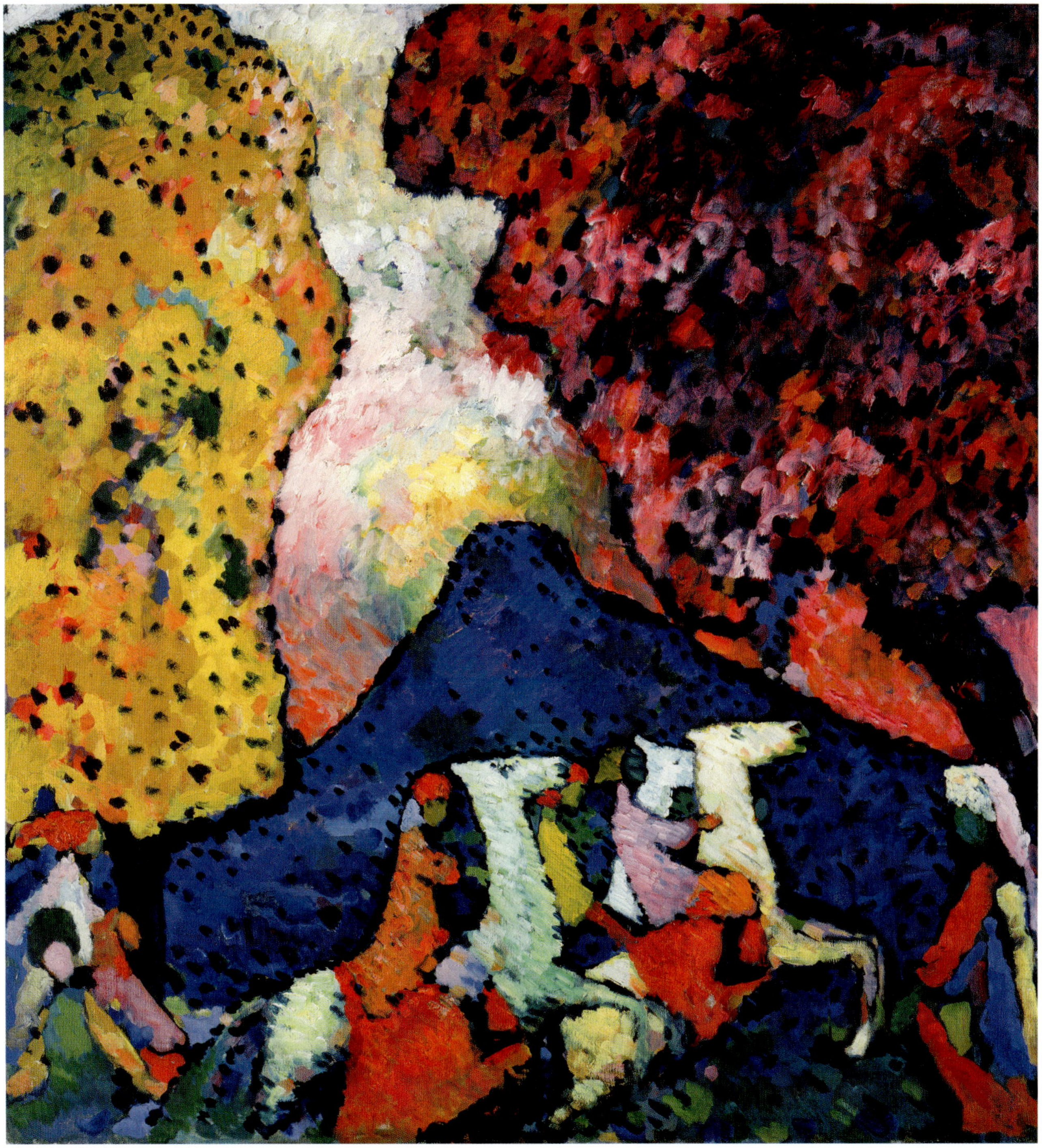

DER BLAUE BERG, 1908-1909
LA MONTAGNE BLEUE
HUILE SUR TOILE, 106 X 96 CM
SOLOMON R. GUGGENHEIM MUSEUM, NEW YORK

B*erg*, tableau au titre lapidaire, est déjà largement abstrait. Il fut peint par Kandinsky en 1909, mais ses formes figuratives estompées au point d'en être méconnaissables, ainsi que son impact émotionnel semblent préfigurer les compositions de la phase de l'abstraction expressive et tumultueuse de l'époque qui précède le déclenchement de la Première Guerre mondiale. Le spectateur distingue à peine les deux figures schématiques multicolores et parsemées de blanc posées devant une montagne conique. La pente verte de la montagne présente au premier plan une déchirure blanche, son cône est délimité par un bleu dominant auquel, sur l'extérieur, se rajoute une zone d'énergie rouge. En y regardant de plus près, on devine des chiffres figuratifs, comme des références à certains symboles récurrents déjà présents dans les premières œuvres de Kandinsky. Dans la partie inférieure, on découvre un cavalier monté sur un cheval blanc et une figure se penchant vers lui, secondés d'une ligne dentelée à gauche et d'une forme sombre sur les côtés droit et gauche du tableau. Sur la cime de la montagne, on remarque une résonance formelle de la ville du Kremlin disposée de manière semblable à celle qui s'élève sur la colline dans le grand tableau *La Vie mélangée (Das bunte Leben)* de 1907 (voir cat. p. 53). Même si l'aspect de la montagne bleue peut renvoyer à une impression d'un paysage de Murnau dans les Préalpes de Bavière, le paysage et les éléments figuratifs issus de l'iconographie très personnelle de Kandinsky se fondent ici en une toute nouvelle unité. Les genres traités dans son œuvre jusqu'ici de façon séparée, comme les *Études à l'huile* d'après nature et les figures mystérieuses des *Dessins colorés*, c'est-à-dire des peintures à la détrempe renvoyant aux motifs de la vieille Russie la plupart du temps, sont ici réunis pour la première fois dans de grandes toiles. Pour Kandinsky, cela signifie également, en termes de qualités formelles, une percée vers de nouveaux moyens d'expression annoncés depuis longtemps dans sa théorie. Il va bientôt les décliner au sein d'un grand nombre de ses imposantes *Improvisations* comme des « impressions de la nature intérieure ». – A.H.

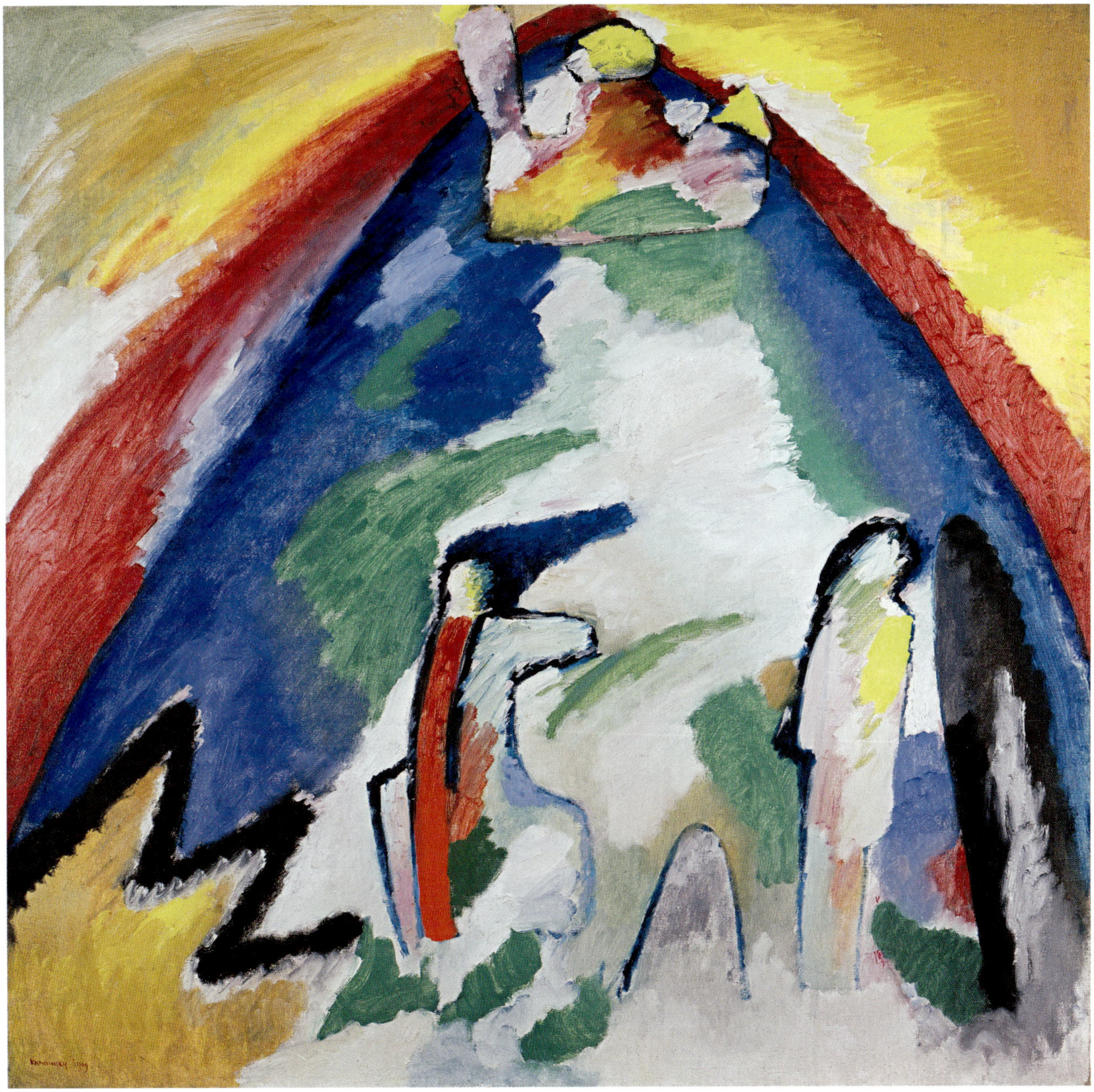

BERG, 1909
MONTAGNE
HUILE SUR TOILE, 109 X 109 CM
GABRIELE MÜNTER STIFTUNG, 1957
STÄDTISCHE GALERIE IM LENBACHHAUS, MUNICH

Dans *Bild mit Bogenschützen*, un cavalier bondit au grand galop vers la gauche, son arc pointé vers la droite sur une cible inconnue, à travers un paysage déjà largement abstrait aux couleurs féeriques. Les tons merveilleux de bleu, de vert, de rouge et de jaune se fondent dans la forme rocheuse évoquant un menhir, et plus encore dans la tache noire en une « ébullition intérieure de la forme », dont Kandinsky a parlé à plusieurs reprises dans ses textes de cette époque-là. Dans la gravure sur bois polychrome plus tardive d'un autre *Bogenschütze* [Archer], intégrée à la luxueuse édition de musée de *Der Blaue Reiter* [*L'Almanach du Blaue Reiter*], l'artiste utilisait les déplacements des zones colorées au-delà des délimitations des figures de manière encore plus explicite. Au premier plan, en bas à gauche, les silhouettes colorées – probablement des figures de la vieille Russie, comme elles apparaissent également dans les différentes versions de *Improvisation 2 (Trauermarsch)* [Improvisation 2 (Marche funèbre)] – sont coupées par la marge du tableau. Leur action et leur signification sont rendues indéchiffrables : un autre moyen souvent utilisé par Kandinsky pour rendre l'image énigmatique. Ici encore, le cavalier, sous la figure de l'archer, est certainement à comprendre comme une « métaphore de la libération » (A. Zweite, *Kandinsky und München*, cat. exp., Munich, 1982, p. 151). En raison de sa dynamique et du pathos émotionnel du motif et de la couleur, ce tableau appartient aux œuvres majeures de l'époque du glissement vers l'abstraction. – A.H.

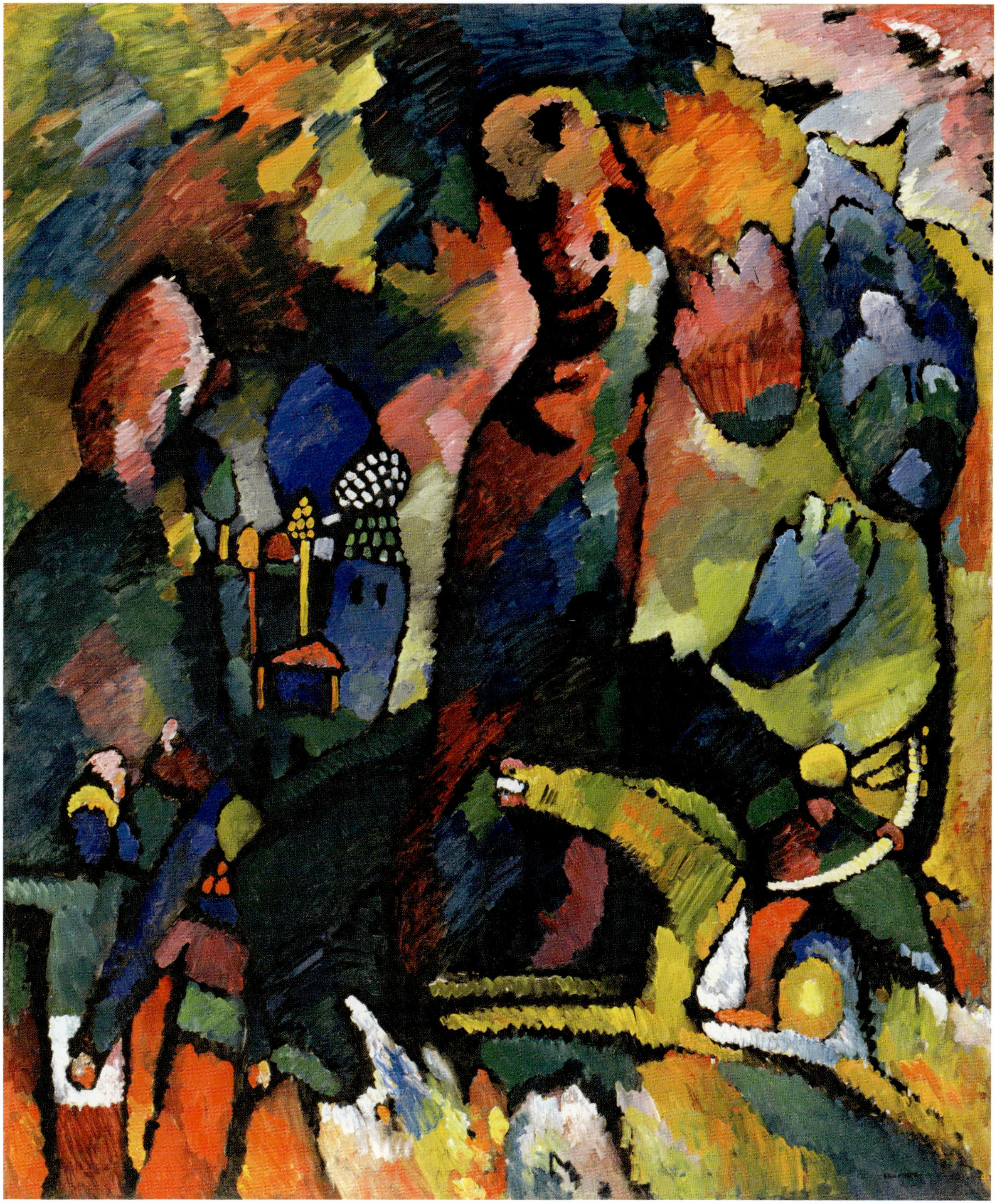

BILD MIT BOGENSCHÜTZEN, 1909
TABLEAU AVEC ARCHER
HUILE SUR TOILE, 177 X 147 CM
THE MUSEUM OF MODERN ART, NEW YORK

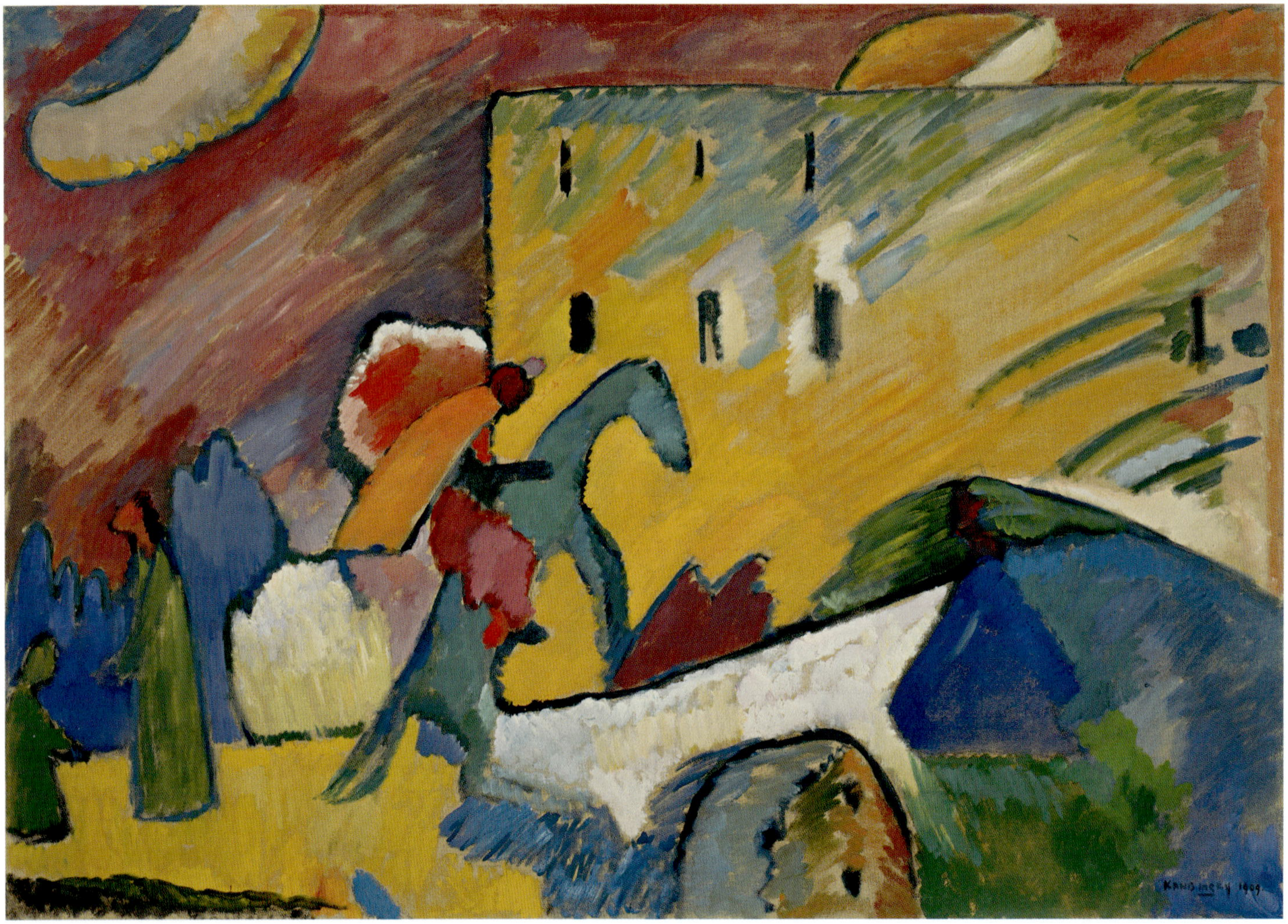

IMPROVISATION 3, 1909
HUILE SUR TOILE, 94 X 130 CM
CENTRE POMPIDOU, MUSÉE NATIONAL D'ART MODERNE, PARIS

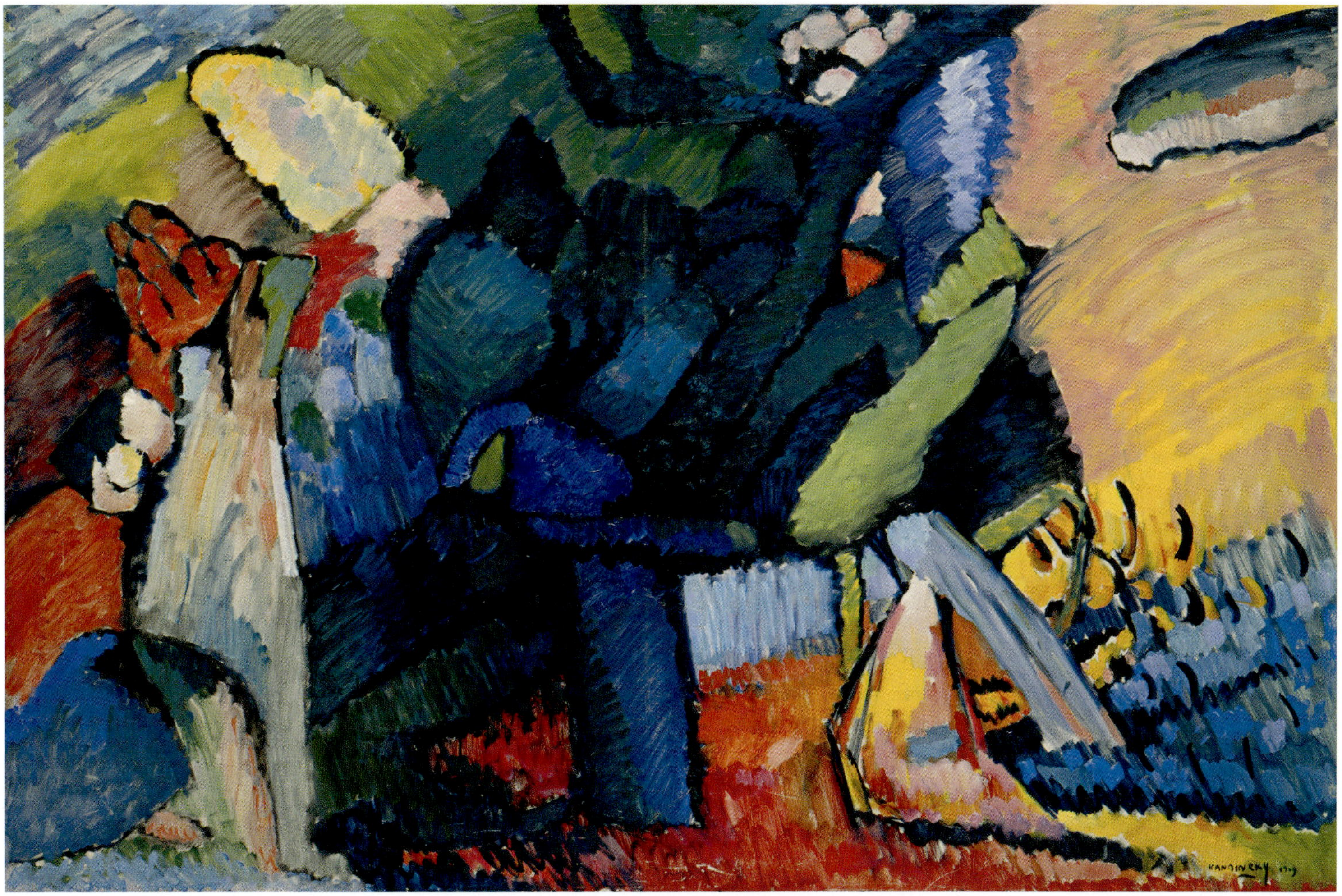

IMPROVISATION 4, 1909
HUILE SUR TOILE, 108,5 X 159,7 CM
MUSÉE NATIONAL DES BEAUX-ARTS DE NIJNII NOVGOROD, MOSCOU

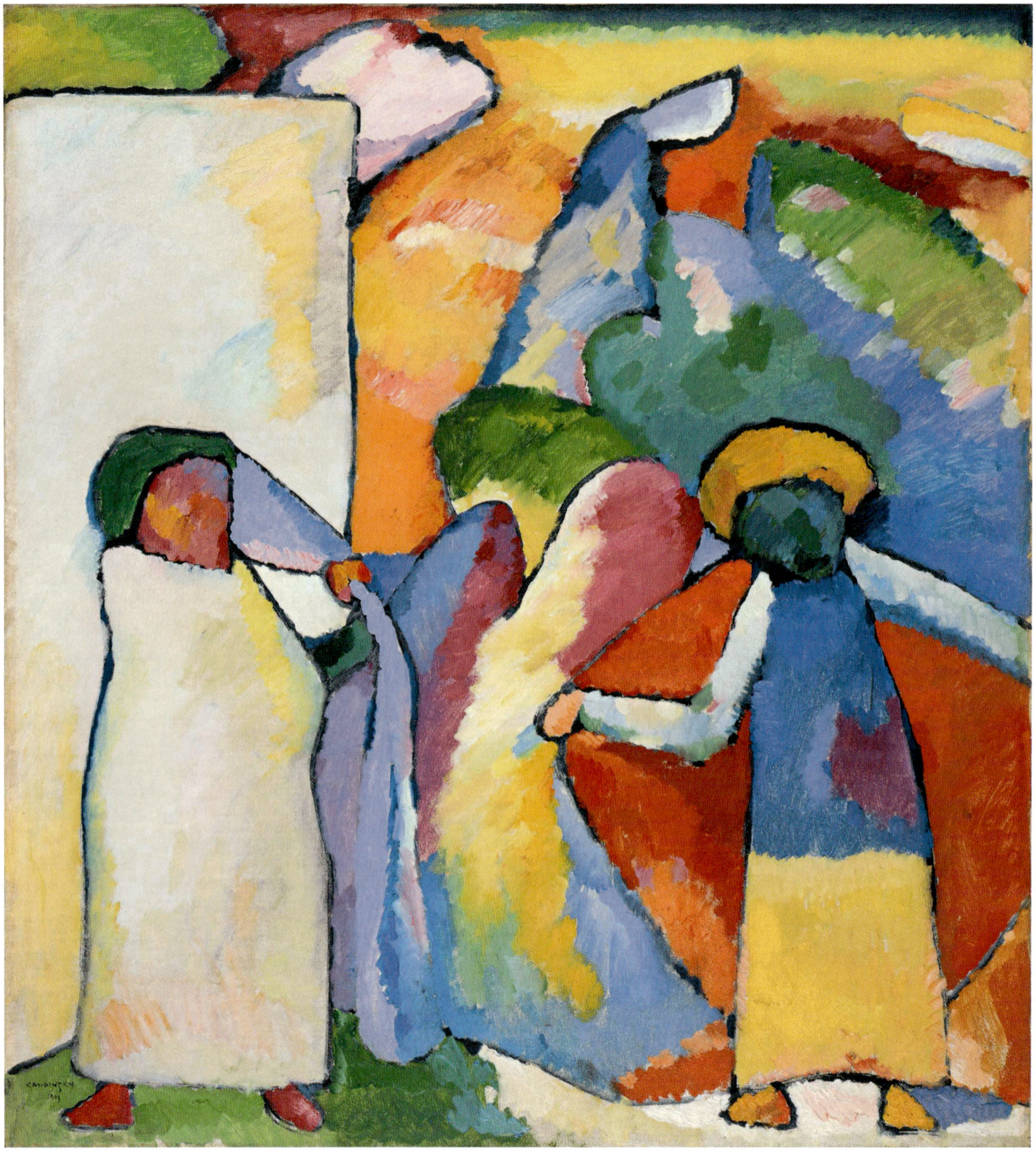

IMPROVISATION 6 (AFRIKANISCHES), 1909
IMPROVISATION 6 (AFRICAINE)
HUILE SUR TOILE, 107 X 99 CM
GABRIELE MÜNTER STIFTUNG, 1957
STÄDTISCHE GALERIE IM LENBACHHAUS, MUNICH

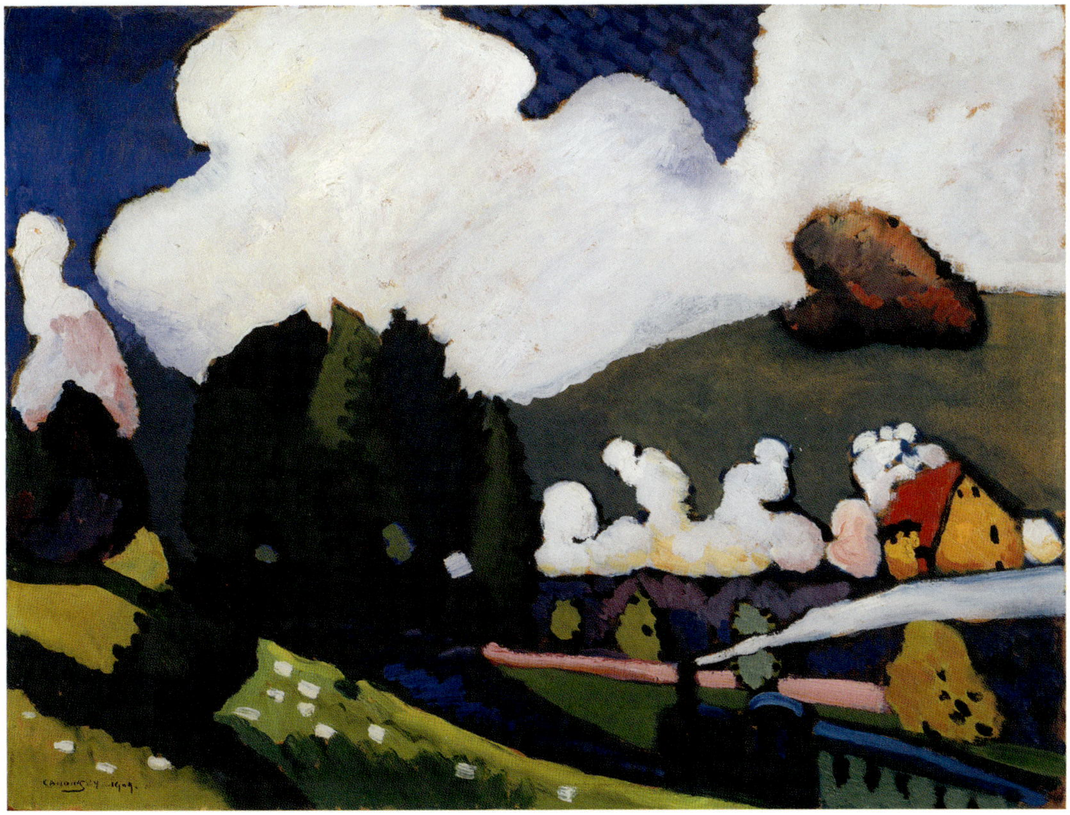

LANDSCHAFT BEI MURNAU MIT LOKOMOTIVE, 1909
PAYSAGE PRÈS DE MURNAU AVEC LOCOMOTIVE
HUILE SUR PANNEAU, 50 X 65 CM
SOLOMON R. GUGGENHEIM MUSEUM, NEW YORK

Kandinsky va entreprendre des séries de tableaux dans lesquels il voit des « exemples des nouvelles compositions symphoniques » (*Du spirituel dans l'art...*, Paris, Éditions Denoël, 1989, p. 210). Dans un effort pour créer une synthèse entre les arts, il donne à ces séries des titres tels qu'*Impressions*, *Improvisations* et *Compositions*, qui relèvent d'une terminologie musicale. Ces tableaux sont également des inventions spontanées ou des expressions de sa nature intérieure profonde plutôt que des observations matérielles du monde extérieur. Cette période d'intense activité va accélérer son évolution vers l'abstraction.

Kandinsky explique que les *Compositions* sont des «Expressions se formant de la même manière (mais toujours particulièrement lentement) en moi, que je reprends longuement et d'une manière presque pédante après les premières ébauches. J'appelle ce genre d'images *Compositions*. Ici, la raison, le conscient, l'intentionnel, l'efficacité jouent un rôle prédominant. Simplement ce n'est pas le calcul, mais le sentiment qui l'emporte toujours » (*ibid.*). L'iconographie de cette *Skizze für Komposition II* – dernière d'une série d'études pour une monumentale peinture à l'huile aujourd'hui détruite – a souvent troublé les spécialistes dans la mesure où Kandinsky se réclame dans ses écrits d'une absence de contenu thématique. Mais sans doute cette œuvre entend-elle mettre en scène des forces opposées : une scène paisible et idyllique à droite, avec ses couleurs vives, et la catastrophe que l'on pressent dans la palette aux couleurs sombres à gauche. Les contours simplifiés et spontanés des figures, des rochers et des chevaux sont soulignés en noir, et les couleurs éclatantes créent un mélange puissant et exubérant de formes censées susciter des émotions dans la spiritualité intérieure du spectateur. – K.V.

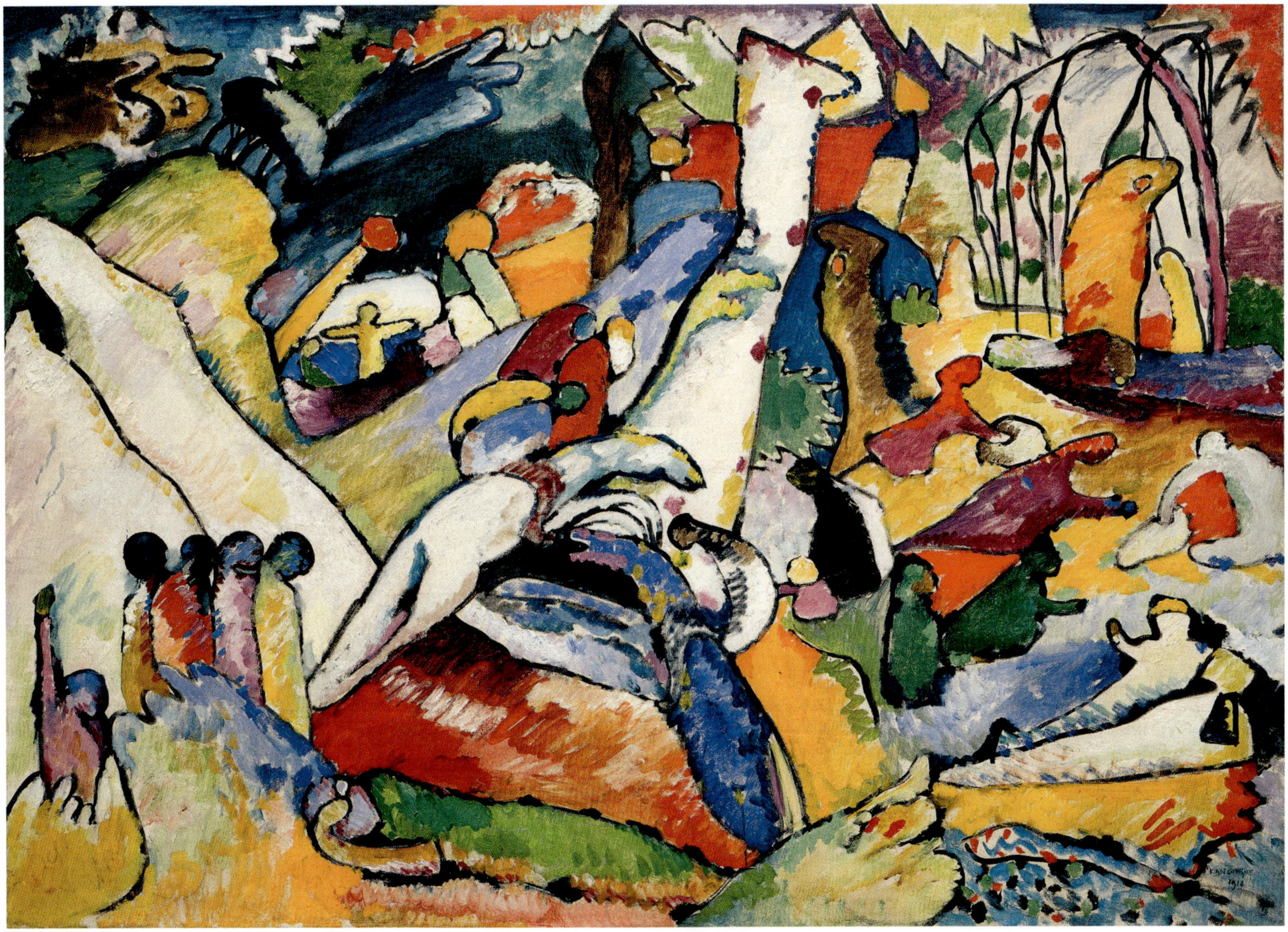

SKIZZE FÜR KOMPOSITION II, 1909-1910
ESQUISSE POUR COMPOSITION II
HUILE SUR TOILE, 97,5 X 131,2 CM
SOLOMON R. GUGGENHEIM MUSEUM, NEW YORK

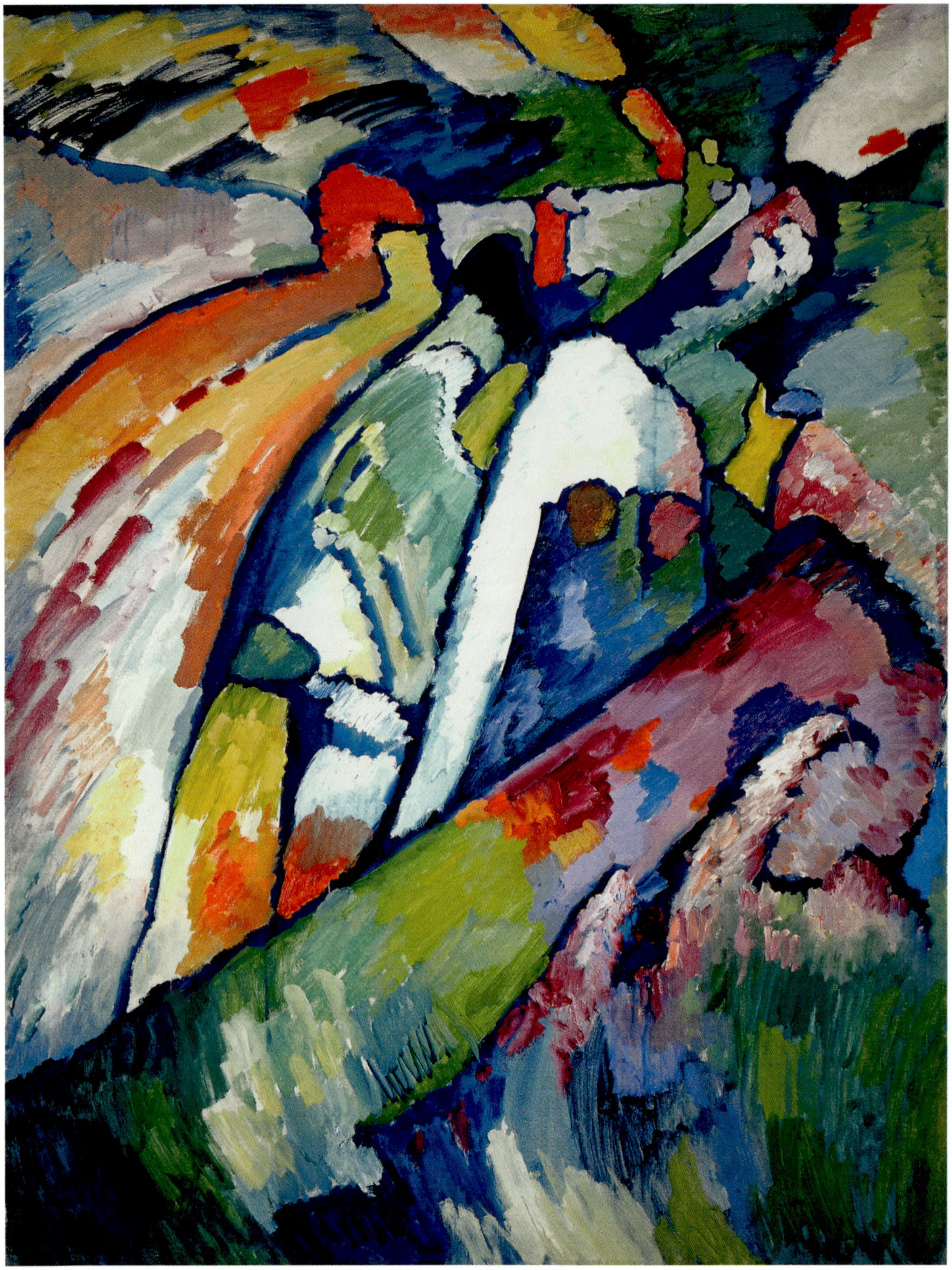

IMPROVISATION 7 (STURM), 1910
IMPROVISATION 7 (TEMPÊTE)
HUILE SUR TOILE, 131 X 97 CM
GALERIE NATIONALE TRETIAKOV, MOSCOU

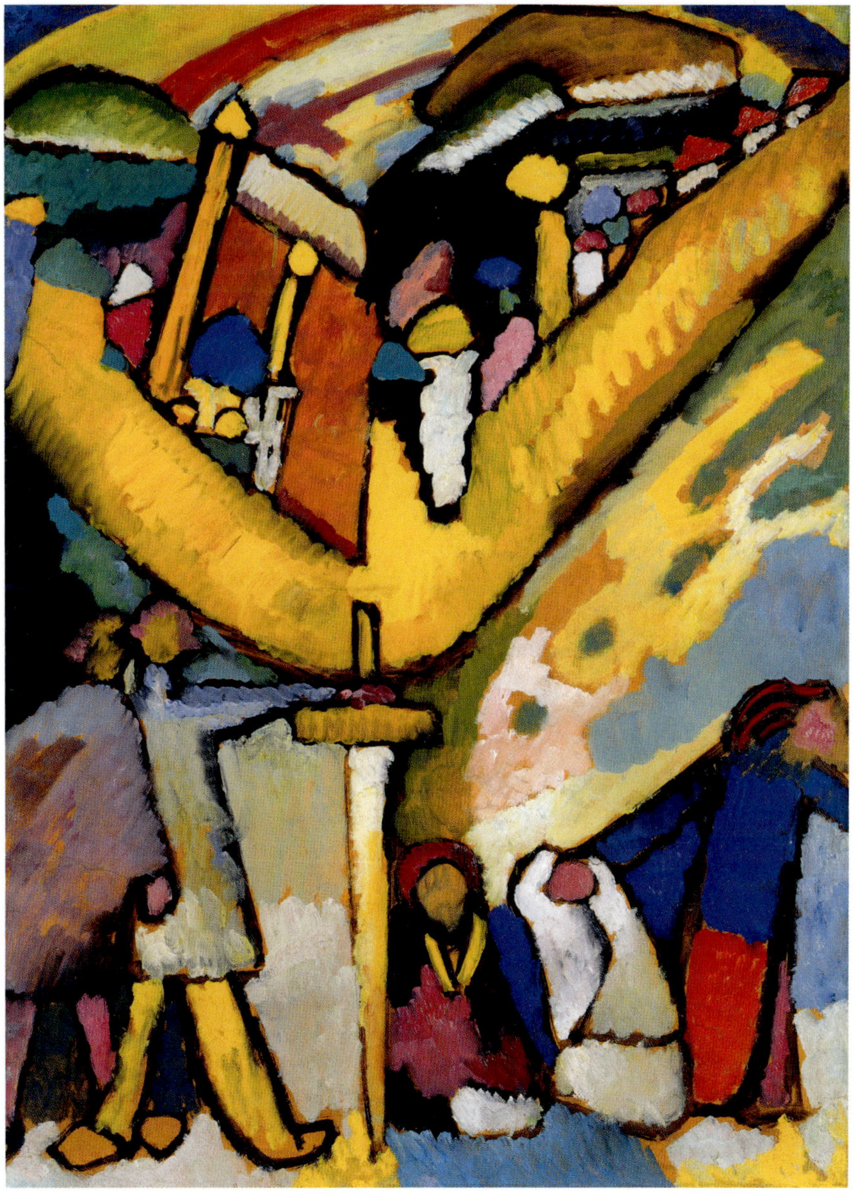

STUDIE ZU IMPROVISATION 8, 1909
ÉTUDE POUR IMPROVISATION 8
HUILE SUR CARTON, 98 X 70 CM
KUNSTMUSEUM WINTERTHUR, DÉPÔT DE LA FONDATION VOLKART
ŒUVRE NON-EXPOSÉE

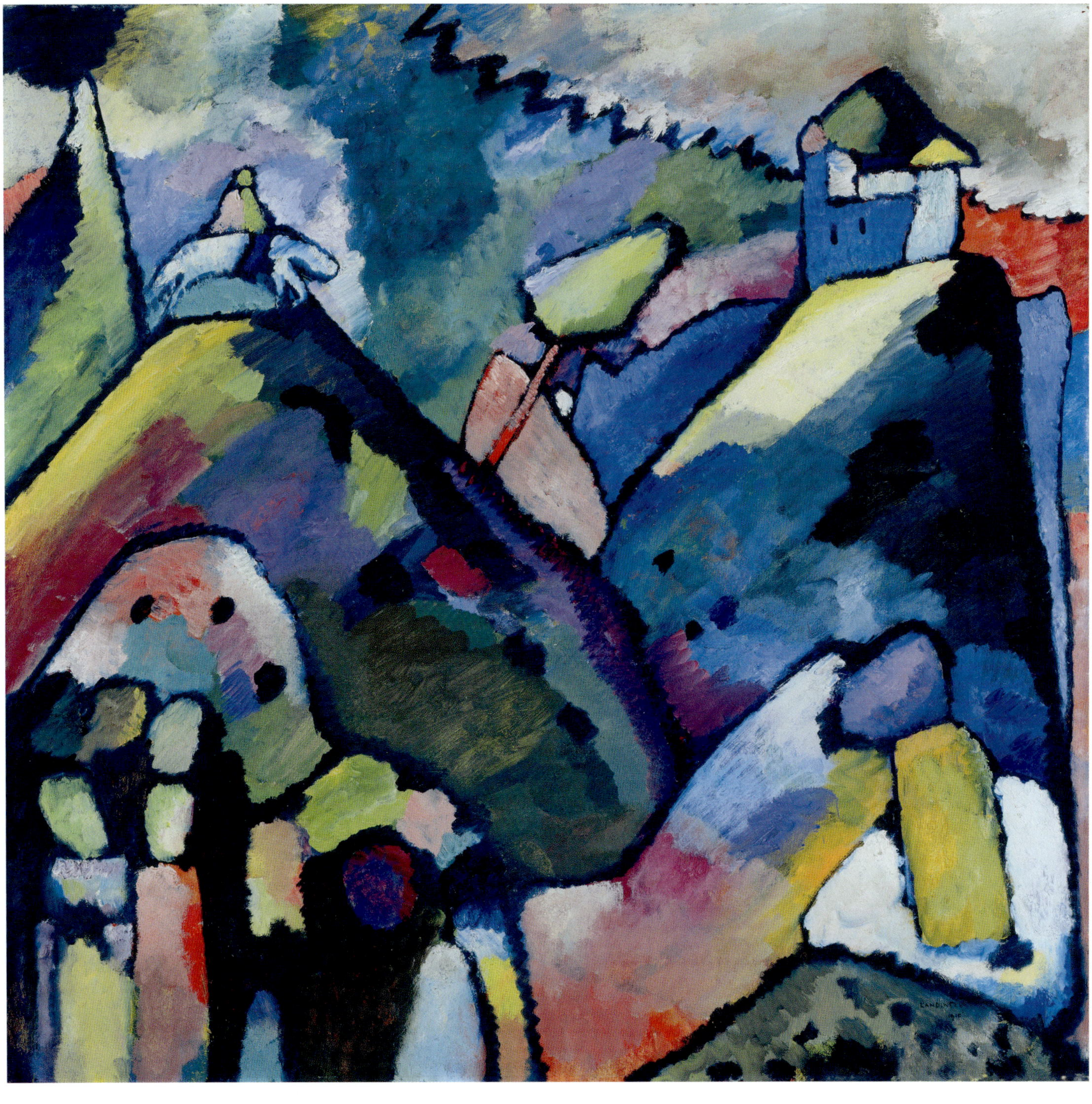

IMPROVISATION 9, 1910
HUILE SUR TOILE, 110 X 110 CM
STAATSGALERIE STUTTGART

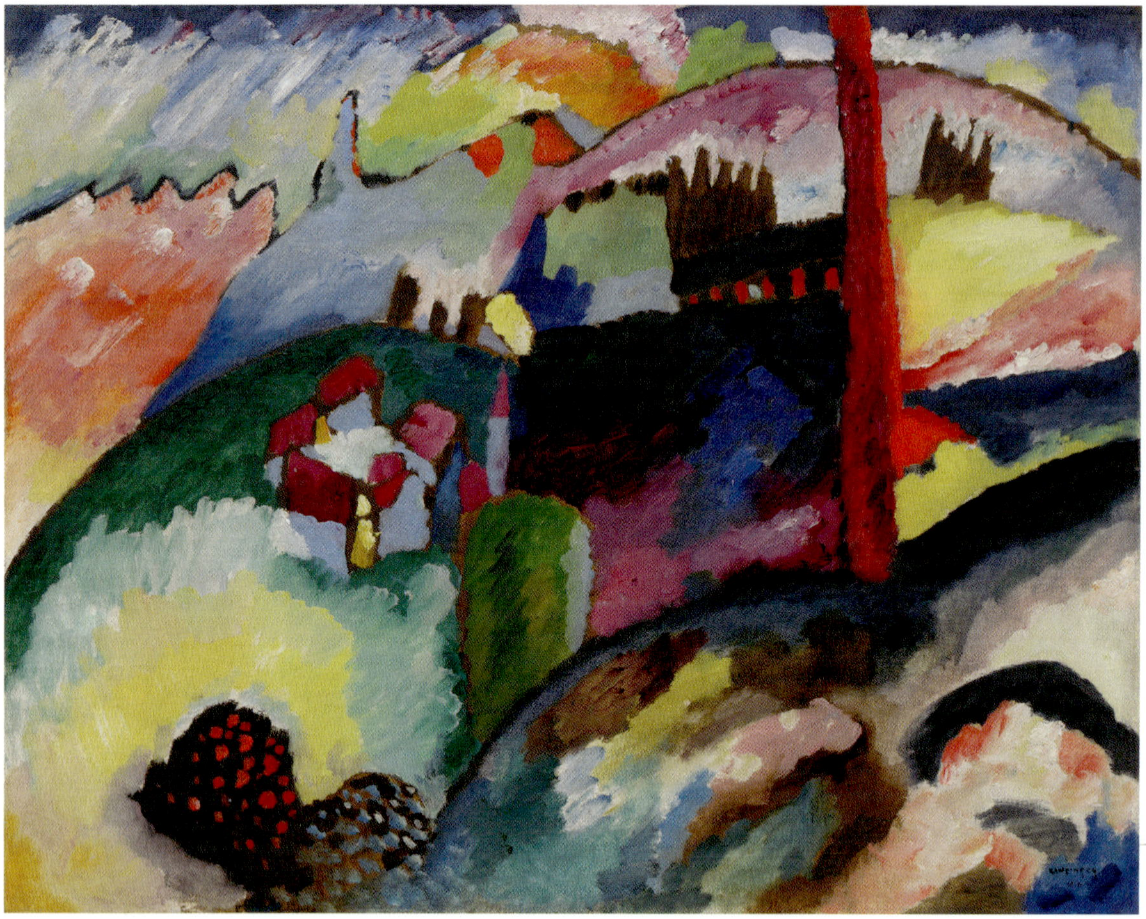

LANDSCHAFT MIT FABRIKSCHORNSTEIN, 1910
PAYSAGE AVEC CHEMINÉE D'USINE
HUILE SUR TOILE, 66,2 X 82 CM
SOLOMON R. GUGGENHEIM MUSEUM, NEW YORK

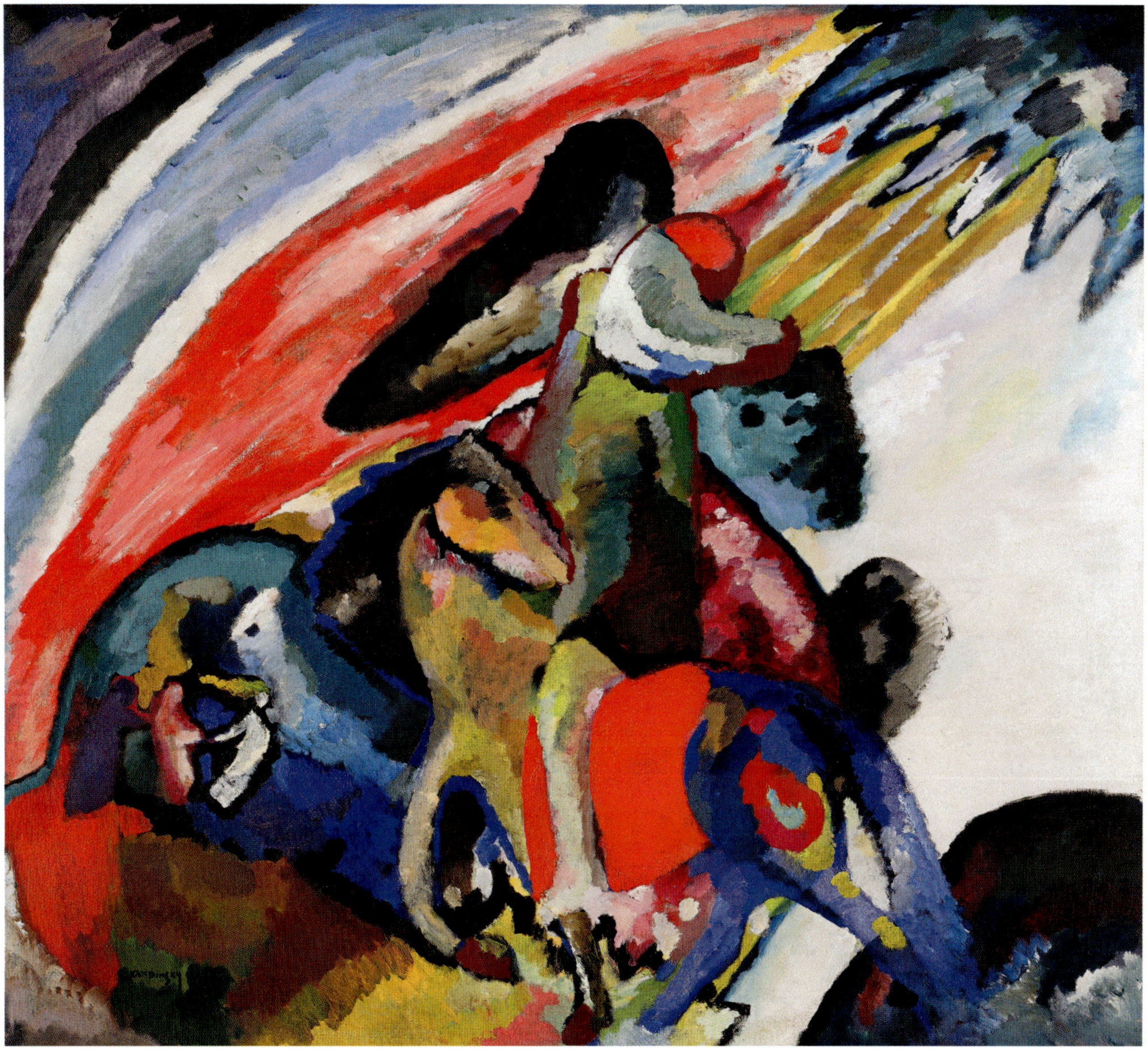

IMPROVISATION 12, 1910
HUILE SUR TOILE, 97 X 106,5 CM
BAYERISCHE STAATSGEMÄLDESAMMLUNGEN – PINAKOTHEK DER MODERNE, MUNICH
ŒUVRE NON-EXPOSÉE

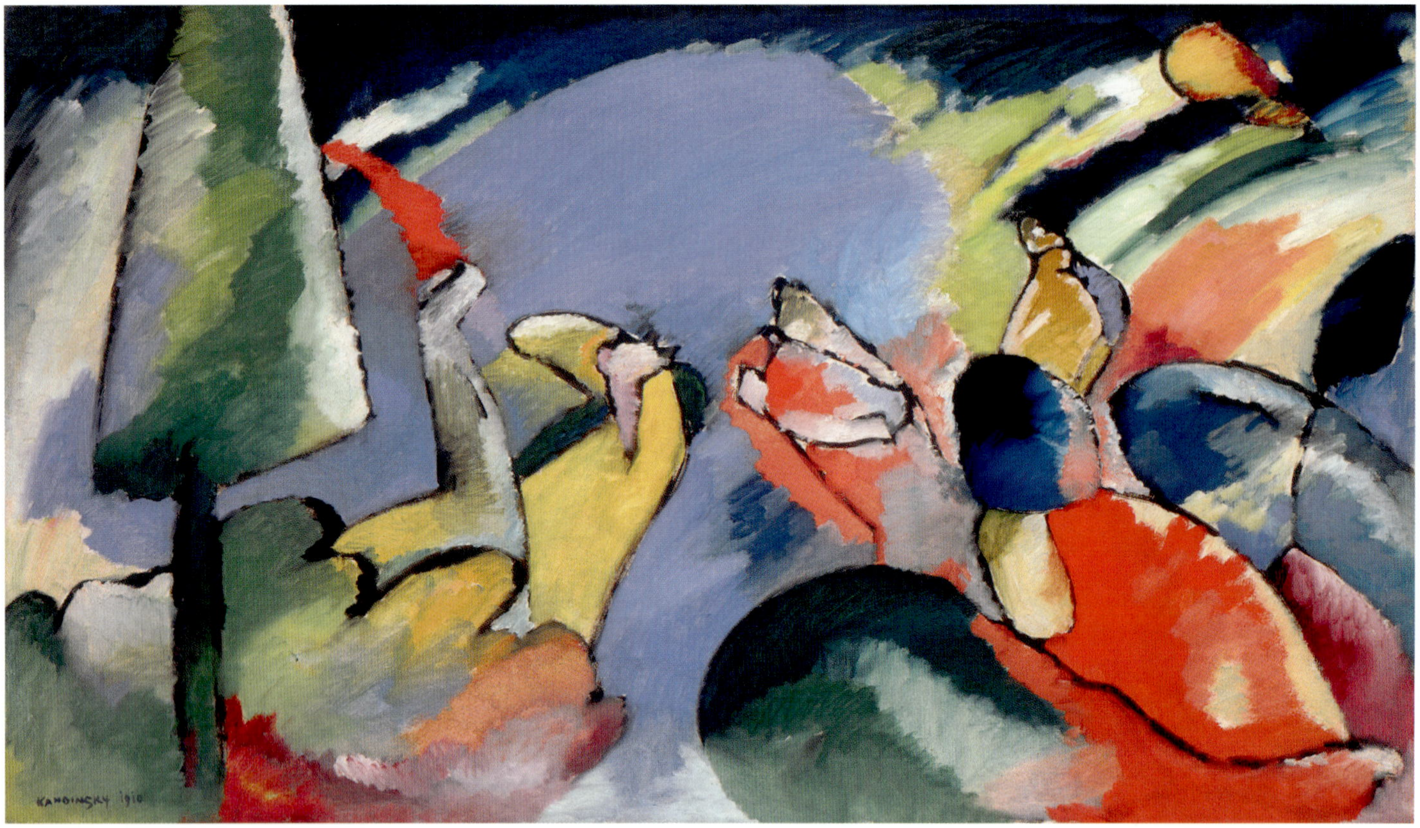

IMPROVISATION 14, 1910
HUILE SUR TOILE, 74 X 125,5 CM
CENTRE POMPIDOU, MUSÉE NATIONAL D'ART MODERNE, PARIS

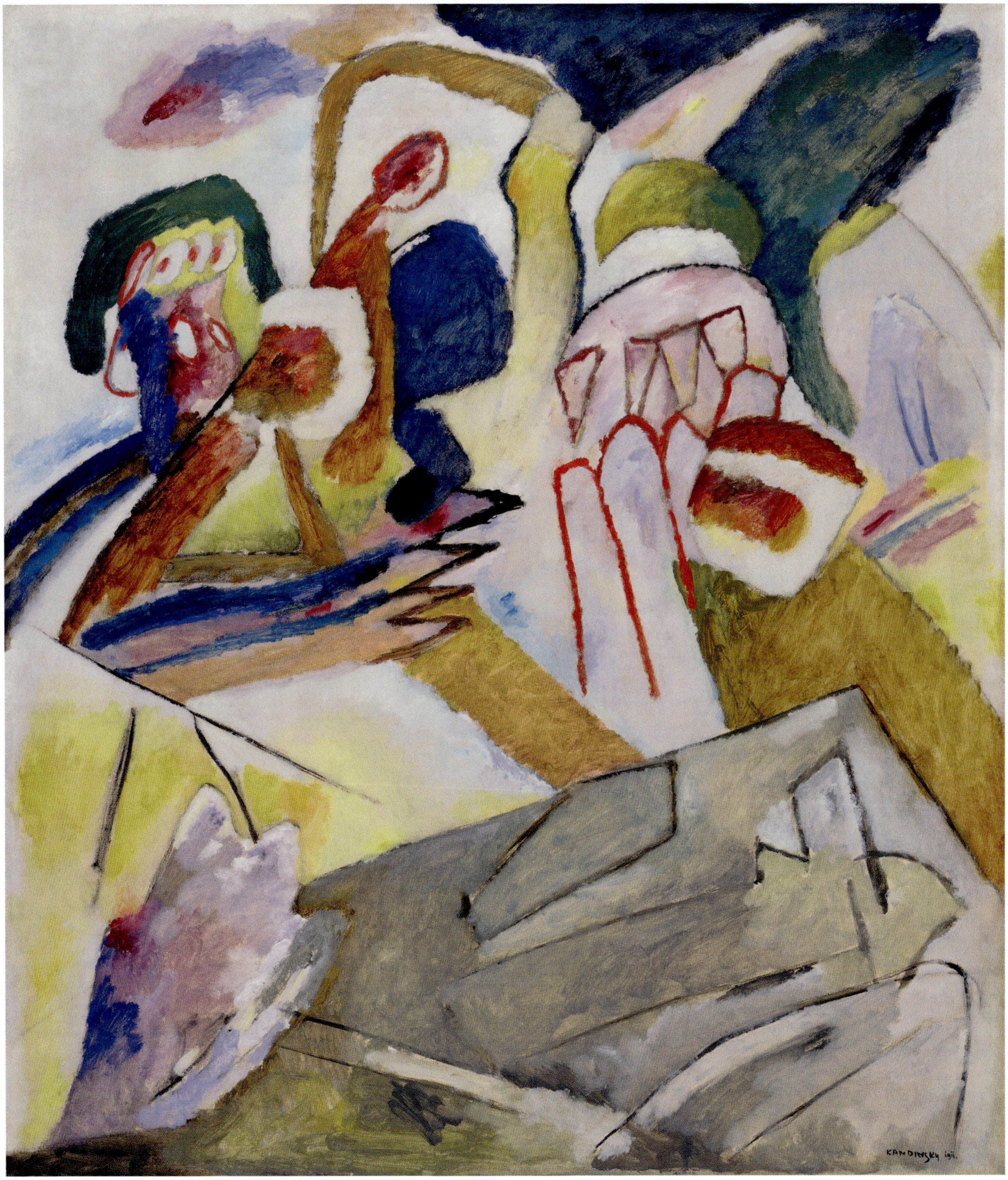

IMPROVISATION 18 (MIT GRABSTEINEN), 1911
IMPROVISATION 18 (AVEC PIERRES TOMBALES)
HUILE SUR TOILE, 141 X 121 CM
GABRIELE MÜNTER STIFTUNG, 1957
STÄDTISCHE GALERIE IM LENBACHHAUS, MUNICH

Bild mit Kreis ne figure pas dans l'inventaire de l'artiste. Sa reproduction photographique est publiée dans le *Burlington Magazine* en 1977 par Hans Konrad Roethel, qui tente en vain de localiser cette toile perdue pour le catalogue raisonné qu'il a témérairement entrepris. En 1989, elle réapparaît à Moscou dans une exposition qui regroupe pour la première fois les tableaux de Kandinsky conservés sur les territoires de l'ex-URSS. L'exposition est présentée ensuite à Francfort, sous le titre « Die Erste sowjetische Retrospektive ». Le tableau avait été envoyé à la dissolution du Musée d'art occidental de Moscou, au Musée national de Géorgie, à Tbilissi.

C'est le premier tableau abstrait de Kandinsky, du moins c'est ce qui est inscrit en russe par Vassili Bobrov, son assistant-secrétaire à Moscou, au dos de la photographie publiée : « Peinture avec un Cercle – première non-objective ».

Elle est exposée en avril 1915 à Moscou. En bas de la composition, on retrouve le souvenir presque effacé des fleurs qui apparaissent en gros plan dans ses *Garten* [Jardins] de Murnau, peint l'année précédente. Le 18 janvier 1911, dans une lettre à Arnold Schönberg, Kandinsky explique qu'en peinture se précise une recherche pour découvrir une nouvelle harmonie fondée sur un rythme presque géométrique – désigne-il le cubisme ? Il ajoute que, selon lui, c'est une fausse route, que la nouvelle harmonie se trouvera au contraire dans une direction anti-géométrique, qu'il désigne comme l'équivalent en musique de la « dissonance » et que cette dissonance sera tout simplement la « consonance » de demain.

D'un format voisin *Improvisation 22* (aujourd'hui détruite), *Improvisation 23 (Troika)* ou encore de l'*Improvisation* 24 (*Troika II)* (perdue), il reste difficile de restituer à *Bild mit Kreis* sa véritable place chronologique dans cette déferlante production de tableaux de l'année 1911. – Ch.D.

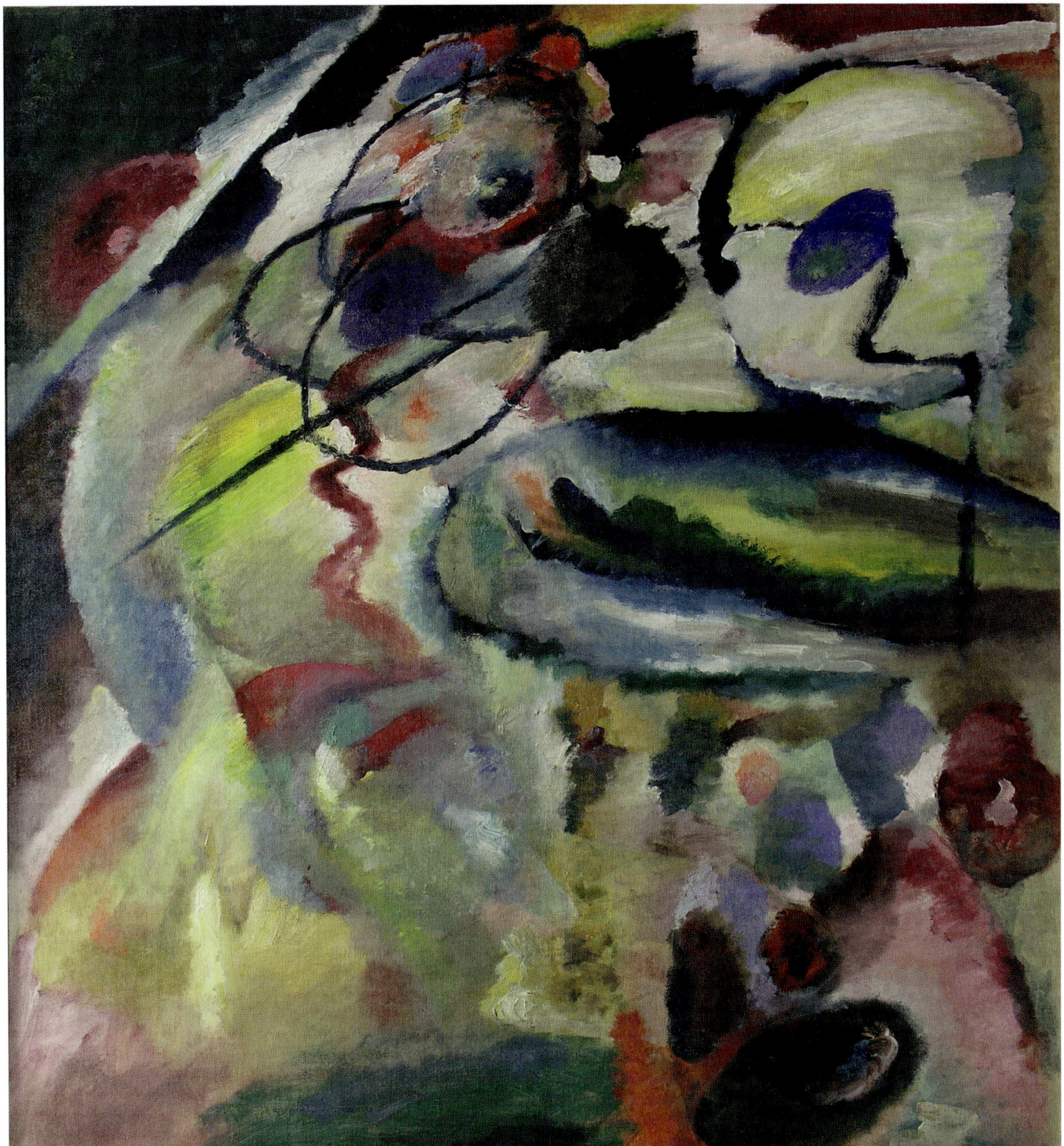

BILD MIT KREIS, 1911
PEINTURE AVEC UN CERCLE
HUILE SUR TOILE, 139 X 111 CM
MUSÉE NATIONAL DE GÉORGIE, TBILISSI

Romantische Landschaft, que Kandinsky ne qualifie ni d'*Impression*, ni d'*Improvisation*, n'est pas une représentation pure mais la restitution émotionnellement et symboliquement transformée d'un paysage. Il constitue une catégorie en soi. Alors que sa forme témoigne d'une ouverture et d'une spontanéité rares dans les arts plastiques de cette époque, son innovation picturale conserve un charme hermétique. Trois cavaliers courbés sur leur monture dans une chevauchée rapide traversent l'œuvre de la droite vers la gauche en descendant une pente parallèle au tableau. Tous ces éléments et les formes intérieures disposés au travers de la pente et dans le ciel s'imprègnent du tempo et de la direction de leur assaut. La formation rocheuse brune et abrupte constitue une menace latente, que les cavaliers vont certainement dépasser. La forme sombre à droite, que le groupe a laissée derrière lui, apparaît telle une sorte de polarité contraire. Le blanc, étalé comme sur une esquisse, sorte de contrepoint dans lequel les éléments du *Romantische Landschaft* sont disposés d'une main légère, ainsi que l'économie graphique des moyens font du tableau un cosmos ouvert aux multiples possibilités. De nombreuses années plus tard, dans une lettre à Will Grohmann datée de novembre 1925, Kandinsky s'est exprimé sur la particularité de cette œuvre : «Je crois qu'en 1910 j'ai peint un *Romantische Landschaft* qui n'avait rien à voir avec le romantisme d'avant. J'ai l'intention d'utiliser cette notion une fois encore... mais où sont les limites entre lyrisme et romantisme ? Le cercle, que j'utilise si souvent ces derniers temps, ne peut parfois être qualifié d'autre chose que de romantique. Et le romantisme à venir est en effet profond, beau (utiliser le terme ancien de "beau"), significatif, réjouissant. C'est un morceau de glace dans lequel brûle une flamme. Si les hommes ne sentent que la glace et non la flamme, tant pis pour eux. Mais certains l'apprendront bientôt.» Dans *Romantische Landschaft*, avec ses cavaliers sur des chevaux bleus et jaunes, Kandinsky a transposé les contenus secrets de ses *Improvisations* dans le vaste champ de la liberté lyrique. – A.H.

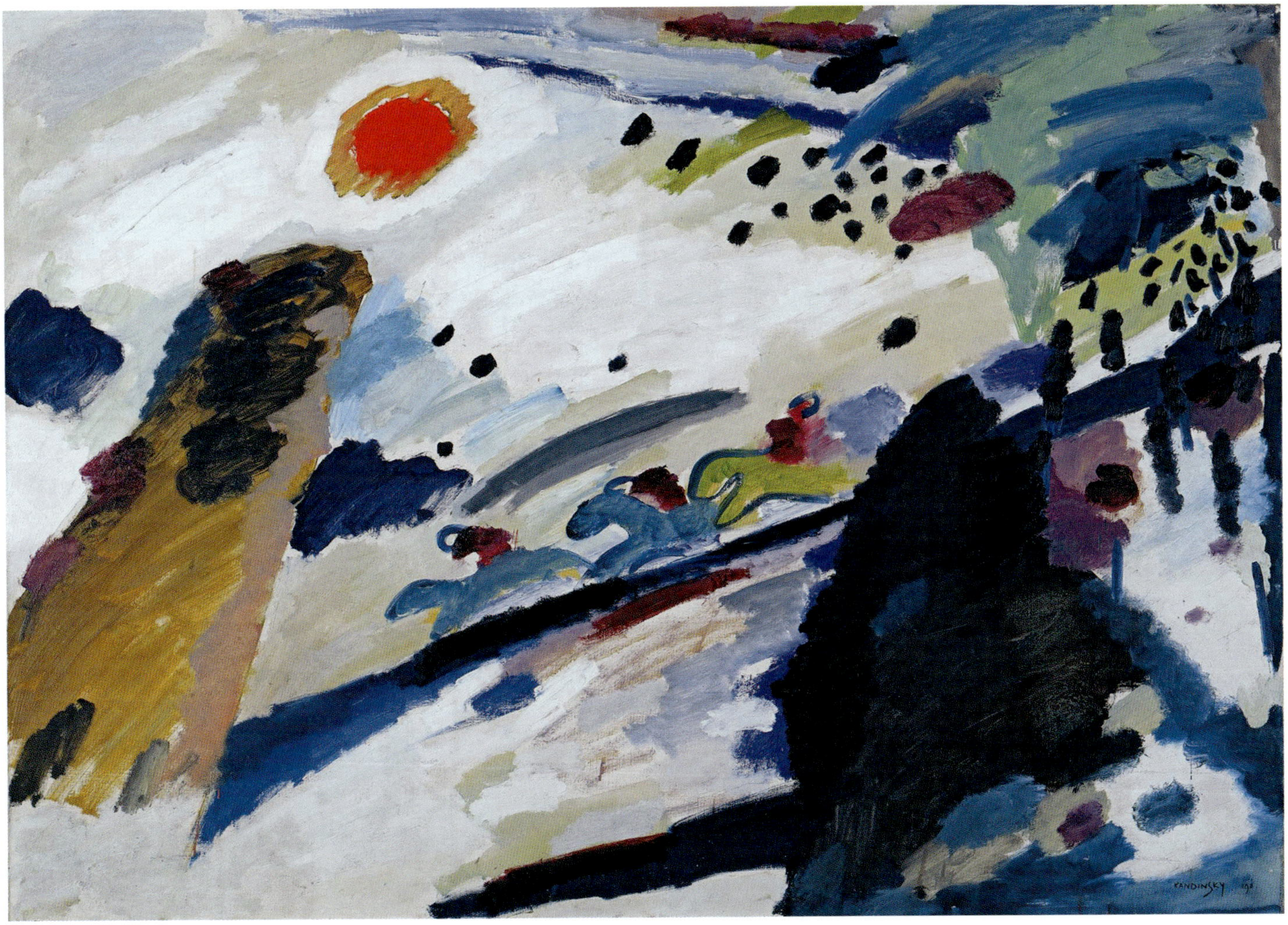

ROMANTISCHE LANDSCHAFT, 1911
PAYSAGE ROMANTIQUE
HUILE SUR TOILE, 94,3 X 129 CM
GABRIELE MÜNTER STIFTUNG, 1957
STÄDTISCHE GALERIE IM LENBACHHAUS, MUNICH

Kandinsky a peint *Impression III (Konzert)* le lendemain d'un concert d'Arnold Schönberg qu'il avait écouté le 2 janvier 1911 à Munich et qui l'avait impressionné. Ce tableau unique montre que les « impressions de nature extérieure » qui, selon la propre définition de Kandinsky, sont à la base de ses *Impressions,* peuvent non seulement être de nature optique, mais aussi acoustique. C'est en cela un exemple saillant de la synesthésie dans l'art, c'est-à-dire des relations entre la musique et la peinture qui étaient, au début du XXe siècle, également recherchées par d'autres artistes. Dans un mouvement dynamique, une vague colorée jaune déferle de la gauche vers la droite à travers le tableau comme l'émanation vibrante d'une tonalité majeure. Au-dessus, dans la partie supérieure, un noir rempli d'énergie s'étend en diagonale. Dans l'esquisse préparatoire réalisée au crayon, la situation spatiale du piano de concert noir ouvert, ainsi que les dos des auditeurs assis ou debout près du mur sur la gauche, sont clairement identifiables. L'espace est départagé par deux colonnes qui semblent se transformer dans le tableau, nettement plus abstrait, en de blanches « colonnes sonores ».

Kandinsky s'est exprimé de façon détaillée dans son livre *Über das Geistige in der Kunst, insbesondere in der Malerei* [*Du spirituel dans l'art, et dans la peinture en particulier*] (1911) sur les correspondances entre les couleurs et certaines tonalités ou certains instruments de musique. Il s'est néanmoins défendu dans un « supplément » du catalogue d'exposition de 1913 contre certaines critiques contemporaines qui affirmaient qu'il peignait la musique : « Et enfin : personnellement, je ne peux vouloir peindre la musique car j'estime qu'une telle peinture serait fondamentalement impossible et fondamentalement inaccessible. » Déjà dans *Über das Geistige in der Kunst...*, il avait mis en évidence que, pour lui, l'analogie entre la peinture et la musique reposait essentiellement sur les lois de la composition abstraite, ce à quoi la nouvelle peinture non-figurative aspirait dès lors : « La peinture a, dans ce sens, rattrapé la musique et les deux ont une tendance croissante à créer des œuvres "absolues", c'est-à-dire des œuvres "objectives" qui naissent d'elles-mêmes en tant qu'êtres autonomes conformément aux lois de la nature. » – A.H.

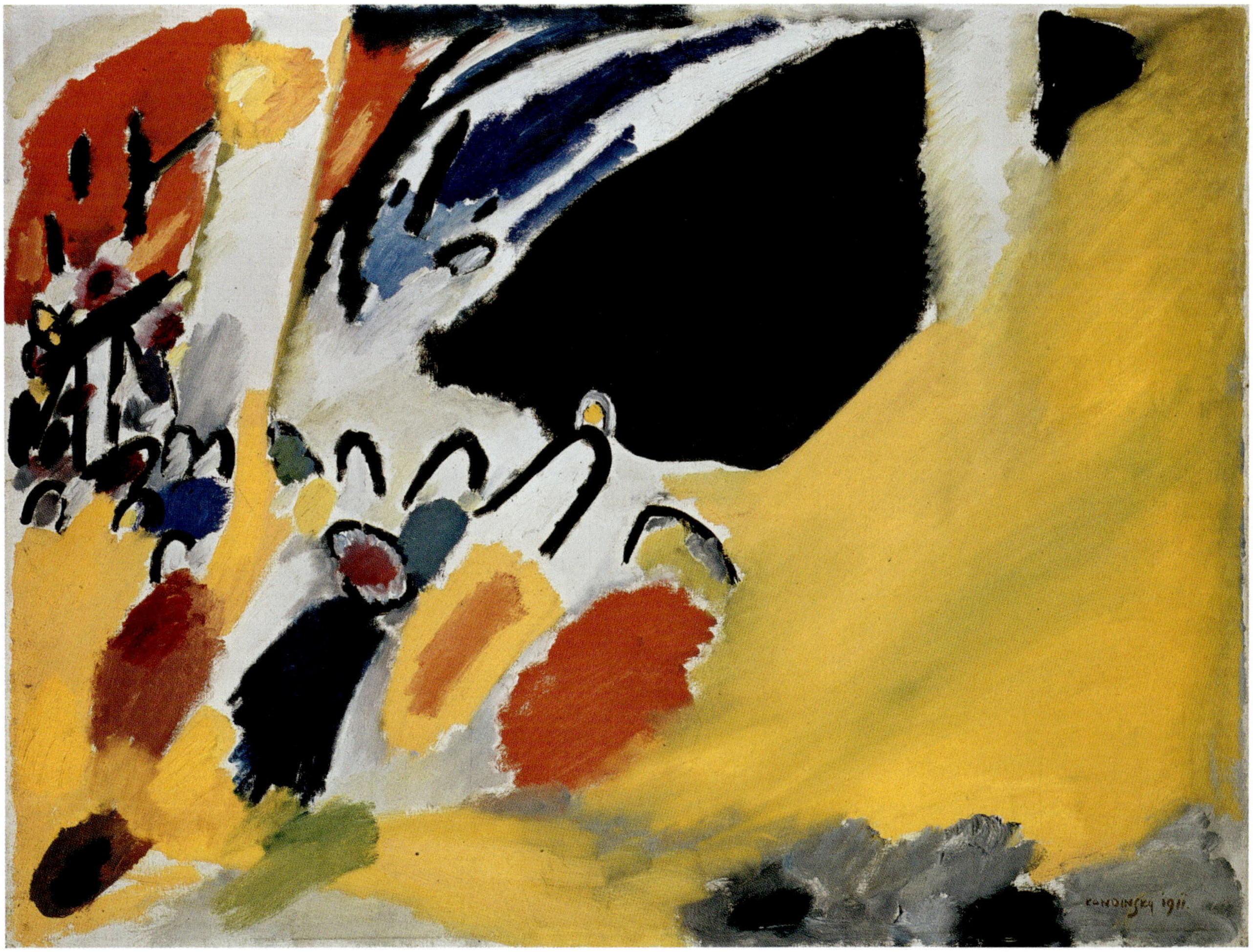

IMPRESSION III (KONZERT), 1911
IMPRESSION III (CONCERT)
HUILE SUR TOILE, 77,5 × 100 CM
GABRIELE MÜNTER STIFTUNG, 1957
STÄDTISCHE GALERIE IM LENBACHHAUS, MUNICH

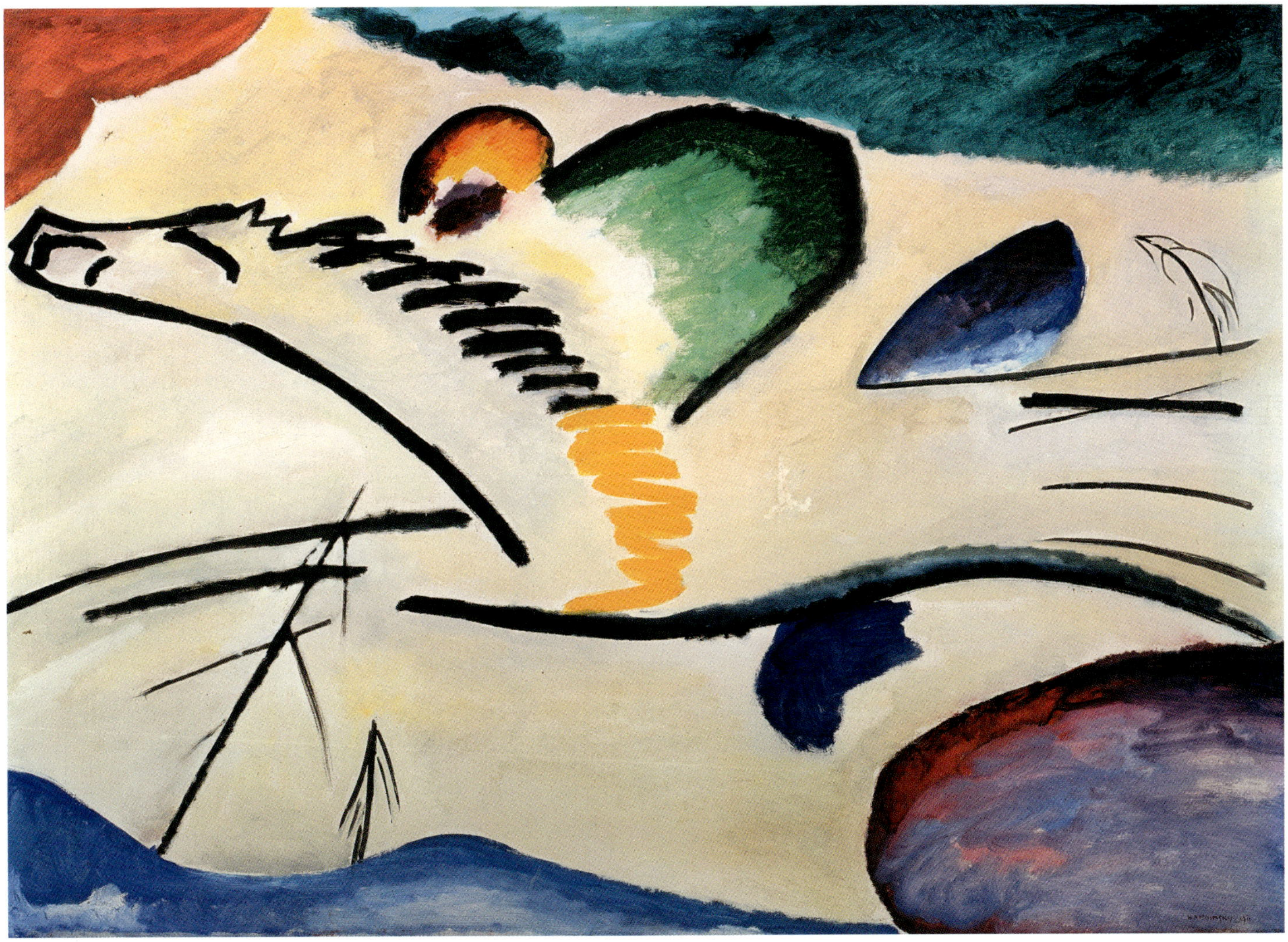

LYRISCHES, 1911
LYRIQUE
HUILE SUR TOILE, 94 X 130 CM
MUSÉE BOIJMANS VAN BEUNINGEN, ROTTERDAM

Komposition IV n'appartient pas seulement aux œuvres majeures de Kandinsky du fait de ses dimensions inhabituelles, mais aussi parce que l'artiste l'intitula *Composition* ce qu'il ne fit, au cours de sa vie, que pour dix tableaux seulement. On reconnaît trois zones réparties sur le format oblong : tout d'abord, au centre, une montagne bleue devant laquelle les formes blanches et colorées de trois figures étroitement rapprochées tiennent des perches noires qui séparent l'image en deux parties sur toute la hauteur. Elles rappellent de par leur position frontale les « figures gardiennes » vêtues de longues tuniques à la mode de la vieille Russie dressées dans les premiers tableaux de Kandinsky. Sur la droite se trouve un couple d'humains incliné vers l'extérieur dont la forme double est reprise en contrepoint dans les éléments étranges du paysage du fond. Les faisceaux de lignes noires dans la partie supérieure gauche de l'image semblent dérivés des lignes de contour abstraites de chevaux et de cavaliers qui s'entrechoquent, symbolisant la lutte et l'aspiration à la libération du mouvement au-dessus d'un arc-en-ciel. Kandinsky a lui-même qualifié cette partie gauche de l'image de « bataille » ou de « guerre » et a caractérisé la partie droite de « claire douce froide ».

Les tentatives d'interprétation de ce tableau oscillent entre le thème de la « résurrection » (Werner Schmalenbach), un « tableau historique abstrait » (Felix Thürlemann) et un processus de transformation à travers tous les espace-temps, des bas-fonds du matériel à l'élévation (du couple) vers des domaines spirituels, une transformation alchimique vers une acuité spirituelle froide (Hajo Düchting). Ce qui est intéressant, c'est que Kandinsky, dans ses commentaires, insiste plutôt sur le mode de fonctionnement des formes que sur le contenu représenté et prouve ainsi une fois de plus son aspiration opiniâtre à se libérer des concepts picturaux traditionnels. Il énumère dans ce contexte neuf points, parmi ceux-ci : 1. tonalité commune « des masses calmes entre elles », 3. un « mouvement pointu vers la gauche et le haut », 4. la « contradiction dans les deux directions », 7. « le débordement de la couleur au-delà de la limite de la forme » et 9. « dissolutions ». – A.H.

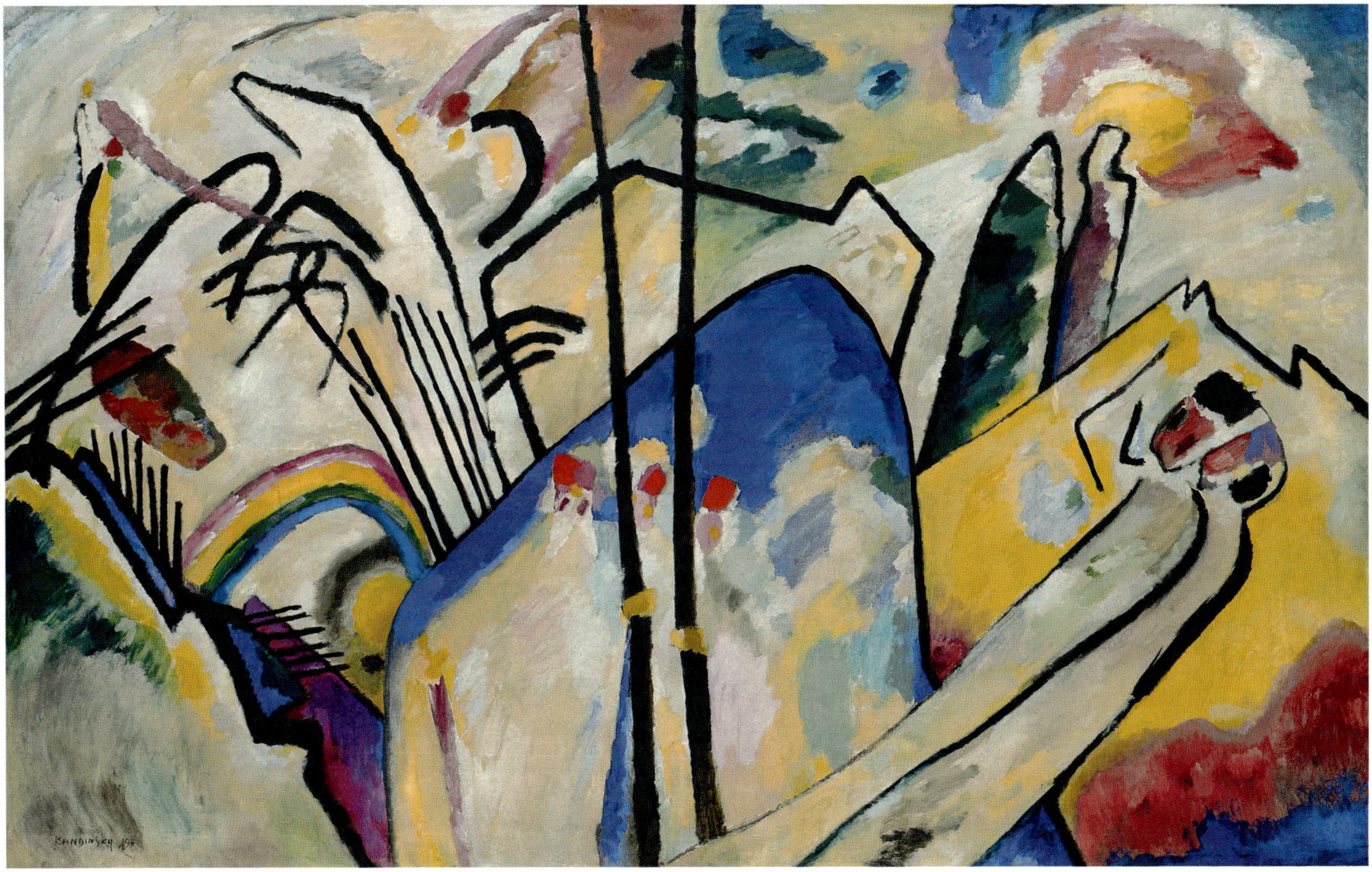

KOMPOSITION IV, 1911
COMPOSITION IV
TEMPERA SUR TOILE, 159,5 X 250,5 CM
KUNSTSAMMLUNG NORDRHEIN-WESTFALEN, DÜSSELDORF
ŒUVRE NON-EXPOSÉE

Improvisation 19 éclaire un aspect important de la création de Kandinsky. Sixten Ringbom et d'autres chercheurs ont montré que l'artiste s'était intensément penché sur les idées théosophiques et mystiques dans les années qui précédèrent la Première Guerre mondiale. Il connaissait les écrits de Helena Blavatsky, Édouard Schuré et Annie Besant, ainsi que *Gedankenformen* [*Les Formes-Pensées*] de Charles W. Leadbeaters, déjà devenu un classique à l'époque. Sa connaissance des conférences de Rudolf Steiner est également prouvée, et il était en contact, à Munich, avec le cercle qui gravitait autour de Karl Wolfskehl et de Ludwig Klages, ainsi qu'avec le psychiatre Albert von Schrenk-Notzing, qui traita entre autres des questions surnaturelles et des phénomènes de parapsychologie. Kandinsky trouva dans les livres illustrés de ces auteurs des sources d'inspiration lui permettant de mettre en œuvre sa quête d'« expression de l'immatériel ».

Sur cette grande toile, un rituel inconnu semble se dérouler : une sorte de cérémonie où l'illumination des personnages doit se comprendre comme une initiation.

Les figures transparentes, désignées par leur seul contour noir, structurent l'image ; à gauche, un cortège de figures plus petites progresse de l'arrière vers le devant de la scène sur un fond coloré. La majeure partie du tableau est cependant habitée par un bleu surnaturel et merveilleux qui transparaît également à travers le grand groupe de figures orientées de profil qui semblent se mouvoir vers un lieu situé en dehors de la toile. L'impression de spiritualité qui se dégage de ces figures allongées, entièrement dématérialisées, résulte d'une part de l'isocéphalie, c'est-à-dire de l'unité de la hauteur des têtes, comme nous le trouvons en particulier dans les représentations de saints byzantins, et, d'autre part, du bleu qui s'intensifie vers le violet au niveau des têtes et qui pourrait symboliser l'idée d'effacement ou de transition. Tout en haut, une grande forme oblongue se glisse dans l'image.

Ses couleurs diaphanes sont délimitées par un puissant contour noir et symbolisent manifestement, comme toutes les couleurs présentes dans l'image, une aura de formes à la fois spirituelles et sensuelles. Kandinsky s'approche ici de très près de son but : la recherche messianique du salut par les moyens de la peinture. – A.H.

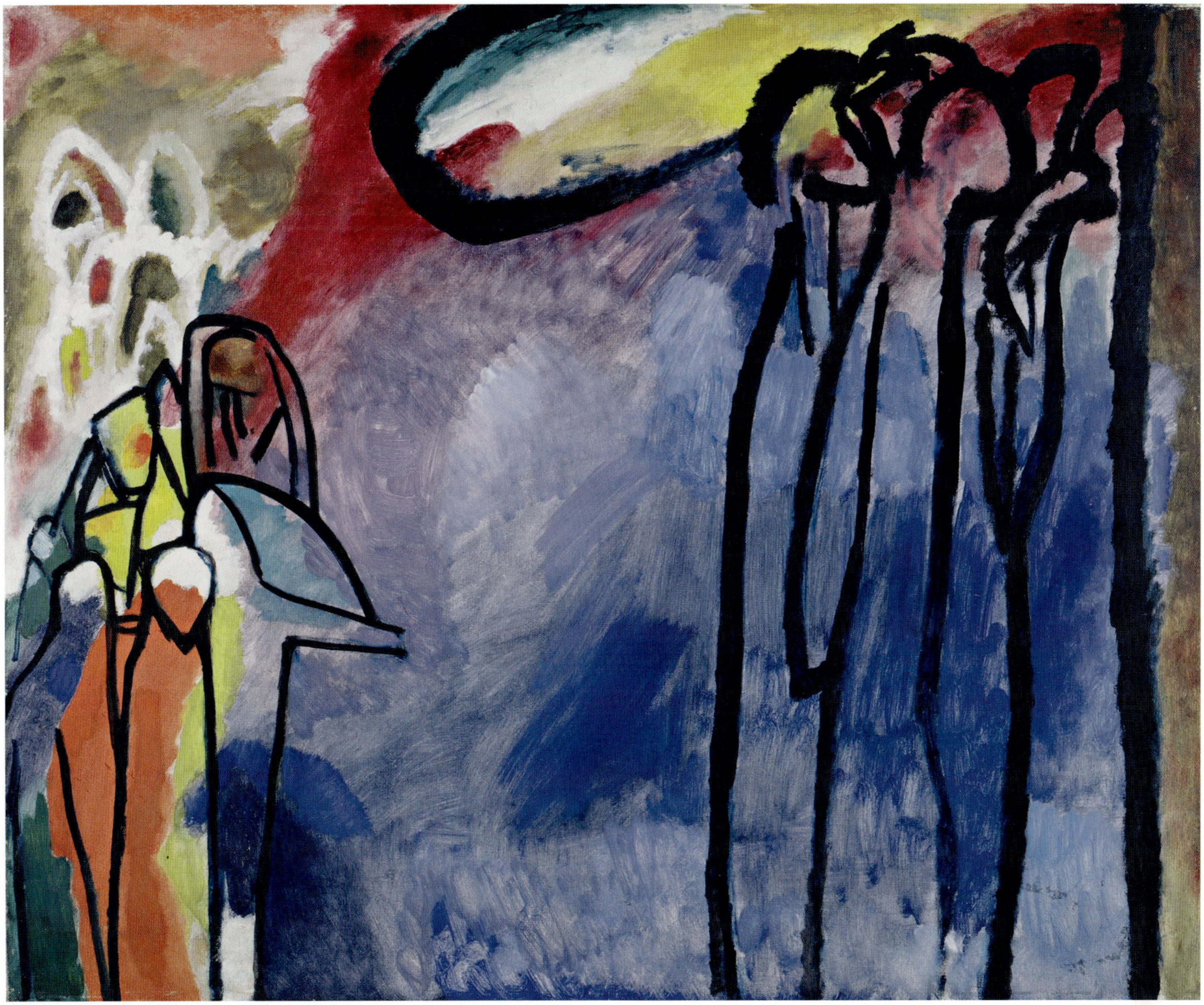

IMPROVISATION 19, 1911
HUILE SUR TOILE, 120 X 141,5 CM
GABRIELE MÜNTER STIFTUNG, 1957
STÄDTISCHE GALERIE IM LENBACHHAUS, MUNICH

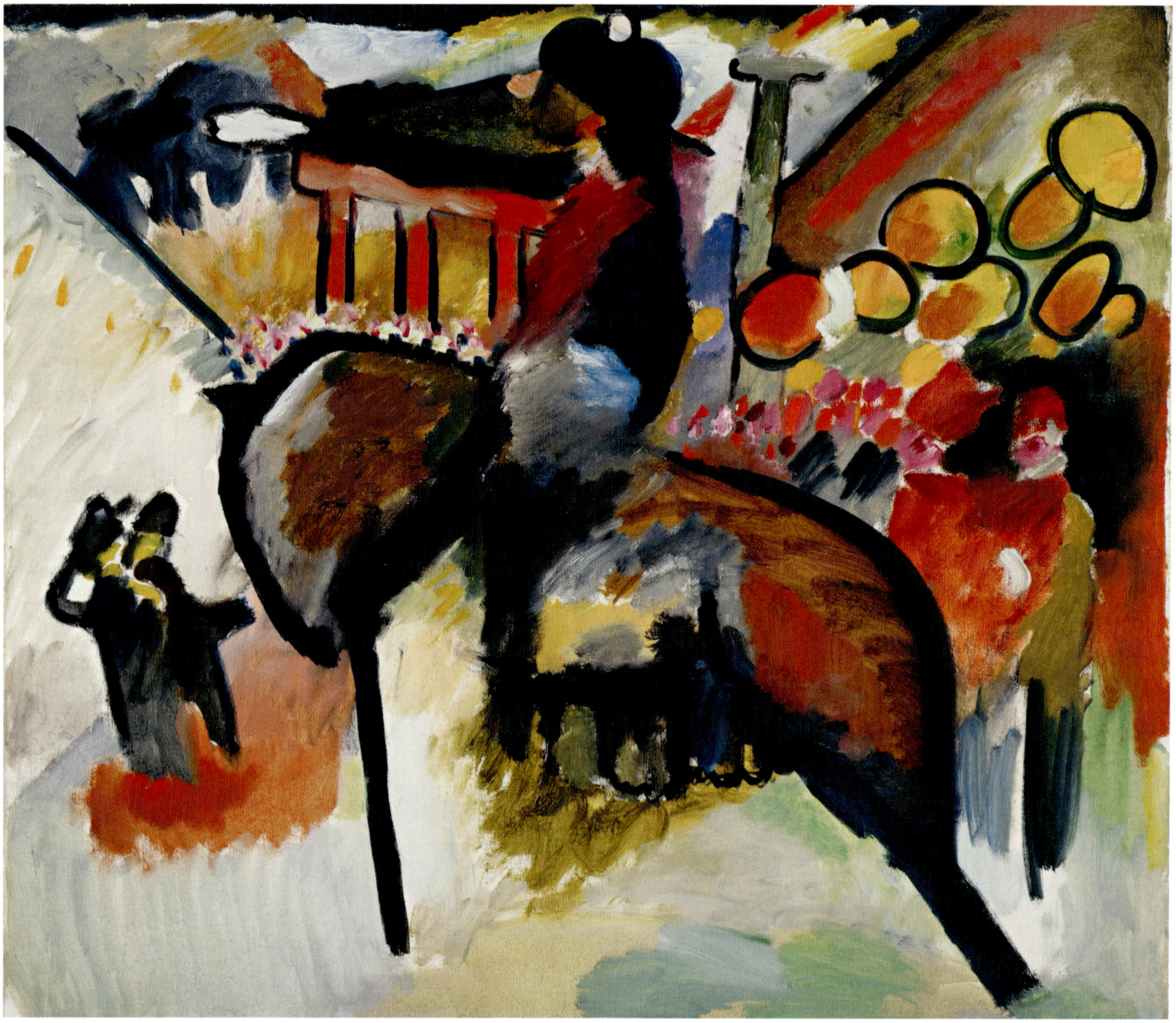

IMPRESSION IV (GENDARME), 1911
HUILE SUR TOILE, 95 X 107,5 CM
GABRIELE MÜNTER STIFTUNG, 1957
STÄDTISCHE GALERIE IM LENBACHHAUS, MUNICH

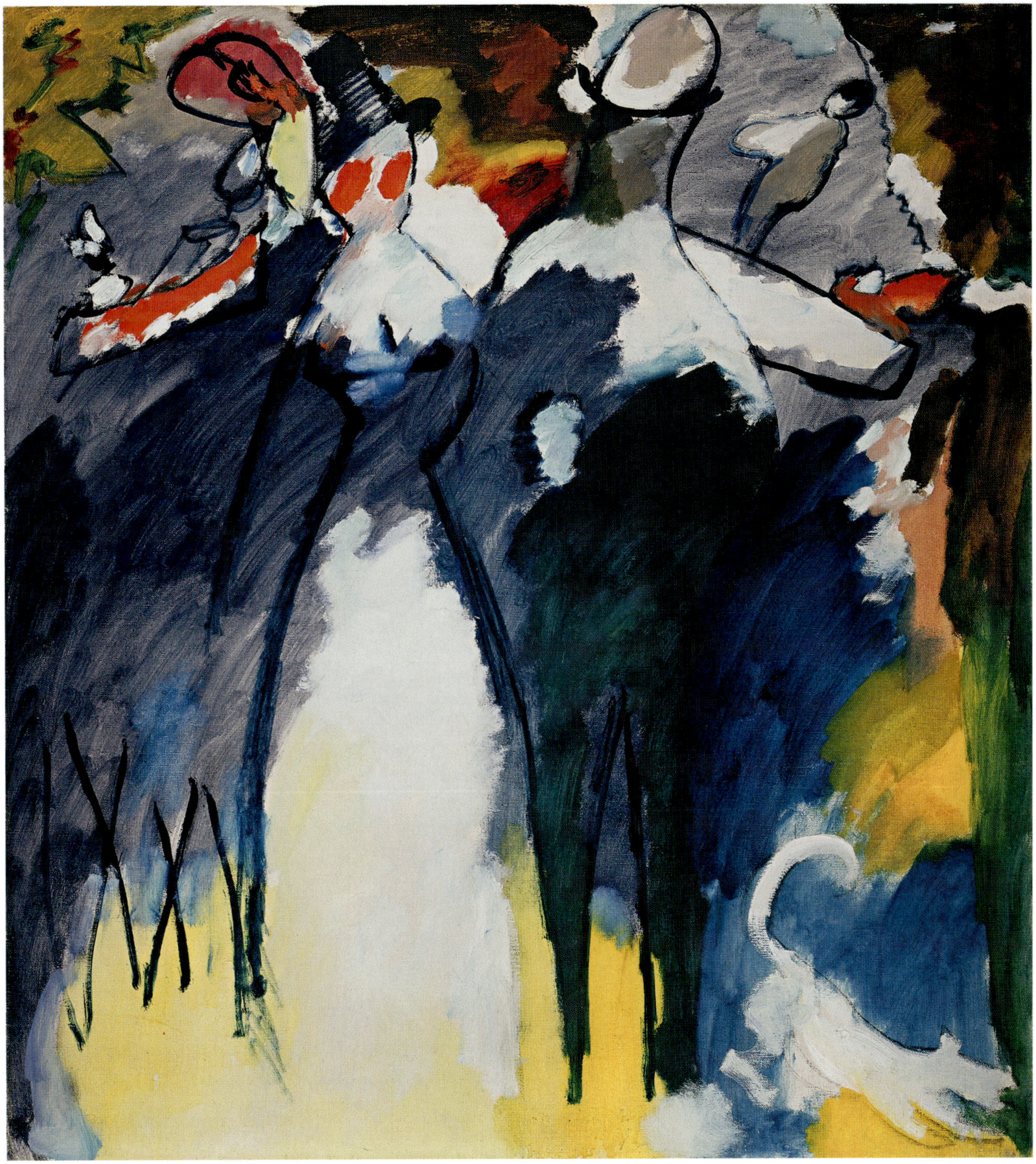

IMPRESSION VI (SONNTAG), 1911
IMPRESSION VI (DIMANCHE)
HUILE SUR TOILE, 107,5 X 95 CM
GABRIELE MÜNTER STIFTUNG, 1957
STÄDTISCHE GALERIE IM LENBACHHAUS, MUNICH

Avec les motifs de la Toussaint et du Jugement dernier qui entrent dans le vocabulaire symbolique de Kandinsky vers 1911, la figure de saint Georges prend pour lui une signification centrale. Il élève cette figure chrétienne qui terrasse un dragon au statut de symbole universellement exalté du vainqueur du matérialisme et de l'annonciateur d'un message spirituel. En plus des trois vitraux, dont l'un est pratiquement identique à la gravure sur bois de l'œuvre figurant en première page de *Der Blaue Reiter* [*L'Almanach du Blaue Reiter*] (1912), on compte trois grandes peintures à l'huile. *St. Georg I* (collection particulière, Suisse) montre comment l'ombre du saint, entre une coulisse de montagnes blanches, transperce le dragon. Dans *St. Georg II* (Musée de l'Ermitage, Saint-Pétersbourg), la diagonale expressive de la lance transforme cheval et cavalier en un modèle presque abstrait.
Dans *St. Georg III*, le cavalier, à peine reconnaissable, a été déplacé vers la marge gauche et enfonce verticalement la lance dans la gueule du dragon couché sous lui. Le corps de celui-ci se distingue par sa couleur claire fortement chargée de blanc. Il semble se dissoudre dans son environnement car, à l'arrière-plan, le blanc domine également malgré les valeurs colorées.
Quant au blanc comme couleur, Kandinsky note dans *Über das Geistige in der Kunst, insbesondere in der Malerei* [*Du spirituel dans l'art, et dans la peinture en particulier*] (1912) qu'il n'existe pas dans la nature. Si on l'emploie, c'est en raison de la « traduction de la nature » par l'« impression intérieure ». L'aspect charismatique du combat, de la chute et de la rédemption dans ses représentations de saint Georges semble tenir à cette relation secrète de la zone de blanc. « En définissant plus précisément le blanc, souvent considéré comme une non-couleur, il devient le symbole d'un monde où toutes les couleurs en tant que caractéristiques et substances matérielles ont disparu. Ce monde se situe si loin au-dessus de nous que nous ne pouvons entendre aucun son qui en provienne. Un grand silence en descend qui, une fois matérialisé, nous apparaît comme un mur froid, infranchissable et indestructible qui monte vers l'infini. De la même manière, le blanc produit sur notre psychisme un effet de grand silence qui représente pour nous l'absolu... C'est un silence qui n'est pas la mort mais qui est au contraire empli de possibilités. Le blanc résonne comme le silence qui pourrait soudain être compris. » – A.H.

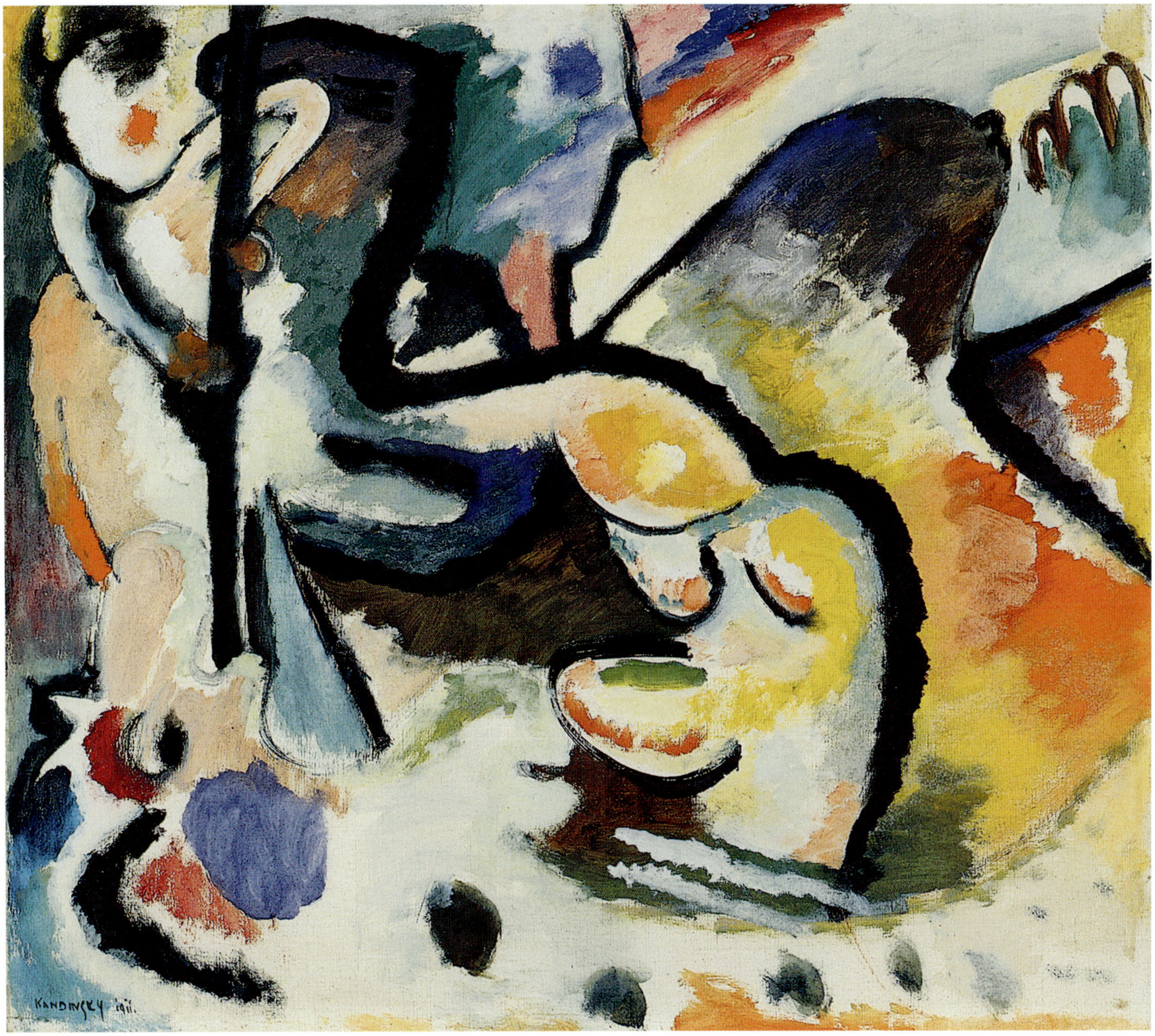

ST. GEORG III, 1911
SAINT GEORGES III
HUILE SUR TOILE, 97,5 X 107,5 CM
GABRIELE MÜNTER STIFTUNG, 1957
STÄDTISCHE GALERIE IM LENBACHHAUS, MUNICH

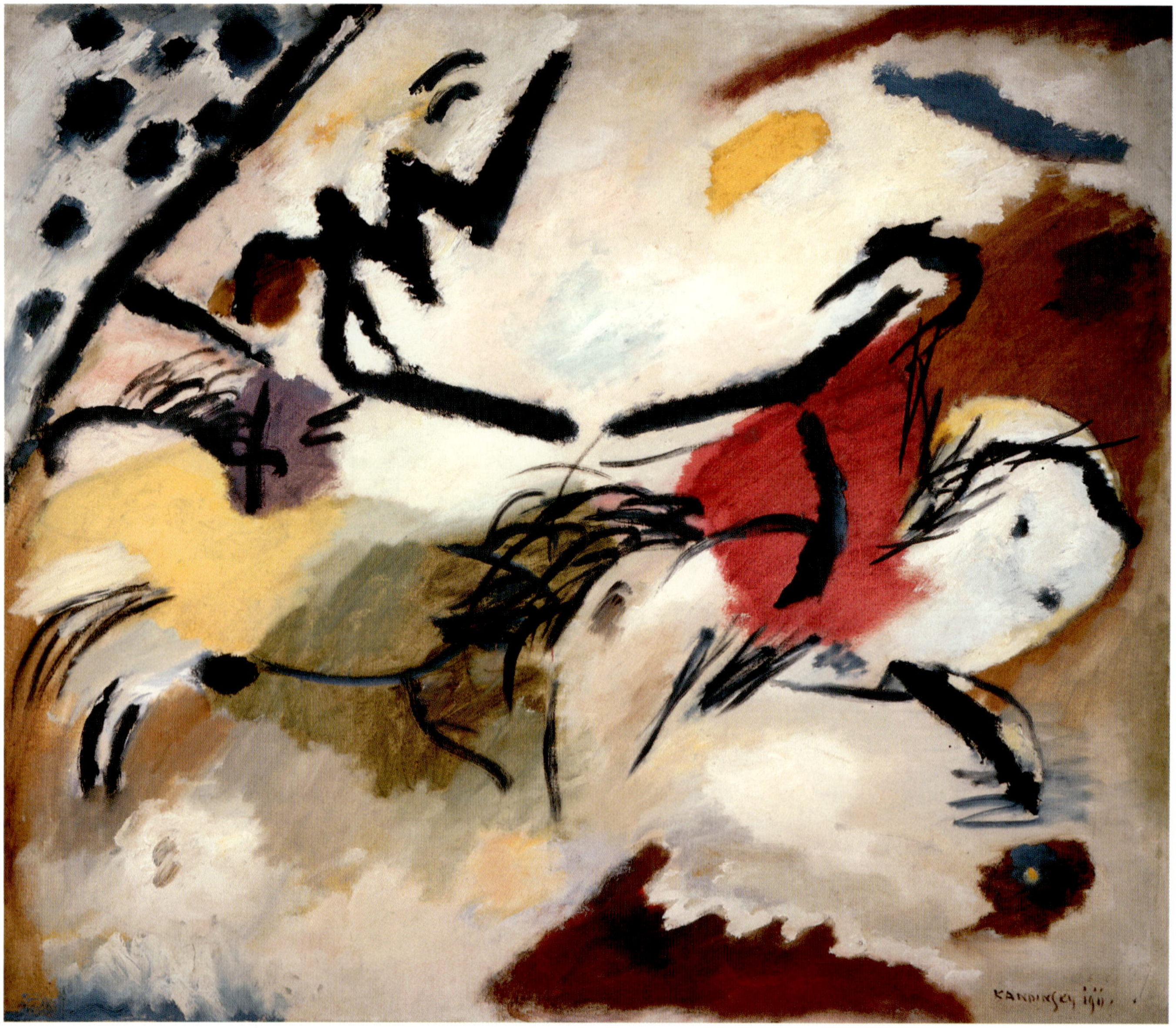

IMPROVISATION 20 (ZWEI PFERDE), 1911
IMPROVISATION 20 (DEUX CHEVAUX)
HUILE SUR TOILE, 94,5 X 108,8 CM
MUSÉE NATIONAL DES BEAUX-ARTS POUCHKINE, MOSCOU

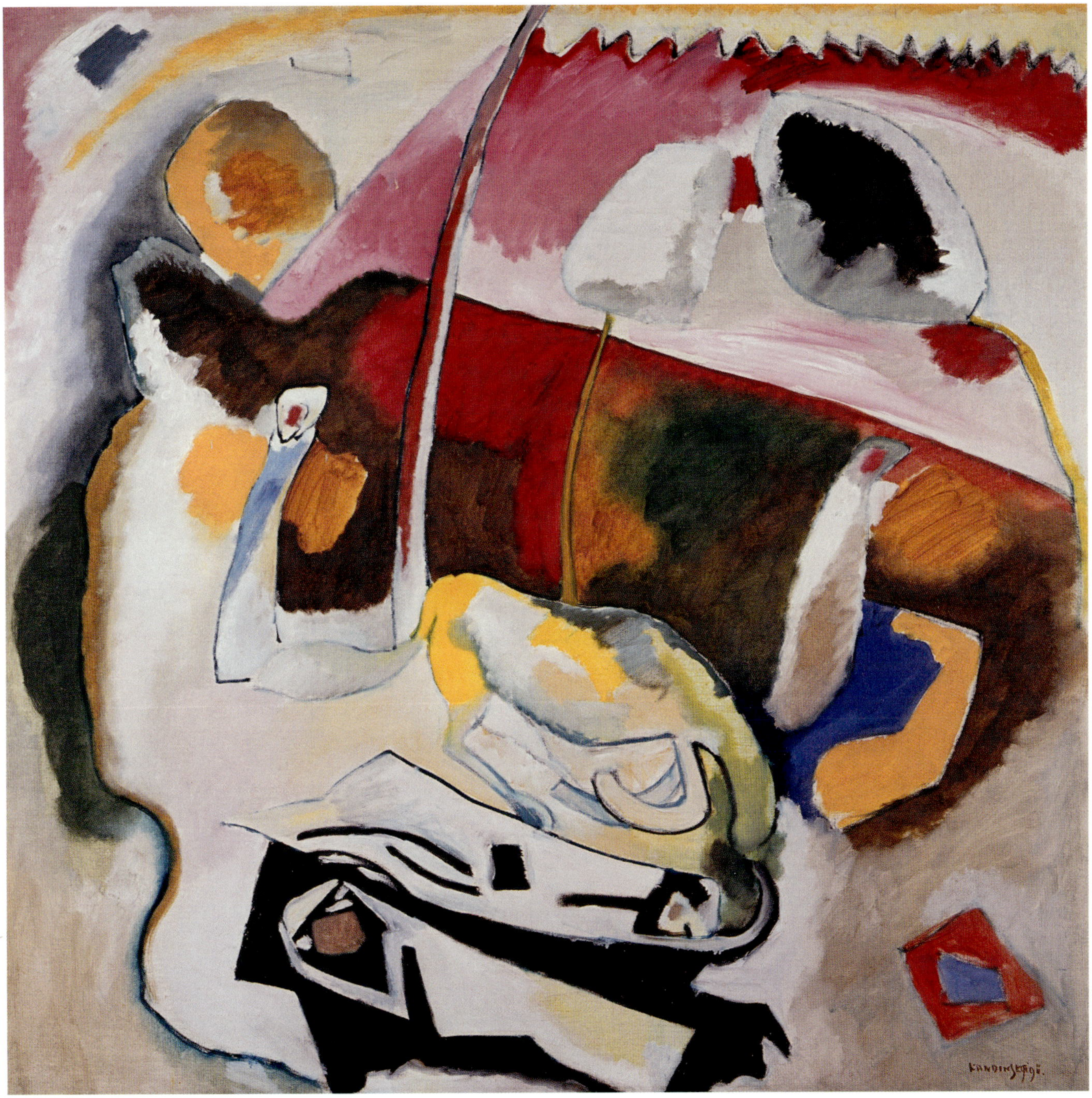

IMPROVISATION 21, 1911
HUILE SUR TOILE; 108 X 108 CM
COLLECTION PARTICULIÈRE, DÉPÔT AU MUSÉE FRANZ MARC, KOCHEL

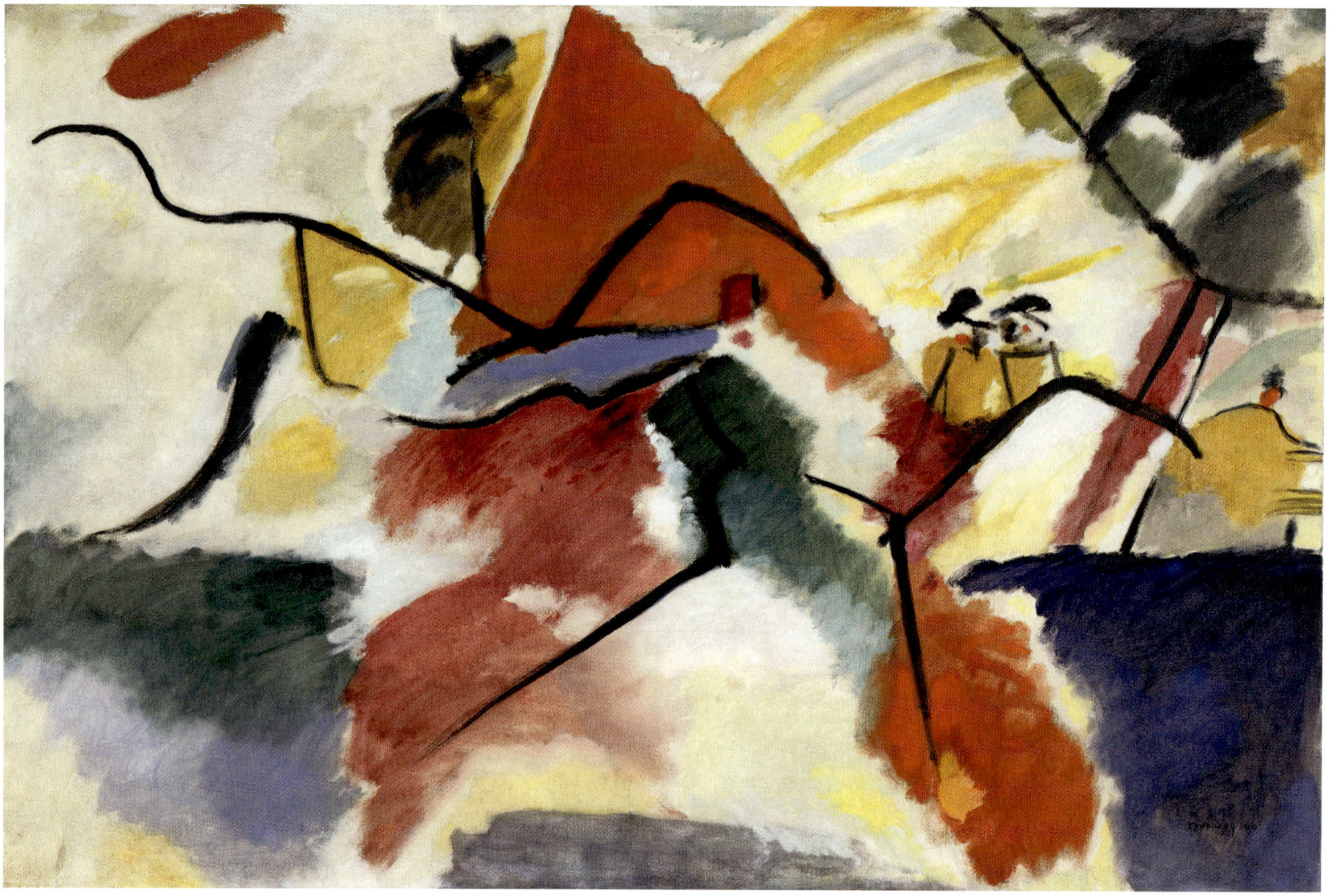

IMPRESSION V (PARK), 1911
IMPRESSION V (PARC)
HUILE SUR TOILE, 106 X 157,5 CM
CENTRE POMPIDOU, MUSÉE NATIONAL D'ART MODERNE, PARIS

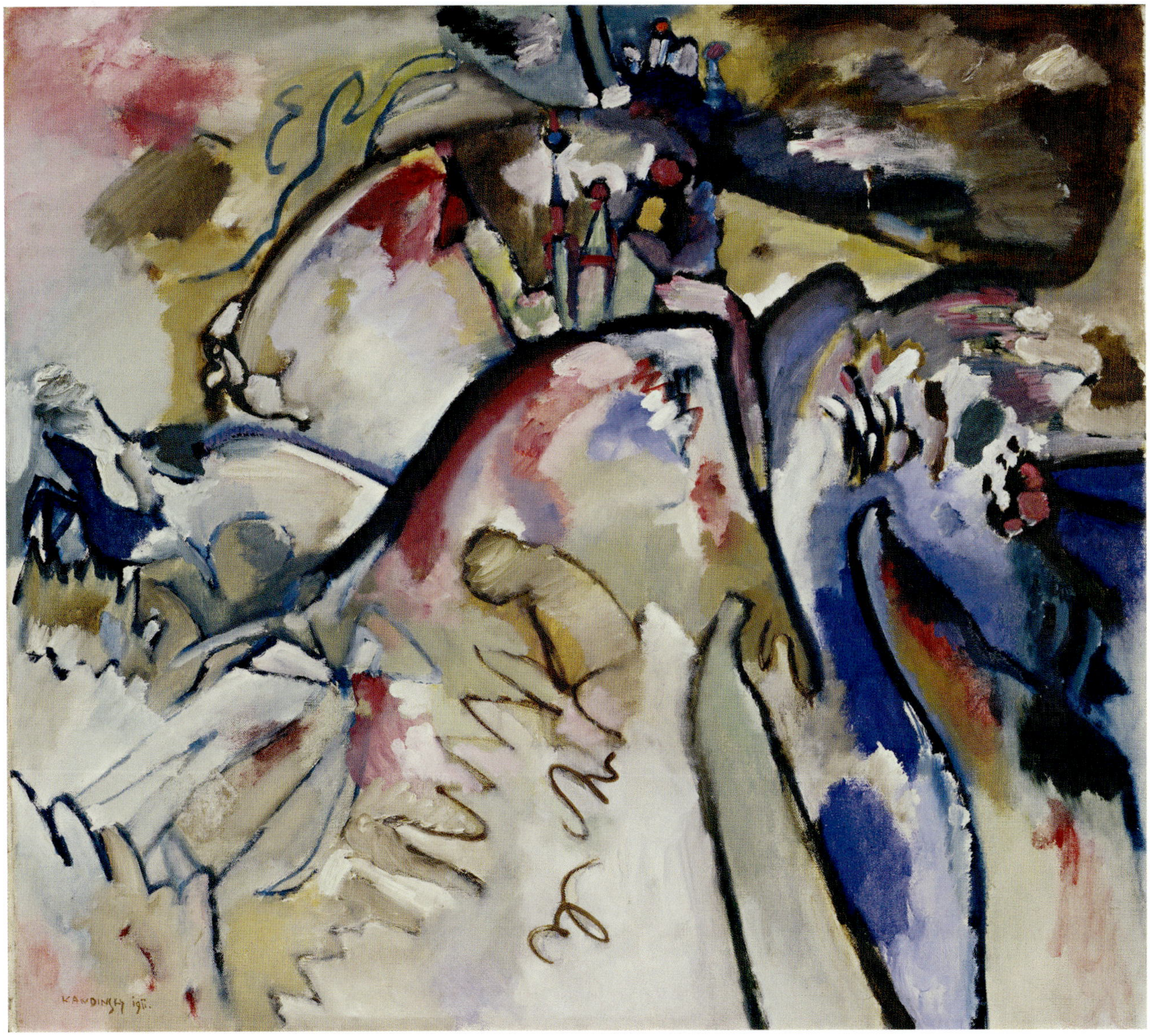

IMPROVISATION 21A, 1911
HUILE SUR TOILE, 96 X 105 CM
GABRIELE MÜNTER STIFTUNG, 1957
STÄDTISCHE GALERIE IM LENBACHHAUS, MUNICH

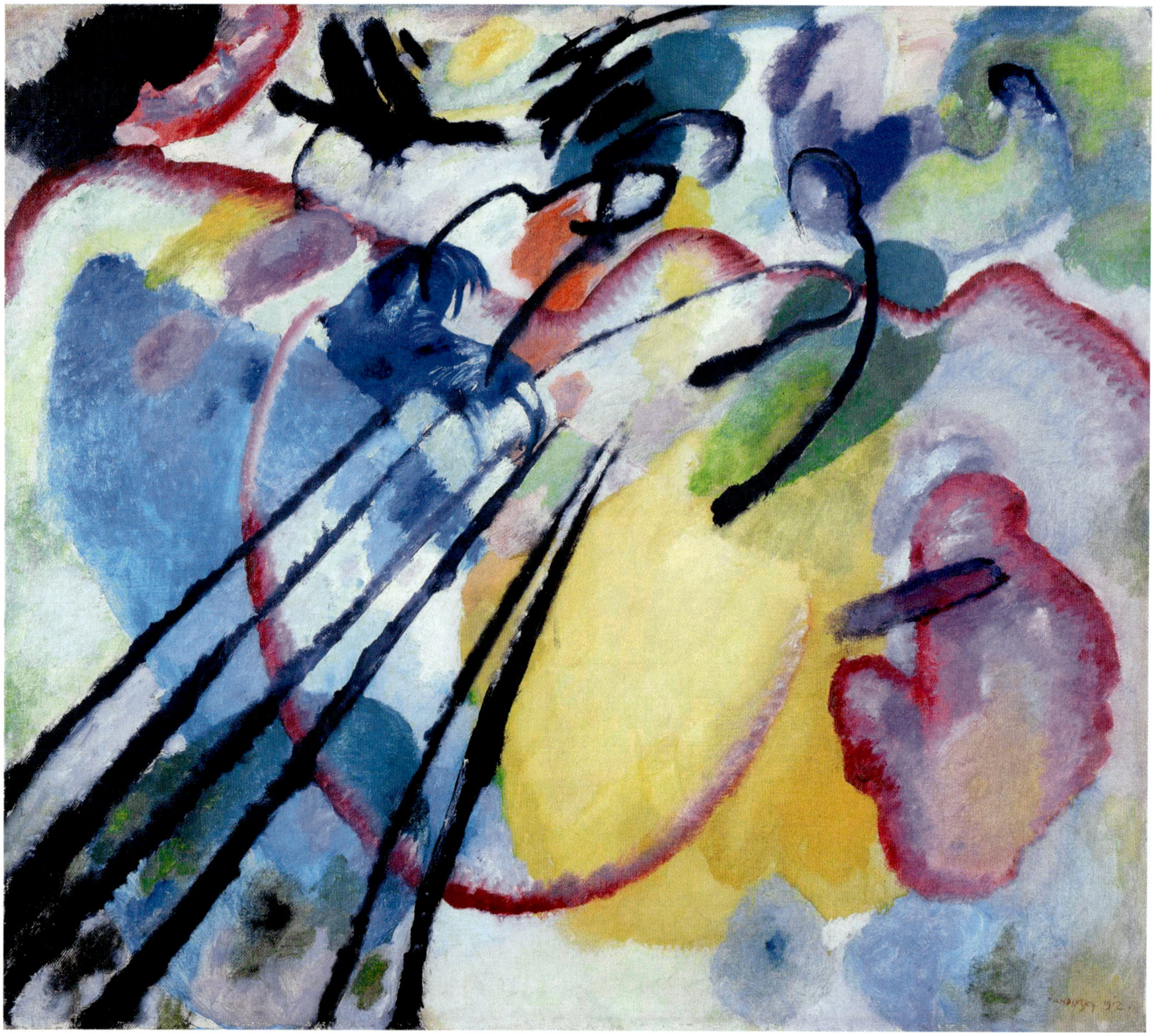

IMPROVISATION 26 (RUDERN), 1912
IMPROVISATION 26 (EN RAMANT)
HUILE SUR TOILE, 97 X 107,5 CM
GABRIELE MÜNTER STIFTUNG, 1957
STÄDTISCHE GALERIE IM LENBACHHAUS, MUNICH

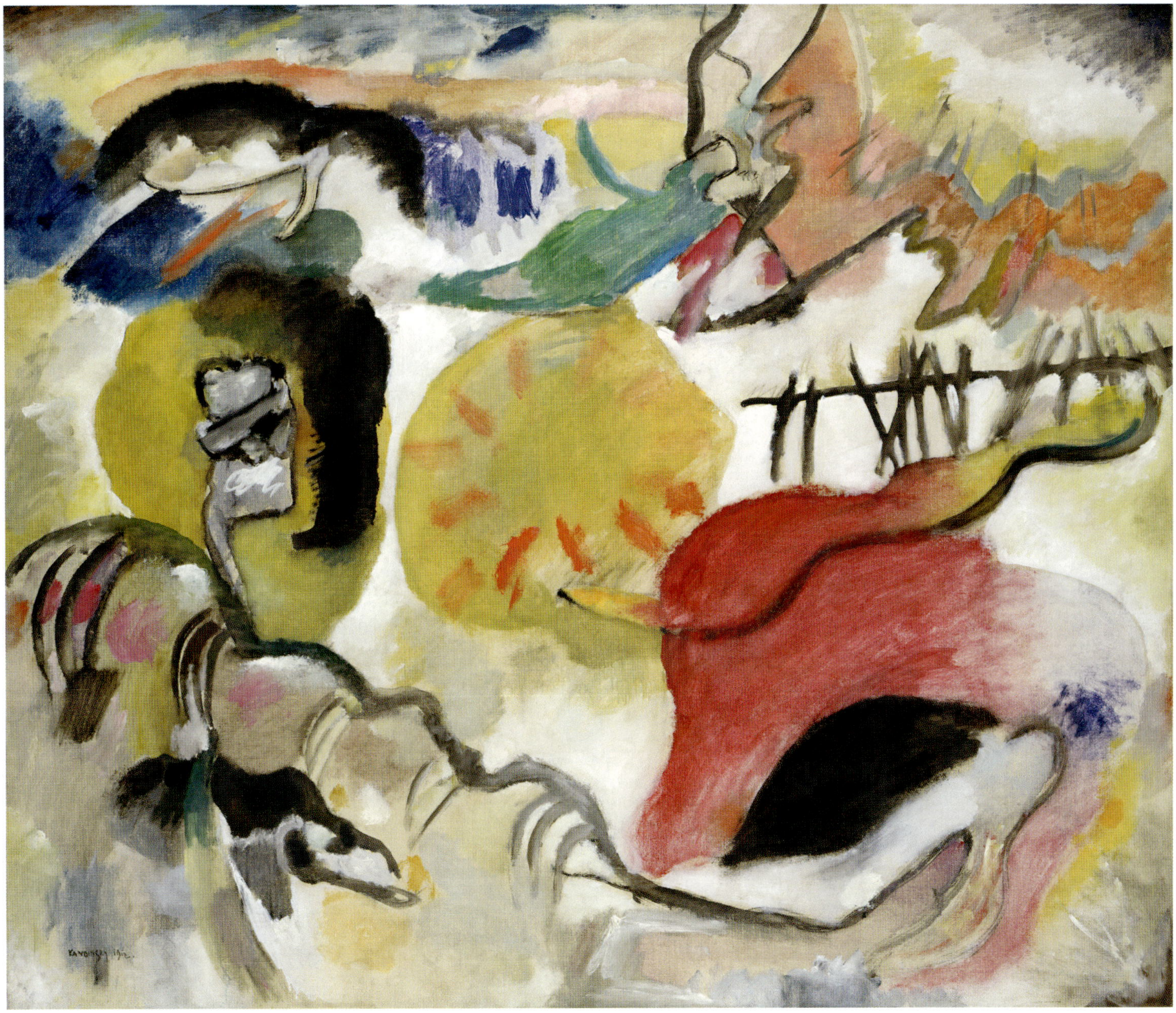

IMPROVISATION 27 (GARTEN DER LIEBE II), 1912
IMPROVISATION 27 (JARDIN DE L'AMOUR II)
HUILE SUR TOILE, 120,3 X 140,3 CM
THE METROPOLITAN MUSEUM OF ART, NEW YORK

L'arc noir est un signe lié à une pièce de l'harnachement du cheval, faite de bois d'orme : la « douga ». Cette même douga réapparaît dans l'angle d'une toile de 1919, *V serom* [En gris] (voir cat. p. 131), dont le premier titre inscrit par Kandinsky était : *Avec l'arc noir*.

Le format surprend. Il n'est pas inhabituel à Kandinsky dans ces années d'adopter des châssis presque carrés, mais ils ne sont jamais aussi grands. Quand il peint ses *Compositions*, il choisit de préférence des supports rectangulaires. L'autre surprise, c'est que l'artiste ne le reproduit pas dans l'album de Der Sturm en 1913. Pourtant, le 20 septembre 1912, il prévient par lettre Herwarth Walden, le directeur de la galerie et de la revue berlinoise Der Sturm, pour lui proposer de l'exposer : « Je fais un petit changement. L'*Improvisation 27 (Garten der Liebe II)* 1912 [voir cat. p. 99] (elle était chez vous l'hiver dernier en tant que supplément de l'exposition "Der Blaue Reiter"), je la laisse ici. À sa place je vous envoie *Bild mit schwarzem Bogen*. Il peut très bien remplacer l'*Improvisation* dans la salle II, mur gauche ». Il indique par ailleurs le 27 septembre 1912 un prix de vente extrêmement modeste : 1 500 marks.

Puis, le tableau disparaît, il fait sans doute partie de la transaction qui scelle le différend entre Gabriele Münter et Kandinsky. Il figure en arrière-plan d'une photographie de Kandinsky et de Paul Klee, prise en 1926 à Dessau, dans les locaux de la Kunsthalle municipale qui lui servent d'atelier provisoire. Dans son inventaire, Kandinsky note qu'il est prêté au König Albert Museum à Zwickau en octobre 1926. Il réapparaît sur une autre photographie, cette fois dans la maison que les Kandinsky louent pour quelques mois en 1932 dans la banlieue sud de Berlin. Il serait prêté ensuite à l'exposition de la section accordée aux surréalistes dans le Salon des Surindépendants à la Porte de Versailles en 1933. Il triomphe à la place de la *Composition IV* au centre du panneau que lui accorde le conservateur du musée du Jeu de Paume en 1937 et est – quoi qu'en pense le peintre – reproduit en pleine page pour la première fois dans *L'Histoire de l'art contemporain* de Christian Zervos en 1938. Après la guerre, il devient le chef-d'œuvre emblématique de la collection de Nina Kandinksy, qui accepte de s'en séparer en 1976 en faveur du Centre Pompidou. – Ch.D.

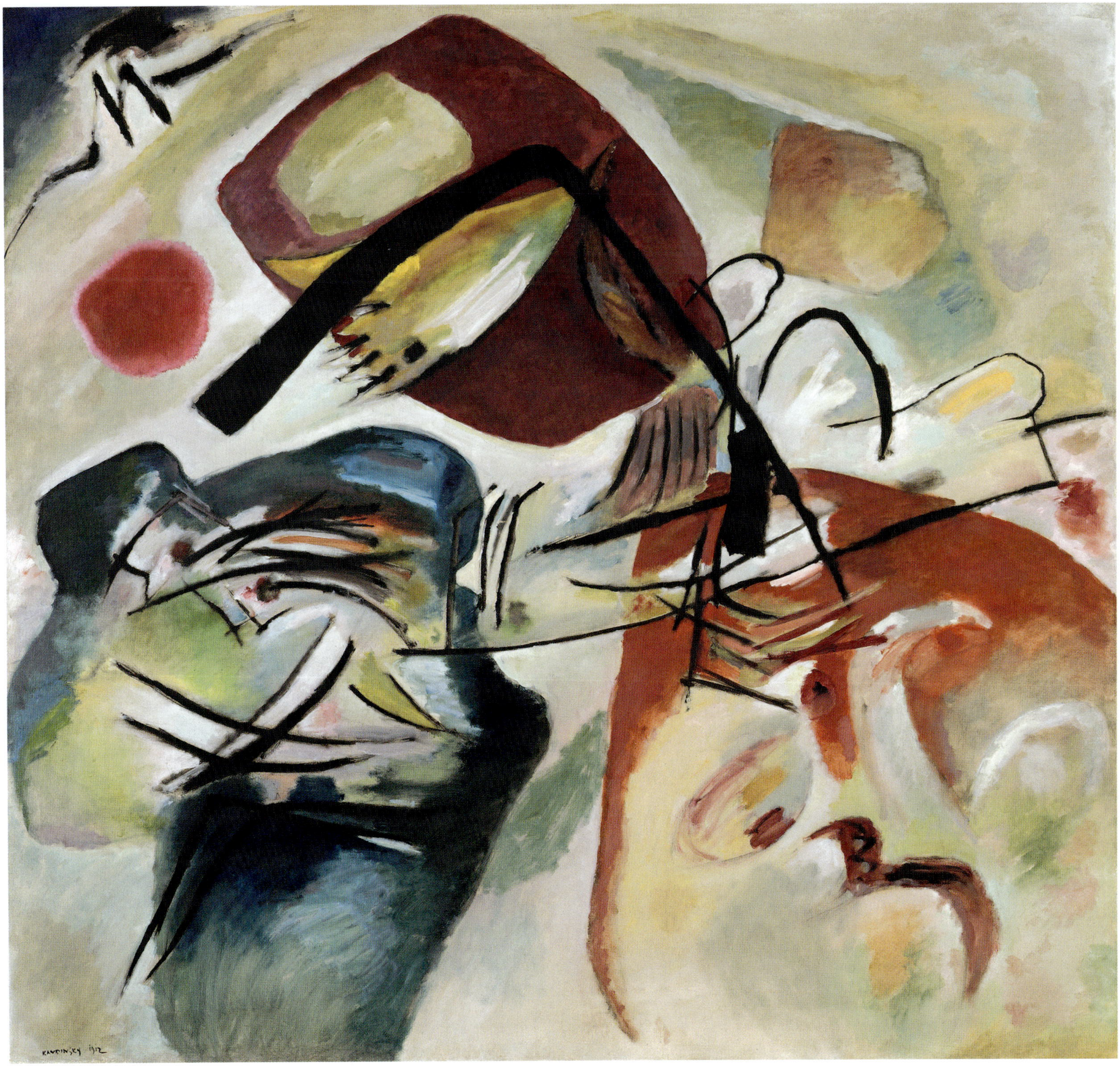

BILD MIT SCHWARZEM BOGEN, 1912
TABLEAU AVEC L'ARC NOIR
HUILE SUR TOILE, 189 X 198 CM
CENTRE POMPIDOU, MUSÉE NATIONAL D'ART MODERNE, PARIS

En 1911, année remarquablement féconde, Kandinsky achève son traité fondateur, *Über das Geistige in der Kunst, insbesondere in der Malerei* [*Du spirituel dans l'art, et dans la peinture en particulier*], dans lequel il expose ses idées philosophiques, artistiques et spirituelles et définit un langage de formes et de couleurs qui interagissent entre elles. Il peint également, entre autres œuvres importantes, plusieurs *Impressions*. En 1912, année non moins créative durant laquelle il élabore plusieurs thèmes majeurs, Kandinsky dirige avec Franz Marc la publication de *Der Blaue Reiter* [*L'Almanach du Blaue Reiter*] et termine *Klänge* [*Sonorités*], volume qui réunit des poèmes lyriques en prose et des bois gravés. La seconde exposition internationale du Blaue Reiter [Le Cavalier bleu], le groupe qu'il a contribué à créer avec Marc, se tient dans la galerie Hans Goltz à Munich.

Pour Kandinsky, les *Improvisations* sont l'expression d'événements d'ordre profondément spirituel. Avec *Improvisation 28 (Zweite Fassung)*, qui est l'une de ses plus importantes toiles de 1912 (et peut-être l'élaboration d'une œuvre antérieure non-localisée), son style prend un caractère plus abstrait et presque schématique dans sa spontanéité même. Durant les années qui précèdent la Première Guerre mondiale, les recherches de Kandinsky et d'autres artistes sur les possibilités de l'abstraction sont tout particulièrement motivées par un intérêt pour la question du devenir de l'âme et de la vie après la mort. Les courbes et les lignes ondoyantes du tableau, qui se dissolvent partiellement mais restent assez reconnaissables, semblent évoquer des événements apocalyptiques à gauche et, à droite, des symboles d'espoir et de rédemption, notamment avec ce qui ressemble à une église ou à une tour dans l'angle supérieur droit de la toile. – K.V.

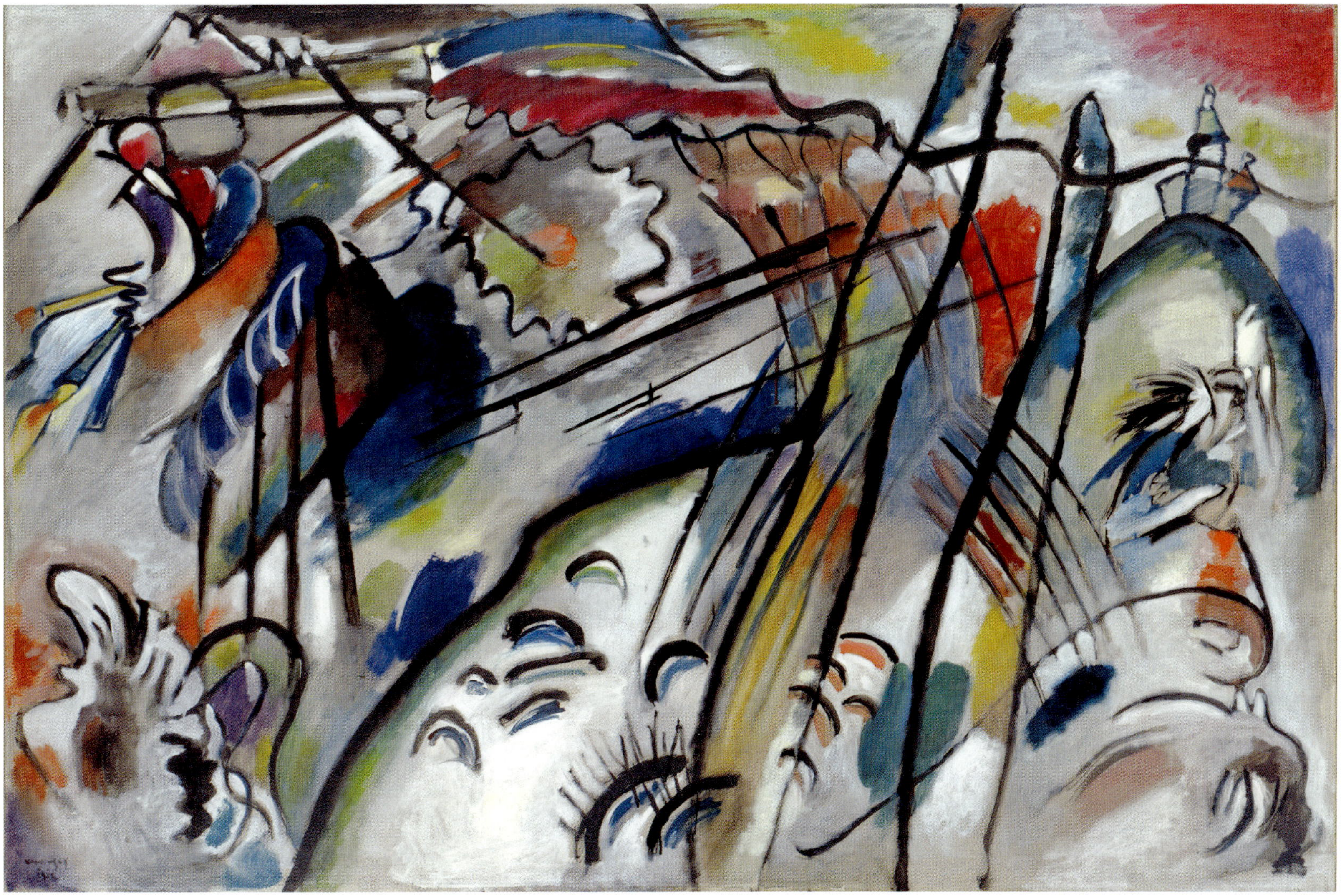

IMPROVISATION 28 (ZWEITE FASSUNG), 1912
IMPROVISATION 28 (DEUXIÈME VERSION)
HUILE SUR TOILE, 111,4 X 162,1 CM
SOLOMON R. GUGGENHEIM MUSEUM, NEW YORK

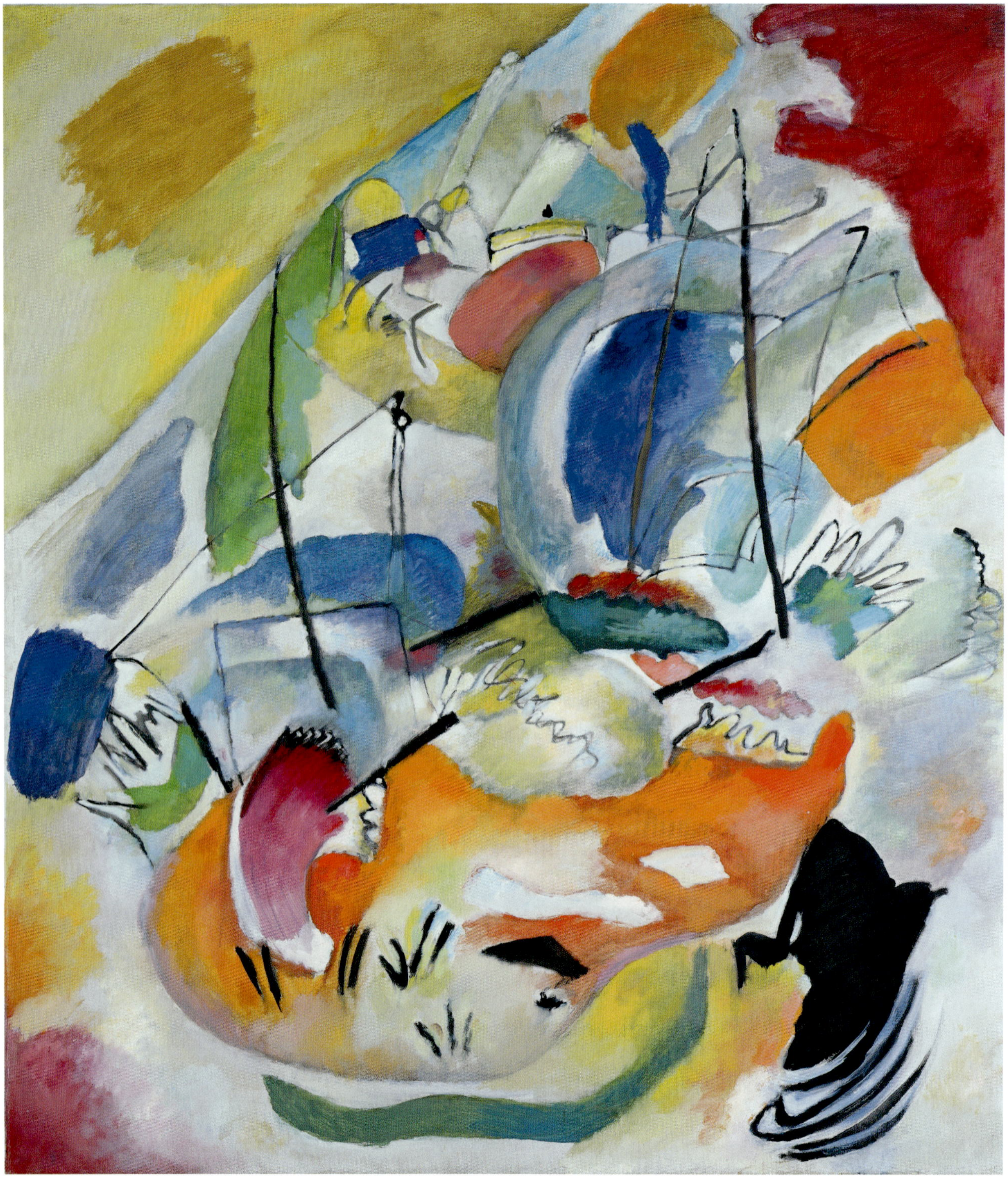

IMPROVISATION 31 (SEESCHLACHT), 1913
IMPROVISATION 31 (BATAILLE NAVALE)
HUILE SUR TOILE, 140 X 120 CM
NATIONAL GALLERY OF ART, WASHINGTON

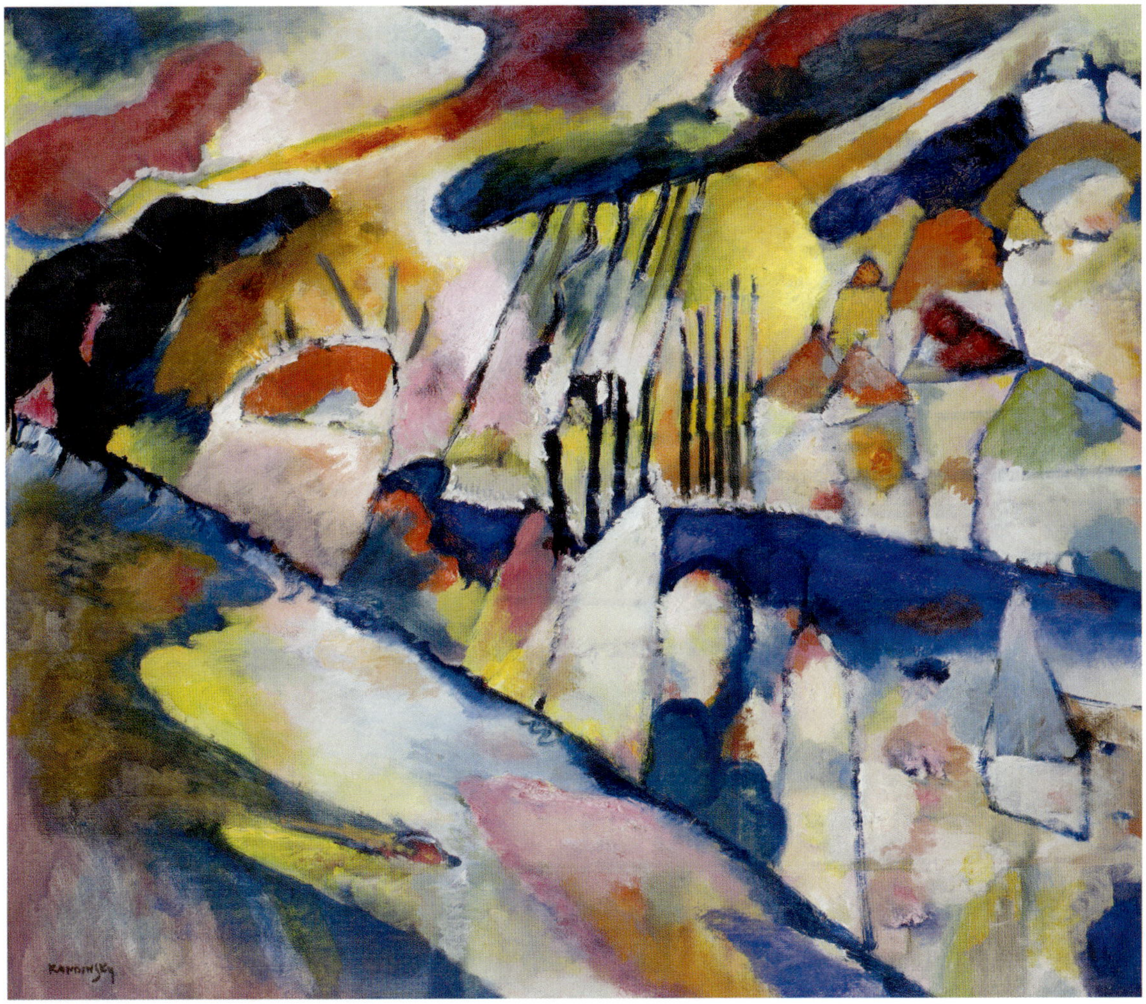

LANDSCHAFT MIT REGEN, 1913
PAYSAGE SOUS LA PLUIE
HUILE SUR TOILE, 70,2 X 78,1 CM
SOLOMON R. GUGGENHEIM MUSEUM, NEW YORK

« Pour ce tableau, j'ai fait beaucoup de croquis, esquisses et dessins », écrit Kandinsky en 1913. L'œuvre se réfère à une impression de sa ville natale, ce qui surprend peut-être le spectateur qui regarde cette composition abstraite hautement suggestive et dynamique : « J'ai réalisé le premier croquis peu de temps après mon retour de Moscou en décembre 1912. C'était le résultat des dernières expériences, habituellement très fortes à Moscou, ou plus précisément ... "de Moscou" même. Le premier croquis était très dépouillé et concis. Dès le deuxième croquis, j'ai positionné la "décomposition" des expériences de la couleur et des formes dans l'angle inférieur droit. Le motif de la troïka, que j'avais depuis longtemps en moi et que j'ai utilisé dans différents dessins, demeurait en haut à gauche. » Il explique ce motif de la troïka, le seul qui soit figuratif, de la manière suivante : « J'appelle ainsi les trois lignes conjointes aux variations diverses qui se recourbent vers le haut. Je suis arrivé à cette forme par les trois lignes dorsales des chevaux de la voiture russe à trois chevaux. » Cependant, ce qui frappe le spectateur est la courbe blanche qui apparaît au centre sous la forme d'un rayon blanc orienté en une diagonale puissante vers la gauche. Kandinsky ne le mentionne pas une seule fois alors qu'il avait réalisé de nombreuses esquisses détaillées de ce centre. Plusieurs interprètes y ont, probablement à juste titre, reconnu le reflet d'un saint Georges cavalier traversant la composition avec sa lance blanche.
Finalement, Kandinsky en vient à évoquer l'élément le plus décisif pour lui : « Après presque cinq mois, j'étais assis devant le deuxième grand croquis à la nuit tombante et je vis soudain tout à fait clairement ce qui manquait encore – c'était la bordure blanche... Cette bordure blanche, je l'ai faite de manière aussi capricieuse qu'elle me venait : en bas à gauche un précipice, une vague blanche qui en émerge et qui retombe brusquement, puis le côté droit de l'image baigné de formes serpentant paresseusement, formant en haut à droite un étang (là où naît l'ébullition noire) et disparaissant vers l'angle gauche du haut, pour réapparaître une dernière fois et définitivement dans l'image en tant que forme dentelée. Comme cette bordure blanche était la solution de l'image, j'ai intitulé l'image entière d'après elle. » – A.H.

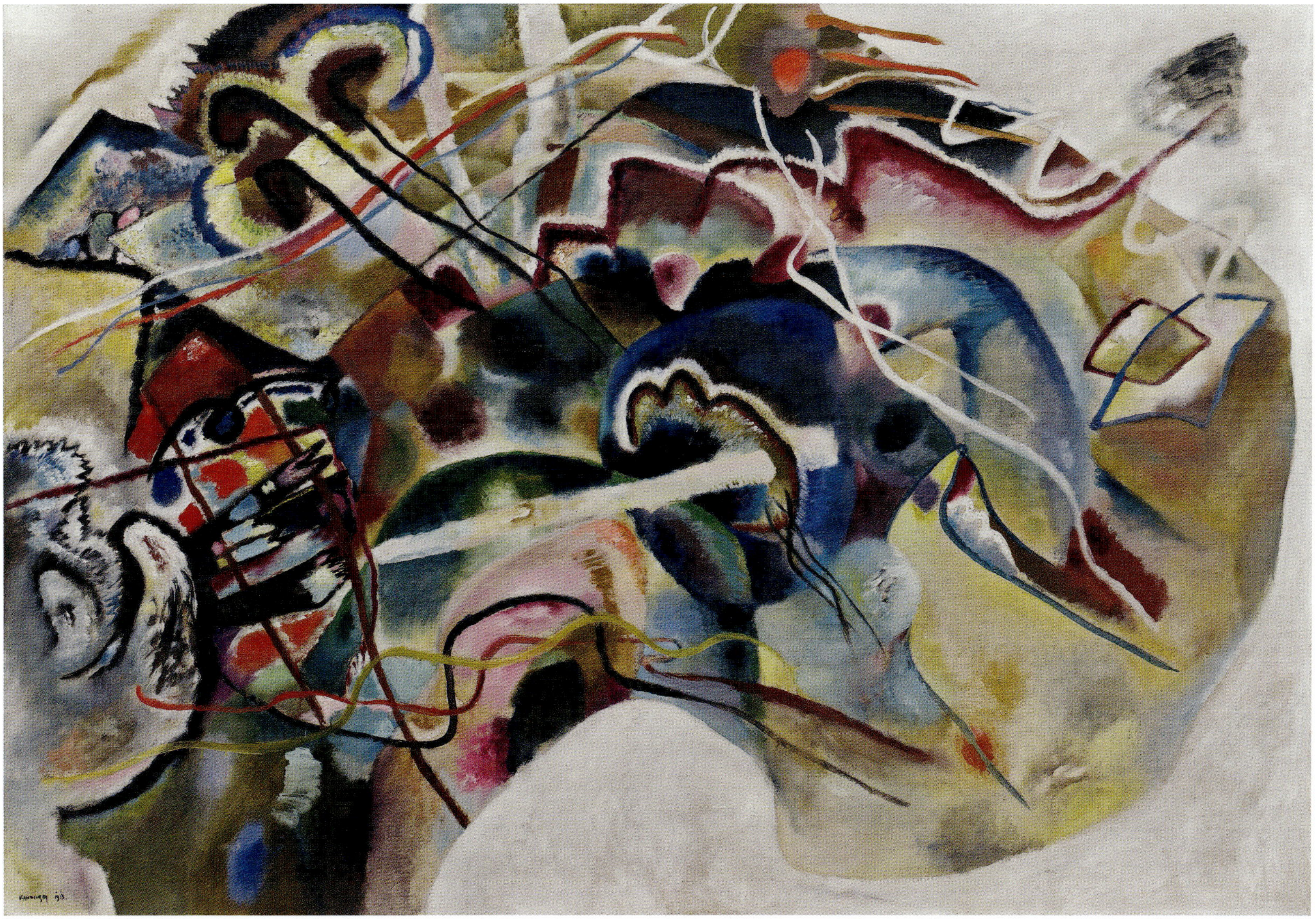

BILD MIT WEISSEM RAND (MOSKAU), 1913
PEINTURE AU BORD BLANC (MOSCOU)
HUILE SUR TOILE, 140,3 X 200,3 CM
SOLOMON R. GUGGENHEIM MUSEUM, NEW YORK

Pour le tableau *Kleine Freuden*, Kandinsky s'est inspiré d'un de ses petits vitraux de 1911 : la même année, il exécuta *Improvisation 21A*, qui possède déjà, à peu de choses près, les dimensions du grand format carré, où sont déjà inscrits tous les éléments picturaux de *Kleine Freuden* réalisé deux ans plus tard (voir cat. p. 97). L'artiste rédigea également pour ce tableau une notice détaillée dans laquelle il explique que les couleurs délicates du vitrail, ainsi que ses parties dorées, argentées et miroitantes, l'ont inspiré pour ses plus grandes compositions. C'est le vitrail qui donne le plus explicitement à voir les motifs figuratifs : au centre, deux collines, couronnées de tours à bulbes russes, en bas à gauche un couple allongé, au-dessus trois cavaliers bondissant sur les collines, et, tout en haut, le soleil. Au premier plan à droite se trouvent deux grandes formes courbées qui se dressent telles des tentacules dans l'image et dont émane une vie mystérieuse. Au-dessus, une barque aux rames déployées dans des vagues houleuses. En haut apparaît un nuage sombre. Alors que dans *Improvisation 21A* les indications figuratives sont en partie effacées et que l'image est traversée d'une tonalité gris-blanc, Kandinsky a de nouveau choisi, dans ce tableau plus tardif qu'est *Kleine Freuden,* des couleurs plus bigarrées et plus lumineuses, tout en rendant la plupart des éléments figuratifs plus indéchiffrables encore. Tous ces motifs sont associés au conflit dramatique des deux moitiés de l'image, dans la confrontation du soleil et des ténèbres. Des interprètes comme Rose-Carol Washton Long et Sixten Ringbom ont apparenté ce tableau aux visions apocalyptiques, celles d'un monde symbolique d'espoir et de destruction, de naufrage et de renouveau que d'autres tableaux de Kandinsky aux thèmes comme la Toussaint, le Déluge et le Jugement dernier représentent également. Pour sa part, Kandinsky lui-même préfère décrire le processus de création en partant plutôt d'éléments formels et qualifie l'arrière-plan de l'image de « spirituel », de « terrain de jeu juste », car : « Mon objectif était évidemment de me laisser aller et de déverser un tas de petites joies sur la toile » (Barbara Mackert-Riedel, *Wassily Kandinsky über eigene Bilder*, 2003, p. 182). – A.H.

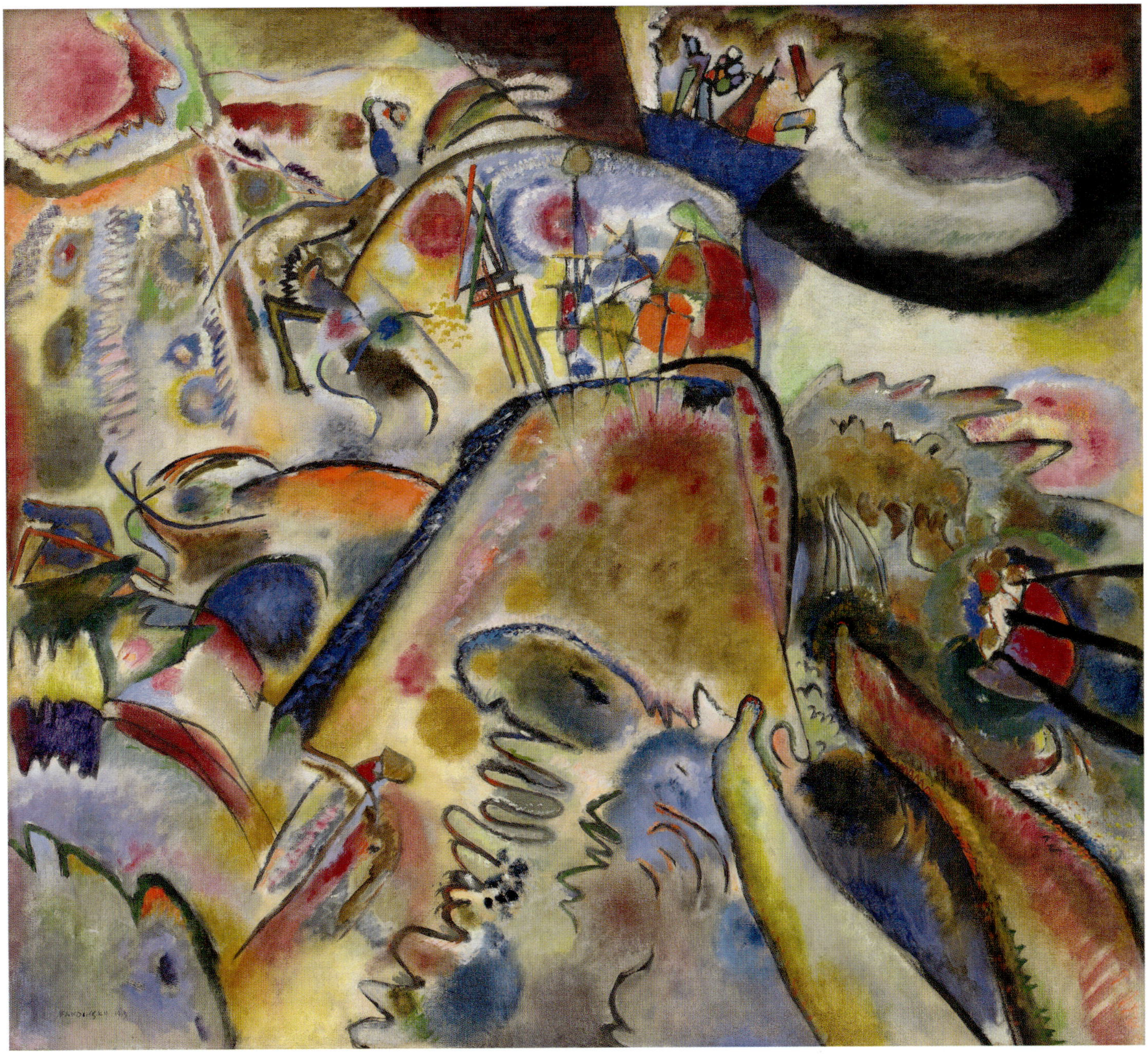

KLEINE FREUDEN, 1913
PETITES JOIES
HUILE SUR TOILE, 109,8 × 119,7 CM
SOLOMON R. GUGGENHEIM MUSEUM, NEW YORK

Komposition VII [Composition VII], avec son agglomération extrêmement complexe de formes, constitue un sommet dans la création de Kandinsky : en elle culmine son aspiration à parvenir à cette « capacité rendant possible la restitution des expériences infinies du vécu spirituel dans les choses matérielles et abstraites. »
Les nombreux travaux préparatoires à la version finale de 200 x 300 cm (Galerie nationale Tretiakov, Moscou) nous renseignent sur les origines exactes de la planification et de la disposition du tourbillon des couleurs et des formes, qui semblent à première vue chaotique. Avec pas moins de 21 aquarelles, dessins et esquisses, ainsi que 6 études à l'huile de taille plus importante, Kandinsky a préparé cette version définitive qu'il finit par transposer sur la toile en quatre jours, du 25 au 28 novembre 1913.
Le tableau présenté ici est l'une de ces grandes études à l'huile. Brouillage et désintégration des formes et des motifs ainsi qu'un mélange d'oppositions sont exaltés dans une mesure rarement dépassée. Lors d'une envolée quasiment cosmique, les couleurs de consistance et de profondeur variées flottent les unes devant les autres, s'amoncellent ou sont recouvertes de faisceaux de lignes colorées ou noires. Ce qui frappe dans tous ces tableaux est le vide mat de la partie inférieure qui contribue à une certaine déstabilisation et qui échappe aux habitudes visuelles d'une structure picturale stable.
Malgré la dissolution chaotique, on peut toutefois remarquer également certains signes eschatologiques, comme par exemple les petites barques à rames, les lignes courbes de l'ascension d'Elie ou les anges aux trompettes du Jugement dernier qui traversent l'image tel un flux souterrain. Le centre dominant, constitué de deux cercles colorés et concentriques, traversés par deux lignes, est cependant déterminé d'emblée dans toutes les études. Les recherches récentes ont, à juste titre, souligné que la configuration centrale correspond à la première apparition de la ligne et du cercle comme formes purement géométriques dans l'œuvre de Kandinsky et qu'elle est, avec le mouvement rotatif de ses effets spatiaux, un indicateur pour sa création ultérieure (M. Haldemann, *Kandinksy abstraction. Die Entstehung und Transformation seines Bilkonzepts*, Munich, 2001, p. 184). – A.H.

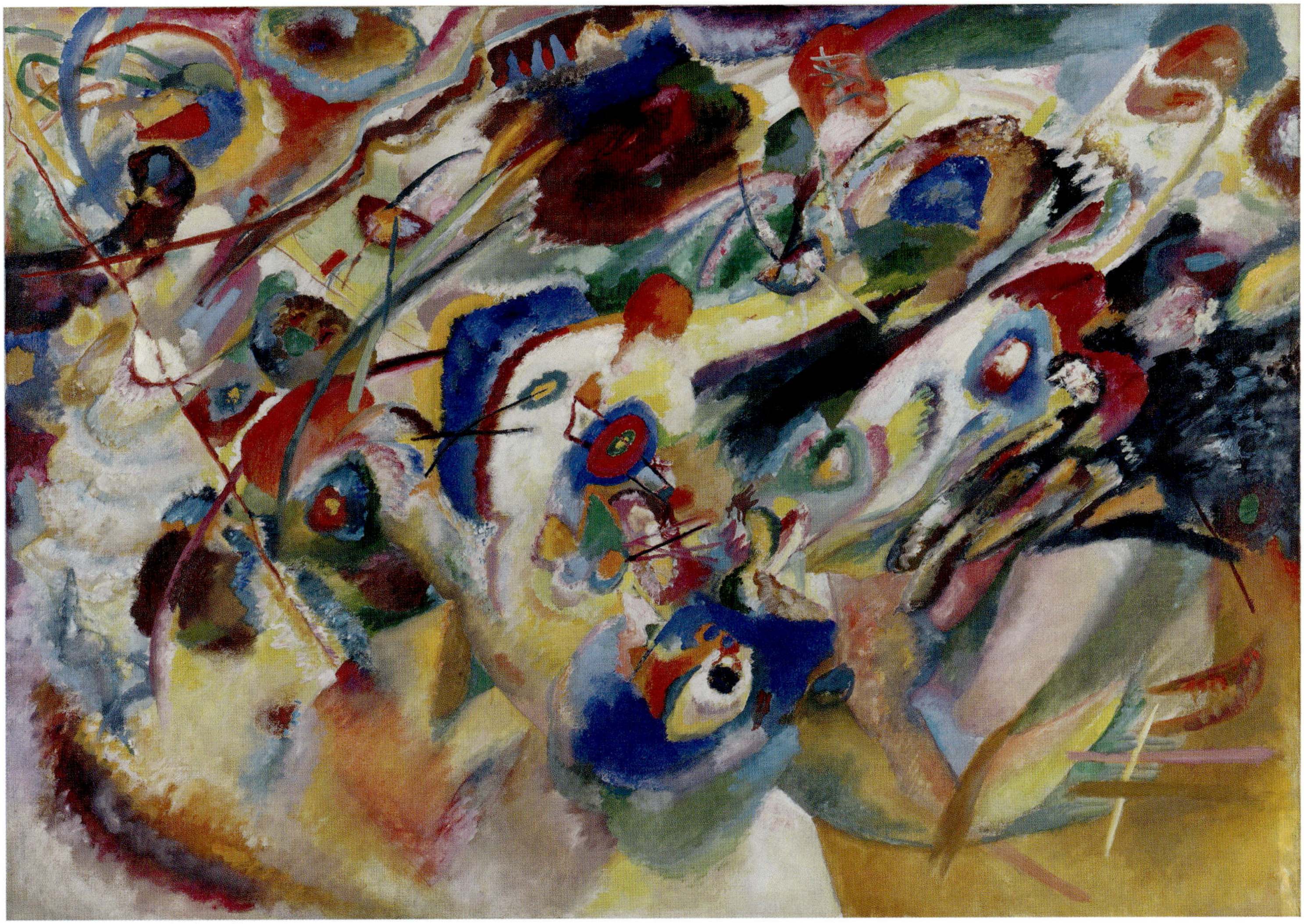

ENTWURF 2 ZU KOMPOSITION VII, 1913
ESQUISSE 2 POUR COMPOSITION VII
HUILE SUR TOILE, 100 X 140 CM
GABRIELE MÜNTER STIFTUNG, 1957
STÄDTISCHE GALERIE IM LENBACHHAUS, MUNICH

Bien que *Helles Bild* soit l'un des tableaux de 1913 qui, selon Kandinsky, n'a « absolument rien à voir avec un objet » (Kandinsky, Lettre à H. Rebay, 16 décembre 1936, The Hilla von Rebay Foundation Archive), il est tentant d'y voir des vestiges de références à un paysage.

En fait, Kandinsky n'entendait pas se défaire totalement des objets, surtout à ce stade de son parcours artistique. Composée de couleurs vives et de traits noirs flottant dans les airs, *Helles Bild* est une toile délicate et lyrique qui fait penser davantage à un dessin ou à une eau-forte colorée, mais sa qualité aérienne et sa légèreté d'esprit la distinguent des autres œuvres de cette époque. Dans l'évolution obstinée de l'artiste vers l'abstraction, ce tableau représente peut-être un moment de répit joyeux avant son départ imminent de l'Allemagne pour la Russie, et les changements qui se préparent dans sa vie personnelle. De plus, 1913 est une année productive et faste pour Kandinsky, qui, grâce à l'exposition l'« Armory Show » à New York, fait son entrée dans les collections américaines, notamment celle d'Edwin Campbell qui commande quatre panneaux muraux pour son appartement new-yorkais. Par ailleurs, ses œuvres sont régulièrement exposées à la galerie Der Sturm à Berlin, dont le propriétaire publie en 1913, sous le titre *Rückblicke* [*Regards sur le passé*], un ouvrage réunissant divers écrits du peintre.

Kandinsky y évoque des souvenirs d'enfance en Russie et commente brièvement plusieurs toiles récentes, commentaires qui sont aussi une réflexion sur la difficulté de peindre. – K.V.

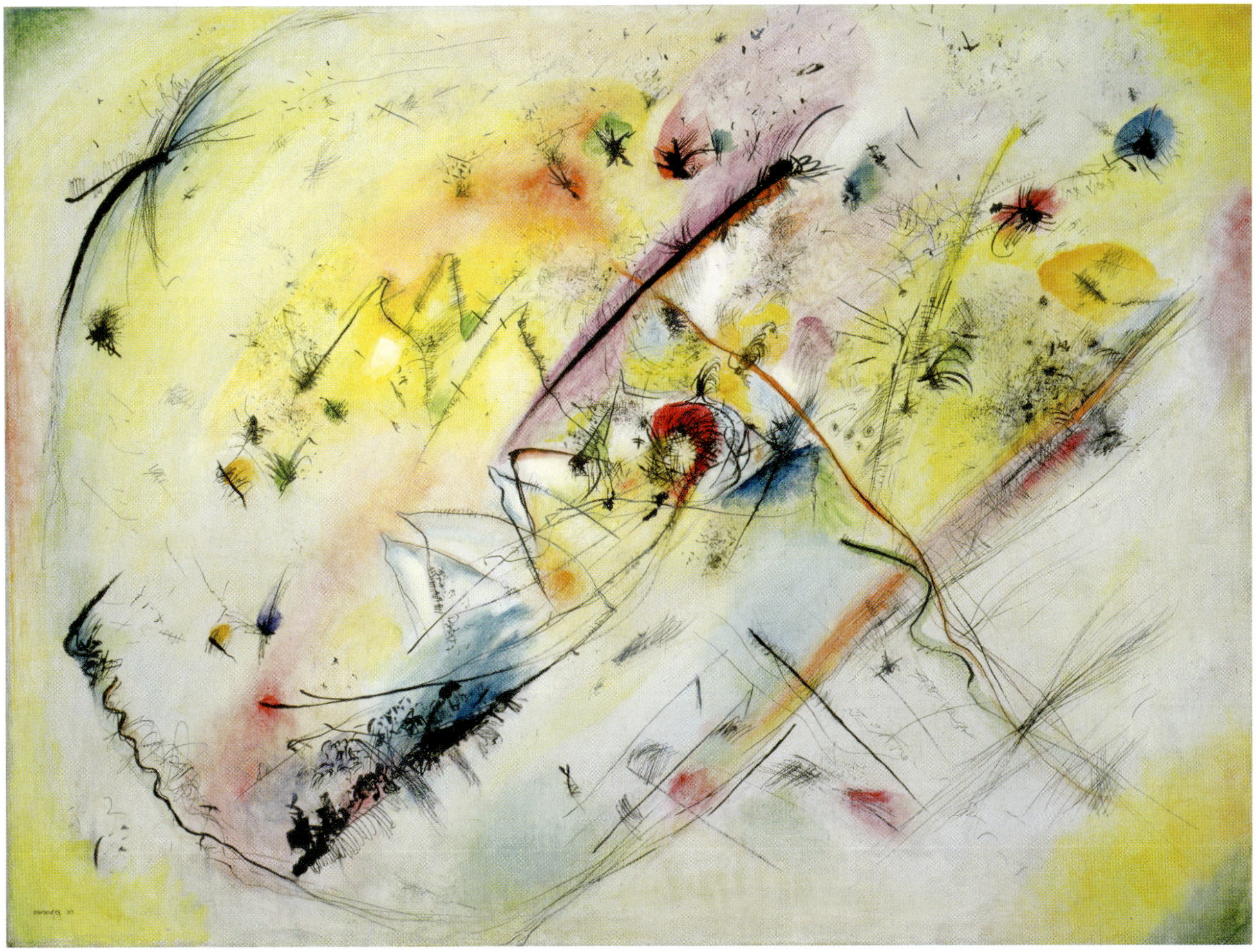

HELLES BILD, 1913
TABLEAU CLAIR
HUILE SUR TOILE, 77,8 X 100,2 CM
SOLOMON R. GUGGENHEIM MUSEUM, NEW YORK

Schwarze Striche I, l'une des dernières toiles peintes par Kandinsky à Munich en 1913, est aussi l'une de ses premières œuvres non-objectives dans le combat ardu qu'il mène pour parvenir à l'abstraction lyrique la plus pure, ou à la « peinture absolue ». L'artiste exprime ses préoccupations dans une allocution qu'il a préparée (mais jamais prononcée) pour le vernissage d'une exposition personnelle à Cologne, en janvier 1914, où cette œuvre fut exposée pour la première fois. La composition, avec son filigrane délicat de lignes qui s'entrecroisent, n'a aucun lien avec le monde matériel. Le caractère expressif et brillant des formes colorées organiques qui se chevauchent et des traits noirs très graphiques fait penser à un puzzle flottant, mu par une dynamique propre, ou à une tapisserie. Les taches de couleurs primaires et complémentaires créent l'illusion d'un mouvement rapide et donnent l'impression de vouloir se transformer en cercles, ce qui deviendra une caractéristique des œuvres du peintre une dizaine d'années plus tard. L'année 1913 est une époque d'intense créativité pour Kandinsky, mais elle est marquée aussi par des problèmes personnels et une situation politique difficile qui le conduisent finalement à retourner à Moscou juste avant que n'éclate la Première Guerre mondiale. Durant les années qu'il passe en Russie, il produira très peu de tableaux et se consacrera surtout à l'enseignement et à la réforme des musées. – K.V.

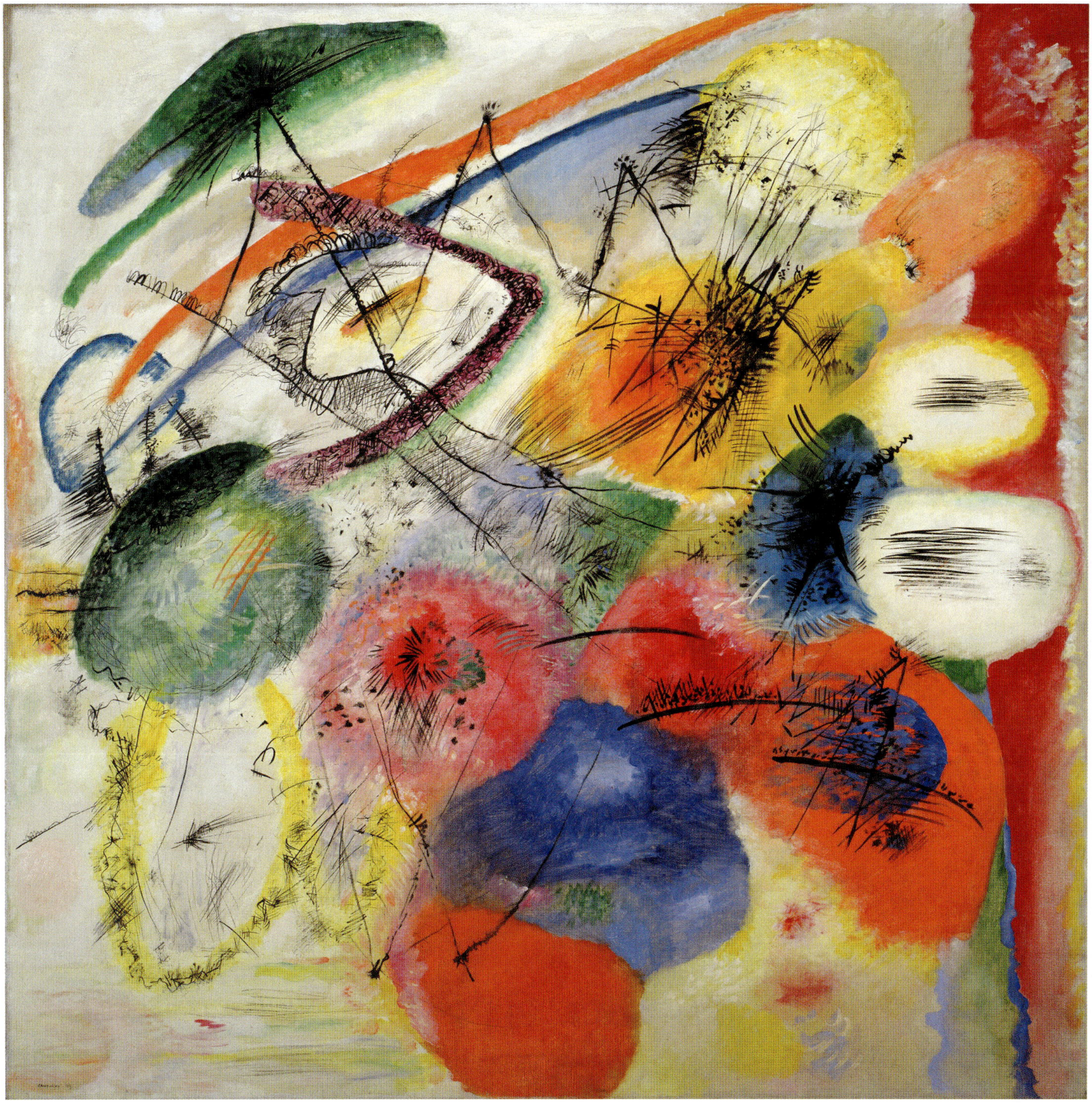

SCHWARZE STRICHE I, 1913
TRAITS NOIRS I
HUILE SUR TOILE, 129,4 X 131,1 CM
SOLOMON R. GUGGENHEIM MUSEUM, NEW YORK

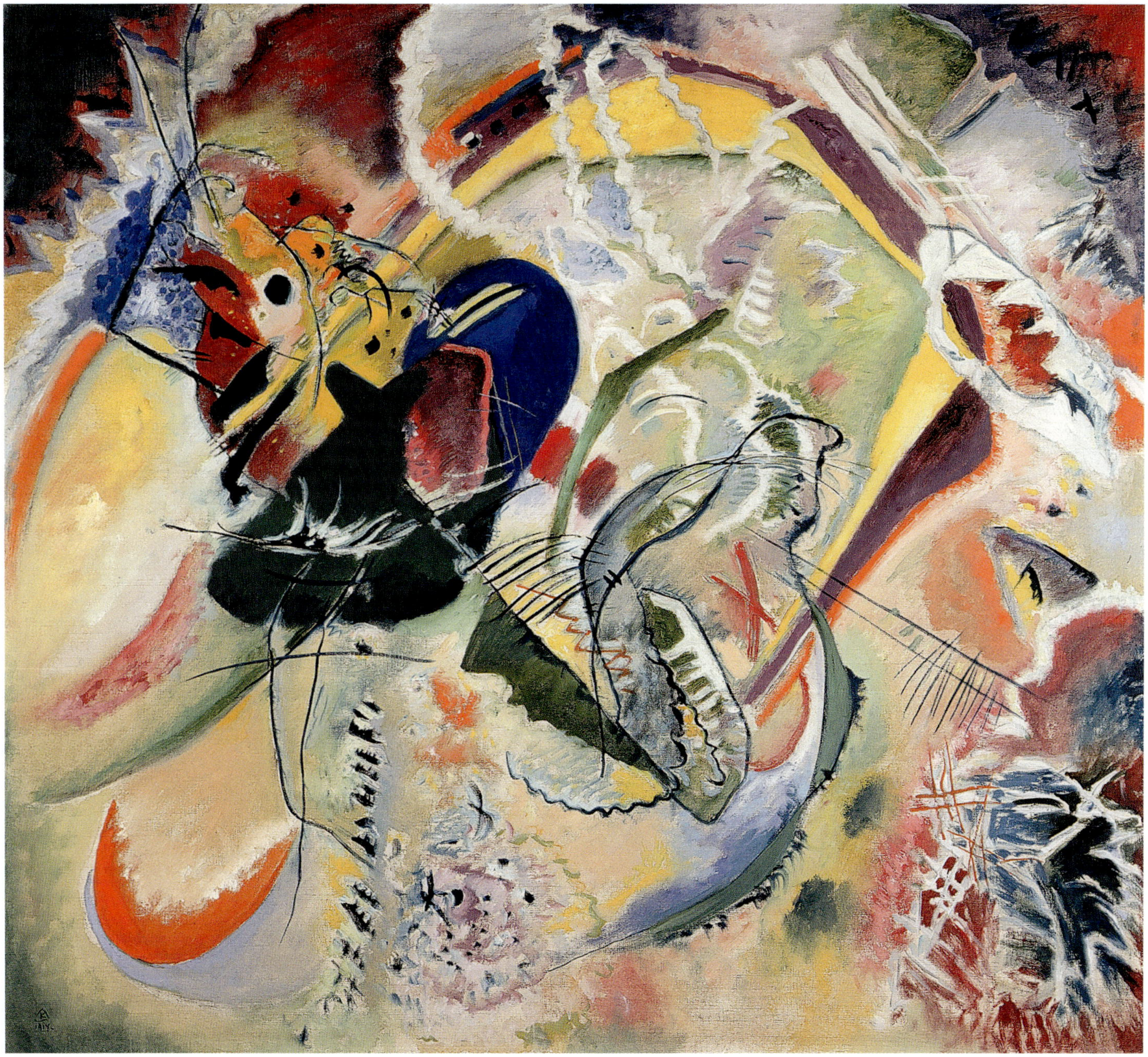

IMPROVISATION 35, 1914
HUILE SUR TOILE, 110 X 120 CM
KUNSTMUSEUM UND MUSEUM FÜR GEGENWARTSKUNST, BÂLE

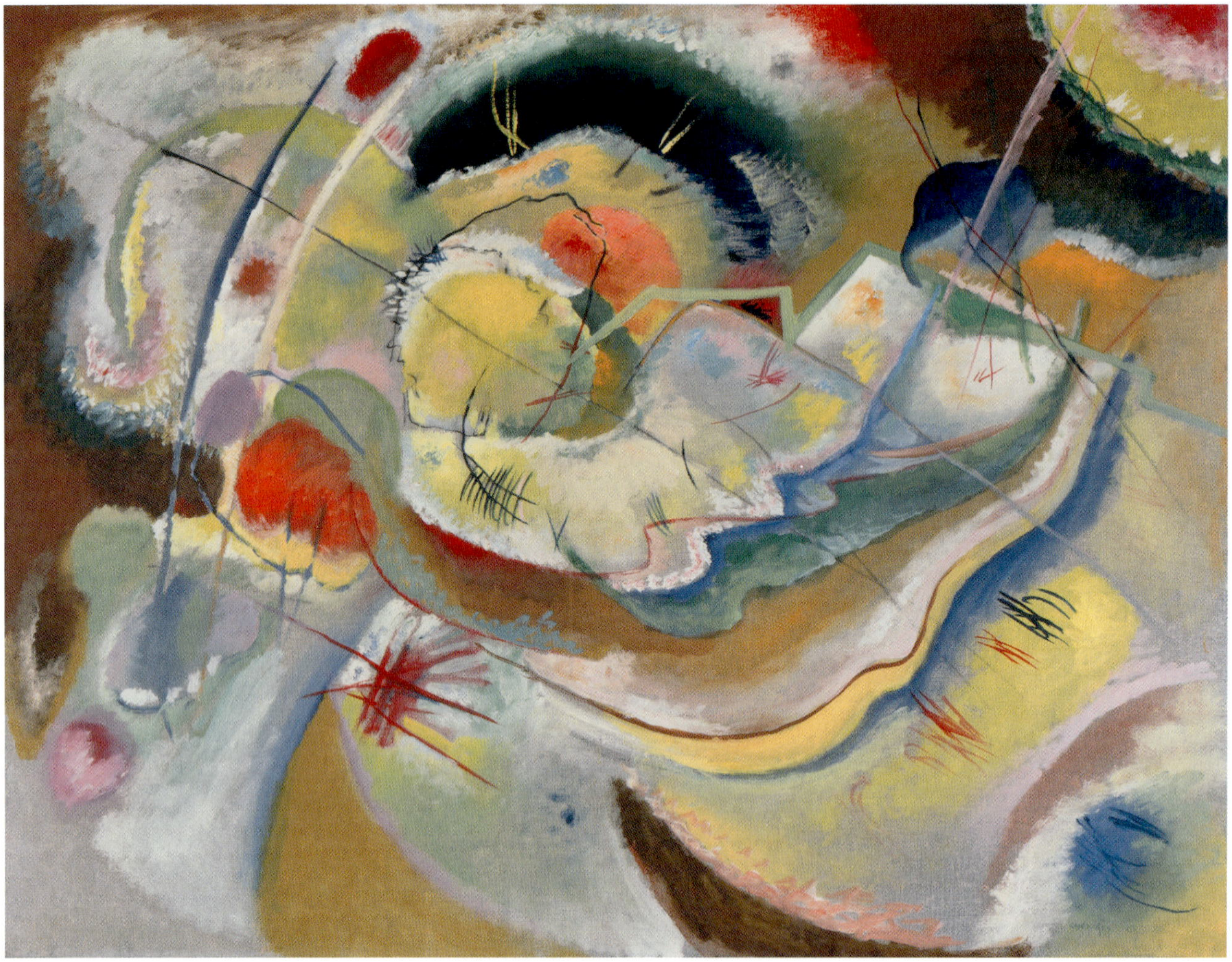

KLEINES BILD MIT GELB, 1914
PETIT TABLEAU AVEC DU JAUNE
HUILE SUR TOILE, 78 X 100 CM
PHILADELPHIA MUSEUM OF ART, PHILADELPHIE

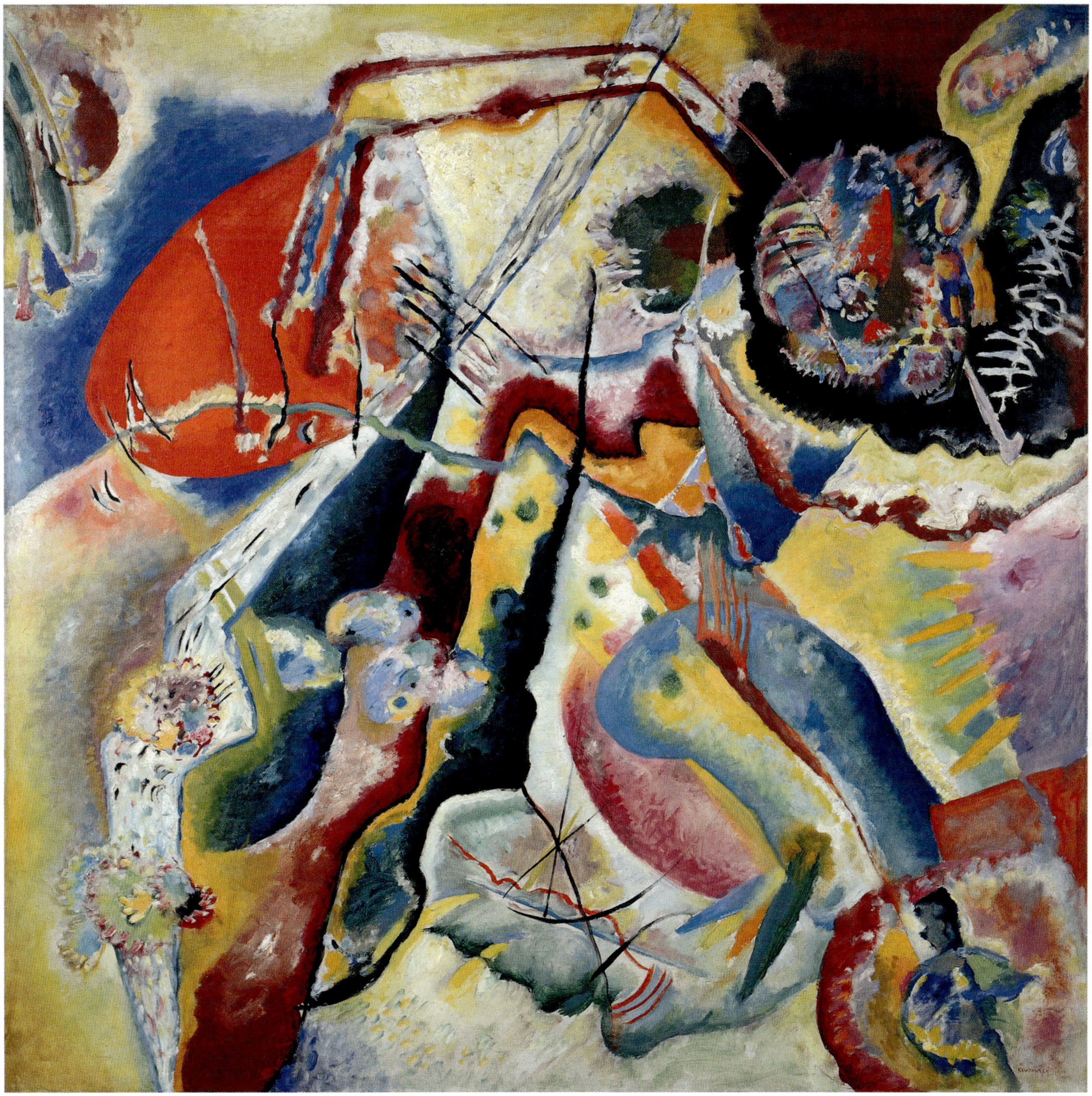

BILD MIT ROTEM FLECK, 1914
TABLEAU À LA TACHE ROUGE
HUILE SUR TOILE, 130 X 130 CM
CENTRE POMPIDOU, MUSÉE NATIONAL D'ART MODERNE, PARIS

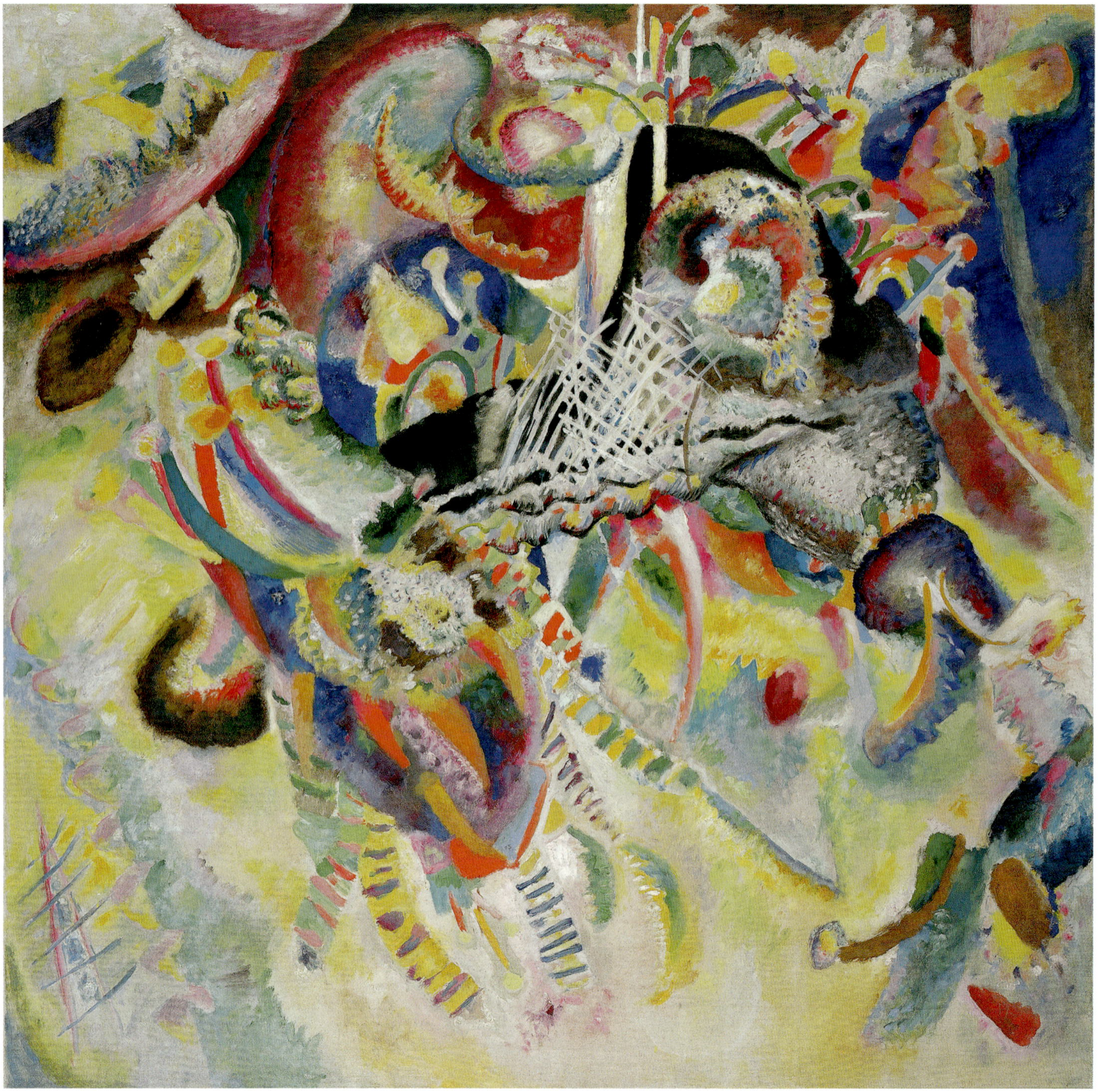

FUGA, 1914
FUGUE
HUILE SUR TOILE, 129,5 X 129,5 CM
FONDATION BEYELER, RIEHEN/BÂLE

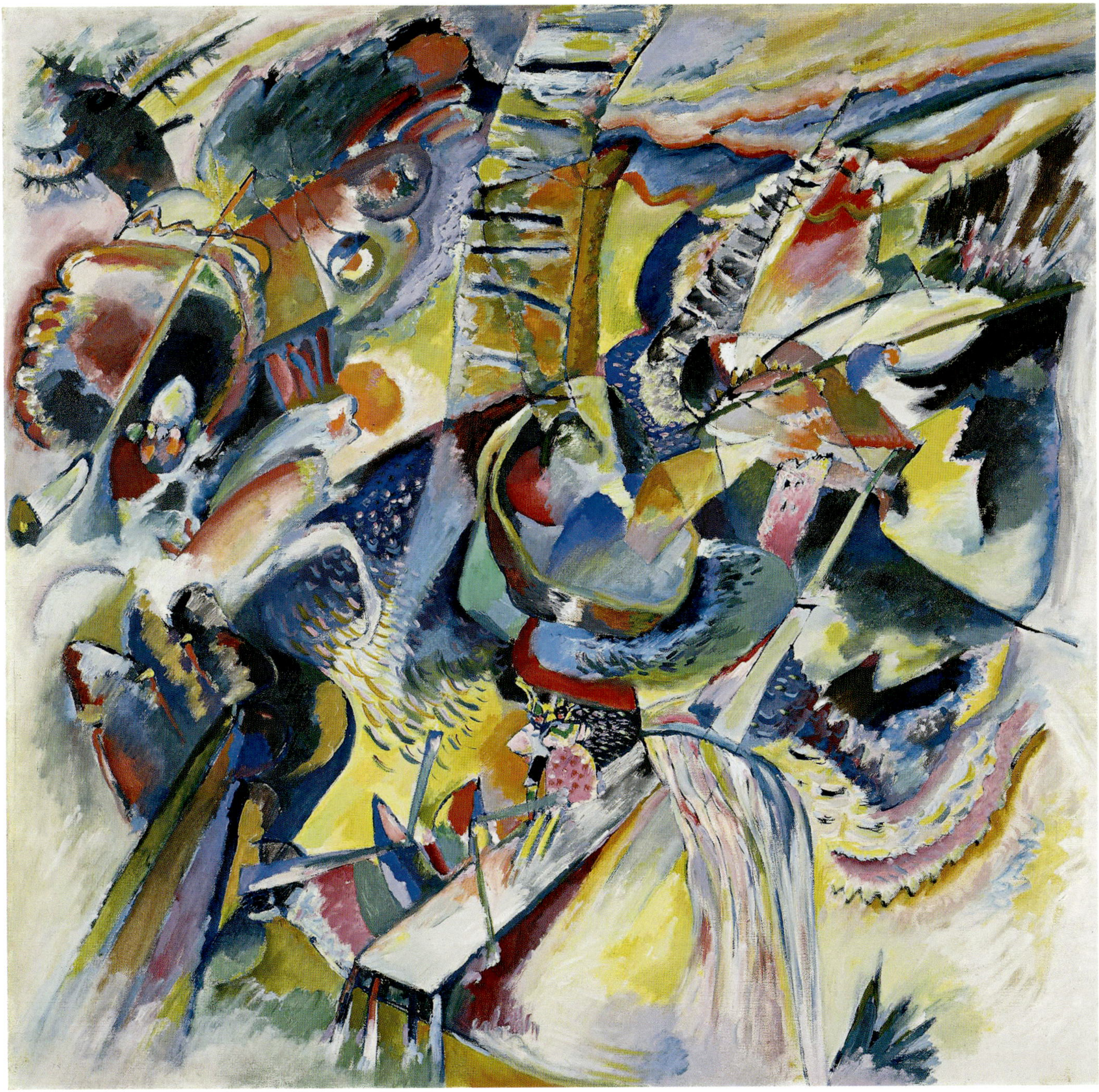

IMPROVISATION KLAMM, 1914
IMPROVISATION GORGE
HUILE SUR TOILE, 110 X 110 CM
GABRIELE MÜNTER STIFTUNG, 1957
STÄDTISCHE GALERIE IM LENBACHHAUS, MUNICH

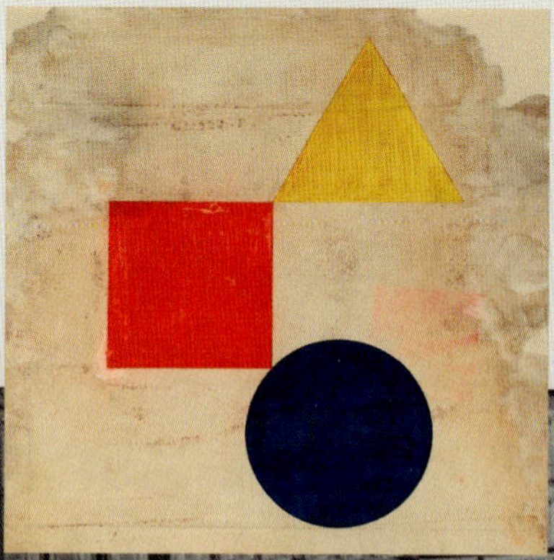

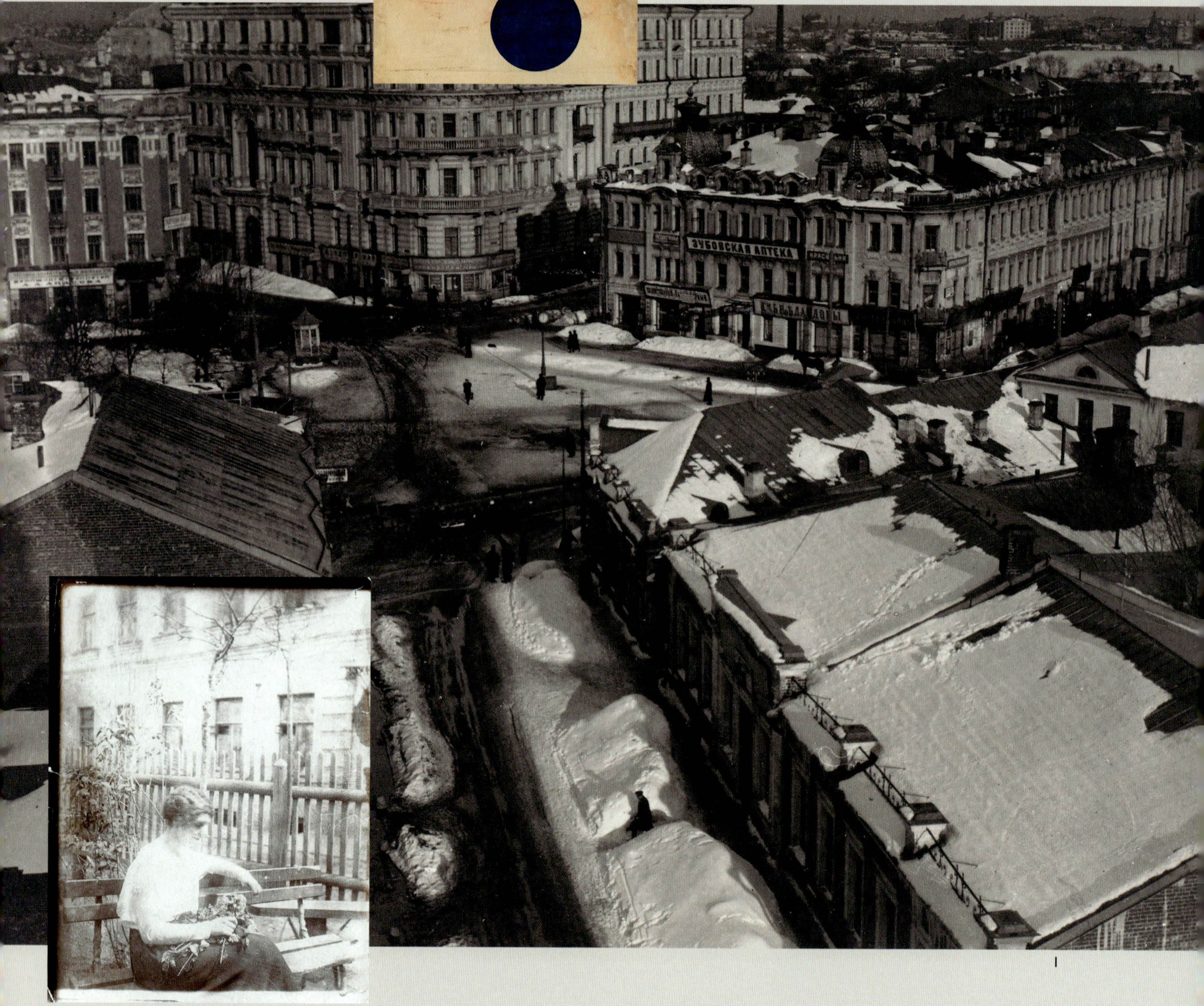

1

2

1. La place Zoubovsky à Moscou
Bibliothèque Kandinsky,
Centre Pompidou, Paris

2. Nina Kandinsky dans le petit
jardin attenant à leur immeuble
Bibliothèque Kandinsky,
Centre Pompidou, Paris

MOSCOU

“

MOSCOU – STOCKHOLM – MOSCOU
1915-1921

Sur les rives du lac de Constance, Kandinsky attend l'issue d'un conflit qu'il pense être court et écrit en russe un texte sur la matérialité de l'art, première version de son futur *Punkt und Linie zu Fläche*. Puis, en passant par Odessa, il rejoint Moscou avant de repartir de décembre 1915 à mars 1916 à Stockholm pour y retrouver Gabriele Münter avec qui il rompt une promesse de mariage.
À Moscou, la guerre et la banqueroute le contraignent à se défaire d'un immeuble de rapport en cours de construction. Il y loue un des appartements. Du cinquième étage, il a vue sur la place Zoubovsky qu'il peint plusieurs fois de manière réaliste avec ou sans la neige. Il épouse en février 1917 Nina Andreievskaïa qui est photographiée dans le petit jardin en bas de l'immeuble. Il s'abrite dans une datcha à Achtyrka pendant les évènements révolutionnaires de 1917 puis, à l'invitation de Vladimir Tatline, il prend des responsabilités dans des structures d'enseignement et d'administration. Il y a beaucoup à faire : réformer les écoles et les ateliers d'art, créer des musées…
Il adapte en russe l'album de *Der Sturm* sous le titre *Tekst Khudoznika* en 1918. Il vend de nombreuses toiles pour les institutions qui couvrent tout le territoire de la Russie soviétique. À l'Inkhouk, il collabore puis se heurte à Alexandre Rodchenko pour la défense de la liberté de la création artistique.
Il expose avec son groupe en octobre 1920 sous l'égide de la XIXe exposition d'État à Moscou. Il obtient un visa temporaire à la faveur d'une mission officielle pour se rendre à Berlin.
D'août 1914 à fin 1918, il n'a pratiquement rien peint : deux tableaux en 1916, six importants en 1917. Il recommence en 1919, six tableaux, en 1920, cinq tableaux et en 1921, huit tableaux. Il est autorisé à emporter les plus récents à l'étranger, laissant en gage quelques-uns de ses plus importants, *Composition VI* et *Composition VII*. – Ch. D

”

***Na** svetlom fone* est l'une des trois œuvres avec lesquelles Kandinsky se remit à la peinture pendant son séjour en Suède après une longue interruption depuis août 1914. En décembre 1914, il était arrivé de Moscou à Stockholm où il fréquenta pour la dernière fois pendant trois mois Gabriele Münter. Le tableau montre avec une évidence rare la confrontation de Kandinsky avec le motif de la marge sur lequel il avait beaucoup travaillé ces années-là. Comme à travers un kaléidoscope, et curieusement repoussé au loin, apparaît une configuration au motif quasiment paysager, dans des couleurs bigarrées mais adoucies, une forme fermée sur un fond clair, cernée d'une bordure marron. Celle-ci enferme les figures colorées dans une sorte de cavité dans laquelle elles semblent tourner sur elles-mêmes.
Une esquisse au crayon préparatoire montre deux mouvements ascendants opposés et, sur la droite, un mouvement descendant. Les motifs jadis autonomes, comme les associations mystérieusement vivantes et tentaculaires de paysages, sont ici escamotés dans l'image à la manière d'un souvenir. En ceci ce tableau renvoie également aux années munichoises de Kandinsky, comme il préfigure aussi, avec l'imbrication de divers éléments dans une macro ou micro forme biomorphique, son œuvre ultérieure. – A.H.

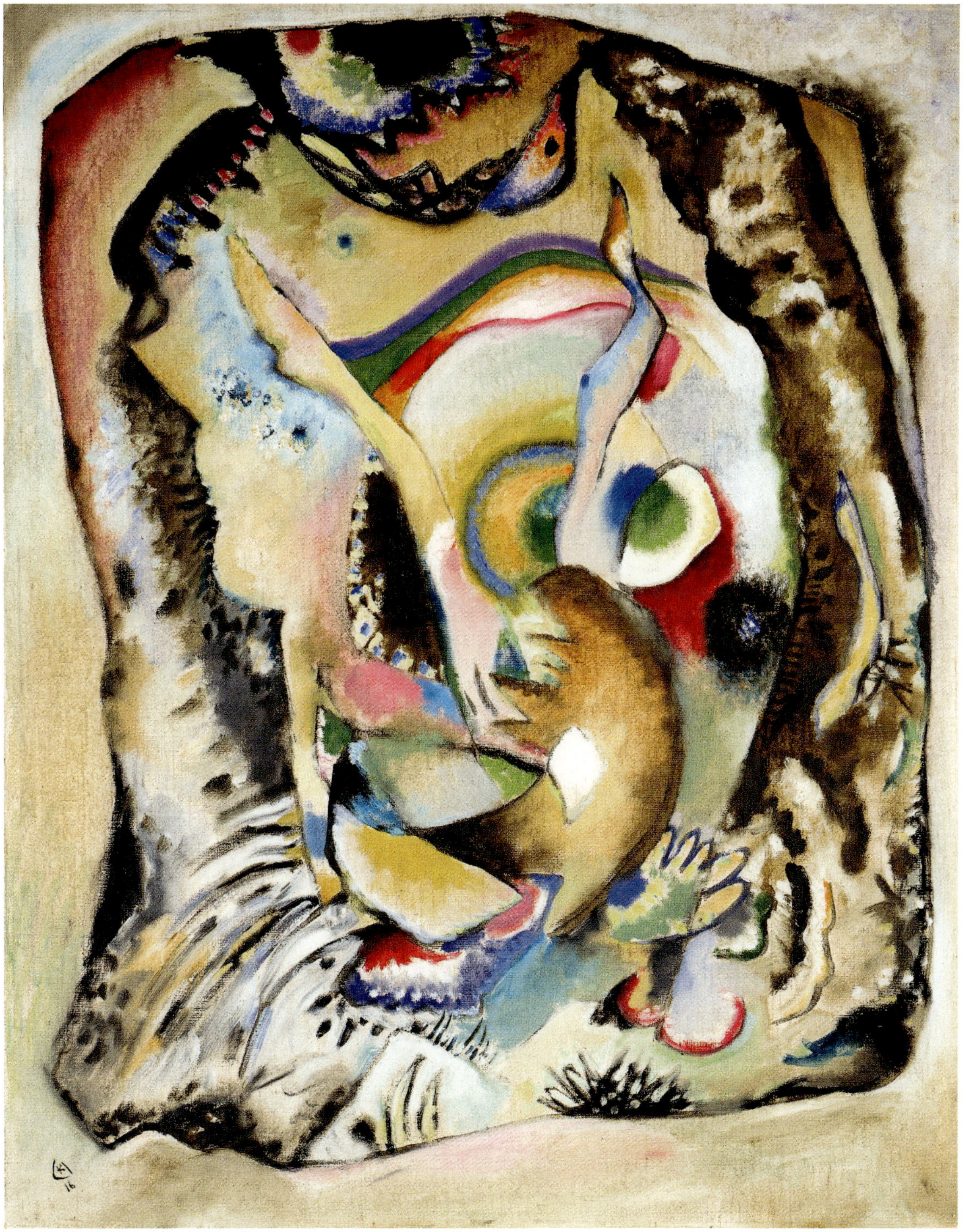

На светлом фоне **(NA SVETLOM FONE)**, 1916
TABLEAU SUR FOND CLAIR
HUILE SUR TOILE, 100 X 78 CM
CENTRE POMPIDOU, MUSÉE NATIONAL D'ART MODERNE, PARIS

Dans une lettre de Moscou à Gabriele Münter du 4 juin 1916, Kandinsky fait le récit, après une promenade du soir au Kremlin, de sa force de création nouvellement réveillée : « Enfin, hier, je l'ai retrouvée. J'aimerais faire un grand paysage de Moscou. Prendre des éléments de partout et les réunir dans une image, des éléments faibles et forts, mélanger le tout, tel que le monde est composé de parties diverses. Cela doit être comme un orchestre. Je sens l'idée générale, mais la forme de grande taille n'est pas encore claire. Ce soir, à huit heures, je suis allé au Kremlin pour voir les églises du point de vue dont j'ai besoin pour mon tableau. Et de nouveaux trésors se sont déployés devant mes yeux. De retour à la Sobovskaja, j'ai travaillé jusqu'à maintenant sur une esquisse qui n'est pas mal… ». Cependant, Kandinsky allait se battre plusieurs mois encore avec cette idée de tableau, en particulier semble-t-il pour son effet de profondeur construite sur différentes strates spatiales. Le 4 septembre il dit : « Je travaille de nouveau à mon tableau Moscou. Peu à peu il se développe dans ma phantasie. Et ce qui était seulement désir reçoit des formes réalles. Ce que me manquait dans cette idée c'était la profondeur et le son profond, très sérieux, compliqué et simple en même temps » (H.K. Roethel, J.K. Benjamin, *Kandinsky. Catalogue raisonné de l'œuvre peint. Deuxième volume 1916-1944*, Paris, 1984, n° 605).

Avec le tableau achevé, il réalise sa vision dans un événement pictural éruptif, il « compose un tout chatoyant, il saisit l'âme d'une ville dans des compositions colorées bleues. Comme dans un kaléidoscope, où le panorama se déploie depuis le sommet arrondi de la montagne centrale couronnée de tours et d'édifices dressés, s'étendent, entre de vastes surfaces, des rangées de maisons et d'églises à coupoles à bulbe. La vision de Moscou est comme suspendue en apesanteur et sans relief dans l'image » et se déploie sur le sommet central devant un petit couple vêtu du costume traditionnel bavarois (E. Benesch, *Kandinsky Klang der Farbe*, cat. exp., Vienne/Wuppertal, 2004). – A.H.

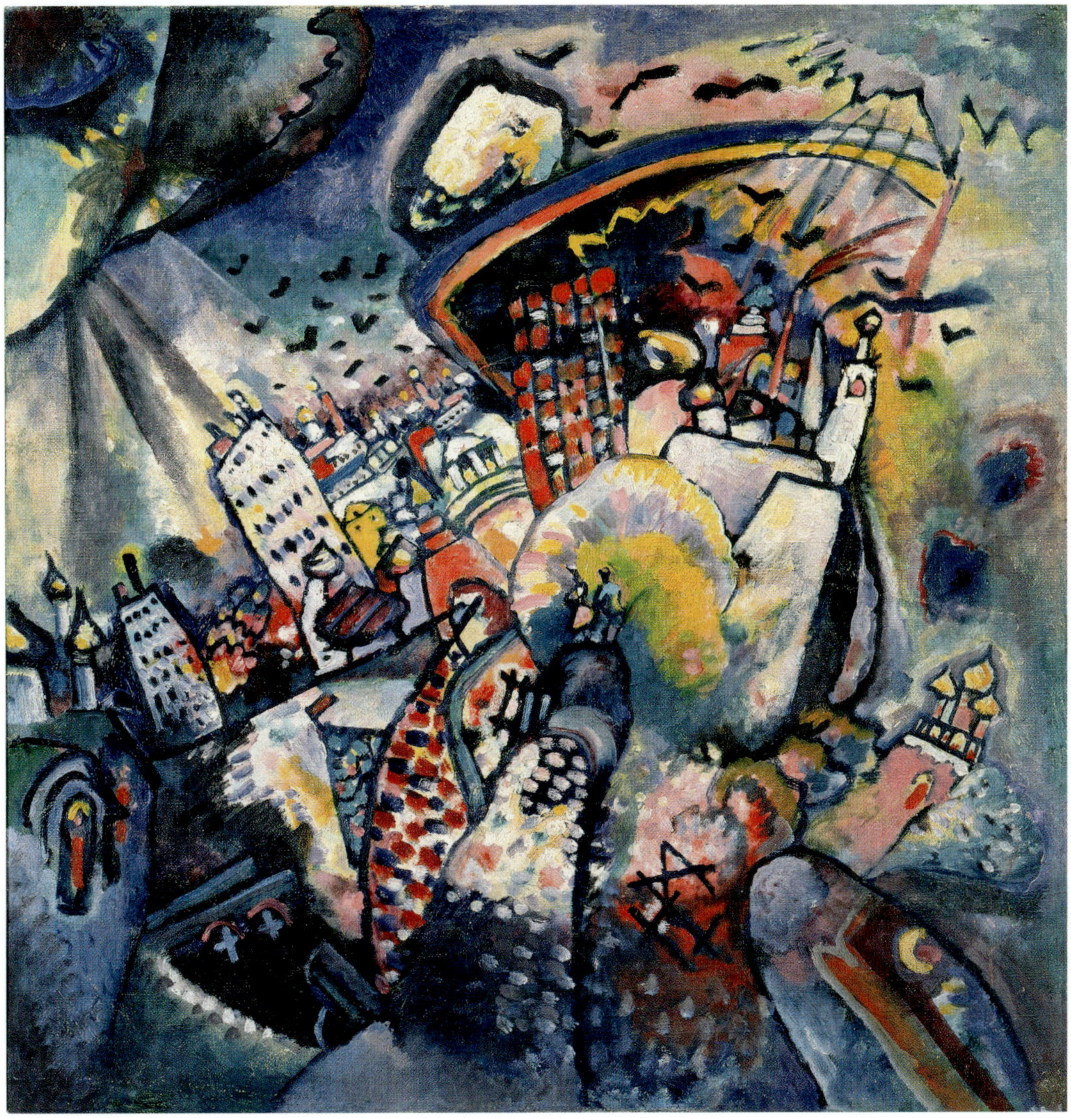

Москва I **(MOSKAU I)**, 1916
MOSCOU I
HUILE SUR TOILE, 51,5 X 49,5 CM
GALERIE NATIONALE TRETIAKOV, MOSCOU

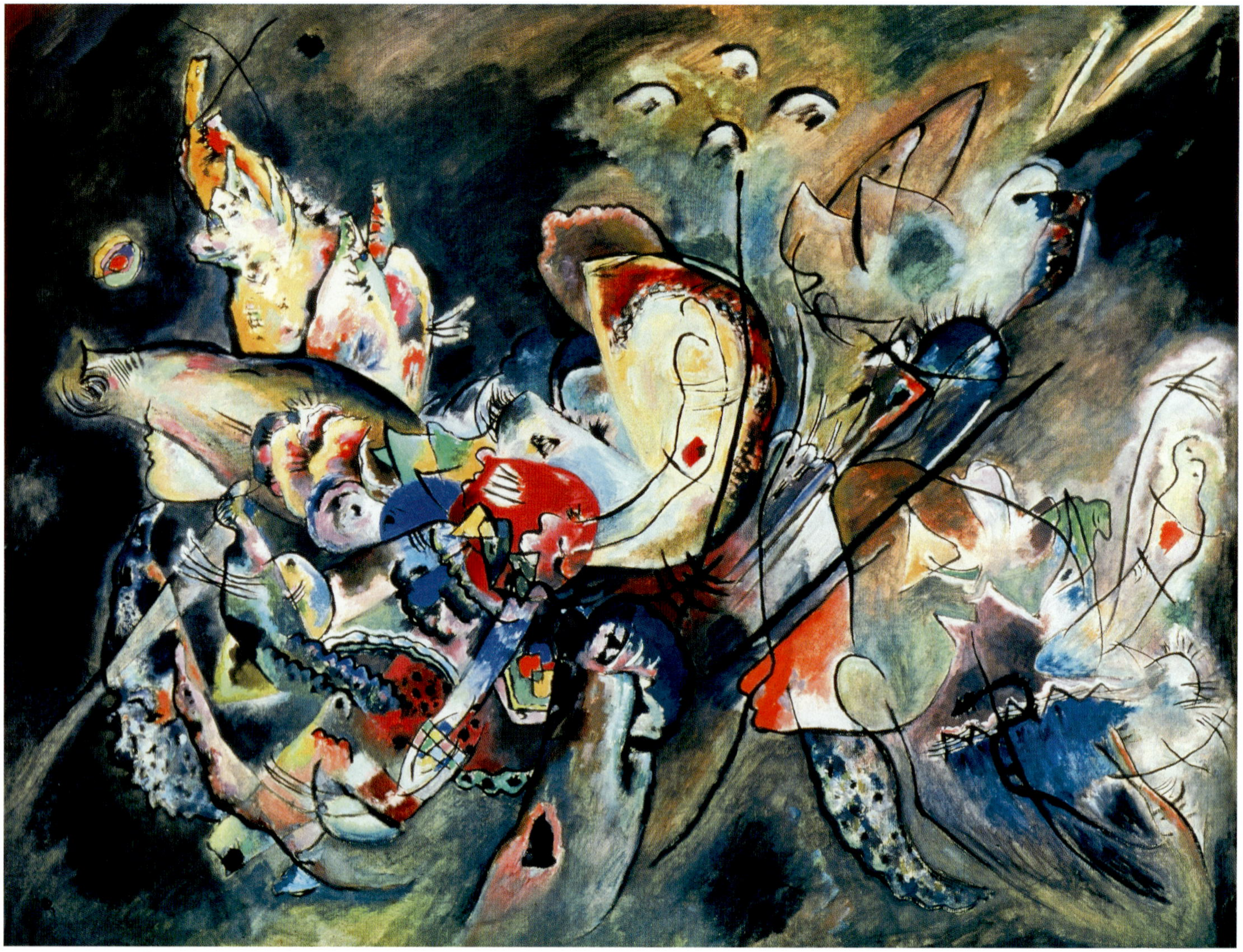

Смутное **(SMOUTNOE)**, 1917
OBSCURCI
HUILE SUR TOILE, 105 X 134 CM
GALERIE NATIONALE TRETIAKOV, MOSCOU

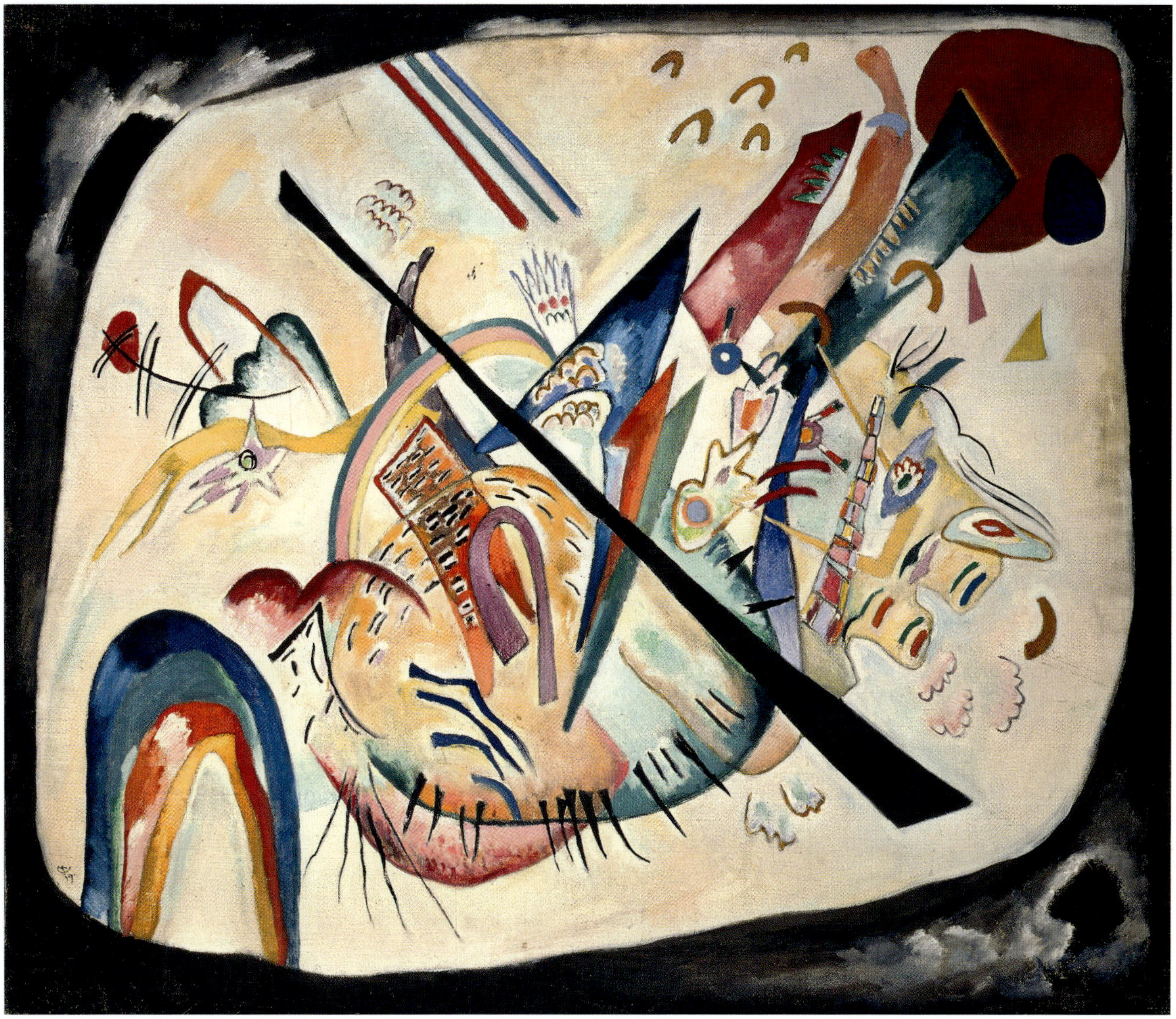

Белый овал **(BELY OVAL)**, 1919
OVALE BLANC
HUILE SUR TOILE, 80 X 93 CM
GALERIE NATIONALE TRETIAKOV, MOSCOU

« L'une des plus grandes parmi les œuvres russes de Kandinsky réunit un paysage abstrait de collines abruptes provenant de son époque munichoise et des formes à la géométrisation naissante et aux longueurs excessives dérivées des "bagatelles". Ces formes amoncelées sont comme suspendues et tournent selon une inclinaison complexe alors que l'environnement est fourni par un arrière-plan gris constitué de touches légères... Une comparaison du tableau avec les études préparatoires de dessins et d'aquarelles montre que Kandinsky avait commencé par une foule de formations individuelles, avec parmi elles des motifs comme la barque et le rameur, qui deviennent plus hiéroglyphiques dans l'œuvre finale. D'autres, comme les formes biomorphiques au centre de l'aquarelle sont exécutées de façon plutôt narrative dans la peinture à l'huile. L'étude à l'aquarelle est d'une signification particulière pour l'évolution de la composition. Elle introduit une série de grandes formes abstraites basées sur des formes plus petites et qui confèrent au tableau un ordre et une portée visuelle plus grands. Avec le pêle-mêle de ces formes s'interpénétrant et la multiplicité des allusions, *V serom* représente le dernier effort ambitieux de Kandinsky à poursuivre la complexité riche et mystérieuse qu'il avait d'abord développée pendant ses dernières années munichoises » (C. Poling, *Kandinsky Russische Zeit, Bauhausjahre*, cat. exp., Berlin, 1984, p. 13).

Dans une lettre à Hilla Rebay du 4 juillet, il explique rétrospectivement : « *V serom* se trouve être le point final de ma période "dramatique", c'est-à-dire du très épais amoncellement de formes si nombreuses » (*ibid.*, p. 56, note 14).

Ce tableau représente en effet un tournant, Kandinsky se consacrant dans les époques ultérieures davantage aux formes géométriques et à la consolidation de la surface du tableau. – A.H.

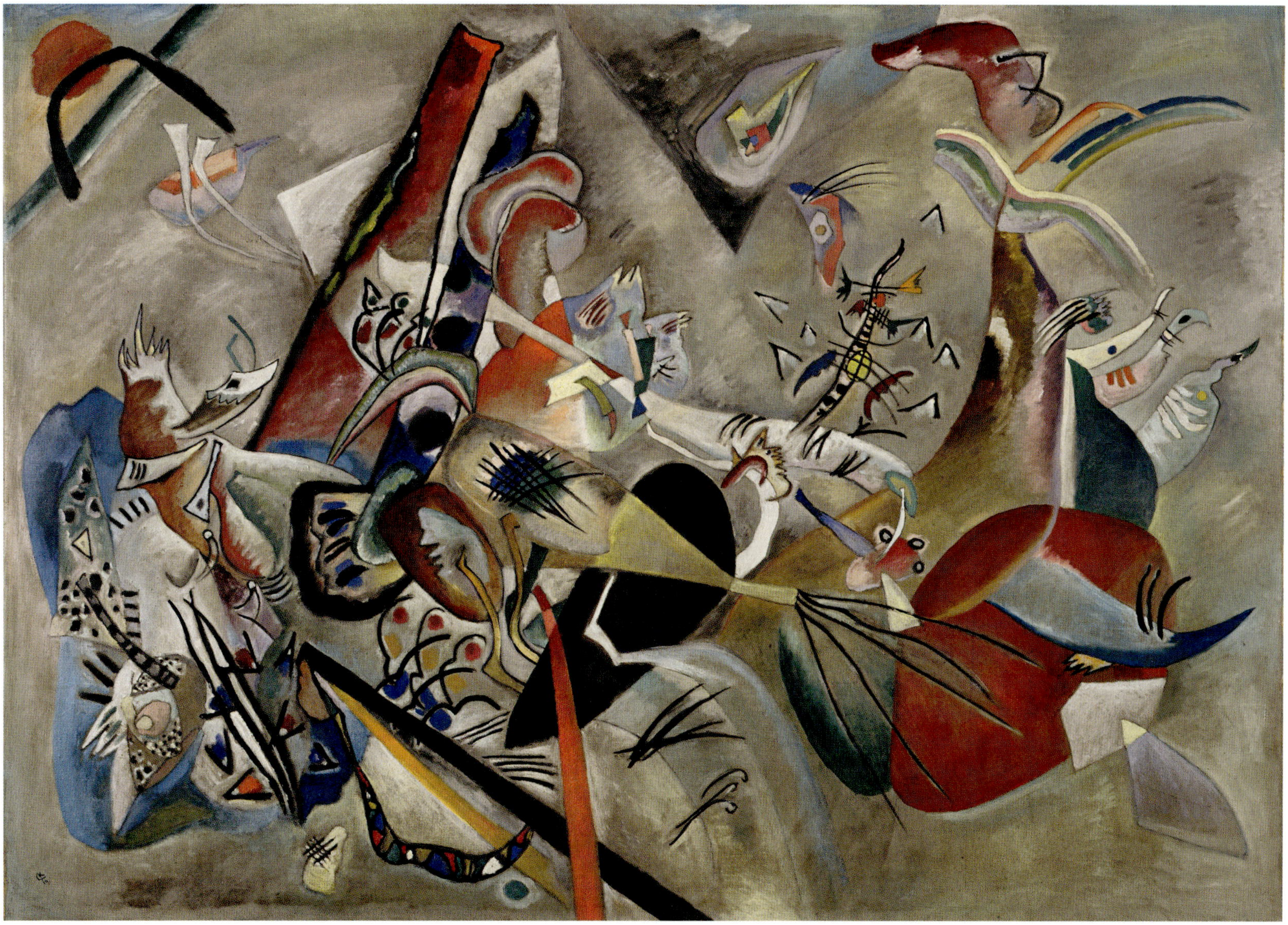

В сером **(V SEROM)**, 1919
EN GRIS
HUILE SUR TOILE, 129 X 176 CM
CENTRE POMPIDOU, MUSÉE NATIONAL D'ART MODERNE, PARIS

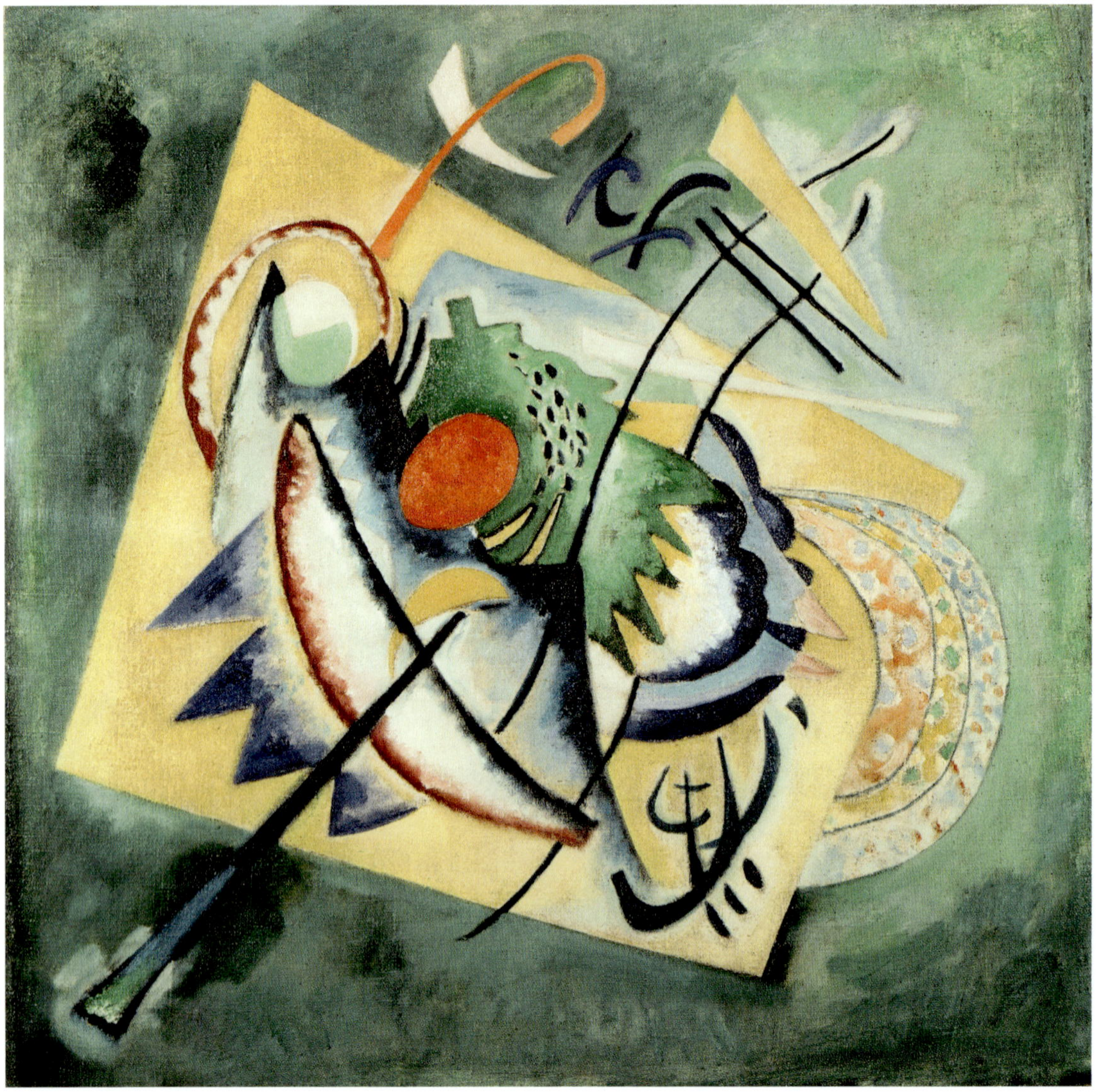

Красный овал **(KRASNY OVAL)**, 1920
OVALE ROUGE
HUILE SUR TOILE, 71,5 X 71,2 CM
SOLOMON R. GUGGENHEIM MUSEUM, NEW YORK

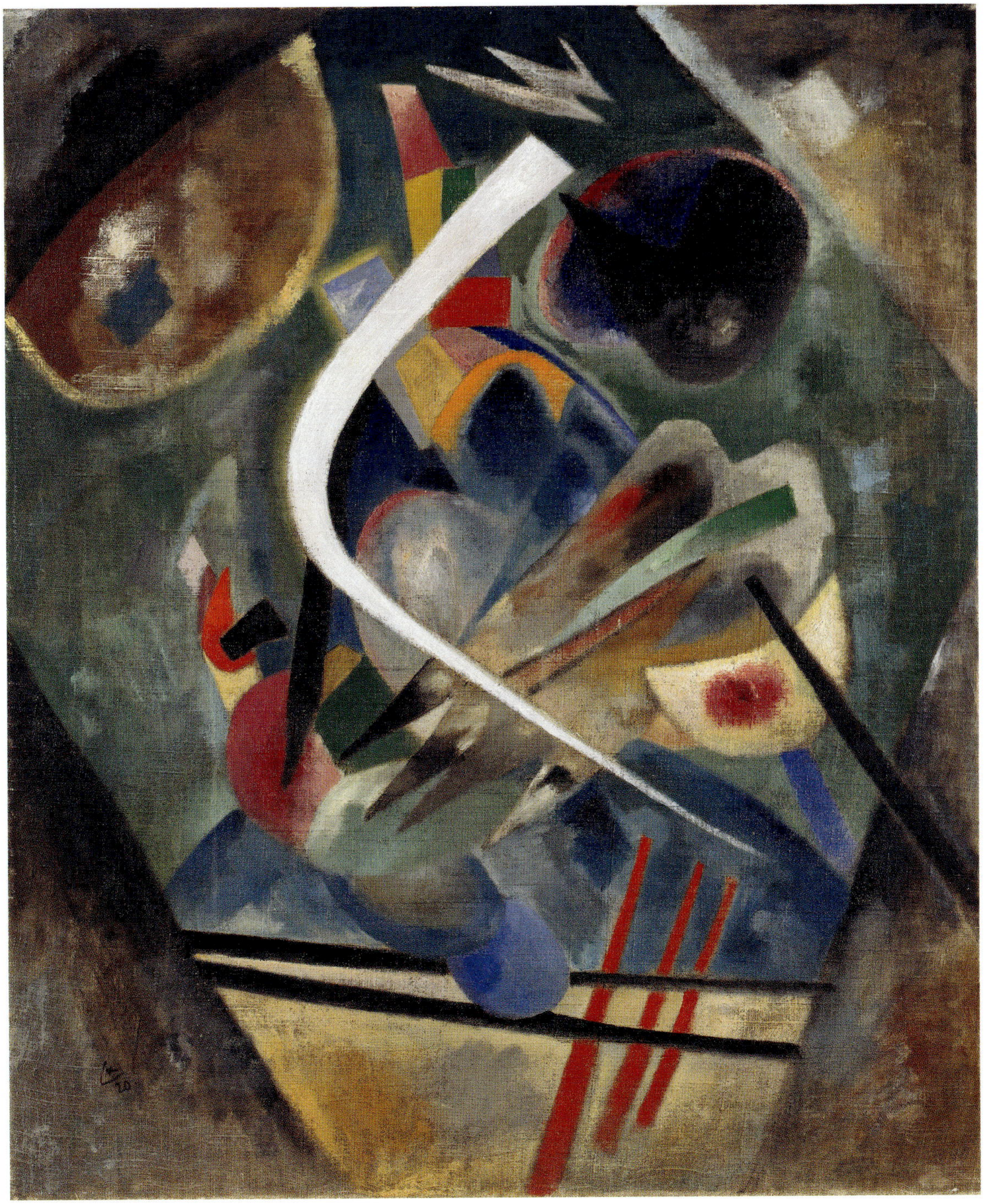

Белый штрих **(BELY SHTRIKH)**, 1920
TRAIT BLANC
HUILE SUR TOILE, 98 X 80 CM
MUSEUM LUDWIG, COLOGNE

Tcherny shtrikh est enregistrée par Kandinsky à l'entrée n° 226 de l'inventaire qu'il tient au crayon dans un cahier d'écolier ; c'est le troisième qu'il y porte pour l'année 1920. Cette œuvre est exposée en octobre 1920 avec les tableaux les plus importants regroupés par Kandinsky dans l'immense salle qui est mise à sa disposition dans le cadre de la XIXe exposition d'État à la Bochaia Dmitrovska à Moscou : *V serom* [En gris], *Spitzes Schweben* [Vol planifié effilé], *Der Grüne Rand* [Tableau à la bordure verte]... Cette révélation au public est presque aussi importante pour Kandinsky que celle du Blaue Reiter en 1911 : elle témoigne d'une reprise certaine de son activité de peintre dans la continuité de la *Composition VII*, qui est également accrochée au centre de l'une des cimaises. Mais le contexte n'est plus aussi porteur. Il n'y a plus de collectionneurs : le seul acheteur est l'État et les organismes qui en dépendent. Kandinsky n'est plus le président incontesté du groupe de la peinture monumentale à l'Inkhouk. Dans les salles voisines, ses collaborateurs Sterenberg, Stepanova et Rodchenko exposent leurs propres œuvres, plus spatiales, plus propagandistes et condamnent à court terme la peinture de chevalet telle que la pratique encore Kandinsky.

Par la suite, *Tcherny shtrikh* est peut-être présentée en Allemagne à l'Erste Russische Kunstausstellung à la galerie Van Diemen à Berlin en 1922. En effet, la photographie de l'œuvre porte au verso un tampon en russe qui en autorise l'exportation, Kandinsky y a inscrit son titre en allemand, *Schwarzen Strich*, et spécifie que le tableau appartient à son épouse, Nina Kandinsky.

Tcherny shtrikh présente des gris et des taches de couleurs estompées, des formes organiques tout en courbes. C'est une œuvre charnière à la rupture d'un style. Dans le tableau suivant, l'entrée n° 227, *Rotes Oval* [Ovale rouge] (1920, voir cat. p. 132), le schéma de construction reste semblable mais l'arrière-plan et les éléments d'animation s'imprègnent déjà du vocabulaire géométrique constructiviste. – Ch.D.

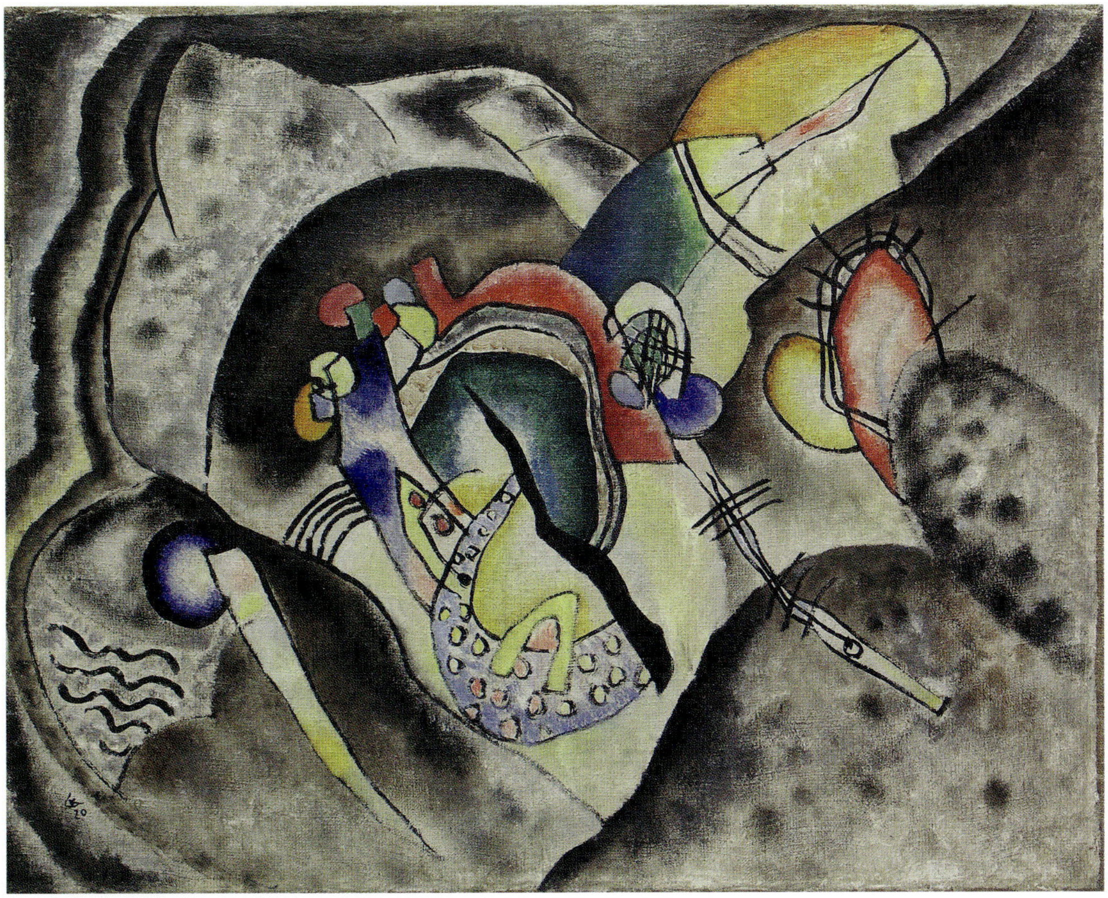

Черный штрих **(TCHERNY SHTRIKH)**, 1920
TRAITS NOIRS
HUILE SUR TOILE, 57 X 71 CM
MUSÉE NATIONAL DE GÉORGIE, TBILISSI

Krasnoe piatno n°2 est l'une des œuvres principales de la période russe de Kandinsky. Elle fut réalisée pendant l'année 1921, année la plus productive du point de vue de sa peinture, peu de temps avant son départ en Allemagne pour le Bauhaus, tout comme les tableaux de première importance que sont *Bunter Kreis*, *Siny Segment* et *Bely Tsentr* (voir cat. p. 138 et 139). « *Krasnoe piatno n°2* marque, de par le changement fondamental des formes expressives, le commencement d'une nouvelle phase dans son œuvre. Sans les contacts avec le constructivisme russe, avec Kasimir Malevitch, Vladimir Tatline, Ljubow Popowa et d'autres, la précision des corps et des surfaces, la classification géométrique des éléments picturaux et la charge lissée des couleurs seraient incompréhensibles. La puissance expressive intense des tableaux d'avant la Première Guerre mondiale a fait place à un froid schéma de composition, apparemment rationnel, de formes individuelles pures » (A. Hoberg, H. Friedel, *Wassily Kandinsky*, cat. exp., Munich, 2008, p. 35). Kandinsky a cependant toujours conservé ses distances avec l'art « mécanique » des constructivistes. Il commence comme eux à utiliser, en particulier à partir de 1920-1921, des formes géométriques comme des cercles, des triangles, des courbes et des lignes nettes, mais souvent en adoucissant leurs délimitations et en utilisant des configurations irrégulières. Ce qui est particulièrement frappant dans cette composition est le modelage de la grande tache rouge, qui pulse tel un « cœur » (M. Haldemann, *Kandinksy abstraction. Die Entstehung und Transformation seines Bilkonzepts*, Munich, 2001, p. 237) légèrement décentré sur le trapèze blanc ouvert devant un élément en forme de corne colorée à l'effet également plastique. Elle est soulignée par des courbes de couleurs, assez plates, qui se croisent plusieurs fois et de trois cercles suspendus qui évoluent de façon autonome dans l'espace. En-dessous, le petit point vert à l'extrémité gauche a récemment été désigné comme le « point central », « qui n'est certes pas nécessairement au centre géométriquement parlant, mais qui est le dernier témoin de ce que Kandinsky appelle l'"image originelle de l'expression picturale", le point simple situé au centre sur un plan rectangulaire » (B. Haas, *Kandinsky. Malerei 1908-1921*, cat. exp., Londres/Bâle, 2006-2007, p. 204). En lui se concentrerait la dernière trace de l'événement pictural dont la disparition par décompositions successives détruirait également le spectateur en tant que sujet ayant un point de vue homogène. – A.H.

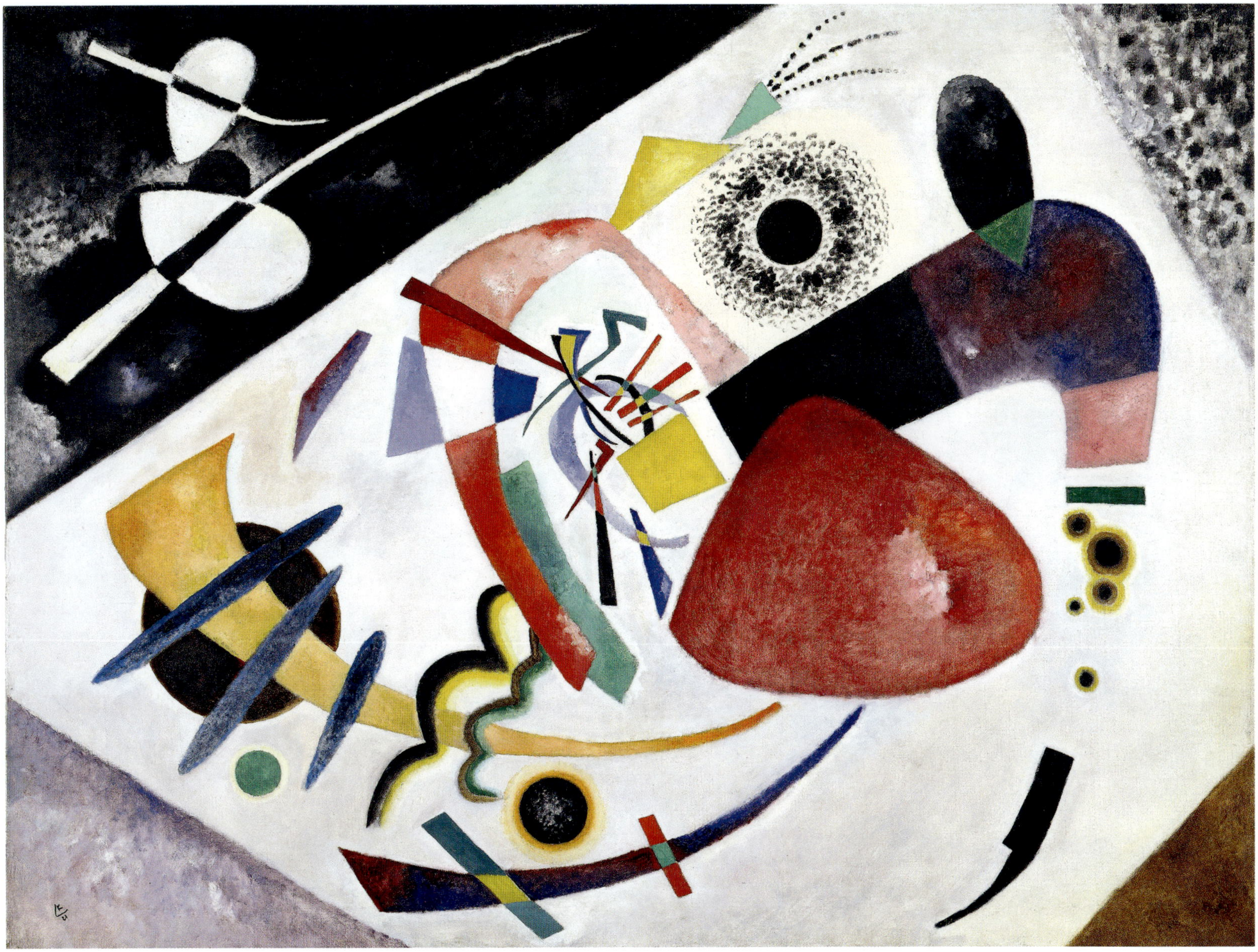

Красное пятно н°2 **(KRASNOE PIATNO N°2)**, 1921
TACHE ROUGE N°2
HUILE SUR TOILE, 137 X 181 CM
STÄDTISCHE GALERIE IM LENBACHHAUS, MUNICH

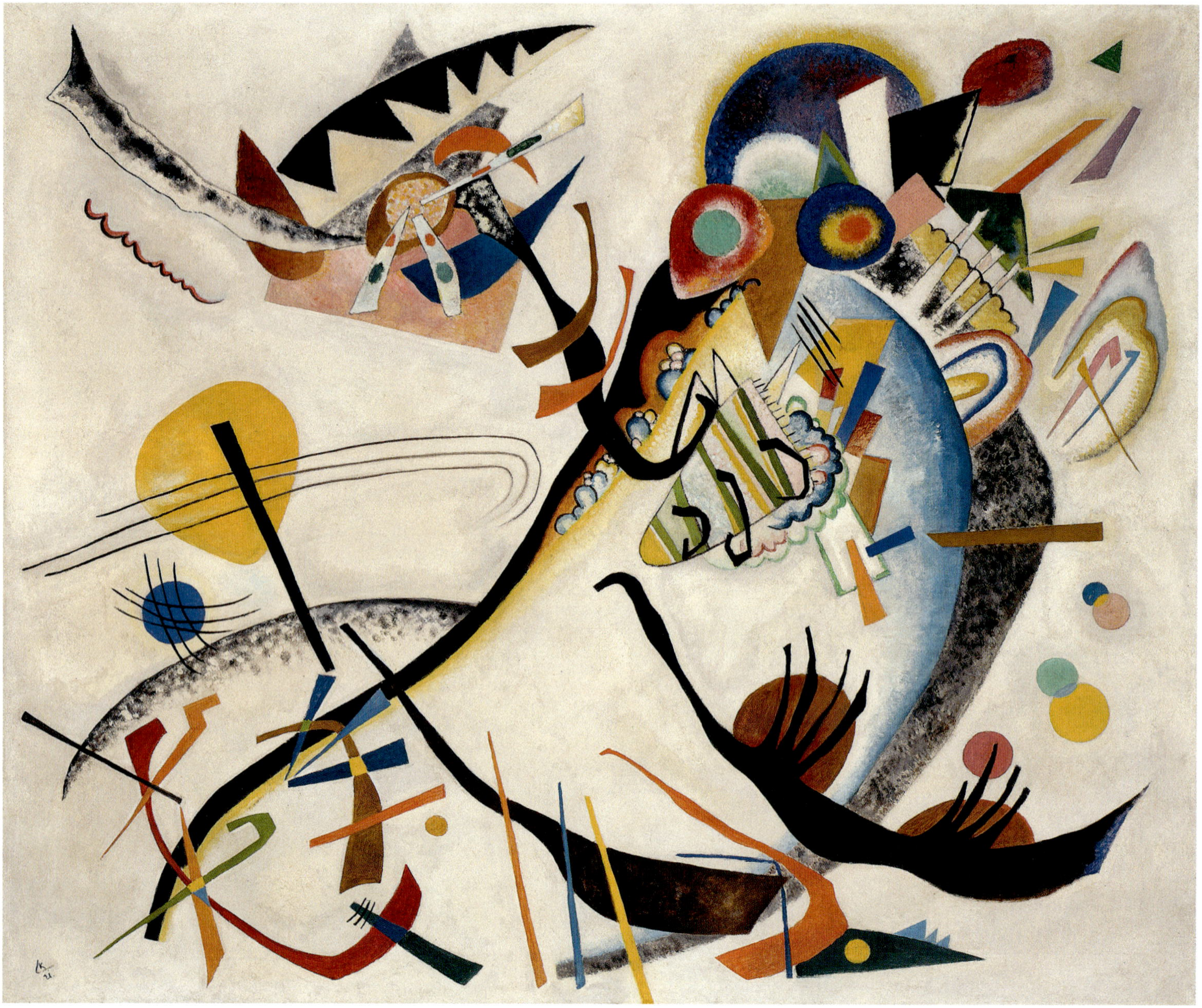

Синий сегмент **(SINY SEGMENT)**, 1921
SEGMENT BLEU
HUILE SUR TOILE, 120,6 X 140,1 CM
SOLOMON R. GUGGENHEIM MUSEUM, NEW YORK

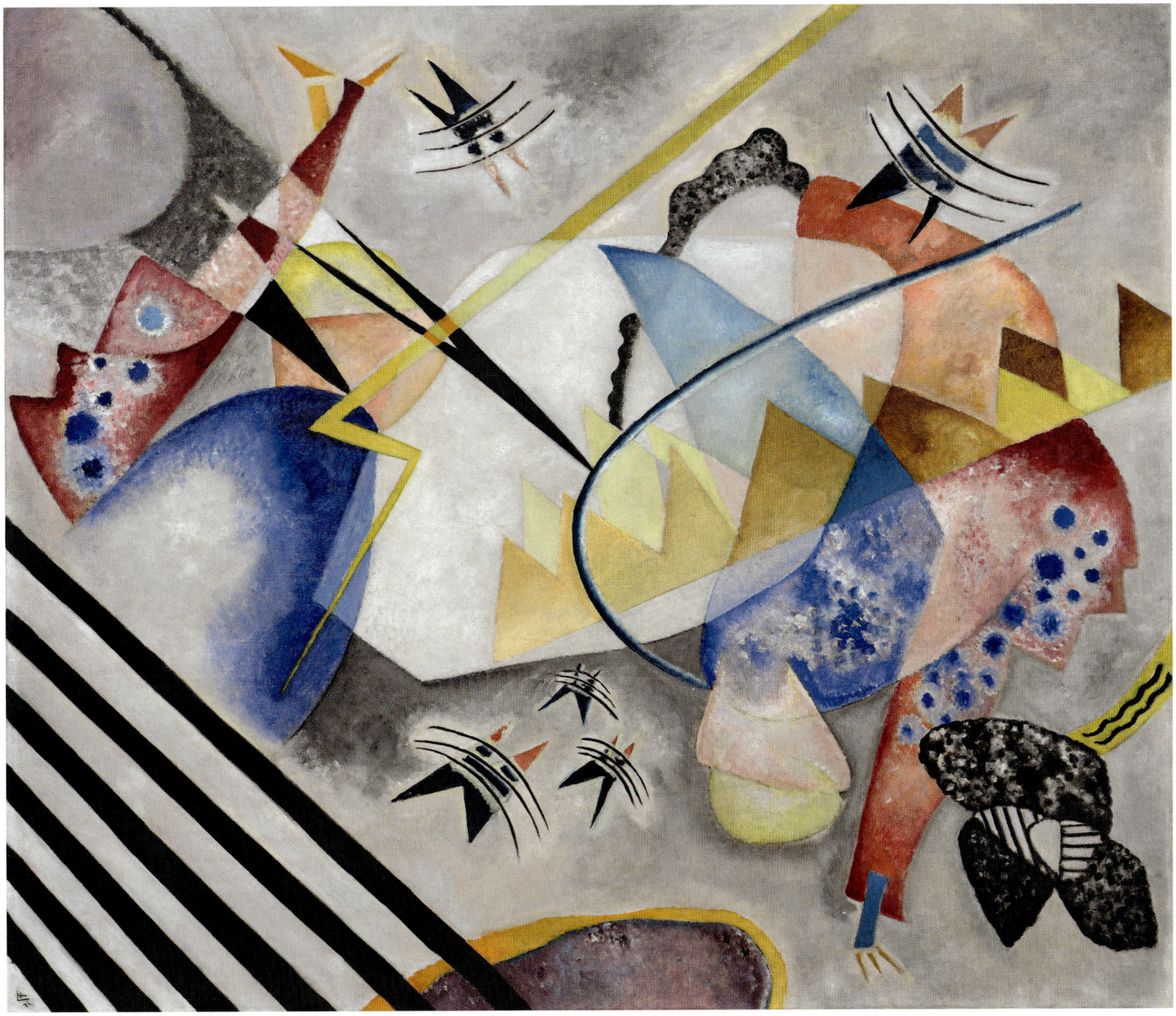

Белый центр **(BELY TSENTR)**, 1921
CENTRE BLANC
HUILE SUR TOILE, 118,7 X 136,5 CM
SOLOMON R. GUGGENHEIM MUSEUM, NEW YORK

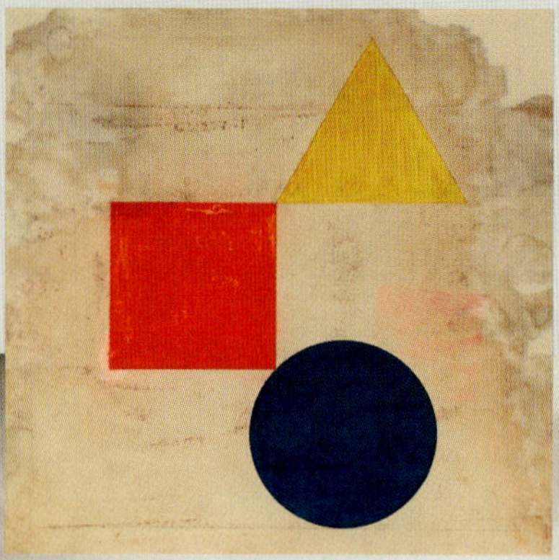

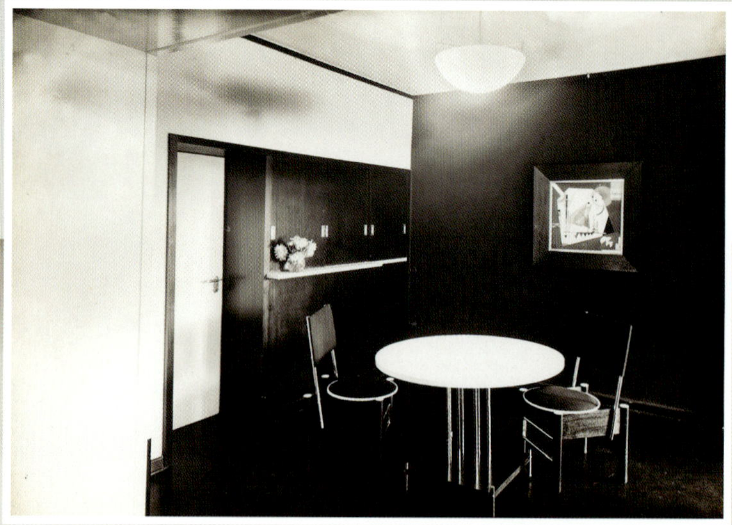

2

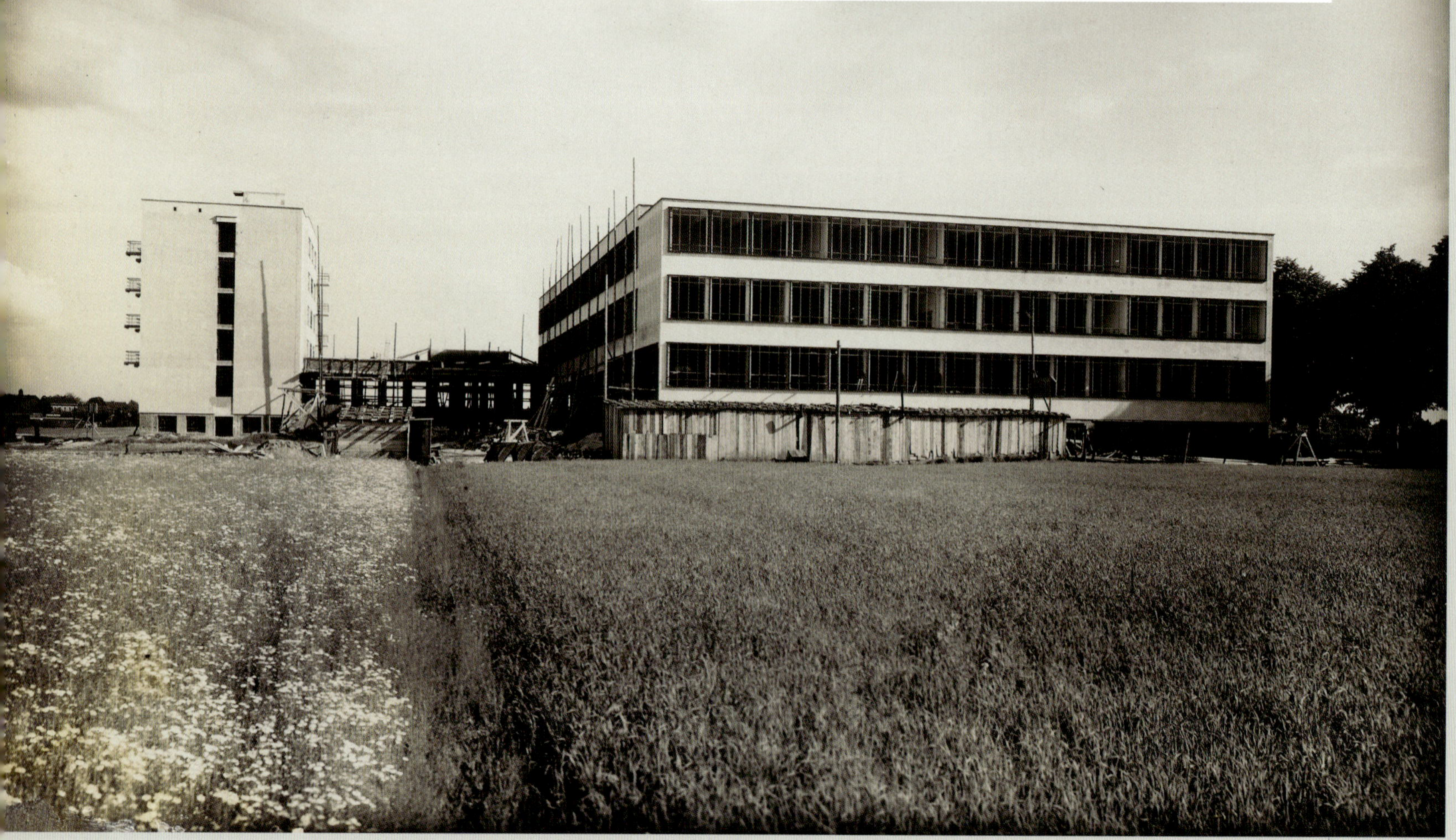

1

1. L'école du Bauhaus en construction dans la banlieue de Dessau, 1926
Bibliothèque Kandinsky, Centre Pompidou, Paris

2. La salle à manger de Kandinsky avec le mobilier de Marcel Breuer, 1926. Au mur, *Drei Klänge*, 1926. Photographie Lucia Moholy
Bibliothèque Kandinsky, Centre Pompidou, Paris

BAUHAUS

“

LE BAUHAUS : WEIMAR, DESSAU, BERLIN 1922-1933

Kandinsky entame sa longue période d'enseignement au Bauhaus par un questionnaire. Il y cristallise des réflexions fixées dès 1914 sur l'interdépendance entre les couleurs et les formes primaires. Ce questionnaire, mis au point pour les élèves de l'Inkhouk (Institut de culture artistique à Moscou), est testé comme une donnée scientifique auprès des élèves du Bauhaus en 1923. Le triangle est jaune citron, le carré, rouge écarlate, le cercle, bleu profond. Cet axiome est à l'origine de compositions réalisées sur les murs de l'école par l'atelier de peintures murales en 1923. Après s'être opposé à Moscou à la géométrisation de la peinture pure, il la fait sienne en Allemagne. Kandinsky, intègre des données de la préparation de ses cours dans l'élaboration de ses tableaux. De son arrivée à Weimar en 1922 à son départ en 1925, il peint encore grand : une *Composition* et dix-neuf tableaux qui pourraient rivaliser avec les *Improvisations*.
Kandinsky, arrivé un des premiers de Weimar à Dessau en 1925, vit en témoin passif l'avancée des deux chantiers de l'école et, à quelque distance, du lotissement résidentiel des professeurs. Il n'est pas certain que Kandinsky ait perçu immédiatement la superbe articulation architecturale du Bauhaus édifié par Walter Gropius sur ce terrain accordé par la ville de Dessau à la limite des champs. Jusqu'à l'inauguration officielle, le 4 décembre 1926, la modernité des toits-terrasses semble un agressif collage au-dessus des baraquements et des échafaudages archaïques à l'usage des maçons.
Pour meubler la maison, de briques et de verre, partagée avec Paul Klee de 1926 à 1933, Kandinsky reçoit de Munich les meubles de son ancien appartement que Gabriele Münter lui rétrocède. La bohème du Blaue Reiter dépareille. Kandinsky concède au design iconoclaste de Marcel Breuer la salle à manger, mais il obtient des chaises spéciales en cercle, qui s'harmonisent avec le noir dont il recouvre le mur. Dans l'atelier spacieux attenant, à la vue bridée par les pins, Kandinsky ne réalise, de 1926 à 1933, que cinq grands formats. – Ch. D.

”

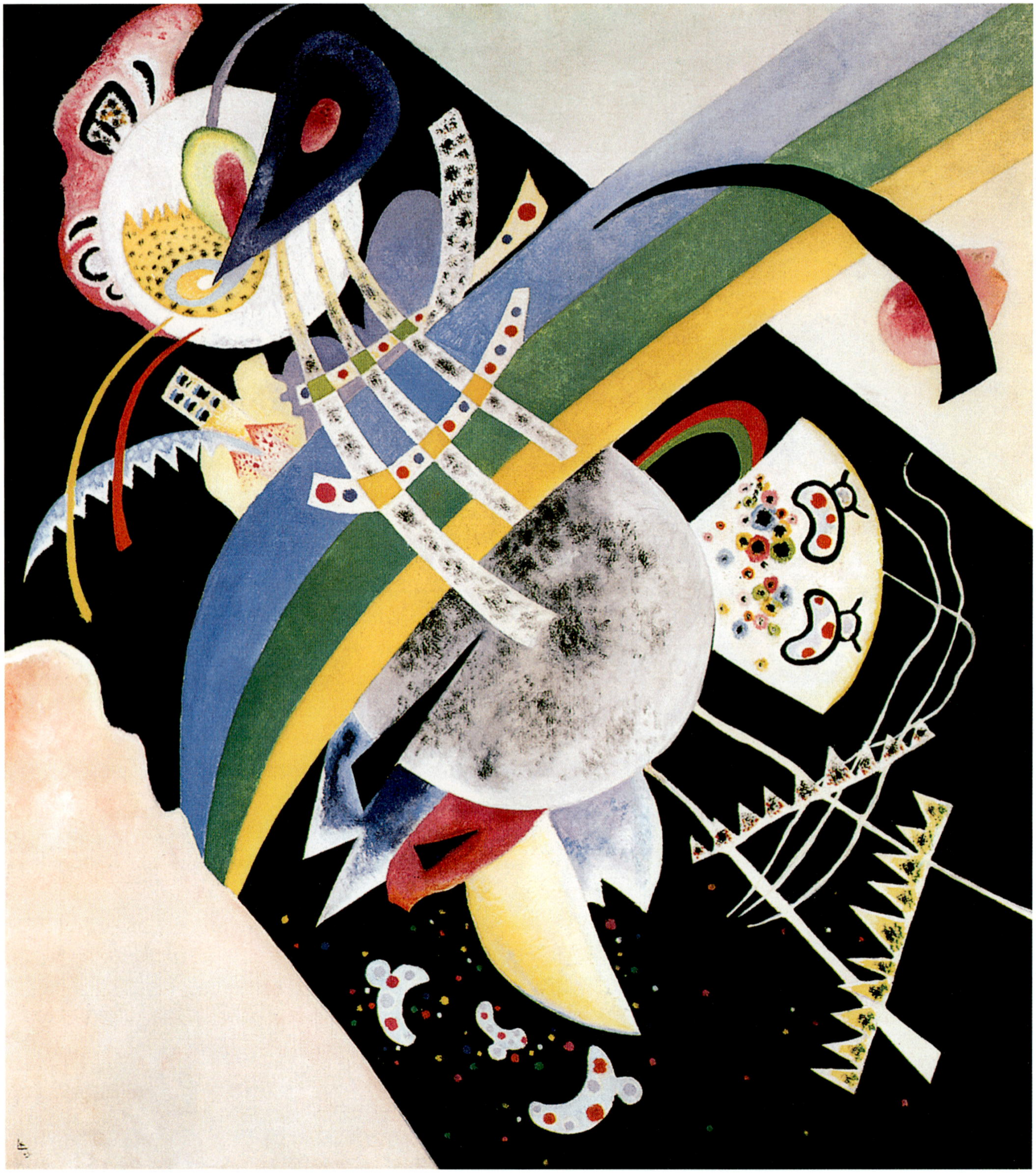

Круги на черном **(KROUGUI NA TCHERNOM)**, 1921
CERCLES SUR FOND NOIR
HUILE SUR TOILE, 136,5 X 120 CM
SOLOMON R. GUGGENHEIM MUSEUM, NEW YORK

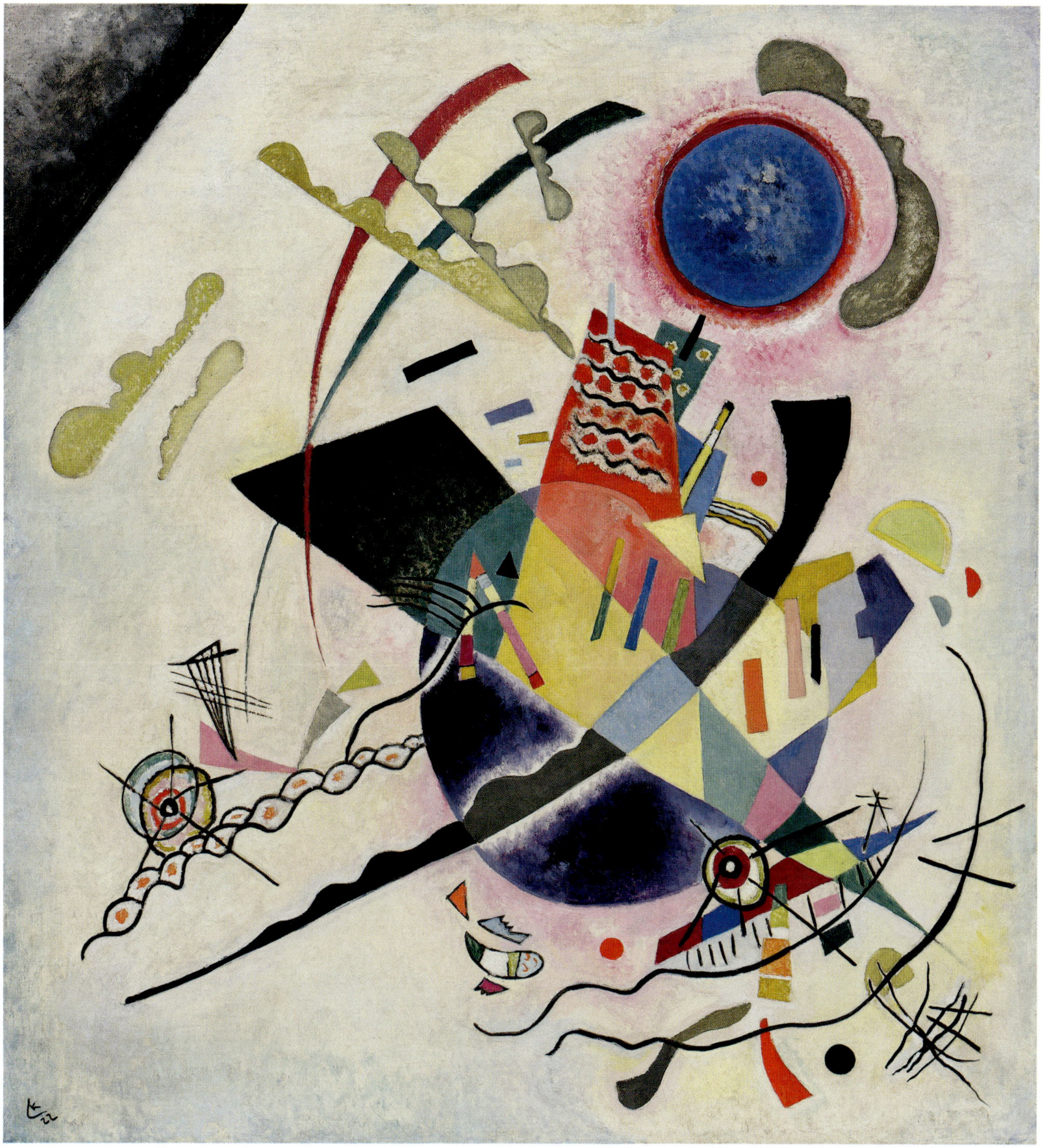

BLAUER KREIS, 1922
CERCLE BLEU
HUILE SUR TOILE, 109,2 X 99,2 CM
SOLOMON R. GUGGENHEIM MUSEUM, NEW YORK

En juin 1922, enrichi par les expériences récentes de son séjour à Moscou (entre 1915 et 1921) et par l'influence de certains membres de l'avant-garde russe comme Kazimir Malevitch ou Alexandre Rodtchenko, Kandinsky s'installe à Weimar pour enseigner au Bauhaus. Weimar, grand centre de la vie littéraire et intellectuelle au XVIIIe siècle, fut la ville de Friedrich von Schiller et de Johann Wolfgang von Goethe, dont la théorie des couleurs continuera d'exercer une influence sur les artistes du XXe siècle, y compris Kandinsky. Au Bauhaus, où il est respecté pour ses talents de pédagogue et son engagement dans son travail, Kandinsky adopte progressivement un vocabulaire artistique géométrique qui accorde une grande place au processus intuitif. Le Bauhaus – qui entend, par la pratique de tous les arts, contribuer à l'avènement d'une société plus égalitaire – correspond pour lui à une période fructueuse : en effet, il enseigne, expose et rédige des écrits théoriques sur la couleur et la forme et sur leur rapport inhérent.

Empruntant des éléments à la période munichoise antérieure ainsi qu'aux influences des constructivistes russes, *Weißes Kreuz* marque un tournant dans le parcours de Kandinsky. La toile se caractérise en effet par des croissants organiques flottants et des formes colorées douces (qui rappellent les paysages bavarois, et en particulier l'imagerie des cavaliers et des montagnes), mais aussi par des plans en diagonale qui se chevauchent, des cercles et des grilles ou des trames en noir et blanc qui reviendront souvent dans ses œuvres ultérieures. La croix blanche évoquée dans le titre se mélange subtilement, presque imperceptiblement, au motif à damier ; elle peut faire penser à une forme purement géométrique (par référence aux formes suprématistes de Malevitch) aussi bien qu'à un symbole religieux. Ce qui ressemble à un chiffre 3 renversé – qui apparaît deux fois sur le côté gauche de la toile – est peut-être une allusion à « Anders » [Autrement], poème en prose humoristique, paru en 1912 dans son recueil intitulé *Klänge* [*Sonorités*] et illustré de bois gravés, où l'artiste évoque un 3 qui « regardait toujours vers la gauche ». – K.V.

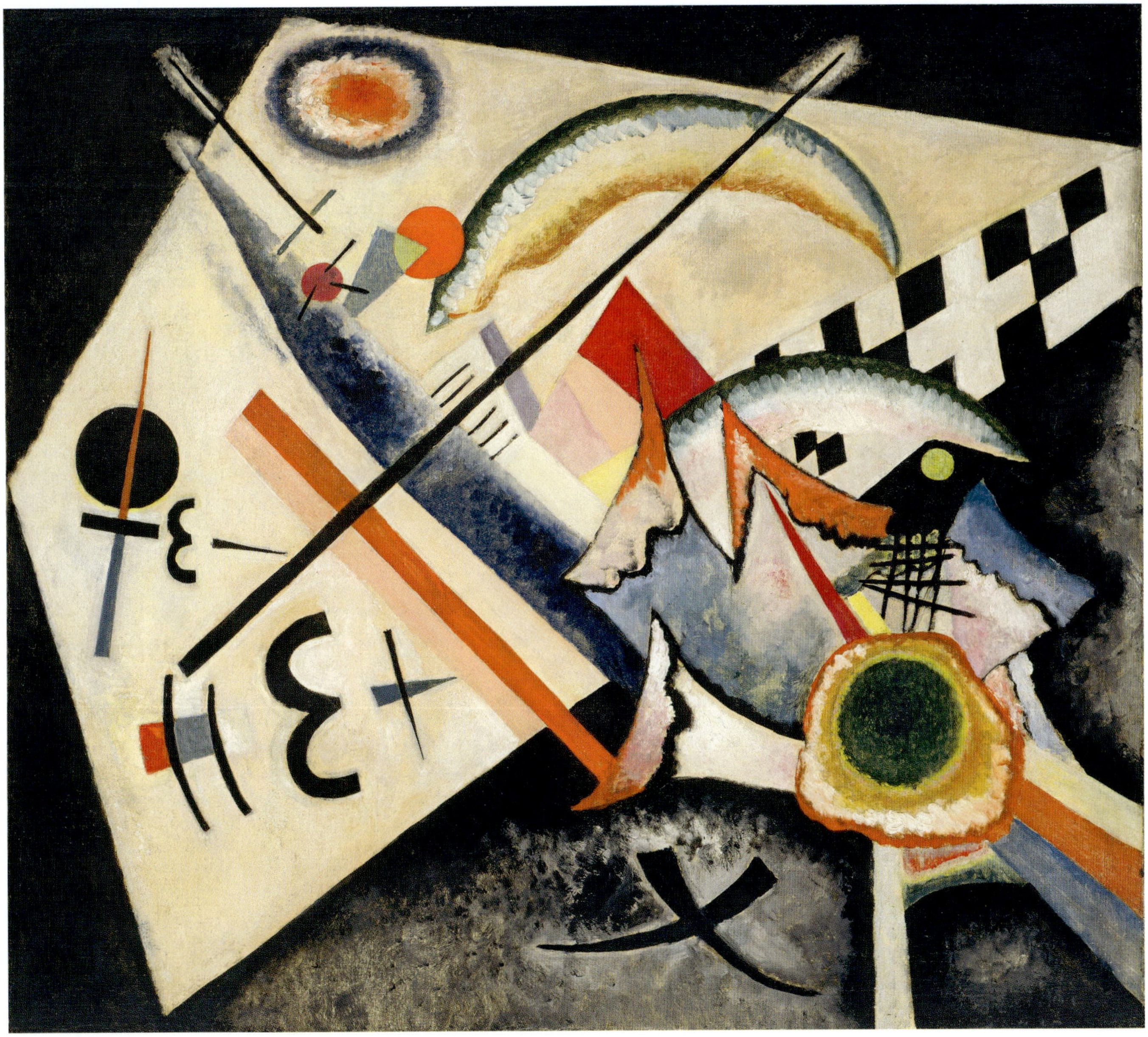

WEISSES KREUZ, 1922
CROIX BLANCHE
HUILE SUR TOILE, 100,5 × 110,6 CM
THE SOLOMON R. GUGGENHEIM FOUNDATION, VENISE
PEGGY GUGGENHEIM COLLECTION

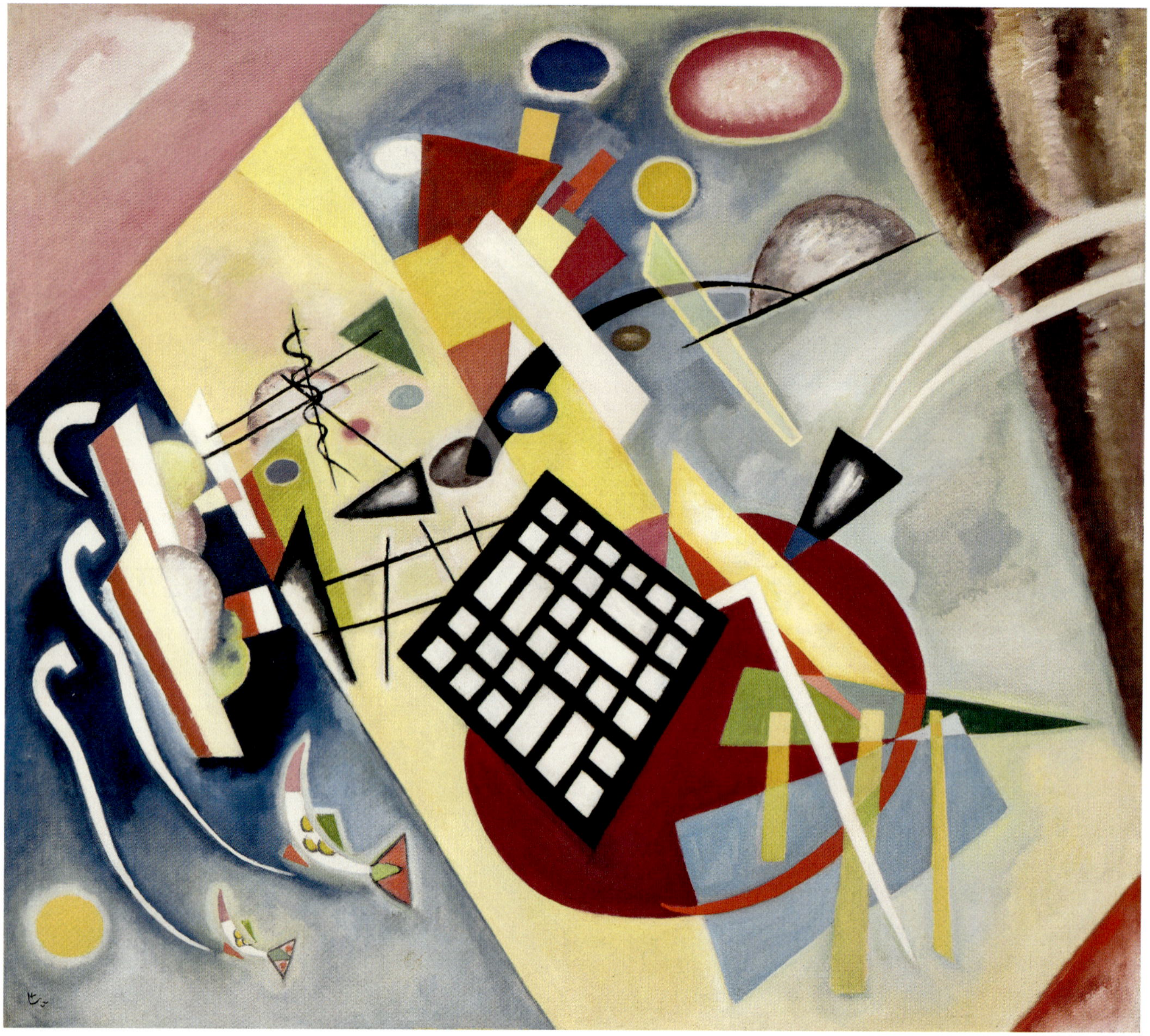

SCHWARZER RASTER, 1922
TRAME NOIRE
HUILE SUR TOILE, 96 X 106 CM
CENTRE POMPIDOU, MUSÉE NATIONAL D'ART MODERNE, PARIS

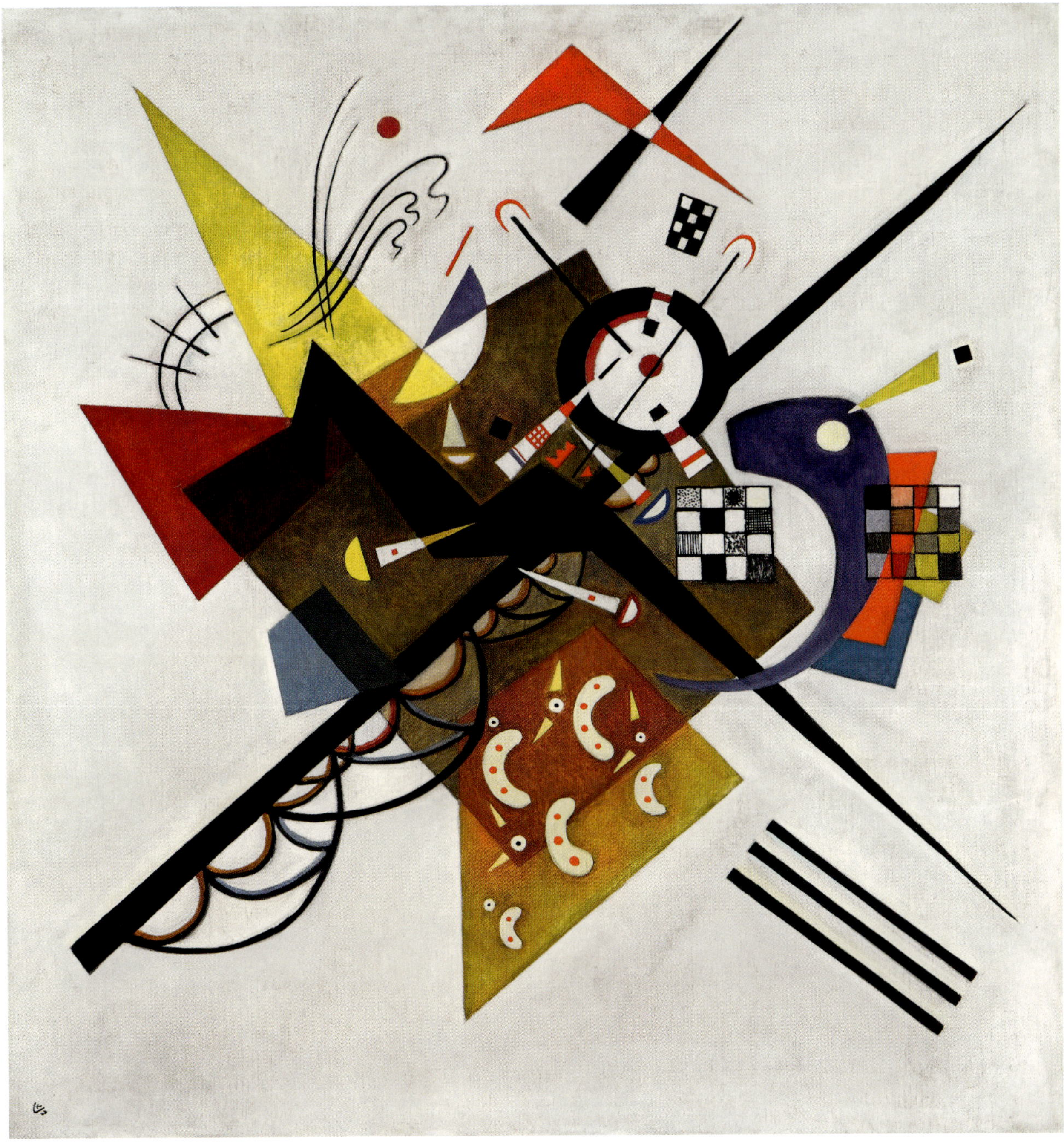

AUF WEISS II, 1923
SUR BLANC II
HUILE SUR TOILE, 105 X 98 CM
CENTRE POMPIDOU, MUSÉE NATIONAL D'ART MODERNE, PARIS

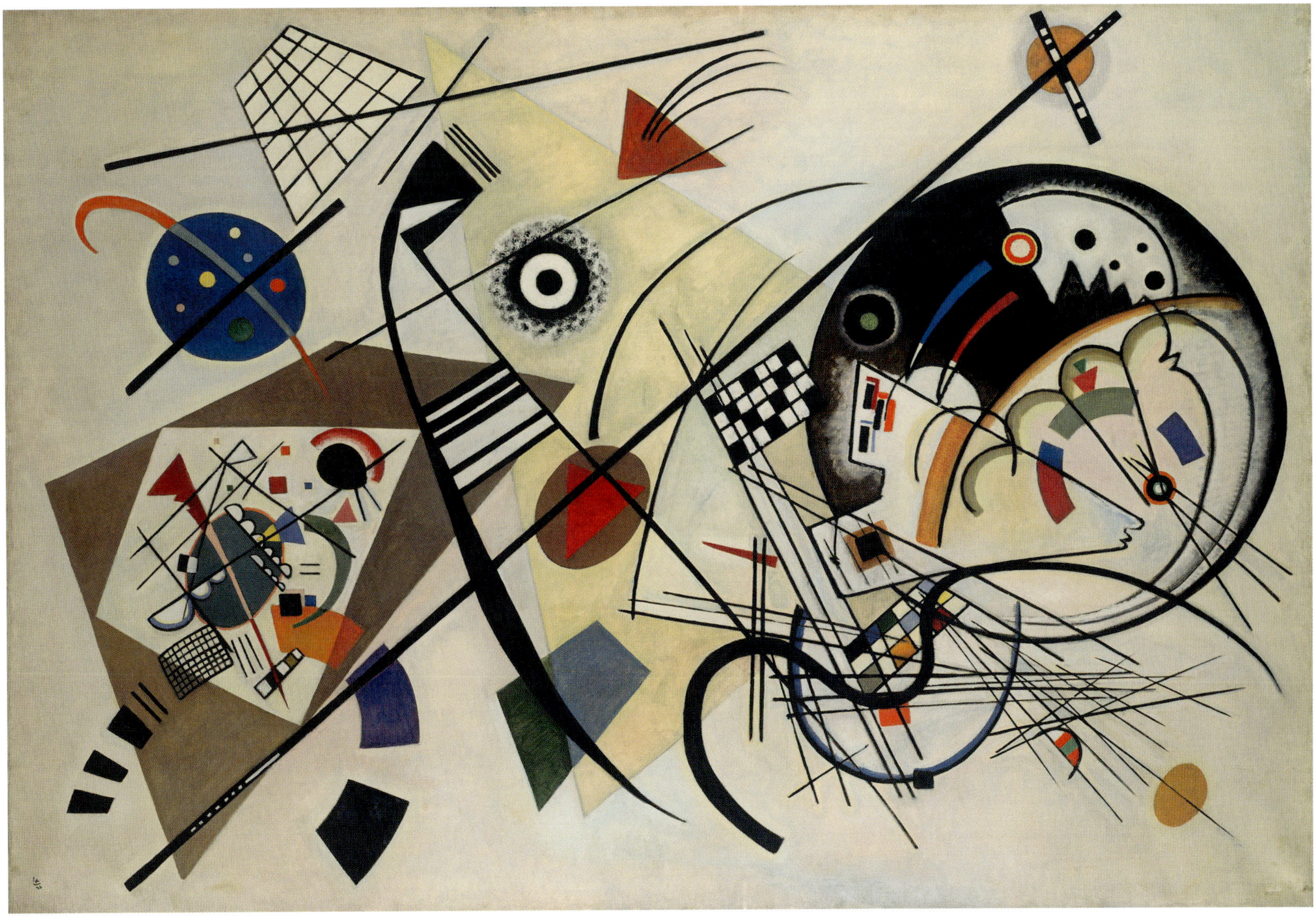

DURCHGEHENDER STRICH, 1923
TRAIT TRANSVERSAL
HUILE SUR TOILE, 141 X 202 CM
KUNSTSAMMLUNG NORDRHEIN-WESTFALEN, DÜSSELDORF

Il est assez logique que Kandinsky, qui a déjà une pratique de l'enseignement et a dirigé des institutions culturelles à Munich et en Russie, accepte un poste de professeur au Bauhaus, où il va côtoyer des confrères comme Johannes Itten, responsable du « cours préliminaire », ou Paul Klee, qui enseigne la théorie de la forme picturale et approfondit ses recherches sur les moyens formels d'expression. Ayant pris ses distances avec ses collègues russes (qui s'opposent à ses idées intuitives), il est probablement heureux de se retrouver en Allemagne (il ne retournera jamais plus en Russie) pour y enseigner et y peindre de nouveau. De plus, portant un intérêt profond, depuis son séjour munichois, à l'idée de *Gesamtkunstwerk* de Richard Wagner – notion d'œuvre d'art totale mêlant la peinture, la musique, la danse et le théâtre – le Bauhaus, avec les multiples disciplines qui y sont enseignées, lui offre un environnement idéal. Moins intéressé par le fonctionnalisme mécanique que beaucoup de ses collègues, il privilégie les aspects spirituels et psychologiques, insistant sur la place de l'esthétique dans la création moderne. Au cours de cette période, il anime plusieurs cours et ateliers – notamment sur le dessin analytique, les éléments abstraits de la forme, la couleur, la peinture murale et la peinture libre – et écrit de copieuses notes de cours dans une volonté de définir des lois visuelles et de créer une science de l'art. *Im schwarzen Viereck*, peint à Weimar, est une toile importante de cette période ; elle réunit des influences russes, par exemple avec le trapézoïde blanc qui rappelle Kazimir Malevitch, et des éléments graphiques qui, d'une certaine façon, continuent d'évoquer des images de paysages. – K.V.

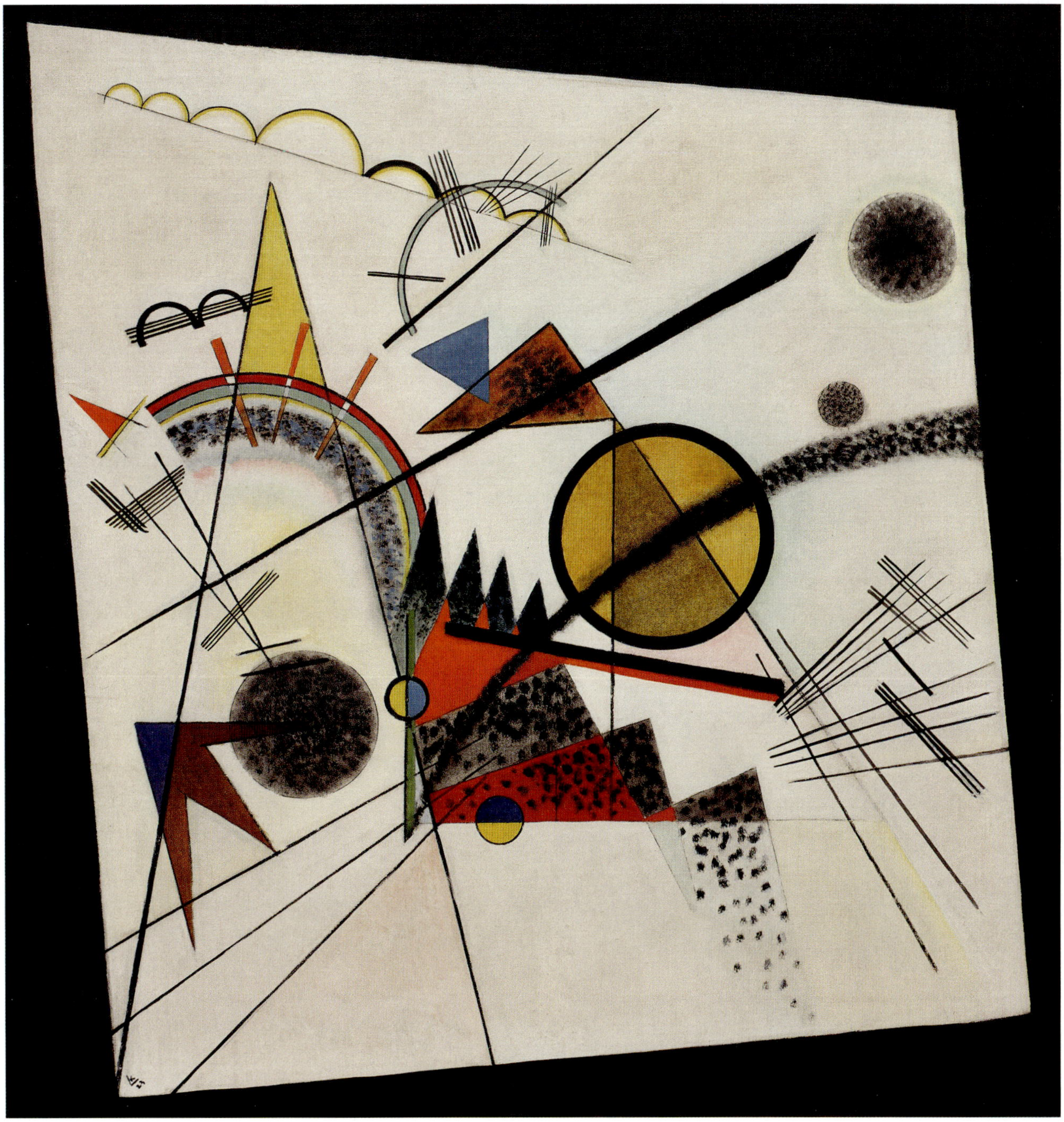

IM SCHWARZEN VIERECK, 1923
DANS LE CARRÉ NOIR
HUILE SUR TOILE, 97,5 X 93 CM
SOLOMON R. GUGGENHEIM MUSEUM, NEW YORK

Ayant quitté la Russie pour s'établir à Berlin en 1921, Kandinsky va enseigner au Bauhaus entre 1922 et 1933, d'abord à Weimar, puis à Dessau et enfin à Berlin, où l'école sera finalement contrainte de fermer ses portes sous la pression des circonstances politiques. Pour Kandinsky, le Bauhaus marque une période faste durant laquelle il parvient à combiner ses tâches pédagogiques, sa pratique artistique et son travail d'écriture. Quand Solomon R. Guggenheim lui rend visite à Dessau, le 7 juillet 1930, il lui achète plusieurs œuvres, et notamment *Komposition VIII*. C'est la première toile majeure de Kandinsky à entrer dans la collection d'art moderne de Guggenheim, collection qui ne cessera de s'enrichir par la suite.

Chef-d'œuvre de l'époque du Bauhaus, cette *Composition* tardive a été peinte près de dix ans après la précédente toile de la série. Dominée par des éléments géométriques et abstraits et par de fines lignes noires, c'est une œuvre imposante, très structurée, qui, de l'avis même de l'artiste, est l'un des moments les plus forts de sa période d'après la Première Guerre mondiale. On distingue encore des formes triangulaires qui pourraient rappeler des sommets de montagnes mais qui, dans ce tableau, ne sont qu'un procédé formel destiné à apporter harmonie et sérénité à la composition. Celle-ci est également parsemée de cercles flottants colorés ; or, comme l'explique Kandinsky, le cercle est « la synthèse des plus grandes oppositions. Il combine le concentrique et l'excentrique dans une forme unique et en équilibre. Des trois formes primaires [triangle, carré, cercle], c'est celle qui pointe le plus clairement vers la quatrième dimension » (Kandinsky, Lettre à Will Grohmann, 12 octobre 1930, archives Will Grohmann, Staatsgalerie Stuttgart).

À de nombreux égards, le cercle a remplacé le cheval comme motif favori de l'artiste ; il prendra plus d'importance encore dans sa production ultérieure où il adoptera, comme il le laisse entendre lui-même, de multiples significations fascinantes. – K.V.

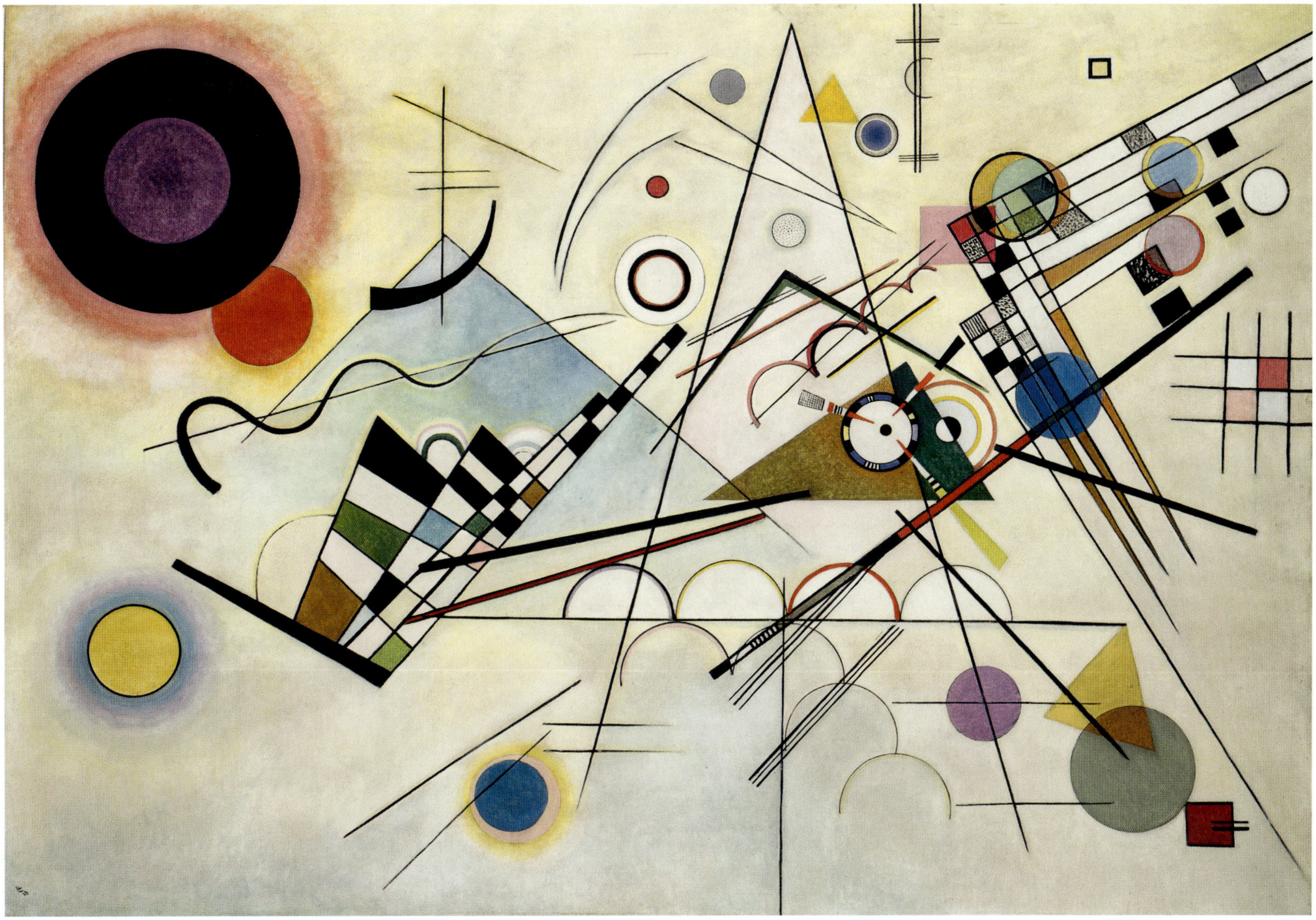

KOMPOSITION VIII, 1923
COMPOSITION VIII
HUILE SUR TOILE, 140 X 201 CM
SOLOMON R. GUGGENHEIM MUSEUM, NEW YORK

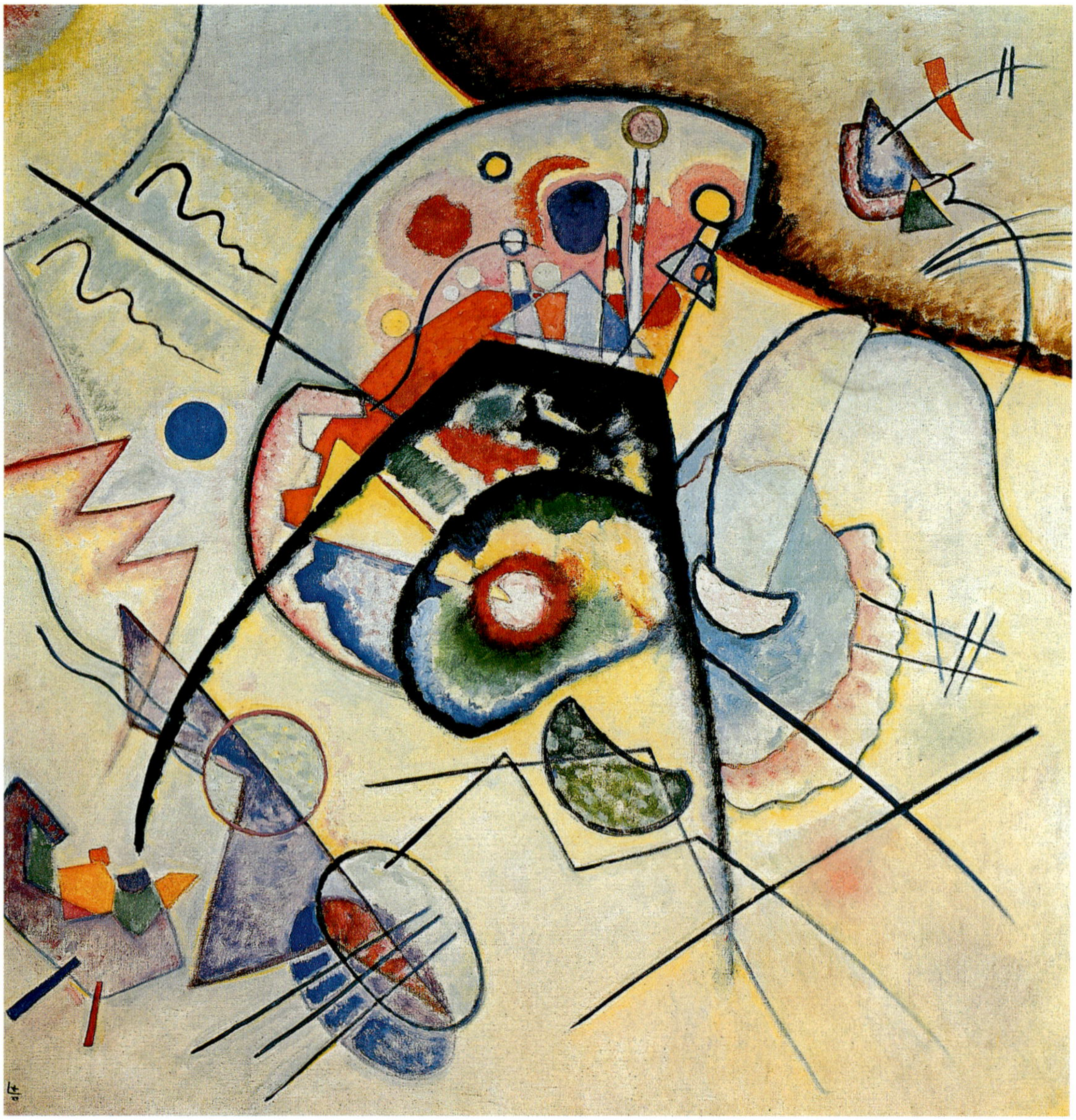

RÜCKBLICK, 1924
REGARDS SUR LE PASSÉ
HUILE SUR TOILE, 98 X 95 CM
KUNSTMUSEUM BERN

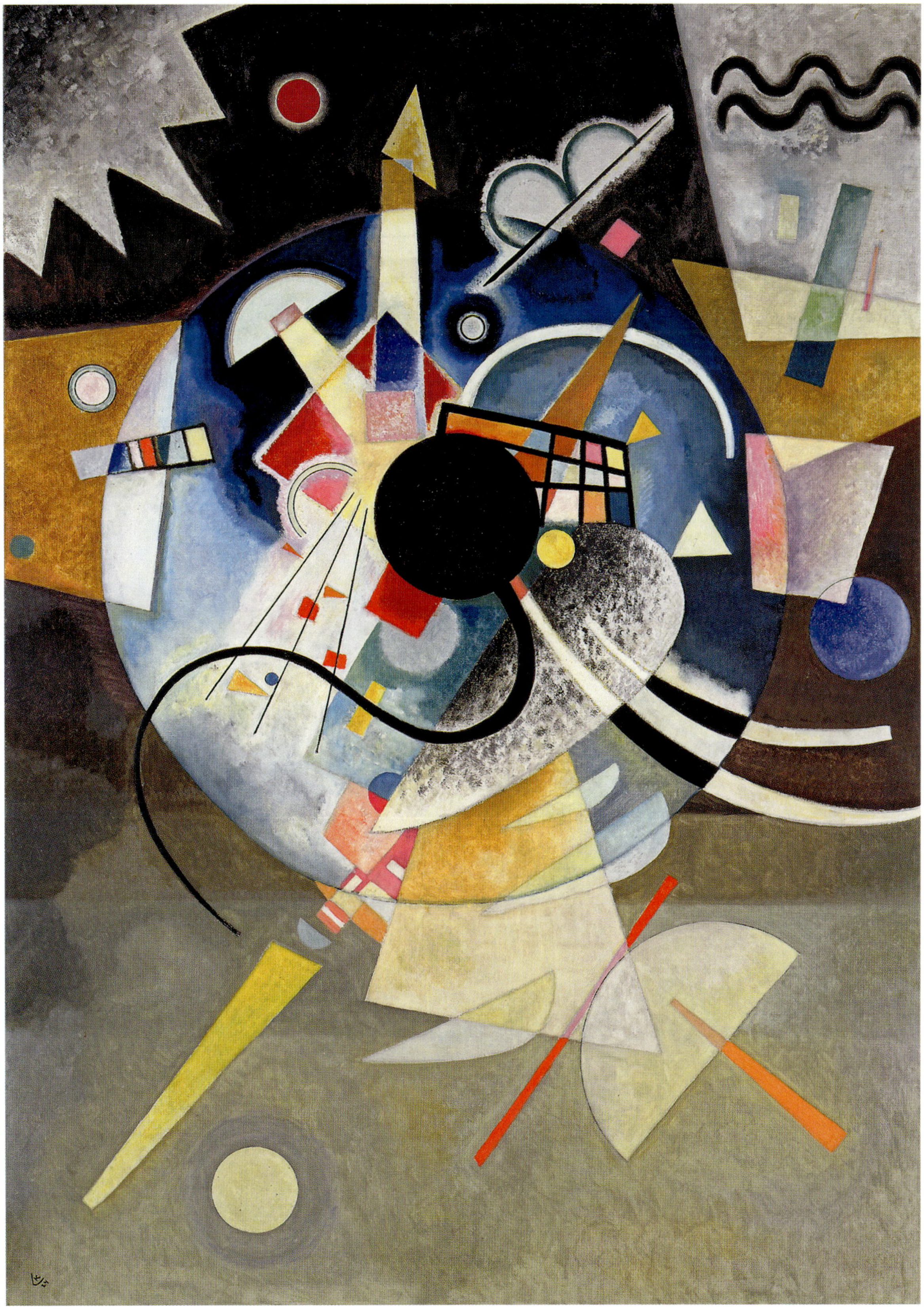

EIN ZENTRUM, 1924
UN CENTRE
HUILE SUR TOILE, 140,6 X 99,4 CM
COLLECTION GEMEENTEMUSEUM DEN HAAG, LA HAYE

Gelb – Rot – Blau est le tableau le plus important de l'époque du Bauhaus et se rapproche, de par ses dimensions et la complexité de ses formes, des dix grandes *Compositions* de Kandinsky. Avec des œuvres de cette nature, la peinture de Kandinsky a rayonné très loin jusque dans la peinture moderne, voir par exemple avec *Wer hat Angst vor Gelb, Rot, Blau?* de Barnett Newman). Dans le titre est énoncée d'emblée la thématique des couleurs fondamentales qui constituait un élément majeur de ses cours au Bauhaus : l'analyse des trois couleurs fondamentales jaune, rouge et bleue ainsi que leur correspondance avec les grandes formes fondamentales géométriques que sont le triangle, le carré et le cercle. En effet, les principaux plans du grand format qui proposent dans la largeur trois sections différentes peuvent être assimilés à peu près à cette constellation. La grande surface jaune à gauche est ramenée à une forme triangulaire ouverte par la mise en diagonale d'une des lignes noires soulignées. En partant du centre de l'image vers la droite, le rouge constitue la couleur principale de deux éléments rectangulaires qui se croisent. Ceux-ci sont d'autre part liés au grand cercle bleu violet qui, par un mouvement ascendant, ferme la composition dans l'angle supérieur droit de l'image. Mais ces éléments principaux sont accompagnés d'une multitude d'autres formes, comme par exemple de petites structures en damier et des lignes noires qui, de par leur grande variété, agissent comme les exemples idéaux décrits dans *Punkt und Linie zu Fläche* [*Point et ligne sur plan*] de Kandinsky, achevé en 1925, dans lequel la ligne est décrite longuement en tant qu'horizontale, verticale, diagonale, courbe, courbe « libre », courbe ondulée ou oscillante. Les couleurs primaires sont ici également complétées par leurs couleurs secondaires : le vert, l'orange et le violet. Dans la partie jaune de l'image, il y a en plus des bruns profonds, du rouge virant au bleu, au violet et au noir.
Les trois sections forment, « comme je le fais très souvent, deux centres », ainsi que l'explique Kandinsky dès 1913 dans une analyse du tableau, et entre les deux centres des associations anthropologiques semblent vibrer de concert. Alors que, dans le champ jaune, on pourrait songer à un profil humain du fait de la structure des lignes et des cercles, l'entrelacs des formes rouges et bleues avec la diagonale noire rappelle l'ancienne thématique du combat de saint Georges avec le dragon. – A.H.

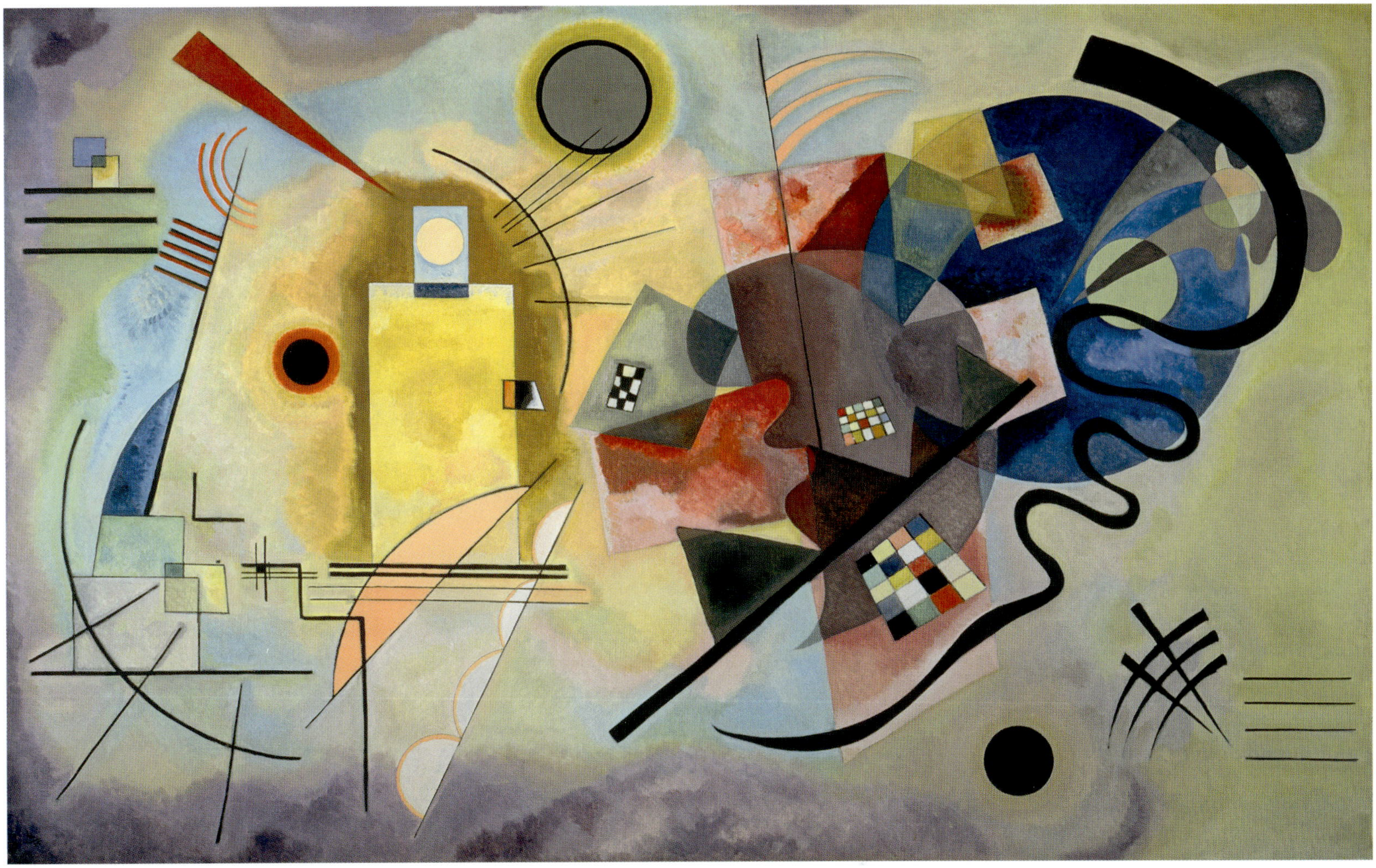

GELB – ROT – BLAU, 1925
JAUNE – ROUGE – BLEU
HUILE SUR TOILE, 128 X 201,5 CM
CENTRE POMPIDOU, MUSÉE NATIONAL D'ART MODERNE, PARIS

Mélange de formes géométriques et d'intuition magique, *Einige Kreise* est une œuvre remplie de constellations multicolores qui nous parle d'un ordre cosmique harmonieux. Cette superbe toile est peut-être la plus représentative de la période du Bauhaus, qui dure de 1922 à 1933. Kandinsky, qui a adopté la nationalité allemande, participe activement à cette période particulièrement riche et productive de l'art allemand. Dans son ouvrage *Punkt und Linie zu Fläche* [*Point et ligne sur plan*], paru en 1926 (l'année de ce tableau), il analyse les éléments géométriques de la peinture et exprime son intérêt profond pour les phénomènes scientifiques. Kandinsky applique dans son travail de nombreuses théories, et, en particulier, il aime associer les couleurs à des formes géométriques, comme le jaune au triangle, le rouge au carré et le bleu au cercle. Cette toile en est l'illustration. Dans une lettre à son ami l'historien d'art Will Grohmann, Kandinsky dit du cercle qu'il est : « 1. la forme la plus modeste mais qui s'impose sans scrupule ; 2. précis mais inépuisablement variable ; 3. stable et instable en même temps ; 4. silencieux et sonore en même temps ; 5. une tension qui porte en elle d'innombrables tensions » (Kandinsky, Lettre à Will Grohmann, 12 octobre 1930, archives Will Grohmann, Staatsgalerie Stuttgart). Le cercle possède assurément des pouvoirs évocateurs d'ordre céleste, mais Kandinsky s'en sert comme d'un procédé formel, une forme parfaite capable d'engendrer des structures et des possibilités spatiales infinies et permettant le croisement de plans aux tons vifs et aux couleurs transparentes. Inspiré par cette force dynamique, il utilisera souvent le cercle dans ses toiles de la fin des années 1920 et des années 1930. – K.V.

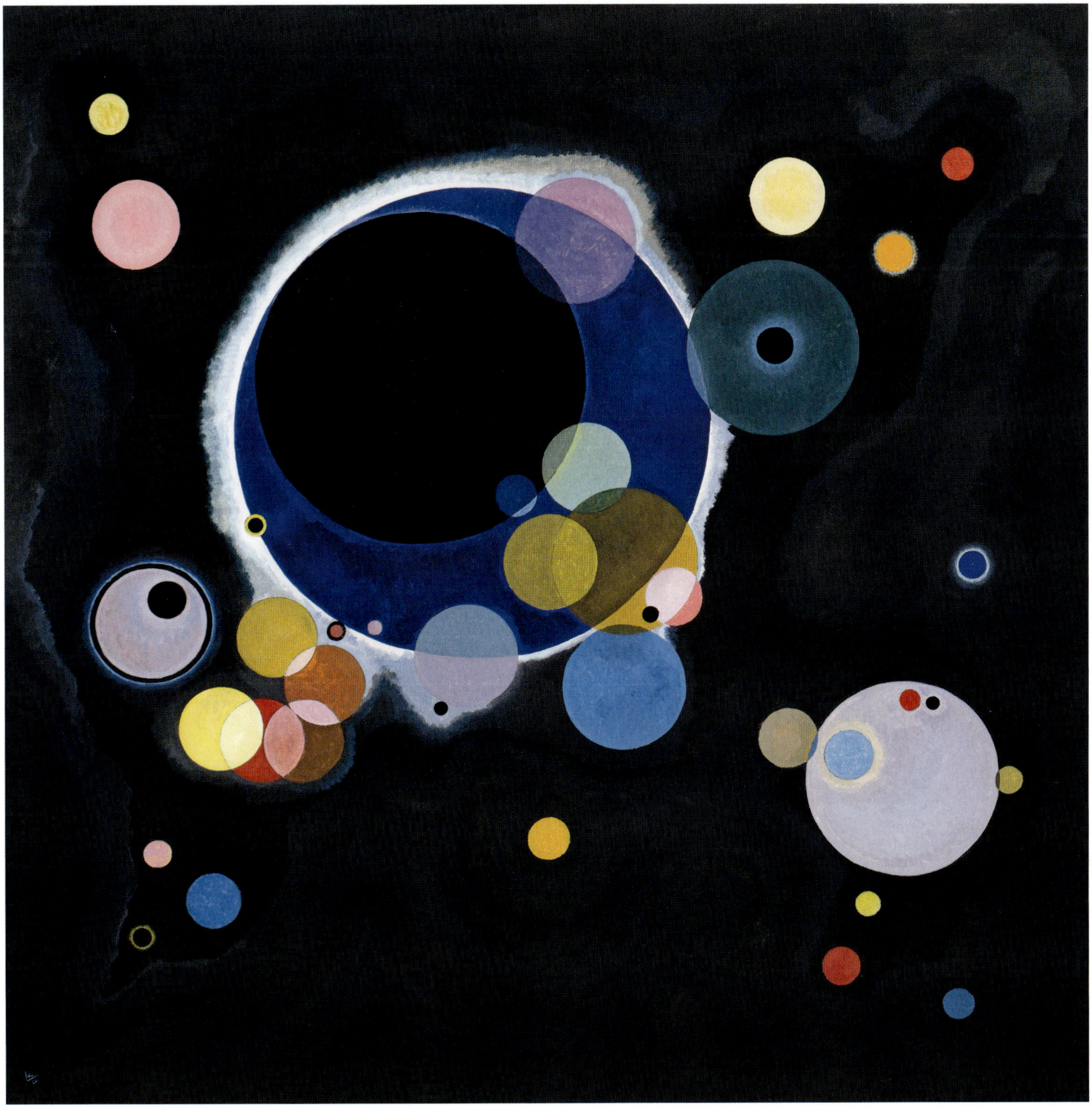

EINIGE KREISE, 1926
QUELQUES CERCLES
HUILE SUR TOILE, 140,3 X 140,7 CM
SOLOMON R. GUGGENHEIM MUSEUM, NEW YORK

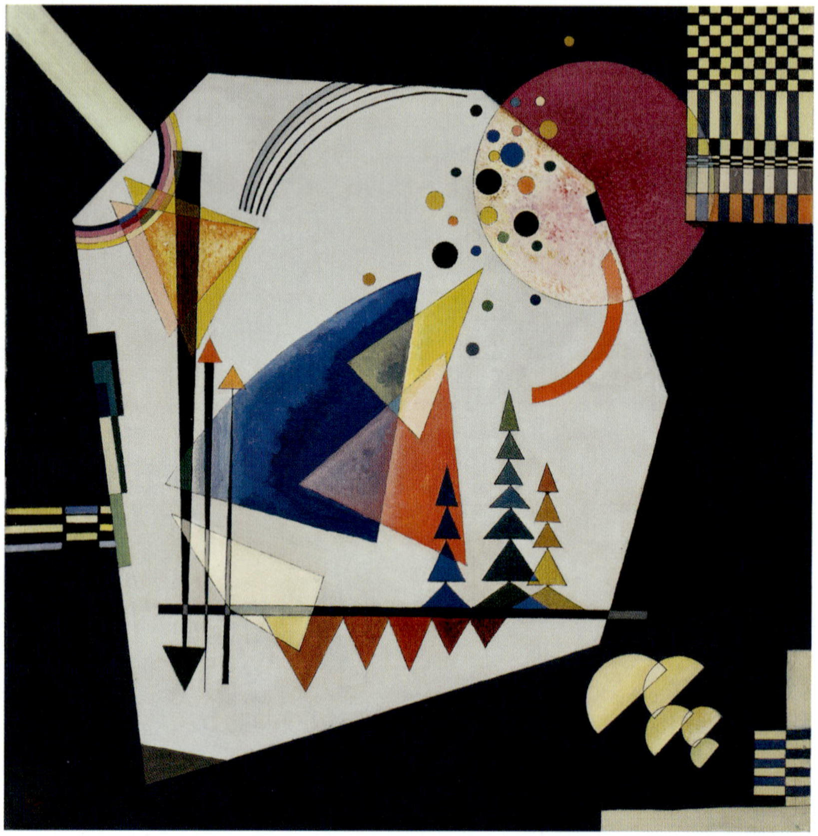

DREI KLÄNGE, 1926
TROIS SONORITÉS JAUNES
HUILE SUR TOILE, 59,9 X 59,6 CM
SOLOMON R. GUGGENHEIM MUSEUM, NEW YORK

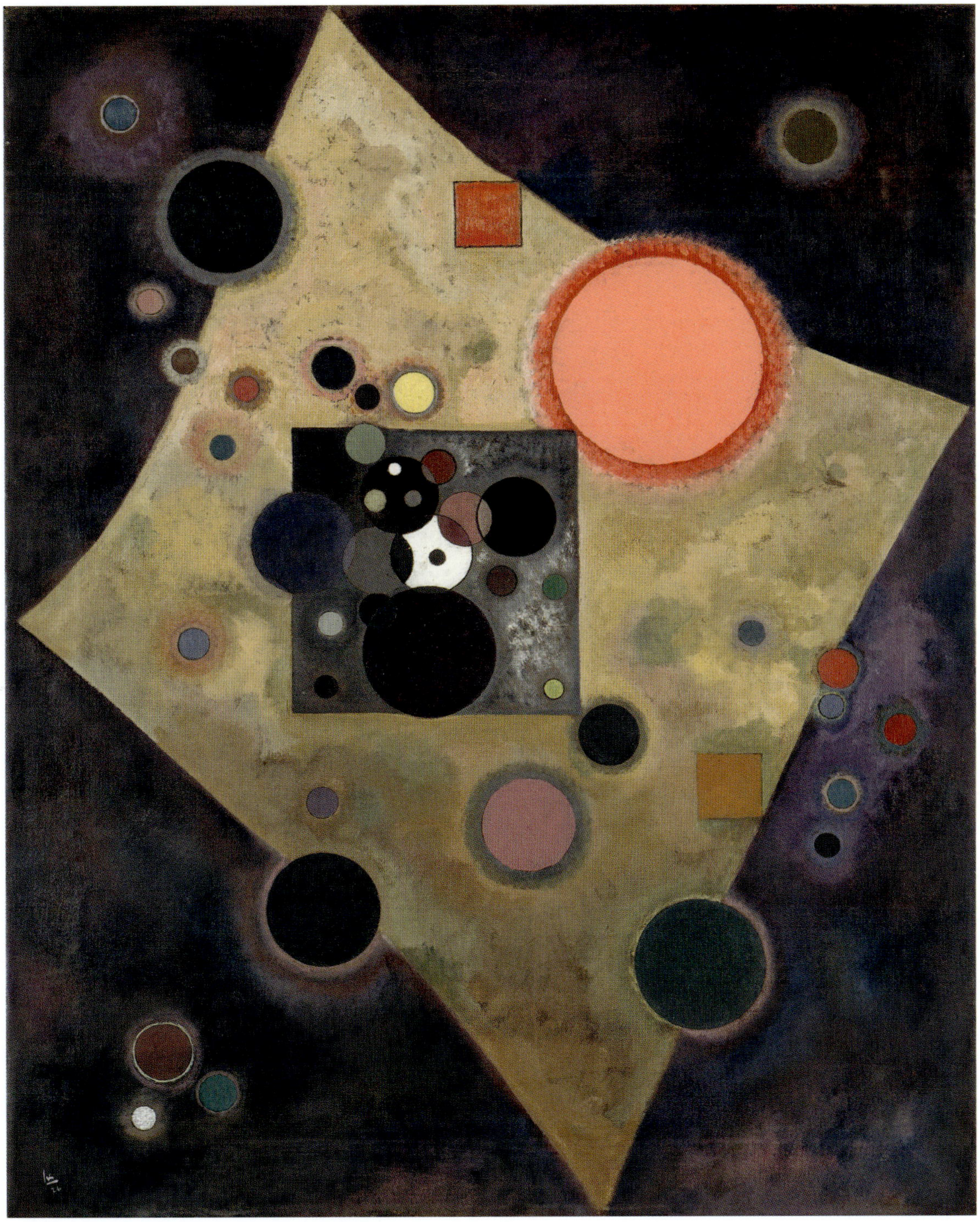

AKZENT IN ROSA, 1926
ACCENT EN ROSE
HUILE SUR TOILE, 100,5 X 80,5 CM
CENTRE POMPIDOU, MUSÉE NATIONAL D'ART MODERNE, PARIS

Kandinsky appréciait lui-même beaucoup ce tableau qui, avec une économie de couleurs qui frise l'aridité et ses minces contours noirs, pourrait sembler inapproprié pour illustrer l'usage des formes géométriques dans son œuvre. Il l'a pourtant exposé plusieurs fois pendant ses années du Bauhaus et même à l'époque parisienne.
De l'étroit piédestal légèrement décalé de la partie inférieure de l'image, des figures géométriques s'élèvent en éventail sur toute la surface du tableau de format carré jusqu'à former un triangle. Elles consistent pour la plupart en triangles assez grands, fortement allongés et effilés ou en triangles isocèles de plus petite taille, faisant fonction sur le haut de terminaisons en forme de flèche qui, soit contrarient, soit reprennent la direction des pointes inférieures. L'un des autres éléments qui domine est le grand cercle au dessus de l'éventail des formes dont la base étroite la plus évasée est accompagnée de six cercles plus petits comme tracés au compas en suspension dans l'espace. La couleur répartie en nuages se concentre sur cette configuration géométrique des formes alors que, sur les bords de l'image, le fond tirant sur le jaune est laissé largement libre. Hans Konrad Roethel, un des grands connaisseurs de l'œuvre de Kandinsky et auteur du catalogue raisonné des peintures à l'huile, a montré le lien entre cette œuvre et l'aspiration de Kandinsky à rendre accessible au spectateur une expérience temporelle. « La dimension du temps a cependant acquis chez Kandinsky une nouvelle qualité supra-subjective durant sa période du Bauhaus. Parce que le cercle contenait pour lui – comme il le disait – "le chemin le plus évident vers la quatrième dimension" il le préféra aux autres formes géométriques primaires, comme le triangle ou le carré. Et en se servant du cercle, le mouvement – critère principal de l'époque – devint une composante visuelle de ses tableaux... Comme dans la musique du contrepoint, il n'y a ici aucun thème subordonné à un autre. Tous les éléments ont leur propre vie et leur effet commun ne se révèle que par leur "constellation" » (Hans K. Roethel). – A.H.

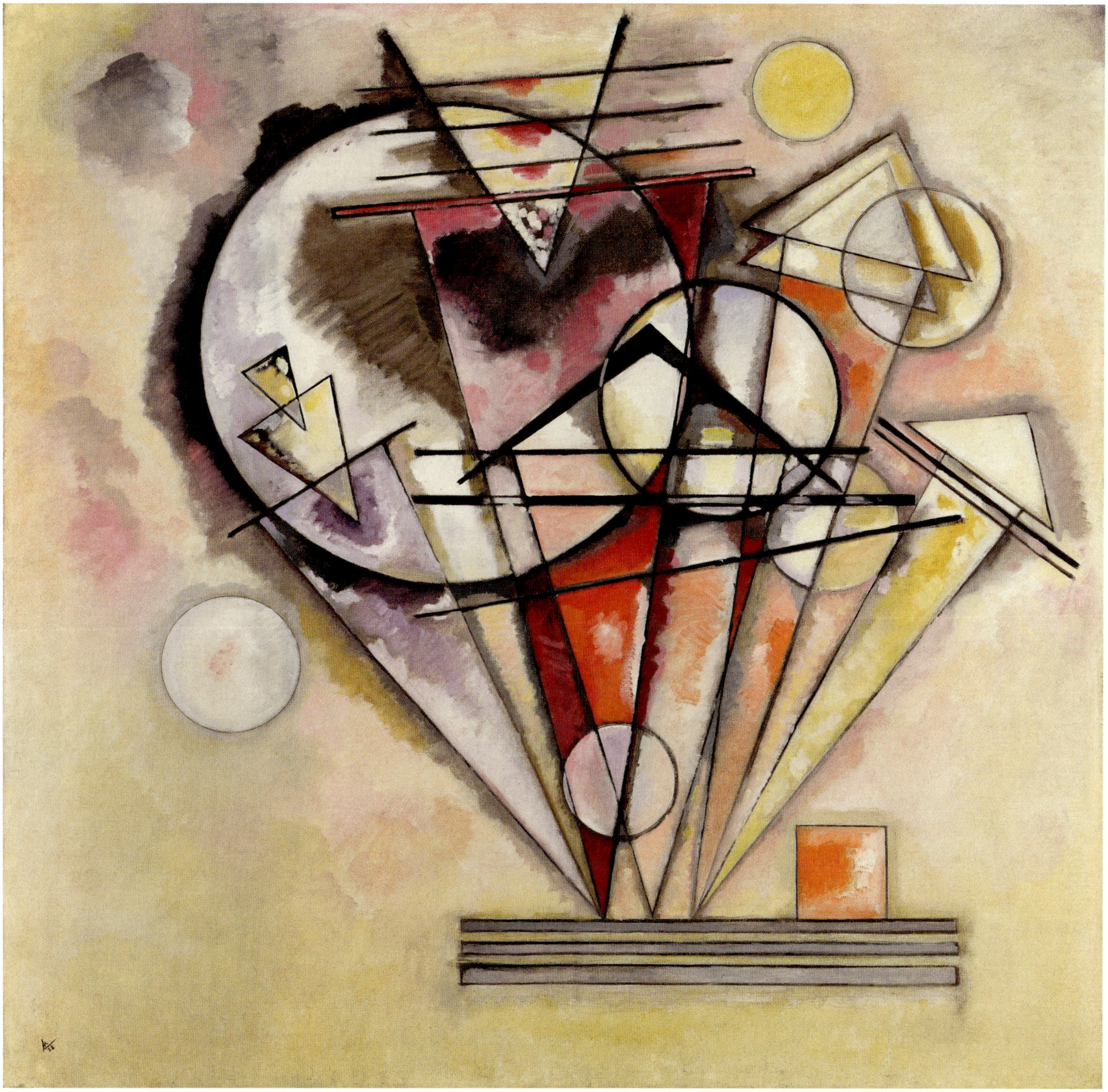

AUF SPITZEN, 1928
SUR POINTES
HUILE SUR TOILE, 140 × 140 CM
CENTRE POMPIDOU, MUSÉE NATIONAL D'ART MODERNE, PARIS

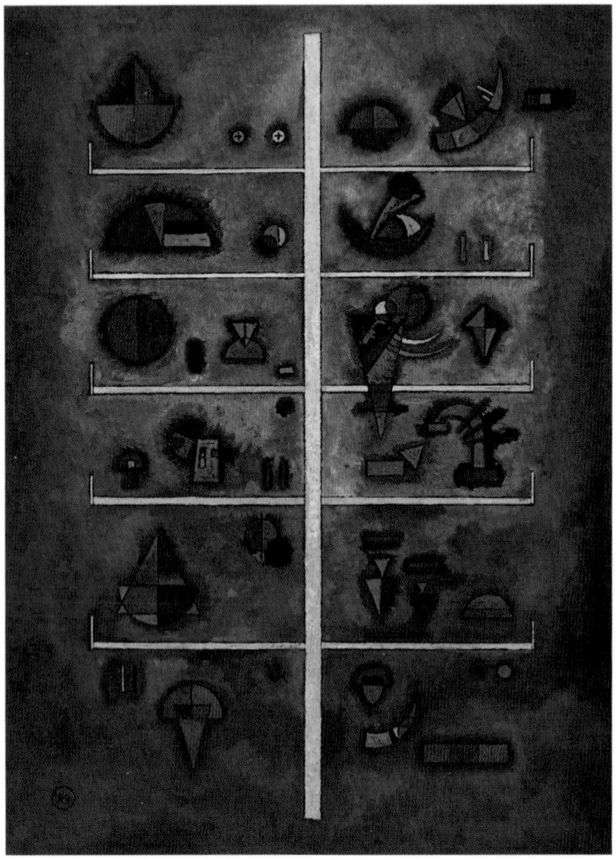

ETAGEN, 1929
ÉTAGES
HUILE SUR TOILE, 59,6 × 40,6 CM
SOLOMON R. GUGGENHEIM MUSEUM, NEW YORK

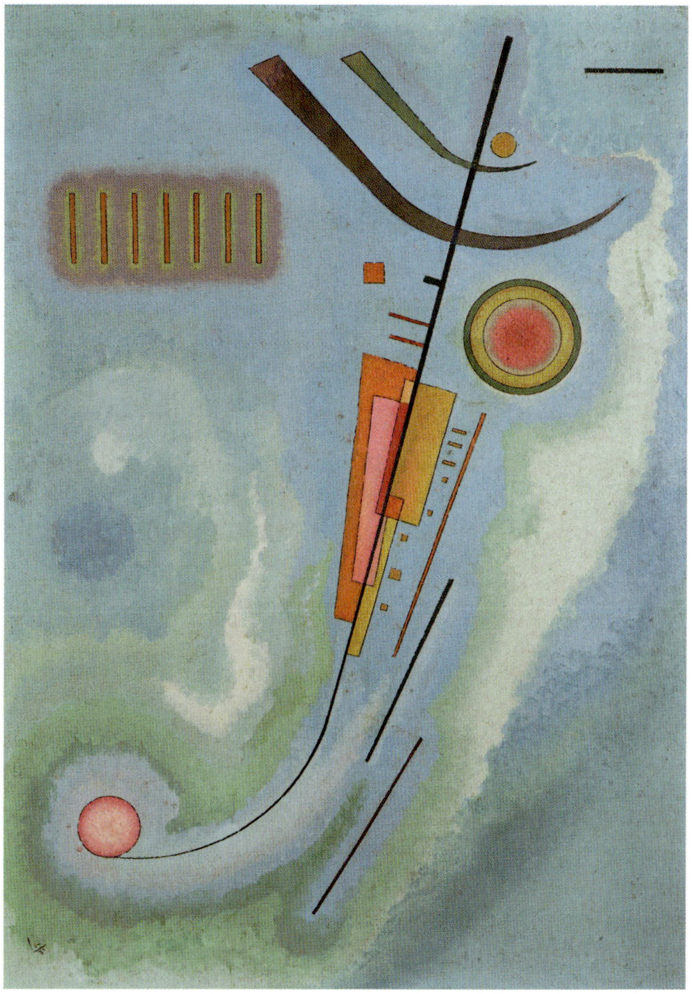

LEICHTES, 1930
LÉGER
HUILE SUR CARTON, 69 X 48 CM
CENTRE POMPIDOU, MUSÉE NATIONAL D'ART MODERNE, PARIS

« La dernière toile de Berlin s'intitule "Développement en brun". C'est une grande toile peinte en brun avec, au milieu, une ouverture en clair comme l'espoir, qui donne à ce tableau une force extraordinaire, en même temps qu'elle fait rêver de l'infini que notre vie limite de toutes parts » (Christian Zervos, « Notes sur Kandinsky à propos de sa récente exposition à la galerie des Cahiers d'Art », *Cahiers d'Art*, n°5-8, 1934, p. 154).

En octobre 1932, Kandinsky quitte Dessau pour Berlin où le Bauhaus se transporte plutôt mal que bien dans une ancienne usine. L'artiste est accaparé par les événements politiques et les mises en demeure qu'il reçoit de toutes parts ; il ne dispose que de peu de temps pour peindre. Entre la dissolution de l'École en juillet et son propre déménagement à Paris, fin décembre, il ne termine en août qu'une seule toile mais de format imposant, *Entwicklung in Braun*.

La matière est inexistante ; les traits sont maigres ; la touche est imperceptible. Les couleurs diluées couvrent à l'économie. La composition est fondée sur l'opposition des deux grosses masses brunes entre lesquelles s'élargit au centre une meurtrière blanche où, sur un fond lumineux, oscillent en équilibre précaire de fragiles triangles empilés les uns sur les autres. Cette disposition monumentale, moins les cercles, sera reprise par le peintre neuf ans plus tard dans *Accord réciproque* (voir cat. p. 195). La toile synthétise toutes les recherches que mène le maître pendant plusieurs années, parallèlement à la découverte et à l'enseignement de la photographie au Bauhaus. Kandinsky expérimente la couleur en transposant les effets des photogrammes de Moholy-Nagy avec des caches et des vaporisations des pigments à l'aide d'un aérographe.

Le peintre est satisfait de son ouvrage. Il expose *Entwicklung in Braun* à la galerie des Cahiers d'Art en 1934, puis à Londres et à Oxford en 1935-1936, à l'exposition internationale « Abstract and Concrete », organisée par la revue *Axis*. Cette toile est intégrée à sa rétrospective à la Kunsthalle de Berne en 1937. Elle fait aussi partie de la sélection très resserrée à laquelle procède l'artiste pour l'exposition « Origines et développement de l'art international indépendant » au musée du Jeu de Paume la même année. Kandinsky l'a fait reproduire dans *Abstraction-Création* n° 4 en 1934, et dans *Circle International Survey of Constructive Art* de Ben Nicholson et Naum Gabo en 1935. – Ch.D.

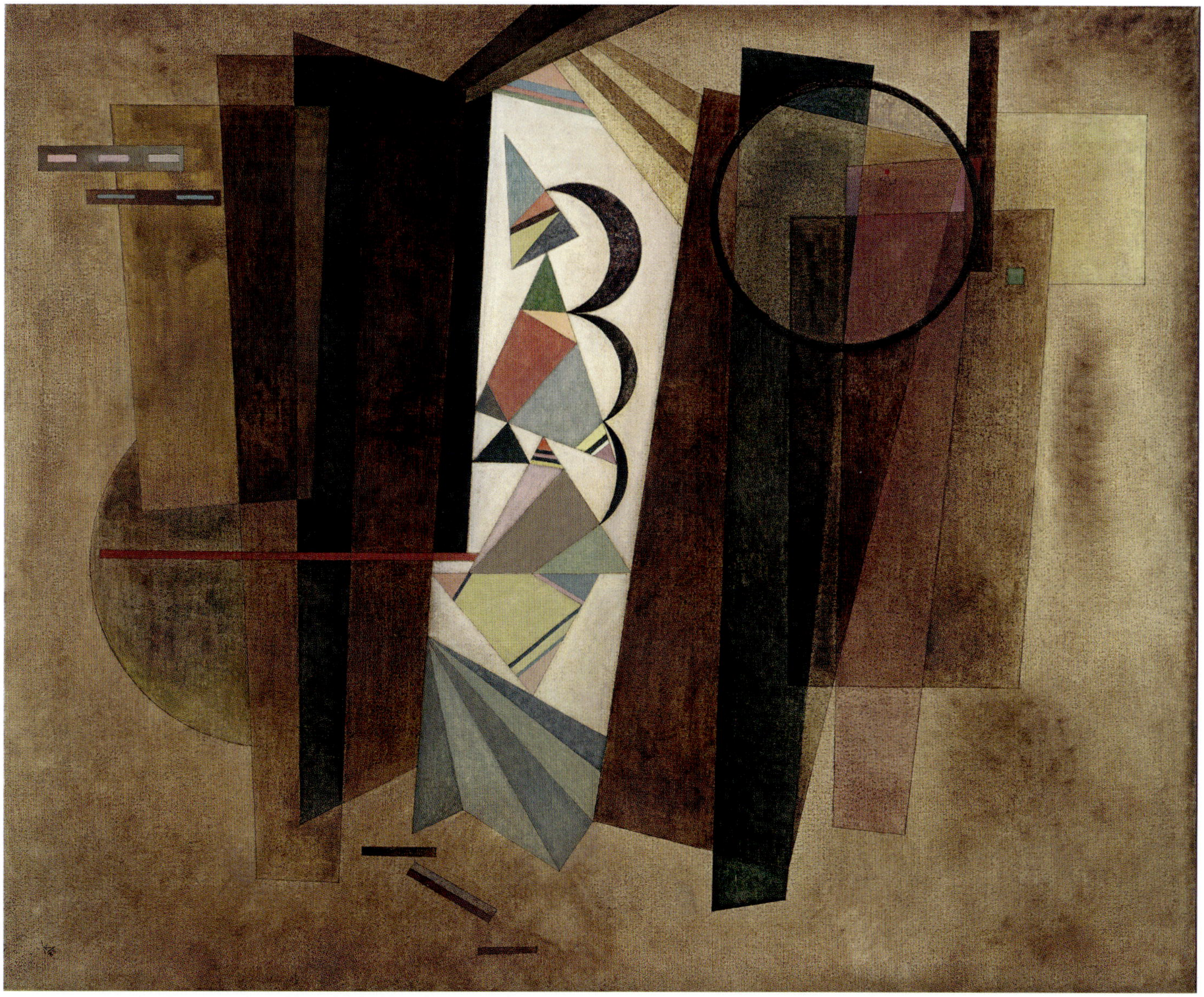

ENTWICKLUNG IN BRAUN, 1933
DÉVELOPPEMENT EN BRUN
HUILE SUR TOILE, 101 × 120,5 CM
CENTRE POMPIDOU, MUSÉE NATIONAL D'ART MODERNE, PARIS

1

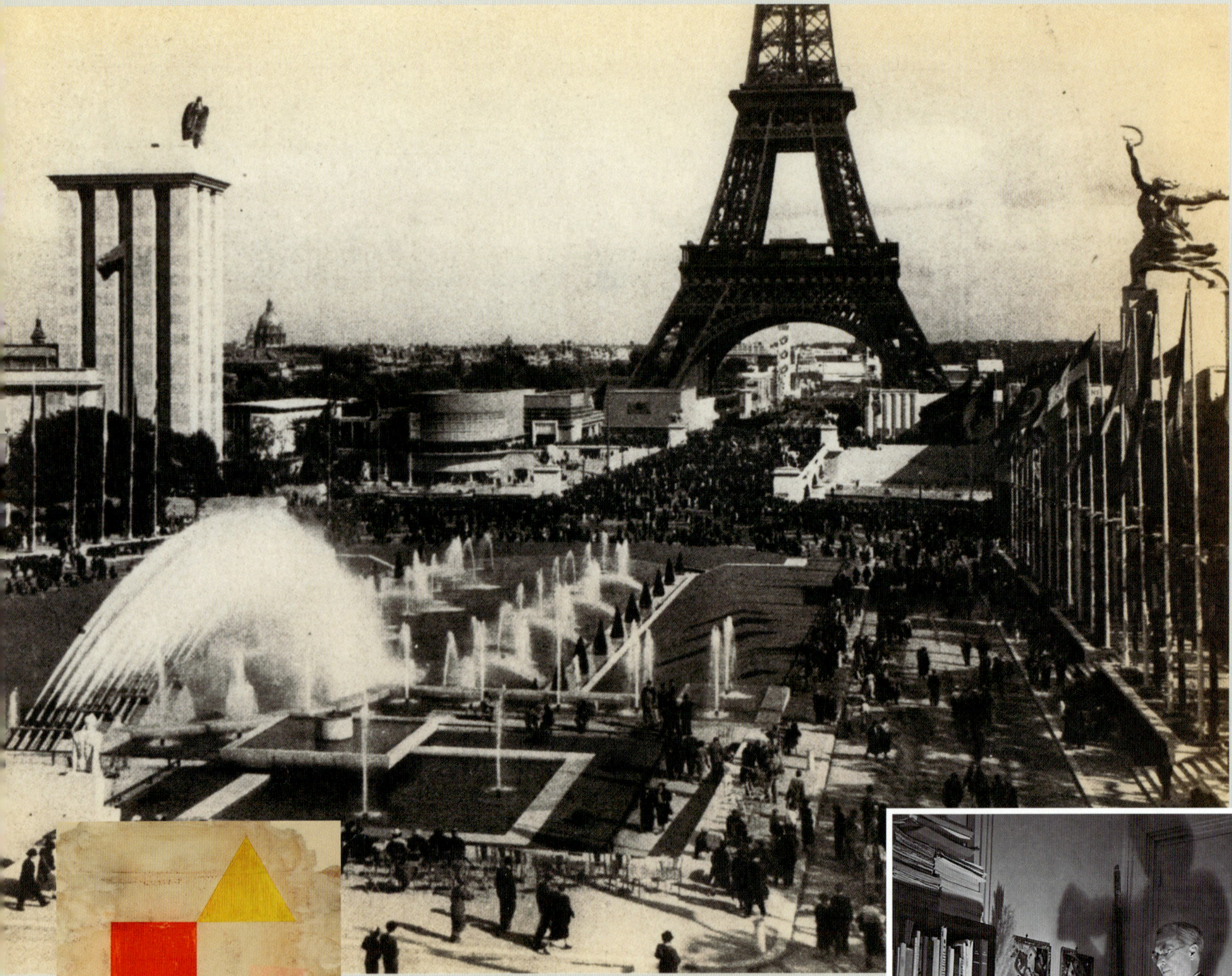

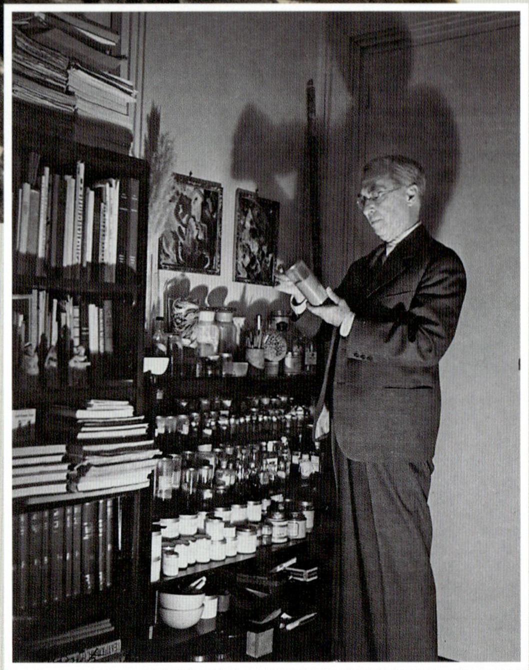

2

1. Les Pavillons allemand et russe
à l'exposition universelle
à Paris, 1937
Bibliothèque Kandinsky,
Centre Pompidou, Paris

2. Kandinsky dans son atelier
à Neuilly-sur-Seine, 1937.
Photographie Boris Lipnitzki
Bibliothèque Kandinsky,
Centre Pompidou, Paris

PARIS

“

PARIS ET NEUILLY-SUR-SEINE
1934-1944

En janvier 1934, Kandinsky défait ses malles pour une installation qu'il croit provisoire mais qui deviendra définitive au sixième étage d'un immeuble, avenue de la Seine, à Neuilly. Il convertit le plus grand salon en un atelier lumineux et confortable. Fin 1937, pour une nouvelle revue, *XXe Siècle*, Boris Lipnitzki photographie Kandinsky debout, devant le coin aux pigments et assis, le pinceau à la main devant *Courbe dominante*, exposée l'année précédente à la galerie Jeanne Bucher. En 1937, pendant l'Exposition internationale des arts et des techniques, Kandinsky reçoit la visite des Bauhauslers (anciens du Bauhaus) restés en Allemagne, d'autres déjà en exil aux États-Unis. Il contemple de la terrasse de Chaillot l'affrontement des Pavillons Allemand et Russe, séparés par une grande gerbe d'eau. À gauche, la tour d'Albert Speer avec l'aigle doré aux ailes déployé du professeur Schmidt-Ehmen ; à droite, *L'Industrie* – jeune stakhanoviste – et *L'Agriculture* – jeune kolkhozienne –, une colossale sculpture en acier inoxydable de V. I. Moukhina qui coiffe le pavillon soviétique avec une propagande qui interpelle : “ À vingt ans de la révolution socialiste 1917 à 1937 ”. Deux monuments-réclames que Kandinsky renvoie dos à dos dans la catégorie du mensonger. Les nazis extirpent ses toiles “ dégénérées ” des plus grands musées allemands : moindre mal, elles sont rachetées par Solomon R. Guggenheim à New York. Les Staliniens, au nom du réalisme socialiste, ferment le Musée d'art occidental de Moscou et remisent pour un demi-siècle ses plus importantes *Compositions*, ce qui lui cause une perte irrémédiable.

À Paris, sans connaître la reconnaissance attendue, Kandinsky gagne l'estime de quelques officiels. Avec des artistes plus jeunes, comme Hans Arp, il brandit une nouvelle bannière, “ l'Art concret ” pour venir à bout de l'antagonisme fratricide qui oppose abstraits et surréalistes dans les années 1930. Kandinsky peignit là de 1934 à 1944, 51 peintures de bon format. – Ch. D.

”

« Dans le "monde bleu", on sent transpirer la joie de vivre, la jeunesse et l'extrême savoir qui ne faiblit jamais. On y sent également comme un souvenir de race. Elle rappelle, en effet, au point de vue des tons et de la répartition des masses colorées, certaines grandes peintures chinoises ; car, bien que l'artiste n'ait pas vécu en Mongolie, il a, par sa famille, d'incontestables affinités avec l'Extrême-Orient » (Christian Zervos, « Notes sur Kandinsky à propos de sa récente exposition à la galerie des Cahiers d'Art », *Cahiers d'Art*, n°5-8, 1934, p. 154 et 156).

Débarrassé des préoccupations du Bauhaus et de l'enseignement, Kandinsky abandonne, dès son installation à Neuilly, l'intransigeance et l'orthodoxie de la règle et du compas. Il s'aventure dans l'informe. Rectangles et cases diverses compartimentent un décor sur un fond bleuâtre, pas tout à fait neutre, laiteux de nuage. La matière des rectangles est dense, opaque, faite d'un mortier coloré rugueux sans brillance obtenu par un mélange de pigments et de sable. Ni noir ni blanc, que des teintes étouffées. Des formes cursives molles mi-animalcules mi-fantastiques dansent ou flottent dans un premier plan translucide. Les traits sont incisés comme dans les émaux champlevés.
Sur un feuillet de papier assez commun, conservé au Cabinet d'art graphique du Centre Pompidou, Kandinsky a échafaudé sa composition, puis l'a mise au carreau. Il l'a reportée assez fidèlement. On peut supposer que beaucoup de ses notes et de ses idées de tableaux ont été détruites après l'achèvement de la peinture. L'intérêt majeur de ce bout de papier, c'est moins le dessin que les annotations abrégées qui indiquent les couleurs : elles sont en russe. Si l'artiste a pris soin de titrer ses toiles en français dès son installation à Neuilly, il retourne à sa langue maternelle pour peindre. Cette mutation se renforce progressivement au point qu'il conviendrait de qualifier de seconde période russe celle qui débute en 1940, quand tout son environnement se limite à son épouse Nina et à Kojève, son neveu. – Ch.D.

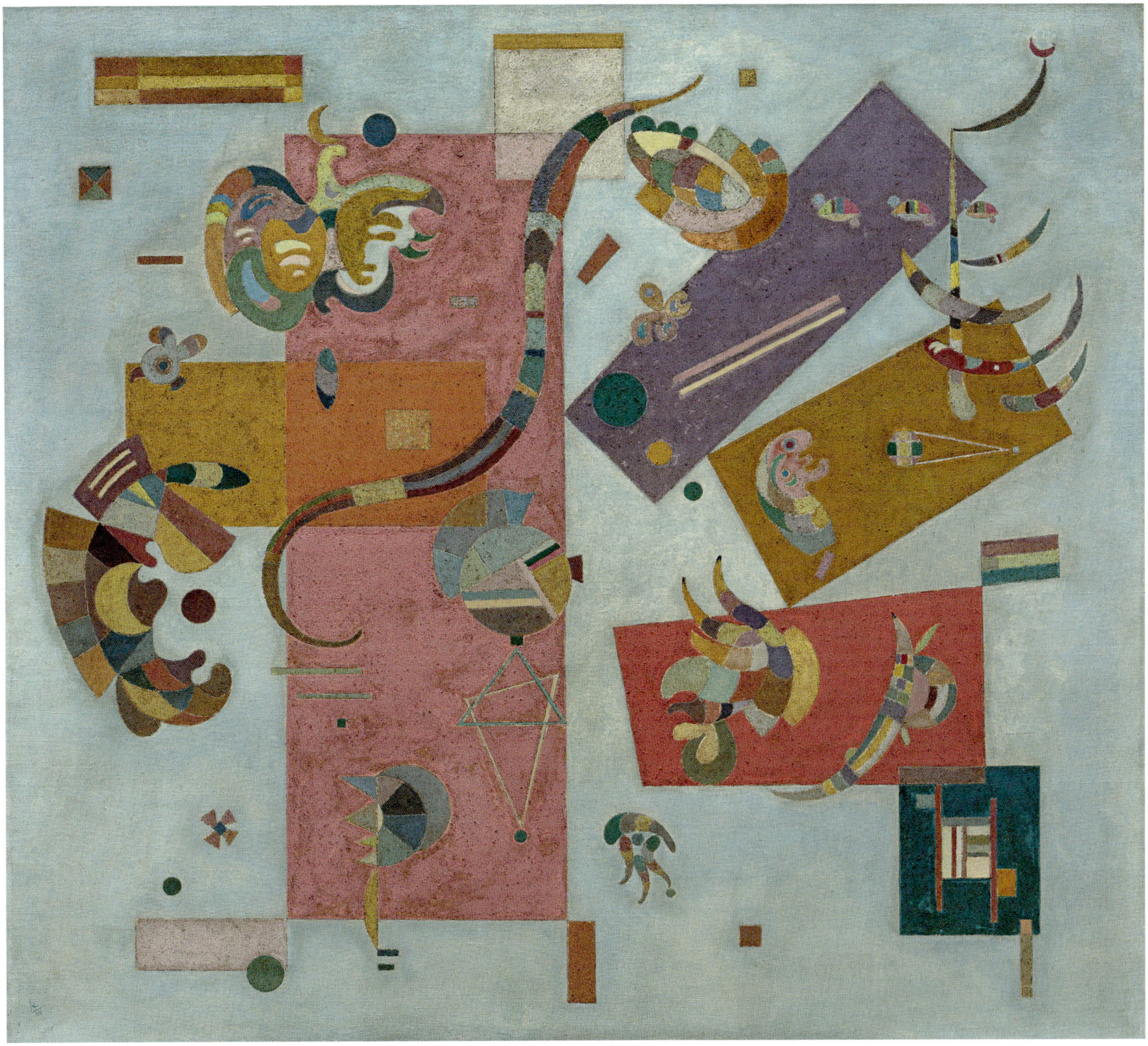

MONDE BLEU, 1934
HUILE SUR TOILE, 110,6 X 120,2 CM
SOLOMON R. GUGGENHEIM MUSEUM, NEW YORK

Le lyrisme de Kandinsky se serait tari sur les berges de la Seine ; telle est la vision assez nationaliste longtemps affichée par les tenants des périodes munichoises ou russes, qualifiées de géniales. Il est certain que, transplanté en France, Kandinsky surprit son monde et il le constate amèrement lui-même dans son hommage à Franz Marc en 1936 : « Le temps était difficile, mais héroïque. Nous faisions notre peinture. Le public crachait. Aujourd'hui, nous faisons notre peinture et le public dit : "C'est joli". Ce changement ne veut pas dire que les temps soient devenus plus faciles pour l'artiste. »

Rayé, peint à l'automne 1934, est montrée lors de sa seconde exposition à la galerie des Cahiers d'Art en 1935. La composition repose sur le contraste du fond en bandes verticales alternées d'éléments découpés juxtaposés. Elle est réalisée à la peinture mêlée de sable, technique qui caractérise la nouvelle manière de Kandinsky. À Paris, il élargit ses formats ; il peint entre 1934 et 1942 cinquante-cinq peintures importantes. Le format de *Rayé* est un « quarante figure » français (100 x 81 cm). Conscient de changer non seulement de texture mais aussi de support, Kandinsky s'étonne tout haut devant ces nouvelles surfaces à couvrir, et fixe ses réflexions dans l'article « Toiles vide, etc. » À propos des couleurs, notons la prédilection de Kandinsky pour ses fournisseurs allemands. Il charge Alexandre Kojève, qui séjourne à Berlin en août 1935, de lui en rapporter : « Je t'envoie une liste de couleurs, tu pourras peut-être de nouveau téléphoner chez Léopold Hess... Je ne sais pas si l'usine Neisel de Dresde existe toujours. Sinon, on peut aussi prendre les couleurs chez Schmincke. » – Ch.D.

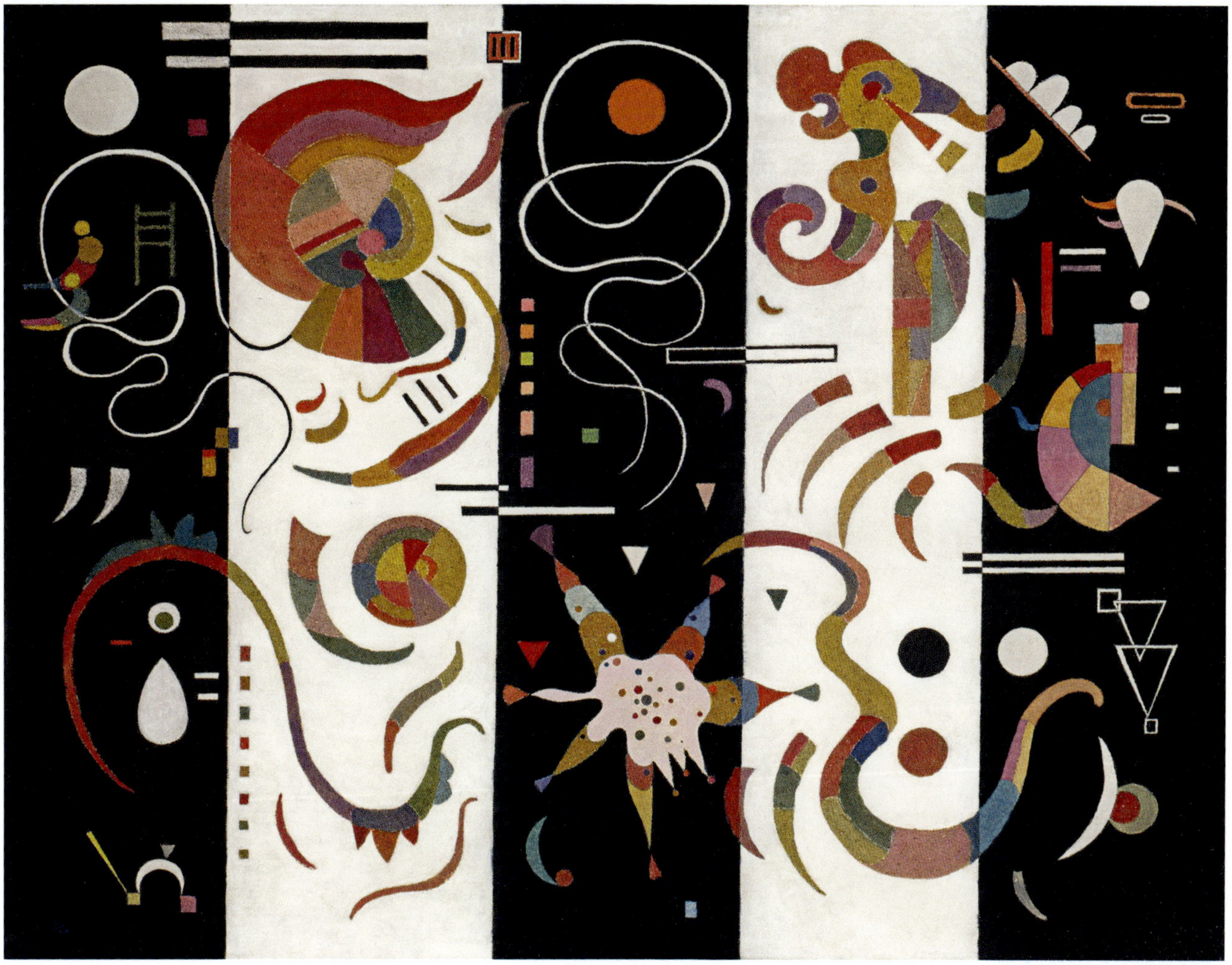

RAYÉ, 1934
HUILE ET SABLE SUR TOILE, 81 X 100 CM
SOLOMON R. GUGGENHEIM MUSEUM, NEW YORK

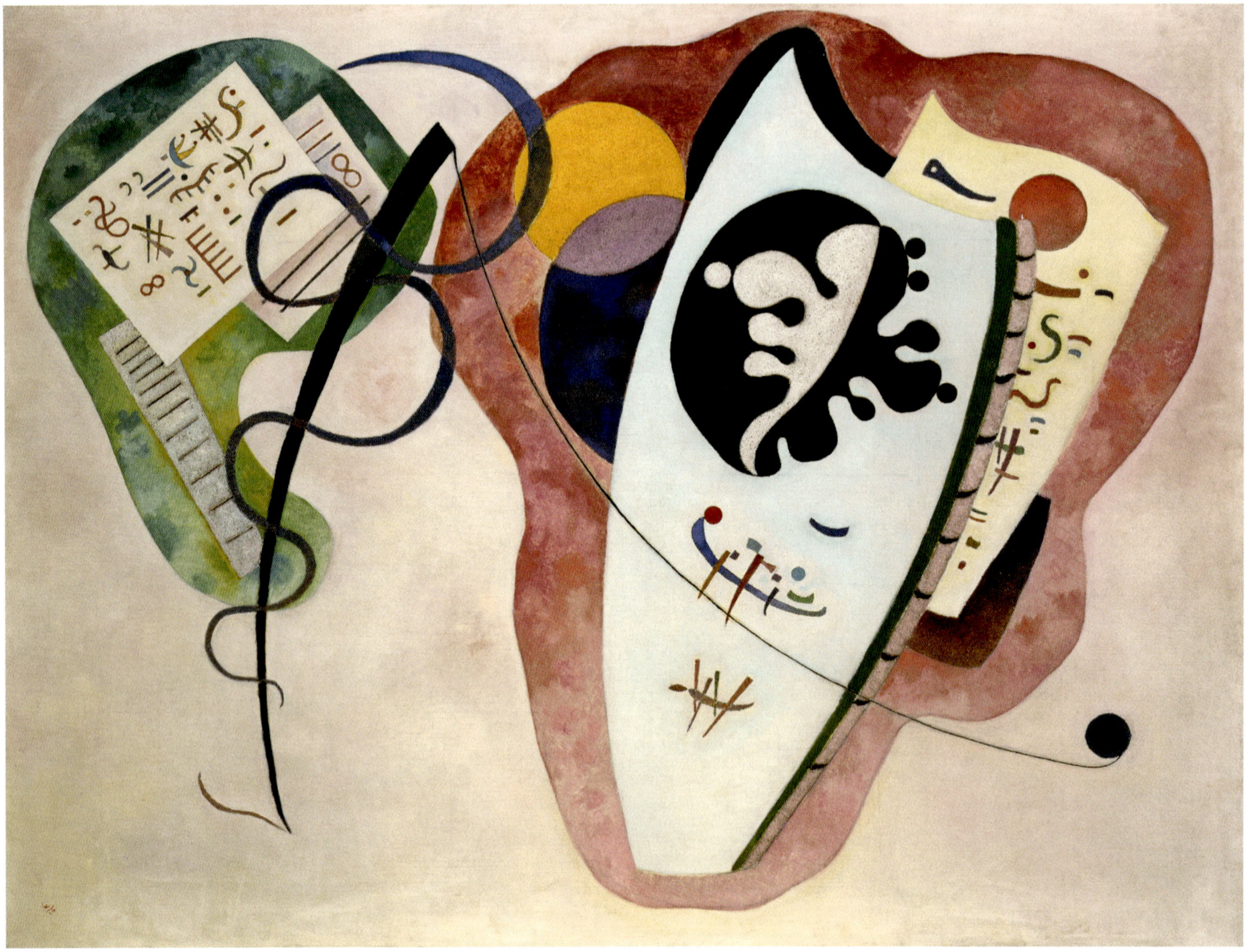

DEUX ENTOURAGES, 1934
HUILE SUR TOILE, 89 X 116 CM
STEDELIJK MUSEUM, AMSTERDAM

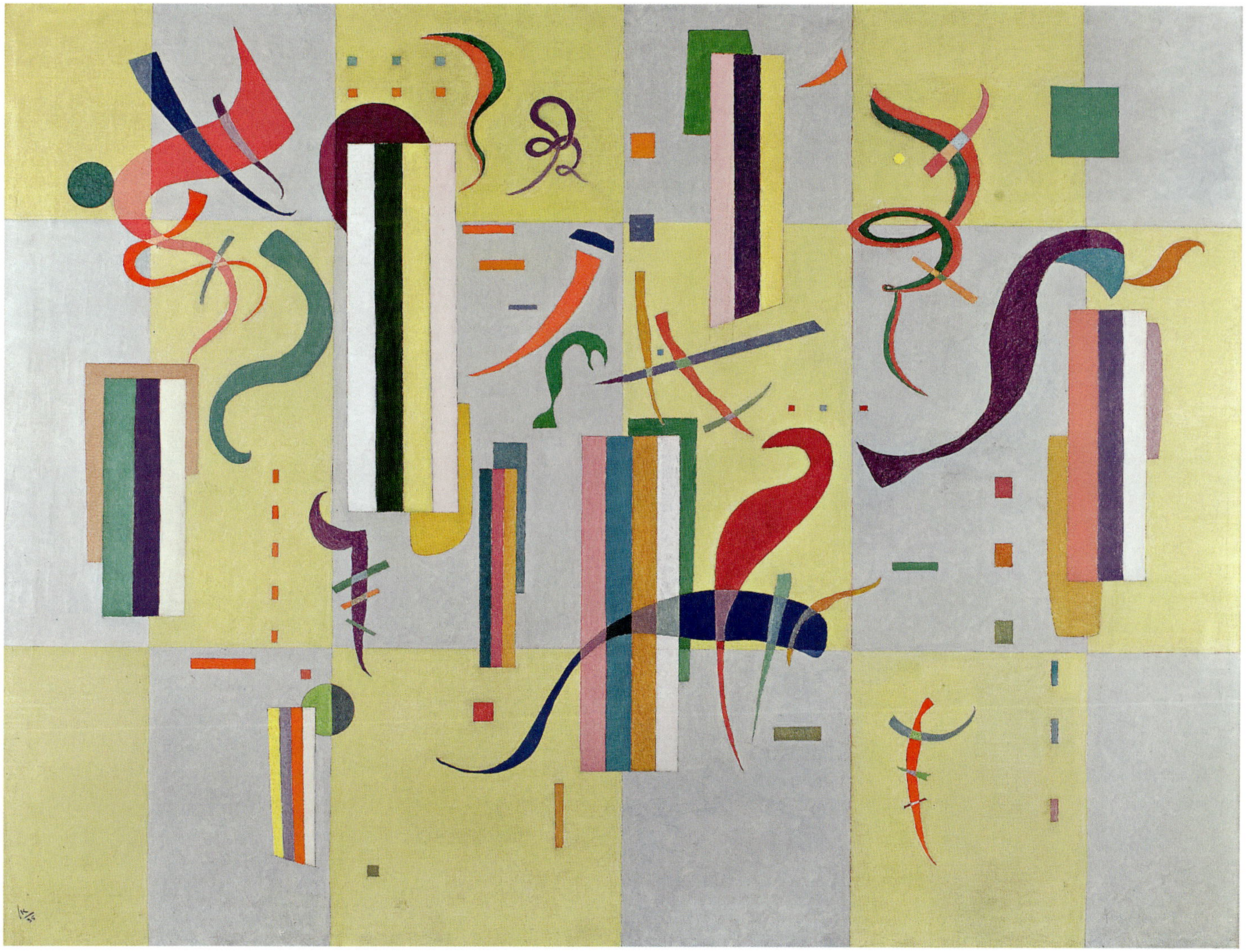

ACCENTS DÉLICATS, 1935
HUILE SUR TOILE, 89 X 116 CM
COLLECTION PARTICULIÈRE

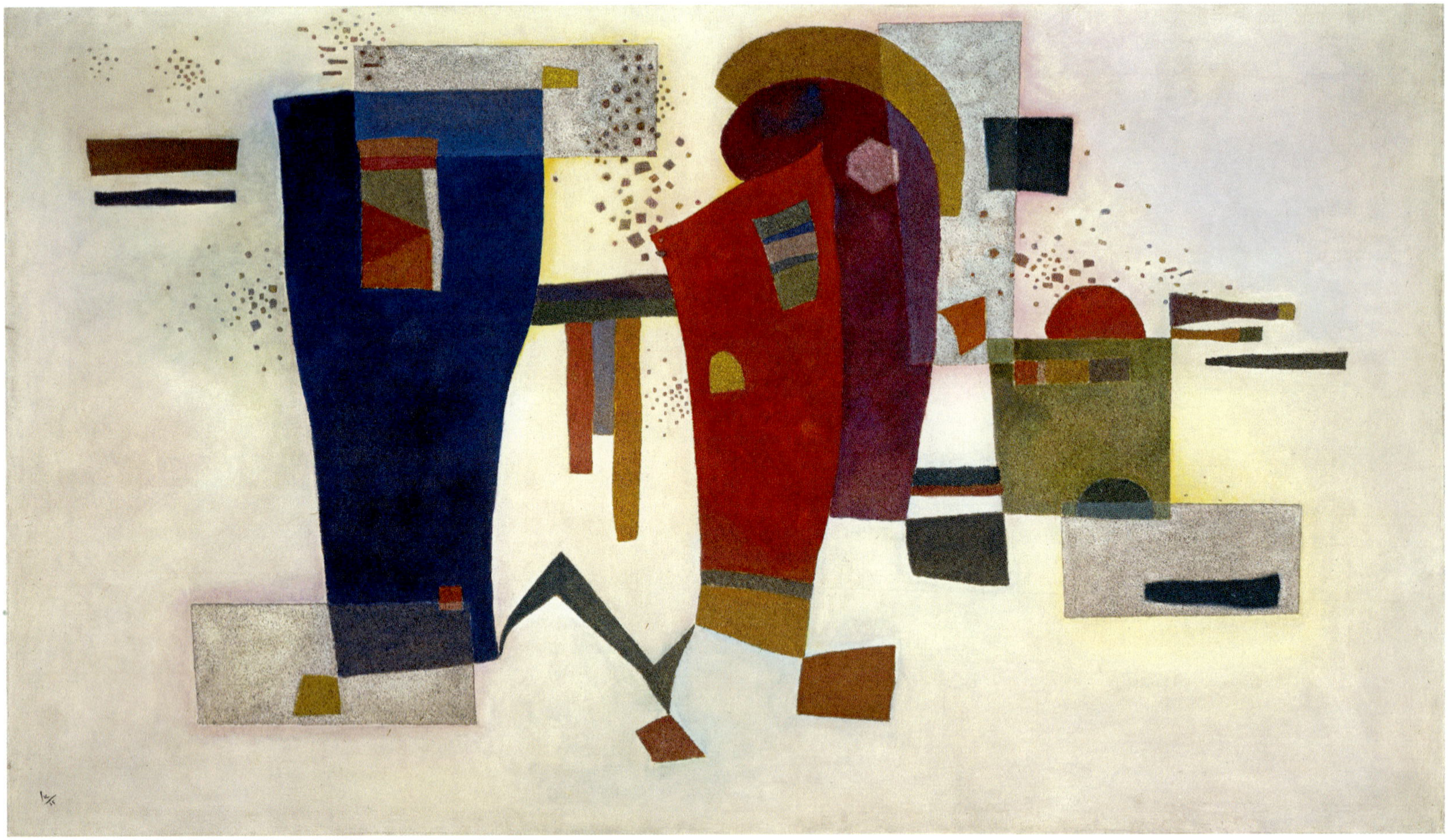

CONTRASTE ACCOMPAGNÉ, 1935
TECHNIQUE MIXTE SUR TOILE, 97,1 X 162,1 CM
SOLOMON R. GUGGENHEIM MUSEUM, NEW YORK

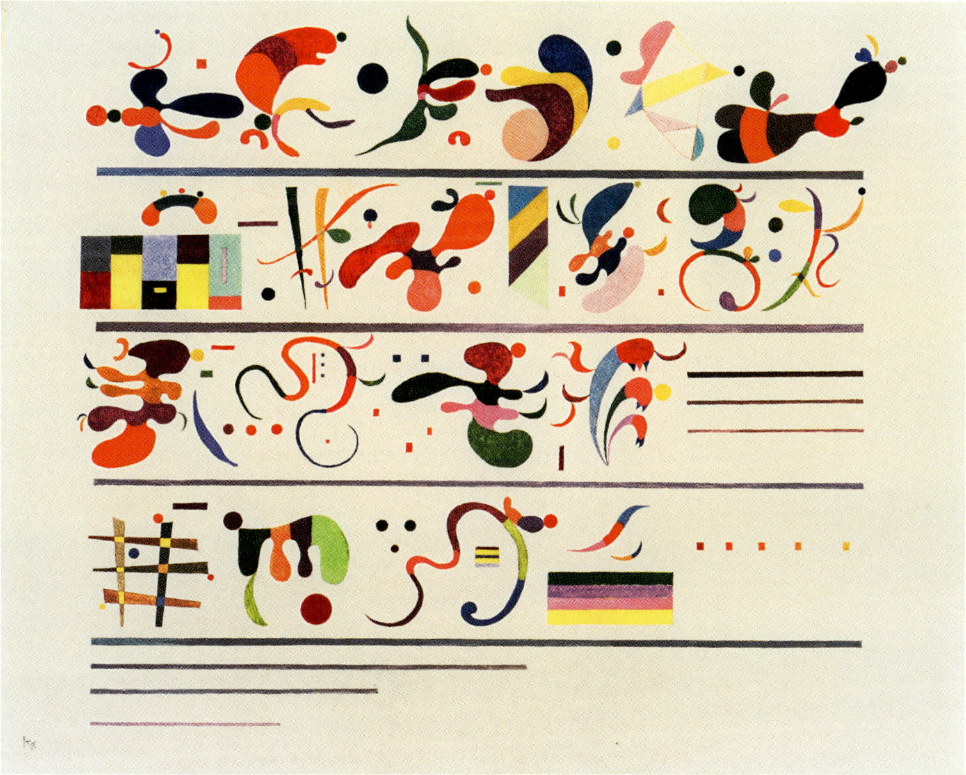

SUCCESSION, 1935
HUILE SUR TOILE, 81 X 100 CM
THE PHILLIPS COLLECTION, WASHINGTON D.C.
ŒUVRE NON-EXPOSÉE

Cette composition cosmique, *Mouvement I*, est affiliée à un chef-d'œuvre peint à Dessau en 1926, *Einige Kreise* [Quelques cercles] (voir cat. p. 159). Les cercles colorés qui constituent le fond de *Mouvement I* sont devenus de gros ballons dégonflés au contour incertain. Au-dessus se superposent de grands rubans irréguliers et des structures géométriques complexes qui tournoient au sein de constellations de points lumineux dans un vide stellaire.

L'onirisme de *Mouvement I*, peint en juillet puis exposé en décembre 1936 chez Jeanne Bucher, correspond à un débat qui agite Montparnasse, avec le Congrès international pour la défense de la culture. Une redoutable offensive pour imposer ce qui deviendra le réalisme socialiste est menée par l'Association des écrivains et des artistes révolutionnaires. Cet encadrement rétrograde des arts au nom de la révolution prolétarienne suscite de violentes contre-propositions de la part des surréalistes. Les *Cahiers d'Art* s'en mêlent et lancent une enquête : « Sous l'influence de nouvelle conditions sociales qui sapent les vieilles assises, on soutient que l'art devrait se rendre limpide pour que s'y glisse le regard de la multitude. »

Kandinsky répond sans ambages : « Si un homme "simple" (ouvrier ou paysan) dit : "Je ne comprends rien à cet art, mais je me sens comme dans une église", il prouve par là que sa tête n'est pas encore bouleversée. Il ne comprend pas mais il sent. Un ouvrier disait une fois : "Nous ne voulons pas d'art fabriqué spécialement pour nous, mais un art vrai, libre, le grand art" ».

En 1978, Nina Kandinsky relèvera ce qui était encore un défi en souhaitant le rassemblement à Paris de toutes les toiles de son mari conservées dans les réserves des musées soviétiques. Les autorités de l'époque accédèrent partiellement à sa demande et prêtèrent trente peintures qui firent événement au Centre Pompidou en 1979. Pour les remercier, Nina Kandinsky décida par un acte olographe de compléter la représentation de Kandinsky dans les musées russes. Elle leur légua trois tableaux, deux de la période du Bauhaus, *Blau über Bunt*, 1925, et *Winkelblau*, 1930, et un de la période parisienne, *Mouvement I*, 1935. Deux de ces tableaux sont aujourd'hui à la Galerie nationale Tretiakov, le troisième, au musée Pouchkine à Moscou. – Ch.D.

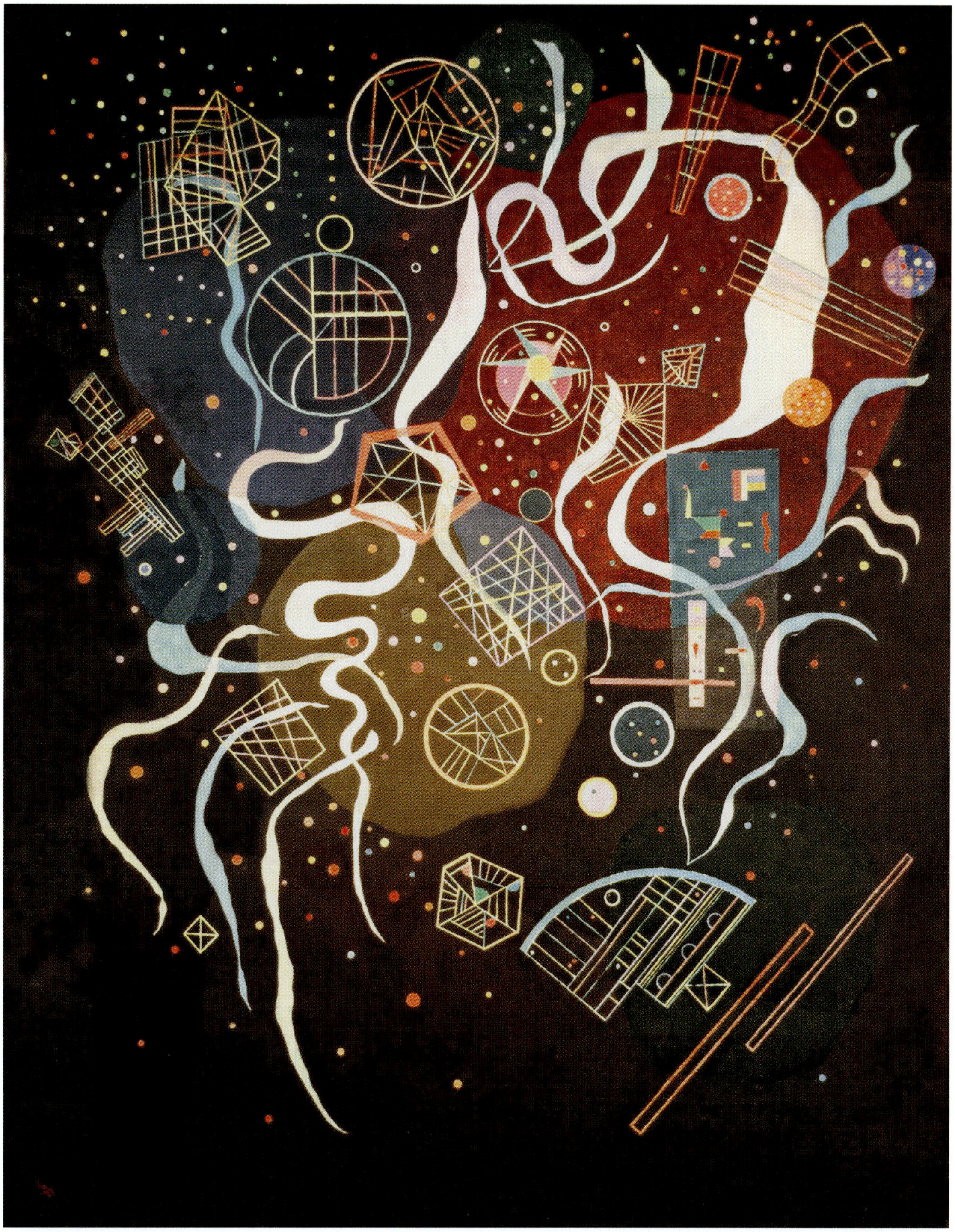

MOUVEMENT I, 1935
TECHNIQUE MIXTE SUR TOILE, 116 X 89 CM
GALERIE NATIONALE TRETIAKOV, MOSCOU

Cette œuvre est complexe et même contrariée. Pas de noir, pas de blanc, pas de cernes. Elle reste difficile à percevoir au premier regard tant il y a divorce entre les bandes en diagonale qui en constituent le fond platement géométrique et les formes molles en surcharge. Elle est moins bien venue que *Courbe dominante* (voir cat. p. 183) d'un format supérieur et, de l'avis même du peintre, plus aboutie. Et c'est sous le titre *L'un et l'autre* qu'elle est mentionnée dans le catalogue de la rétrospective de Kandinsky à Berne en mars 1937. On peut donc s'interroger sur les raisons ou les critères qui ont incité l'artiste à la requalifier de *Composition*. Si Kandinsky réactive cette dénomination catégorielle oubliée depuis 1923, c'est sans doute pour un mobile stratégique, sinon pour une convenance commerciale.

Chez Jeanne Bucher, au 9ter boulevard du Montparnasse, Kandinsky rencontre en décembre 1936 le conservateur du musée des Écoles étrangères (musée du Jeu de Paume), André Dézarrois. Ce dernier prend le risque d'affronter le conservatisme de ses collègues et achète une des gouaches exposées, *La Ligne Blanche*.

En été-automne 1938, Kandinsky dépose *Composition IX* dans ce musée. Georges Huisman, le directeur général des Beaux-Arts, et Dézarrois, passant au-dessus de toute commission, décident d'intégrer cette importante peinture aux collections du musée. Des démêlés sur le prix de l'œuvre repoussent à 1939 son acquisition définitive. Kandinsky décline le prix dérisoire qui lui est proposé, puis se ravise. Il propose un marché à Dézarrois le 24 février 1939 : « Enfin il devient toujours plus nécessaire pour moi d'avoir à Paris une grande exposition rétrospective. Nous en avons déjà parlé, et je sais bien que vous n'auriez rien contre une pareille exposition au Jeu de Paume, mais que quelques circonstances données l'empêchent ou l'empêchaient dernièrement. Mais peut-être les conditions sont devenues moins dures aujourd'hui, et l'exposition serait possible. Dans ce cas fort agréable pour moi, je me contenterai de 5 000 francs pour la *Composition n° 9.* » Le tableau est acquis en mars. – Ch.D.

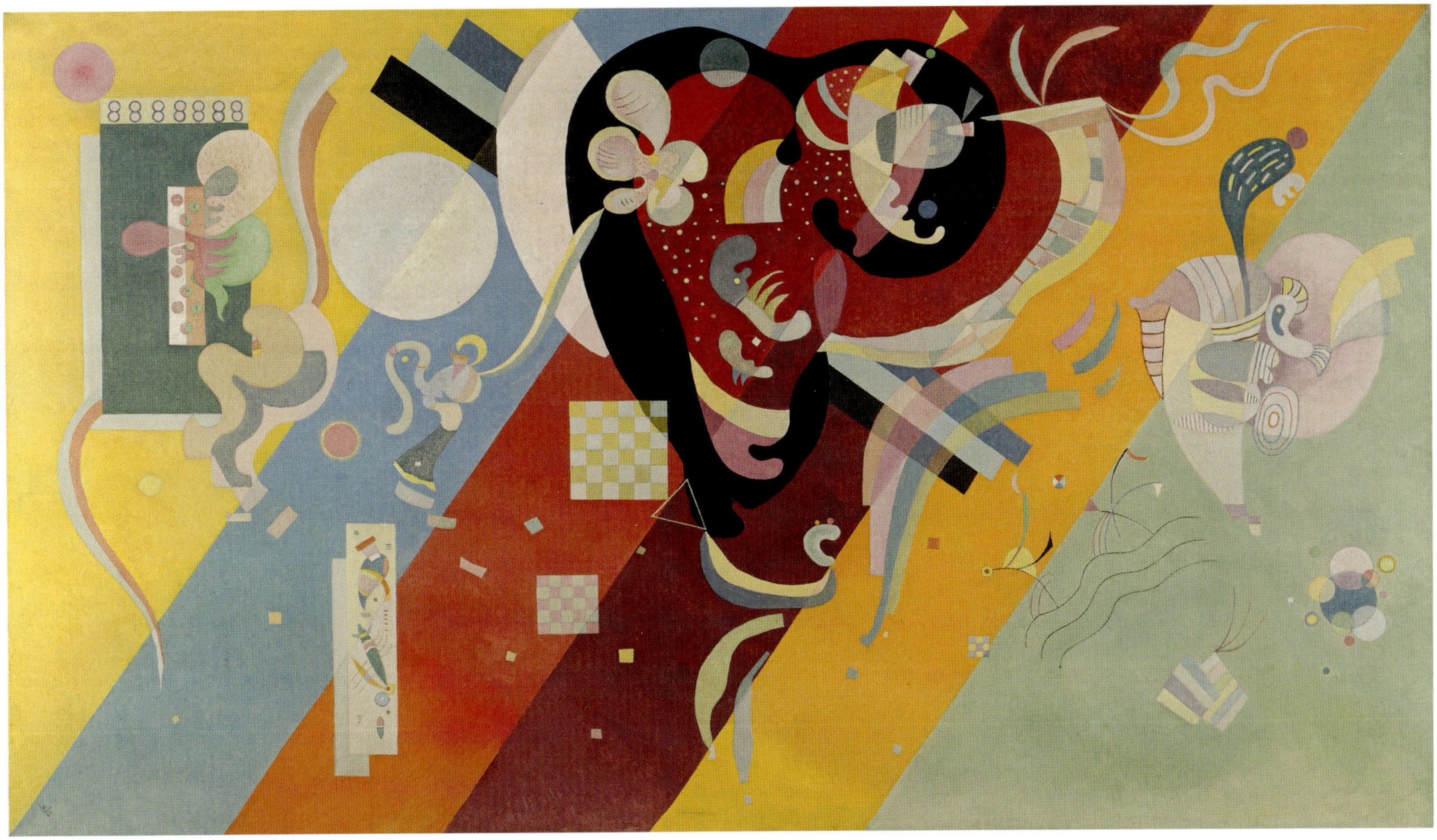

COMPOSITION IX, 1936
HUILE SUR TOILE, 113,5 X 195 CM
CENTRE POMPIDOU, MUSÉE NATIONAL D'ART MODERNE, PARIS

La production des dix dernières années de la carrière de Kandinsky a souvent été critiquée, et elle est généralement moins appréciée que celle, plus novatrice, du début du XXe siècle. Pourtant, le peintre est très prolifique durant cette période française, malgré les restrictions et autres difficultés liées à la guerre. Contraint de quitter l'Allemagne à cause du régime nazi, l'artiste s'établit à Neuilly-sur-Seine en 1933 où il mourra, citoyen français, en 1944. Quand il arrive en France, les modernistes français sont engagés dans une controverse dialectique opposant les artistes d'Abstraction-Création – vague regroupement d'artistes qui défendent l'art abstrait dans des expositions collectives – et les surréalistes menés par André Breton. Kandinsky va participer à ce dialogue et, durant les dernières années de sa carrière, son style va évoluer, notamment grâce à l'introduction dans ses œuvres d'une étonnante diversité de motifs organiques et enjoués inspirés par l'imagerie biologique et zoologique d'ouvrages scientifiques. Au Bauhaus, déjà, Kandinsky sélectionnait des reproductions dans des ouvrages techniques et des encyclopédies pour s'en servir dans ses cours. Il est inspiré en outre par la diversité des formes qu'utilisent Hans Arp, Max Ernst, Paul Klee et Joan Miró, mais crée néanmoins son propre style biomorphique, sorte de langage automatique où se mêlent les possibilités picturales infinies du surréalisme et de l'abstraction formelle et celles des sciences naturelles. Ses dernières toiles contiennent toujours ses éléments géométriques favoris, comme le cercle et la grille, mais ces formes évoquent désormais des idées de transformation et de renaissance. C'est le cas de *Courbe dominante*, toile vigoureuse qui frappe néanmoins par l'étonnante légèreté de sa touche. L'impression assez énigmatique qui se dégage de cette œuvre mature est renforcée par les marches que l'on remarque à droite, marches qui ne mènent nulle part mais qui sont peut-être emblématiques d'une ascension vers un plan spirituel supérieur. Pour Kandinsky lui-même, cette toile harmonieuse était l'une des plus importantes de cette période parisienne. – K.V.

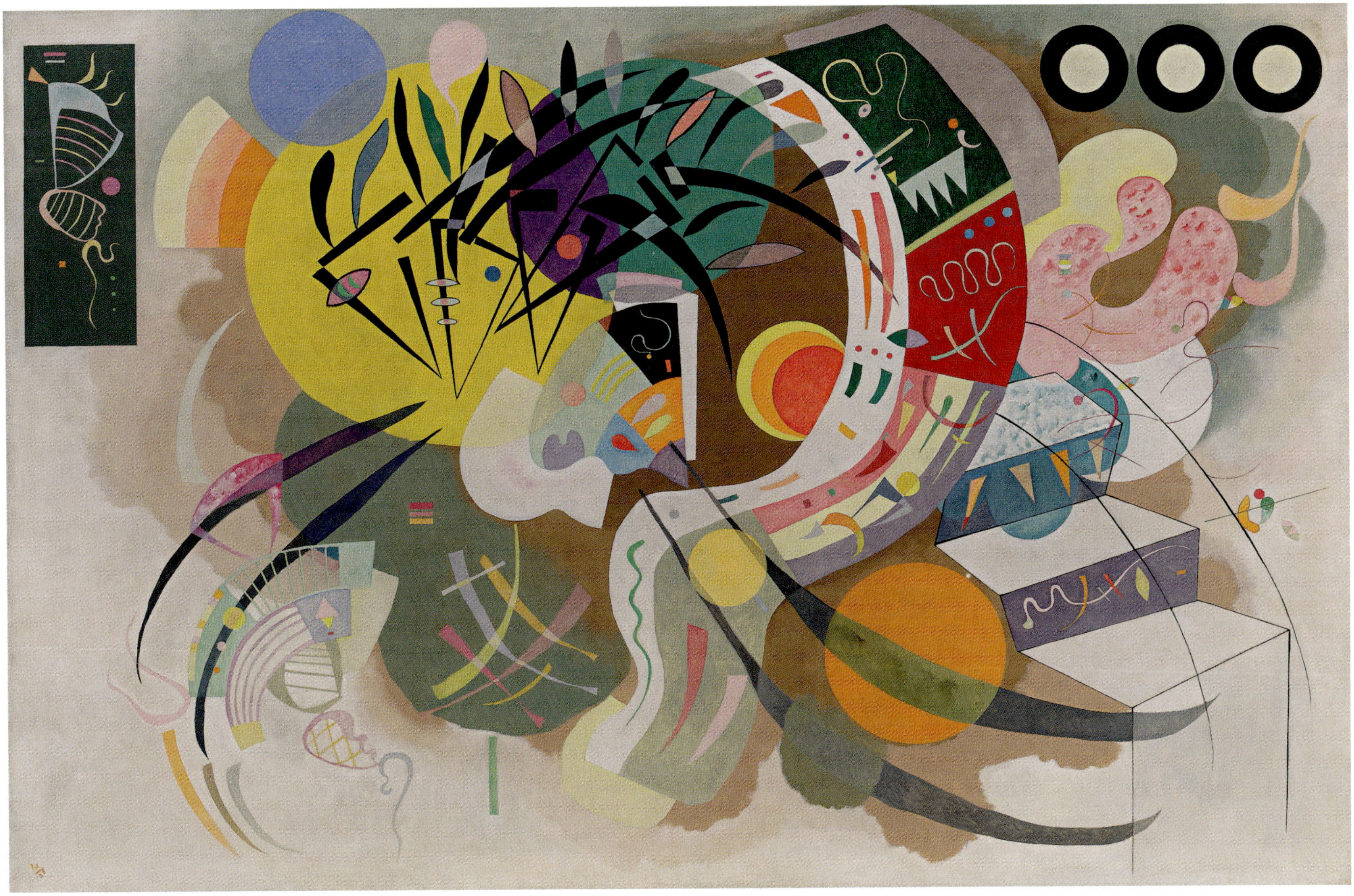

COURBE DOMINANTE, 1936
HUILE SUR TOILE, 129,4 × 194,2 CM
SOLOMON R. GUGGENHEIM MUSEUM, NEW YORK

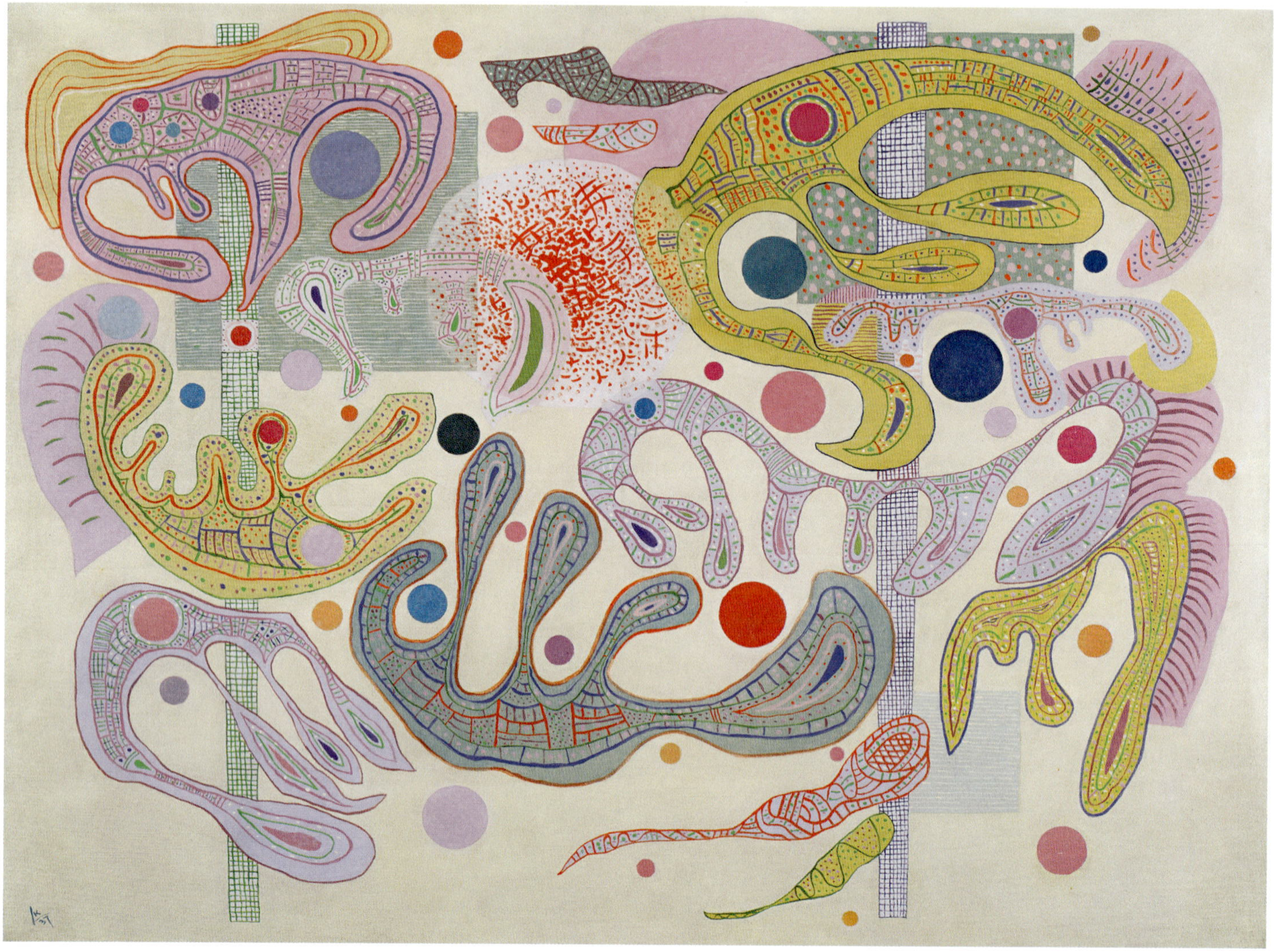

FORMES CAPRICIEUSES, 1937
HUILE SUR TOILE, 88,9 X 116,3 CM
SOLOMON R. GUGGENHEIM MUSEUM, NEW YORK

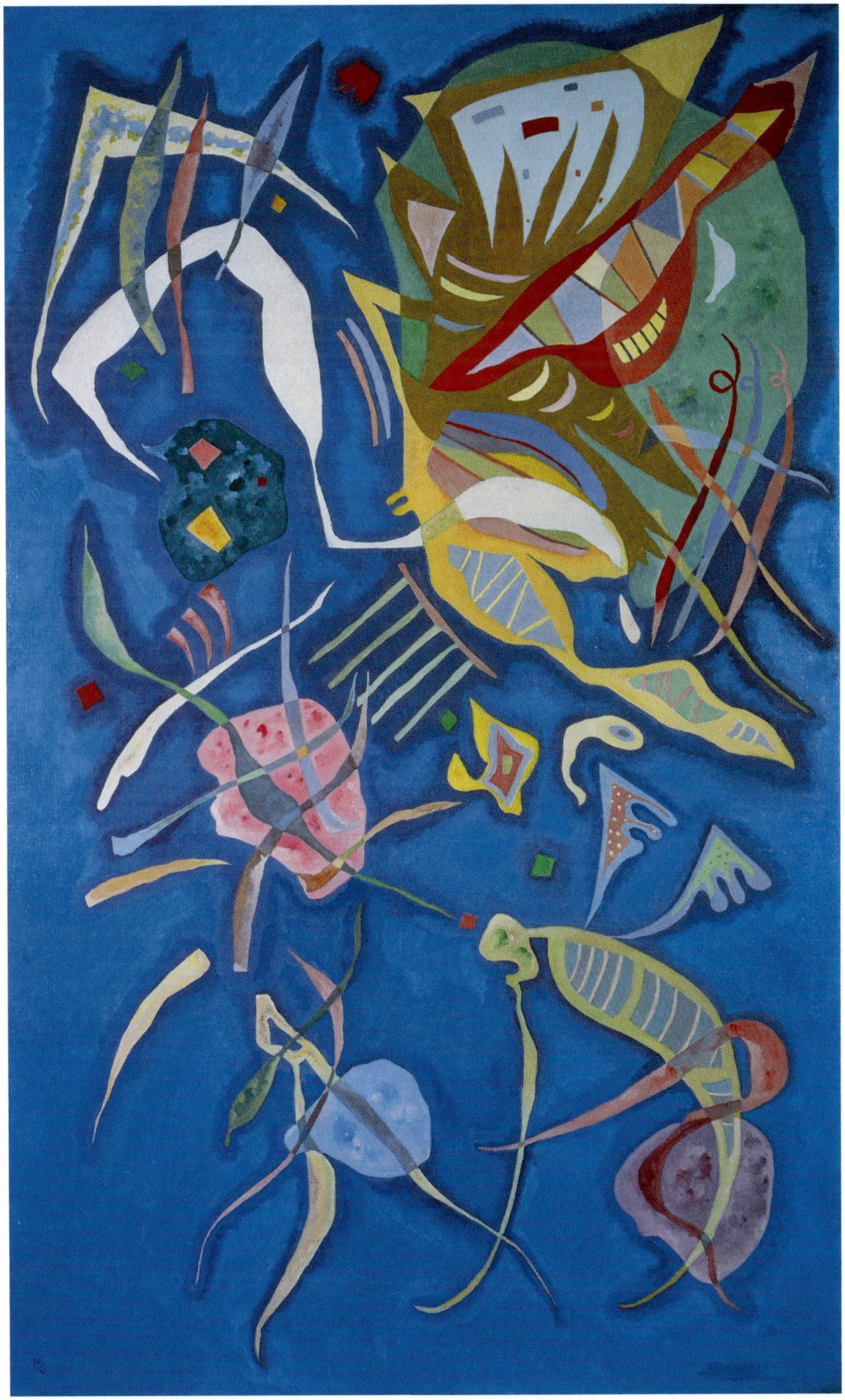

GROUPEMENT, 1937
HUILE SUR TOILE, 146 X 88 CM
MODERNA MUSEET, STOCKHOLM

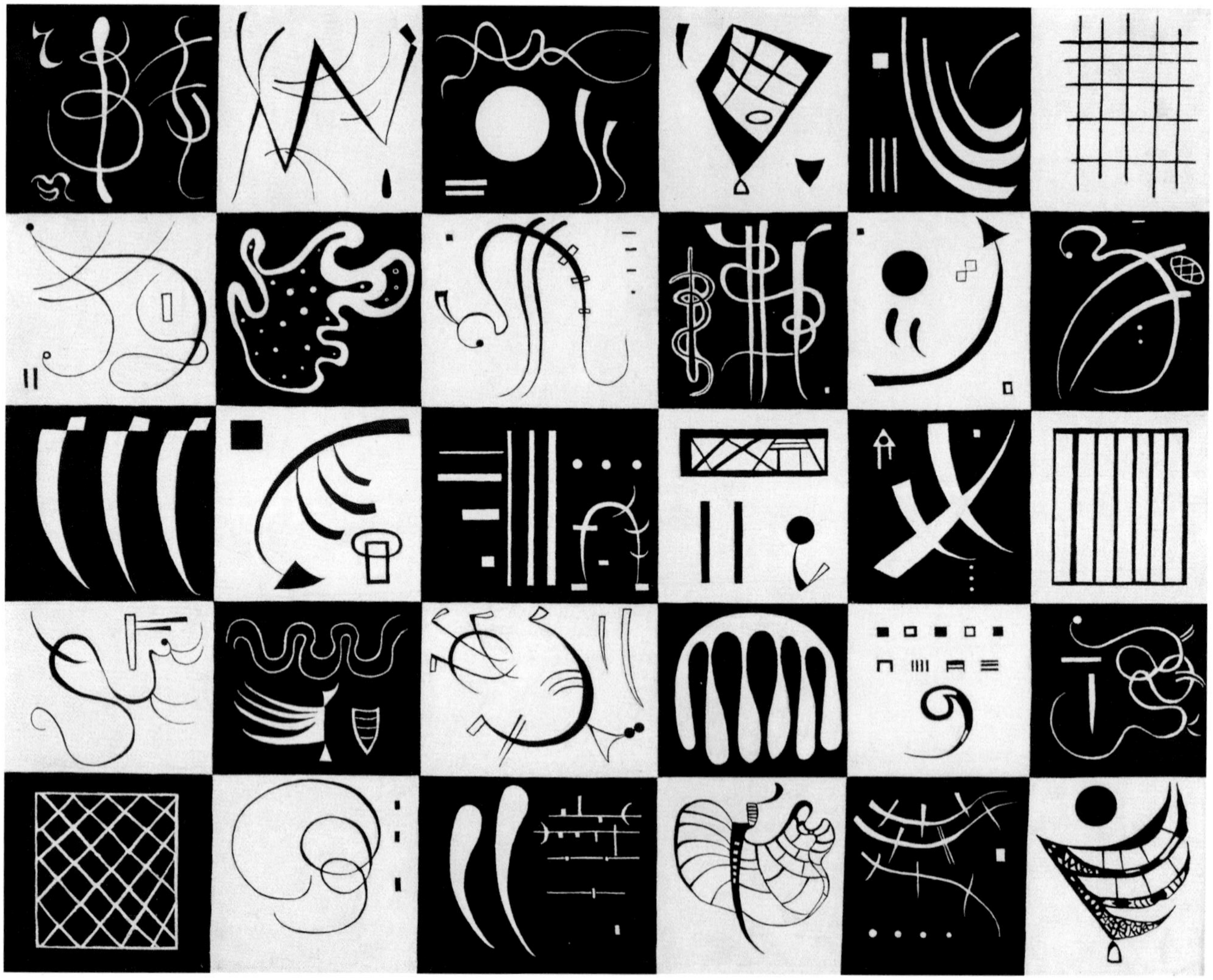

TRENTE, 1937
HUILE SUR TOILE, 81 X 100 CM
CENTRE POMPIDOU, MUSÉE NATIONAL D'ART MODERNE, PARIS

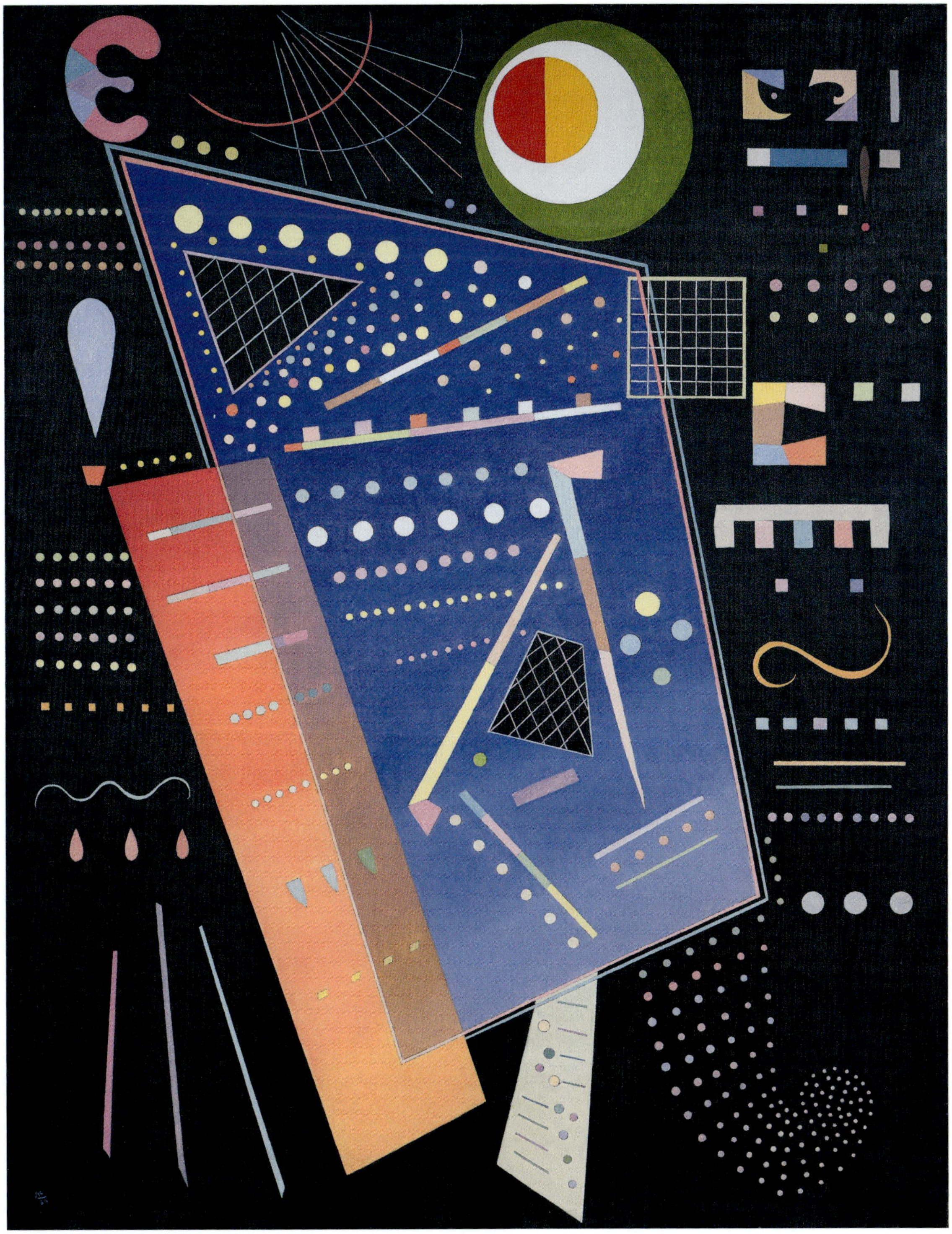

VERS LE HAUT, 1939
HUILE SUR TOILE, 116 X 89 CM
COLLECTION PARTICULIÈRE

Parties diverses est une œuvre caractéristique des années parisiennes tardives de Kandinsky. Une fois encore, un tournant décisif s'opère dans son vocabulaire des formes.

Le caractère organique et amibien de ces petites structures et des micro-organismes de cette période a été décrit de nombreuses fois. Mais ces formes agissent justement dans ses tableaux des années 1940 comme des êtres anthropomorphes étranges, et sont traitées par Kandinsky comme s'il les disséquait pour les réarranger en d'artificiels systèmes de figures et de relations et en leur conférant une coloration « asiatique » factice.

Parties diverses est divisé en champs rectangulaires de différentes couleurs qui soulignent la composition finalement géométrique des divers éléments. Cette double tonalité, le dualisme de deux moitiés et les oppositions revivent ici en tant que trait majeur dans la création de Kandinsky. Ces confrontations dans *Parties diverses* ou dans des œuvres comme *Wechselseitiger Gleichklang* de 1942 font écho aux structures à bascule « constructives » des années 1930, comme par exemple *Entwicklung in Braun* de 1933 (voir cat. p. 167). Ce sont des « conflits dans l'équilibre », comme le formule Pierre Volboudt, « tout l'art de Kandinsky peut être défini, dans son essence la plus profonde, comme la synthèse de forces divisées et opposées » (A. Hoberg, H. Friedel, *Wassily Kandinsky*, cat. exp., Munich, 2008, p. 36).

Ce conflit est non seulement rendu par la coloration des figures archétypales comme si elles étaient observées à travers un microscope, communiquant « quelque chose de l'esprit oriental » (Will Grohmann), mais aussi par l'artificialité des couleurs et les formes décoratives des mondes vivants modernes. En outre, la structure qui divise l'arrière-plan en cinq zones rectangulaires, entre lesquelles on observe des superpositions subtiles, fonctionne comme un polyptyque. Leurs fonds monochromes rappellent par leur vert pistache, « rose, mauve », jaune et blanc de lointains souvenirs de la description par Kandinsky de Moscou au coucher de soleil dans « Rückblicke » [Regards sur le passé] de 1913. – A.H.

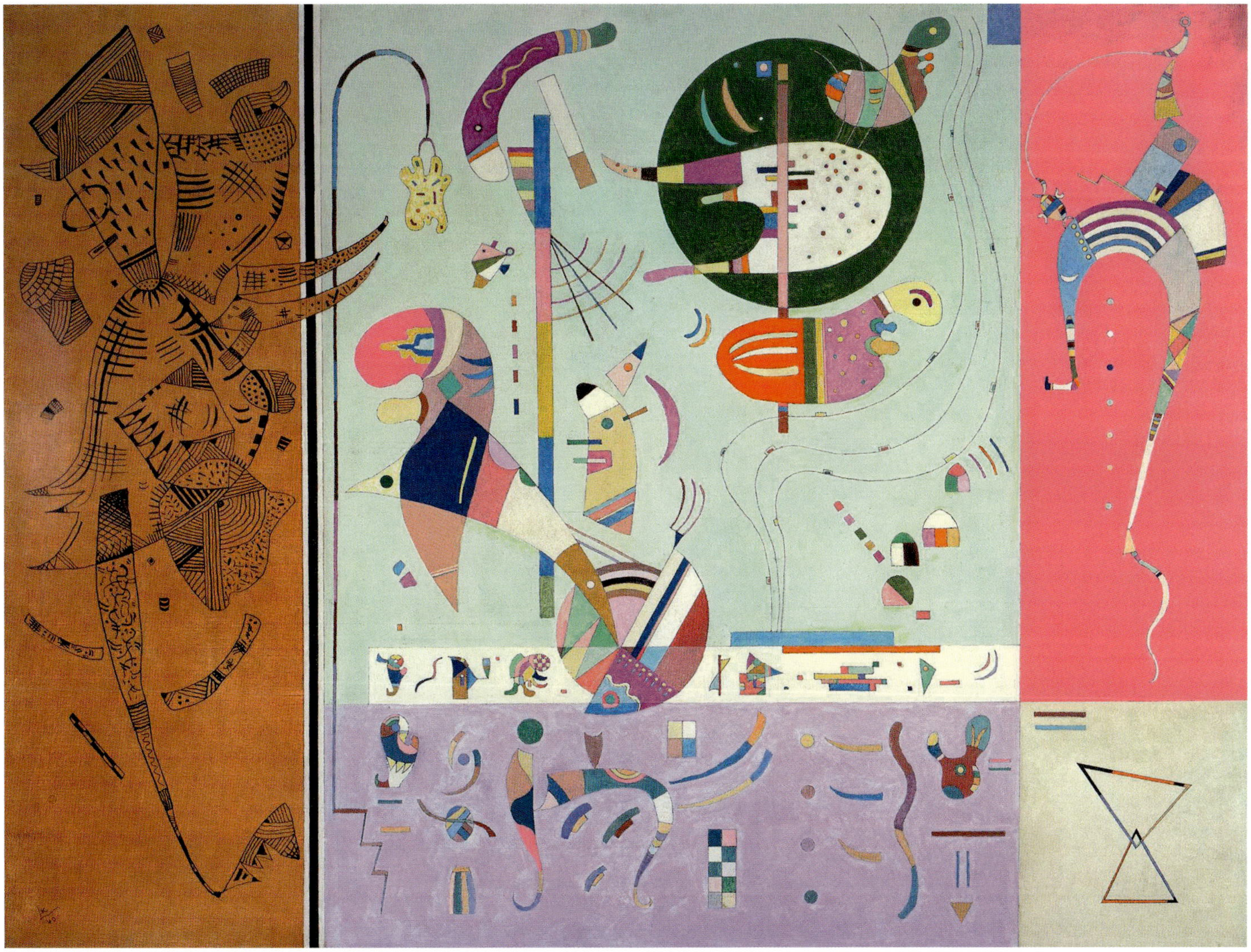

PARTIES DIVERSES, 1940
HUILE SUR TOILE, 89 X 116 CM
GABRIELE MÜNTER- UND JOHANNES EICHNER-STIFTUNG
DÉPÔT À LA STÄDTISCHE GALERIE IM LENBACHHAUS, MUNICH

B*leu de ciel* est la peinture du ravissement. Un semis de petits animaux, inidentifiables malgré leur bigarrure, en chute lente et libre comme des flocons de neige.
C'est la réaction de Kandinsky à la guerre qui vient de commencer, la troisième qu'il traverse dans son existence. Ce « bleu ciel » signifie que l'air du printemps entre à nouveau à travers la vitre de son atelier. Cette peinture guillerette se situe entre les *Constellations,* que Miró exécute à la même époque à Varengeville, où Kandinsky vient lui rendre visite en compagnie d'Alberto Magnelli, et les modèles que Kandinsky met au point en 1942-1943 pour les rideaux d'ameublement édités par Jean Bauret et la société industrielle de la Lys.
Il faut également considérer cette exceptionnelle peinture à l'aune d'un portrait naïf de Kandinsky que Nina, son épouse, a rédigé à la demande du marchand René Drouin en 1949 : « Kandinsky habite Neuilly-sur-Seine, près du Bois et de Bagatelle qu'il aime par-dessus tout. Il aime la nature, plus librement depuis qu'elle ne "pose" plus pour lui. Il aime l'eau, et prend souvent le bateau-mouche qui traverse encore Paris. Kandinsky garde dans ses goûts un grand sens de la fantaisie, dont ses toiles sont le reflet. Son sens de l'humour le conduit souvent au cinéma où il apprécie surtout les films comiques dont Harold Lloyd et Buster Keaton sont les vedettes. Il n'aime pas le chant mais la musique et le ballet. Il n'aime pas le théâtre qu'il trouve en retard sur la vie et lui préfère le music-hall, le cirque et les feux d'artifice. Kandinsky a une prédilection pour les numéros de jongleurs. C'est sans doute pour cela que des boules blanches semblent glisser dans ses compositions, se faisant un jeu d'apparaître et de disparaître aux yeux de l'amateur qui les contemple. Peintre de la poésie et du fantastique, il semble toujours y avoir plus d'un tour dans ses toiles. Les jeux d'enfants n'en sont pas exclus, pas plus que la féérie de ces boîtes à surprises qui s'ouvrent et se referment en vous laissant toujours un secret dans les yeux. Chaque tableau est un "monde en soi" ». – Ch.D.

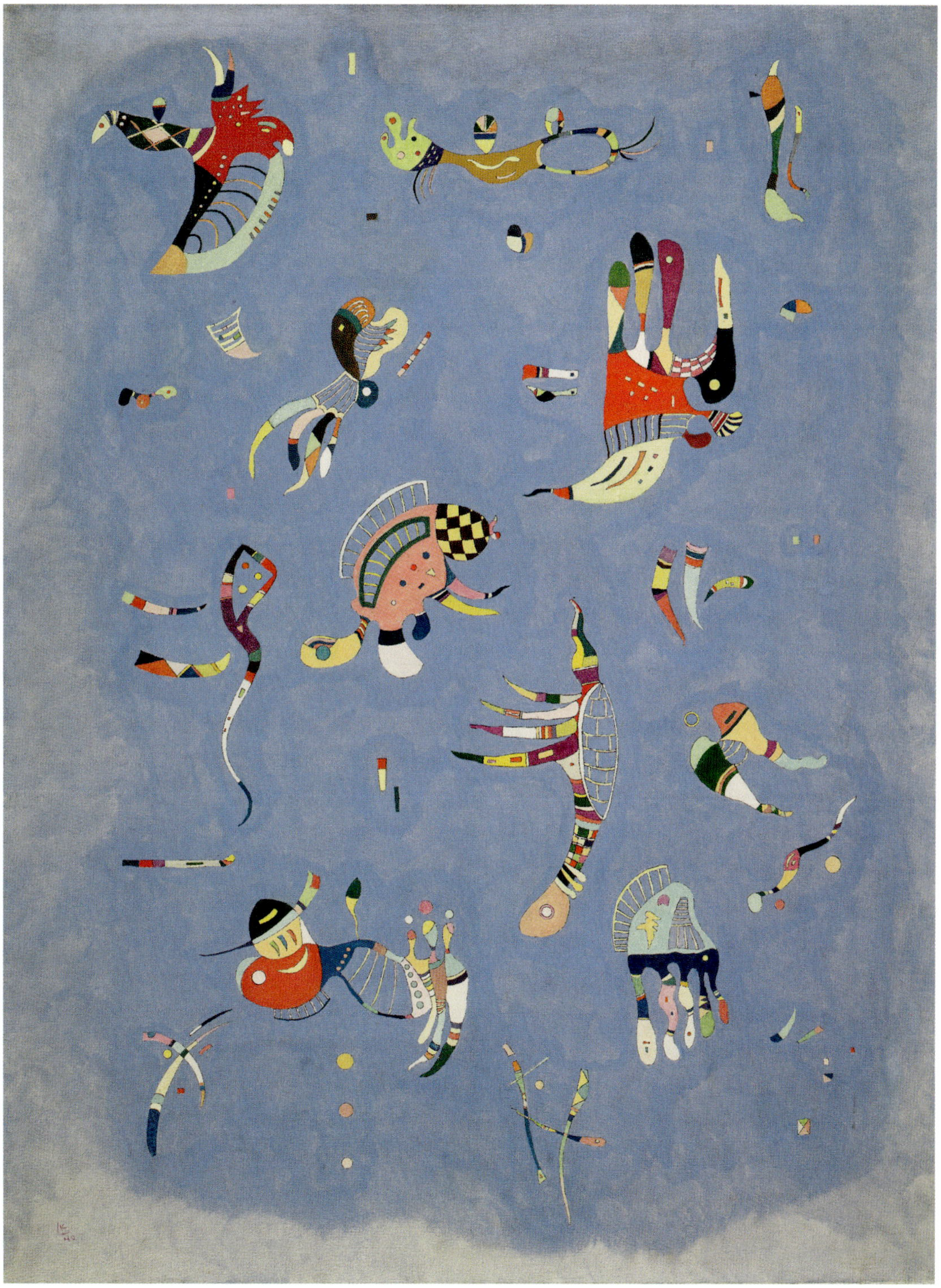

BLEU DE CIEL, 1940
HUILE SUR TOILE, 100 X 73 CM
CENTRE POMPIDOU, MUSÉE NATIONAL D'ART MODERNE, PARIS

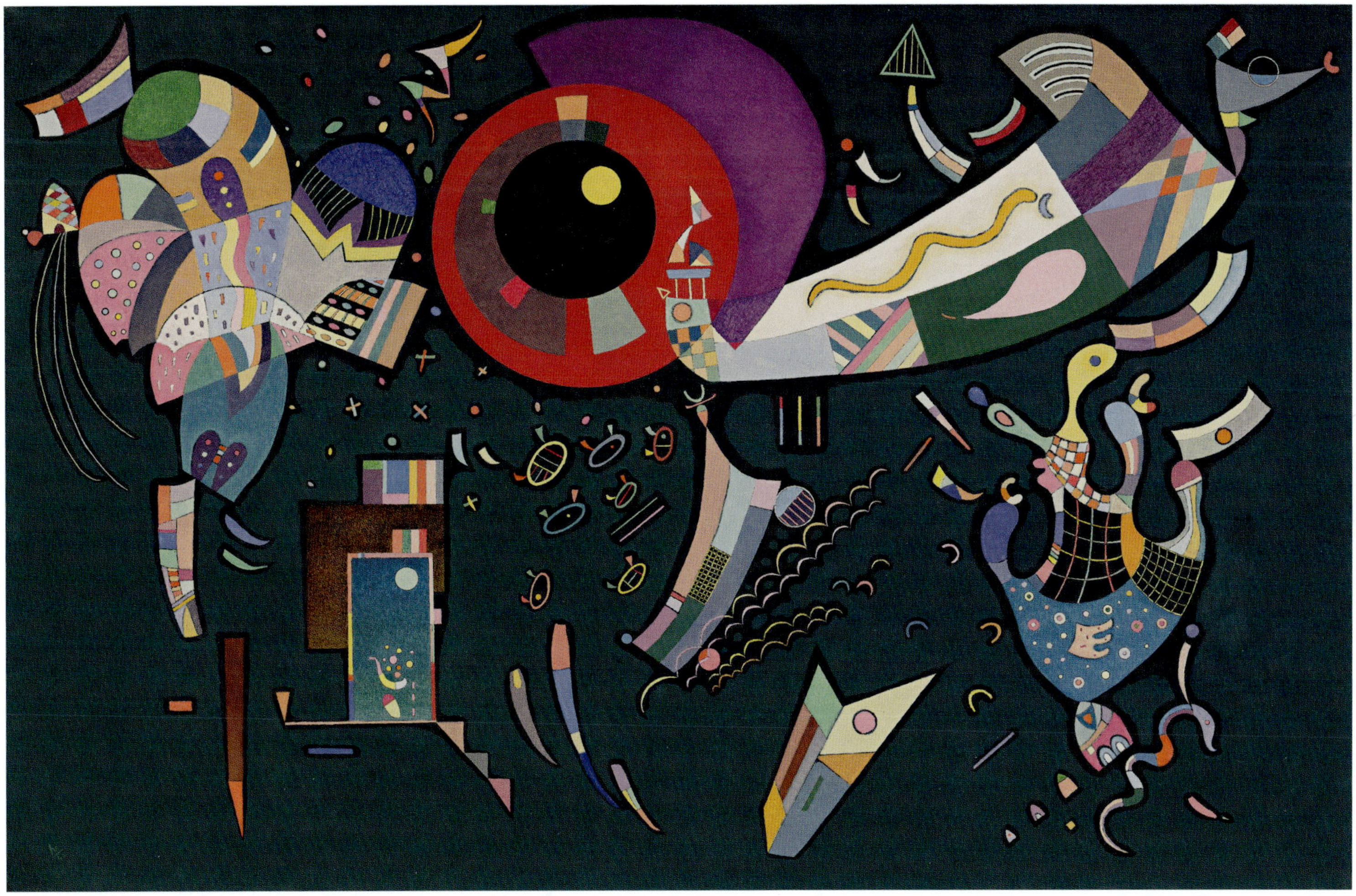

AUTOUR DU CERCLE, 1940
TECHNIQUE MIXTE SUR TOILE, 96,8 X 146 CM
SOLOMON R. GUGGENHEIM MUSEUM, NEW YORK

A*ccord réciproque* est peint entre fin janvier et février 1942 d'après le catalogue répertoire que tient l'artiste, c'est-à-dire après les grands froids de l'hiver qui l'avaient obligé à se contenter de dessiner près de son poêle. Il en a, d'ailleurs, préparé la composition par quelques dessins à la plume.

C'est le dernier grand format peint par Kandinsky réalisé dans un atelier bas de plafond – caractéristique de tous les appartements modernes –, ce qui l'oblige à peindre plutôt en largeur qu'en hauteur. C'est une ultime tension d'énergie contre l'âge, contre l'isolement, contre le marasme et l'humiliation d'être dans un pays occupé. Comme dans toute production d'art dissident, la force de conviction et la fermeté entraînent en contrepartie une certaine gravité et même de la froideur. L'échancrure blanche centrale d'*Entwicklung in Braun* [Développement en brun] (voir cat. p. 167) s'est élargie en une clarté qui se voudrait prophétique pour des lendemains inexprimables.

En été 1942, il n'a plus de toile blanche, il commence donc à peindre à plat sur carton sombre. En changeant de registre et de support, il devient plus minutieux et primesautier. Il retrouve le goût de ce qu'il qualifiait autrefois de « bagatelles », sorte de divertissements à caractère privé.

Après la mort de Kandinsky le 13 décembre 1944, sa dépouille est exposée dans l'atelier, encadrée de deux tableaux posés sur des chevalets : *Mouvement I* (voir cat. p. 179) et *Accord réciproque*, du moins est-ce ainsi que la photographe Rogi André fixa la dernière effigie du peintre post-mortem, les yeux clos, sans lunettes. La tombe de Vassily et de Nina Kandinsky se trouve dans le nouveau cimetière de Neuilly, sur l'autre rive du fleuve. Elle est à l'ombre des tours du quartier de la Défense. – Ch.D.

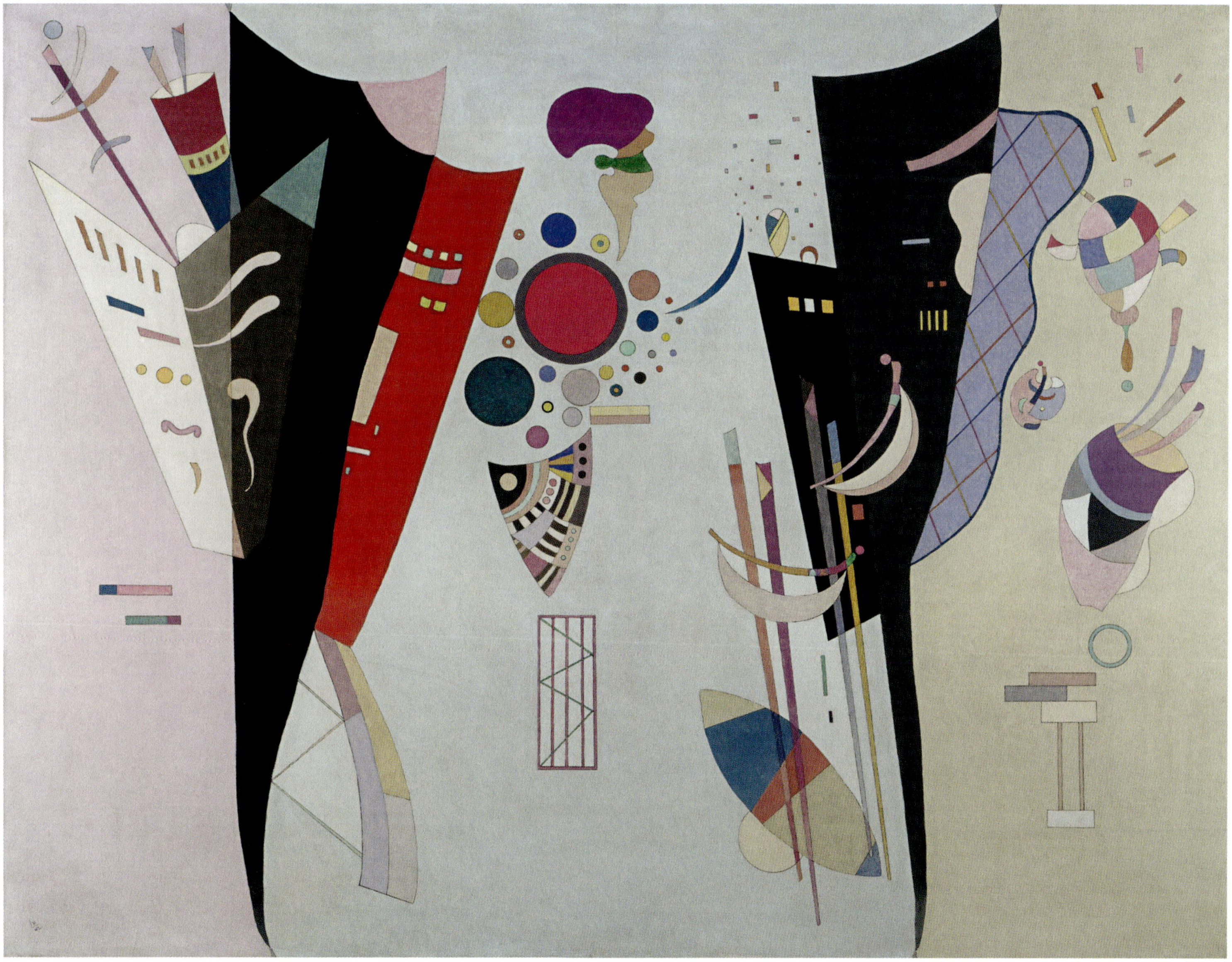

ACCORD RÉCIPROQUE, 1942
HUILE ET LAQUE SUR TOILE, 114 X 146 CM
CENTRE POMPIDOU, MUSÉE NATIONAL D'ART MODERNE, PARIS

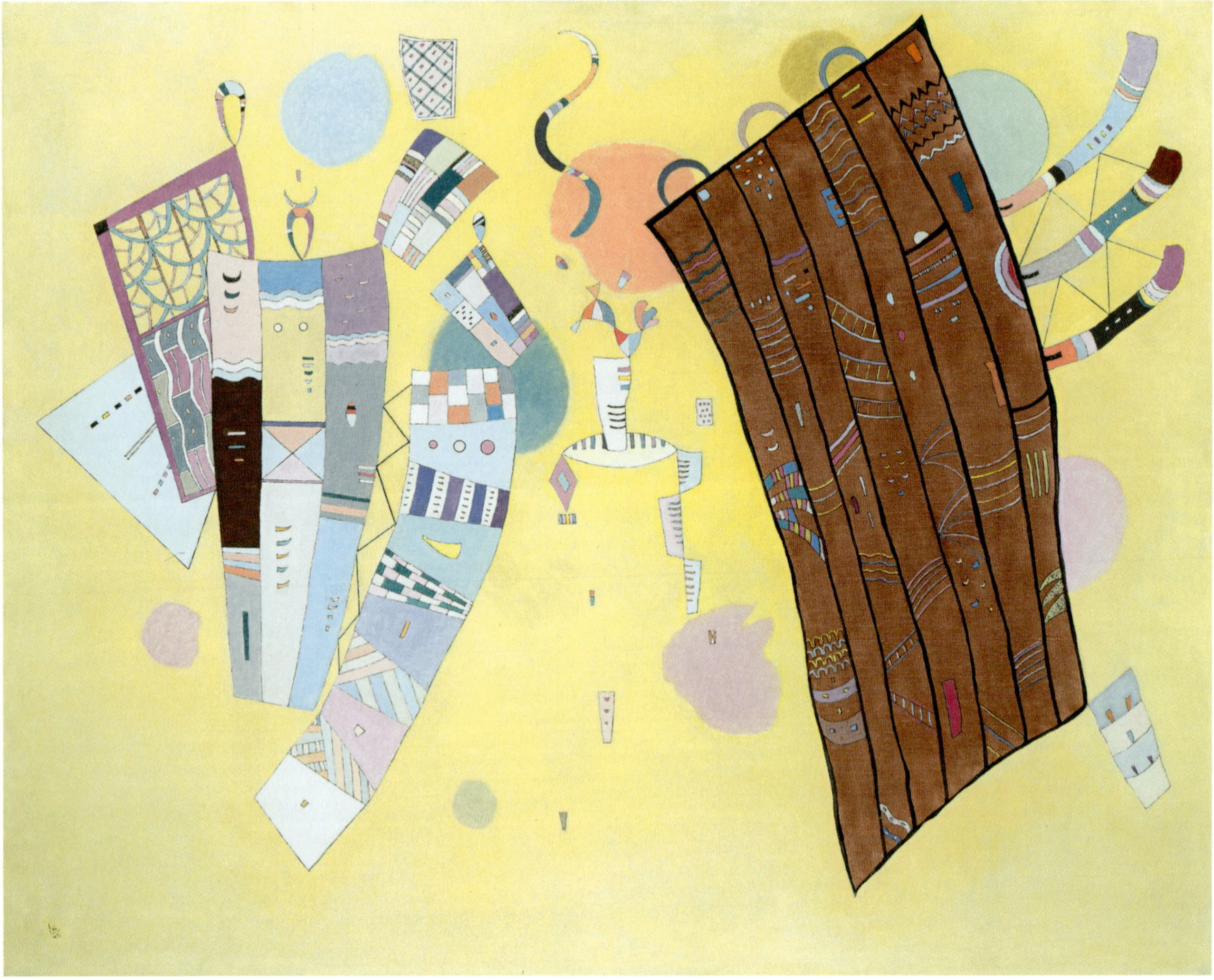

TENSIONS DÉLICATES, 1942
HUILE SUR TOILE, 81 X 100 CM
COLLECTION J. SHAFRAN, LONDRES

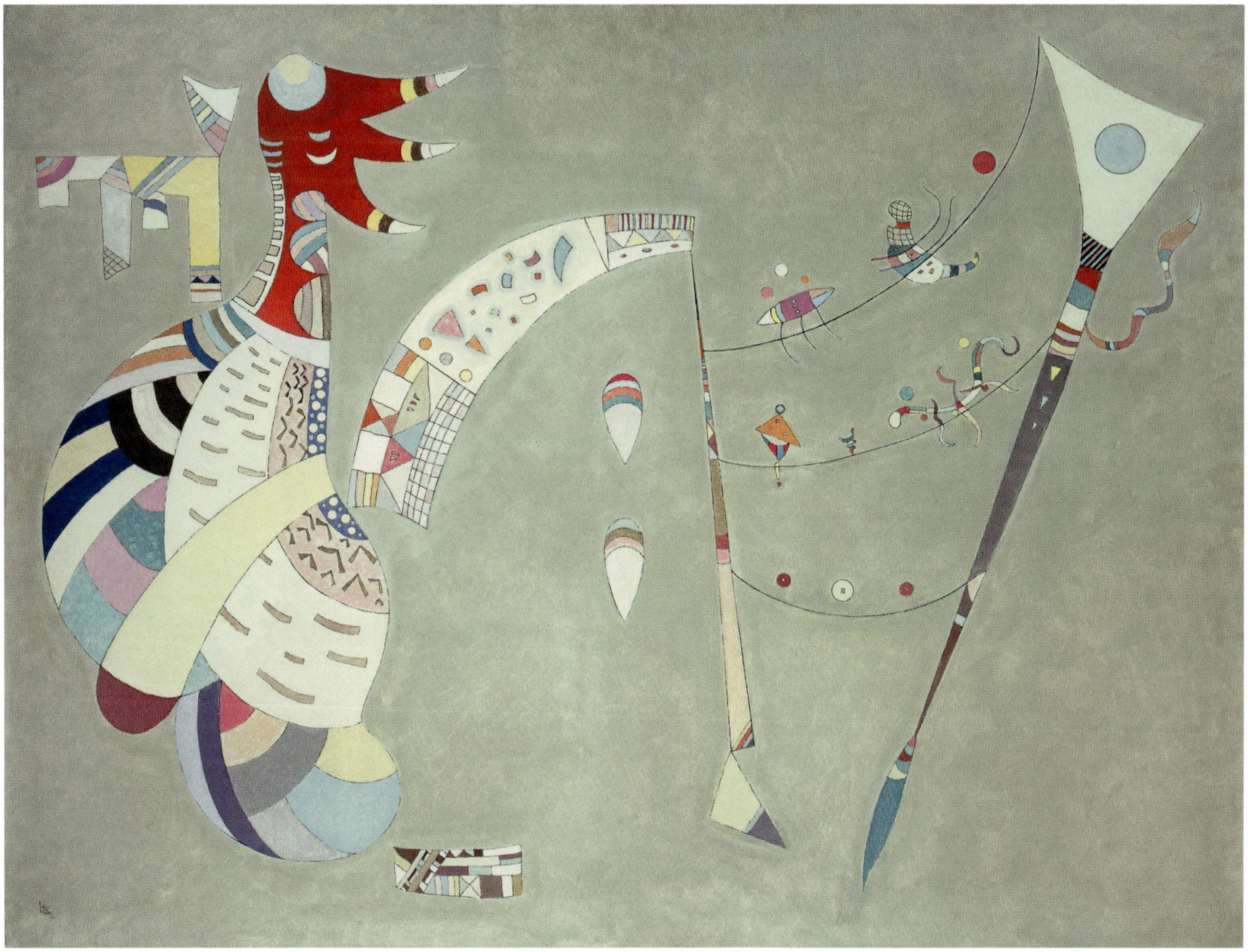

BALANCEMENT, 1942
TECHNIQUE MIXTE SUR TOILE, 89 X 116 CM
COLLECTION PARTICULIÈRE

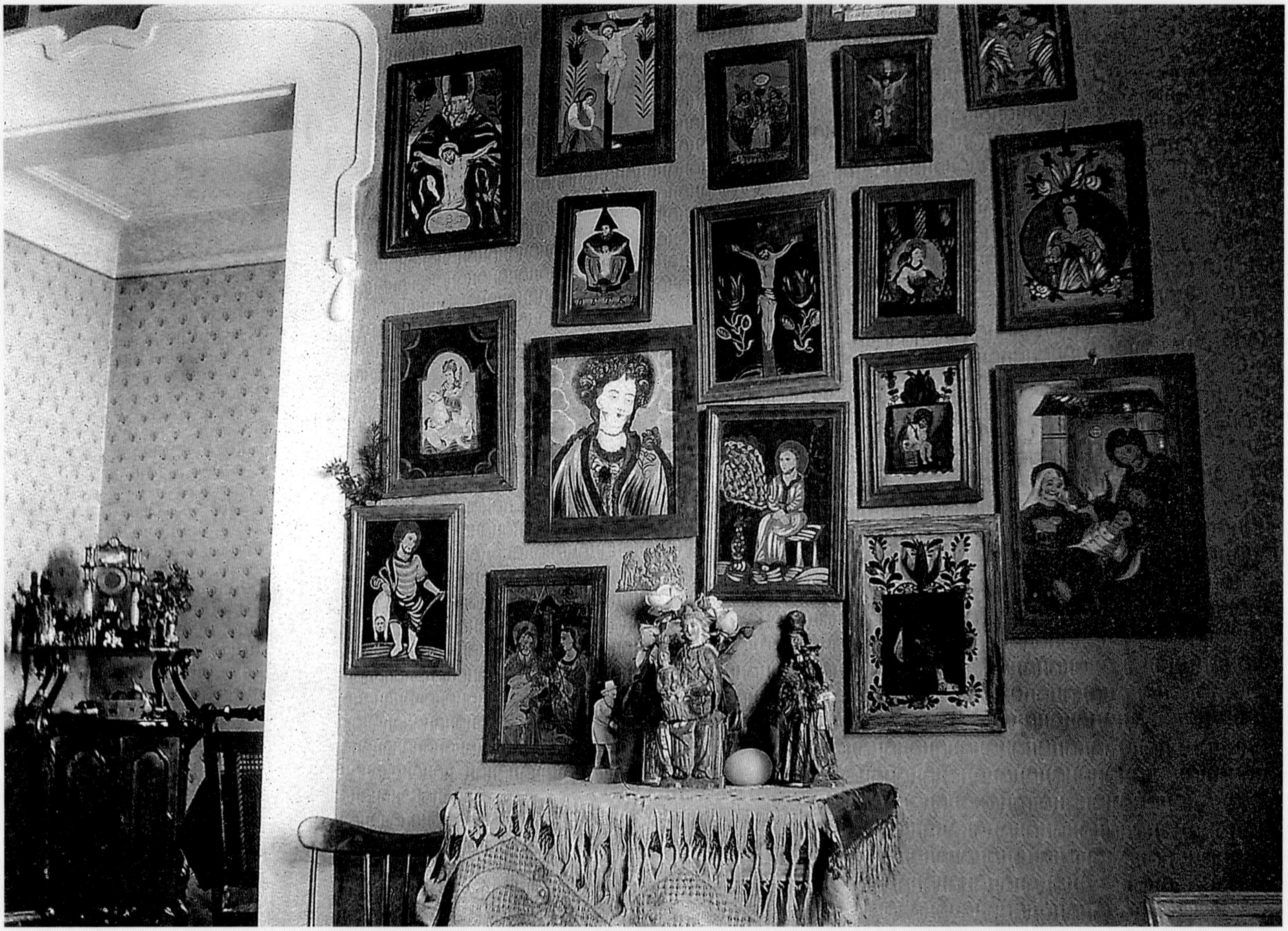

1

1. Mur où sont accrochées des peintures sur verre dans l'appartement de Vassily Kandinsky et de Gabriele Münter, au 36 Ainmillerstraße, vers 1913
Gabriele Münter- und Johannes Eichner-Stiftung, Munich

2. Groupe d'amis artistes réunis dans l'appartement-atelier des Kandinsky, Munich, vers 1901
Bibliothèque Kandinsky, Centre Pompidou, Paris

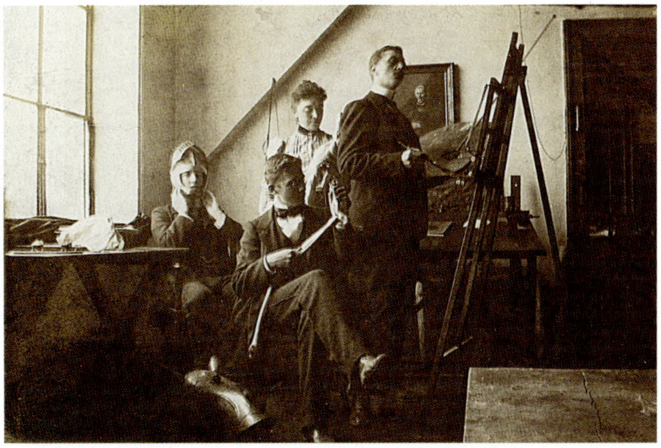

2

Vassily Kandinsky : abstrait, absolu, concret

Annegret Hoberg
Traduit de l'allemand par Jean-Léon Muller

Kandinsky peut sans conteste être considéré comme le principal fondateur de la peinture abstraite, même si l'on voit simultanément apparaître d'autres essais précurseurs, comme ceux de František Kupka suivis, peu de temps après, par *Carré noir sur fond blanc* de Kasimir Malevitch. C'est vers 1911 que Kandinsky trouve la voie de l'abstraction. La longueur et les détours du chemin qu'il suit alors jusqu'en 1914 ont été exposés dans de nombreux travaux, auxquels l'auteur de cet essai a également contribué.

Malgré la richesse de cette question, nous nous efforcerons d'aborder la carrière de Kandinsky de façon plus équilibrée. De fait, si nous prétendons faire le portrait de cet artiste majeur, dont l'œuvre couvre plus de 50 années et reflète les grandes ruptures de la peinture du XXe siècle, il conviendrait presque de mettre l'accent sur les périodes les moins étudiées : celles de sa participation au Bauhaus et des années parisiennes. Ainsi, la spécificité de ce qu'apporte sa peinture abstraite au cours de la période munichoise, avec cette étonnante conviction de remplir une mission et cette volonté tendue vers la nouveauté, pourrait se manifester avec la même évidence que les réactions de l'artiste aux grands phénomènes du siècle. Kandinsky restera toute sa vie marqué par la conviction qu'il y a « du spirituel dans l'art » et par son adhésion à la peinture abstraite. Cela ne l'empêchera pas, au fil de son évolution, de se démarquer de l'abstraction constructiviste, à ses yeux trop *mécanique*, et de voir clairement le formalisme qui, dans années 1930, menace l'art abstrait, conçu uniquement comme une réponse au caractère anonyme de la société de masse.

Ce texte est publié dans sa version intégrale en langue allemande dans Helmut Friedel (dir.), Kandinsky. Absolu. Abstrakt, *cat. exp., Munich/Berlin/Londres/ New York, Prestel, 2008,* p. 190-221

L'abstrait et l'absolu : Munich jusqu'en 1914

Kandinsky entreprend – l'épisode est connu – des études de droit et d'économie à Moscou, sa ville natale, puis décide à l'âge de trente ans de devenir peintre et de déménager dans ce but à Munich, en 1896. Les milieux universitaires moscovites et les cercles intellectuels russes de la fin du XIXe siècle opposent l'introspection et le spirituel au matérialisme et au positivisme. De récentes études ont révélé l'influence qu'ils ont exercée sur Kandinsky par l'intermédiaire d'écrivains, comme Vladimir Sokolov et Dimitri Merejkovski, ou d'universitaires, comme Sergueï Boulgakov et Alexandre Tchouprov[1]. C'est ainsi que les spécialistes russes ont découvert des détails ignorés sur le cursus de Kandinsky et le milieu dans lequel il évolua au contact de son professeur, l'influent et libéral Tchouprov[2]. On sait désormais que le jeune homme cesse non seulement de fréquenter le lycée d'Odessa, pour passer un an au domicile familial, mais qu'il interrompt aussi ses études moscovites pour plus de trois ans, à partir du mois de septembre 1889[3]. En outre, du 9 juin au 15 juillet de la même année, il entreprend, à la demande de la Société impériale d'ethnographie, son célèbre voyage dans la province de Vologda, afin d'y étudier la survivance des rites païens et le droit coutumier local.

À l'évidence, cette incursion dans le lointain domaine de l'ethnographie exerce sur Kandinsky une attraction supérieure à celle de ses études de droit. En novembre 1895, il renonce à rédiger sa thèse d'économie sur le salaire des ouvriers, dirigée par Tchouprov. Kandinsky travaille alors un an comme directeur d'une imprimerie. Dans sa toute première et brève autobiographie, le peintre évoque lui-même cette activité, fréquemment présentée comme celle d'un « directeur artistique » : « Auparavant je m'étais surtout occupé du problème des salaires ouvriers d'un point de vue théorique. Je voulais à présent en avoir une approche pratique. Je pris donc un emploi de directeur dans une des plus grandes imprimeries de Moscou. Ma nouvelle spécialité était la phototypie, laquelle me mettait indirectement en rapport avec l'art. J'étais entouré d'ouvriers. Je ne restais qu'un an à ce poste car, après mon trentième anniversaire, je me suis dit que c'était le moment ou jamais de sauter le pas. Un lent travail intérieur, jusqu'alors inconscient, était arrivé à son terme. Je ressentais à présent très clairement les forces artistiques qui m'habitaient et j'avais suffisamment mûri pour éprouver avec la même clarté le bien-fondé d'une carrière de peintre[4]. » Entre autres expériences qui décidèrent de sa vocation de peintre, Kandinsky cite volontiers la découverte d'un tableau de Monet, une représentation du *Lohengrin* de Wagner à Moscou ainsi que l'intense vision colorée d'un coucher de soleil dans sa ville natale : « Ce tableau n'est pas de longue durée : encore quelques minutes et la lumière du soleil deviendra rougeâtre d'effort, toujours plus rougeâtre, d'un rouge d'abord froid puis de plus en plus chaud. Le soleil fond tout Moscou, en une tache qui comme un tuba forcené, fait entrer en vibration tout l'être intérieur, l'âme tout entière. Non, ce n'est pas l'heure du rouge uniforme qui est la plus belle ! Ce n'est que l'accord final de la symphonie qui porte chaque couleur au paroxysme de la vie et triomphe de Moscou tout entière en la faisant résonner comme le fortissimo final d'un orchestre géant. Le rose, le lilas, le jaune, le blanc, le bleu, le vert pistache, le rouge flamboyant des maisons, des églises – avec chacune sa mélodie propre –, le gazon d'un vert forcené, les arbres au bourdon plus grave ou la neige aux mille voix chantantes, ou encore l'allegretto des rameaux dénudés, l'anneau rouge, rigide et silencieux des murs du Kremlin, et par-dessus, dominant tout, comme un cri de triomphe, comme un Alléluia oublieux de lui-même, le long trait blanc, gracieusement sévère, du clocher d'Ivan-Veliky. Et sur son cou, long, tendu, étiré vers le ciel dans une éternelle nostalgie, la tête d'or de la coupole, qui, parmi les étoiles dorées et bariolées des autres coupoles, est le soleil de Moscou. – Rendre cette heure me semblait le plus grand, le plus impossible des bonheurs pour un artiste[5]. » Récemment qualifiée d'« orgiaque[6] », cette description

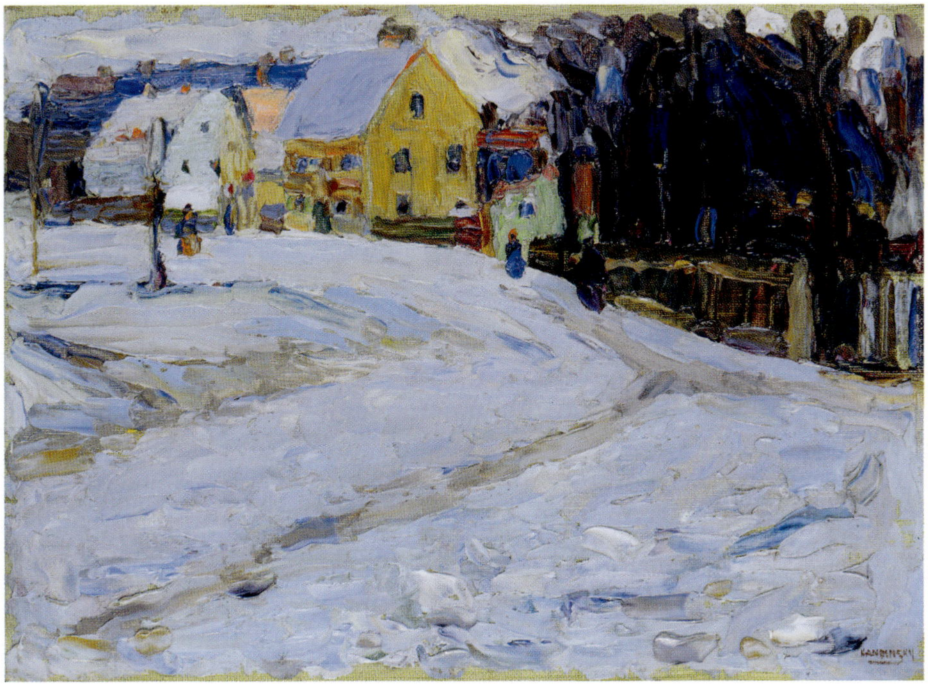

3

3. *Schwabing – Nikolaiplatz*, hiver 1901-1902, huile sur carton, 23,7 x 32,9 cm
Städtische Galerie im Lenbachhaus, Munich

peut être considérée comme un véritable fil conducteur que l'on peut suivre à travers toute l'œuvre du peintre, tant pour ce qui est de la couleur que du motif et de la forme, où les contraires entrent en résonance.

Dès ces premières années munichoises (il s'installe à Munich en 1896 avec sa femme Ania Tchimiakina), c'est-à-dire bien avant le célèbre séjour collectif de 1908 à Murnau, dont allait découler la création du Blaue Reiter [Le Cavalier bleu], on sait que Kandinsky entretient des contacts étroits avec Alexeï von Jawlensky et Marianne von Werefkin. Il travaille en outre intensément la question des couleurs, de leur composition et de leur effet en peinture. On sait aussi que Kandinsky fréquente dès 1899 l'appartement de Werefkin, au 23 de la Giselastraße. Jawlensky y dispose depuis 1898 d'un « laboratoire » où il expérimente de nouvelles teintes[7]. Le peintre Igor Grabar l'a installé puis utilisé pendant près d'un an, alors que Werefkin, Jawlensky et leur ami Kardovsky séjournaient en Russie. Kandinsky fréquente également les lieux au printemps 1900. C'est aussi lui qui est chargé de les garder, de septembre 1901 à novembre 1902, au cours du second séjour prolongé de Jawlensky et Werefkin en Russie, à Ansbaki, où naît leur fils Andreas. De plus, Kandinsky étudie avec une précision toute scientifique la théorie des couleurs de ses prédécesseurs, d'Eugène Delacroix à Max Klinger en passant par Paul Signac. À partir de 1904, il rédige des notes sur le « langage des couleurs » qui seront intégrées plus tard dans l'un des chapitres de son grand essai théorique : *Über das Geistige in der Kunst, insbesondere in der Malerei* [*Du spirituel dans l'art, et dans la peinture en particulier*][8]. Il se consacre aussi intensément aux dernières manifestations du symbolisme et se montre particulièrement impressionné par Arnold Böcklin, tant pour les qualités matérielles de sa peinture que pour sa tentative d'exprimer le spirituel et le fantastique en « poète de la peinture », à travers un langage singulier peuplé de personnages[9]. En littérature, c'est avant tout Maurice Maeterlinck et sa dissociation de la langue et du sens, du son et de l'effet expressif, qui lui semble avoir une longueur d'avance sur la peinture dans la voie du libre usage des moyens. De toute évidence, cette voie lui apparaît très tôt comme digne d'être suivie dans les beaux-arts[10]. À l'époque, c'est précisément à Munich, dans le sillage de Böcklin et des Deutschrömer [Les Allemands de Rome], que le contenu spirituel de la peinture est vivement débattu. Nombre de revues artistiques influentes publient des essais dont les arguments présentent des similitudes avec les réflexions formulées dans *Über das Geistige in der Kunst*[11].

Après une nouvelle année passée à l'académie de Munich, dans la classe de Franz von Stuck, Kandinsky met un terme à ses années de formation. C'est ainsi qu'à partir de 1900 il peint, pour l'essentiel de manière indépendante, de petites études au couteau, réalisées sur le vif, dans un style postimpressionniste aux empâtements colorés caractéristiques (ill. 3). Cette peinture de plein air en « taches », où le motif en vient presque à disparaître sous les coups de spatule, correspond aussi stylistiquement, quoique de manière très différente, aux premières peintures a tempera de Kandinsky. Des touches colorées s'y détachent sur un fond sombre pour composer des scènes du passé rassemblant de nombreux personnages. « Il m'apparut bientôt, écrira plus tard Kandinsky, que les époques passées, parce

4

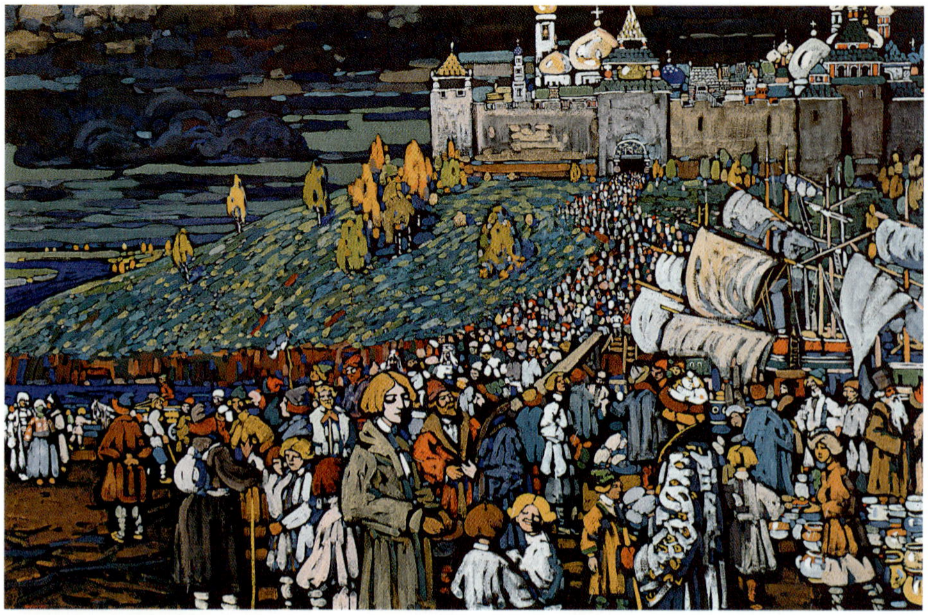

qu'elles n'existaient plus réellement, pourraient me fournir des prétextes me permettant d'employer plus librement ces couleurs dont j'éprouvais le besoin[12]. » Dans ces scènes a tempera, comparables à des mosaïques, il emprunte aussi des modes de représentations au symbolisme russe et au Jugendstil, telles que le démontrent les rapprochements fréquents avec Nikolaï Roerich, Mikhaïl Alexandrovitch Wroubel ou Ivan Iakovlevitch Bilibin. De façon révélatrice, Kandinsky lui-même établit un lien entre ses compositions a tempera aux multiples personnages, *Ankunft der Kaufleute* [L'Arrivée des marchands] (ill. 4) et *La Vie mélangée (Das Bunte Leben)* (voir cat. p. 53), et le chatoiement de couleurs claires, déjà largement non figuratif, de sa *Komposition II* [Composition II] (voir cat. p. 69), *a priori* bien différente[13]. Des motifs à l'origine de l'iconographie personnelle du peintre font de fait leur apparition dans ses premières peintures a tempera, jusqu'en 1907 : le Kremlin coloré au sommet d'une colline, les voiliers semblant surgir du passé, le cavalier et le bateau avec son rameur, tous deux présents dans le grand panorama de *La Vie mélangée*.

La rencontre entre la mémoire de ces images russes et l'intensité des impressions chromatiques que lui procure le paysage bavarois intervient très tôt. En 1901 et en dépit de débuts munichois plutôt lents et modestes, Kandinsky fonde avec d'autres artistes progressistes de Schwabing l'association Phalanx [La Phalange], dont dépend aussi une école d'art privée. À l'été 1902, Kandinsky séjourne en compagnie de sa classe de peinture de l'école Phalanx dans les Préalpes de Bavière, à Bad Kochel et Schlehdorf, au bord du lac de Kochel. Gabriele Münter, jeune peintre de 24 ans nouvellement arrivée de Rhénanie, devient son élève[14]. Au cours de l'été 1903, la classe de peinture de Phalanx entreprend un deuxième séjour estival, mais cette fois à Kallmünz, petite localité du Haut-Palatinat. Kandinsky apprécie tout particulièrement l'« atmosphère féerique » des lieux et des anciennes cités d'Allemagne du Sud. C'est à cette occasion que se concrétise sa relation avec Gabriele Münter, aboutissement de contacts étroits et d'une intense

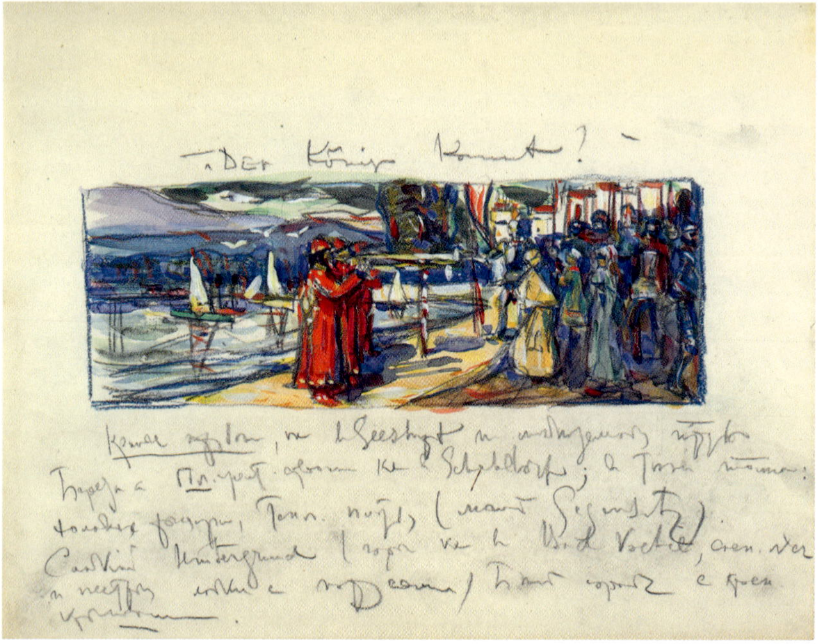

5

correspondance échangée depuis 1902. En 1904, pour échapper aux difficultés ainsi créées avec Ania, dont il est toujours le mari, et envers qui il se sent coupable, il entame avec Gabriele Münter une vie itinérante qui va durer quatre ans. Il limite dès lors ses séjours dans la capitale bavaroise à quelques semaines et y change plusieurs fois d'adresse, tandis qu'Ania occupe toujours l'appartement de la Friedrichstraße. Sa correspondance avec Gabriele Münter donne une vision approfondie de sa vie privée qui laisse peu de place aux spéculations. Nous savons que jusqu'en 1905, Kandinsky, passionnément amoureux, est l'élément moteur du couple.

4. *Ankunft der Kaufleute* [L'Arrivée des marchands], 1905, tempera sur toile, 92,5 x 135 cm
Collection particulière, Allemagne

5. *Der König kommt* [Le roi arrive], vers 1902, crayon, aquarelle et craie de couleur
Städtische Galerie im Lenbachhaus, Munich

6. Maison où logent les Kandinsky à Schwabing, dans l'aile arrière du 36 Ainmillerstraße, vers 1908
Bibliothèque Kandinsky, Centre Pompidou, Paris

Grâce à Gabriele Münter, il espère mener une existence plus exaltante, libérée des principes bourgeois, et profiter d'échanges artistiques stimulants. Et c'est bien ainsi qu'évoluent leurs rapports, même si une certaine incompatibilité d'humeur ne tarde pas à apparaître[15]. Gabriele Münter accompagne les années de maturation artistique de son compagnon, non sans exprimer ses réticences face aux compositions peintes à petites touches et saturées de personnages russes, qu'elle qualifie plusieurs fois d'« enfantillages ».

Les réponses que lui apporte Kandinsky sont révélatrices de la conviction précoce et absolue qu'avec son art, il va réussir quelque chose de tout à fait inédit. Il suffit ici de citer la lettre qu'il lui adresse, le 25 avril 1905 : « Je suis déjà bien avancé et je vois assez clairement la direction à emprunter. Je peux affirmer sans exagération qu'à condition de relever le défi, j'ouvrirai à la peinture une nouvelle et belle voie, aux perspectives infinies[16]. » La correspondance révèle aussi ce sentiment de double appartenance lié à ses origines, à la fois russes et germaniques. Il écrit à « Ella », le surnom de Gabriele Münter, depuis Odessa, alors en pleins troubles révolutionnaires : « Grand et mystérieux peuple russe! Je crois en toi. [...] Tu reste muet, Ô géant, et ta voix n'en retentira que plus fort à travers le monde. – Je ne suis pas un patriote Ella. Je ne suis qu'à demi russe. Les Russes me considèrent comme un étranger et ils n'ont pas besoin de moi. Les Allemands sont bienveillants à mon égard (du moins plus que les Russes). J'ai été élevé à moitié comme un Allemand. Ma première langue, mes premières lectures étaient allemandes. En tant que peintre je "ressens" l'Allemagne et la germanité et je suis plus touché par les témoignages du passé national que bien des Allemands eux-mêmes. J'ai de l'affection pour le pays et, pour finir, ma petite Ella est une allemande [...][17]! » Ce double enracinement de Kandinsky, d'abord dans la culture russe, puis dans l'allemande, s'illustre aussi par le choix de l'allemand pour rédiger l'essentiel de ses textes, et ce jusque dans ses dernières années parisiennes[18].

6
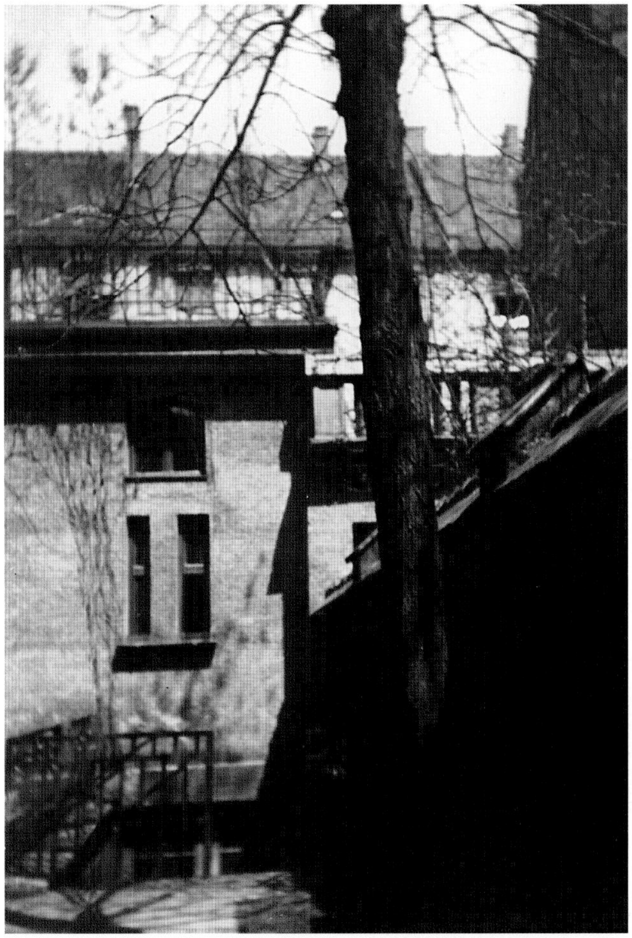

Après leurs années de voyages, notamment aux Pays-Bas, à Tunis, à Rapallo et à Sèvres, où ils séjournent un an de 1906 à 1907, Kandinsky et Münter retournent à Munich, au début de l'été 1908, avec l'intention d'y rester de façon durable. Kandinsky loue un appartement dans l'aile arrière du bâtiment, situé au 36 de l'Ainmillerstraße à Schwabing, et sa compagne y emménage l'année suivante (ill. 6). Ils entreprennent des excursions dans les environs, à la recherche d'un lieu pour peindre, et découvrent la localité de Murnau, non loin de Garmisch, au bord du lac de Staffel. Les lieux offrent une sorte de terrasse naturelle qui s'ouvre sur un vaste panorama : le marais du Murnauer Moos, avec en toile de fond la chaîne des Alpes de Bavière. Kandinsky et Münter sont séduits par le site, ses maisons colorées et la lumière des contreforts alpins, qui donne une intensité presque irréelle aux couleurs. Ils en font une description enthousiaste aux anciens camarades d'étude de Kandinsky, les peintres Jawlensky et Werefkin. Les quatre amis décident de séjourner sur place pour y peindre, à la fin de l'été 1908 et ils ne tardent pas à trouver les nouveaux modes d'expression qu'ils recherchaient. Kandinsky abandonne définitivement la spatule pour le pinceau. Au cours des années suivantes, il se met à peindre d'une manière fluide et enlevée de nombreuses vues de Murnau et de ses environs. Pour Kandinsky, ces œuvres, souvent exécutées en plein air sur de petits cartons, sont de simples études qui aboutissent de temps à autre à la réalisation d'un vrai « tableau » en atelier, comme cette version grand format de *Landschaft mit Turm* [Paysage avec tour] (voir cat. p. 57)[19].

L'intense collaboration initiée en 1908 à Murnau avec Jawlensky et Werefkin débouche l'hiver suivant sur l'idée de fonder un groupe d'artistes. Ce dernier voit le jour en janvier 1909 sous le nom de Neue Künstlervereinigung München [Nouvelle association des artistes de Munich ou NKVM][20]. Fin 1910, le peintre munichois Franz Marc se rapproche du groupe, auquel il adhère en février 1911. Début décembre 1911, Kandinsky présente, en vue de la troisième exposition de l'association, une œuvre presque entièrement non-figurative titrée *Komposition V* [Composition V]. Les membres conservateurs du NKVM refusent le tableau et provoquent du même coup le départ de Kandinsky, de Franz Marc et de Gabriele Münter. Les trois artistes organisent alors une exposition concurrente dans la galerie Thannhauser, où sont aussi présentées des peintures signées August Macke, Heinrich Campendonk et Robert Delaunay. La manifestation marque l'acte de naissance officiel du groupe Der Blaue Reiter [Le Cavalier bleu], sous le titre « Erste Ausstellung der Redaktion Der Blaue Reiter » [Première exposition de la rédaction du Blaue Reiter] (ill. 7). Le nom fait référence à l'almanach *Der Blaue Reiter*, publication projetée depuis 1911 par Kandinsky et Franz Marc. Il a pour objet de rassembler les nouvelles tendances artistiques, toutes disciplines confondues, tant en Allemagne qu'à l'étranger, un projet qui répond à l'idée de synthèse des arts déjà défendue par Kandinsky. Dans la première livraison de l'almanach, qui paraît en 1912, Kandinsky publie son texte décisif *Über die Formfrage* [*Sur la question de la forme*]. On y trouve également les indications scéniques de sa pièce de théâtre abstraite, *Der Gelbe Klang* [*La Sonorité jaune*], où musique, couleur, son, lumière, mouvement et parole doivent se fondre en une nouvelle unité[21]. Kandinsky et Marc ont aussi tenu à présenter de nombreux exemples d'art « primitif », dont des peintures sur verre, typiques de l'art populaire bavarois, collectionnées par Kandinsky et Münter depuis leurs années munichoises (ill. 8). Ce sont précisément ces peintures, avec leurs contours noirs et leurs couleurs pures et lumineuses, qui donnent alors une impulsion décisive aux travaux des deux artistes. Vers 1911, la thématique religieuse est aussi très présente dans les huiles, les aquarelles, les gravures sur bois et les peintures sur verre de Kandinsky,

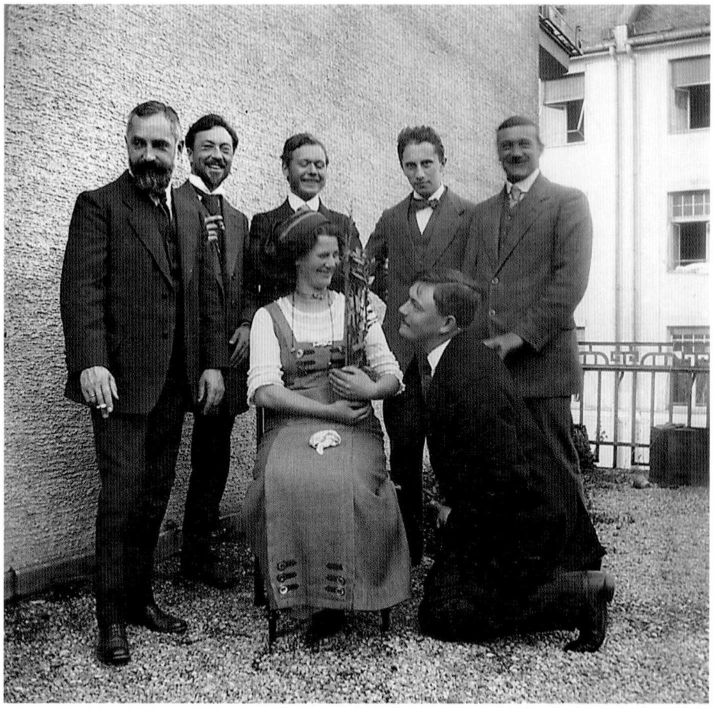
7

7. Amis du Blaue Reiter et du Moderne Bund Zürich [Cercle moderne de Zurich] sur le balcon du 36 Ainmillerstraße à Munich.
De gauche à droite : Cuno Amiet, Vassily Kandinsky, Helmuth Macke, Heinrich Campendonk, Louis Moillet ; *au premier plan* : Madame Amiet et August Macke, 1912
Gabriele Münter- und Johannes Eichner-Stiftung, Munich

8. Saint Georges, XIXe siècle, icône du Fonds Kandinsky
Centre Pompidou, Musée national d'art moderne, Paris

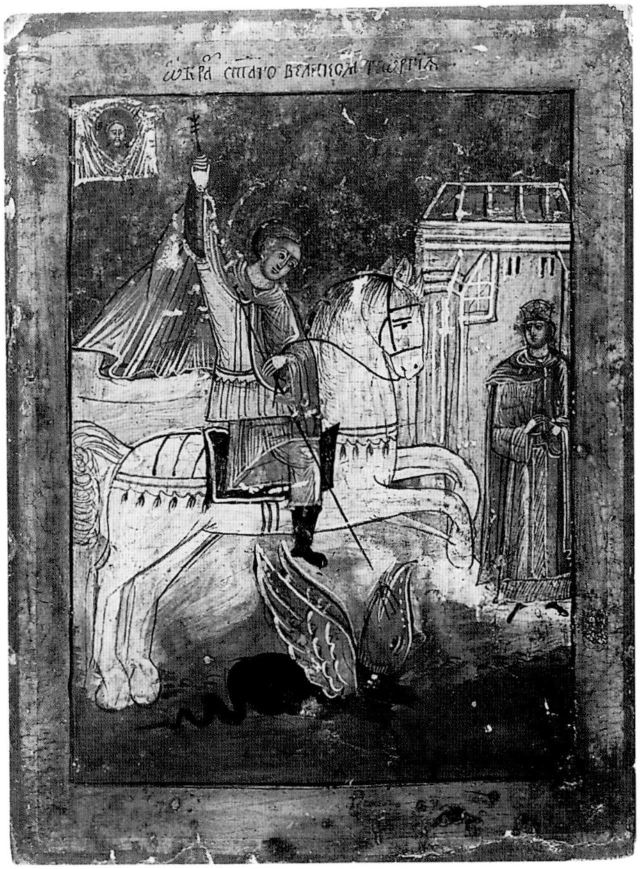

8

et elle alimente jusqu'en 1914 une succession de symboles, déclinés de façon codée dans les compositions de grand format. Un rôle essentiel est ici joué par la figure de saint Georges, présente dans de nombreuses œuvres de cette période. Kandinsky est familier du personnage, à la fois saint patron de Moscou et de Murnau (ill. 8).

À partir de 1909, Kandinsky rassemble dans ses grandes huiles les thèmes déjà abordés du paysage et des scènes historiques et religieuses. C'est toujours en 1909 que le peintre commence à classer ses grandes huiles en trois catégories, déclinées ainsi dans la conclusion de son essai *Über das Geistige in der Kunst...* : « *Impressions* [empruntées] à la nature extérieure [...], *Improvisations* [inspirées par] la nature intérieure [et] *Compositions* se formant de la même manière (mais toujours particulièrement lentement) en moi, que je reprends longuement et d'une façon presque pédante après les premières ébauches. Ici, la raison, le conscient, l'intentionnel, l'efficacité jouent un rôle prédominant. Simplement ce n'est pas le calcul, mais le sentiment qui l'emporte souvent[22]. »

Alors que jusqu'en 1914 plus de trente-cinq *Improvisations* voient ainsi le jour, Kandinsky ne peindra que dix *Compositions* jusqu'à la fin de sa vie : sept avant la Première Guerre mondiale, une à l'époque du Bauhaus et deux pendant la période parisienne. Ce n'est certainement pas un hasard si *Komposition V*, *Komposition VI* et *Komposition VII*, marquées par l'espoir de voir s'accomplir le dessein divin, usent de nombreux motifs religieux, encore partiellement figurés, et sont dédiées aux thèmes du Jugement dernier et du Déluge.

Malgré leur caractère de moins en moins reconnaissable, ces derniers transmettent à l'œuvre leur propre « sonorité intérieure », laquelle peut toutefois être séparée de leur « enveloppe » extérieure. Cette dernière particularité témoigne d'un autre aspect fondamental de l'œuvre de Kandinsky : une pensée en termes d'opposition et des agencements formels qui évoluent en sens inverse les uns des autres. On cite souvent à ce propos les *Rückblicke* de 1913, mais l'artiste décrit cette démarche de façon plus précise dans sa conférence de 1914 intitulée « Mein Werdegang » [Mon développement] : « J'ai dit à maintes reprises que l'objet pris en soi dégage une résonance spirituelle déterminée qui peut servir et sert effectivement, dans tous les domaines, de matériel à l'art. [...] Je dissolvais donc plus ou moins les objets dans le tableau, afin qu'ils ne puissent pas être tous reconnus d'un coup, et que, par conséquent, le spectateur puisse éprouver peu à peu, l'une après l'autre, ces résonances spirituelles concomitantes[23]. »

C'est là qu'apparaît le terme « absolu » qui, avec l'adjectif « abstrait », se révèle déterminant dans les recherches menées par Kandinsky avant-guerre. L'artiste voit dans la « peinture absolue » l'aboutissement d'un art non-figuratif aux moyens « purement picturaux » et indépendants du sujet, tel qu'il se réalise à ses yeux dans la musique[24]. Un autre procédé stylistique, essentiel dans la démarche complexe du peintre, est le principe déjà évoqué de l'antithèse, que l'on retrouvera dans toute son œuvre. Ce faisant, la tension entre les contraires se limite au motif, comme dans la lutte de la lumière et de l'obscurité, ou s'applique de façon de plus en plus fréquente à la construction formelle. Kandinsky lui-même explique qu'il ne se contente pas de disposer les couleurs sur une surface mais bien dans les différents plans du tableau. Il ouvre ainsi la voie à une nouvelle dimension, celle des espaces colorés, comme dans *Improvisation 26 (Rudern)* [Improvisation 26 (En ramant)] ou *Komposition VII* [Composition VII], particulièrement complexe (voir cat. p. 98 et p. 111). Il introduit ici la possibilité d'un mouvement de rotation dans l'espace qui va devenir essentiel pour les formes construites en trapèze des années russes et de la période du Bauhaus : « Je répartissais les masses de manière à ne faire apparaître aucun centre architectonique. Souvent l'élément lourd était en haut et l'élément léger en bas. Quelquefois je laissais faible le milieu de la composition et renforçais les côtés. Je posais une masse pondéreuse, d'un effet oppressant entre des parties légères. Ainsi je faisais ressortir le froid et refoulais le chaud[25]. » Kandinsky va poursuivre dans cette voie, tant dans ses écrits que dans sa peinture. À travers un nombre presque infini de variantes, ses recherches formelles laissent toujours apparaître sa volonté de dissimuler le sens et son souci de la polyphonie.

Avec ses grands tableaux de 1913-1914 comme *Schwarze Striche I* [Traits noirs I] ou *Fuga* [Fugue] (voir cat. p. 115 et 120) Kandinsky a, pour utiliser le langage métaphorique qu'il affectionne, renversé les barrières de l'art figuratif. En éliminant la présence de l'objet en peinture, il a ouvert de nouveaux niveaux de signification. Dans « Abstrakt, Absolut » [Abstrait, absolu], un texte inédit récemment publié, il établit la chronologie de cette évolution en distinguant une « première » et une « deuxième » période[26].

On peut ne pas partager sa foi dans le « Spirituel » et dans l'« Époque du grand Spirituel »[27], pour laquelle il plaide à la veille de la guerre, absolument convaincu de remplir une mission. Mais il n'en demeure pas moins qu'avec leur abstraction expressive, les tableaux des années « héroïques » d'avant 1914, appartiennent aux plus grandes réalisations de l'art du XXe siècle[28]. Ses collègues artistes, comme Franz Marc et Alfred Kubin, ou encore le galeriste Herwarth Walden, reconnaissent d'emblée la valeur révolutionnaire de l'art de Kandinsky.

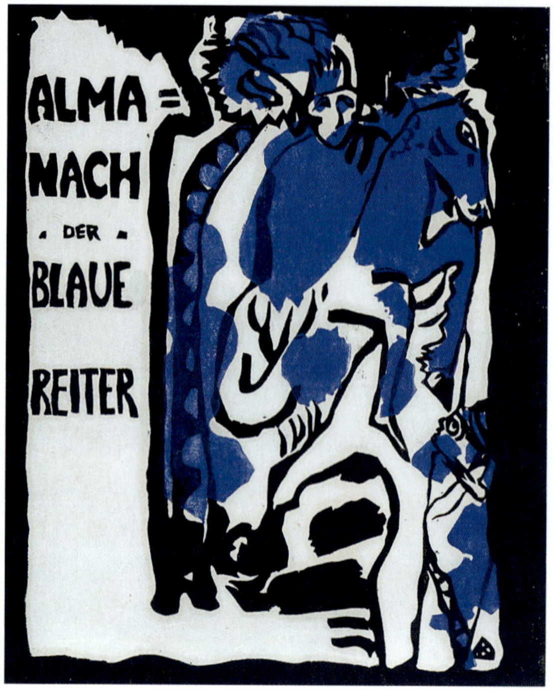

9

9. Page de titre de l'almanach *Der Blaue Reiter*, 1911, gravure sur bois colorée
Städtische Galerie im Lenbachhaus, Munich

10. *Hafen* [Port], 1916, peinture sur verre, 25 x 31 cm
Galerie Tretiakov, Moscou

11. *Der Feuervogel* [L'Oiseau de feu], 1916, aquarelle et encre de Chine sur carton
Musée Pouchkine, Moscou

Peu avant la guerre, Kandinsky rend une dernière fois visite à son ami et compagnon de route Franz Marc à Ried : « L'atmosphère était lourde et oppressante, comme s'il pressentait ce qui allait arriver. Tous deux – Kand. et Franz – ont dû avoir le pressentiment qu'ils ne se reverraient plus. Nous l'avons accompagné à Kochel. Les adieux furent difficiles et lugubres[29]. »

À la déclaration de guerre, en tant que ressortissant d'une « puissance ennemie », Kandinsky doit quitter précipitamment l'Allemagne. Accompagné de Gabriele Münter, il se rend d'abord à Goldach, sur la rive suisse du lac de Constance. Franz Marc meurt à Verdun en mars 1916. En novembre 1914, à Zurich, Kandinsky et Münter se séparent. Au prix d'un long périple de six semaines par les Balkans et Odessa, Kandinsky regagne Moscou, sa ville natale, avec un groupe de proches, dont son ex-épouse Ania. Il arrive à destination à la fin décembre 1914.

10

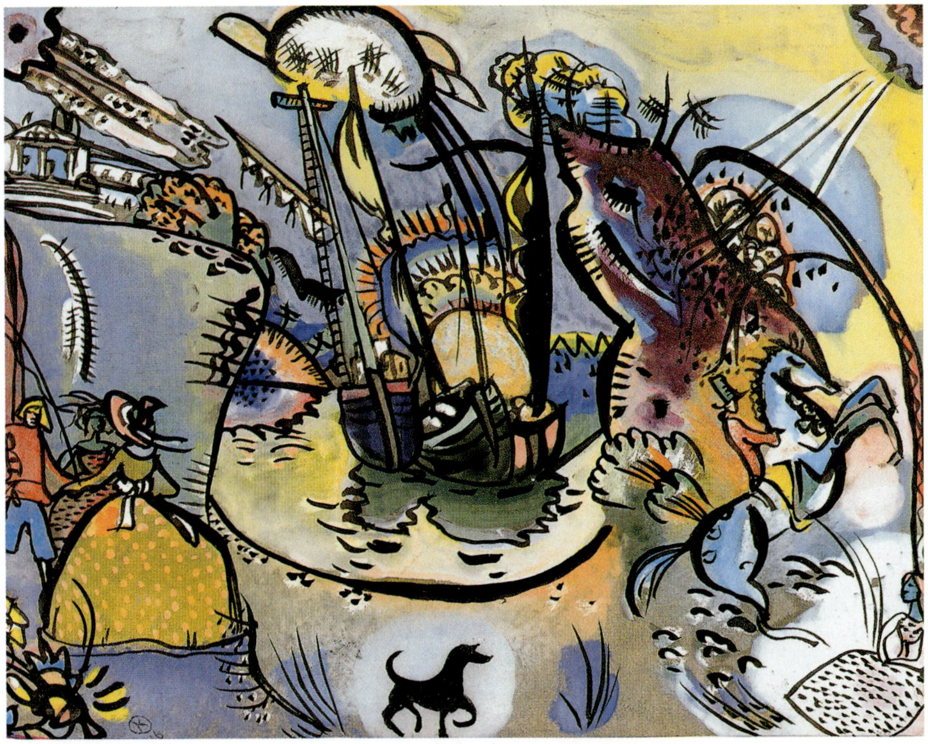

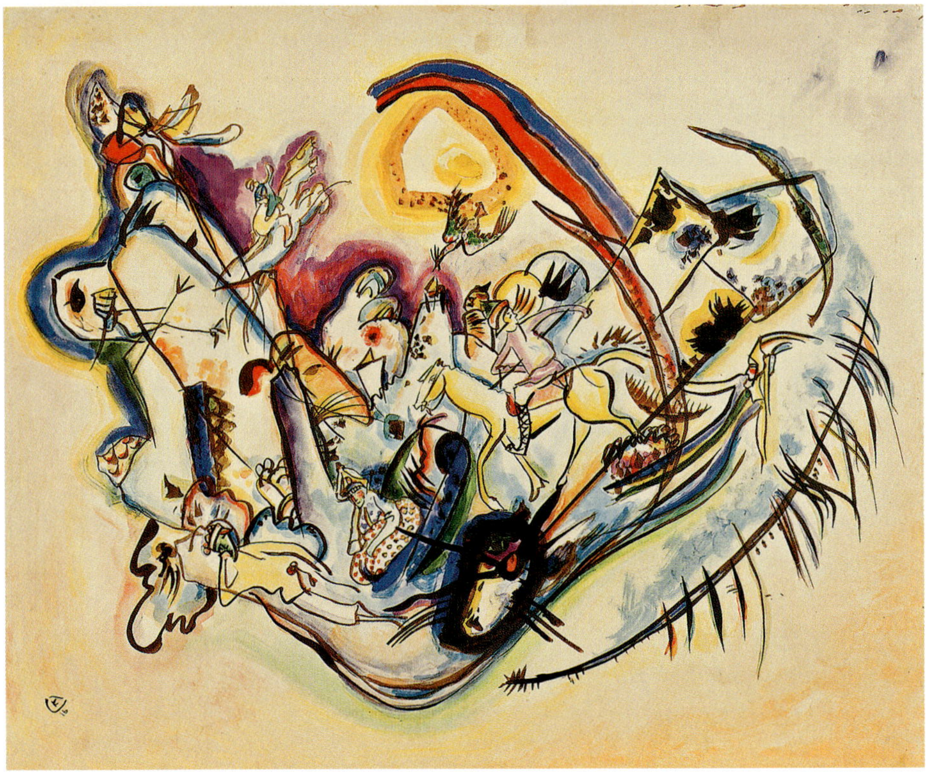

11

Rétrospectives et perspectives : Russie, 1915-1921

Début 1915, Kandinsky emménage dans l'immeuble qu'il a fait construire en 1913 à Moscou, rue Dolgy, à l'angle de la place Zoubovskaïa. Les circonstances de son retour en Russie et la fin brutale de sa période munichoise ont d'abord un effet paralysant sur son énergie créatrice. Il ne peint plus depuis l'été 1914 et, tout au long de l'année 1915, ne réalise que des dessins et des aquarelles. Gabriele Münter s'installe en mai 1915, à Stockholm, pour pouvoir le retrouver en territoire neutre. Il la rejoindra fin décembre. Au cours des trois mois qui les séparent de la mi-mars 1916, date du retour de Vassily à Moscou, les deux amants vont connaître leur dernière période de vie commune. À Stockholm, Kandinsky crée aussi une majorité d'œuvres graphiques, souvent des aquarelles aux couleurs lumineuses et aux lignes appuyées, à l'encre de Chine. Il a « recours non seulement au langage formel presque abstrait des années précédentes mais, pour ce qui est de la composition, fait appel, comme dans des mémoires, à ses souvenirs de la période munichoise.[30] » Toutefois, avec ses étonnants personnages traités sur un mode à la fois figuratif et naïf, il ne se contente pas de simples réminiscences. C'est ainsi que sa peinture sur verre intitulée *Hafen* [Port] (ill. 10) réunit deux dames en crinoline, à gauche, absorbées dans une conversation, et un élégant cavalier, à droite, lui aussi en costume d'époque. Ils se tiennent de part et d'autre d'une étrange ouverture occupée par la vision de deux imposants navires à voile, qui semblent se diriger vers le spectateur. Derrière eux se dressent des associations de paysages évoquant la Bavière. En haut à gauche, apparaît la silhouette déformée de la propriété d'Akhtyrka, qui appartient à la famille de l'ex-épouse de Kandinsky. Le bâtiment semble comme projeté vers l'extérieur du tableau par quelque force centrifuge. À droite, un nuage ou un soleil diffusent leur lumière, tandis qu'en bas, au centre, un chien au dessin naïf semble se déplacer le long du tableau, un motif déjà présent dans les œuvres précoces du peintre, qui renvoie à des modèles du Jugendstil russe ou des Loubki, ces gravures populaires russes.

L'aquarelle *Der Feuervogel* [L'Oiseau de feu] (ill. 11) présente une construction comparable, avec cette fois des personnages directement empruntés à l'univers des contes russes, comme l'oiseau de feu, le roi endormi, la sorcière Baba Iaga ou le jeune cavalier en chemise de paysan, dont la position vers l'arrière a été retrouvée par Peg Weiss dans des motifs rituels de l'art populaire de Sibérie du Nord[31]. Dans la moitié gauche du tableau, Kandinsky combine ces éléments à un cavalier bondissant vers le haut. Il apparaît comme un symbole de l'époque du Blaue Reiter, associé tout en haut à gauche à un cheval, probable référence à Franz Marc. Tous les éléments du tableau, y compris les habituelles évocations de paysage, sont disposés sur une figure en forme de disque qui se déplace librement dans l'espace et ménage une zone vide, en bordure du tableau. Ce dernier motif, qui occupera beaucoup Kandinsky pendant ses années russes, peut apparaître ici comme l'expression artistique de sa situation personnelle. En plus de ces aquarelles titrées « bagatelles »[32], il se remet aussi à peindre. Trois huiles voient ainsi le jour en Suède. Seule a été conservée *Na svetlom fone* [Tableau sur fond clair], dont le modèle sera repris en automne pour aboutir au tableau *Moskau I* [Moscou I] (voir cat. p. 125 et 127). L'impressionnante métamorphose de *Moskau I* se réfère aussi sans ambiguïté à la période munichoise, un anachronisme qui a ici quelque chose d'exotique. Sur un étroit promontoire que domine la représentation éclatée de la ville se tient, vu de dos, un petit couple en costume traditionnel bavarois, très comparable, y compris dans ses couleurs, à celui qui apparaît en 1914 sur un petit pont, au premier plan d'*Improvisation Klamm* [Improvisation Gorge] (voir cat. p. 121).

À l'automne 1916, Kandinsky fait la connaissance de Nina Andreievskaïa, dont la voix l'a séduit au hasard d'une conversation téléphonique. Très vite, une relation amoureuse se noue entre l'artiste de presque 50 ans et la jeune femme de 22 ans. Le mariage est célébré en février 1917 et le couple passe une bonne partie de l'été dans la propriété d'Akhtyrka. En septembre de la même année, naît un fils baptisé Vsevolod. On sait que Vassily et Nina entretiennent une relation fusionnelle et, comme Nina l'écrira de façon fort convaincante dans ses souvenirs, ils ne se quitteront presque jamais. Elle deviendra pour lui une compagne compréhensive et ne tardera pas à le décharger de toutes les contraintes de la vie quotidienne.

Jusqu'en octobre 1917, Kandinsky réalise vingt huiles ainsi qu'une série de peintures sur verre. Le déclenchement de la révolution interrompt à nouveau sa production, et ce jusqu'au milieu de l'année 1919. Au cours des années révolutionnaires, Kandinsky occupe plusieurs postes dans différents comités et organismes culturels. Leur inventaire succinct se trouve dans la biographie du catalogue[33]. Ses activités au sein de l'ISO (Département des beaux-arts), du Narkompros (Commissariat du peuple à l'éducation), ses fonctions de professeur aux Svomas (Ateliers nationaux libres) et son engagement dans l'Inkhouk (Institut pour la culture artistique), à partir de 1920, l'encouragent à approfondir ses réflexions théoriques sur la peinture. Celles-ci nourrissent son enseignement et aboutissent à des constructions conceptuelles plus ambitieuses. En 1919, il publie entre autres, un article intitulé « Petites réponses à de grandes questions. 1. À propos du point. 2. À propos de la ligne ». Comme dans les peintures qu'il peint cette même année, il s'y réfère à des idées antérieures à 1914, tout en posant les jalons de son essai de la période du Bauhaus : *Punkt und linie zu Fläche* [*Point et ligne sur plan*][34]. Il réalise alors six nouvelles huiles, dont la complexe *V Serom* [En gris] (voir cat. p. 131), qu'il présentera plus tard comme le « point final de sa période dramatique ».

À partir de 1920, l'artiste élabore un nouveau langage formel, où se lit l'influence manifeste des constructivistes russes comme Alexandre Rodchenko, Ivan Puni, Ivan Klioune, El Lissitzky et Kasimir Malevitch. On peut dire en résumé qu'outre l'utilisation de formes géométriques, Kandinsky met l'accent sur la création d'un champ ouvert avec des arrière-plans étendus, souvent monochromes, et la possibilité de mouvements de rotation dans l'espace, renforcés par l'introduction d'éléments comme le trapèze ou l'échiquier. En 1921, il utilise ces moyens avec éloquence dans des œuvres de grands formats comme *Bunter Kreis* [Cercle multicolore], *Krasnoe piatno N°2* [Tache rouge II], *Siny Segment* [Segment bleu], *Bely Tsentr* [Centre blanc] ou *Krougui na tchernom* [Cercles sur fond noir] (voir cat. p. 137, 138, 139 et 142). En utilisant des éléments géométriques, qui se concentrent chez lui dans la figure fondamentale du cercle, Kandinsky ne recherche cependant pas la réduction des formes prônée par le radical Malevitch avec son *Carré noir* suprématiste. Le projet constructiviste est en effet animé par la volonté de détruire la peinture comme procédé artistique, et de créer une « inflation » destinée à mettre les moyens de l'art à la portée de tous : « [...] on ne saurait mieux faire que de commander ses œuvres téléphoniquement du lit, auprès d'un peintre en décors[35]. » Quant aux liens entretenus par le constructivisme avec la technique et la mécanique, ils resteront toujours étrangers à Kandinsky. Cela ne l'empêche pas d'apprécier des artistes comme Vladimir Tatline et d'entretenir des contacts étroits avec Rodchenko[36]. Kandinsky prendra toujours soin de se démarquer du « machinisme » des constructivistes, comme en témoignent ses déclarations : de son interview par Charles Julien, en 1921, à ses textes et ses lettres de la fin des années 1930[37].

En définitive, le constructivisme incite Kandinsky à poursuivre sa recherche de moyens purement picturaux, sans la moindre référence à des objets, et avive son désir de formes toujours plus pures : « Les frontières géométriques ou libres, non liées à un objet, sont, comme les couleurs, à l'origine de stimulations moins précises que celles nées d'un objet. Elles sont plus libres, plus élastiques, plus abstraites[38]. » Avec cette forme d'abstraction toujours liée à la représentation de « figures », qu'elles soient concrètes ou abstraites, Kandinsky se distingue non seulement des constructivistes, mais aussi des abstraits du mouvement De Stijl, de la future Colorfield Painting américaine et de l'art appliqué pratiqué dans l'entourage du Bauhaus, sur lequel nous reviendrons.

Il n'est pas possible ici d'examiner en détail les conflits politiques et artistiques qui vont de plus en plus isoler Kandinsky de son environnement moscovite[39]. Nous nous contenterons de donner la parole à une voix souvent négligée, celle de Konstantin Umansky, critique d'art et anticonformiste berlinois qui rencontra plusieurs fois Kandinsky à Moscou en 1919. Dans son livre *Neue Kunst in Rußland* [Nouvel art russe], il décrit avec précision les affrontements entre artistes et les contradictions de la position de Kandinsky : « le "spirituel dans l'art" triomphe aujourd'hui en Russie à travers les tendances de "l'expressionnisme absolu". Il convient ici de distinguer deux groupes. Premièrement : celui que forme à lui seul Kandinsky. Deuxièmement : le groupe de Kasimir Malevitch et de son "suprématisme". L'œuvre de Vassily Kandinsky n'est pas moins connue et appréciée en Allemagne qu'en Russie. Mais elle ne suffit pas à caractériser le nouvel art russe. Elle constitue pourtant un témoignage brillant du tempo de la vie artistique russe et du rôle quasi prophétique qu'elle joue dans l'évolution de l'art mondial (dès 1909, Kandinsky a créé les premières peintures absolues de l'expressionnisme abstrait; en 1920, elles sont considérées hors de Russie comme des modèles à suivre). S'il est un artiste qui mérite le titre de "messie russe", c'est bien lui. Pourtant, son influence sur la vie artistique russe est réduite et le nombre de ses disciples n'est pas si grand que veulent s'en persuader les amis allemands de l'artiste. Il se peut qu'un peintre tel que lui doive rester seul. C'est là le meilleur gage d'obtenir de nouvelles révélations d'un esprit si profond. Avec ses œuvres, il a préparé la victoire de l'art absolu, mais la peinture abstraite suit aujourd'hui une autre voie[40]. »

La même année, Umansky publie dans le numéro de mai-juin de la revue *Der Ararat* de Hans Goltz un article intitulé « Kandinskys Rolle im russischen Kunstleben » [Le rôle de Kandinsky dans la vie artistique russe][41]. Il y mentionne aussi Ludwig Baer, jeune artiste et initiateur de nouveaux contacts entre les milieux artistiques russes et allemands, juste après la Première Guerre mondiale[42]. C'est à la suite d'une recherche de contact initiée par Bear que l'Arbeitsrat für Kunst [Conseil des travailleurs pour l'art] de Berlin envoie une lettre de salutation au tout nouveau Bureau international des arts, groupement chargé d'établir des liens entre artistes russes et vie artistique européenne. À sa tête se trouve un comité élu, qui rassemble entre autres Vassily Kandinsky, Anatoli Lounatcharski, Vladimir Tatline, Kasimir Malevitch et Serge Poliakov[43].

Parmi les signataires de la lettre de salutation de l'*Arbeitsrat für Kunst* figurent notamment les architectes berlinois Bruno Taut et Walter Gropius. Au printemps 1919, dans un numéro de la *Revue moscovite de la vie artistique*, paraît un article consacré à ces contacts. Il a pour seule signature l'initiale « K. », mais une note de bas de page permet de l'attribuer avec certitude à Kandinsky. C'est là que le peintre mentionne pour la première fois le nom de Walter Gropius et l'existence du Bauhaus, qui vient d'être fondé : « Cette association opérant la synthèse entre architecture, peinture et sculpture a, autant que je sache, été mise sur pied à la nouvelle académie de Weimar[44]. » De son côté, Gropius se réfère à un programme du Narkompros rapporté par Baer en Allemagne et publié par la revue *Das Kunstblatt*[45].

Kandinsky sera invité au Bauhaus à Weimar en 1921, pour y présenter la vie des arts en Russie. Mais deux années le séparent encore de son départ pour l'Allemagne. En 1920, l'Inkhouk voit le jour et Kandinsky est nommé à la tête de la section Art monumental. Le 16 juin, son fils Vsevolod meurt de la grippe[46]. Les privations affectent aussi de plus en plus Vassily et Nina Kandinsky, comme en témoigne une photo prise dans leur appartement moscovite, avec à l'arrière-plan la peinture *Improvisation 4* (ill. 12). Kandinsky présente son programme pédagogique pour l'Inkhouk à l'occasion de la première Conférence panrusse des chefs des sections artistiques du Narkompros. Jugé trop subjectif et bourgeois par les tenants du constructivisme, il est rejeté et, à la fin de l'année, Kandinsky quitte l'Inkhouk.

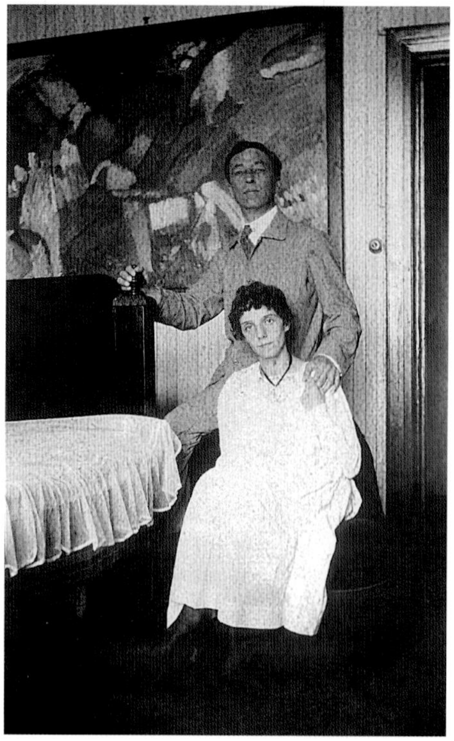

12

12. Vassily et Nina Kandinsky dans leur appartement de Moscou, vers 1917
Bibliothèque Kandinsky, Centre Pompidou, Paris

L'artiste persiste à croire au « spirituel dans l'art » comme en témoigne cette notice de 1919, qu'il rédige sur lui, à la troisième personne, pour une encyclopédie russe. Celle-ci paraît la même année, en allemand, dans la revue de Paul Westheim, *Das Kunstblatt*. Voici ce qu'il déclare dans sa notice : « Kandinsky considère la fin du XIXe et le début du XXe siècle comme l'aube de la plus grande ère de vie spirituelle. Il l'a baptisé "l'Époque du grand Spirituel"[47]. »

Début 1921, en dépit de son conflit avec l'Inkhouk, Kandinsky est nommé au comité pour la création d'une académie russe des sciences artistiques. Dans le fonds d'archives conservé à Paris se trouve un projet pour cette académie, tapé à la machine en allemand et daté du mois de juin 1921. Kandinsky propose notamment la création d'une « section de physique et de psychologie », où artistes et scientifiques pourraient mener en commun des recherches en laboratoire sur les effets des couleurs et des formes. Le programme se lit comme une version anticipée des idées de synthèse entre les arts qu'il développera au Bauhaus, Kandinsky y ajoutant la recherche d'une synthèse entre les arts et la science. En conclusion, il souligne à nouveau que les artistes ne sauraient à eux seuls remplir toutes ces tâches et qu'il faudrait leur associer des savants : « mathématiciens, physiciens, biologistes, psychologues, chimistes, physiologistes, [...] et [pour finir] philosophes et théologiens[48]. » En octobre, l'Académie russe des sciences artistiques est officiellement fondée. N'étant pas communiste, Kandinsky doit céder le poste de président à Piotr Kogan et se contenter de celui de vice-président. Cette nouvelle déception ainsi que des conditions de vie de plus en plus difficiles le confortent dans son intention de quitter la Russie. Il accepte avec plaisir l'invitation de Gropius, déjà mentionnée plus haut, et, accompagné de sa femme Nina, se rend à Berlin fin décembre 1921, avec dans ses bagages douze tableaux. La description de l'arrivée du couple, dans un véritable état de misère et d'épuisement, fait partie des passages les plus émouvants des mémoires de Nina Kandinsky. À cette époque, la métropole allemande est aussi la capitale européenne des émigrés russes[49].

Systématisation des moyens artistiques : Bauhaus, 1922-1933

Kandinsky a-t-il reçu l'invitation de Walter Gropius en 1921, alors qu'il était encore à Moscou, une hypothèse confirmée par les contacts que nous venons d'évoquer et les souvenirs de Nina Kandinsky, ou seulement après son arrivée en Allemagne, à la fin de cette même année ? Les archives du Bauhaus, n'ont pas encore tranché la question[50]. On sait avec certitude que Gropius a rendu visite à Kandinsky, à Berlin, en mars 1922, et lui a proposé un poste d'enseignant au Bauhaus. Après la signature du contrat, le peintre s'est rendu à Weimar au mois de juin pour y prendre ses fonctions. Né trois ans plus tôt, par la volonté de Walter Gropius, de la fusion entre l'Académie des beaux-arts et l'ancienne École des arts décoratifs de Weimar, le Bauhaus offre à Kandinsky un environnement artistique stimulant. À l'image des nouvelles institutions russes, l'école promeut une réforme, sinon une révolution des arts au service d'une utopie sociale. Encore rédigé dans le style emphatique de l'expressionnisme, le manifeste fondateur du Bauhaus affirme en avril 1919 que « le but final de toute activité plastique est la construction ! » Il expose le programme d'un nouvel art de bâtir, à mettre en œuvre par le retour à l'artisanat et la participation de tous les métiers et de toutes les disciplines artistiques. Après 1923, l'institution vit un tournant qui s'exprime à travers la grande exposition de son cinquième anniversaire dont le slogan est : « Art et technique : une nouvelle unité ». C'est à ce moment décisif que Kandinsky intègre le corps enseignant. Il y côtoie entre autres Lyonel Feininger, chargé des ateliers graphiques, Oskar Schlemmer, responsable des arts de la scène, et son ancien compagnon de route de l'époque du Blaue Reiter, Paul Klee, à la tête de l'atelier de peinture sur verre. Il dirige pour sa part l'atelier de peinture murale avec le titre de maître des formes et, dans les premières années, enseigne aussi en cours préparatoire. Les spécialistes de son œuvre l'ont plus d'une fois constaté : il se plie à cette obligation avec son sérieux habituel, mais non sans ressentir une certaine contrainte qui transparaît dans ses écrits[51].

Au Bauhaus, un de ses premiers projets est la réalisation d'un décor peint pour l'entrée d'un musée d'art fictif présenté à l'exposition temporaire de la Juryfreie Kunstschau, qui se tient à la gare Lehrter de Berlin, en 1922. Fait de grandes toiles tendues, le décor est réalisé d'après ses maquettes par l'atelier de peinture murale. La représentation de formes sur fond noir, disposées comme dans un tableau, témoigne de la poursuite du concept de « peinture pure » auquel il tient en dépit de l'attention portée aux données architecturales. Kandinsky est ici en opposition avec les principes de l'art appliqué, tels qu'ils seront plus tard mis en œuvre par les élèves du Bauhaus, Alfred Arndt, Herbert Bayer et Rudolf Paris à travers leur vision de l'usage des couleurs dans l'architecture. Pour l'exposition du cinquième anniversaire de l'école paraît un album réalisé avec l'aide du galeriste berlinois Karl Nierendorf, un ouvrage qui doit contribuer à la présentation des activités du Bauhaus. On y retrouve les photos reproduites page 212 : deux vues des ateliers dirigés respectivement par Vassily Kandinsky et Paul Klee (ill. 13 et 14)[52]. L'album contient en outre deux des quatre essais théoriques fondamentaux que Kandinsky publiera sous l'égide de l'école. Dans le court texte intitulé *Die Grundelemente der Form* [*Les Éléments fondamentaux de la forme*], il insiste d'emblée sur le credo du Bauhaus, celui d'un travail synthétique où art, science et industrie s'unissent : une conception dont l'adéquation avec sa propre vision de la synthèse et de l'art synthétique se révélera bientôt partielle. Dans une contribution un peu plus détaillée titrée *Farbkurs und Seminar* [*Cours et séminaire sur la couleur*], il expose les objectifs pratiques de l'atelier de peinture murale : « Il importe de découvrir entre ces différents éléments des liens régis par des lois. Les diverses utilisations de la couleur exigent une étude particulière : étude de la nature organique de la couleur, de sa force, de sa durée, des possibilités de la lier à d'autre part des agglutinants (selon chaque cas concret), de la technique qui s'y rattache nécessairement (dépendant du cas et du matériel donné), de l'adjonction du pigment colorant à d'autres matériaux : stuc, bois, verre, métal, etc.[53] »

Les photographies de la réserve de l'atelier de Kandinsky illustrent les recherches qu'il mènera toute sa vie sur la technique des couleurs, à l'aide de pigments et de liants, des recherches sur la substance matérielle de sa peinture, dont il systématisera les résultats pour ses cours. Ce rapport artisanal et passionné à la couleur se distingue de l'approche picturale tout en filigrane de Paul Klee, dont témoigne la vue de l'atelier de peinture sur verre.

Toutefois, même au Bauhaus, Kandinsky ne voit dans la couleur qu'un moyen d'accéder à un univers indépendant, engendré par la peinture et par elle seule. C'est dans cette même optique qu'il faut comprendre son attitude polémique à l'égard de la réduction de la peinture murale à un simple art appliqué, une conception dont il se distancie dès 1924 en critiquant l'accent excessif mis au Bauhaus sur cette fonction pratique et sur l'idée d'une « production » en réponse à des commandes extérieures. Il réitérera sa critique en 1929, dans un contexte de fortes tensions, avec son essai ironique « Die kahle Wand » [Le mur nu][54].

13

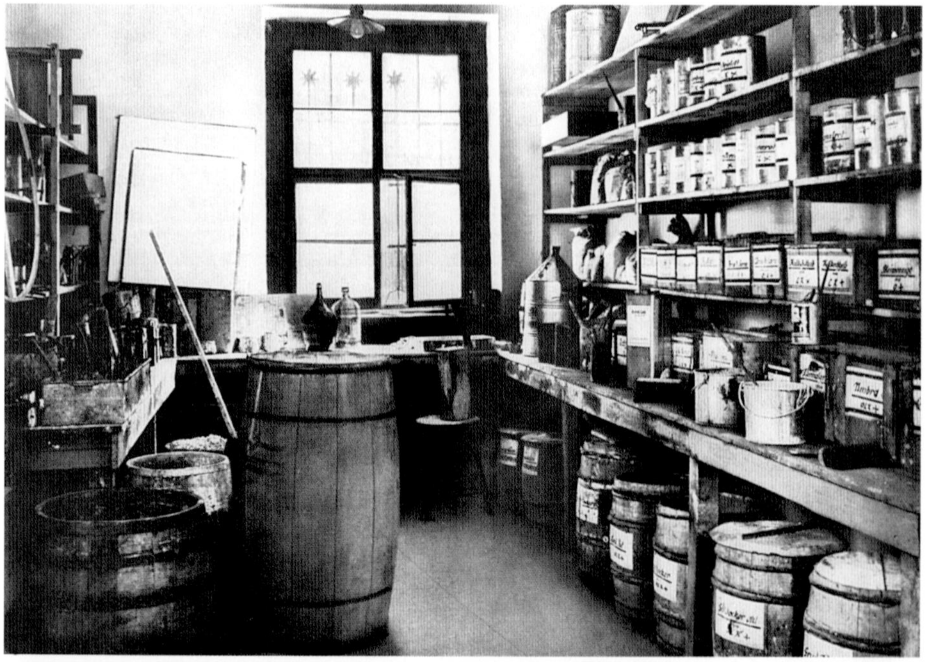

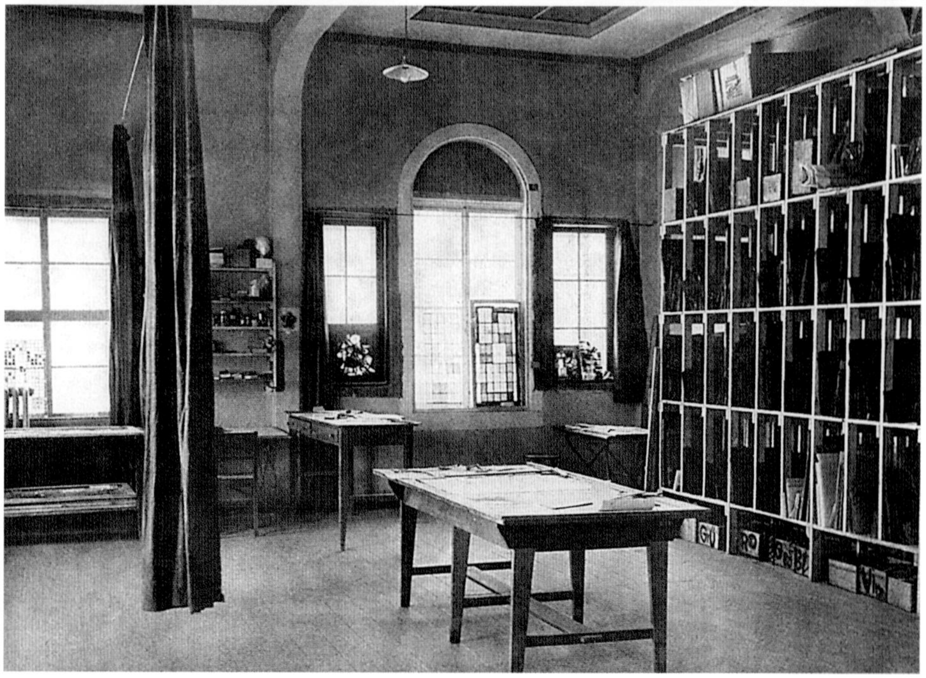

14

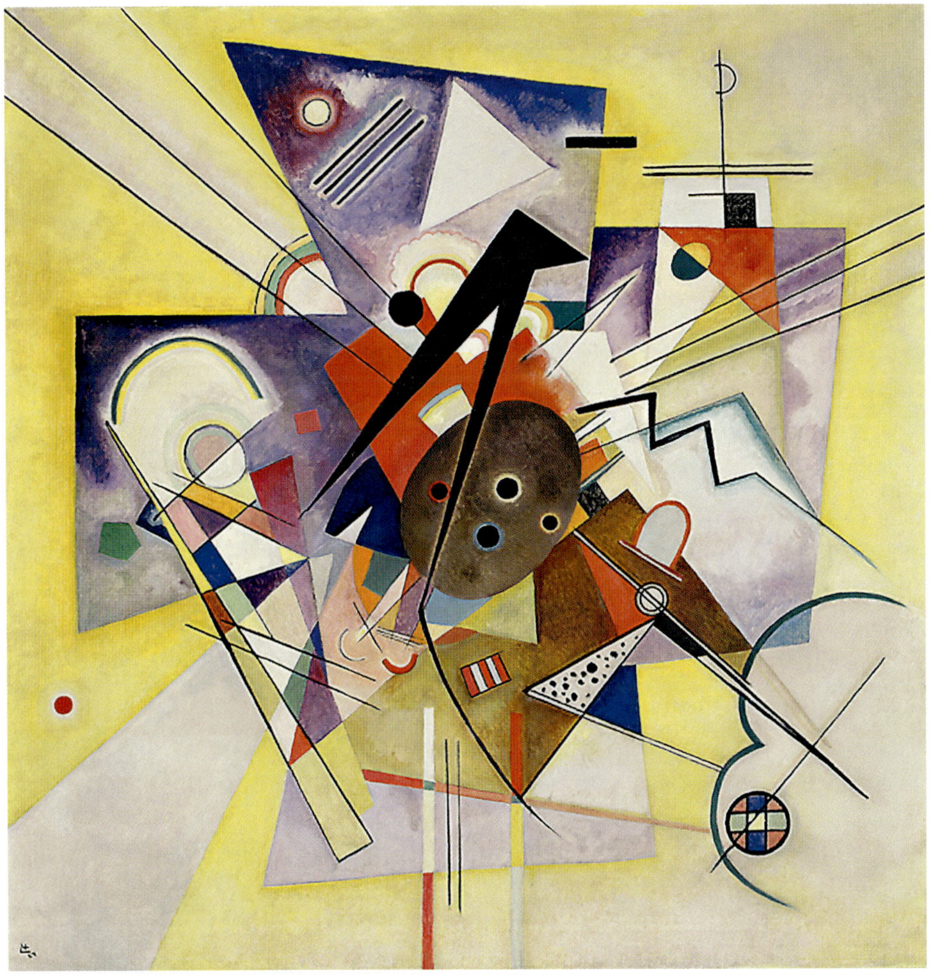

15

13. Atelier de peinture murale, maître des formes : Vassily Kandinsky, illustration extraite de *Staatliches Bauhaus Weimar. 1919-1923*, 1923

14. Atelier de peinture sur verre, maître des formes : Paul Klee, illustration extraite de *Staatliches Bauhaus Weimar. 1919–1923*, 1923

15. *Gelbe Begleitung* [Accompagnement jaune], 1924, huile sur toile, 99,2 x 97,4 cm
Solomon R. Guggenheim Museum, New York, Solomon R. Guggenheim Founding Collection, par don

Néanmoins, plus que ces débats, c'est l'enseignement de Kandinsky en cours préparatoire qui marque sa contribution au Bauhaus. Le maître introduit d'abord une analyse des formes élémentaires (triangle, carré, cercle), des volumes correspondants (pyramide, cube et sphère), et de leur combinaison avec les trois couleurs fondamentales (jaune, rouge, bleu)[55]. Nous mettrons plutôt en lumière la concentration de son travail sur son œuvre picturale et sur les grands principes de sa théorie en évoquant certains aspects moins souvent traités. Au cours des premières années passées au Bauhaus, Kandinsky peint de nombreux grands formats, parmi lesquels *Gelbe Begleitung* [Accompagnement jaune], une œuvre de 1924 (ill. 15). La définition géométrique des formes saute ici aux yeux, tout comme la diversité et la complexité de la composition. La mise en retrait des éléments à l'aide de multiples superpositions, associant rectangles irréguliers, cercles et demi-cercles, la présence de l'ovale central et celle des angles de la bordure plus claire, qui pointent vers le centre du tableau, sont autant de traits reliant l'œuvre à des peintures réalisées vers 1919 ou avant 1914. Lignes brisées et faisceaux de rayons convergent vers le milieu de la composition, où l'on peut déceler des vestiges symboliques évoquant la forme d'une embarcation ou le profil courbé du dos d'un cavalier. L'impression générale produite par cette œuvre est dominée par une tension dramatique et une émotion qui n'ont, à l'époque, pas d'équivalent chez les autres peintres abstraits. Ce tableau n'aurait certainement pas été possible sans les expériences de rétraction et d'expansion dans l'espace pratiquées par les constructivistes El Lissitzky et Ivan Klioune. Quant aux lignes rayonnantes à la trajectoire maîtrisée, elles renvoient aux expériences d'Alexandre Rodchenko, antérieures à 1921, mais aussi aux collages et aux compositions photographiques de László Moholy-Nagy, entré comme enseignant au Bauhaus en 1923, notamment par l'entremise de Kandinsky[56].

Dans plusieurs tableaux ultérieurs, comme *Spitzenbau* [Construction en pointes] de 1927 ou *Leichter Gegendruck* [Légère contre-pression] de 1929, il est d'usage de voir l'influence des formes industrielles et techniques côtoyées par Kandinsky en tant qu'enseignant du Bauhaus. L'école n'est-elle pas le creuset d'un nouveau design lié à l'industrie, dont l'orientation vers la vie quotidienne se renforce encore à Dessau ? On oublie trop souvent que Kandinsky lui-même a reproduit dans son essai *Punkt und linie zu Fläche* des exemples de formes industrielles : photo de poteaux électriques et cliché de la structure d'une tour de radiodiffusion par Moholy-Nagy. Achevé fin 1925, l'ouvrage paraît en 1926 dans la série des « Bauhaus-Bücher » [Livres du Bauhaus], dont il constitue le volume 9[57]. Remarquons que ce type de photographies industrielles marque l'univers visuel des années 1920 et se retrouve dans des revues à plus fort tirage comme *Der Querschnitt* ou *Das Kunstblatt* de Paul Westheim.

Ces publications présentent des clichés techniques de Germaine Krull ou des prises de vue de cheminées d'usine et de pylônes de lignes à haute tension, telles qu'elles sont reproduites en 1926 dans le premier numéro des *Cahiers d'Art* de Christian Zervos, avec pour titre *Le Lyrisme contemporain*. On pense enfin et surtout aux diagonales rectilignes et convergentes des projets architecturaux de Ludwig Hilberseimer, collègue de Kandinsky au Bauhaus.

N'oublions pas non plus les phénomènes physiques, que Kandinsky aborde dans ses cours théoriques du Bauhaus et qui suscitent son intérêt avant de jouer un rôle essentiel dans ses tableaux des années 1920. C'est ainsi que l'on retrouve dans ses archives un livre de Felix Auerbach, richement illustré, intitulé *Physik in graphischen Darstellungen* [*La Physique en représentations graphiques*]. Le volume a été abondamment annoté et assorti de signets, se rapportant en particulier aux représentations du « rayonnement de la chaleur » ou de la « déformation d'une courbe électrique ». Autant d'éléments liés à ses œuvres, Kandinsky s'en servant de toute évidence pour figurer les forces internes et « abstraites » de la nature afin de les mettre au service de son univers pictural[58]. Enfin, pour ce qui est de son emprunt manifeste à des constructions optiques des années 1920, citons son court manuscrit au titre interrogatif : *Kann Geometrie Kunst sein oder nicht?* [La géométrie peut-elle ou non être de l'art ?] Il y affirme que les dessins techniques de machines, les schémas de physique et autres représentations analogues peuvent être artistiques : « Et chaque forme est vivante, autrement dit elle diffuse son énergie intérieure. » Il en profite dans le même temps pour lancer une pique contre les constructivistes : « Mais malheur au peintre qui en reste à la botanique, l'anatomie, la psychologie ou la géométrie : il devient l'esclave d'un réalisme inerte. C'est bien ce que l'on observe chez les constructivistes, qui s'arrêtent à la géométrie sans pouvoir s'en détacher : ils se transforment en réalistes sans vie[59]. »

Dès le mois de décembre 1924, le gouvernement régional de Thuringe, déjà sous l'influence des nazis, provoque la fermeture du Bauhaus. L'année suivante, l'école et ses professeurs déménagent à Dessau, ville industrielle et régionale, où il leur faut d'abord se contenter de locaux provisoires. À l'été 1925 commence la construction du nouveau bâtiment du Bauhaus d'après les plans de Walter Gropius. C'est aussi lui qui conçoit la villa du directeur et les maisons des maîtres : trois pavillons jumelés où doivent loger respectivement Moholy-Nagy et Feininger, Muche et Schlemmer, ainsi que Kandinsky et Klee. Après l'installation du Bauhaus à Dessau, Vassily Kandinsky et Paul Klee obtiennent le droit de donner leurs propres « cours de peinture libres ». Klee décide d'accueillir ses étudiants dans l'atelier de sa maison, tandis que Kandinsky préfère utiliser les salles du bâtiment de l'école. Il continue par ailleurs à assurer son enseignement obligatoire du premier semestre, en cours préparatoire, et enrichit les séances consacrées aux « Éléments de la forme abstraite (couleur, forme) » et au « Dessin analytique ». Quant à la classe de peinture murale, il en cède la direction à Hinnerk Scheper[60]. En juin 1926, Vassily et Nina Kandinsky emménagent dans le pavillon mitoyen où ils ont pour voisins immédiats Paul et Lily Klee. Kandinsky redécore son logement selon un chromatisme mûrement réfléchi[61]. Ici aussi, certains détails témoignent de son mode de pensée par antithèse et opposition, une certaine « sonorité » devant résulter de la confrontation des contraires. Il s'en explique dans *Bemerkungen zum schwarz-weißen Esszimmer* [Remarques sur la salle à manger en noir et blanc], un manuscrit de 1927 resté inédit : « Dans la salle à manger au décor des plus simples, j'ai fait peindre tout en noir le seul mur agrémenté de meubles, réalisés par mon collègue du Bauhaus, Marcel Breuer. » Kandinsky agrémente ensuite ce mur noir d'un unique tableau de format carré. Il choisit d'abord sa peinture de 1923 *Auf Weiß II* [Sur blanc II], remplacée plus tard par *Drei Klänge* [Trois sonorités jaunes] (voir cat. p. 147 et 160), une œuvre de 1926 aux dimensions comparables. Il poursuit ainsi son exposé : « La division presque humoristique de cette grande surface en surfaces plus petites, confère

16. Kandinsky et Klee à l'arrière de leur maison à Dessau, vers 1929
Bibliothèque Kandinsky, Centre Pompidou, Paris

une double sonorité à cette couleur grave par nature : sérieux et concentration d'une part, gaieté stimulante et mouvement joyeux de l'autre[62]. » Si magistralement illustrées par la peinture *Auf Weiß II*, la tension et la dynamique de la composition se retrouvent dans d'autres œuvres peintes par Kandinsky à l'époque du Bauhaus. Leur expression prend alors la forme de rapports de tension dans un volume d'une plus grande plasticité. Cette solution se différencie cependant de la plasticité spatiale accentuée des peintures contemporaines de Fernand Léger, d'inspiration cubiste[63]. Chez Kandinsky, les lignes (droites, brisées, courbes ou cintrées), les barres, les surfaces et les formes les plus diverses (triangles, cercles ou rhomboïdes), supports de relations riches de sens, flottent dans l'espace du tableau et, en dépit de cette réduction aux figures géométriques fondamentales, rendent sa peinture unique. Nous savons que l'artiste consacre alors un livre à l'étude de ces éléments. Il s'agit de son essai de 1926, déjà mentionné à plusieurs reprises, *Punkt und Linie zu Fläche*. Il se présente au premier abord comme un inventaire plutôt fastidieux des moyens du dessin et de la peinture, du point à la composition finale. Mais si l'on veut bien étudier son contenu, on découvre un texte d'une grande richesse, dont la conception a, selon la préface, commencé dès 1914, à Goldach, au bord du lac de Constance, et dont certains thèmes ont été abordés dans les articles « O Tochke » [Le point] et « O Liniie » [La ligne], publiés en Russie en 1919. Kandinsky s'y livre dans des proportions inattendues à des réflexions sur sa conception du monde, abandonnant la sécheresse de l'analyse formelle pour réaffirmer son rejet du « matérialisme » (mort) au profit du « spirituel » (vivant)[64]. Le sujet est trop vaste pour être approfondi ici, d'autant qu'il nous conduirait à une nouvelle analyse des tableaux de l'époque du Bauhaus. Contentons-nous à ce propos d'une brève remarque de l'auteur : « J'ai fait une tentative dans cette direction avec mon livre *Point et ligne sur plan* : l'analyse de la forme extérieure doit nous montrer le chemin de son intérieur ». Cette réflexion est tirée de l'article théorique qu'il publie en 1927 à Amsterdam dans une revue internationale sous le titre « Und. Einiges über Synthetische Kunst » [Et. Quelques éléments sur l'art synthétique], un écrit sur lequel nous reviendrons brièvement par la suite[65]. Peu de temps après l'emménagement des Kandinsky et des Klee dans une des maisons jumelées de Dessau, la jeune historienne de l'art d'origine russe, Fannina Halle, publie en juillet 1926 un compte rendu de sa visite dans *Das Kunsblatt*[66]. L'article plut tant à Kandinsky qu'il prit contact avec la jeune femme et la recommanda à plusieurs reprises pour écrire sur son œuvre.

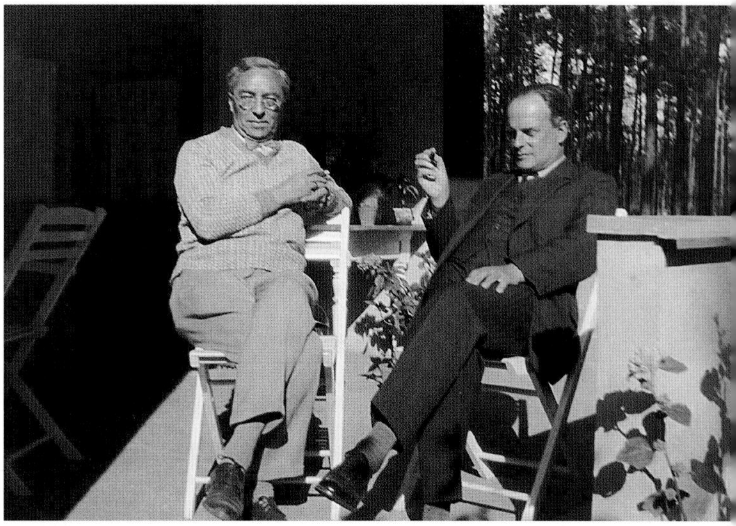
16

Les cinq années de voisinage, qui s'achèvent en 1931 par le départ de Klee pour l'académie de Düsseldorf, offrent à Kandinsky l'occasion de resserrer les liens avec son ami de longue date (ill. 16). En décembre 1926, dans le premier numéro de la nouvelle revue *Bauhaus* dédié à Kandinsky pour son soixantième anniversaire, Klee signe une dédicace amicale. Il écrit aussi un essai en avant-propos de l'exposition organisée par la galerie Arnold de Dresde, toujours à l'occasion des 60 ans de Kandinsky. Le catalogue rassemble aussi des contributions de Will Grohmann, Katherine Dreier et Fannina Halle, qui signe le texte le plus long, riche en remarques instructives sur les origines russes de l'art de Kandinsky[67]. Il a souvent été souligné combien les tableaux réalisés par Kandinsky dans les dernières années du Bauhaus témoignent de son ouverture aux stimuli artistiques exercés par l'œuvre de Paul Klee. Ce fait s'illustre notamment dans l'usage de la technique du crachis, comme dans les aquarelles *Dunkel* [Sombre] de 1928 et *Wanderschleier* [Voile en mouvement] de 1930[68]. Le choix de titres plus variés montre aussi l'influence exercée par les intitulés pleins de fantaisie de Paul Klee, même si des solutions comme *Wanderschleier* restent l'exception. Pour ses titres, Kandinsky se limite presque toujours à l'énoncé de couleurs et de formes ou à des formules composées comme *Schwarzer Fleck* [Tache noire], *Doppelter Aufstieg* [Ascension double], *Gelb – Rot – Blau* [Jaune – Rouge – Bleu], ou encore *Akzent in Rosa* [Accent en rose] (voir cat. p. 157 et 161). À la fin des années 1920, on voit aussi apparaître des qualificatifs se rapportant à des humeurs, comme *Launisch* [Capricieux], *Heiteres* [Serein] ou *Schwer* [Lourd][69]. À cette même époque, les deux peintres se montrent très intéressés par les photos aériennes du célèbre constructeur d'avions Junkers, dont le siège se trouve alors à Dessau, non loin de l'école du Bauhaus. Paul Klee s'en inspire pour des œuvres postérieures à son voyage en Égypte de 1928-1929, telles *Hauptweg und Nebenwege* [Rue principale et rues secondaires], *Monument im Fruchtland* [Monument en pays fertile] ou *Individualisierte Höhenmessung der Lagen* [Mesure individualisée des couches]. Quant à Kandinsky, il n'est pas en reste, avec ses tableaux *Ausschnitt* [Fragment] (1929) et *Ausgleich – Rosa* [Compensation rose] (1933), semblables à des transpositions géométriques de vues aériennes[70]. Un commentaire de Klee à propos de sa composition *Individualisierte Höhenmessung der Lagen* pourrait fort bien plaider en faveur de cette interprétation : « Il est intéressant de constater à quel point l'abstraction n'empêche pas la chose de rester réelle… On pourrait presque penser que cela a été peint d'après nature, c'est-à-dire d'après un modèle[71]. » Dans le numéro d'adieu dédié à Klee, en 1931, par la revue *Bauhaus*, Kandinsky rend un hommage chaleureux à son ami et à leurs années de vie commune dans une seule et même maison[72].

Un an plus tard, le Bauhaus « s'envole » à nouveau pour quitter Dessau, certes pas aussi vite qu'il avait abandonné Weimar, mais sous le coup d'un rejet plus violent encore, attisé par le pouvoir toujours croissant des nazis. En août 1932, le conseil municipal de Dessau décide la fermeture du Bauhaus pour le 1er octobre. Vers la fin de l'année, l'école, avec son dernier directeur Mies van der Rohe et ce qu'il reste du corps enseignant, s'installe à Berlin-Steglitz, dans une ancienne usine de télégraphe restée vacante. Le Bauhaus poursuit ses activités en tant qu'école privée jusqu'à sa fermeture définitive à l'été 1933[73]. On ne saurait ici revenir en détail sur les circonstances de ces événements ou sur les démêlés politiques qui agitent l'école à cette époque. Au cours de ces conflits, Kandinsky se range du côté des conservateurs et contribue en 1930 à l'éviction de l'architecte Hannes Meyer. Ce proche du parti communiste avait succédé à Walter Gropius avant de céder la place de directeur du Bauhaus à Mies van der Rohe[74]. Au-delà de son attitude d'abstinent politique, développée au moment de la révolution russe, Kandinsky tient à défendre en priorité « l'art libre » et en particulier la « peinture libre », de plus en plus marginalisée face à une peinture appliquée soumise aux exigences pratiques du design, de la technique et de l'architecture. Ses lettres à Mies van der Rohe et ses écrits de la seconde période du Bauhaus témoignent de cette préoccupation.

Dans le numéro de la revue *Bauhaus* publié en son hommage et dont il a déjà été question plus haut, Kandinsky fait paraître en 1926 son troisième grand texte théorique « Der Wert des theorischen Unterrichts in der Malerei » [La valeur de l'enseignement théorique en peinture], suivi dans le deuxième des trois numéros de 1928 par « Kunstpädagogik » [Pédagogie de l'art][75]. Kandinsky tente une

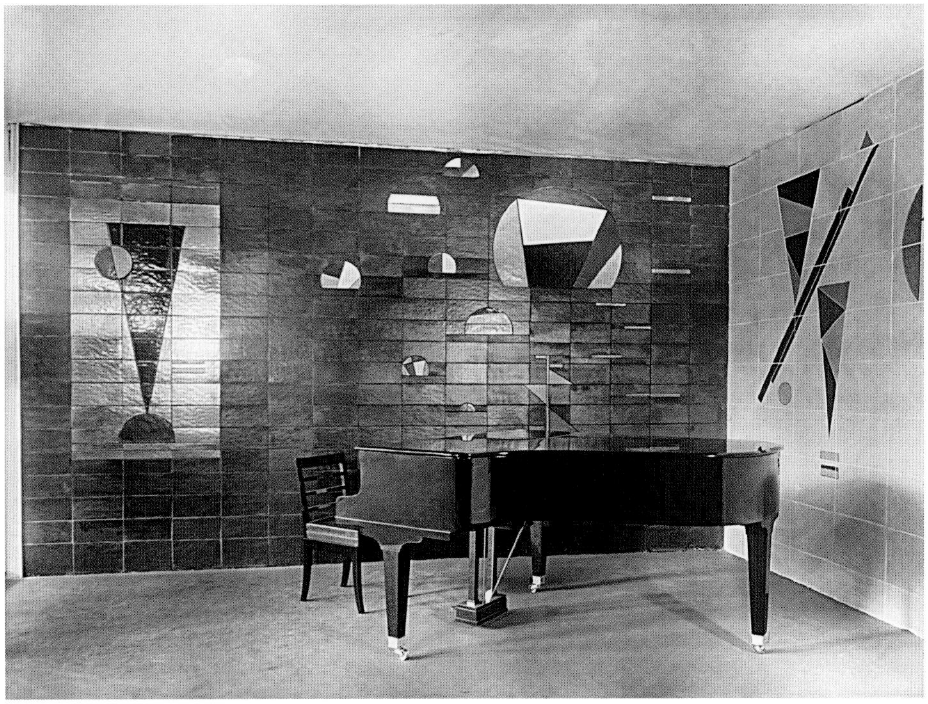

17

17. Décor mural en céramique pour le salon de musique à la « Bauausstellung » de Berlin, 1931
Bibliothèque Kandinsky, Centre Pompidou, Paris

synthèse plus philosophique de ces deux écrits à visée didactique dans son essai déjà évoqué plus haut « Und. Einiges über Synthetische Kunst ». Le « Und » [Et] du titre signale son souhait d'opérer à partir des trois textes antérieurs non seulement la synthèse des arts, mais aussi celle des arts et de la science. Il établit par ailleurs une nouvelle conception fondée sur sa volonté jamais démentie de renverser le matérialisme positiviste ou, en d'autres termes, le relativisme de l'analyse, qu'il désigne par l'expression *entweder-oder* [ou bien-ou bien]. Kandinsky entend lui substituer la dimension globale du spirituel : « Alors la jeunesse quitterait l'atmosphère engourdie du "ou bien-ou bien" pour entrer dans l'atmosphère souple et vivante du "et" – l'analyse comme moyen vers la synthèse[76]. » Parmi les exemples de survivances de l'art synthétique, il cite entre autres l'art religieux, le théâtre et, avec certaines restrictions, l'architecture. Il convient aussi, selon lui, d'intégrer le cirque et le cinéma dans la nouvelle synthèse des arts. Puis, dans une argumentation aux accents plutôt modernes, il cite avec une étonnante conviction l'église russe comme modèle pour son idéal d'unité[77]. Dans son analyse historique, il abandonne au passé le XIXe siècle et les ébranlements du début du XXe siècle : « Tout comme une oreille fine perçoit le tonnerre alors que règnent le calme et l'ordre, l'œil exercé peut deviner un nouvel ordre dans le chaos. Cet ordre abandonne le relativisme du "ou bien-ou bien" et accède progressivement à un nouveau "et". Le XXe siècle est placé sous le signe du "et"[78]. »

En 1931, Kandinsky reçoit sa seconde commande de décor mural. Il s'agit de murs en céramique pour le salon de musique de la Junggesellenwohnung à l'occasion de la « Bauausstellung », une exposition internationale d'architecture présentée dans la grande halle d'exposition près de la tour de radio, à Berlin (ill. 17). Sur trois côtés de la pièce, Kandinsky décline l'ensemble de son répertoire formel en figures géométriques au dessin appuyé, et joue sur les contrastes à l'aide de fonds noirs ou clairs. Plutôt réservée, la presse critique cette installation qu'elle juge trop froide, tandis que la responsable de l'atelier de céramique aborde dans ses lettres les difficultés rencontrées pour transposer les dessins et la maquette de petit format livrés par l'artiste[79]. Il apparaît à nouveau que Kandinsky se démarque à la fois des décors architecturaux du groupe De Stijl, autour de Piet Mondrian et de Theo Van Doesburg, et des peintures murales tout en « rythmes » et en « formes circulaires » réalisées au même moment par Delaunay à Paris. Pour lui, la surface murale reste celle d'un tableau où différents corps sont mis en rapport. La composition abstraite de son mur relève toujours de la représentation, même s'il ne s'agit que de formes géométriques.

En décembre 1932, Vassily et Nina Kandinsky accompagnent le Bauhaus dans sa fuite de Dessau à Berlin et s'installent dans la villa de l'architecte Henning. Fin 1933, ils quittent définitivement l'Allemagne et gagnent Paris via Berne[80].

Concret – Paris, 1933-1944

Les Kandinsky emménagent dans un appartement de taille modeste au sein d'un nouvel ensemble résidentiel à Neuilly-sur-Seine, dont Marcel Duchamp leur a signalé l'existence. Plus de deux années après son arrivée à Paris, le peintre écrit à Alfred Barr, directeur du Museum of Modern Art de New York : « Lorsque j'ai déménagé à Paris, j'ai été tellement bouleversé par la lumière et par la nature que je ne voulais voir aucune image qui leur fût étrangère. Je renonçai à peindre pendant presque deux mois. Je devais d'abord "digérer" mes impressions... Paris avec sa merveilleuse lumière (forte et douce) a élargi ma palette. D'autres couleurs sont apparues, d'autres formes, radicalement nouvelles, ou que je n'avais plus utilisées depuis des années. Bien sûr, tout cela, de façon inconsciente. Un autre "maniement du pinceau" a aussi émergé et, souvent, en fin de compte, une nouvelle technique[81]. »

De fait, les œuvres de la période tardive du peintre de 1934 à 1944 témoignent une fois de plus d'un changement décisif dans son art. Des constellations de formes nouvelles, souvent biomorphiques, et un chromatisme plus accentué évoquent en effet un mélange d'expériences très anciennes et d'impressions plus récentes.

À l'occasion de l'exposition de la galerie Zak, Will Grohmann doit aussi écrire un article sur Kandinsky dans les *Cahiers d'Art*. Celui-ci ne paraît finalement qu'à l'automne 1929, à la demande insistante du peintre. Trois numéros plus tard, il est suivi par la première contribution de Zervos sur Kandinsky. L'artiste se montre à chaque fois très reconnaissant, d'autant que ses efforts pour entrer dans deux des plus importantes galeries parisiennes, Bernheim-Jeune et Léonce Rosenberg, ont entre-temps échoué. Will Grohmann, historien de l'art étroitement lié au Bauhaus et professeur à Dresde, a fait la connaissance de Kandinsky au début des années 1920. Dès 1924, il consacre un bref ouvrage au peintre, publié dans la collection « Junge Kunst »

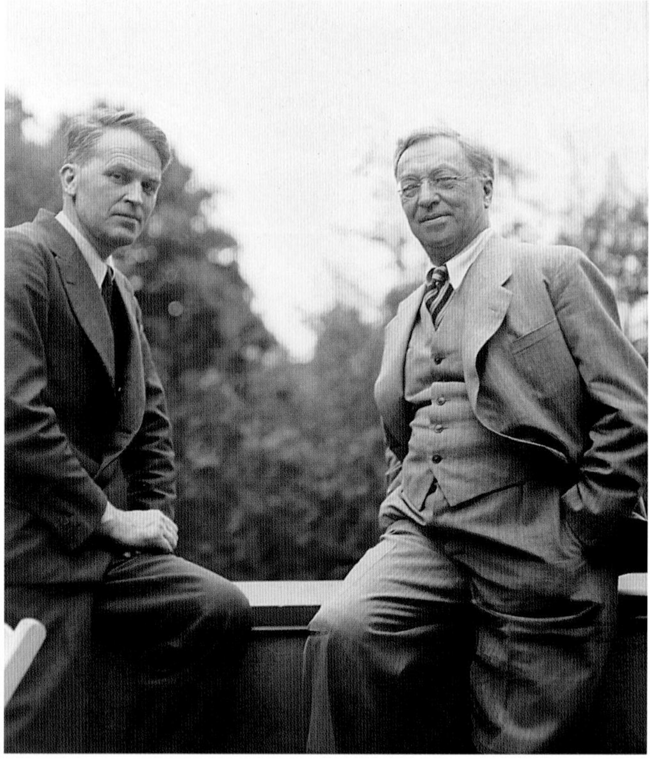

18

18. Vassily Kandinsky et Will Grohmann, Berlin, 1933
Bibliothèque Kandinsky, Centre Pompidou, Paris

19. Alcôve du salon de la maison de Kandinsky à Dessau, vers 1930
Bibliothèque Kandinsky, Centre Pompidou, Paris

[Jeune art], et devient bientôt son principal exégète comme celui de Paul Klee. Dans la seconde partie de sa vie (il en ira de même pour Klee), Kandinsky trouve dans Grohmann le plus proche de ses conseillers en matière artistique et la correspondance des deux hommes compte aujourd'hui plusieurs centaines de documents (ill. 18). L'article de Grohmann lié à la présentation de Kandinsky à Paris souligne aussi les origines orientales de l'œuvre, mais il en repousse les limites bien au-delà de la Russie, jusqu'en Mongolie[82]. Un an après cet article, la première monographie sur Kandinsky est publiée par Grohmann, aux éditions des Cahiers d'Art. La parution a lieu en janvier 1931, peu de temps après la sortie de son livre sur Klee, et le texte fait l'objet d'une édition allemande par la société Kandinsky de Braunschweig[83]. Entre-temps, une deuxième exposition Kandinsky a eu lieu à Paris, cette fois à la galerie

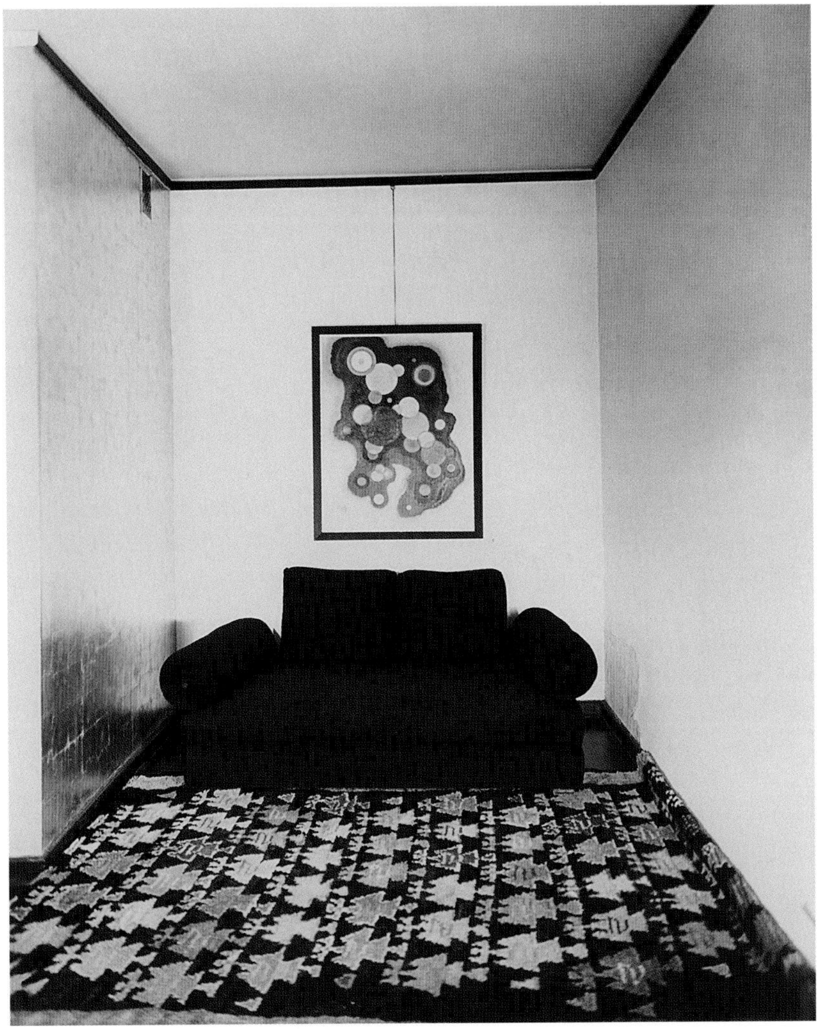

19

de France. Le petit catalogue publié à cette occasion contient de brèves contributions de Tériade, Zervos, Maurice Raynal et, à la demande de Kandinsky, de Fannina Halle. L'artiste a non seulement signalé à Zervos l'ouvrage de la jeune femme sur l'art russe ancien dans la principauté de Vladimir-Souzdal, mais il a aussi pris la peine de joindre à sa lettre, adressée le 30 janvier 1930 à la directrice de la galerie, un court texte sur son œuvre, rédigé en allemand par la même Fannina Halle[84].

C'est donc avec de telles interprétations et avec ses œuvres de la période de Dessau que Kandinsky fait son entrée sur la scène artistique parisienne. Le caractère « oriental » de l'art de Kandinsky relève d'une perception de soi et d'un vécu qui émergent, semble-t-il, à nouveau lors de la période parisienne comme principe fondamental de ses œuvres. Quant aux superpositions entre cette caractéristique et la froide objectivité apparente des années du Bauhaus, elles sont monnaie courante. Il suffit pour cela d'examiner à nouveau le décor ou, plus précisément, le choix des couleurs du pavillon de Dessau, que le jeune Felix Klee aurait qualifié de « musée extrême-oriental »[85]. Kandinsky fait peindre les murs de son petit salon en rose pâle et ivoire, avec les portes noires et le plafond gris, tandis que l'alcôve dans laquelle est disposé le canapé est tapissée de feuilles d'or (ill. 19)[86]. L'or, évoquant une icône, contribue tout particulièrement à donner à l'architecture volontairement sobre de Gropius un caractère exotique. Il en va de même des couleurs de sa peinture *Vertiefte Regung* [Vibration appronfondie] de 1928, suspendue au mur de l'alcôve, qui préfigurent la diversité recherchée des œuvres de la période parisienne.

Parmi les tout premiers tableaux peints en mars et avril 1934 par Kandinsky, après son arrivée à Paris, se trouve *Montée gracieuse* (ill. p. 256) (Solomon R. Guggenheim Museum, New York). L'œuvre présente une construction fluide et étagée, faite de fines lignes horizontales et verticales ; la partie supérieure, plus dense, est occupée par des éléments géométriques aux teintes peu contrastées comme des triangles, des cerfs-volants, des demi-cercles et des disques, mais aussi certaines figures à caractère plus organique et pourvues d'excroissances. Ces formes se retrouvent dans *Chacun pour soi* (collection privée), où elles correspondent à l'évidence à des structures embryonnaires, chacune étant incluse dans une sorte de plasma coloré et mêlée à de petites figures géométriques. Dans *Monde bleu* (voir cat. p. 171), peint le mois suivant, ces formes, semblables cette fois à des embryons, des amibes ou des protozoaires, flottent

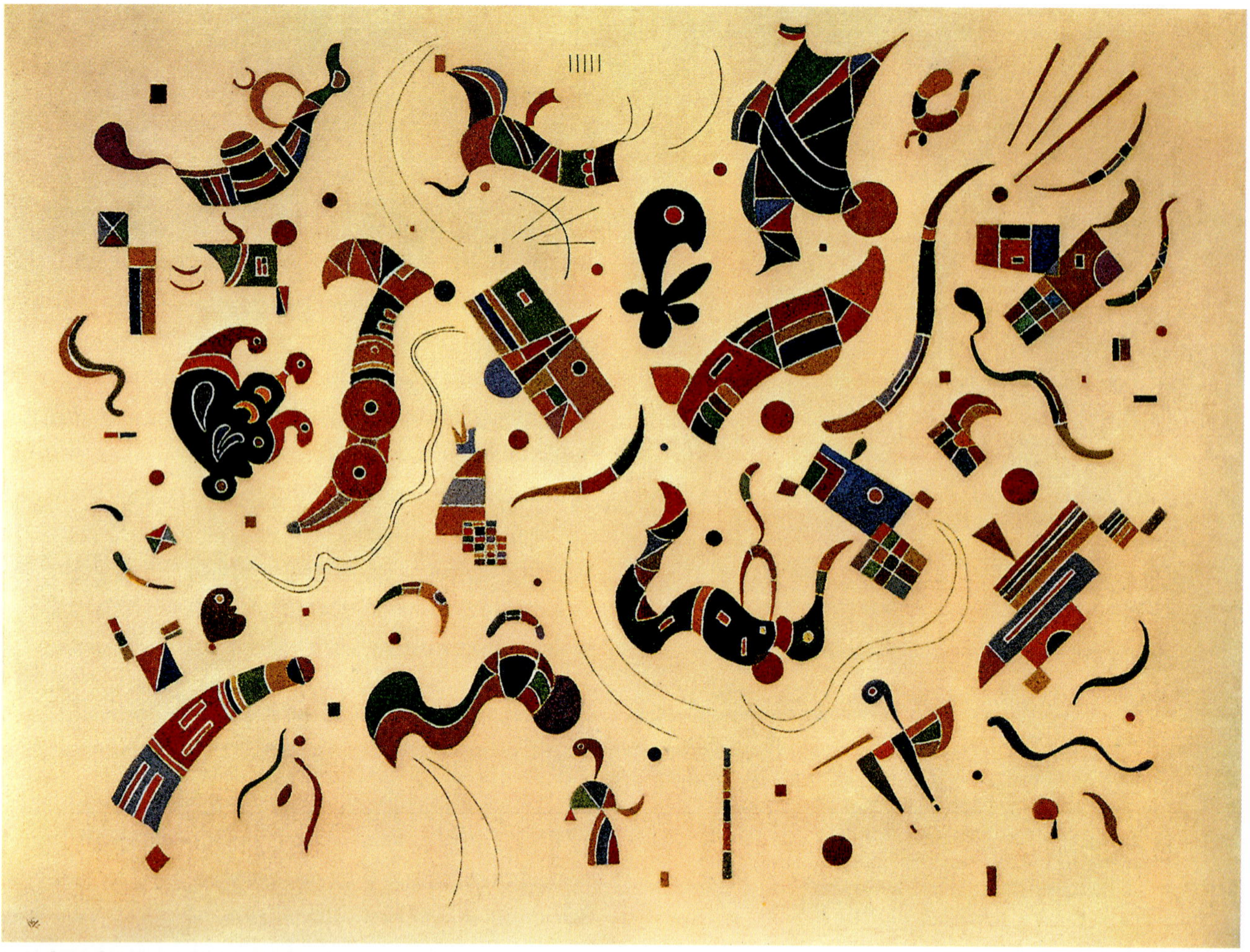

20

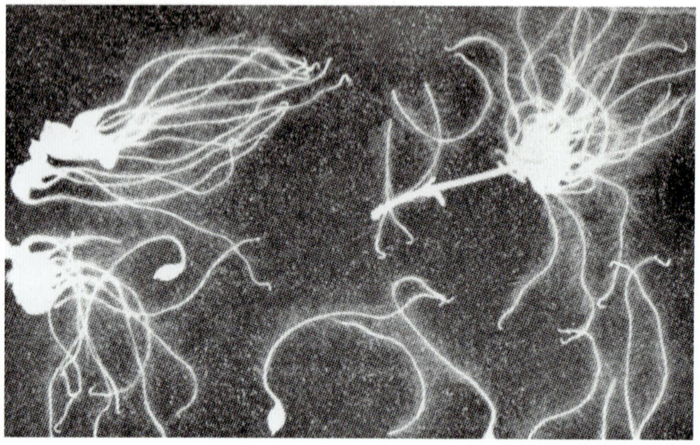

21

20. *Relations*, 1934, technique mixte sur toile, 89 x 116 cm
Collection privée

21. *Pflanzliche Schwimmbewegungen durch « Geißeln », Blüte der Clematis* [Mouvements vibratoires végétaux par « flagellum », fleur de la clématite], illustration extraite de Vassily Kandinsky, *Punkt und Linie zu Fläche*, 1926

librement dans l'espace et sont dotées de structures internes géométriques et colorées, un aspect que l'on retrouvera fréquemment jusque dans les œuvres tardives des années 1940. Pour ce tableau, comme pour d'autres compositions de la même époque, Kandinsky a choisi d'ajouter du sable à sa peinture. Il utilise ce procédé, inspiré par des travaux de Picasso, Braque, Delaunay ou André Masson, moins pour obtenir un rendu minéral, se démarquant de la peinture sur toile, que pour accentuer le contraste entre le fond et les figures de la composition[87]. On a pu retrouver des modèles concrets de cette irruption, en apparence spontanée, du répertoire formel des micro-organismes dans l'œuvre de Kandinsky. C'est ainsi que, dans sa bibliothèque, un volume de la collection « Die Kultur der Gegenwart » [La culture du présent] intitulé *Zellen-und Gewebelehre. Morphologie und Entwicklungsgeschichte. II, Zoologischer Teil* [Étude des cellules et des tissus. Morphologie et évolution. II, Zoologie] contient la reproduction d'un embryon humain, signalée, comme d'autres illustrations, à l'aide de bandes de papier, déposées en guise de signets par Kandinsky[88].

Par ailleurs, on oublie souvent qu'en 1926, dans son essai *Punkt und Linie zu Fläche*, Kandinsky avait déjà reproduit des illustrations de ce même volume, telle une coupe de « tissu conjonctif » ou des « mouvements vibratoires végétaux par *flagellum* », en précisant, de façon toute scientifique, les références de ces emprunts (ill. 21)[89]. On peut s'interroger sur le but que poursuit Kandinsky en introduisant de tels éléments dans sa peinture et sur le caractère singulier de cette dernière dans le contexte de l'art contemporain. Disons d'abord qu'en dépit de son discours spirituel spécifique, sa peinture s'inscrit bien dans son époque et que l'influence d'autres artistes parisiens comme Fernand Léger, mais aussi Joan Miró ne saurait être négligée. Il en va de même dans *Relations* de juillet 1934, composition qui doit son nom aux rapports mouvants qui régissent la disposition de ses divers éléments (ill. 20). Le chromatisme artificiellement coloré de ces semi-organismes, ainsi que leurs structures internes, géométriques ou tressées de façon décorative, apparaissent de manière encore plus frappante que dans les œuvres déjà évoquées. On retrouvera le même type de traitement en 1940 avec *Bleu de ciel*, puis, en 1942, avec *Accord réciproque* et *Balancement* (voir cat. p. 191, 195 et 197). Leur chromatisme lumineux, proche de l'émail, où se succèdent le mauve, le turquoise, le rouge sang, le violet, le marron et le jaune pâle, a souvent été interprété comme un témoignage du caractère extrême-oriental des dernières peintures de l'artiste. C'est ainsi que ces mêmes compositions ont à plusieurs reprises été qualifiées de « chinoiseries »[90], leurs figures organiques et colorées renvoyant aux « anciennes couches, les plus intimes de la conscience [du peintre][91]. » Cette interprétation est sans doute exacte, mais il convient aussi d'évoquer d'autres influences comme celle des couleurs des paysages français, récemment découvertes par Kandinsky. Dans ses souvenirs, Nina Kandinsky évoque plus d'une fois les intenses expériences chromatiques vécues par son mari au cours de leurs vacances au bord de la Méditerranée ou dans le Calvados : « Le changement incessant du jeu des couleurs fascinait toujours Kandinsky. "Il y avait des couleurs fantastiques d'une beauté indescriptible, dans le ciel et en particulier dans l'eau, disait-il sur un ton ravi. Le calme ne durait presque jamais une minute entière, et souvent on voyait en même temps du blanc pur, du vert émeraude, du violet sombre sur l'océan. Là-dessus le jaune tendre du sable sec et les différents tons de brun, de rose, de vert du sable humide... sans oublier le ciel d'un bleu tendre, dans lequel le vent chassait les nuages de toutes les couleurs. Et une seconde plus tard, le tableau se métamorphosait complètement. L'envie ne m'a pas pris de peindre des paysages maritimes, mais j'ai aspiré goulûment les impressions. Et la terre ! La Normandie est bien le *Jardin de la France* !"[92] » Nina Kandinsky rapporte aussi qu'à Paris, Kandinsky n'utilise presque jamais les couleurs pures prêtes à l'emploi mais « composait sa palette, faite d'un mélange de plusieurs tons. Pour les couleurs en poudre, il utilisait un mortier [...]. D'un tableau à l'autre les couleurs sont différentes, et parfois même sur la même toile[93]. » L'artiste prépare donc ses couleurs pour chaque œuvre et va jusqu'à se débarrasser des restes une fois le tableau achevé. Alliée à l'extrême précision des formes ou, mieux, à la « clarté toujours parfaite des formes absolues », comme le déclarera son ami Alberto Magnelli[94], cette méthode peut parfois donner le sentiment que ses œuvres tardives sont empreintes d'un certain maniérisme. Enfin, ce chromatisme exotique pourrait aussi trouver sa source dans l'art égyptien, fort prisé par Kandinsky.

Le goût de Kandinsky pour les fresques égyptiennes est aussi attesté par une note manuscrite en marge d'un essai de son neveu Alexandre Kojève, *Les Peintures concrètes de Kandinsky*, écrit en 1936[95]. C'est dans ce texte qu'apparaît le concept dont se réclame Kandinsky pour sa peinture de la période parisienne. Elle n'est ni « abstraite », ni « absolue » mais « concrète ». Nous allons tenter ici de définir succinctement cette idée et de donner les grandes lignes du débat auquel elle donne lieu à cette époque. Tandis qu'on décrit comme « abstraite » une œuvre procédant d'une abstraction de la nature et donc toujours marquée par des vestiges de figuration, on considère comme « concrète » celle qui renonce à « l'abstraction au profit de l'art non-figuratif (sans référence aux formes naturelles ou aux objets)[96] ». En 1938 paraissent les articles « Art concret » et « Abstrait ou concret ». En 1939, Kandinsky publie son essai « De la valeur d'une œuvre concrète » dans la revue *XXe Siècle* de Gualtieri di San Lazzaro[97]. En 1941, il aborde une fois encore la question du choix des termes, dans une lettre à Pierre Bruguière, le jeune juge d'instruction et amateur d'art à qui lui et Nina doivent d'avoir obtenu la nationalité française, à l'été 1939 : « L'absence de terminologie précise en matière d'art abstrait, que vous appelez "réel" et moi "concret", est une preuve de la grande force vitale de cet art, en pleine évolution et aux perspectives infinies. Une terminologie définitive est pour moi la preuve que l'évolution s'est arrêtée – c'est le "musée", la classification "fermée". Nos adversaires affirment depuis trente ans que les moyens de l'art dit "abstrait" sont trop limités pour permettre son évolution future. Seuls des aveugles peuvent être de cet avis[98]. » Mais Kandinsky se distingue de Mondrian et de son langage universel de l'angle droit et des couleurs fondamentales, selon la formule « surface carrée en couleurs primaires[99] ». Il n'adhère pas non plus aux exigences de Van Doesburg, qui veut éliminer les formes naturelles pour les remplacer par des formes artistiques comme les lignes, les couleurs et les surfaces[100]. Dans ses œuvres tardives, il recherche une voie médiane singulière entre la non-figuration et une nouvelle conception de la nature. Dès 1931, dans sa longue réponse à l'enquête engagée par Zervos à propos de l'art abstrait, il décrit la forme géométrique comme une possibilité non-figurative parmi de nombreuses autres et souligne son contenu émotionnel dans une formule devenue célèbre : « Le contact de l'angle aigu d'un triangle avec un cercle n'a pas d'effet moindre que celui du doigt de Dieu avec le doigt d'Adam chez Michel Ange. » Et Kandinsky de poursuivre avec une phrase qui n'a pas moins d'importance : « si les doigts ne sont pas de l'anatomie ou de la physiologie mais davantage, à savoir des moyens picturaux, les triangles et le cercle ne sont pas de la géométrie mais davantage : des moyens picturaux[101]. » Si ces réflexions nous renvoient une fois de plus à la froide objectivité supposée des compositions de la période du Bauhaus, les formes d'aspect morphologique et organique de la période parisienne viennent peupler un monde purement artistique qui doit être mis sur un pied d'égalité avec celui de la nature. À ce propos, il est aussi fort instructif de se pencher sur un article publié par Kandinsky, en juin 1930, dans le journal *L'Intransigeant*, un texte plus rarement cité. Kandinsky y explique que l'art moderne se divise en trois grandes orientations : « la peinture "absolue" ou "abstraite", appelée à être détruite ou évincée pas la "nouvelle objectivité", elle-même remplacée par le "surréalisme", mouvement encore plus récent [...]. Ces orientations sont toutes trois porteuses de "fantastique", chacune à sa manière. » La différence tient uniquement aux moyens mis en œuvre pour représenter la nature fantastique de la réalité. Il lance alors une phrase qui ne manquera de surprendre, si l'on considère sa célèbre polémique contre les surréalistes, développée, notament, dans ses lettres à Albers et à Zervos en 1934 et 1935 : « Vues sous cet aspect, la peinture abstraite et la peinture surréaliste sont des sœurs naturelles. » Il convient d'examiner plus en détail son argumentation. Elle démontre en effet une fois de plus que, malgré l'isolement croissant de son univers pictural, il est parfaitement conscient de sa position dans le monde contemporain et qu'il continue, comme au temps du Bauhaus, à intégrer des éléments marqués

22

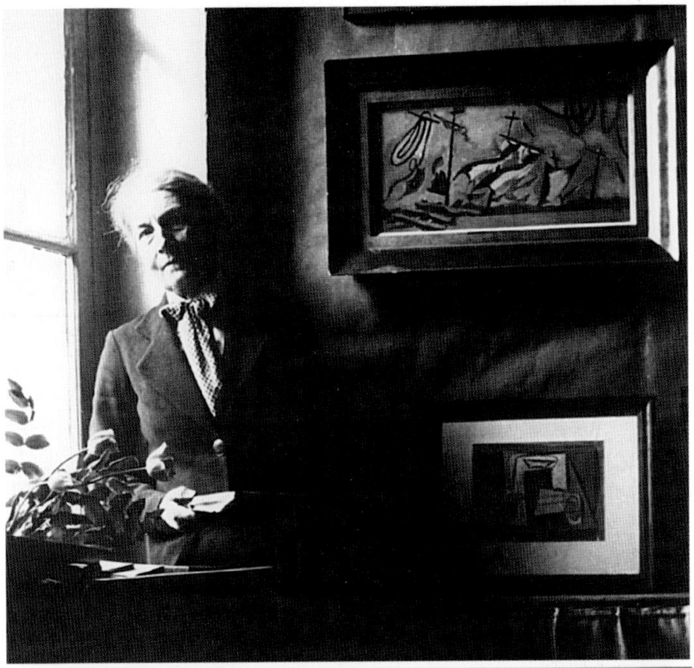

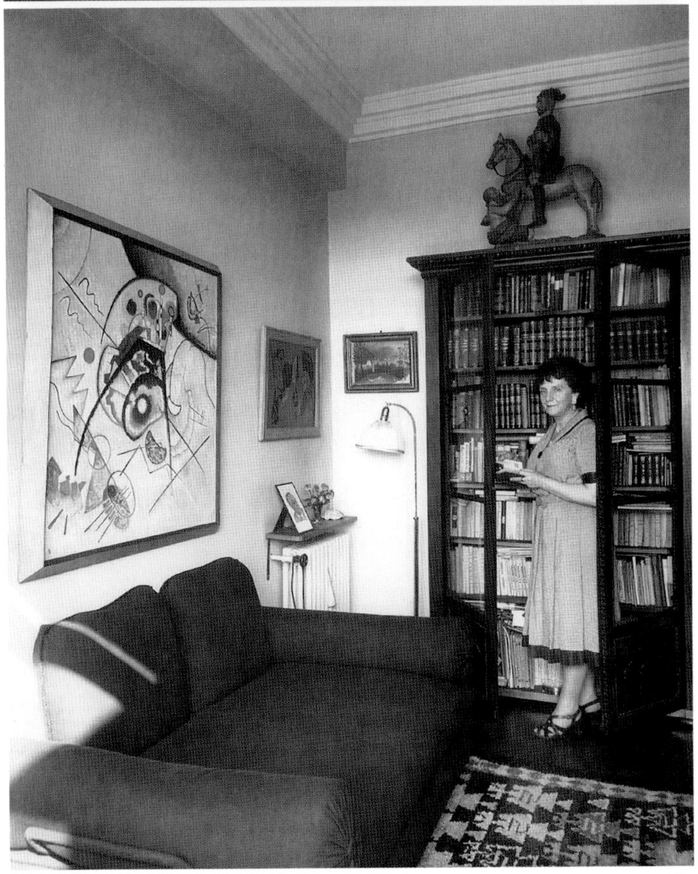

23

22. Jeanne Bucher, Paris, vers 1940
Bibliothèque Kandinsky, Centre Pompidou, Paris

23. Nina Kandinsky dans son salon de Neuilly-sur-Seine, vers 1960
Bibliothèque Kandinsky, Centre Pompidou, Paris

par une vision contemporaine où technique et science jouent un rôle essentiel. Dans le même temps, le caractère spatial spécifique de ses œuvres et leurs étonnantes analogies avec la nature sont exposés avec une grande authenticité. Cette profession de foi peut se lire comme le programme anticipé de son œuvre tardive, qui se saisit aussi des catégories comme « biologique » et « cosmique » en se fondant, dans une optique résolument contemporaine, sur les nouvelles connaissances scientifiques[102]. Cette approche se communique à ses œuvres en dépit de leurs codages hermétiques, malgré la survivance de son iconographie personnelle, liée à son expérience visuelle de l'ancienne Russie, et malgré la persistance de l'opposition entre les contraires. C'est ainsi que des critiques, de Grohmann à Georgia Illetschko, ont recherché avec constance et retrouvé le motif de saint Georges terrassant le dragon jusque dans les dernières œuvres du peintre comme *Isolation* (ill. p. 259) ou *L'Élan tempéré* de 1944[103]. Même la composition récurrente en casiers dans lesquels Kandinsky ordonne en parties ses multiples formes a pu être mise en rapport avec les iconostases et leur strict alignement d'images saintes. Enfin, nombre de ses structures colorées ressemblent à des coupes observées au microscope et les effets spéciaux du cinéma ne doivent pas non plus être négligés dans la lecture de ses dernières œuvres[104]. Depuis les années du Bauhaus, on peut observer dans son mode de vie et sa manière d'être une forme d'engourdissement bourgeois qui transparaît sur les photos posées comme sur les clichés sans recherche de ses vacances[105]. Qu'elles soient adressées à Albers, Zervos, au collectionneur Hermann Rupf, à Pierre Bruguière, à Galka Scheyer ou à Hilla Rebay, les lettres de sa période parisienne manquent de diversité. Il n'y est question que de la possibilité d'exposer ou de vendre mais aussi, à chaque nouvelle exposition et à chaque création de revue, de l'espoir toujours renouvelé de faire avancer sa grande cause : l'art abstrait. Pourtant, à Paris non plus, la grande percée en termes de notoriété et de reconnaissance n'aura pas lieu.

À partir de 1936, après le refroidissement de sa relation avec Zervos, Jeanne Bucher expose à plusieurs reprises ses œuvres dans sa galerie parisienne et brave même l'interdiction de l'occupant pour organiser en l'honneur de Kandinsky une rétrospective clandestine en 1944 (ill. 22). Pendant la guerre, Kandinsky ne quitte que rarement l'environnement immédiat de son appartement.

Nous ne spéculerons pas ici sur l'état d'esprit du peintre – émigré pour la troisième fois, et stigmatisé en Allemagne en tant qu'« artiste dégénéré » – ou sur la conscience qu'il a de ne pas avoir été reconnu, de son vivant, à sa juste valeur. Avec les représentations à caractère organique de son œuvre tardive, au moins aura-t-il essayé de satisfaire aux exigences de cette peinture indépendante, telle qu'il l'avait formulée dans son idée de synthèse à l'époque du Bauhaus : « Création synthétique et œuvre ; reconnaissance du principe créateur dans la nature et de sa parenté intime avec celui de l'art[106]. » Ou, comme l'a formulé le philosophe Alexandre Kojève en 1936 dans sa définition du concept d'art concret : « En définitive : à l'encontre de la peinture "représentative" qui dans tous ses quatre avatars du "symbolisme", du "réalisme", de l'"impressionnisme" et de l'"expressionnisme" – est abstraite et subjective, les peintures "non-représentatives" ou "totales et absolues" de Kandinsky sont concrètes et objectives : objectives – parce qu'elles n'impliquent et n'exigent aucun rapport subjectif venant soit du peintre soit du contemplateur ; concrètes – parce qu'elles sont, non pas des abstractions de quoi que ce soit, qui existe en dehors d'elles, mais des Univers complets et réels, qui existent en-par-et-pour-eux-mêmes au même titre que l'Univers réel non-artistique[107]. » Et si le fait de croire, comme Kandinsky, au spirituel dans l'art s'est révélé comme l'une des dernières utopies de l'histoire intellectuelle du XXe siècle, le rayonnement jamais démenti de ses œuvres en est le témoignage le plus éloquent.

notes

1— Voir Jelena Hahl-Koch, *Kandinsky*, Stuttgart, Hatje, 1993, p. 27 *sq.* ; Noemi Smolik, « Auferstehung und kulturelle Erneuerung », *Kandinsky. Malerei von 1908-1921. Wege zur Abstraktion*, cat. exp., Londres/Bâle, Hatje Cantz, 2006, p. 137-156 ; N. Smolik, « Anfänge in Russland. Prophet oder Widersacher der Moderne ? », dans Annegret Hoberg, Helmut Friedel (dir.), *Wassily Kandinsky*, Munich/Berlin/London/ New York/New York, Prestel, 2008, p. 29-53 ; Valery Turchin, *Kandinsky in Russia*, Moscou/Prague, Society of Admirers of the Art of W. Kandinsky, 2008, p. 39 *sq.* ; ainsi que les contributions de Dimitrij Sarabianov et Natalia Adaskina, *Kandinsky et la Russie*, Martigny, Fondation Pierre Gianadda, 2000, p. 19-48.

2— Voir Igor Aronov, *Kandinsky's Quest. A Study in the Artist's Personal Symbolism, 1866-1907*, New York/Washington/Bern, Peter Lang, 2006, p. 9-14 ; et en particulier V. Turchin, « The Professor Chuprov Circle », *Kandinsky in Russia, op. cit.*, p. 46-56. Il est erroné de dater du 20 mars 1908 la lettre adressée par Kandinsky à Ivan Scheiman, l'un de ses oncles, à la suite du décès d'Alexandre Ivanovitch Tchouprov. Au printemps 1908, ce dernier est encore en vie et rend même visite à Kandinsky à Munich, dans son appartement de l'Ainmillertraße, ainsi qu'à Murnau.

3— V. Turchin, *Kandinsky in Russia, op. cit.*, p. 39 ; voir aussi J. Hahl-Koch, *op. cit.*, p. 30.

4— Vassily Kandinsky, *Kandinsky Kollektiv-Ausstellung, 1902 -1912*, cat. exp., Munich, galerie Hans Goltz, Munich, 1913, p. 22.

5— V. Kandinsky, *Regards sur le passé et autres textes. 1912-1922*, trad. de l'allemand par M. Dupont, éd. par J.-P. Bouillon, Paris, Hermann, 1974, p. 92.

6— Bruno Haas, « Syntax », *Kandinsky. Malerei von 1908-1921. Wege zur Abstraktion, op. cit.*, p. 198.

7— Rudolf H. Wackernagel, Berndt Fäthke, *Jawlensky und seine Weggefährten in neuem Licht*, Munich, Hirmer, 2004, p. 41 et note 290 ; Brigitte Salmen et Annegret Hoberg, « Um 1908 – Kandinsky, Münter, Jawlensky und Werefkin in Murnau », dans *1908-2008. Vor 100 Jahren. Kandinsky, Münter, Jawlensky, Werefkin in Murnau*, cat. exp., Murnau, Schloßmuseum, 2008.

8— Dans le Fonds Kandinsky conservé à Paris se trouvent de petites feuilles avec des extraits du journal de Delacroix, dont certains sur la comparaison entre peinture et musique et les lois identiques qui régissent la mélodie, les accords, les lignes et la composition. On y trouve aussi un exemplaire, annoté par Kandinsky, de Max Klinger, *Malerei und Zeichnung* [3e édition], Leipzig, Reclam, 1899 (Bibliothèque Kandinsky, Centre Pompidou, Paris).

9— Le 31 octobre 1903, Kandinsky rapporte à Gabriele Münter sa visite de la pinacothèque de Munich: «Ai à nouveau tiré mon chapeau à Böcklin et passé une éternité à l'observer et à l'admirer. Si un artiste de notre temps peut prétendre au titre de maître, c'est bien lui: à la fois peintre, dessinateur, musicien et poète. J'ai aussi longuement admiré le vieux Rembrandt.» (Manuscrit, Gabriele Münter- und Johannes Eichner-Stiftung, Munich).

10— Kandinsky évoque Maeterlinck, non seulement dans *Über das Geistige in der Kunst*, mais aussi dans un texte manuscrit de sa période munichoise, récemment édité sous le titre «...in abstracto». Il y explique que si «la musique, pleinement émancipée, n'a aucun besoin d'emprunter des formes pour s'exprimer, la littérature, surtout depuis M.[aeterlinck], travaille à l'élaboration de ses propres moyens (sonorité et sens interne du mot, association de sonorités, etc.)», tandis que cette évolution reste à accomplir par la peinture (V. Kandinsky, *Gesammelte Schriften*, éd. par H. Friedel, Munich/Berlin/ London/New York, Prestel 2007, p. 303).

11— Voir la contribution de Wilhelm Michel, «Das Erwachen des Geistigen», *Deutsche Kunst und Dekoration*, XXXII, p. 9 *sq.*, et Ludwig Volkmann, «Das Geistreiche im Kunstwerk», *Die Kunst für Alle*, XVIII, n° 7, p. 153-161.

12— V. Kandinsky, «Mon développement» ou «Conférence de Cologne», texte d'une conférence donnée à l'occasion de son exposition au *Kreis für Kunst* [Cercle pour l'art] de Cologne, en janvier 1914, dans V. Kandinsky, *Écrits complets*, éd. par Philippe Sers, Paris, 1970, t. II, p. 269-285 (la citation se trouve p. 269).

13— *Ibid.*

14— À propos de Gabriele Münter, voir notamment *Gabriele Münter 1877-1962. Retrospektive*, éd. par H. Friedel et A. Hoberg, cat. exp., Munich, Lenbachhaus, 1992.

15— À ce propos, voir aussi A. Hoberg (dir.), *Wassily Kandinsky und Gabriele Münter in Murnau und Kochel, 1902-1914. Briefe und Erinnerungen*, Munich, Prestel, 1994 et Gisela Kleine, *Gabriele Münter und Wassily Kandinsky. Biographie eines Paares*, Francfort, Insel-Verlag, 1990.

16— V. Kandinsky, Lettre à Gabriele Münter, 25 avril 1904, manuscrit, Gabriele Munter- und Johannes Eichner-Stiftung, Munich.

17— V. Kandinsky, Lettre à G. Münter, 16 novembre 1904, manuscrit, Gabriele Münter- und Johannes Eichner-Stiftung, Munich. L'amour exprimé par Kandinsky Moscou, prend parfois des accents comiques: «Je t'interdis de m'appeler fils d'Odessa!! Tu risques ainsi de blesser profondément toute la famille et en particulier mon père. S'il te plaît, ne recommence plus! Pouah! Fils d'Odessa! Non, pour rien au monde! Dieu merci! Je suis bien né à Moscou, Klarer-Teichstrasse.» (V. Kandinsky, Lettre à G. Münter, 31 octobre 1904, manuscrit, Gabriele Münter-und Johannes Eichner-Stiftung, Munich).

18— L'idée selon laquelle Kandinsky, ne maîtrisant que sa langue maternelle, aurait écrit la majorité de ses textes en russe pour ensuite les faire traduire par ses compagnes est erronée (voir V. Turchin, *Kandinsky in Russia, op. cit.*, p. 34). Gabriele Münter ne parlait pas russe et, à son arrivée à Paris, Nina Kandinsky avait une maîtrise insuffisante du français.

19— À ce propos, voir aussi V. Kandinsky, «Mon développement», art. cité.

20— Sur l'histoire, les idées et les membres du NKVM, voir *Der Blaue Reiter und das Neue Bild*, cat. exp., Munich, Städtische Galerie im Lenbachhaus, 1999.

21— À propos de l'almanach *Der Blaue Reiter* voir Klaus Lankheit, *Der Blaue Reiter. Dokumentarische Neuausgabe*, Munich, Piper & Co Verlag, 1965, ainsi que V. Kandinsky, F. Marc, *Der Blaue Reiter*, Munich, Piper, 1912 (rééd. 2008) et A. Hoberg, «Der Blaue Reiter. Die Malerei allein genügte uns nicht», dans A. Hoberg, H. Friedel, *Wassily Kandinsky, op. cit.*, p. 81-141. On reste surpris par l'étonnante justesse avec laquelle Kandinsky et Marc ont sélectionné les représentants les plus significatifs de l'avant-garde pour leur almanach: Picasso et Braque pour la France, les frères David et Vladimir Burjuk ainsi que Natalia Gontcharova pour la Russie et plusieurs artistes de *Die Brücke* pour l'Allemagne. La conviction de Kandinsky et de Marc d'être, au-delà de tous ces artistes, les représentants d'un genre particulier d'art spirituel tendant à l'abstraction est, elle aussi, frappante.

22— V. Kandinsky, *Du spirituel dans l'art, et dans la peinture en particulier*, éd. par Ph. Sers, Paris, Éditions Denoël, coll. «Folios Essais Gallimard», 1989 [1954], p. 210.

23— V. Kandinsky, «Mon développement», art. cité, p. 273.

24— À ce propos, voir A. Hoberg, «Kandinsky und Schönberg. Ich sah alle meine Farben im Geiste», dans A. Hoberg, H. Friedel, *Wassily Kandinsky, op. cit.*, p. 143-153. Les analogies entre musique et peinture abstraite ou absolue jouent aussi un rôle dans le choix, par Kandinsky, des termes «improvisation» et «composition» pour ses titres d'œuvres.

25— V. Kandinsky, «Mon développement», art. cité, p. 274.

26— V. Kandinsky, «Abstrakt. Absolut», manuscrit de douze pages, dans V. Kandinsky, *Gesammelte Schriften, op. cit.*, p. 477 *sq.*

27— V. Kandinsky, *Du spirituel dans l'art..., op. cit.*, p. 211.

28— Kandinsky lui-même a qualifié cette période d'héroïque dans un texte dédié à Franz Marc en 1936: «Je ne me souviens pas de tous les détails, même si, dans mes souvenirs, l'intensité de cette période "héroïque" ne s'estompera sans doute jamais» (cité dans Klaus Lankheit (dir.), *Franz Marc im Urteil seiner Zeit*, Cologne, DuMont Schauberg, 1961, p. 43).

29— Maria Marc, citée dans A. Hoberg (dir.), *Maria Marc. Leben und Werk, 1876 -1955*, cat. exp., Munich, Städtischen Galerie im Lenbachhaus, 1996, p. 104.

30— Evelyn Benesch, « In Moskau, 1915-1921. Ich möchte eine große Moskauer Landschaft machen », dans A. Hoberg et H. Friedel, *Wassily Kandinsky*, *op. cit.*, p. 169-199.

31— Peg Weiss, *Kandinsky and Old Russia. The Artist as Ethnographer and Shaman*, New Haven/Londres, Yale University Press, 1995, p. 52 *sq*.

32— Johannes Eichner, *Kandinsky und Gabriele Münter. Von Ursprüngen moderner Kunst*, Munich, Bruckmann, 1957, p. 175 *sq*.

33— Voir à ce sujet John E. Bowlt, *Russian Art of the Avant-Garde. Theory and Criticism, 1902-1934*, New York, Viking Press, 1976 ; J. E. Bowlt, Rose-Carol Washton-Long (dir.), *The Life of Vasilii Kandinsky in Russian Art. A Study of On the Spiritual in Art*, Newtonville (Mass.), Oriental Research Partners, 1984 [1980] ; *Kandinsky sowjetische Retrospektive*, cat. exp., Francfort, Schirn-Kunsthalle, 1989 ; *Große Utopie*, cat. exp., Francfort, Schirn-Kunsthalle, 1992.

34— « Malen'kie stateiki po bol'shim voprosam. 1: O tochke. 2: O linii », dans *Iskusstvo: Vestnik otdela izobrazitelnych iskusstv Narodnago Kommissariata po prosvescheniiu*, Moscou, (1919) n° 3, 1er février, p. 2 ; n° 4, 22 février, p. 2. Voir aussi : V. Kandinsky, « Little Articles on Big Questions I. On Point II. On Line », dans *Complete Writings on Art*, éd. par Kenneth C. Lindsay et Peter Vergo, Boston (Mass.), G.K. Hall, 1982, t. I, p. 421-427.

35— Kasimir Malevitch, « Suprématisme », dans El Lissitzky, Hans Arp, *Die Kunstismen. Les Ismes de l'art. The Ismes of Art*, Erlenbach-Zurich, E. Rentsch, 1925, p. X.

36— Voir à ce propos la définition du constructivisme : « Ces artistes ne voient le monde qu'à travers le prisme de la technique. Ils ne veulent donner aucune illusion avec de la couleur sur de la toile, mais travaillent directement sur fer, bois, verre etc. Les myopes n'y voient que la machine. Le constructivisme prouve qu'entre la mathématique et l'art, entre un objet d'art et une invention technique les limites ne sont pas déterminables. » *Ibid.*, p. XI.

37— « Interview par C. A. Julien du 10 juillet 1921 », dans *Kandinsky. Trente peintures des musées soviétiques*, cat. exp., Paris, Éditions du Centre Pompidou, 1979, p. 26 *sq.* ; première édition dans V. Kandinsky, *Regards sur le passé*, *op. cit.*, p. 233-235. Voir aussi V. Kandinsky, « L'art d'aujourd'hui est plus vivant que jamais », dans *Écrits complets*, *op. cit.*, t. II, p. 349-357 (article publié dans les *Cahiers d'Art*, 10 [1935] 1-4), ainsi que V. Kandinsky, Lettre à Max Huggler, 3 février 1937, dans *Kandinsky nelle collezioni svizzere, Kandinsky in den Schweizer Sammlungen, Kandinsky dans les collections suisses*, cat. exp., Lugano, Skira, 1995, p. 271.

38— Citation d'après H. Friedel, A. Hoberg, *Der Blaue Reiter im Lenbachhaus München*, Munich/London/New York, Prestel, 2000, description du n° 35 du catalogue.

39— À ce propos, voir Clark Poling, *Kandinsky in Russland und am Bauhaus, 1915-1933*, cat. exp., Zurich, Kunsthaus, 1984, p. 24-27 ; J. E. Bowlt, « Wassily Kandinsky : Verbindungen zu Russland », dans *Kandinsky sowjetische Retrospektive*, *op. cit.*, p. 59-78.

40— Konstantin Umanski, *Neue Kunst in Rußland. 1914-1919*, Potsdam, Gustav Kiepenheuer Verlag, 1920, p. 20.

41— L'auteur y écrit notamment : « Une certaine passivité le situe dans les derniers rangs des artistes activistes auxquels la Russie doit ses réformes culturelles les plus audacieuses et les plus brillamment menées. [...] J'ai eu plusieurs fois la possibilité de m'entretenir avec lui pendant l'été 1919 et mon impression a toujours été la même : l'artiste collabore, car l'intérêt du gouvernement pour les arts lui en impose, mais il ne saurait être en accord avec l'ensemble de la politique artistique et avec son orientation marxiste. Tout connaisseur de Kandinsky comprendra son point de vue et cette nouvelle réjouira ses amis, souvent trompés par les fausses nouvelles concernant son action administrative en faveur de la "popularisation" et de la "monumentalisation" de la peinture » (cité dans Steneberg, Eberhard, *Russische Kunst in Berlin, 1919-1932*, Berlin, Mann, 1969, p. 30 *sq.*)

42— Le même Ludwig Baer est aussi l'intermédiaire par lequel, au début des années 1920, Gabriele Münter finit, en dépit du silence obstiné de Herwarth Walden, par apprendre que Kandinsky n'est pas mort comme elle l'a supposé, victime des années de guerre et de révolution en Russie. Baer lui confirme alors que l'artiste vit toujours en Russie, s'est marié, et ne tardera pas à revenir en Allemagne pour occuper un poste à l'école du Bauhaus.

43— Voir à ce sujet le « schéma administratif » de l'ISO Narkompros, point 7, en annexe de K. Umanski, *Neue Kunst...*, *op. cit.*, p. 64.

44— Voir à ce propos l'article, aussi révélateur que rarement cité, de Troels Andersen, « Some unpublished Letters », *Artes. Periodical of the Fine Arts*, 2 octobre 1966, p. 101.

45— *Ibid.*, p. 103.

46— Après leur retour à l'« ouest », Vassily et Nina Kandinsky ne parleront jamais de ce fils disparu, ni au Bauhaus, ni pendant la période parisienne, et ce jusqu'à leur mort. Seules quelques photos, présentes dans les archives léguées par Nina Kandinsky au Centre Pompidou, ainsi que l'ouverture des archives russes, après 1989, ont permis de lever le voile sur cette partie de la biographie du couple.

47— Cité d'après V. Kandinsky, *Gesammelte Schriften I*, *op. cit.*, p. 62.

48— Tapuscrit en allemand, daté juin-août 1921, Bibliothèque Kandinsky, Centre Pompidou, Paris.

49— Nina Kandinsky, *Kandinsky et moi*, trad. de l'allemand par J.-M. Gaillard-Paquet, Paris, Flammarion, 1978, p. 98 *sq*.

50— Voir aussi à ce sujet l'interview de Nina Kandinsky par Eckhard Neumann, dans E. Neumann (dir.), *Bauhaus und Bauhäusler. Bekenntnisse und Erinnerungen*, Cologne, DuMont, 1985, p. 233 *sq.* Voir par ailleurs Christian Wolsdorff, « Bauhaus, 1922-1933. Die innere Eigenschaft der Nuss », dans A. Hoberg et H. Friedel, *Wassily Kandinsky*, *op. cit.*, p. 201-237.

51— Voir aussi Hans Wingler, « Einleitung », Clark V. Poling, *Kandinsky-Unterricht am Bauhaus. Farbenseminar und analytisches Zeichnen, dargestellt am Beispiel der Sammlung des Bauhaus-Archivs Berlin*, Weingarten, Kunstverlag Weingarten, 1982, p. 8 *sq*.

52— *Staatliches Bauhaus. Weimar, 1919-1923*, éd. par Staatlichen Bauhaus in Weimar et K. Nierendorf, postface de Hans M. Wingler pour la réédition, Munich, Bauhausverlag, 1980, p. 102 *sq*.

53— V. Kandinsky, « Cours et séminaire sur la couleur » (paru en 1923 dans *Staatliches Bauhaus in Weimar 1919-1923*, *op. cit.*), dans *Écrits complets*, *op. cit*, t. II, p. 295.

54— Dans un compte rendu du 4 avril 1924 sur le rôle assigné, au Bauhaus, à la peinture murale, Kandinsky émet l'opinion suivante : « Une orientation exclusive vers la production rendrait l'existence des ateliers mentionnés impossible, ce qui serait préjudiciable à l'objectif final du Bauhaus : le développement d'une conception synthétique de l'art. » En conclusion, Kandinsky souligne à nouveau la nécessité de ne pas tout miser sur la production : « [...] le Bauhaus devrait plutôt rester une communauté qui, au-delà des travaux visant une utilité immédiate, se donne pour but essentiel de développer une synthèse artistique et d'inciter les étudiants à s'approprier cette idée » (cité d'après Hans Maria Wingler, *Das Bauhaus, 1919-1933. Weimar, Dessau, Berlin*, Bramsche, Rasch, 1962, p. 94) ; voir aussi V. Kandinsky, « Die kahle Wand » (1929) dans *Essays über Kunst und Künstler*, Stuttgart, Hatje, 1955 [1963], p. 119-122.

55— Les archives du Bauhaus à Berlin et la Bibliothèque Kandinsky du Centre Pompidou à Paris conservent des documents où figurent des points d'interrogation colorés, dessinés par les élèves de Kandinsky en réaction aux associations cercle bleu, carré rouge et triangle jaune, un système caractéristique de ses premiers cours au Bauhaus, souvent moqué par ses collègues, dont Oskar Schlemmer.

56— Kandinsky prendra ensuite ses distances, tant artistiquement qu'humainement, avec Moholy-Nagy, comme en témoigne, sans ménagement, sa correspondance avec Josef Albers, voir « Kandinsky-Albers : une correspondance des années trente », *Cahiers du Musée national d'art moderne*, Hors-série/Archives, 1998.

57— Dans les quatorze volumes des *Bauhaus-Bücher* ont de plus été publiés : le *Pädagogisches Skizzenbuch* [Cahier d'esquisses pédagogiques] de Paul Klee, *Die Bühne im Bauhaus* [Mises en scène du Bauhaus] d'Oskar Schlemmer et *Die gegenstandslose Welt* [Le monde non-figuratif] de Kasimir Malevitch. Les illustrations de *Punkt und Linie zu Fläche* empruntées au monde des sciences et des techniques sont brièvement évoquées par C. Poling, *Kandinsky in Russland und am Bauhaus, 1915-1933*, cat. exp., Zurich, Kunsthaus, 1984, p. 40 sq.

58— Felix Auerbach, *Physik in graphischen Darstellungen*, Leipzig, Teubner, 1925, ill. p. 81, 110. Voir aussi les autres manuels de physique, géométrie ou astrologie, les études sur la trajectoire des planètes ou les mystères des nombres conservés à la Bibliothèque Kandinsky, Centre Pompidou, Paris.

59— Tapuscrit, Bibliothèque Kandinsky, Centre Pompidou, Paris.

60— Après le déménagement à Dessau, plusieurs anciens élèves de l'école intègrent le corps enseignant en tant que « jeunes maîtres » : Josef Albers, Herbert Bayer, Marcel Breuer, Hinnerk Scheper, Josef Schmidt et Gunta Stölzl.

61— Pour une reconstitution du décor coloré de Kandinsky pour la maison de Dessau, conçue à l'origine sans couleur par Walter Gropius, voir aussi Gilbert Lupfert, *Architektur und Kunst. Das Meisterhaus Kandinsky-Klee in Dessau*, Berlin, Seemann Verlag, 2000 (en particulier la contribution de Norbert Michels, p. 35-63).

62— Tapuscrit, daté du 14 janvier 1927, Bibliothèque Kandinsky, Centre Pompidou, Paris.

63— Kandinsky a découvert la peinture de Fernand Léger au plus tard vers 1924, à l'occasion de sa visite de l'Internationale Kunstausstellung de Vienne. L'œuvre du Français y était, pour l'essentiel, représentée par un volumineux nu féminin.

64— V. Kandinsky, *Punkt und Linie zu Fläche* [*Point et ligne sur plan*], trad. de l'allemand par S. et J. Leppien, Paris, Gallimard, 1991.

65— V. Kandinsky, « und » (1927), dans *Essays über Kunst und Künstler*, *op. cit.*, p. 87-98. Cette remarque sur *Punkt und Linie zu Fläche* est mentionnée dans une note en annexe du passage suivant : « Mieux : la prise en compte de l'extérieur ne peut devenir une porte ouverte sur l'avenir que si cette prise en compte constitue un pont vers l'intérieur » (*ibid.*, p. 90).

66— En 1920, Fannina Halle publie un ouvrage sur l'ancien art russe : *Orbis Pictus, Weltkunstbücherei*, éd. par Paul Westheim, Berlin, Ernst Wamuth, 1920, suivi un an plus tard par son étude *Kandinsky, Archipenko, Chagall*, Vienne, Die Bildenden Kunste, 1921.

67— F. Halle, *Kandinsky. Jubiläums-Ausstellung zum 60. Geburtstage*, cat. exp., Dresde, galerie Arnold, 1926, p. 10-18. La jeune historienne cite notamment des passages des « Rückblicke » [Regards sur le passé] de Kandinsky. Quant à la dédicace de Klee, par ces mots, depuis fréquemment cités : « Et aujourd'hui, je lui dis bonjour et lui fais signe depuis l'ouest ! Il fait un pas vers moi et voilà que nous nous serrons la main. Allemagne, année 1926. »

68— À propos de la relation entre les deux artistes, voir entre autres *Klee und Kandinsky*, cat. exp., Stuttgart, Graph. Sammlung, 1979 ; Beeke Sell Tower, *Klee and Kandinsky in Munich and the Bauhaus*, Ann Arbor, Mich., UMI Research Press, 1981 ; Okuda Osama, « Verwandlungskraft und Mut zum Neuen. Klees Verhältnis zu Kandinsky », dans *Kandinsky Hauptwerke Centre Pompidou*, cat. exp., Cologne, DuMont, 1999, p. 112-119.

69— Voir aussi, à ce sujet, Hans Konrad Roethel, *Kandinsky*, Munich/Zurich, Piper, 1982, p. 140 *sq.* ; Felix Thürleman, *Kandinsky nelle collezioni svizzere. Kandinsky in den Schweizer Sammlungen. Kandinsky dans les collections suisses*, *op. cit.*, p. 115-137.

70— Dans la petite collection des « modèles » du Fonds Kandinsky, conservée au Centre Pompidou à Paris, on trouve parmi les images collées sur carton ou découpées dans des journaux, des photos aériennes des cultures du Nördlinger Ries (dépression circulaire naturelle située dans la plaine bavaroise).

71— Cité d'après Christian Geelhaar, *Paul Klee und das Bauhaus*, Cologne, DuMont, 1972, p. 120.

72— V. Kandinsky, « Ohne Titel (Paul Klee gewidmet) » [Sans titre (dédié à Paul Klee)] (1931), dans *Essays über Kunst und Künstler*, *op. cit.*, p. 130-132.

73— Voir à ce sujet *Bauhaus Berlin. Auflösung Dessau 1932, Schließung Berlin 1933, Bauhäusler und Drittes Reich*, une documentation publiée avec le concours du Bauhaus-Archiv de Berlin, sous la direction de Peter Hahn avec la collaboration de Christian Wolsdorff, Weingarten, Kunstverlag, 1985. L'ensemble comprend de nombreux documents, rapports, tracts et lettres.

74— Il est souvent fait référence à la lettre adressée par Hannes Meyer au maire de Dessau, en août 1930, sous le titre « Offener Brief. Mein Hinauswurf aus dem Bauhaus » [Lettre ouverte. Mon éviction du Bauhaus], mais on omet généralement de citer son attaque contre les « peintres individualistes » Klee et Kandinsky : « Gropius, le condor du Bauhaus, s'élance depuis la tour Eiffel et plante son bec dans mon cadavre directorial, tandis que Kandinsky, rassuré, s'étire sur le sable, au bord de l'Adriatique : tout est accompli. [...] Klee, le plus mirifique des individualistes de la peinture, cultive la pépinière des jeunes artistes du Bauhaus. Elle va se retrouver en jachère, alors que l'époque est au bouleversement social et à la pénurie collective de vie. C'est un véritable crime de proposer comme seul viatique des théories artistiques d'avant-hier à des jeunes gens qui devront remplir le rôle de créateurs dans la société de demain » (cité d'après H. M. Wingler, *Das Bauhaus, 1919-1933. Weimar, Dessau, Berlin*, *op. cit.*, p. 171).

75— La revue *Bauhaus* connaît divers formats de parution. En 1926 et 1927, elle se présente comme un dépliant imprimé sur du papier photographique de luxe. À partir de 1928, il s'agit d'un cahier de grand format. Elle s'interrompt en 1930 et paraît en 1931 sous la forme de trois cahiers fins. Voir aussi *Bauhaus Dessau, 1926-1931*, réédition en fac-similé avec le concours du Bauhaus-Archiv, Berlin, Kraus Reprint, Nendeln, 1977.

76— V. Kandinsky, « Pédagogie de l'art », dans *Écrits complets*, *op. cit.*, t. III, p. 151.

77— « On a de fortes raisons de penser que, dans l'ancienne église russe, les arts servaient tous, à parts égales, un seul et même but. Pour l'architecture, la peinture, la sculpture, la musique, la poésie ou la danse (gestes des prêtres), l'unique dessein était la pure prière intérieure » (V. Kandinsky, « Und », dans *Essays über Kunst und Künstler*, *op. cit.*, p. 91).

78— *Ibid.*, p. 89. Par ailleurs, dans un tapuscrit d'une seule page également intitulé « Und » [Et], manifestement destiné à une conférence, Kandinsky résume une nouvelle fois ses conceptions de façon claire et concise : « XXe siècle, les murs tombent. Conséquence, le chaos. Il en résulte confusion et désespoir. On s'approche du nouveau principe fondateur, le et. [...] Rapprochement des arts entre eux et relations avec d'autres domaines. La peinture fertilise d'autres arts, elle relie l'art à la science et à la technique, etc. L'art et la vie. Élan préalable à l'œuvre synthétique » (Bibliothèque Kandinsky, Centre Pompidou, Paris).

79— À ce sujet, voir Christian Derouet, Fabrice Hergott (dir.), *Vassily Kandinsky. Le Salon de musique de 1931 et ses trois maquettes originales*, Strasbourg, Musées de Strasbourg, 2006.

80— Extrait du journal d'Otto Nebel, voir *Kandinsky nelle collezioni svizzere, Kandinsky in den Schweizer Sammlungen, Kandinsky dans les collections suisses*, *op. cit.*, p. 267.

81— V. Kandinsky, Lettre à Alfred Barr, 16 juillet 1936, citée d'après Georgia Illetschko, *Kandinsky und Paris. Die Geschichte einer Beziehung*, Munich/New York, Prestel, 1997, p. 117.

82— Cette thématique est analysée par G. Illetschko, *ibid.*, p. 26 *sq.*

83— Will Grohmann, *Wassily Kandinsky*, Paris, Éditions Cahiers d'Art, 1930.

84— *Ibid.*, p. 57. « 2. Trouvez-vous et M. Zervos le petit article de Mme Halle utile pour mon catalogue ? Si ça serait possible de le mettre au catalogue après la préface de M. Tériade ? ». Le manuscrit allemand de Fannina Halle se trouve dans la correspondance entre Kandinsky et Zervos, conservée à la Bibliothèque Kandinsky, Centre Pompidou, Paris.

85— « Quand nous allions chez Kandinsky – raconte Felix Klee – nous disions toujours : nous arrivons maintenant dans un musée d'Extrême-Orient » (N. Kandinsky, *Kandinsky et moi*, *op. cit.*, p. 163-164).

86— Sur le décor coloré des maisons des maîtres de Dessau, voir la note 61 ainsi que C. Poling, *Kandinsky in Russland und am Bauhaus, 1915-1933*, *op. cit.*, p. 50.

87— À propos de la thématique des « tableaux de sable, tableaux muraux, tableaux dans l'espace ou espaces peints », voir l'exposé très éclairant de G. Illetschko, *Kandinsky und Paris...*, *op. cit.*, p. 127 *sq.*

88— *Zellen-und Gewebelehre. Morphologie und Entwicklungsgeschichte. II, Zoologischer Teil (Die Kultur der Gegenwart. Ihre Entwicklung und ihre Ziele)*, éd. par Paul Hinneberg, Berlin/Leipzig, Teubner, 1913, p. 388. Dans l'exemplaire ayant appartenu à Kandinsky, il y a aussi un signet à la page 25. On y trouve des illustrations de la parthénogenèse chez les organismes unicellulaires. À ce propos, voir aussi Vivian Endicott Barnett, « Kandinsky and Science. The Introduction of Biological Images in the Paris Period », dans *Kandinsky in Paris*, cat. exp., New York, Solomon R. Guggenheim Museum, 1985, p. 61-87 ; V. E. Barnett, « Kandinsky und die Naturwissenschaft : Die Einführung biologischer Motive in der Pariser Periode », dans *Élan Vital oder das Auge des Eros*, cat. exp., Munich, Haus der Kunst, 1994, p. 39-55.

89— Kandinsky possède aussi les volumes de la série consacrés à la chimie, à la physique et au droit. Pendant la période de Dessau, il semble avoir beaucoup consulté le chapitre botanique de *Zellen-und Gewebelehre*, *op. cit*. Signalons notamment le signet portant l'annotation « Kreis » [cercle], placé à la page 138. On peut y voir une coupe transversale de racine, très semblable aux petites formations circulaires placées à l'intérieur de formes plus imposantes que l'on retrouve dans les tableaux de l'époque du Bauhaus.

90— Jaques Cassou, *Interférences. Aquarelles et dessins de Wassily Kandinsky*, Paris, Delpire, 1960, p. 21 *sq*.

91— Tom Messer, dans *Kandinsky, 1866-1944*, cat. exp., Munich, Ausstellungsleitung Haus der Kunst, 1976, p. 106 *sq*. Le caractère « oriental » et la fantaisie des tableaux de Kandinsky sont soulignés par Grohmann et évoquée par Otto Nebel dans son journal, en février 1937, à l'occasion de l'exposition des œuvres de l'artiste à Berne. C'est d'ailleurs à cette occasion que Kandinsky et Nebel font connaissance :
« La vision des tableaux de Kandinsky est bouleversante. [...] Paris l'a rendu plus aéré. De plus il s'est introduit chez lui un souffle de douceur qui n'est ni russe ni allemand.
Dans l'ensemble, son œuvre est d'une conséquence logique admirable. Elle est restée "orientale" au sens spirituel, par quoi j'entends que cet "Orient" n'est justement pas celui de la géographie. Curieusement, rien ne rappelle l'art africain. La dimension primitive chez Kandinsky est épanouissement, rêve, à la fois déchaîné et dompté » (cité d'après *Kandinsky nelle collezioni svizzere, Kandinsky in den Schweizer Sammlungen, Kandinsky dans les collections suisses, op. cit.*, p. 277).

92— N. Kandinsky, *Kandinsky et moi*, *op. cit.*, p. 211.

93— *Ibid.*, p. 169.

94— Alberto Magnelli, dans Max Bill, *Wassily Kandinsky*, Paris, Maeght, 1951, p. 18.

95— En marge d'un passage sur l'art égyptien et son mélange de représentation de face et de profil (voir Alexandre Kojève, *Les Peintures concrètes de Kandinsky*, Bruxelles, La Lettre volée, 2001, p. 25), Kandinsky note en marge : « Notre sympathie pour cet art », dans A. Kojève, *ibid.*, p. 35. Sur la personne d'Alexandre Kojève, fils d'un demi-frère de Kandinsky, Alexeï Kojevnikov, voir A. Kojevnikov, *ibid.* p. 75 sq. Voir aussi « Correspondances avec Zervos et Kojève », *Cahiers du Musée national d'art moderne*, Hors-série/Archives,1992, p. 177-193.

96— Gladys C. Fabre, dans Andreï Nakov (dir.), *Abstraction-Création. 1931-1936*, cat. exp., Paris/Münster, Musée national d'art moderne/Westfälisches Landesmuseum, 1978, p. 19.

97— V. Kandinsky, « La valeur d'un œuvre concrète », *XX*[e] *Siècle*, 1939, n° 5/6/I, n° 1/2/II, rééd. dans *Écrits complets*, *op. cit.*, t. II, p. 377-392. L'orignal du texte, rédigé en allemand, est conservé à la Bibliothèque Kandinsky, Centre Pompidou, Paris, et a été réédité dans *Essays über Kunst und Künstler*, *op. cit.*, p. 134 *sq*.

98— V. Kandinsky, Lettre à Pierre Bruguière, 2 février 1941, citée d'après *Kandinsky Hauptwerke Centre Pompidou*, *op. cit.*, p. 179 *sq*.

99— Piet Mondrian, « L'expression plastique nouvelle dans la peinture », *Cahiers d'Art*, n° 7, septembre 1926, p. 181. À d'autres occasions, comme dans une lettre à Hilla Rebay, Kandinsky utilise le terme d'« art non-figuratif » pour qualifier sa peinture. Le baptême de ce concept, alors débattu à Paris, a lieu à l'occasion de l'exposition de 1937 « Origines et développement de l'art international indépendant ». Les deux dernières salles de la manifestation sont intitulées « Art non-figuratif » et présentent notamment des œuvres de Kandinsky.
Voir aussi la contribution de Christian Derouet dans ce catalogue.

100—« À la recherche de la pureté, les artistes étaient obligés d'abstraire les formes naturelles qui masquaient les éléments plastiques, d'éliminer les formes "nature" et de les remplacer par les formes "art" » (Theo Van Doesburg, cité d'après *Art Concret*, cat. exp., Paris, galerie René Drouin, 1945, n. p).

101—V. Kandinsky, « Réflexion sur l'art abstrait », dans *Écrits complets*, *op. cit.*, t. II, p. 334.

102—« Biologique et cosmique » (en allemand, sous la forme composée « biologisch-kosmisch ») est l'un des nombreux concepts couplés utilisés par Kandinsky dans une page manuscrite inédite intitulée *Thema für einen vortrag: inhalt und form* [Thème d'une conférence : contenu et forme] et probablement rédigée à la fin de la période du Bauhaus. Vers la fin du texte, il envisage une conclusion sous le titre *Klingende Welt* [Monde sonore]. Le document est conservé à la Bibliothèque Kandinsky, Centre Pompidou, Paris.

103—Voir à ce sujet, G. Illetschko, *Kandinsky und Paris...*, *op. cit.*, p. 153-172.

104—Dans ses mémoires, Nina Kandinsky évoque à plusieurs reprises le goût du cinéma, qu'elle partage avec Kandinsky. Dans un passage sur leurs six mois de vie retirée passés à Berlin en 1921, après leur départ de Russie, elle note : « Et nous avons aussi donné libre cours à notre passion commune, le cinéma » (citation d'après N. Kandinsky, *Kandinsky et moi*, p. 104).
Elle revient à plusieurs reprises sur cette distraction, notamment dans la partie consacrée à Weimar (*ibid.* p. 125). Seule Georgia Illetschko a jugé que ce fait méritait d'être étudié. Dans sa monographie de 1997 (*Kandinsky und Paris...*, *op. cit.*), elle annonce (note 61, p. 193) une étude sur les aspects cinématographiques de l'œuvre de Kandinsky qui n'a malheureusement pas encore paru.

105—Les lieux de villégiature de Kandinsky depuis la période du Bauhaus sont mentionnés de façon exhaustive dans A. Hoberg, H. Friedel, *Wassily Kandinsky*, *op. cit.*, p. 280 *sq*.

106—V. Kandinsky, « La valeur de l'enseignement théorique en peinture », dans *Écrits complets*, *op. cit.*, t. III, p. 147.

107—A. Kojève, *Les Peintures concrètes de Kandinsky*, *op. cit.*, p. 35.

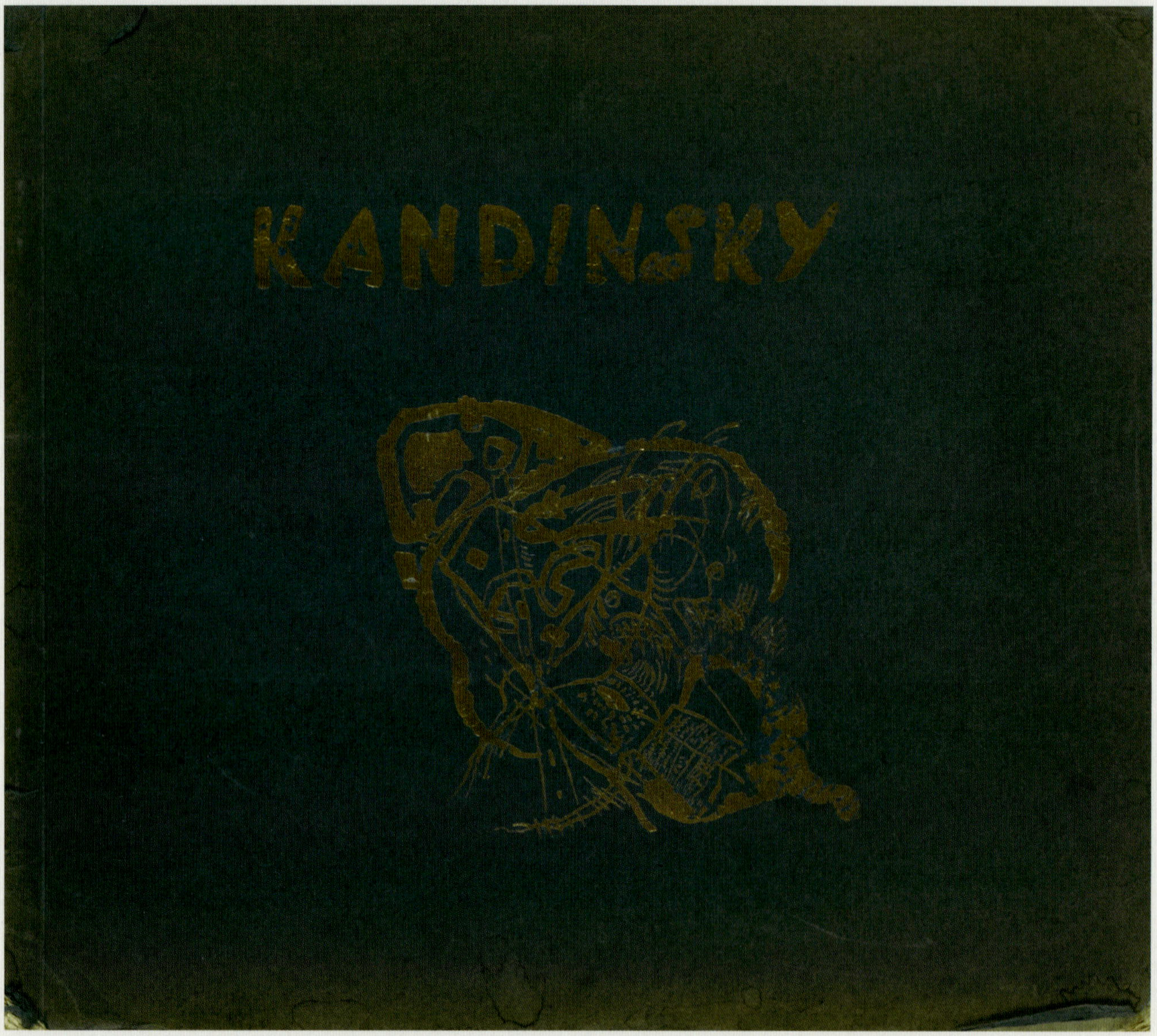

1

1. Couverture de l'album *Kandinsky, 1901-1913*, Berlin, Éditions Der Sturm, 1913

2. Première page
du journal *Der Sturm*,
n° 129, octobre 1912

3. Première page
du journal *Der Sturm*,
n°130, octobre 1912

4. Première page
du journal *Der Sturm*,
mars 1913

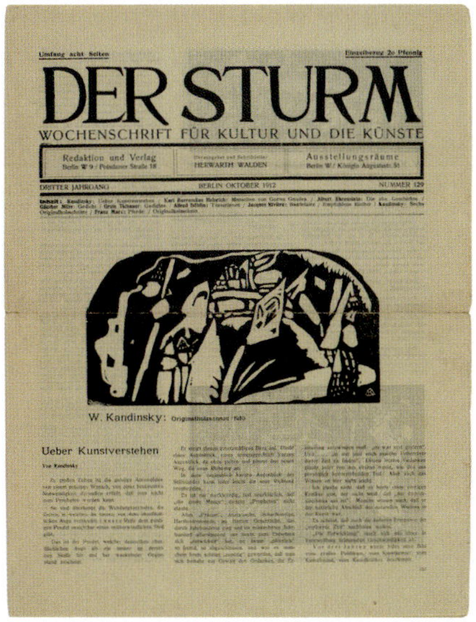
Umfang acht Seiten
DER STURM
WOCHENSCHRIFT FÜR KULTUR UND DIE KÜNSTE
Redaktion und Verlag
Ausstellungsräume
W. Kandinsky:
Ueber Kunstverstehen

2

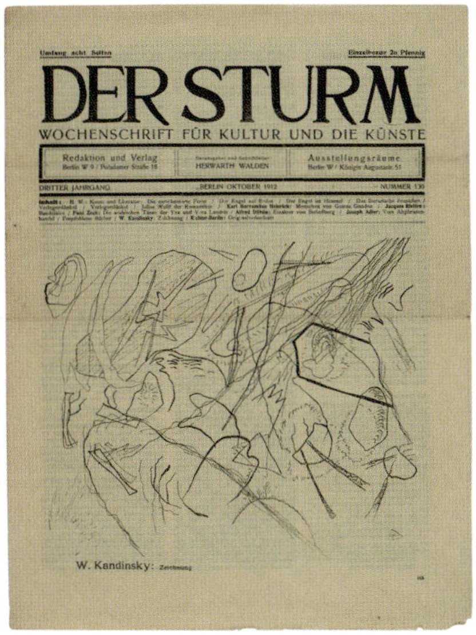
Umfang acht Seiten
DER STURM
WOCHENSCHRIFT FÜR KULTUR UND DIE KÜNSTE
Redaktion und Verlag
Ausstellungsräume
W. Kandinsky:

3

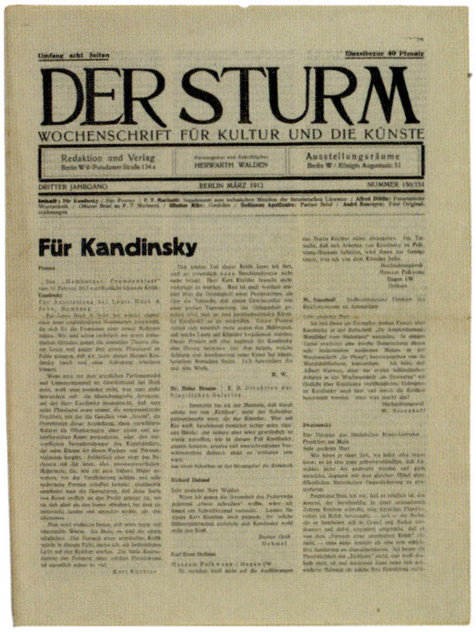
Umfang acht Seiten
DER STURM
WOCHENSCHRIFT FÜR KULTUR UND DIE KÜNSTE
Redaktion und Verlag
Ausstellungsräume
Für Kandinsky

4

Kandinsky et Der Sturm

Riccardo Marchi

Traduit de l'anglais par Jean-François Allain

Entre 1912 et 1913, c'est-à-dire dans ces années cruciales où Vassily Kandinsky évolue vers l'abstraction, il n'est sans doute pas de cadre plus approprié pour exposer ses tableaux et parler de sa peinture que celui de Der Sturm [La Tempête], nom qui regroupe tout à la fois la galerie, la revue et la maison d'édition de Herwarth Walden à Berlin[1]. Dans ce contexte particulier, qui s'appuie sur des conditions de visibilité et d'intelligibilité que le peintre lui-même contribue à créer, l'œuvre de Kandinsky va prendre des significations qui, aujourd'hui encore, présentent un grand intérêt. Non pas parce que ce sont les « vraies » significations de son art (qui restent peut-être hors d'atteinte et « inaccessibles à la connaissance[2] »), mais parce que certaines d'entre elles nous proposent des façons d'aborder l'œuvre du peintre qui sont historiquement solides et, en même temps, libératrices dans la mesure où elles renouvellent la manière dont, depuis longtemps, les critiques et les spécialistes nous demandent de comprendre Kandinsky et l'abstraction.

Der Sturm a d'abord été le nom d'une revue fondée en 1910 par Herwarth Walden – pseudonyme de Georg Lewin, musicien, homme de lettres et critique d'art ; elle va devenir le grand périodique de l'expressionnisme, terme qui, dans l'Allemagne du début du XXe siècle, désigne tout un ensemble de formes artistiques, littéraires et culturelles d'avant-garde que Walden défend inlassablement contre les valeurs traditionnelles de l'establishment[3] (ill. 2, 3 et 4). Au printemps 1912, Walden ouvre la galerie Der Sturm, qui va rapidement devenir un des hauts lieux de l'art d'avant-garde en Allemagne.

Kandinsky va occuper une place centrale dans les expositions organisées par Walden. Aux côtés des artistes du Blaue Reiter [Le Cavalier bleu], de Kokoschka, de Robert Delaunay, de quelques artistes de Die Brücke [Le Pont] et autres « expressionnistes », il participe en effet à celle qui inaugure la galerie Der Sturm en mars 1912, puis, au cours du printemps et de l'été de la même année, à plusieurs autres expositions collectives. Il est également le premier artiste à qui Walden propose une exposition personnelle, en octobre 1912. Lors du premier Salon d'Automne allemand en 1913 (grande exposition d'art moderne où Walden présente 366 œuvres d'artistes du monde entier), Kandinsky a une salle pour lui seul ; il y présente sept œuvres importantes exécutées cette même année[4].

Walden soutient systématiquement les œuvres qu'il expose par des écrits théoriques et critiques qui paraissent dans sa revue, dans les catalogues d'exposition et dans les ouvrages publiés par sa maison d'édition. Les textes de Kandinsky, qui y occupent une place très importante, viennent s'ajouter à ceux d'autres artistes et auteurs qui accompagnent les efforts déployés par Walden pour créer de nouveaux goûts artistiques[5]. Ce mélange d'œuvres d'art, de théorie et de critique offre aux artistes comme au public un environnement extrêmement dynamique – fait de stimulations et d'interactions – d'où émergent de nouvelles manières de regarder et de comprendre l'art qui, comme je le montrerai, vont elles-mêmes changer au cours d'une très brève période.

Dans ce contexte fait d'expositions, de théorie et de réception, l'abstraction de Kandinsky ne reste que très brièvement – et marginalement – un art dans lequel le public est censé « sentir » des objets cachés, comme le proposent la plupart des spécialistes du peintre depuis les années 1950[6], ou un art de la pure forme, comme le veut la conception de l'abstraction surtout défendue par les auteurs nord-américains depuis les années 1930[7]. En réalité, dans le contexte de Der Sturm, l'œuvre de Kandinsky va être comprise avant tout comme une peinture dans laquelle le monde demeure important, mais – pour citer les mots de Kandinsky lui-même, sur lesquels je reviendrai – il s'agit d'un monde sans « interprétation liée à des objets[8] » et non d'un monde constitué de motifs reconnaissables et de figures identifiables. De plus, dans cette interprétation de l'art de Kandinsky, la théosophie – si souvent invoquée par les spécialistes comme l'une des sources majeures de sa pensée – n'occupe pas une place importante[9]. Dans les pages qui suivent, je retracerai l'émergence et la consolidation de cette autre façon de comprendre Kandinsky en examinant quatre moments clés dans la présentation et la réception de son œuvre : l'exposition du printemps 1912, qui inaugure la galerie Der Sturm, l'exposition personnelle du peintre en octobre 1912, le Salon d'Automne de 1913 et, enfin, l'ouvrage que publie Walden en 1919, *Die neue Malerei* [La Nouvelle Peinture].

Printemps 1912

Lors de sa première exposition à la galerie Der Sturm, Kandinsky expose neuf œuvres[10], parmi lesquelles l'ambitieuse huile intitulée *Komposition V* [Composition V], 1911 (voir cat. p. 276) et les peintures sur verre *Sintflut* [Déluge], 1911, *Glasbild mit Sonne* [Peinture sur verre avec soleil], 1910 (ill. 5), et *Allerheiligen I* [La Toussaint I], 1911 (ill. 6).

Aujourd'hui, grâce au travail d'analyse mené par certains spécialistes du peintre, nous sommes en mesure d'établir des liens entre *Komposition V* et les peintures sur verre, et de voir, dans certaines formes en apparence totalement abstraites de la toile, une « abstractisation » de figures facilement identifiables dans les peintures sur verre[11]. À titre d'exemple, il est possible d'établir un rapprochement entre les traits noirs, dans la partie supérieure et la partie centrale droite de *Komposition V*, et l'ange qui souffle dans une trompette dans *Allerheiligen I*, et donc de les interpréter comme une façon d'abstractiser cette figure ; de même, certains spécialistes proposent de voir dans le trait épais et contrasté qui traverse la toile le son produit par la trompette. Pour nous, spectateurs d'aujourd'hui, la zone gris-bleu foncé bordée d'un trait noir et surmontée d'autres formes apparemment abstraites dans la partie centrale de la toile peut se « solidifier » en l'image d'une montagne surmontée de

5. *Glasbild mit Sonne* [Peinture sur verre avec soleil], 1910, peinture sur verre, 30,6 x 40,5 cm
Städtische Galerie im Lenbachhaus, Munich

6. *Allerheiligen I* [La Toussaint I], 1911, peinture sur verre, 34,5 x 40,5 cm
Städtische Galerie im Lenbachhaus, Munich

5
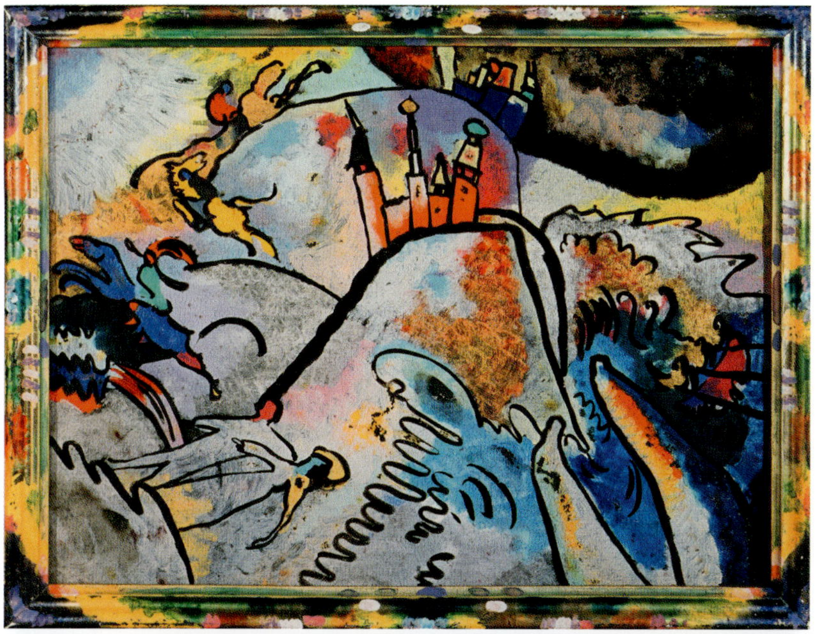

6
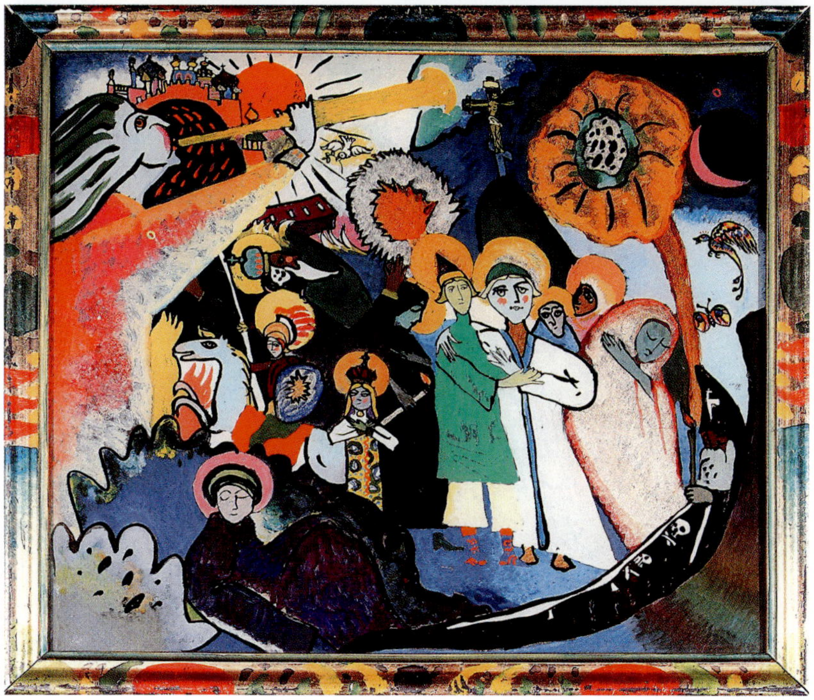

bâtiments qui basculent, si nous la comparons à la représentation très lisible des tours de la ville dans *Allerheiligen I* et dans *Glasbild mit Sonne*. En conséquence, il nous apparaît clairement aujourd'hui que *Komposition V* appartient au même fond thématique apocalyptique que les peintures sur verre, et l'on peut supposer qu'en présentant ces œuvres ensemble, Kandinsky espérait que son public comprenne aussi cette relation.

Mais, dans le Berlin de 1912, une telle interprétation n'est pas encore possible. La plupart des critiques trouvent l'abstraction de Kandinsky totalement incompréhensible et l'assimilent à de la décoration sans signification ; pour eux, l'ouvrage publié par le peintre (*Über das Geistige in der Kunst, insbesondere in der Malerei* [*Du spirituel dans l'art, et dans la peinture en particulier*]) ne présente guère d'intérêt ; il prouve au mieux que Kandinsky est un intellectuel plus qu'un artiste[12]. De son côté, Walden soutient l'exposition dans *Der Sturm* en publiant un passage du livre (extrait du chapitre sur « Formen- und Farben-Sprache » [Le langage des formes et des couleurs][13] et en reproduisant un texte du jeune critique d'art Adolf Behne[14], le seul article positif, semble-t-il, à avoir été écrit sur l'exposition. Mais aucun des deux textes publiés par la revue ne propose de comprendre l'art de Kandinsky en termes de thèmes apocalyptiques ou de figures à reconnaître.

Kandinsky a certainement eu du mal à trouver pour *Der Sturm* un passage de son livre, long et complexe, capable d'exprimer pleinement sa position sur les buts et les aspirations de l'art abstrait. Il est obligé de laisser de côté de nombreux aspects importants de sa réflexion, comme la discussion générale sur la culture contemporaine (discussion qui montre clairement qu'il situe son projet artistique dans le cadre d'un « tournant spirituel » plus général, qui s'oppose au matérialisme et au positivisme du XIXe siècle dans lesquels il inclut la théorie de l'art pour l'art), l'étude approfondie du pouvoir expressif de la couleur, ou encore l'idée selon laquelle il faut aborder une œuvre d'art à la façon d'une conversation avec une personne, et que ce qui compte dans ce dialogue, c'est la « communication des idées et des sentiments[15] ». En conséquence, dans l'extrait de *Der Sturm*, l'affirmation du peintre selon laquelle l'époque n'est pas encore prête pour l'avènement d'un art totalement abstrait, sa notion de la forme comme « extériorisation du contenu intérieur », sa volonté de toucher « l'âme » du spectateur et sa référence aux « nécessités mystiques » de l'art sont autant d'idées qui paraissent légèrement extravagantes ou qui passent inaperçues au milieu des discussions sur la possibilité imminente de réaliser une « composition picturale pure » et de la description approfondie des nombreuses combinaisons formelles qu'une telle composition présenterait au spectateur[16].

Walden, qui, en novembre 1911, avait fait l'éloge des œuvres présentées par Kandinsky à l'exposition de la Neue Sezession [Nouvelle Sécession] en parlant d'exemples sans équivalent de peinture pure[17], semble donc, à ce stade, voir dans les œuvres exposées dans sa galerie un art centré sur la spécificité du médium et sur sa problématique interne. C'est aussi l'idée maîtresse de l'article signé par Adolf Behne dans la revue de Walden. Dans cet article, en effet, Behne, qui a été l'étudiant de Heinrich Wölfflin à l'Université de Berlin, semble suivre les préceptes de son maître en invitant le public à se concentrer sur les formes, les couleurs et leurs subtiles relations[18], ce qui suppose d'abandonner le principe selon lequel « le critère fondamental pour juger l'art est sa plus ou moins grande ressemblance à la nature[19] ». Behne ajoute, en passant, qu'il existe aussi une « ressemblance à la nature vraie, réelle », qui est bien différente de la « nature plus ou moins sentimentale » que recherche le public, idée qui va devenir très importante pour lui et pour la compréhension de l'œuvre de Kandinsky au sein de Der Sturm[20]. À l'époque, cependant, l'idée reste embryonnaire et très accessoire par rapport à cette autre conviction selon laquelle peindre, « c'est travailler avec les couleurs, les lignes, les ombres et les lumières… c'est remplir une surface de papier, de bois ou de toile[21] ». Au printemps 1912, l'art de Kandinsky donne donc lieu, au sein de Der Sturm, à deux cadres d'intelligibilité que connaissent bien les spécialistes du modernisme en général et du peintre en particulier, mais qui, soulignons-le, révèlent une difficulté initiale de communication entre l'artiste et le public, y compris chez ses partisans. D'un côté, Kandinsky exprime un intérêt pour les thèmes apocalyptiques, intérêt qui se manifeste dans le choix des œuvres qu'il expose. De l'autre, cet intérêt ou cette pertinence échappe à Walden qui, à travers l'article de Behne, propose une interprétation purement formelle que semble d'ailleurs autoriser le court extrait de *Über das Geistige in der Kunst* publié dans *Der Sturm*. Cependant, ces cadres de signification ne vont pas dominer longtemps dans le champ de forces très mobile et très dynamique que constituent les œuvres et les réflexions des artistes et des critiques réunies par Walden à Berlin. En quelques mois, en effet, on observe un changement très significatif dans la manière dont Kandinsky présente et explique son art, mais aussi dans la manière dont Walden, Behne et d'autres auteurs de *Der Sturm* vont le comprendre.

Un article très intéressant et rarement étudié du peintre Arthur Segal montre clairement que ce champ de forces génère une perception de l'art nouvelle et, peut-être, inattendue. Dans ce texte, publié dès avril 1912 dans *Die Aktion*, Segal décrit un tableau de Kandinsky (qui figurait dans la première exposition de 1912) d'une manière qui aurait été inconcevable s'il n'y avait pas eu les « formes d'attention » créées par *Der Sturm*[22].

En préparation de la prochaine exposition des futuristes italiens, prévue pour avril 1912, Walden avait publié dans *Der Sturm* quelques textes futuristes, qui paraissent donc avant même ceux de Kandinsky et de Behne[23]. Les futuristes, manifestement inspirés par la philosophie de Henri Bergson – également bien connue en Allemagne et importante pour le cercle gravitant autour de Der Sturm – proposent une manière de penser les aspects non-référentiels de la peinture tout en conservant une relation solide au monde, fût-il fortement réimaginé[24]. Les artistes italiens considèrent

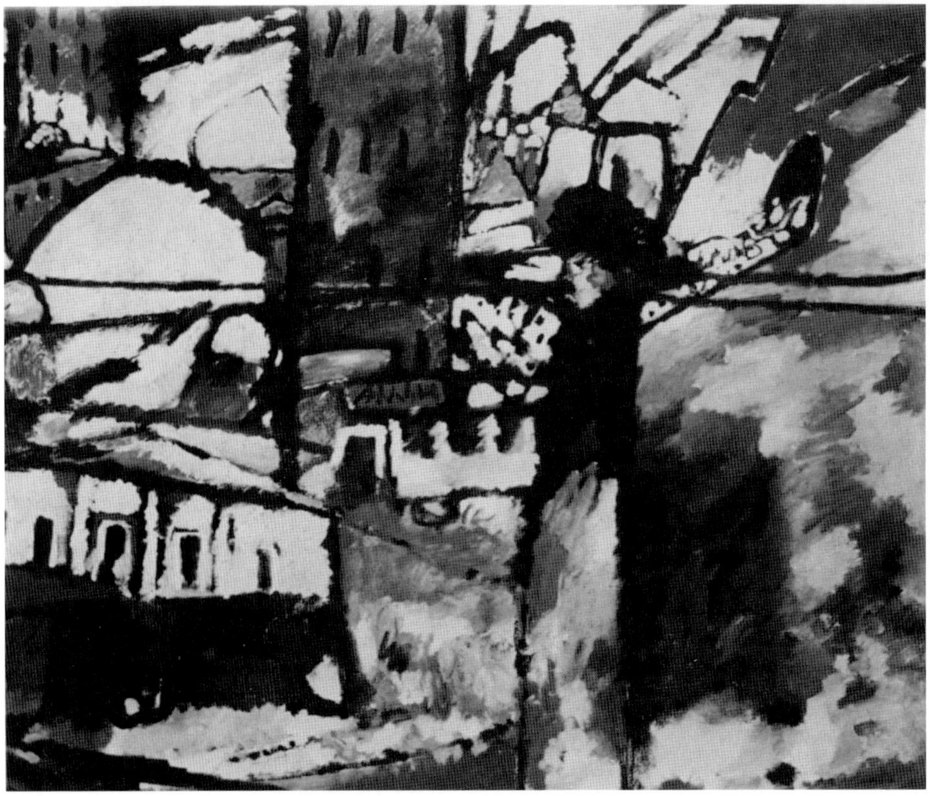

7

7. *Impression II (Moskau)* [Impression II (Moscou)], 1911, huile sur toile, 120 x 140 cm
Œuvre détruite

en effet que la fonction de leur art est de donner une expression visuelle à un monde qu'ils conçoivent en termes de dynamisme et de constante transformation, et dans lequel les objets se dissolvent, s'interpénètrent et possèdent une « personnalité caractéristique » et même des états d'âme[25]. Les futuristes se donnant pour mission d'exprimer précisément toutes ces forces, leurs tableaux sont « en quelque sorte une ambiance émotive » dans laquelle ils cherchent, « à coups d'intuition, les sympathies et les attachements qui existent entre la scène extérieure (concrète) et l'émotion intérieure (abstraite) ». Dans cette entreprise, ajoutent-ils, « des taches, des lignes, des zones de couleurs qui ne correspondent à aucune réalité [...] préparent [...] et augmentent l'émotion du spectateur » ; et même s'ils sont « apparemment illogiques et inexplicables, [ce sont] les clefs mystérieuses de [leurs] tableaux » [26].

Segal a probablement lu très attentivement les textes des futuristes, car il voit dans *Impression II (Moskau)* [Impression II (Moscou)], 1911 (ill. 7) de Kandinsky un « avant-goût » de l'exposition des futuristes, une manifestation du « mouvement des choses » et du « flux de la vie », susceptible de prendre même une dimension cosmique : « Cette *Impression Moscou* [...] remonte à l'idée de l'objet, non pas comme on l'entendait avant, en tant que chose en soi, mais comme partie du tout, de l'universalité. [...] Nous avons ici un nouveau portrait du mouvement des choses, du flux de la vie, des battements et du mouvement animé de la ville. L'œil de l'esprit saisit l'ensemble comme un tout harmonique avec ses détails, qui sont seulement suggérés et qui s'écoulent et se mêlent les uns aux autres. [...] La ville devient un tout, imaginé comme un monde à part ; "Impression Cosmos" serait la définition la plus complète : des fragments de villes, des montagnes, des lacs, des bois, des étoiles, des soleils et des lunes réunis en une structure harmonique : l'univers[27] ! » Adoptant le filtre des manifestes futuristes, Segal voit dans le tableau de Kandinsky non pas une problématique purement picturale, ni des figures à identifier, mais bien l'expression d'une nouvelle conception du monde et des objets qu'il contient. Et c'est ce mode d'interprétation qui, au sein de Der Sturm, va devenir central dans la compréhension des œuvres du peintre, notamment les plus abstraites.

Der Blaue Reiter [*L'Almanach du Blaue Reiter*], publié par Piper en mai 1912, contribue certainement pour beaucoup à promouvoir une interprétation non-formaliste du travail de Kandinsky. Franz Marc y écrit que « le renouvellement [de l'art] ne doit pas être purement formel, mais qu'il est une renaissance de la pensée », et qu'il est « impossible de vouloir expliquer les dernières œuvres [...] à partir d'un développement formel » [28]. Quant à Kandinsky, il affirme que les « formes abstraites (lignes, surfaces, taches, etc.) n'ont pas d'importance en tant que telles, mais uniquement par leur résonance intérieure, leur vie », et que pour « comprendre » l'abstraction, « nous devons être capables d'entendre [en elle] le monde entier tel qu'il est, sans y ajouter d'interprétation liée à des objets » [29].

Behne, qui note la date du 4 septembre 1912 sur son exemplaire du *Der Blaue Reiter* et qui le couvre d'annotations, assortit les propos de Marc d'un « très vrai » écrit en marge[30].

8

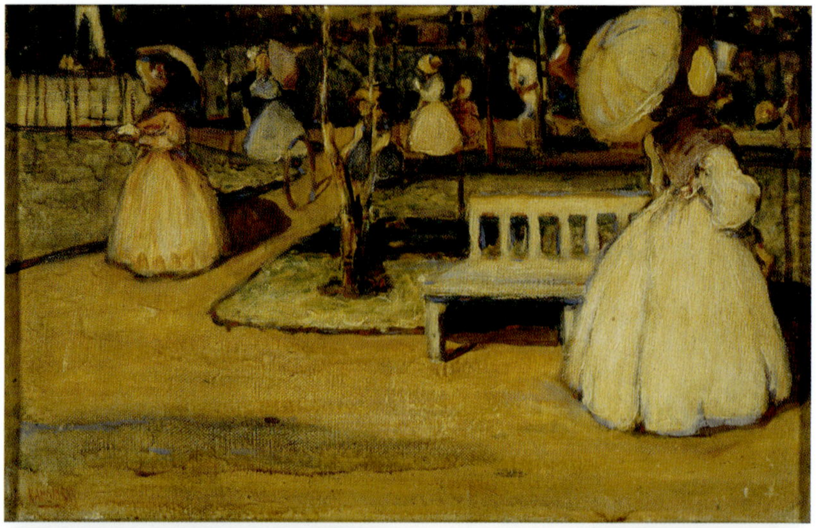

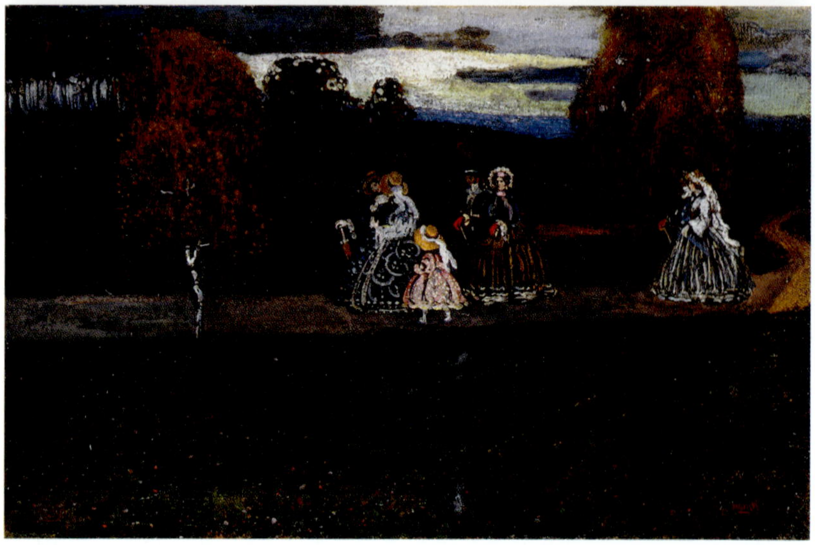

9

Sans doute trouve-t-il dans ce livre une stimulation profonde pour refonder sa manière de penser l'art, comme le montrent clairement les textes qu'il publie en 1913 et en 1914. Mais dès l'automne 1912, à l'occasion de la grande exposition personnelle de Kandinsky, ce sera Der Sturm qui proposera une nouvelle manière de comprendre l'art du peintre.

Automne 1912

Kandinsky expose alors soixante-treize œuvres qui vont de ses débuts figuratifs à son travail non-objectif de 1912[31] mais, contrairement à ce qu'il avait fait au printemps précédent, il ne cherche pas à suggérer une unité thématique entre ses tableaux plus abstraits et les tableaux figuratifs qui leur sont chronologiquement proches. Au contraire, dans le catalogue comme dans l'accrochage de l'exposition, il juxtapose des œuvres très différentes par leur date de création mais aussi par leur sujet, leur technique et leur format. Cette stratégie du peintre, dans sa façon d'exposer ses œuvres, oblige donc à mettre en doute la manière dont la plupart des spécialistes interprètent habituellement son travail non-objectif, en essayant d'y trouver des motifs figuratifs par comparaison entre les peintures achevées et les esquisses préliminaires, car, en cette occasion particulière, Kandinsky – qui n'expose aucune étude préparatoire – n'invite pas le public à opérer ce genre de rapprochement. (Et il en sera de même dans ses expositions ultérieures.) En fait, le public de la galerie Der Sturm découvre une séquence d'œuvres telle que celle-ci : *Helle Luft* [Clarté] (datée de 1902 dans le catalogue mais, en fait, de 1901, ill. 8), petite scène figurant des femmes en crinolines et des hommes en hauts-de-forme, vêtus dans le style Biedermeier, déambulant dans un parc ; *Schwarzer Fleck I* [Tache noire I], 1912 (ill. 10) en grande partie non-objectif, *Spazierende Gesellschaft I* [Promeneurs I], 1904 (ill. 9), autre petit tableau avec des personnages également vêtus dans le style Biedermeier et, enfin, *Bild mit Schwarzem Bogen* [Tableau avec l'arc noir], 1912 (voir cat. p. 101) grand tableau qui est une collision presque cosmique de couleurs et de lignes dans laquelle aucun objet n'est reconnaissable. Kandinsky accompagne son exposition d'un texte important, « Über Kunstverstehen » [De la compréhension de l'art], écrit spécialement pour *Der Sturm*[32]. Il rejette les lectures formalistes, qu'il assimile ouvertement à une attitude de type scientifique et positiviste, totalement inadaptée à l'essence de l'œuvre d'art[33]. Par opposition à cette façon appauvrissante d'expliquer la forme, il préconise une approche qui apporterait de la « vie » à l'art et qui autoriserait à ne pas « expliquer » une œuvre (en art, « les explications ne peuvent agir que de manière indirecte ») mais rendrait possible de la vivre au travers de mots qui « éveillent des idées nouvelles », stimulent les « forces créatrices » de l'esprit et « enrichissent l'âme »[34].

8. *Helle Luft* [Clarté], 1901, huile et tempera sur toile, 34 x 52 cm
Centre Pompidou, Musée national d'art moderne, Paris

9. *Spazierende Gesellschaft I* [Promeneurs I], 1904, techniques variées sur toile, 52 x 79 cm
Gemeentemuseum den Haag, La Haye

Walden intervient à son tour dans *Der Sturm* pour défendre Kandinsky contre certaines des critiques les plus virulentes et proposer une compréhension de l'art qui ne soit plus formaliste mais tienne compte de la nouvelle orientation définie par le peintre[35]. En réaction peut-être à une œuvre comme *Bild mit Schwarzem Bogen* – où des traits noirs audacieux, dissociés de tout objet, flottent sur de larges surfaces de brun, de bleu et de rouge traversées par du blanc vaporeux, ce qui donne la sensation puissante que tout bouge et que la matière se dissout –, Walden insiste sur le besoin de penser la forme de manière plus imaginative. La forme n'est pas quelque chose de rigide qui « reste immobile » et est « donnée à l'avance ». Elle a au contraire la fluidité et la souplesse propres aux idées, elle participe de « l'éternel changement des phénomènes artistiques », et ce changement ne peut être rattaché à des « corps solides » [36].

Walden montre aussi que *Der Sturm* prend au sérieux la mission que Kandinsky fixe à la critique d'art en publiant un article signé de l'écrivain et poète Rudolf Leonhard[37]. Dans ce texte consacré à l'exposition, Leonhard refuse d'aborder l'œuvre de Kandinsky sous l'angle du « pictural[38] » (*das Malerische*), qui est l'un des concepts fondamentaux de la critique d'art allemande axée sur la forme. En revanche, il décrit le fil d'Ariane qui relie les tableaux exposés du point de vue de l'expérience particulière du monde qu'ils évoquent pour lui, un monde conçu non comme un ensemble d'objets solides et reconnaissables de façon univoque, mais comme un flux et une multiplicité constante d'identités et de significations. Et cette expérience du monde est aussi très proche de celle que l'on trouve dans les manifestes futuristes influencés par Bergson, dans la description d'*Impression II (Moskau)* par Arthur Segal et dans les romans et poèmes publiés par Walden dans *Der Sturm*[39]. Comme l'écrit Leonhard : « La réalité, en fait, n'est pas une chose dont le développement est terminé ; même dans leur apparence sensorielle extérieure, les objets ne sont pas clos. [...] Combien de fois les choses ne se dissolvent-elles pas pour s'écouler les unes dans les autres [...] les choses elles-mêmes peuvent changer d'aspect dix fois, cent fois ; chaque apparence est dix apparences, cent apparences. Les choses ne sont pas seulement elles-mêmes, et c'est ce qui est peint ici : *la polysémie des choses*[40]. »

Attentif peut-être à la mise en garde de Kandinsky selon laquelle les explications ne peuvent fonctionner que « de manière indirecte », Leonhard ne cite aucune œuvre précise, mais ses remarques s'appliquent bien à certaines des plus récentes d'entre elles. *Impression II (Moskau)* peut effectivement être vu comme un tableau où les « apparences » semblent « se mélanger » et où « les contours des maisons s'ouvrent » [41]. Sur le côté gauche de *Schwarzer Fleck I*, les traits noirs et les taches de couleur bleues et noires ressemblent à un « chariot » qui « se dresse et semble se tenir debout » mais, sur le côté droit, les traits cessent de délimiter des objets « clos » ; ils flottent dans un espace indéterminé où les choses se sont « dissoutes » dans un éventail de couleurs, ce qui donne peut-être l'impression à Leonhard que, dans cette partie du tableau, « la rue » où se trouve le chariot « disparaît », où une « porte [se transforme] en une gorge de paon faisant la roue », où « un lampadaire peut ressembler à une tulipe » et où « le sabot en mouvement d'un cheval peut devenir une orchidée rare, qui s'ouvre avec avidité » [42].

À la fin de son article, Leonhard donne un nom à la « qualité » particulière qui, selon lui, caractérise le mode de signification picturale et de référence à la réalité chez Kandinsky. Ce mode – dans lequel « c'est la polysémie du motif qui apparaît dans l'œuvre sans résider dans la conscience sous la forme d'une connaissance statique[43] » – est celui du « conte de fées[44] ». « Les tableaux de ce type [...] renvoient à la nature » non pas parce qu'ils montrent « la vérité de la réalité, car la réalité est polysémique », mais parce qu'ils « contiennent la vérité intérieure – qui est elle-même multiple – de l'autre versant de la réalité, celui du conte de fées » [45].

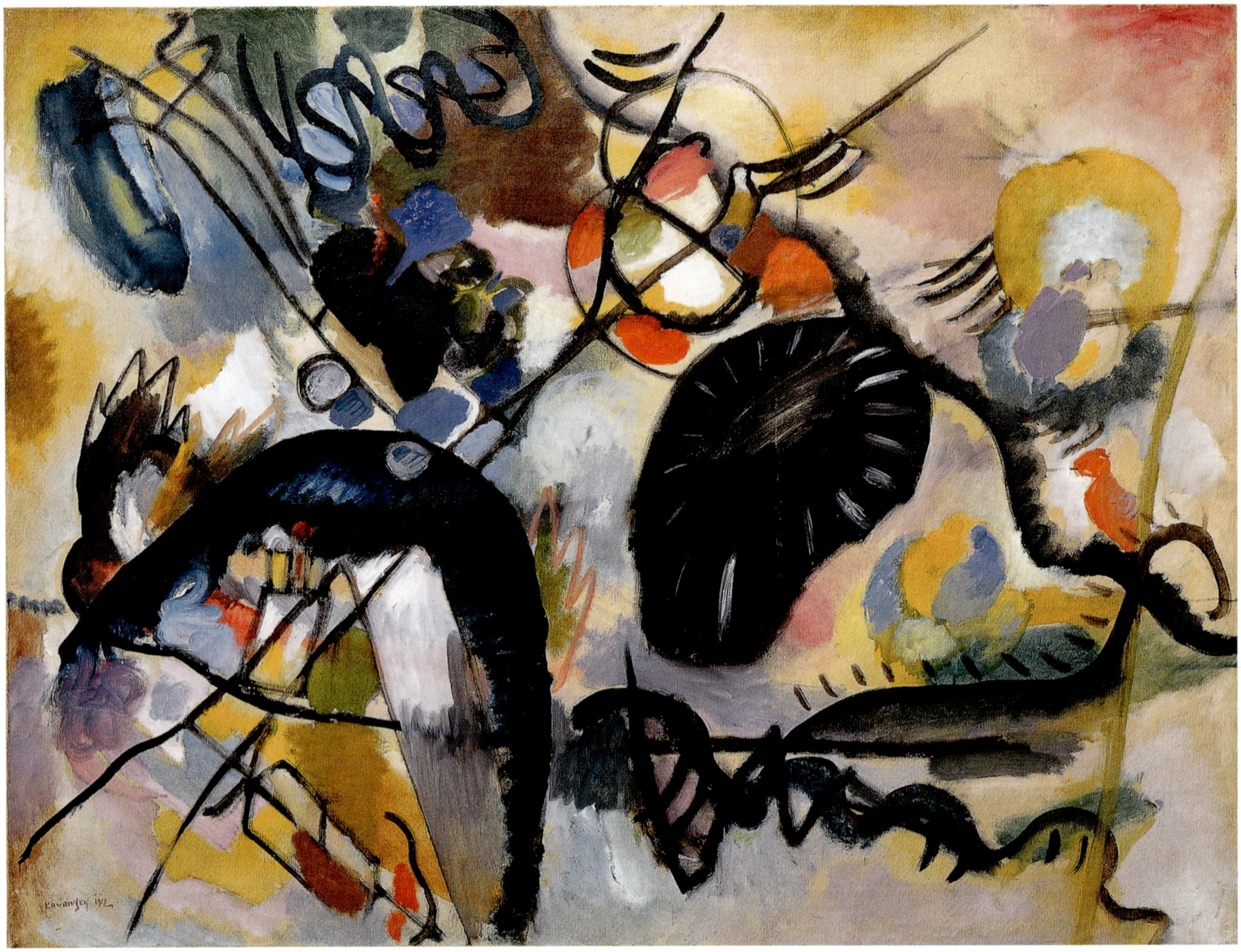

10

10. *Schwarzer Fleck I* [Tache noire I], 1912, huile sur toile, 100 x 130 cm
Musée national russe, Saint-Pétersbourg

L'approche de Leonhard – qui, aujourd'hui encore, reste un antidote puissant à la lecture iconologique dominante de l'art abstrait de Kandinsky (lecture qui a tendance à réduire le rôle des signes picturaux de ses œuvres à la transmission d'un message cryptique que le spectateur doit décoder) – est assurément dynamique, imaginative et créative. Et peut-être crée-t-elle au plus haut degré cet effet que peuvent avoir, selon Kandinsky lui-même, les propos sur l'art, à savoir « enrichir » l'âme du lecteur.

Je me réfère à Kandinsky lui-même qui, en 1913, emploie dans certains passages cruciaux de son album *Kandinsky, 1901-1913* (texte fondamental pour comprendre les œuvres qu'il expose à la galerie Der Sturm) les termes de « conte de fées » et de « féerique » pour décrire les qualités non-objectives du monde et de la peinture. En cela, me semble-t-il, il doit quelque chose à la manière dont Rudolf Leonhard avait interprété son exposition personnelle de 1912.

Automne 1913

À la suite de divers retards de production, Walden n'envoie au peintre les premiers exemplaires de *Kandinsky, 1901-1913* que le 4 décembre, soit trois jours après la fermeture du premier Salon d'Automne allemand. Or, nous savons que la sortie de l'album devait initialement coïncider avec le Salon, où Kandinsky présentait certaines de ses œuvres les plus non-objectives à ce jour[46]. Par conséquent, les textes écrits par le peintre – les « Rückblicke » [Regards sur le passé] autobiographiques et les trois « Notizen » [Commentaires de tableaux], dont deux étaient au Salon d'Automne (*Komposition VI* [Composition VI], 1913, et *Bild mit Weissem Rand (Moskau)* [Peinture au bord blanc (Moscou)], 1913, voir cat. p. 250 et 107) – montrent clairement comment il souhaitait que le public aborde les œuvres qu'il avait exposées, mais ils révèlent aussi une manière de voir l'art de Kandinsky qui semble, depuis 1913, typique de l'environnement de Der Sturm, puisqu'elle apparaît aussi, sous une forme très semblable, dans les textes d'Adolf Behne et de Walden[47]. Et cette manière de voir est effectivement une compréhension de l'abstraction en termes de monde sans « interprétation liée à des objets ».

Dans « Rückblicke » (ill. 1), Kandinsky axe l'histoire de son évolution vers l'art abstrait autour de son expérience de Moscou à l'heure qui précède le coucher de soleil, expérience qu'il vivait régulièrement « à chaque jour ensoleillé[48] » et dans laquelle il voyait Moscou non pas comme un ensemble d'objets, mais comme un tout qui se fondait dans des couleurs, des lignes et de la musique. Kandinsky souligne que cette perception (qu'il qualifie de « conte de fées[49] », en reprenant le terme adopté par Leonhard dans son article) a longtemps été une source de tourments et de frustrations pour lui, parce qu'il se sentait impuissant à « fixer sur [s]a toile le "chœur des couleurs"[50] », et il évoque ensuite les expériences fondamentales de l'art et du monde qui l'ont amené à comprendre que la solution à ses tourments se trouvait dans l'invention d'un art sans objet.

La première des expériences de ce type fut la musique de Wagner. En écoutant *Lohengrin*, Kandinsky sent une « parfaite réalisation » de ce « Moscou de conte de fées » ; grâce à la musique, il voit la ville totalement *gegenstandslos* [sans objets], transformée en lignes et en pures couleurs ; il comprend alors que « la peinture peut déployer les mêmes forces que la musique[51] ». Il est probable que Kandinsky comprenne alors Wagner et les « forces » de la musique à la lumière de *Naissance de la tragédie* (1872) de Nietzsche, l'un des très rares philosophes nommément mentionnés dans *Über das Geistige in der Kunst* et qui exerça une influence fondamentale sur la théorie de l'expressionnisme et sur Der Sturm[52]. Dans un passage consacré à Wagner, Nietzsche explique, citant Schopenhauer, que la musique est le seul art capable d'exprimer « l'essence intime du monde », non pas par une « reproduction de l'apparence » mais par une « analogie » que discerne le compositeur entre « le noyau d'un événement donné » et le matériau musical qu'il manipule[53]. Mon hypothèse est que, pour Kandinsky, le fait de comprendre que « la peinture peut développer les mêmes forces que la musique » revient à prendre conscience que la peinture doit imiter la musique en produisant des œuvres qui ne sont pas des copies du monde des apparences mais des images analogiques du monde sans « interprétation liée à des objets », et donc non-objectives. (Un tel raisonnement n'est pas sans précédent pour la revue de Walden. En janvier 1913, Kandinsky, qui s'intéresse depuis longtemps au travail de Robert Delaunay[54], peut lire dans *Der Sturm* la traduction – et la clarification – par Paul Klee de la pensée de l'artiste français – inspiré par Bergson tout comme les futuristes – censée accompagner l'exposition à la galerie Der Sturm des *Fenêtres*, œuvres presque totalement non-objectives. Dans le texte de Delaunay, le monde n'est pas perçu en termes d'objets mais de « vitalité », de « relation simultanée de division et d'unification » et de « multiplicité des rythmes qui n'admet aucune contrainte » ; le rôle de l'art est présenté comme une imitation de la nature, non par le biais d'objets – qu'il faut abandonner –, mais par des « harmonies de couleurs qui, en une même action, se séparent et se réunissent en un tout » [55].) En fait, Kandinsky présente la solution à son tourment (tenter en vain de peindre de façon figurative son expérience de Moscou au soleil couchant) et sa découverte des pleines potentialités de la peinture abstraite comme la découverte d'une analogie fondamentale entre le monde et la peinture, analogie qui repose sur le prédicat que les objets du monde et les éléments constitutifs de la peinture ont en commun un noyau fondamental et non-objectif : la vie et l'animation[56].

De plus, une autre expérience du monde qu'il juge cruciale pour les « buts » de son art est présentée par Kandinsky comme « non liée à des objets ». Décrivant une maison paysanne qu'il avait visitée dans la région de Vologda lors d'un voyage ethnographique à l'époque où il était étudiant, il explique qu'en entrant dans la pièce, dans laquelle les murs étaient couverts d'images et où chaque objet était peint « d'ornements bariolés étalés à grands traits », il s'est « senti environné de tous côtés par la peinture dans laquelle [il] avai[t] donc pénétré » [57]. Pour lui, le monde des objets fabriqués par l'homme s'est transformé en peinture, et la peinture est devenue un environnement total qui l'absorbe, lui, mais aussi les objets tangibles qui se trouvent dans la pièce, y compris ceux représentés sur les images et dans les ornements, « peints avec une telle force que l'objet se fondait en eux[58] ».

La science aussi offre à Kandinsky une vision d'un monde qui n'est pas constitué d'objets solides, car la « division de l'atome » – fondamentale pour supprimer « l'un des obstacles les plus importants » à la recherche d'une solution au problème de la relation entre l'art et la nature – équivaut pour lui à une « désintégration du monde entier[59] ».

Selon Kandinsky, la peinture, de son côté, peut évoquer le monde sans « interprétation liée à des objets » précisément par la dissolution des objets matériels, et sans devenir pour autant un simple jeu formel mais en offrant au spectateur qui n'y cherche pas des objets une expérience particulière et non-objective de la réalité. Le premier exemple de cette manière de peindre et de regarder l'art se situe lors de sa rencontre avec l'une des *Meules* de Monet, qui révèle à Kandinsky (incapable dans un premier temps de reconnaître l'objet représenté) la « force féerique[60] » de la peinture, qui manifeste le monde sans « interprétation liée à des objets ». « Une petite partie de mon Moscou de conte de fées existait déjà[61] » sur la toile de Monet, commente Kandinsky, qui explique ensuite, dans cette même perspective, comment il a peint les deux tableaux exposés au premier Salon d'Automne allemand, et comment il convient de les regarder.

Kandinsky écrit que *Bild mit Weissem Rand* est une œuvre dont l'élaboration a comporté une première ébauche qui était « le résultat des dernières expériences, vécues comme d'habitude très intensément, à Moscou – ou plus exactement *de Moscou* même », et une deuxième ébauche dans laquelle il introduisait « la “dissolution” des événements chromatiques et formels dans le coin inférieur droit »[62]. Sa description du tableau final exemplifie une façon de regarder cette œuvre sans « interprétation liée à des objets » et d'y ressentir le monde dans les mêmes termes[63]. C'est un monde conçu comme croissance organique (la grande zone ovale de couleur bleue au centre, vers la droite, est « comme une fleur qui pousserait » sur « l'ensemble »[64]), comme fluide dans son mouvement (le sentiment d'« énergique “bouillonnement intérieur” » véhiculé par les « dentelures assez blanches » dans la partie inférieure de la zone bleue[65] ; les limites de cette zone déclenchent « beaucoup de vagues intérieures[66] » ; la bordure blanche du tableau est « une vague blanche » qui « retombe brusquement », « se répand » et « forme un lac en haut à droite »[67]) ; enfin, c'est un monde conçu comme sensation globale, désindividualisée, d'une des saisons de l'année (à propos du vert, abondamment présent dans le tableau, Kandinsky parle d'une couleur qui « fait souvent résonner dans l'âme la tonalité de l'été[68] »). De toute évidence, Kandinsky ne demande pas à son public de voir dans son tableau des fleurs, des vagues, des lacs ou une saison spécifique, mais il l'invite à sentir comment des couleurs et des formes non-objectives peuvent subtilement faire surgir à l'esprit une expérience particulière du monde.

Dans son analyse de *Komposition VI*, Kandinsky reprend cette même manière de regarder la peinture. Il explique en effet que l'œuvre a pour point de départ le thème du déluge, qu'il a représenté dans une peinture figurative sur verre (voir cat. p. 250), mais ce n'est certainement pas pour inciter le public à déceler dans *Komposition VI* les objets qu'il s'est justement efforcé de supprimer[69]. En effet, Kandinsky explique que, dans *Komposition VI*, « le thème qui a inspiré le tableau (le déluge) est dissous », de la même manière peut-être que les objets constituant Moscou avaient été dissous par le soleil couchant, et que « rien ne serait plus faux que d'étiqueter ce tableau sous le titre de représentation d'un événement[70] ». En outre, selon lui, ce tableau a pour effet fondamental de provoquer – tout comme son expérience du monde sans « interprétation liée à des objets » – l'absorption du spectateur dans un espace non-objectif composé de couleurs.

Les zones roses et blanches, juste à gauche du centre – qui forment le « centre principal » de la toile selon Kandinsky –, semblent « ne reposer ni sur la surface de la toile, ni sur une quelconque surface idéale », de sorte qu'elles apparaissent plutôt comme « suspendue[s] dans les airs et environnée[s] de vapeur », créant cette impression que l'on a dans « un bain russe », où l'on sent la même « absence de la surface » et « indétermination de la distance », car « l'homme debout dans la vapeur n'est ni proche, ni lointain ; il est *quelque part* »[71]. Kandinsky a donc voulu créer une peinture dans laquelle la couleur paraît s'étendre au-delà de la toile et la transformer en une sorte d'environnement où le spectateur peut se sentir – sensation renforcée par les grandes dimensions de l'œuvre (près de deux mètres sur trois) – entièrement immergé. Le spectateur peut même s'imaginer être *dans* la couleur, comme l'homme du bain russe est *dans* la vapeur, et être entouré par la couleur de la même façon que Kandinsky se sentait « entouré de tous côtés par la peinture » dans la maison paysanne de Vologda, où la couleur semblait avoir dissous tous les objets[72].

Dans « Rückblicke », Kandinsky rappelle également que *Über das Geistige in der Kunst* et *Der Blaue Reiter* avaient pour « but essentiel » d'éveiller chez le lecteur et le spectateur « la capacité [...] de vivre le Spirituel dans les choses matérielles et abstraites », capacité qu'il juge cruciale pour arriver « à la jouissance de l'art abstrait, c'est-à-dire absolu », et au développement de laquelle la « philosophie future » contribuera, pense-t-il, en créant « l'atmosphère qui rendra les hommes en général capables de sentir l'esprit des choses »[73].

Adolf Behne, qui, nous l'avons vu, avait soigneusement lu et annoté *Der Blaue Reiter* à l'automne 1912, publie en novembre 1913 un article sur le Salon d'Automne qui montre que les espoirs de Kandinsky ne sont pas totalement utopiques, et que, en effet, les écrits du peintre et la philosophie de l'époque ont déjà créé – avant même la publication de l'album – une « atmosphère » qui peut être propice à une bonne appréciation de son travail, du moins dans l'environnement très réceptif de Der Sturm[74]. Behne écrit que les œuvres exposées au Salon d'Automne allemand – au milieu desquelles il considère (comme il le dit dans une autre critique) celles de Kandinsky comme « peut-être les plus belles[75] » – témoignent d'une forme d'art qu'il faut comprendre comme « un parallèle à la philosophie d'un Bergson[76] ». Par l'importance qu'elle accorde à l'intuition, on peut considérer que la pensée de Bergson – qui exerça, rappelons-le, une grande influence sur plusieurs artistes qui ont écrit dans *Der Sturm* – est une philosophie qui privilégie « l'esprit des choses » et qui propose une façon de comprendre le monde sans « interprétation liée à des objets », puisqu'elle conçoit l'essence de l'esprit et du monde sous la forme d'un flux. Ces aspects de la philosophie bergsonienne semblent avoir été importants pour Behne, et l'avoir conduit à abandonner son formalisme antérieur, relativement rigide, qui ne laissait aucune place à l'élément expressif.

En effet, dans un autre article sur le Salon d'Automne, Behne écrit que « la fantaisie formelle et chromatique » de Kandinsky est « étonnante comme toujours, même si elle atteint rarement la véritable abstraction. L'élément décisif demeure, à savoir que ses tableaux sont pleins de vie intérieure et de force expressive »[77].

Si Behne juge que la peinture de Kandinsky atteint « rarement la véritable abstraction », c'est que, pour lui, elle entretient encore des relations avec la réalité. Sauf que cette réalité n'est pas celle des objets précis identifiables ; elle correspond plutôt à l'expérience intérieure du monde, ou à son sens cosmique, que Bergson décrit « non-objectivement » comme flux et mouvement. Or, pour Behne, le flux, le mouvement et l'absence d'objets reconnaissables définissent précisément les caractéristiques formelles de la peinture expressionniste, qui, selon lui, exprime justement cette interprétation du monde, en phase avec le développement intellectuel de l'époque. En 1914, Behne publie dans *Der Sturm* des lignes qui ne font pas directement référence à Kandinsky mais qui, peut-être, expriment ce qu'il ressent face à une peinture comme *Komposition VI*, certainement la plus ambitieuse parmi les toiles de Kandinsky qu'il a admirées au Salon d'Automne : « Le tableau expressionniste, un cosmos vivant, intégré en tant que tel dans tout ce qui est cosmique, participe au mouvement universel du monde. Ses formes ne sont donc pas rigides mais fluides. La forme n'apparaît pas complète devant moi, mais elle se développe et évolue. Manifestement, cet art n'a pas de place pour les objets clos. Quelle marque de pauvreté ce serait si l'art moderne restait lié aux objets alors que nos penseurs ont reconnu que, pour approfondir la connaissance, il était inutile de penser en termes d'objets[78]. »

1919 : *Die neue Malerei* de Walden

En 1919, Walden présente une conception de la peinture expressionniste très semblable à celle proposée par Behne dans *Die neue Malerei*, texte dans lequel il dresse un bilan de l'art tel qu'il l'a défendu dans les années qui ont précédé la Première Guerre mondiale[79]. La manière dont il comprend cet art a beaucoup changé depuis qu'il y a été confronté pour la première fois en novembre 1911 ou au printemps 1912, et Kandinsky y est pour beaucoup. Il semble donc approprié de conclure cet article par quelques mots de Walden qui reflètent bien la manière de voir l'art de Kandinsky dont je viens de retracer ici l'émergence et le développement.

Selon Walden, la « nouvelle peinture » n'est pas seulement une manière d'explorer la spécificité du médium ; c'est aussi et surtout un moyen de transmettre au spectateur – par la matérialité et la spécificité même de ce médium – un sentiment particulier du monde, dans un processus fondé sur l'analogie entre le « mouvement » du monde, celui de la surface picturale et celui de l'âme du spectateur[80].

La compréhension et l'appréciation de ce type d'art n'a rien à voir avec « l'identification ou la reconnaissance d'une ou de plusieurs formes dans un tableau[81] ». Et la peinture de Kandinsky, explique Walden, est « la plus pure, parce qu'elle utilise le matériau de cet art – la forme colorée en soi – sans la moindre idée secondaire. Devant un tableau de Kandinsky, on ne peut penser à quoi que ce soit[82]. » Cela ne veut pas dire pour autant que l'art de Kandinsky élimine le monde ; ce qui est en jeu dans la compréhension de son œuvre, c'est une « intuition » du monde, ressenti comme non-objectif, et non une opération intellectuelle qui consisterait à analyser des *choses* spécifiques. Walden écrit : « La pensée n'est pas l'intuition, ni extérieure ni intérieure. Que pense-t-on dans le ciel, dans la mer, dans un bois ou dans un jardin ? Ces phénomènes sont-ils pour cette raison moins beaux dans notre perception ? En d'autres termes, auraient-ils moins d'effet ? [...] La couleur bleue n'est pas la mer, mais le tableau peut avoir le mouvement de la mer, même si le flux des vagues n'a pas été capturé par des lignes droites ou des lignes courbes[83]. »

1— Concernant Herwarth Walden et Vassily Kandinsky, voir Christian Derouet, Jessica Boissel (dir.), *Kandinsky*, Paris, Éditions du Centre Pompidou, 1984, p. 78. Sur Walden et Der Sturm, voir Maurice Godé, *Der Sturm de Herwarth Walden. L'utopie d'un art autonome*, Nancy, Presses universitaires de Nancy, 1990 et Barbara Alms, Wiebke Steinmetz (dir.), *Der Sturm. Chagall, Feininger, Jawlensky, Kandinsky, Klee, Kokoschka, Macke, Marc, Schwitters und viele andere im Berlin der zehner Jahre,* cat. exp., Brême, Hauschild, 2000.

2— Je fais référence aux réflexions stimulantes d'Enrico Castelnuovo sur les tâches de l'histoire de l'art dans *Arte, industria, rivoluzioni*, Turin, Einaudi, 1985, p. VI.

3— Reinhold Heller, « Expressionism », dans Michael Kelly (dir.), *Encyclopedia of Aesthetics*, New York, Oxford University Press, 1998, vol. 2, p. 135-139.

4— Concernant les expositions organisées par Walden, voir Peter Selz, *German Expressionism* [1957], Berkeley, University of California Press, 1974, p. 250-273. La note 72 (*infra*) donne des indications sur Kandinsky et le Salon d'Automne allemand.

5— Les textes de Kandinsky seront cités plus bas. Sur les textes de théorie et de critique d'art publiés par Walden, voir Volker Pirsich, *Der Sturm. Eine Monographie*, Herzberg, T. Bautz, 1985, p. 86-153 et M. Godé, *Der Sturm de Herwarth Walden*..., *op. cit*.

6— Voir l'important ouvrage de Rose-Carol Washton Long, *Kandinsky. The Development of an Abstract Style*, New York, Oxford University Press, 1980, avec une synthèse de la littérature antérieure en ce domaine. Dans cette même veine, il est également important de mentionner Peg Weiss, *Kandinsky and Old Russia. The Artist as Ethnographer and Shaman*, New Haven, Yale University Press, 1995.

7— Alfred H. Barr, *Cubism and Abstract Art*, Cambridge (Mass.), Harvard University Press, 1986 [1936]; Clement Greenberg, « Towards a Newer Laocoon » (1940) et « Modernist Painting » (1960), dans John O'Brian (dir.), *Collected Essays and Criticism*, Chicago, University of Chicago Press, 1986, vol. 1, p. 23-38 et vol. 4, 1993, p. 85-93; Michael Fried, « Three American Painters: Kenneth Noland, Jules Olitski, Frank Stella » (1965), dans John O'Brian (dir.), *Collected Essays and Criticism. Art and Objecthood: Essays and Reviews*, Chicago, University of Chicago Press, 1998, p. 213-265.

8— Vassily Kandinsky, « Über die Formfrage », dans *Der Blaue Reiter*, édité par Vassily Kandinsky et Franz Marc, Munich, Piper, 1912. Voir la traduction française, « Sur la question de la forme », dans *L'Almanach du Blaue Reiter*, trad. de l'allemand par Ph. Sers et C. Heim, Paris, Klincksieck, 1987, p. 215.

9— Sixten Ringbom, *The Sounding Cosmos. A Study in the Spiritualism of Kandinsky and the Genesis of Abstract Painting*, Turku, Åbo Akademi, 1970.

10— On trouvera la liste complète des œuvres exposées dans Donald E. Gordon, *Modern Art Exhibitions 1900-1916*, Munich, Prestel, 1974, vol. 2, p. 557-558.

11— R.-C. Washton Long, « Kandinsky's Abstract Style. The Veiling of Apocalyptic Folk Imagery », *Art Journal*, vol. 34, n° 3, printemps 1975, p. 217-228 (et plus particulièrement p. 222-225).

12— Riccardo Marchi, *Pure Painting in Berlin, 1912-1913. Boccioni, Kandinsky and Delaunay at Der Sturm*, thèse de Ph.D., University of Chicago, 2002, p. 29, 31, 53, 55.

13— V. Kandinsky, « Formen- und Farben-Sprache », *Der Sturm*, n° 106, avril 1912, p. 11-13. L'extrait est tiré du chapitre 6 de *Über das Geistige in der Kunst, insbesondere in der Malerei* [1911], Munich, Piper, 1912. Voir la traduction française: *Du spirituel dans l'art, et dans la peinture en particulier*, éd. par Ph. Sers, Paris, Éditions Denoël, coll. « Folios Essais Gallimard », 1989 [1954].

14— Le texte d'Adolf Behne, qui parle aussi de l'exposition de la Neue Sezession [Nouvelle Sécession], paraît pour la première fois sous le titre « Die Neue Sezession », *Die Hilfe*, n° 13, 28 mars 1912, p. 207. Walden le reproduit (avec de légers changements), même si les expositions sont déjà terminées, à cause de son « importance fondamentale »: A. Behne, « Zwei Ausstellungen », *Der Sturm*, n° 107, avril 1912, p. 19-20. C'est ce texte que je mentionne ici.

15— V. Kandinsky, *Du spirituel dans l'art*..., *op. cit.*, p. 69-96, p. 140-164, 183 (dans laquelle on retrouve cette citation).

16— *Ibid.*, p. 127, 118, 132, 122 et 130-132.

17— Trust [H. Walden], « Malerei », *Der Sturm*, n° 86, novembre 1911, p. 687-688.

18— À propos d'A. Behne, voir Magdalena Bushart (dir.), *Adolf Behne. Essays zu seiner Kunst- und Architekturkritik*, Berlin, Gebr. Mann Verlag, 2000, et en particulier M. Bushart, « Adolf Behne, "Kunst-Theoretikus" », p. 7-88.

19— A. Behne, « Zwei Ausstellungen », art. cité, p. 20.

20— *Ibid.*

21— *Ibid.*

22— Arthur Segal, « Die Neue Malerei und die Künstler », *Die Aktion*, n° 15, 10 avril 1912, p. 466. Segal a été l'un des fondateurs de la Neue Sezession avec Max Pechstein. Voir Amelia Pavel, « Segal, Arthur », dans *The Dictionary of Art*, New York, Grove's Dictionaries, 1996, vol. 28, p. 352. L'expression « formes d'attention » est de Frank Kermode, *Forms of Attention*, Chicago, University of Chicago Press, 1985.

23— Umberto Boccioni *et al.*, « Manifest der Futuristen », *Der Sturm*, n° 103, mars 1912, p. 822-824, et « Futuristen. Die Aussteller an das Publikum », *Der Sturm*, n° 105, avril 1912, p. 3-4. La version française se trouve dans Giovanni Lista (dir.), *Manifestes, proclamations, documents*, Lausanne, L'Âge d'Homme, 1973, p. 167-172. Concernant les futuristes italiens en Allemagne, voir Johanna Eltz, *Der italienische Futurismus in Deutschland 1912-1922*, Bamberg, Lehrstuhl für Kunstgeschichte & Aufbaustudium an der Universität Bamberg im Selbstverlag, 1986.

24— Concernant l'influence de Bergson sur le futurisme italien, voir Maurizio Calvesi, « Dinamismo e simultaneità nella poetica futurista » (1967), dans Franco Russoli (dir.), *L'Arte Moderna*, Milan, Fabbri, 1975 (2e éd.), vol. 5, p. 61-63. Sur Bergson et *Der Sturm*, voir Anita Beloubek-Hammer, « Kosmos, Leben und Kunst als "unendlich fortgesetzte Schöpfung": Die Rezeption Henri Bergson im Expressionismus », dans Erich Franz (dir.), *Freiheit der Linie. Von Obrist und dem Jugendstil zu Marc, Klee und Kirchner*, cat. exp., Bönen, Kettler, 2007, p. 38-43.

25— U. Boccioni *et al.*, « Futuristen. Die Aussteller an das Publikum », art. cité, p. 4, et G. Lista, *Manifestes, proclamations, documents*, *op. cit.*, p. 169.

26— U. Boccioni *et al.*, « Futuristen. Die Aussteller an das Publikum », art. cit., p. 4, et G. Lista, *Manifestes, proclamations, documents*, *op. cit.*, p. 171.

27— A. Segal, « Die Neue Malerei und die Künstler », art. cité, p. 466.

28— F. Marc, « Les "Fauves" d'Allemagne », dans *L'Almanach du Blaue Reiter*, *op. cit.*, p. 87.

29— V. Kandinsky, « Sur la question de la forme », art. cité, p. 215.

30— L'exemplaire de 1912 de *Der Blaue Reiter* annoté par A. Behne est conservé à la bibliothèque du Kunsthistorisches Institut à la Freie Universität de Berlin, où j'ai pu le consulter facilement grâce à l'amabilité du Dr. Wolfgang Beyrodt. Les annotations aux propos de Marc (ceux de la première citation) se trouvent page 7.

31— On trouvera une liste des œuvres exposées dans D. E. Gordon, *Modern Art Exhibitions 1900-1916*, *op. cit.*, vol. 2, p. 610-611. L'exposition s'est ensuite rendue dans d'autres villes allemandes et européennes ; voir Vivian Endicott Barnett, « Die Präsentation von Kandinskys Kunst in Deutschland 1905 bis 1914 », dans Tayfun Belgin (dir.), *Von der Brücke zum Blauen Reiter. Farbe, Form und Ausdruck in der deutschen Kunst von 1905 bis 1914*, cat. exp., Heidelberg, Braun, 1996, p. 87. On trouvera plus de détails sur cette exposition et sur sa réception dans R. Marchi, « October 1912. Understanding Kandinsky's Art "Indirectly" at "Der Sturm" », *The Getty Research Journal*, n° 1, à paraître en 2009.

32— V. Kandinsky, « Über Kunstverstehen », *Der Sturm*, n° 129, octobre 1912, p. 157-158. Voir la traduction française dans V. Kandinsky, *Regards sur le passé et autres textes. 1912-1922*, trad. de l'allemand par M. Dupont, éd. par J.-P. Bouillon, Paris, Hermann, 1974, p. 189-192.

33— *Ibid.*, p. 191-192.

34— *Ibid.* (traduction modifiée par l'auteur).

35— H.W. [Herwarth Walden], « Zeitgeschichten », *Der Sturm*, n° 132, octobre 1912, p. 182-185. La partie concernant Kandinsky se trouve p. 182.

36— *Ibid.*, p. 182.

37— Rudolf Leonhard, « Kandinsky », *Der Sturm*, n° 134/135, novembre 1912, p. 204-205. Sur Leonhard, voir Paul Raabe, *Die Autoren und Bücher des literarischen Expressionismus : ein bibliographisches Handbuch*, Stuttgart, Metzler, 1985, p. 305-308.

38— R. Leonhard, « Kandinsky », art. cité, p. 204. Sur la notion de *Malerische*, voir Simone Viani, « Alla ricerca del Barocco », dans Heinrich Wölfflin (dir.), *Rinascimento e Barocco. Ricerche intorno all'essenza e all'origine dello stile barocco in Italia* [1888], Florence, Vallecchi, 1988, p. 29-71.

39— On trouvera d'excellentes analyses de l'imagerie « kaléidoscopique » du monde, telle qu'elle apparaît dans les textes de *Der Sturm* en se reportant à M. Godé, *Der Sturm de Herwarth Walden...*, *op. cit.*, p. 54-63 (Alfred Lichtenstein, Else Lasker-Schüler et Paul Scheerbart).

40— R. Leonhard, « Kandinsky », art. cité, p. 204-205. Le texte original dit : « *die Vieldeutigkeit der Dinge* » (les italiques sont de R. Leonhard).

41— *Ibid.*, p. 204.

42— *Ibid.*

43— *Ibid.*, p. 205.

44— *Ibid.*

45— *Ibid.*

46— V. Kandinsky, *Die Gesammelten Schriften*, éd. par Hans Konrad Roethel et Jelena Hahl-Koch, Berne, Benteli, 1980, p. 144-145. Sur le Salon d'Automne allemand, voir Magdalena Moeller, « Erster Deutscher Herbstsalon Berlin 1913 », dans Eberhard Roters (dir.), *Stationen der Moderne. Kataloge epochaler Kunstausstellungen in Deutschland, 1910-1962. Kommentarband zu den Nachdrucken der zehn Ausstellungskataloge*, Cologne, Buchhandlung Walter König, 1988, p. 64-76. À l'occasion du Salon d'Automne, Kandinsky publie également « Malerei als reine Kunst », *Der Sturm*, n° 178/179, septembre 1913, p. 98-99. Pour la traduction française, voir V. Kandinsky, *Regards sur le passé...*, *op. cit.*, p. 193-198.

47— V. Kandinsky, *Kandinsky, 1901-1913*, Berlin, Verlag Der Sturm, 1913. L'album contient également une nouvelle traduction plus exacte d'un poème intitulé « À Kandinsky » composé par l'écrivain néerlandais Alfred Verwey et qui était d'abord paru dans *Der Sturm*. Ce poème, que je n'ai pas la place d'analyser ici, est aussi un autre exemple intéressant de la façon dont on peut aborder Kandinsky, et que j'essaie de restituer dans le présent essai. (On trouvera une analyse détaillée de l'album, y compris du poème d'A. Verwey, dans R. Marchi, « Kandinsky, l'abstraction et le monde en 1913 », dans Nadia Podzemskaia (dir.), « Abstraction dans les arts. Un concept à définir », numéro spécial de *Ligeia : Dossiers sur l'art*, à paraître.) La version allemande des textes de l'album n'est accessible que sous forme de publications séparées. « Rückblicke » a été reproduit dans V. Kandinsky, *Die Gesammelten Schriften*, *op. cit.*, p. 27-50 ; les « Notizen » dans Felix Thürlemann, *Kandinsky über Kandinsky. Der Künstler als Interpret eigener Werke*, Berne, Benteli, 1986, p. 219-227 ; le poème d'A. Verwey dans Peg Weiss, *Kandinsky in Munich. The Formative Jugendstil Years*, Princeton, Princeton University Press, 1979, p. 151. Pour mon analyse, je m'appuie aussi sur l'excellente édition de l'album, annotée et traduite par Jean-Paul Bouillon dans V. Kandinsky, *Regards sur le passé...*, *op.cit.*

48— V. Kandinsky, *Regards sur le passé...*, *op. cit.*, p. 92.

49— *Ibid.*, p. 98 (traduction modifiée par l'auteur).

50— *Ibid.*, p. 93.

51— *Ibid.*, p. 98.

52— V. Kandinsky, *Du spirituel dans l'art...*, *op. cit.*, p. 79. Concernant Nietzsche et *Der Sturm*, voir M. Godé, *Der Sturm de Herwarth Walden...*, *op. cit.*, p. 50-53.

53— Friedrich Nietzsche, *Naissance de la tragédie*, éd. par Jean Lacoste et Jacques Le Rider, Paris, Laffont, 1993, p. 94. Les citations de Schopenhauer sont extraites du *Monde comme volonté et comme représentation*, chapitre I-3, paragraphe 52.

54— On trouvera des détails intéressants sur la relation entre Kandinsky et Delaunay dans Christian Derouet, « Kandinsky-Delaunay : un échange de lettres en avril 1912 », *Cahiers du Musée national d'art moderne*, n° 73, automne 2000, p. 75-85.

55— Robert Delaunay, « Über das Licht », *Der Sturm*, n° 144/145, janvier 1913, p. 255-256. Klee ne se contente pas de traduire le texte ; il y introduit d'importantes interventions personnelles. Voir R. Marchi, *Pure Painting*, *op. cit.*, p. 163-171.

56— V. Kandinsky, *Regards sur le passé…*, *op. cit.*, p. 93. Dee Reynolds relève l'affinité qui existe entre ce mode de perception et la philosophie de l'empathie (*Einfühlung*) dans *Symbolist Aesthetics and Early Abstract Art. Sites of Imaginary Space*, Cambridge, Cambridge University Press, 1995, p. 123.

57— V. Kandinsky, *Regards sur le passé…*, *op. cit.*, p. 108. Concernant l'importance de ce voyage pour l'esthétique de Kandinsky, voir Peg Weiss, *Kandinsky and Old Russia. The Artist as Ethnographer and Shaman*, *op. cit.*

58— V. Kandinsky, *Regards sur le passé…*, *op. cit.*, p. 109. Les italiques ont été supprimés. Dans Nadia Podzemskaia, *Colore, simbolo, immagine. Origine della teoria di Kandinsky*, Florence, Alinea, 2000, p. 173-195, l'auteur montre que la « dissolution » est un principe fondamental dans la pensée et dans la pratique artistique du peintre.

59— V. Kandinsky, *Regards sur le passé…*, *op. cit.*, p. 99.

60— *Ibid.*, p. 97 (traduction modifiée par l'auteur).

61— *Ibid.*, p. 98 (traduction modifiée par l'auteur).

62— *Ibid.*, p. 138 (traduction modifiée par l'auteur).

63— La plupart des spécialistes, par contre, ont pris les propos de Kandinsky au pied de la lettre, insistant pour voir dans *Bild mit Weissem Rand* une représentation cryptique du combat de saint Georges (le saint patron de Moscou) contre le Dragon ou la Bête mentionné dans l'Apocalypse. Voir par exemple R.-C. Washton Long, *Kandinsky. The Development of an Abstract Style*, *op. cit.*, p. 126-128, qui s'appuie sur des comparaisons entre différentes études préparatoires. F. Thürlemann, entreprenant de son côté une analyse non-iconographique rare et extrêmement intéressante du tableau et s'appuyant sur une lecture attentive de la description qu'en donne Kandinsky, rejette l'idée que les références au monde évoquées par le peintre soient l'indication d'une relation à ce monde, voir F. Thürlemann, *Kandinsky über Kandinsky*, *op. cit.*, p. 135-147.

64— V. Kandinsky, *Regards sur le passé…*, *op. cit.*, p. 140.

65— *Ibid.*, p. 139.

66— *Ibid.*, p. 140 (traduction modifiée par l'auteur).

67— *Ibid.*, p. 141.

68— *Ibid.*, p. 139.

69— Voir par exemple R.-C. Washton Long, *Kandinsky…*, *op. cit.*, p. 117.

70— V. Kandinsky, *Regards sur le passé…*, *op. cit.*, p. 138 (traduction modifiée par l'auteur).

71— *Ibid.*, p. 137 (traduction modifiée par l'auteur).

72— Cet effet a été magnifié et poursuivi avec précision au Salon d'Automne, où Kandinsky présentait dans sa salle sept tableaux, dont les deux *Komposition VI* et *Bild mit Weissem Rand*. Les autres tableaux, tous exécutés en 1913, étaient : *Improvisation 31 (Seeschlacht)* [Improvisation 31 (Bataille navale)] (455), *Landschaft mit Roten Flecken II* [Paysage aux taches rouges II] (460), *Bild mit Weisser Form* [Peinture à la forme blanche] (457), *Skizze zu Komposition VI* [Étude pour Composition VI] (détruit ; 583) et *Entwurf II zu Bild mit Weissem Rand (Moskau)* [Étude II pour peinture au bord blanc (Moscou)] (454). Les numéros entre parenthèses renvoient à la numérotation de Hans K. Roethel, Jean K. Benjamin, *Kandinsky. Catalogue raisonné de l'œuvre peint. Premier volume, 1900-1915*, Paris, Éditions Karl Flinker, 1982. Sur l'accrochage des œuvres au Salon d'Automne, voir Magdalena Moeller, « Erster Deutscher Herbstsalon Berlin 1913 », art. cité, p. 74, note 6, qui précise que l'espace d'exposition était divisé par des panneaux peints d'environ 2,20 m de haut.

73— V. Kandinsky, *Regards sur le passé…*, *op. cit.*, p. 129.

74— A. Behne, « Der erste deutsche Herbstsalon », *Die Tat*, n° 8, novembre 1913, p. 841-843.

75— A. Behne, « Der erste deutsche Herbstsalon », *Dresdner Neueste Nachrichten*, 28 septembre 1913 (première édition).

76— A. Behne, « Der erste deutsche Herbstsalon », *Die Tat*, art. cité, p. 842. Pour plus de détails sur la réaction de Behne et sur le rôle de Bergson dans la réception de Kandinsky, on se reportera à R. Marchi, « Learning to Look at Kandinsky in Berlin, 1913 », dans Silke Horstkotte et Karin Leonhard (dir.), *Seeing Perception*, Newcastle, Cambridge Scholars, 2007, p. 216-236.

77— A. Behne, « Der erste deutsche Herbstsalon », *Die neue Kunst*, I (1913/14), n° 2, p. 224.

78— A. Behne, « Deutsche Expressionisten : Vortrag zur Eröffnung der neuen Sturm-Ausstellung », *Der Sturm*, n° 17-18, décembre 1914, p. 114-115. Voir la traduction partielle en anglais dans R.-C. Washton Long (dir.), *German Expressionism. Documents from the End of the Wilhelmine Empire to the Rise of National Socialism*, Berkeley, University of California Press, 1993, p. 60-63 ; la citation se trouve p. 62. Quand il analyse l'expressionnisme, Behne renvoie généralement à Kandinsky ; voir A. Behne, « Impressionismus, Expressionismus, Kubismus », *Dresdner Neueste Nachrichten*, 22 février 1913.

79— H. Walden, *Die neue Malerei*, Berlin, Verlag Der Sturm, 1919.

80— *Ibid.*, p. 16-18.

81— *Ibid.*, p. 16.

82— *Ibid.*, p. 25.

83— *Ibid.*, p. 25-26.

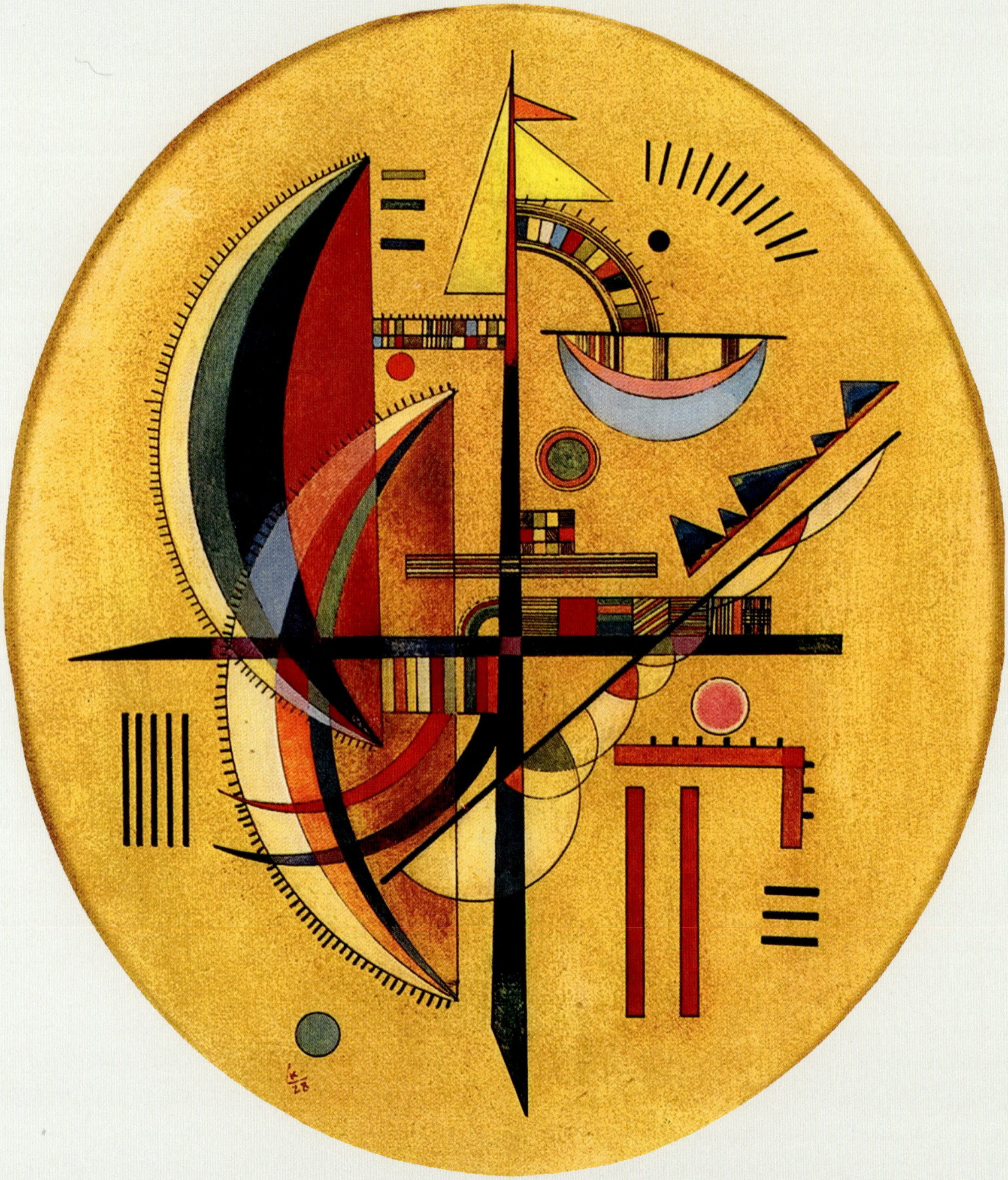

1. *Lyrisches Oval*
[Ovale lyrique], 1928,
huile sur carton,
34 x 29 cm
Collection particulière, Suisse

2. *Stelldichein I* [Rendez-vous I], 1901, huile et tempera sur toile, 25 x 45 cm
Collection particulière

3. *Reisiger Ritter* [Chevalier armé], 1902-1903, huile et tempera sur toile de jute, 108 x 160 cm
Städtische Galerie im Lenbachhaus, Munich

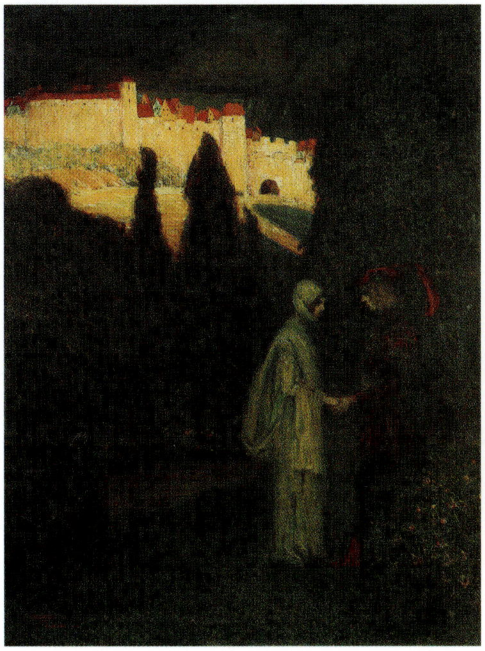

2

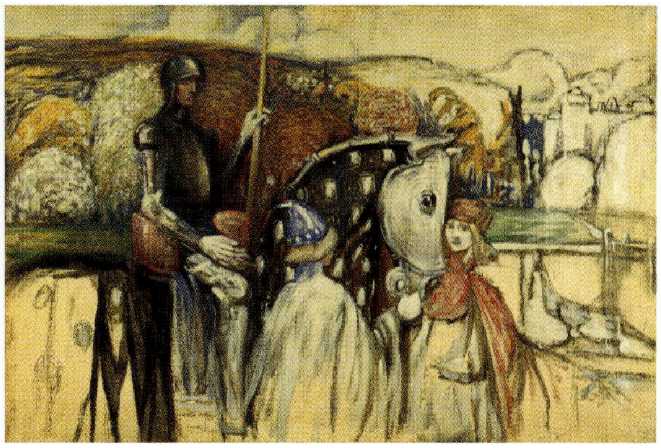

3

L'artiste se réinvente

Changements, crises, tournants

Vivian Endicott Barnett

Traduit de l'anglais par Jean-François Allain

La vie de Kandinsky, qui s'étend sur soixante-dix-huit ans, ressemble moins à une ligne fluide et continue qu'à un zigzag où se succèdent des angles divers et des lacunes. S'il est habituel de diviser la carrière du peintre en quatre grandes périodes, définies en gros par les pays dans lesquels il a vécu, les informations biographiques que nous livrent ses lettres et ses souvenirs montrent qu'il a connu dans sa vie de nombreuses étapes et de multiples tournants. Nous nous concentrerons ici sur ces ruptures, ces crises et ces changements afin de mieux faire ressortir les moments cruciaux de son parcours artistique et de présenter une vue d'ensemble plus juste et plus nuancée des évolutions qu'a connues son œuvre.

Les tableaux présentés dans cette exposition ont été exécutés entre 1907 et 1942, mais la carrière artistique de Kandinsky s'étend en réalité de 1896 à 1944. Avant de s'engager dans la voie de la peinture en 1895, il a étudié le droit, l'économie et les statistiques à la faculté de droit de l'Université de Moscou[1]. Avec des camarades étudiants de cette même faculté, il joue un rôle actif dans la Société tsariste de sciences naturelles, d'ethnographie et d'anthropologie[2]. Pendant l'été 1889, Kandinsky voyage dans la province distante de Vologda pour une mission de recherches d'un mois financée par cette même société[3]. Il termine ses études de droit en 1893 après avoir écrit sa thèse de doctorat sur la question des salaires des ouvriers agricoles[4]. En 1896, il refuse un poste d'enseignant à l'Université de Dorpat (aujourd'hui Tartu en Estonie), et, en décembre de cette même année, il part à Munich pour y étudier la peinture. Il n'a jamais suivi d'enseignement artistique même si, enfant, il s'était acheté une boîte de peinture[5]. À trente ans, Kandinsky change donc complètement de carrière et quitte sa Russie natale pour s'installer en Allemagne. Il connaît déjà Munich mais aussi Vienne, Milan et Paris, qu'il a visités en 1891-1892 à l'occasion de son voyage de noces de six mois après son mariage avec sa cousine Ania Tchimiakina[6]. Il est significatif qu'il choisisse d'étudier les beaux-arts à Munich plutôt qu'à Moscou ou à Paris. Au début de l'année 1897, il commence ses études dans l'école privée d'Anton Ažbè, fréquentée par d'autres Russes parmi lesquels on peut citer Dimitri Kardovsky, Nikolaï Seddeler, Igor Grabar, Alexeï von Jawlensky et Marianne von Werefkin. Des années plus tard, Kandinsky écrira dans une brève note biographique : « À l'âge de trente ans, il abandonna le fruit de tout son travail universitaire et se rendit à Munich pour y étudier la peinture[7]. »

Dès 1898, Kandinsky expose à Odessa, mais on ignore à quoi ressemblaient alors ses tableaux. En août 1901 se tient la première exposition de l'association d'artistes munichois appelée Phalanx [La Phalange] ; Kandinsky y présente *Stelldichein I* [Rendez-vous I] (ill. 2) et *Winter* [Hiver] ainsi que quatre autres tableaux et dix petites études à l'huile. Le thème romantique du couple en costume médiéval apparaissant sur fond d'arbres sombres et d'une cité fortifiée éclairée par la lune est récurrent dans ses premières œuvres ; il s'oppose nettement au motif de *Winter*, qui figure une femme, un enfant et un chien dans un contexte contemporain[8]. Kandinsky est l'un des fondateurs de l'association Phalanx mais aussi de l'école éponyme, où il enseigne la peinture et le dessin[9]. En août 1903, Peter Behrens, qui a vu *Reisiger Ritter* [Chevalier armé] (ill. 3), offre à Kandinsky un poste d'enseignant à la Kunstgewerbeschule [École des arts décoratifs] de Düsseldorf[10].

Quand Kandinsky peint les premières œuvres présentées ici, il a déjà quarante ans. Il a totalement changé de profession, refusé des postes d'enseignant en droit et en peinture décorative, quitté son pays d'origine, élaboré et changé son style pictural, mais il n'a pas encore trouvé sa véritable orientation artistique. Cette période est pour lui un moment de crise, sur le plan professionnel comme sur le plan personnel. La veille de son quarantième anniversaire, il écrit de Sèvres à sa compagne Gabriele Münter, qui, à l'époque, vit séparée de lui à Paris : « Je travaille sur l'étude du couple silencieux sur le cheval et cela me plaît. J'y ai incorporé beaucoup de mes rêves : ça ressemble vraiment à un orgue. Il y a de la musique dedans. Cela me donne un courage nouveau pour entreprendre d'autres choses et, deux fois déjà, j'ai senti cette palpitation particulière de mon cœur que j'avais souvent autrefois, à l'époque où j'étais davantage un peintre-poète. Je comprends également mieux la théorie aujourd'hui. Mais est-ce que ma vie et ma force seront suffisantes pour mettre cette théorie en pratique ? Demain, 40 ans[11]. » L'œuvre qui en découle, *Reitendes Paar* [Couple à cheval], exécutée au début de 1907 (voir cat. p. 51), est une scène fantastique et romantique figurant une jeune femme et un jeune cavalier qui s'étreignent sur le dos d'un cheval sur fond de bouleaux et de tours couronnées de dômes en bordure d'un cours d'eau. Évoquant la Russie, bien loin de la réalité parisienne, le couple exprime peut-être une aspiration personnelle ou symbolique de l'artiste. À Paris, Kandinsky s'est souvent tourné vers le folklore et les contes de fées russes. À l'époque, il entretient aussi de nombreux liens avec des amis ou des parents russes[12].

Au cours de l'année 1906-1907, la relation de Kandinsky avec Münter connaît des tensions, et le peintre souhaite être seul dans l'appartement qu'ils ont loué à Sèvres[13]. Durant les périodes de séparation, il adresse à sa compagne de nombreuses lettres qui témoignent de son état d'esprit déprimé et tourmenté. Le 20 février, peu après le départ de Gabriele, il éclate en sanglots : « Soudain, mon cœur était si plein que j'ai fondu en larmes. Il y a des années que je n'avais pas pleuré ainsi. Je me suis assis par terre près du canapé et je ne pouvais m'arrêter. Toute ma vie a défilé sous mes yeux… Sans exagérer, à ce moment-là, j'aurais été heureux de mourir. » Puis, le 22 février, il demande à Münter de commander de la toile pour deux châssis, dont un correspond aux dimensions de *La Vie mélangée* (voir cat. p. 53) et, début mars, il lui écrit : « J'ai travaillé avec deux longues interruptions mais avec beaucoup de détermination : deux toiles sont noircies et une grande partie du dessin de *La Vie mélangée* est en place. Je suis assez content des dessins. J'espère que la peinture sera encore mieux, car j'en attends beaucoup »[14].

Dans sa correspondance, Kandinsky confie ses espoirs et ses angoisses, mais les raisons de ses doutes et de sa dépression restent mal connues. L'expérience de la mélancolie ne lui est

4

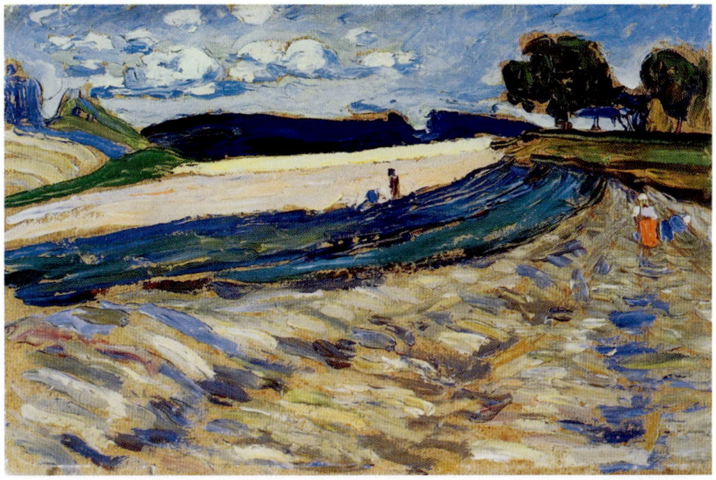

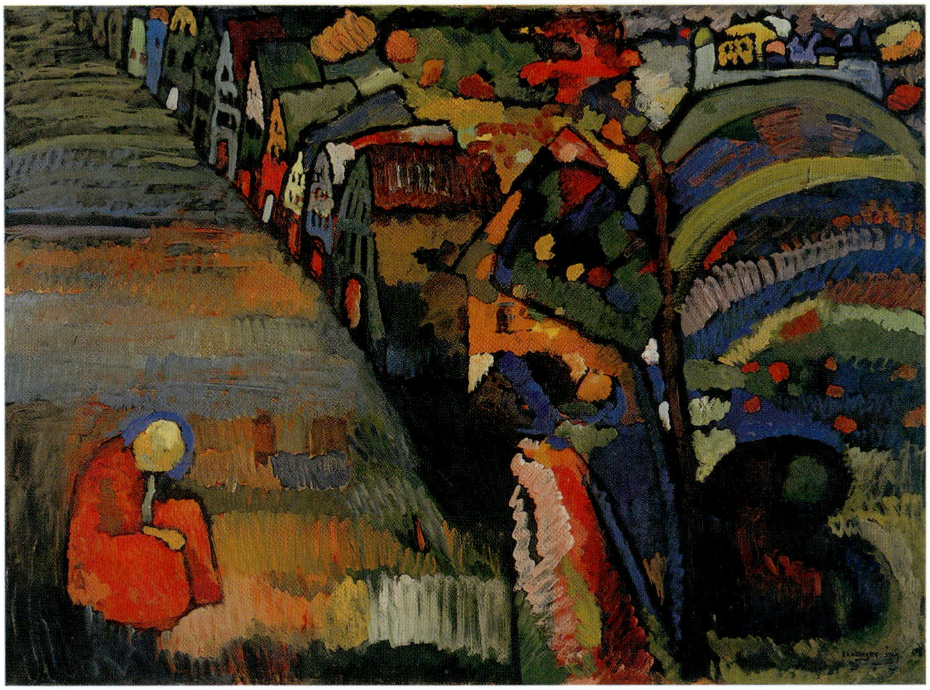

5

4. *Oberpfalz – Landschaft mit gelbem Feld* [Haut Palatinat – Paysage au champ jaune], 1903, huile sur carton, 29,8 × 44,5 cm
Städtische Galerie im Lenbachhaus, Munich

5. *Bild mit Häusern* [Tableau avec des maisons], 1909, huile sur toile, 97 × 131 cm
Stedelijk Museum, Amsterdam

pas étrangère. Enfant, il était souvent triste : « Je cherchais quelque chose, quelque chose qui me manquait, j'aspirais à autre chose… À l'époque, j'appelais cet état d'esprit "le sentiment du paradis perdu"[15]. » En 1901, il décrit, dans une lettre à son ami le peintre russe Kardovsky, la dépression dont il a souffert après la mort de son oncle Alexandre Silvestrovitch Kandinsky[16]. De même, il est très touché par le décès de son demi-frère Vladimir Kojevnikov en mai 1905 et, en automne de cette même année, il éprouve de la culpabilité et du remords au moment d'entamer la procédure de divorce avec sa première femme Ania. À diverses reprises, il évoque les moments difficiles qu'il a traversés à Paris[17].

La source de ces tensions et de ces doutes n'est pas seulement d'ordre personnel ; elle réside aussi dans le combat du peintre pour trouver sa voie artistique. Il a enseigné et voyagé ; il a beaucoup exposé en Russie, en Allemagne et en France, mais il n'a pas encore véritablement élaboré un style personnel. Certes, les œuvres qu'il crée au début de 1907 présentent un contraste frappant avec celles de Pablo Picasso ou de Henri Matisse : *Reitendes Paar* et *La Vie mélangée* datent de l'époque où Picasso commence à travailler aux *Demoiselles d'Avignon* (1907). Quand Kandinsky présente des tableaux a tempera sur de vieux thèmes russes au Salon des Indépendants, au printemps 1907[18], Matisse expose *Nu bleu (Souvenir de Biskra)* (1907), qui sera bientôt acheté par les collectionneurs américains Gertrude et Leo Stein. Kandinsky et Münter les connaissent bien, ainsi que Michael et Sarah Stein, qui vivent dans un appartement à la même adresse que Münter. Kandinsky a donc pu y voir le *Portrait de Madame Matisse (La Raie verte)* (1905), *Esquisse pour « La Joie de vivre »* (1905-1906), *Les Oignons roses* (1906-1907) et beaucoup d'autres tableaux de Matisse[19]. Gertrude et Leo Stein vivent rue de Fleurus, à deux pas de là : ils possèdent *Femme au chapeau* (1905) de Matisse, plusieurs Picasso de la période rose ainsi que son récent *Portrait de Gertrude Stein* (1906)[20]. Dans son journal intime, Münter évoque « la famille Stein avec sa collection de peintres français modernes[21] ». Plus tard, elle se souvient que « Kandinsky a fait seulement la connaissance de la famille Stein avec leur galerie d'art moderne. Gertrude Stein est venue un jour voir Kandinsky dans son atelier, a vu ses tableaux a tempera et a souri[22]. » Annette Rosenshine, une amie américaine de Münter, se souvient aussi avoir rendu visite à Münter et à Kandinsky au printemps 1907 à Sèvres, où ils avaient un grand atelier. Elle écrit à propos de ces grandes toiles figuratives aux couleurs ternes de Kandinsky : « Je me sentais assez supérieure en reconnaissant à quel point son œuvre était éloignée de l'art d'avant-garde que je voyais chez les Stein[23]. » Quand il quitte Paris en juin 1907, Kandinsky, dont l'état dépressif persiste, séjourne pour quelques semaines, en

6

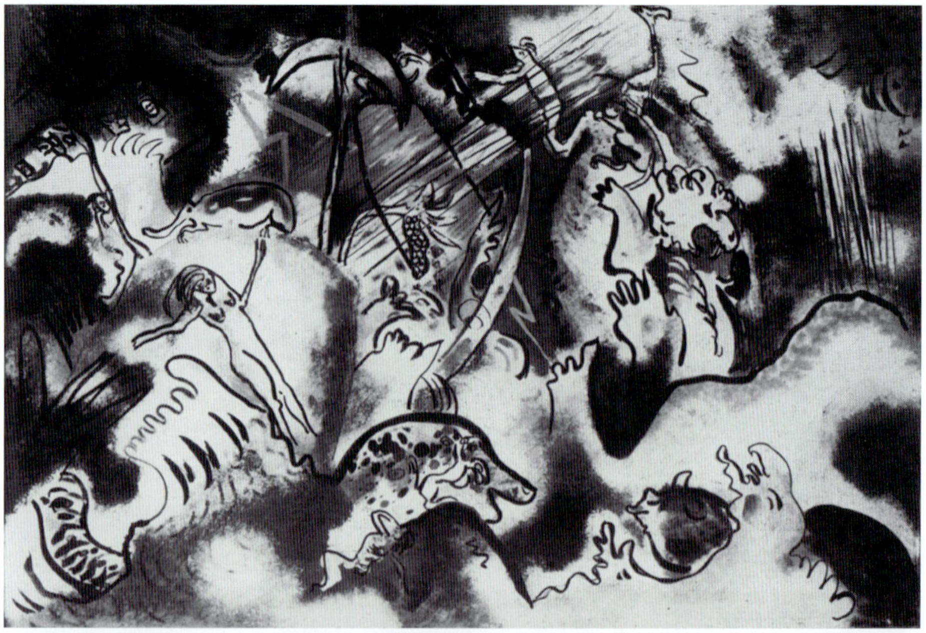

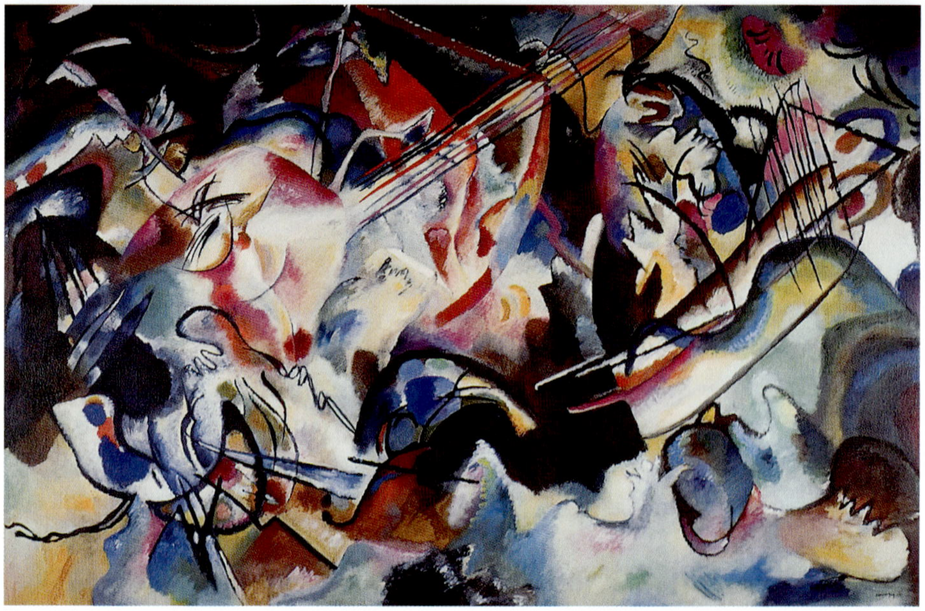

7

juin et juillet, au sanatorium de Bad Reichenhall, non loin de Salzbourg, pour y être soigné. Il évoque ses difficultés à dormir, sa solitude et ses absences : « J'espérais que la cure m'aiderait. Je ne pense pas pouvoir récupérer entièrement. Mais je vais retrouver des forces. L'un dans l'autre, je vais déjà beaucoup mieux que quand j'étais en France[24]. » Il ne peint pas du tout entre juin et septembre et, durant son séjour à Berlin avec Münter, de septembre à mai 1908, il ne réalise que quelques œuvres.

Soudainement, à la fin de l'été 1908, Kandinsky se met à peindre des paysages contrastés et colorés, inspirés par la petite ville de Murnau et la campagne environnante de la Haute-Bavière. La métamorphose par rapport à l'année précédente est étonnante : le doute et l'anxiété ont cédé la place à la confiance et à l'enthousiasme. Le changement de palette, de facture, de technique, de format et de sujet marque un tournant majeur dans le parcours de Kandinsky. Il peint *Landschaft mit Turm* [Paysage à la tour] (voir cat. p. 57) en larges touches à l'huile sur un épais carton brun. Les bâtiments et la tour d'une vieille brasserie se fondent dans le feuillage vert foncé et noir ; le ciel bleu profond, ponctué de nuages blancs, contraste avec les champs rouge intense et or du premier plan. Bien sûr, Kandinsky a peint des paysages auparavant – souvent au couteau sur de petits formats – notamment à Kochel dès 1900 et à Kallmünz trois ans plus tard (ill. 4). À Paris, en 1906-1907, il peint le parc de Saint-Cloud près de Sèvres. Néanmoins, le caractère soudain et profond de ce changement de 1908, l'immédiateté et l'intensité avec lesquelles le peintre réagit à son environnement marquent une réorientation importante dans son œuvre.

Après quatre ans de déplacements constants, Kandinsky et Münter décident de s'établir à Munich. Vers la mi-août, ils séjournent au Gasthof Griesbräu de Murnau, où ils sont rejoints par leurs amis Jawlensky et Werefkin avec qui ils peignent en plein air[25]. Jawlensky, qui a également vécu à Paris, connaît mieux que Kandinsky le travail de Paul Gauguin et de Vincent Van Gogh, ainsi que les œuvres récentes de Matisse, d'André Derain, de Maurice de Vlaminck et d'autres peintres fauves. Dès 1905, il a peint des paysages en Bretagne et dans le sud de la France. Cette production prolifique de Kandinsky, à partir d'août 1908, s'explique donc non seulement par le paysage de Murnau mais aussi par ses réflexions personnelles et celles de ses amis sur le fauvisme tel qu'ils l'ont connu à Paris.

Pendant l'été 1909, Kandinsky et Münter retournent à Murnau. *Landschaft bei Murnau mit Lokomotive* [Paysage près de Murnau avec locomotive] (voir cat. p. 67) figure un train qui traverse le village et passe devant la maison

6. *Sintflut (zu Komposition VI)* [Déluge (pour Composition VI)], 1911, peinture sur verre
Localisation inconnue

7. *Komposition VI* [Composition VI], 1913, huile sur toile, 195 x 300 cm
Musée de l'Ermitage, Saint-Pétersbourg

achetée cet été-là par Münter. Des tableaux comme *Der blaue Berg* [La Montagne bleue] (voir cat. p. 59) ou *Bild mit Häusern* [Tableau avec des maisons] (ill. 5) et les nombreuses *Improvisations* qui vont s'échelonner de 1909 à 1914 montrent clairement le changement qui s'opère entre les premiers paysages de Murnau et une interprétation plus abstraite du paysage. L'importance que revêt le lieu – et tout particulièrement ce paysage de Bavière – peut d'ailleurs sembler étonnante, et même contradictoire, dans l'œuvre d'un artiste abstrait.

Dans *Romantische Landschaft* [Paysage romantique], peint le 3 janvier 1911, c'est-à-dire le même jour qu'*Impression III (Konzert)* [Impression III (Concert)] (voir cat. p. 81 et 83), Kandinsky va au-delà des particularités du lieu en montrant trois chevaux qui descendent au galop une pente couverte de neige. Des années plus tard, au Bauhaus, il rappellera que le paysage n'avait pas vraiment d'importance dans les débuts du romantisme. « J'ai l'intention de réutiliser un tel terme. Jusqu'ici, j'appelais certaines œuvres "Triangle lyrique" – ce pourquoi j'ai été très critiqué dans la presse – ou "Structure lyrique", etc. Le vieux gouffre entre ces deux concepts n'existe plus : où est la frontière entre le lyrisme et le romantisme[26] ? » Avec cette œuvre, nous sommes bien loin des premiers tableaux romantiques de Kandinsky comme *Stelldichein I* (ill. 2) ou *Reitendes Paar* (voir cat. p. 51).

Probablement à la fin de l'été 1911, Kandinsky exécute une peinture sur verre, *Sintflut (zu Komposition VI)* [Déluge (pour Composition VI)] (ill. 6), qui deviendra le point de départ de *Komposition VI* [Composition VI] (ill. 7). Dix-huit mois plus tard, après de nombreuses tentatives avortées, une large réflexion et de nombreuses recherches, Kandinsky explique : « À présent je savais que j'allais peindre ce tableau dans des conditions normales. À peine avais-je reçu la toile commandée que je me mettais déjà à dessiner. Cela alla vite et presque tout fut bon du premier jet. En deux ou trois jours, l'essentiel du tableau était là. Le grand combat, le grand asservissement à la toile étaient passés[27]. » *Komposition VI* est achevée le 5 mars 1913 et, deux mois plus tard, l'artiste écrira un texte expliquant la genèse de ce grand tableau. Le sentiment de lutte avec la toile est récurrent dans les écrits de Kandinsky. En septembre 1905, il explique dans une lettre à Münter qu'il a travaillé deux heures durant sur un tableau, *Die Rivalen* [Les Rivaux], et qu'il a eu « un sentiment de satisfaction et de victoire… C'était vraiment un combat et chaque mouvement que je faisais était dirigé et sûr[28] ». Dans « Rückblicke » [Regards sur le passé], écrit en 1913, il rappelle ses expériences de jeune enfant avec les couleurs : « Comme en un combat, comme en une bataille, elles sortent du tube, ces forces fraîches, jeunes, qui remplacent les vieilles[29]. » Plus tard, il se rend compte que pour lui – à l'inverse de ce que l'on enseigne habituellement aux artistes –, il faut « dix coups d'œil sur la toile, un sur la palette et un demi sur la nature. C'est ainsi que j'ai appris à me battre avec la toile[30] ».

En mai 1913, il commente son *Bild mit weißem Rand (Moskau)* [Tableau avec bordure blanche (Moscou)] (voir cat. p. 107), achevé ce même mois. La première ébauche a été faite peu après son retour de Moscou en décembre 1912 et a été suivie de nombreuses études. Il décrit le tableau en ces termes : « En bas à gauche il y a un combat en noir et blanc […]. C'est donc seulement au bout de cinq mois environ, alors que j'étais assis au crépuscule devant ma deuxième grande esquisse que je vis soudain avec une parfaite clarté ce qui me manquait encore… C'était la bordure blanche. […] Cette bordure blanche, je l'ai faite avec fantaisie, telle qu'elle me venait spontanément à l'esprit : en bas à gauche, abîme ; une vague blanche en surgit qui retombe brusquement, puis se répand sur le côté droit du tableau en une forme qui serpente paresseusement, forme un lac en haut à droite (où prend naissance le noir bouillonnement) et disparaît en direction du coin supérieur gauche, pour apparaître une dernière fois sur le tableau sous la forme définitive de blanches dentelures. Cette bordure blanche ayant été la clef du tableau, c'est le titre que j'ai donné à l'ensemble du tableau[31]. »

L'acte de peindre n'était pas facile pour Kandinsky. Il lui fallait des mois de réflexion pour aboutir au jaillissement d'énergie créatrice nécessaire. Le fait qu'il ait peint cette toile monumentale qu'est *Komposition VII* [Composition VII] en quatre jours, à la fin de novembre 1913, n'empêche pas qu'elle ait été préparée par de nombreux mois de recherches et des dizaines d'études (voir cat. p. 111)[32]. Au début de décembre 1913, son inspiration lui permet de peindre deux de ses toiles les plus radicalement abstraites, *Helles Bild* [Tableau clair] et *Schwarze Striche I* [Traits noirs I] (voir cat. p. 113 et 115). Comme les années précédentes, Kandinsky et Münter séjournent à Murnau au cours de l'été 1914. Kandinsky peint *Improvisation Klamm* [Improvisation Gorge] (voir cat. p. 121) après avoir visité Höllentalklamm près de Garmisch-Partenkirchen et réalisé plusieurs esquisses du soleil couchant, de l'aube, d'un couple en costume bavarois et d'un cavalier. Les éléments du paysage – les maisons, le viaduc, la chute d'eau, les bateaux et le quai – sont reconnaissables même si l'on ne peut véritablement qualifier ce tableau de paysage.

La période de grande créativité qui commence en 1908 se termine subitement quand la Première Guerre mondiale éclate, le 1er août 1914. En l'espace de quelques jours, Kandinsky, qui était citoyen russe – et donc un étranger ennemi –, doit quitter l'Allemagne. Après plusieurs mois passés en Suisse, il retourne en Russie en décembre 1914. Entre août 1914 et janvier 1916, Kandinsky est incapable de peindre des huiles, mais il exécute des aquarelles et des dessins. Il écrit à Münter en novembre 1915 : « Moi je travaille beaucoup à l'aquarelle. C'est un travail minutieux et j'apprends pour ainsi dire l'art du bijoutier. Ça m'aidera pour les grands tableaux, qui se forment peu à peu dans mon cœur. Je voudrai faire un grand tableau avec les profondeurs énormes et arriver à l'effet de la distance avec les effets discrets, qu'on découvre en s'approchant tout près à la toile – l'idée que j'avais déjà dans mes tableaux que tu as vu – mais maintenant je comprends ça plus largement et pratiquement, ce que est le résultat des nombreuses aquarelles faites le dernier temps [33]. » Contrairement à la crise qu'il a connue sept ans plus tôt, cette rupture de 1914 est causée par des événements politiques extérieurs indépendants de sa volonté, mais ceux-ci ont des répercussions personnelles sur son aptitude à peindre, sa capacité à gagner sa vie grâce à la vente de ses œuvres en Allemagne et sa liberté de se déplacer ou de vivre avec Münter.

À la fin de 1915, Kandinsky se rend à Stockholm pour rejoindre Münter, qui l'attend en pays neutre. Au cours de ce bref séjour en Suède, il peint trois toiles au début de 1916. Une seule subsiste, *Auf hellem Grund* [Tableau sur fond clair], dont la composition ovale entourée d'une bordure brune fait penser à *Graues Oval* [Ovale gris] de 1917[34] ou à *Bely oval* [Ovale blanc] de 1919 (voir cat. p. 129), réalisés en Russie. Kandinsky promet à Münter qu'il reviendra la voir après son cinquantième anniversaire : « Tu devrais comprendre, que je ne peux pas partir avant le 5 XII. C'est même probable que les 50 ans ne me donneront pas la liberté de mouvement. C'est possible que j'aurais des devoirs ici à Moscou même. En tout cas ces devoirs n'auront rien de désagréable[35]. » Cependant, il ne retournera pas en Suède après son anniversaire, et il ne reverra jamais plus Gabriele Münter.

En effet, quelques mois avant son cinquantième anniversaire, Kandinsky a rencontré une belle jeune femme russe, Nina Andreievskaïa, qu'il épouse en février 1917. La Révolution de février coïncide avec leur lune de miel. Il a vendu sa maison et prévu d'acheter un terrain sur lequel construire une grande demeure et un atelier, mais la Révolution d'Octobre anéantira ce projet[36]. Le peintre assiste à la Révolution « de sa fenêtre[37] ». Entre la fin d'octobre 1917 et juin 1919, il ne peint aucune toile mais il continue de réaliser des peintures sur verre (ill. 8), comme il l'avait fait au cours des deux années précédentes, dans un style figuratif fantastique. Nina Kandinsky se souviendra qu'après la Révolution, leur vie à Moscou était devenue « insupportable » et qu'ils ont connu durant des années le froid, la faim et des difficultés extrêmes[38]. Après la Révolution bolche-

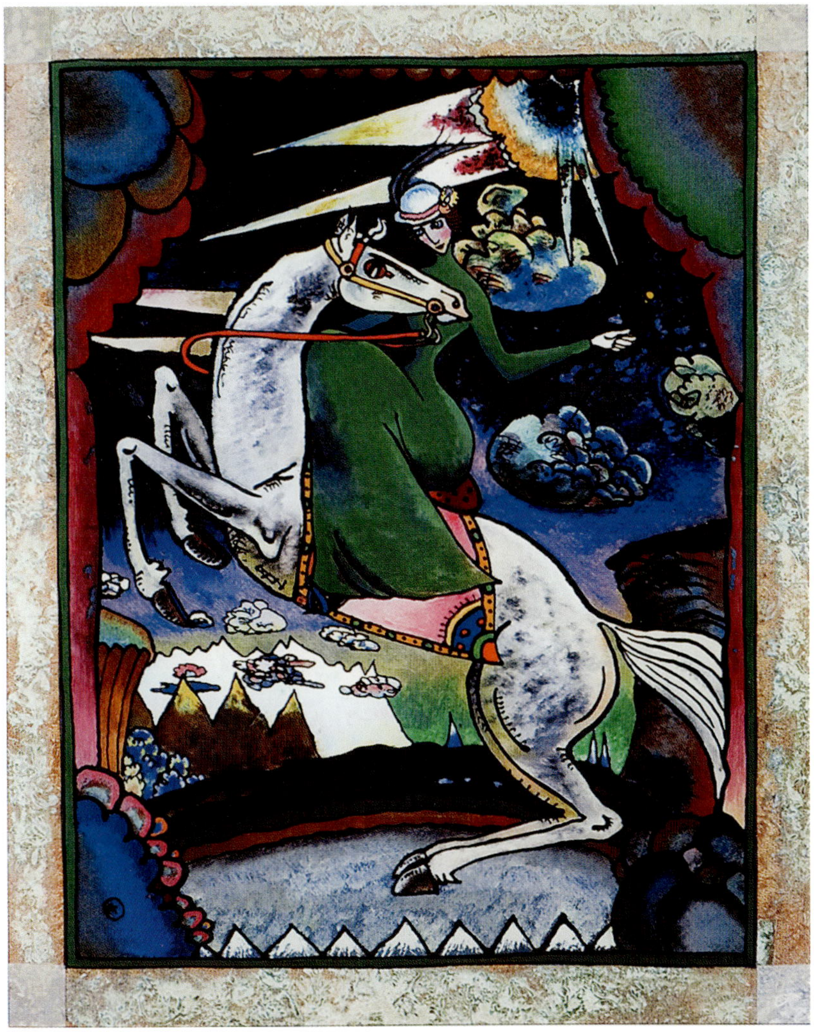

8

8. *Amazone in den Bergen* [Amazone dans la montagne], 1918, peinture sur verre, 31 x 25 cm
Musée national russe, Saint-Pétersbourg

vique, Kandinsky et sa famille sont expropriés et perdent tous leurs biens. Pour la première fois, le peintre n'a plus de revenus réguliers et se trouve confronté à de graves problèmes financiers. Il avait grandi dans une riche famille de négociants[39] disposant d'un patrimoine et de revenus qui lui permettaient de se consacrer à son art et de voyager. Bien qu'il connaisse, au niveau de sa vie privée, une période de bonheur avec Nina et la naissance de leur fils Vsevolod en septembre 1917, les bouleversements politiques dans le pays entraînent des bouleversements dans sa situation économique.

Sans surprise, Kandinsky reprend l'enseignement pour la première fois depuis l'école Phalanx, quinze ans plus tôt à Munich. En 1918, il dirige un des Svomas (Ateliers nationaux libres) de Moscou et joue un rôle actif dans la gestion de la section art du Narkompros (Commissariat du peuple à l'instruction). En 1919, il devient le premier directeur du Musée de la culture picturale à Moscou, institution qui achète des œuvres d'artistes d'avant-garde – y compris de lui-même – pour des musées de Moscou mais aussi pour ceux situés dans des provinces plus éloignées. En mai 1920, il prend une position clé à la création de l'Inkhouk (Institut de culture artistique) de Moscou et y est nommé chef de la section d'art monumental. Cependant, après le rejet de son programme pédagogique, à la fin de l'année, il démissionne de l'Inkhouk. En 1921, il crée avec Piotr Kogan le Rakhn (Académie de Russie des sciences de l'art), dont il assume la vice-présidence. Malgré ses nombreuses charges administratives – qui occupent le plus clair de son temps – dans les institutions d'État, Kandinsky réalise plusieurs toiles abstraites et œuvres sur papier en 1919-1920. Il en expose quelques-unes à la XIXe Exposition d'État à Moscou, à l'automne 1920. Plus tard, évoquant cette période, il écrira : « je n'ai pu peindre que sept tableaux car, durant cette difficile période révolutionnaire, j'avais très peu de temps et d'énergie pour peindre ». Parmi ces œuvres, *Krasnoe Piatno n° 2* [Tache rouge n° 2] (voir cat. p. 137) est « une de mes meilleures »[40].

De toute évidence, Kandinsky s'est adapté aux institutions officielles de l'État bolchevique. Grâce à ses fonctions au sein du Bureau international du Narkompros, il lance des projets en collaboration avec des artistes allemands et noue des liens avec des personnes influentes en Allemagne. Tout particulièrement importants sont ses contacts avec Walter Gropius, directeur du Bauhaus de Weimar : Kandinsky lui propose d'organiser une exposition d'œuvres d'art russes récentes en mars 1921 et, cet automne-là, il reçoit – par divers intermédiaires – une invitation de Gropius à visiter l'école. En octobre 1921, le Rakhn désigne Kandinsky pour le représenter à Berlin et étudier la possibilité de créer une antenne dans cette ville et de développer les échanges culturels entre les deux pays[41].

Peu après son cinquante-cinquième anniversaire, en décembre 1921, Kandinsky quitte Moscou pour Berlin, accompagné de sa femme Nina, qui travaille comme secrétaire pour le Narkompros. Ils n'ont pas initialement prévu de rester en Allemagne, mais leur visite officielle va se transformer bientôt en résidence permanente. L'accueil

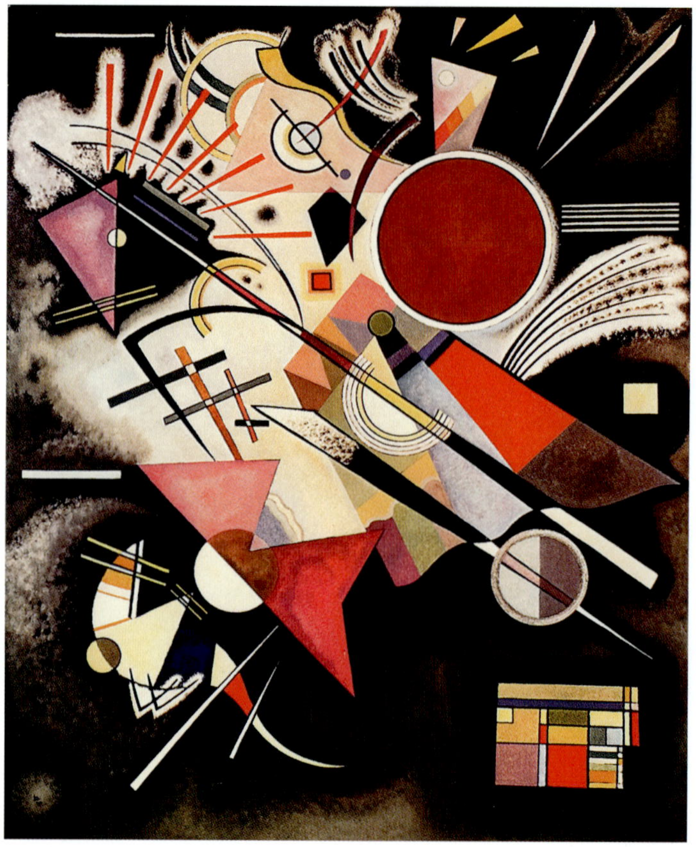

9

9. *Schwarze Begleitung* [Accompagnement noir], 1924, huile sur toile, 166 x 135 cm
Collection particulière, Suisse

chaleureux dont bénéficie Kandinsky[42] et l'invitation officielle que lui adresse Gropius, en mars 1922, à enseigner au Bauhaus ont été des facteurs décisifs. En outre, l'idée de Kandinsky de créer une synthèse entre les arts et l'intérêt qu'il portait aux aspects psychologiques de l'art moderne se heurtait à des résistances de plus en plus fortes auprès des jeunes générations d'artistes russes. En dehors des raisons professionnelles, certaines circonstances personnelles ont pu contribuer à la décision des Kandinsky, notamment le décès de leur unique enfant Vsevolod, en septembre 1920, deuil que Nina n'a jamais mentionné auprès de ses amis. En quittant la Russie, Kandinsky avait fait parvenir à Berlin douze tableaux datant de 1919 à 1921[43]. En 1922, peu après son arrivée, il vend *Spitzen* [Points] de 1920[44] et il expose, entre autres œuvres récentes, *V serom* [En gris], *Bely shtrikh* [Trait blanc] et *Siny segment* [Segment bleu] (voir cat. p. 131, 133 et 138) à la galerie Goldschmidt-Wallerstein à Berlin, puis dans des galeries d'art de Munich et de Stockholm. Il participe à la Première Exposition d'art russe à la galerie Van Diemen à Berlin, événement qu'il avait contribué à organiser avec ses collègues soviétiques. Évidemment, des transformations très importantes sont survenues durant les sept années que Kandinsky a passées en Russie.

Néanmoins, on ne remarque pas de véritable différence stylistique entre la dernière toile qu'il a peinte en Russie, *Krougui na tchernom* [Cercles sur fond noir] et la première qu'il peint à Berlin, *Blauer Kreis* [Cercle bleu] (voir cat. p. 142 et 143). Entre janvier et juin 1922, il crée *Weißes Kreuz* [Croix blanche] (voir cat. p. 145) à Berlin et à Weimar, suivi de *Weiße Zickzacks* [Zigzags blancs], le premier tableau à recevoir un titre allemand depuis son retour dans le pays. Ses œuvres russes contenaient déjà des cercles, des ovales et des damiers, mais les formes géométriques prennent une importance plus grande dans ses œuvres de la période du Bauhaus. Les cercles sont dessinés au compas et les lignes tracées avec précision. Des lignes droites contrastent avec des lignes courbes dans *Auf Weiß II* [Sur blanc II] et dans *Durchgehender Strich* [Trait transversal] (voir cat. p. 147 et 149). Dans *Ein Zentrum* [Un centre] et *Drei Klänge* [Trois sonorités jaunes] (voir cat. p. 155 et 160), des demi-cercles s'opposent à des cercles et à des triangles. Les trapézoïdes, les grilles et les triangles deviennent des formes familières, et les relations spatiales évoluent : les grandes distances qui caractérisaient les tableaux russes se transforment en des espaces plus comprimés sur des fonds plus plats dans des toiles comme *Gelb – Rot – Blau* [Jaune – rouge – bleu], *Einige Kreise* [Quelques cercles] ou *Akzent in Rosa* [Accent en rose] (voir cat. p. 157, 159 et 161), qui datent toutes de l'époque du Bauhaus.

Au Bauhaus de Weimar, Kandinsky est nommé maître de l'atelier de peinture murale et il enseigne la théorie des formes dans le « cours préliminaire ». Il accorde une grande place aux formes et aux couleurs, et insiste tout particulièrement sur les propriétés physiologiques et psychologiques des couleurs. Sa théorie des correspondances entre la couleur et la forme – le triangle jaune, le carré rouge et le cercle bleu – se retrouve d'ailleurs dans le questionnaire distribué aux étudiants du Bauhaus[45]. Les trois couleurs primaires deviennent le sujet de *Gelb – Rot – Blau* ; elles sont disposées selon la même séquence que dans son échelle des couleurs, mais les couleurs elles-mêmes et les formes diffèrent. En 1924, Kandinsky intitule ses toiles *Gelbe Spitze* [Pointe jaune], *Gelbe Begleitung* [Accompagnement jaune] et *Schwarze Begleitung* [Accompagnement noir] (ill. 9) et, l'année suivante, *Schwarzes Dreieck* [Triangle noir].

À Weimar, Kandinsky consacre beaucoup de temps et d'énergie aux activités du Bauhaus. Il est heureux de faire partie d'une communauté d'artistes et de retrouver son ami Paul Klee. Il fait la connaissance de Lyonel Feininger, Josef Albers, Johannes Itten, Georg Muche, Oskar Schlemmer et, plus tard, de László Moholy-Nagy. Parallèlement à ses activités pédagogiques, il écrit des articles pour les publications du Bauhaus et participe à des expositions organisées par l'école. Kandinsky est obligé de créer des œuvres nouvelles pour les nombreuses expositions personnelles et collectives auxquelles il participe, puisqu'il a laissé la plupart de ses tableaux derrière lui, en Russie en 1921, et qu'il essaye toujours par ailleurs de récupérer les nombreuses toiles qui sont restées chez Münter en 1914. Kandinsky, qui a beaucoup exposé en Allemagne avant la Première Guerre mondiale, a aussi envie de présenter son travail récent et de retrouver sa place d'artiste de premier plan. Les transformations qui interviennent dans son esthétique sont d'ailleurs immédiatement perçues par ses collègues et par les critiques.

Quand le Bauhaus quitte Weimar pour s'établir à Dessau en juin 1925, les Kandinsky s'installent à leur tour à Dessau. Entre avril 1925 – date de la fermeture du Bauhaus à Weimar – et janvier 1926, Kandinsky ne peint aucune toile mais il réalise des aquarelles. Ce hiatus surprend par rapport à la transition relativement douce qui avait marqué le passage de Moscou à Berlin à la fin de 1921, mais on peut l'expliquer par le fait que Kandinsky consacre la majeure partie de son temps au manuscrit de *Punkt und Linie zu Fläche* [*Point et ligne sur plan*]. Ce livre, pour lequel il a commencé à prendre des notes à l'automne 1914, paraîtra en allemand à l'automne 1926.

À la fin de l'année 1925, Kandinsky prépare aussi les expositions qui doivent marquer son soixantième anniversaire l'année suivante. À Brunswick, la Gesellschaft der Freunde Junger Kunst [Société des amis de l'art moderne] organise une exposition intitulée « Soixantième anniversaire, trente ans en Allemagne », qui ne comprend que des huiles et des aquarelles peintes entre 1921 et 1926 ; parmi les œuvres les plus récentes figurent *Gelb – Rot – Blau* et *Akzent in Rosa*. Plus tard cette même année, la galerie Arnold à Dresde présente des œuvres de 1908 à 1926 lors d'une exposition-jubilé qui se rendra ensuite à Berlin, à Munich et dans d'autres villes allemandes. Parmi les œuvres de 1908 à 1926 figurent *Landschaft mit Turm, Improvisation 14, Komposition IV* [Composition IV], *Auf hellem Grund, Weißer Strich, Weiße Zickzacks, Auf Weiß II, Durchgehender Strich, Komposition VIII* [Composition VIII] (voir cat. p. 153) et *Gelb – Rot – Blau*. Quelques-unes de ces toiles avaient été restituées par Münter après de longues négociations menées par des avocats[46].

Le déménagement de Weimar à Dessau n'entraîne pas de changements significatifs dans la peinture ni dans l'enseignement de Kandinsky. Il continue d'enseigner la peinture murale et le dessin analytique et commence à donner des cours de peinture libre en 1927. En janvier 1928, il peint *Quadratlyrik* [Lyrisme des carrés] et *Lyrisches Oval* [Ovale lyrique] (ill. 1), conçoit des décors de scène pour une production de *Tableaux d'une exposition* de Modest Moussorgski et, peu après, exécute *Auf Spitzen* [Sur les pointes] (voir cat. p. 163). Les tableaux réalisés entre 1926 et 1929 donnent une impression générale de continuité, de fluidité dans la composition, de maîtrise méticuleuse de la touche et, souvent, de rigidité de la structure. Les combats antérieurs du peintre ont cédé la place à une remarquable aisance. Pour reprendre les termes de Will Grohmann, « il domine son métier d'une manière qui lui permet de peindre à toute heure du jour, de s'interrompre, de poursuivre ce qu'il a commencé[47] ». Malgré ses lourdes responsabilités administratives au Bauhaus, Kandinsky va créer plus de tableaux et d'aquarelles à Dessau qu'il ne l'avait fait à Weimar.

10

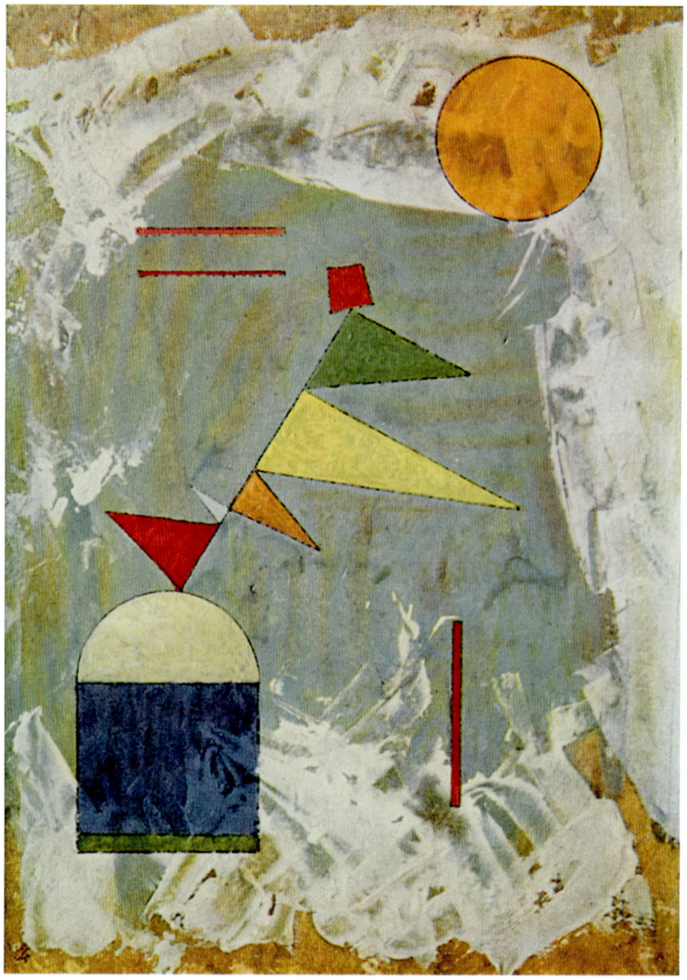

En mars 1928, l'artiste devient citoyen allemand, mais il ne sera radié du Rakhn, en tant qu'émigré, qu'en décembre 1929[48]. En conséquence, beaucoup de tableaux importants exécutés entre 1909 et 1921 et laissés en Russie – certains appartenaient à l'artiste, d'autres étaient en dépôt dans un musée de Moscou – sont nationalisés par les musées soviétiques[49]. Titulaires de passeports allemands, Vassily et Nina peuvent voyager en France, en Italie et même en Méditerranée orientale. Kandinsky souhaitait ardemment exposer en dehors de l'Allemagne, et tout particulièrement en France, en Belgique et aux États-Unis, ce que lui permet sa nouvelle nationalité. Ironiquement, son passeport allemand l'autorise ainsi non seulement à voyager mais également à concentrer son attention en dehors de l'Allemagne.

Les années comprises entre 1929 et 1933 ressemblent à une transition entre une période dominée par le Bauhaus et la future installation à Paris. Par opposition à la sobriété structurée qui caractérisait les tableaux des années précédentes, Kandinsky crée, entre 1929 et 1932, une série d'œuvres insolites et expérimentales, aux surfaces volontairement désordonnées, utilisant des effets de texture obtenus par des techniques mixtes et des teintes discordantes de couleurs non-primaires, telles que *Flatternd* [Voletant] (ill. 10), *Bunter Mitklang* [Résonance multicolore], *Flatterhaft* [Flottant], *Langsam Heraus* [Dégagement ralenti] et *Kühle Entfernung* [Éloignement froid][50]. De plus, on voit poindre dans son travail une certaine conscience du surréalisme d'une part et, de l'autre, une tendance fondamentalement constructiviste à l'abstraction.

Le Bauhaus ferme définitivement ses portes en juillet 1933 et, à l'automne, les Kandinsky commencent à chercher un lieu de résidence. Comme en août 1914, les événements politiques extérieurs contraignent l'artiste à quitter l'Allemagne mais, cette fois, son départ n'est pas abrupt mais progressif[51]. Le jour de son soixante-septième anniversaire, Kandinsky écrit à Grohmann : « Nous nous sommes longtemps posé la question : où aller ? En Suisse ? En Italie ?

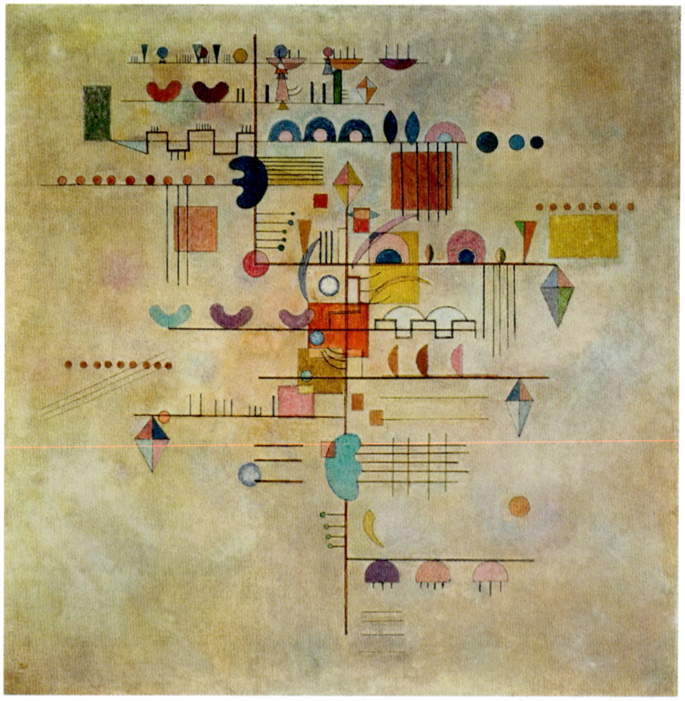

11

10. *Flatternd* [Voletant], 1930, huile sur carton, 34,5 x 24,5 cm
Kunstmuseum Bern, Berne, don de Nina Kandinsky

11. *Montée gracieuse*, 1934, huile sur toile, 80 x 80 cm
Solomon R. Guggenheim Museum, New York, Solomon R. Guggenheim Founding Collection

En Amérique ? À Paris ? La situation du marché artistique aujourd'hui étant loin d'être favorable partout, nous nous sommes décidés pour Paris ; après tout, c'est le centre artistique du monde, et la ville permet plus facilement de vivre de la vente de ses tableaux. Nous ne souhaitons pas quitter définitivement l'Allemagne ; je ne pourrais pas, car j'ai des racines trop profondes dans le sol allemand. Également nous avons loué un appartement pour un an seulement et je pense qu'ensuite nous retournerons en Allemagne[52]. »
Quelques semaines plus tard, Vassily et Nina s'installent dans un appartement à Neuilly-sur-Seine, près du bois de Boulogne. Entre août 1933, où il peint *Entwicklung in Braun* [Développement en brun] (voir cat. p. 167), et février 1934, où il entreprend *Start* [Début] à Paris, Kandinsky ne peint aucun tableau[53]. Une de ses premières huiles, *Montée gracieuse* (ill. 11), est peinte sur une toile qu'il a probablement apportée avec lui d'Allemagne. Sous les couleurs gris clair et pastel apparaît l'ébauche d'une composition antérieure dont les formes ressemblent à ce qu'il faisait au Bauhaus et dont l'organisation hiérarchique rappelle *Etagen* [Étages] de 1929 (voir cat. p. 164).

Lorsque Kandinsky se remet à la peinture, il introduit dans sa palette des tons inédits, privilégiant les harmonies de couleurs claires et délicates, et il choisit une imagerie nouvelle dérivée de formes biomorphiques et biologiques[54]. Il incorpore des formes embryologiques dans *Monde bleu* et dans *Formes capricieuses* (voir cat. p. 171 et 184), des images vues au microscope dans *Succession,* et des formes d'insectes dans *Groupement* (voir cat. p. 177 et 185). En 1934-1935, il ajoute à de nombreuses toiles des zones de sable bien définies, comme dans *Monde bleu*, *Rayé*, *Deux entourages* et *Contraste accompagné* (voir cat. p. 173, 174 et 176). Une fois établi à Paris, Kandinsky commence à donner des titres français à ses œuvres, bien qu'il ait déclaré ne pas vouloir rester en France plus d'un an.

Peu après son arrivée, en mai 1934, Kandinsky expose à la galerie Cahiers d'Art, à Paris, certains de ses tableaux les plus récents en même temps qu'une sélection d'œuvres du Bauhaus. L'énorme différence entre *Monde bleu*, peint au début de mai, et *Durchgehender Strich* de 1923 (voir cat. p. 149) ou *Entwicklung in Braun*, peint neuf mois plus tôt, a dû créer la surprise chez ses confrères et chez les collectionneurs. En quelques mois, Kandinsky a totalement changé de style. Un an plus tard, à l'été 1935, il exposera à la même galerie dix tableaux exécutés en 1934-1935 ainsi que diverses gouaches et aquarelles. Pour son public parisien, il choisit des tableaux récents afin de ne laisser aucun doute sur cette « réinvention » de lui-même. Libéré de toute tâche d'enseignement et d'administration, il peut se consacrer entièrement à sa pratique artistique.

En mars 1935, Kandinsky refuse une invitation du Black Mountain College, en Caroline du Nord, qui lui propose de venir en qualité d'artiste résident. Il remercie Albers mais justifie sa position ainsi : « Je suis encore depuis une date bien trop récente à Paris pour risquer une longue absence. Il serait déraisonnable de couper les faibles et minces petites racines qui commencent à me faire prendre pied ici, sans parler de les rompre – ne fût-ce que pour une période relativement brève. Je dois exposer, et par conséquent être moi-même à Paris au printemps qui vient[55]. » Au début de 1931, ayant refusé un poste d'enseignant à l'Art Students League à New York, il évoque, dans une correspondance avec Galka Scheyer, une éventuelle visite aux États-Unis en automne, et il se remet même à l'étude de l'anglais[56]. En juillet 1933, après la fermeture du Bauhaus, Kandinsky écrit : « Parfois, nous pensons l'un et l'autre à nous rendre en Californie, mais ce ne serait pas très facile financièrement[57]. » Cependant, à l'automne 1935, Kandinsky écrit à Grohmann : « Je suis devenu un vrai Parisien[58]. »

Un an plus tard, il explique à Alfred Barr, directeur du Museum of Modern Art de New York : « Quand je me suis installé à Paris, j'ai été si profondément frappé par la lumière et par la nature que je ne voulais pas regarder des tableaux inconnus et, pendant près de deux mois, je n'ai pas pu peindre… Paris, avec sa merveilleuse lumière (douce et intense) a adouci ma palette : il y a eu d'autres couleurs,

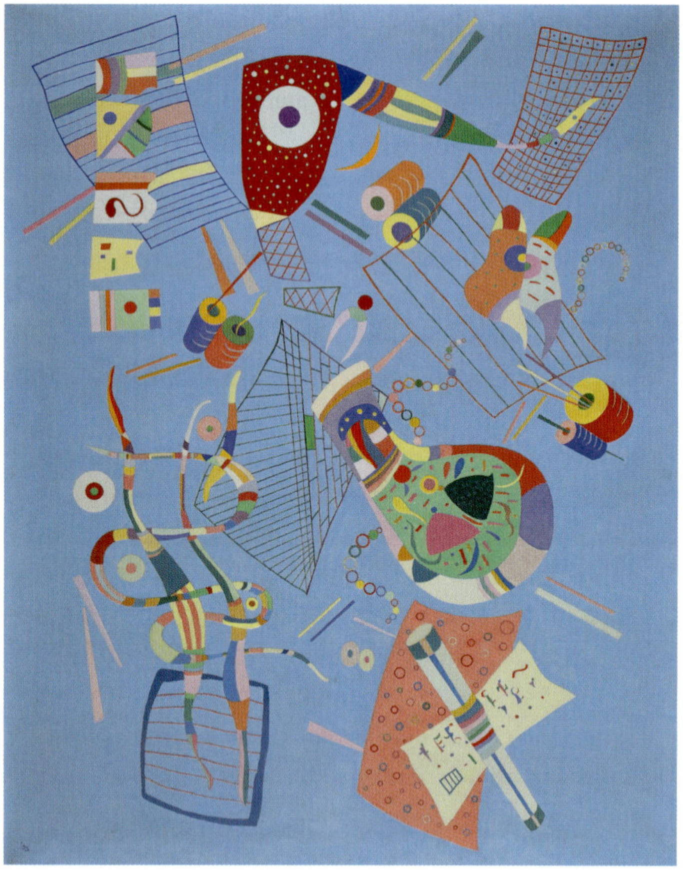

12

d'autres formes entièrement nouvelles et quelques-unes que j'avais utilisées des années auparavant. Naturellement, tout ceci s'est passé inconsciemment[59]. » Trente ans plus tôt, dans une lettre à son ancien professeur à Moscou (et plus tard ami) Alexandre Tchouprov, il s'était plaint de la froideur et du bruit de Paris par rapport au silence de Sèvres : « J'aime de moins en moins Paris, et la France en général (ce que j'en ai vu). Tout est si froid ici, comme peut-être nulle part ailleurs. Et impersonnel[60]. »

Ce n'est pas Paris mais Kandinsky qui a changé en approchant de son soixante-dixième anniversaire. En 1936, il crée de grandes toiles calmes et majestueuses telles *Composition IX* ou *Courbe dominante* (voir cat. p. 181 et 183) et donne à d'autres tableaux des titres comme *Environnement* ou *Stabilité*[61]. À la veille de son soixante-dixième anniversaire, il écrit à Grohmann, qui fête son anniversaire le même jour : « Demain, nous aurons tous les deux un 0 à la fin de notre âge, n'est-ce pas ? Je ne suis pas très heureux que mon 0 accompagne un 7, mais je n'arrive pas à admettre cette évidence mathématique que 1936 – 1866 = 70. Vous aurez 50 ans demain… Combien de fois avons-nous passé le 4 décembre ensemble, et comme ces jours étaient beaux[62]. » En 1938, Kandinsky raconte au collectionneur suisse Hermann Rupf : « J'ai le sentiment que "l'air de Paris" m'est propice. En dépit de mon "abstraction", je dépends tellement de mon "environnement"… De toutes les grandes villes que je connais, celles où je me sens le plus profondément enraciné sont Moscou et Paris[63]. » Des tableaux comme *Sérénité* de 1938 (ill. 12) ou *Bleu de ciel* de 1940 (voir cat. p. 191) expriment l'inventivité, la joie et l'humour d'un artiste âgé qui travaille sereinement dans son atelier. En dépit d'une situation politique et économique qui se détériore rapidement[64], il est heureux d'être à Paris et « de pouvoir travailler dans mon atelier derrière des portes fermées. Ma femme me dorlote comme d'habitude, si bien que je peux travailler sans être dérangé. Je sais que c'est très égoïste mais, en fin de compte, c'est là qu'est mon devoir[65]. »

Quand Varian Fry, président du Centre Américain de Secours de Marseille, écrit à l'artiste en 1941, à la demande d'Alfred Barr, pour lui proposer de venir avec sa femme tous frais payés à New York et lui assurer qu'il sera là-bas libéré de tout souci, Kandinsky refuse. Fry avait précisé : « M. Barr voudrait surtout que vous preniez avec vous toutes vos toiles, en particulier vos anciennes œuvres[66]. » Âgé de soixante-quinze ans, Kandinsky ne souhaite pas changer de lieu de résidence, comme il l'a fait tant de fois jusqu'ici, et il ne veut pas non plus que l'on ignore ses toiles récentes.

Pendant la guerre et l'Occupation, Kandinsky continue de peindre et d'exposer à Paris[67]. La Seconde Guerre mondiale ne perturbe ni sa vie personnelle ni son aptitude à peindre, contrairement à ce qui s'était passé durant la Première

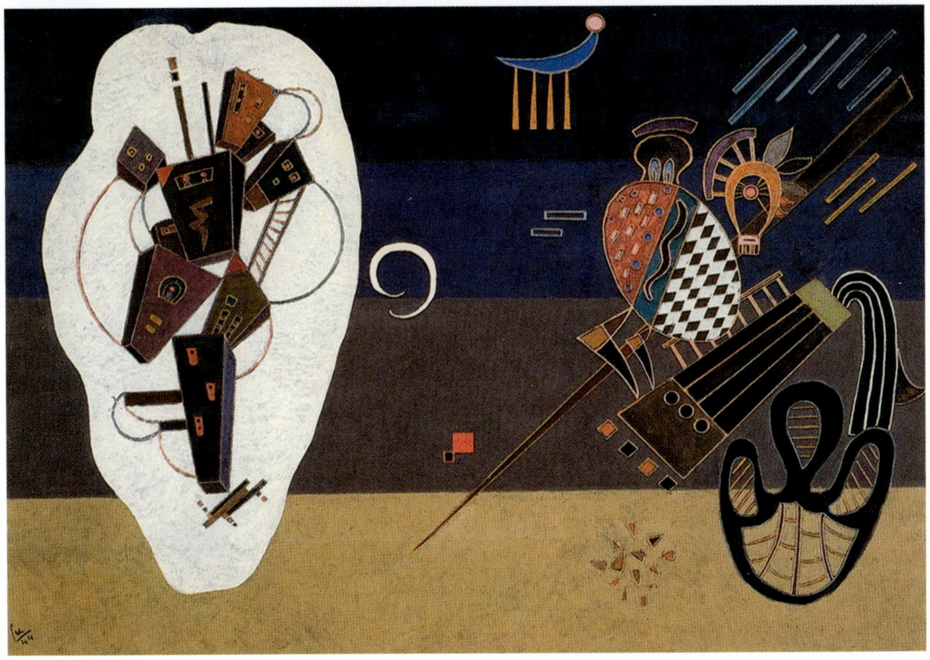

13

12. *Sérénité*, 1938,
huile sur toile,
146 x 114 cm
Collection particulière,
Suisse

13. *Isolation*, 1944,
huile a tempera
sur carton,
42 x 58 cm
Collection particulière

Guerre mondiale. Un mois après son soixante-quinzième anniversaire, il crée *Accord réciproque* et *Balancement* (voir cat. p. 195 et 197). Sa dernière grande toile, *Tensions délicates* (voir cat. p. 196), est peinte en juin-juillet 1942, mais il ne s'arrête pas pour autant de travailler. À cause de la guerre, il a du mal à se procurer des toiles et à chauffer son appartement de Neuilly, mais il continue néanmoins de peindre à l'huile sur carton. À soixante-dix-sept ans, il crée quelques petits tableaux intitulés *Crépuscule*, *Ténèbres* et *Isolation* (ill. 13), dont les titres reflètent son âge et le contexte dans lequel il vit[68].

La longue vie de Kandinsky a donc été marquée par des ruptures diverses, provoquées par des événements extérieurs ou correspondant à une évolution intérieure. Les guerres et les révolutions échappent naturellement à tout contrôle personnel. Cependant, les façons que Kandinsky a de répondre à ses propres situations en 1914, 1917, 1933 et 1941 sont révélatrices. De toute évidence, les efforts qu'il déploie pour trouver sa place dans le nouvel État russe autour de ses cinquante ans ou à Paris à l'âge de soixante-dix-sept ans témoignent d'une réelle aptitude à s'adapter. Les autres changements importants qui marquent sa peinture ne peuvent s'expliquer simplement par ses déménagements successifs ; il est difficile de croire qu'un artiste abstrait ait pu être aussi fortement influencé par le paysage des environs de Murnau en 1908 ou par la lumière de Paris en 1934.

On a souvent tendance à sous-estimer les moments difficiles qu'a connus Kandinsky dans sa vie personnelle pour s'attacher à quelques éléments significatifs ou aux grands tournants de son parcours artistique. Or, ce serait une erreur d'ignorer les éléments biographiques et les conséquences qu'ils ont pu avoir sur son travail.

Notre brève rétrospective des étapes marquantes de l'itinéraire de Kandinsky révèle de remarquables coïncidences avec les âges auxquels la plupart des gens s'arrêtent pour réfléchir sur leur vie : trente, quarante, cinquante, cinquante-cinq, soixante, soixante-sept, soixante-quinze ans. En se concentrant sur ces moments particuliers et en s'appuyant sur les propos mêmes de l'artiste, on obtient une vision plus précise et plus équilibrée de la conscience qu'il a eue de lui-même. Dès 1901, avant même de se lancer dans la carrière artistique, Kandinsky écrivait à Kardovsky : « Si seulement j'avais vingt ans ! Je continue de penser qu'il est trop tard pour tout, et alors je me sens tout fiévreux[69]. » Au cours des décennies suivantes, il définira sa voie, changera d'orientation et rebondira, mais, chaque fois, il sait exactement où il se trouve et de quelles options il dispose. Constamment, il se réfère à ces repères que sont les anniversaires à chiffres ronds. Au fil des ans, les chemins qu'il n'emprunte pas sont, eux aussi, révélateurs : il aurait pu accepter de nombreux postes d'enseignant, il aurait pu être muté en de nombreux endroits où il décide finalement de ne pas aller, il aurait parfois pu rester là où il se trouvait[70]. Pourtant, Kandinsky a évolué et fait évoluer son art : il a probablement changé plus souvent et plus profondément que la plupart des gens nés au XIXe siècle. Or, l'aptitude à se réinventer est un phénomène essentiellement moderne, plus caractéristique assurément de la fin du XXe siècle ou du XXIe siècle que du XIXe siècle.

notes

1— Igor Aronov, *Kandinsky's Quest. A Study in the Artist's Personal Symbolism, 1866-1907*, New York, Peter Lang, 2006, p. 13.

2— *Ibid.*, p. 10-14.

3— Boris P. Chichlo, « Wassily Kandinskys Erfahrungen in der Ethnographie. Ansichten eines Ethnologen », dans *Wassily Kandinsky. Gesammelte Schriften, 1889-1916*, Munich/Berlin/ Londres/New York, Prestel, 2007, p. 653-662.

4— Reinhard Richardi, « Kandinsky und das Recht der Arbeit » et Jean-Claude Marcadé, « Kandinskys universitäre Tätigkeit (1885-1895) », dans *Wassily Kandinsky. Gesammelte Schriften..., op. cit.*, p. 665-669.

5— Kandinsky écrit : « Avec de l'argent lentement mis de côté je me suis acheté à treize ou quatorze ans une boîte de peinture à l'huile » dans « Regards sur le passé », *Regards sur le passé et autres textes 1912-1922*, trad. de l'allemand par M. Dupont, éd. par J.-P. Bouillon, Paris, Hermann, 1974, p. 114.

6— I. Aronov, *Kandinsky's Quest..., op. cit.*, p. 9.

7— Vassily Kandinsky, « Selbstcharakteristik », dans *Kandinsky. Die Gesammelten Schriften*, éd. par H.K. Roethel et Jelena Hahl-Koch, Berne, Benteli, 1980, t. I, p. 60.

8— Vivian Endicott Barnett, *Kandinsky Aquarelles. Catalogue raisonné. Premier volume, 1900-1921*, London/Paris, Philip Wilson Ltd/Éditions Société Kandinsky, 1994, n°s 39, 42.

9— En 1902, une des élèves de sa classe de nature morte est Gabriele Münter ; voir Peg Weiss, *Kandinsky in Munich. The Formative Jugendstil Years*, Princeton (NJ), Princeton University Press, 1979, p. 63-65.

10— *Ibid.*, p. 121 et Hans K. Roethel, Jean K. Benjamin, *Kandinsky. Catalogue raisonné de l'œuvre peint. Premier volume, 1900-1915*, Paris, Éditions Karl Flinker, 1982, p. 108.

11— V. Kandinsky, Lettre à Gabriele Münter, 4 décembre 1906, Gabriele Münter-und Johannes Eichner-Stiftung à Munich.

12— Son demi-frère Alexeï Kojevnikov demeure à Paris, et son père, Vassily Silvestrovitch Kandinsky, viendra lui rendre visite. Par ailleurs, il rencontre Nikolaï Zeddler, Elisabeth Ivanovna Epstein et Olga Markousovna Meerson.

13— Münter vécut séparément au 58 rue Madame à Paris entre le 17 novembre et le 18 décembre, et de nouveau entre le 13 février et le 19 mars 1907.

14— V. Kandinsky, Lettre à G. Münter, 20-21 et 22 février et une sans date [début mars] 1906, Gabriele Münter-und Johannes Eichner-Stiftung.

15— V. Kandinsky, Lettre à G. Münter, 11 octobre 1903, Gabriele Münter-und Johannes Eichner-Stiftung.

16— La lettre de Kandinsky à Dimitri Kardovsky, datée du 13 mars 1901, est publiée en traduction allemande dans V. Kandinsky, « Briefe an Kardovskij », dans S. Ebert-Schifferer *et al.*, *Wassily Kandinsky. Die erste Sowjetische Retrospektive. Gemälde, Zeichnungen und Graphik aus sowjetischen und westlichen Museen*, cat. exp., Francfort-sur-le-Main, Schirn Kunsthalle Frankfurt, 1989, p. 49. (La lettre originale est conservée au Département des manuscrits du musée d'État Trétiakov.)

17— Voir V. Kandinsky, Lettre à Will Grohmann, 18 août 1932, archives Will Grohmann, Staatsgalerie Stuttgart : « À cette époque, j'ai eu des années très difficiles sur le plan spirituel, peut-être tout particulièrement à Sèvres : j'ai connu de graves doutes artistiques et aussi des problèmes d'ordre purement privé ».

18— V. E. Barnett, *Kandinsky Aquarelles. Catalogue raisonné. Premier volume, 1900-1921, op. cit.*, n°s 203, 214, 215, 217, 218.

19— Hillary Spurling, *The Unknown Matisse. A Life of Henri Matisse, 1869-1908*, Londres, Hamish Hamilton, 1998, t. I, p. 347-348, 375, 383.

20— Voir John Richardson, *A Life of Picasso, 1881-1906*, New York, Random House, 1991, t. I, p. 419, qui présente une photographie de l'installation du 27 rue de Fleurus en 1907.

21— Le journal commencé par G. Münter en 1904 reprend le 17 mai 1911 ; il est conservé à la Gabriele Münter-und Johannes Eichner-Stiftung. Les pages ne sont pas numérotées par l'auteur mais la référence en question se trouve p. 44.

22— Johannes Eichner, *Kandinsky und Gabriele Münter*, Munich, F. Bruckmann, 1957, p. 52.

23— H. Spurling, *The Unknown Matisse..., op. cit.*, p. 386. Rosenshine a rencontré Sarah et Michael Stein lors de leur visite à San Francisco en 1906 ; elle est allée à Paris pour vivre avec eux et s'occuper de leur fils Allan en 1907. Ses mémoires non-publiées, *Life's Not a Paragraph*, sont conservées à la Bancroft Library, Université de Californie, Berkeley.

24— V. Kandinsky, Lettre à G. Münter, 7 juillet 1907, Gabriele Münter-und Johannes Eichner-Stiftung.

25— Jawlensky et Werefkin arrivent à Munich en novembre 1896 et passent dix-huit ans à Giselastrasse. Kandinsky et Jawlensky ont tous deux étudié à Munich auprès d'Ažbè.

26— V. Kandinsky, Lettre à W. Grohmann, 21 novembre 1925, archives Will Grohmann, Staatsgalerie Stuttgart. En 1924, Kandinsky avait intitulé une aquarelle *Triangle lyrique*.

27— V. Kandinsky, *Regards sur le passé..., op. cit.*, p. 136. Texte publié pour la première fois dans *Kandinsky 1901-1913. Album*, Berlin, Der Sturm, 1913.

28— V. Kandinsky, Lettre à G. Münter, 15 septembre 1905, Gabriele Münter-und Johannes Eichner-Stiftung. On trouvera la traduction anglaise de cette lettre et des informations sur ce tableau perdu dans V. E. Barnett, *Kandinsky Aquarelles. Catalogue raisonné. Premier volume 1900-1921, op. cit.*, p. 181, n° 195.

29— V. Kandinsky, *Regards sur le passé..., op. cit.*, p. 114.

30— *Ibid.*, p. 115.

31— *Ibid.*, p. 140-141.

32— V. E. Barnett (dir.), *Vassily Kandinsky. A Colourful Life. The Collection of the Lenbachhaus Munich*, cat. exp., Cologne, DuMont, 1995, p. 445-448.

33— V. Kandinsky, Lettre à G. Münter, 16 novembre 1916, Gabriele Münter-und Johannes Eichner-Stiftung. Les lettres en français sont reproduites telles qu'elles ont été écrites, avec les fautes d'orthographe et de syntaxe du texte original.

34— Hans K. Roethel, Jean K. Benjamin, *Kandinsky. Catalogue raisonné de l'œuvre peint. Deuxième volume, 1916-1944*, Paris, Éditions Karl Flinker, 1984, n° 621.

35— V. Kandinsky, Lettre à G. Münter, 16 octobre 1916, Gabriele Münter-und Johannes Eichner-Stiftung

36— Nina Kandinsky, *Kandinsky und ich*, Munich, Kindler, 1976, p. 41. Traduction française : Nina Kandinsky, *Kandinsky et moi*, trad. de l'allemand par J.-M. Gaillard-Paquet, Paris, Flammarion, 1978.

37— Dimitri V. Sarabianov et Natalia B. Avtonomova, *Vassili Kandinsky. Pout khoudojnika, khoudojnik i vremia*, Moscou, Galart, 1994, p. 142.

38— N. Kandinsky, *Kandinsky und ich*, *op. cit.*, p. 82.

39— Son père était négociant en thé. Le 3 décembre 1922, Kandinsky écrit à Katherine S. Dreier en lui demandant d'envoyer de l'argent pour son père âgé de quatre-vingts ans : « Mon père à Odessa a de graves difficultés financières » (archives Katherine S. Dreier Papers/Société Anonyme Archive, Beinecke Rare Book and Manuscript Library, Yale University, New Haven, CT). En 1924, dans une autre lettre à K. S. Dreier, il parle des nombreux membres de sa famille qu'il doit aider en Russie et explique à quel point la situation économique est difficile.

40— V. Kandinsky, Lettre à Galka E. Scheyer, 30 juillet 1932, Blue Four Galka Scheyer Collection Archives, Norton Simon Museum, Pasadena, CA.

41— Voir Nicoletta Misler, « Kandinsky e la scienza. Fra Mosca e Occidente », dans *Kandinsky Oriente e Occidente*, cat. exp., Florence, Artificio, 1993, p. 48-51, et Margarita Tupitsyn (dir.), *Gegen Kandinsky/Against Kandinsky*, cat. exp., Ostfildern, Hatje Cantz, 2006, p. 145-146.

42— N.Kandinsky, *Kandinsky und ich*, *op. cit.*, p. 92-94.

43— *Ibid.*, p. 90. Elle regrette de n'avoir apporté que douze toiles et d'avoir laissé le reste dans les réserves du musée de Morozov.

44— H. K. Roethel, J. K. Benjamin, *Kandinsky. Catalogue raisonné de l'œuvre peint. Deuxième volume, 1916-1944*, *op. cit.*, n° 672 : Nina Kandinsky l'identifie comme : « mit spitzen Formen » [avec des formes pointues].

45— Les formes rappellent « la vie élémentaire de la couleur primaire et sa dépendance par rapport au contexte » ; voir la version russe de *Du spirituel dans l'art*, publiée en 1914. En 1920, Kandinsky avait préparé un questionnaire pour l'Inkhouk.

46— Voir V. Kandinsky, Lettre à W. Grohmann, 4 juillet 1926, archives Will Grohmann, Staatsgalerie Stuttgart : « Vingt-six caisses sont arrivées de Munich avec mes œuvres d'avant la guerre : curieusement, après douze ans, elles sont encore en bon état ».

47— W. Grohmann, *Vassily Kandinsky. Sa vie, son œuvre*, trad. de l'allemand par B. Briord, Paris, Flammarion, 1958, p. 211.

48— M. Tupitsyn (dir.), *Gegen Kandinsky/Against Kandinsky*, *op. cit.*, p. 169.

49— Voir V. Kandinsky, Lettre à W. Grohmann, 21 novembre 1925, archives Will Grohmann : « J'ai des tableaux là-bas (vous en avez la liste) qui n'appartiennent pas aux musées russes mais à moi ; ils sont simplement entreposés dans un des musées. »

50— H. K. Roethel, J. K. Benjamin, *Kandinsky. Catalogue raisonné de l'œuvre peint. Deuxième volume, 1916-1944*, *op. cit.*, n°s 871, 1010, 1011, 1025. Beaucoup de ces œuvres expérimentales sont restées la propriété de l'artiste.

51— En août, les Kandinsky passent des vacances en France et visitent Paris, où ils retourneront de nouveau en octobre. Marcel Duchamp les aide à trouver un logement.

52— V. Kandinsky, Lettre à W. Grohmann, 4 décembre 1933, archives Will Grohmann, Staatsgalerie Stuttgart.

53— V. E. Barnett, *Kandinsky Aquarelles. Catalogue raisonné. Second volume, 1922-1944*, Paris, Éditions Scala/Société Kandinsky, 1994, n° 1146.

54— V. E. Barnett, « Kandinsky and Science. The Introduction of Biological Images in the Paris Period », dans *Kandinsky in Paris*, cat. exp., New York, Solomon R. Guggenheim Museum, 1985, p. 61-87.

55— V. Kandinsky, Lettre à Anni et Josef Albers, 15 mars 1935, Sterling Memorial Library, Manuscript and Archives, Yale University, New Haven. Traduction française dans *Kandinsky – Albers. Une correspondance des années trente*, Paris, Éditions du Centre Pompidou, 1998, p. 57.

56— V. Kandinsky, Lettre à G. Scheyer, 9 mai 1931, Blue Four Galka Scheyer Collection Archives. En 1924, Kandinsky disait, dans une lettre à K. S. Dreier, qu'il étudiait l'anglais. En janvier 1940, il écrira plusieurs phrases en anglais dans une lettre à J. Albers.

57— V. Kandinsky, Lettre à G. Scheyer, 15 juillet 1933, Blue Four Galka Scheyer Collection Archives.

58— V. Kandinsky, Lettre à W. Grohmann, 22 octobre 1935, archives Will Grohmann, Staatsgalerie Stuttgart.

59— V. Kandinsky, Lettre à Alfred H. Barr, 16 juillet 1936, archives du Museum of Modern Art, New York. Une copie se trouve à la Bibliothèque Kandinsky, Centre Pompidou, Paris.

60— V. Kandinsky, Lettre à Alexandre Tchouprov, 27 janvier 1907, citée dans I. Aronov, *Kandinsky's Quest…*, *op. cit.*, p. 126 ; initialement publiée dans Sergueï Choumikhine, « Pisma V. V. Kandinskogo. Kandinsky A.I. Tchouprovou », dans *Pamiatniki koultoury*, Leningrad, Naouka, 1983, p. 342.

61— H. K. Roethel, J. K. Benjamin, *Kandinsky. Catalogue raisonné de l'œuvre peint. Deuxième volume, 1916-1944*, *op. cit.*, n°s 1071, 1073.

62— V. Kandinsky, Lettre à W. Grohmann, 3 décembre 1936, archives Will Grohmann, Staatsgalerie Stuttgart.

63— V. Kandinsky, Lettre à Hermann Rupf, 5 décembre 1938, archives Rupf, Kunstmuseum, Berne.

64— En juillet 1939, les Kandinsky obtiennent la nationalité française après expiration (et non-renouvellement) de leur passeport allemand. Dans *Kandinsky und ich*, *op. cit.* (p. 188), Nina Kandinsky explique qu'ils ont eu l'intention de demander leur naturalisation dès 1934.

65— V. Kandinsky, Lettre à H. Rupf , 14 mai 1940, archives Rupf, Kunstmuseum, Berne.

66— Varian Fry, Lettre à V. Kandinsky, 7 mai 1941, Bibliothèque Kandinsky, Centre Pompidou, Paris.

67— Voir Georgia Illetschko, *Kandinsky und Paris. Die Geschichte einer Beziehung*, Munich/New York, Prestel, 1997, p. 143-146, 201-208.

68— H. K. Roethel, J. K. Benjamin, *Kandinsky. Catalogue raisonné de l'œuvre peint. Deuxième volume, 1916-1944*, *op. cit.*, n°s 1157, 1158.

69— V. Kandinsky, « Briefe an Kardovskij », art. cité, p. 50.

70— Université de Dorpat [Tartu], 1896 ; Kunstgewerbeschule, Düsseldorf, 1903 ; Université de Moscou, 1920 ; retour en Russie, 1922 ; Académie des beaux-arts, Tokyo, 1922 ; Art Students League, New York, 1931 ; séjour en Allemagne, 1933 ; Black Mountain College, Caroline du Nord, 1935 ; émigration aux États-Unis, 1941.

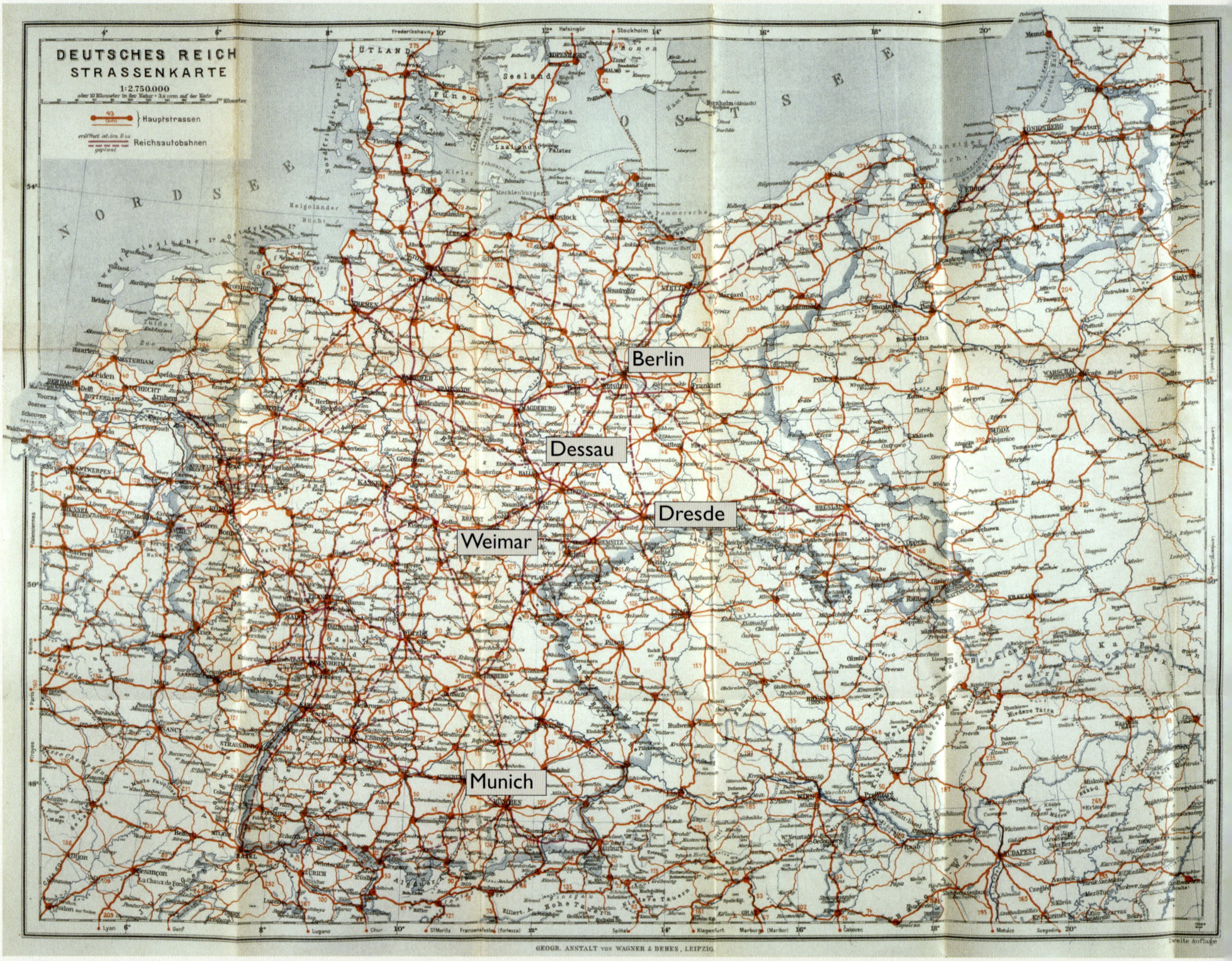

1

1. Carte de l'Allemagne, 1936, Baedecker

2. Église russe, Dresde, vers 1900
Deutsche Fotothek

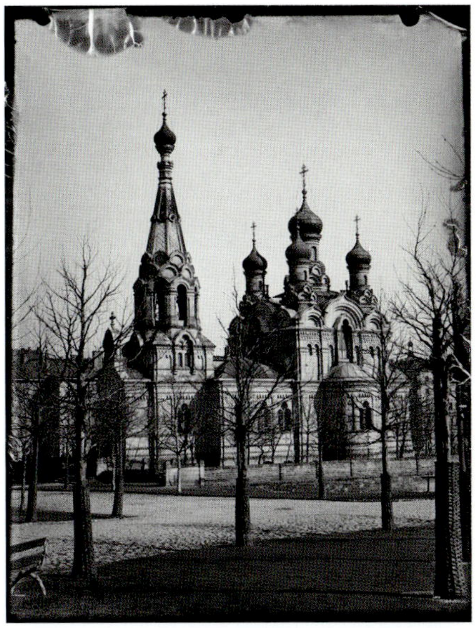

2

Plus qu'une respiration libre

Kandinsky et Dresde dans les années 1920

Angelika Weißbach

Traduit de l'allemand par Jean Torrent

« Comme tous les Russes Kandinsky adorait la ville de Dresde. Tous les ans à Pâques, il y venait avec sa femme prendre part à la célébration de la Résurrection dans l'église grecque-orthodoxe (ill. 2). Il aimait la galerie de Dresde et jouit de l'opéra. Dresde était métropole et ville d'art. […] Kandinsky éprouvait toujours un peu le caractère provincial de Weimar et de Dessau et il respirait plus librement toutes les fois qu'il pouvait visiter les expositions, les théâtres et les concerts de Dresde[1]. » Ces phrases dans un français approximatif sont d'un Dresdois, à savoir l'enthousiaste et disert critique d'art Will Grohmann, né en 1887, conseiller aux études dans l'enseignement supérieur et animé d'un fort intérêt pour les arts plastiques contemporains. Il contribua de façon décisive au rôle important que Dresde a joué pour Kandinsky dans les années 1920, à l'époque où il enseignait au Bauhaus et où il vécut, d'abord à Weimar puis, à partir de 1925, à Dessau. Dresde, située à 200 km au sud de Berlin, comptait en ce temps-là, avec ses quelque 600 000 habitants, parmi les grandes villes de la République de Weimar (ill. 1). Après l'abdication du dernier roi de Saxe, la ville résidence, frappée au sceau du baroque, était devenue en 1920 la capitale de l'État libre de Saxe, et son réseau particulièrement dense de musées, de galeries et de collections privées lui permettait parfaitement de prétendre au rang de métropole européenne de l'art (ill. 3). Kandinsky a profité de ce que parmi les collectionneurs privés, les galeristes, les historiens de l'art et les journalistes de Dresde, il s'en trouvait certains qui s'intéressaient avec passion à l'art moderne : ainsi, Ludwig Gutbier et Friedrich Probst n'ont eu de cesse d'exposer ses œuvres, la collectionneuse Ida Bienert l'appréciait beaucoup et l'a soutenu par de nombreux achats.

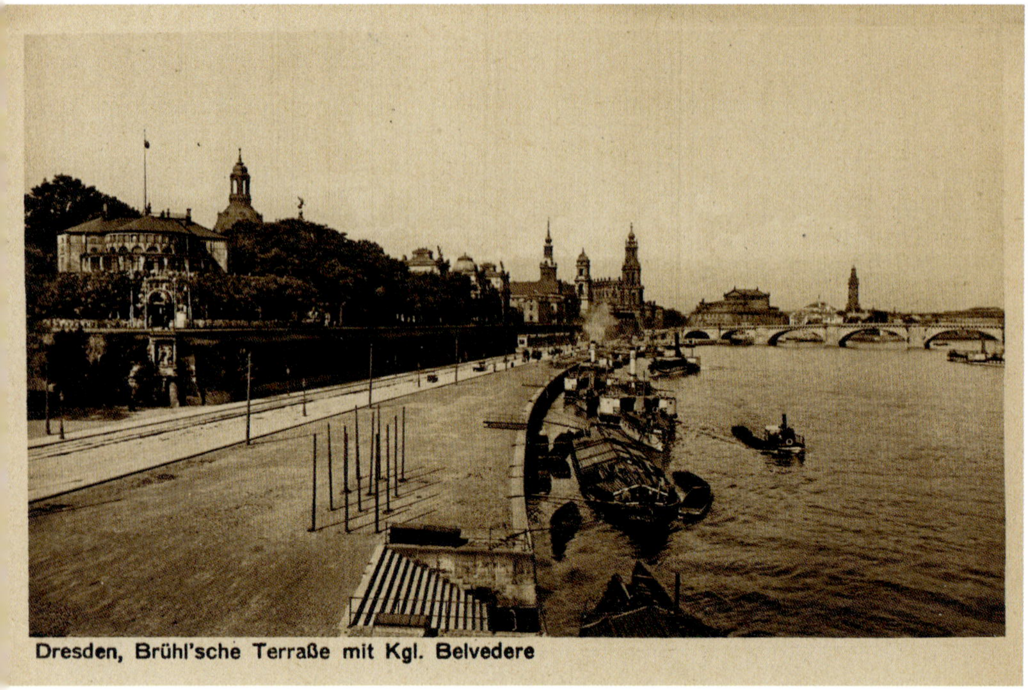

3

De plus, en 1926, la Gemäldegalerie fut le premier grand musée à faire l'acquisition d'une de ses toiles abstraites. Et l'on ne saurait oublier que c'est à Dresde que fut publiée en 1920 une monographie détaillée sur lui[2], et que c'est également ici que vivait la danseuse Palucca, qui inspira à Kandinsky une série de dessins analytiques[3]. Il venait régulièrement à Dresde, mais il n'y restait que quelques jours[4] – à l'exception d'un séjour plus long durant l'été 1905. Il lui arriva de caresser l'idée de s'y installer à la fin de 1924, au moment où il était clair que le Bauhaus devait quitter Weimar. Voici ce qu'il écrit alors à Grohmann : « Je n'aurais effectivement rien contre le fait d'enseigner aussi "l'art libre". […] Ce serait un miracle que par exemple l'École des beaux-arts de Dresde me nomme justement professeur, mais aujourd'hui est une époque miraculeuse et tout peut arriver[5]. »

Un été à Dresde avec Gabriele Münter

Ses tout premiers contacts avec Dresde remontent à l'année 1904, au moment où Kandinsky résilie son appartement à Munich pour partir en voyage. Cette année-là, il participe à la « Grosse Kunstausstellung Dresden » [Grande exposition d'art de Dresde], où il présente deux travaux[6]. Un an plus tard, Kandinsky loue pendant l'été, du 1er juin au 15 août 1905, un appartement à Dresde, Schnorrstrasse 44, où il vit et travaille avec l'artiste Gabriele Münter. Elle se souvient : « Au premier étage, j'avais une jolie chambre qui me suffisait à dormir – la journée, j'habitais en haut chez lui – nous y avions deux pièces sur l'avant, à l'arrière la cuisine et sa chambre à coucher. Nous avons travaillé là, lui surtout. Mais très souvent, nous restions simplement à la maison, à manger tout à notre aise – c'était un été très chaud[7]. » Outre quelques esquisses de Kandinsky, qui représentent entre autres le Grosser Garten [Grand jardin][8], auront vu le jour pendant cette période « plusieurs photos personnelles de valeur, que le couple a prises l'un de l'autre, en partie pour ainsi dire sous la forme de "paires d'images", dans des poses similaires ou presque identiques[9] », assis à la table ou sur le sofa (voir ill. p. 24).
Dans les années qui suivent, des œuvres du peintre ont par ailleurs été montrées à Dresde : en 1906-1907, Kandinsky expose avec les artistes de la section dresdoise du groupe Die Brücke [Le Pont] et présente six gravures sur bois en couleur[10] ; en 1908, il participe encore une fois à la « Grosse Kunstausstellung Dresden »[11].

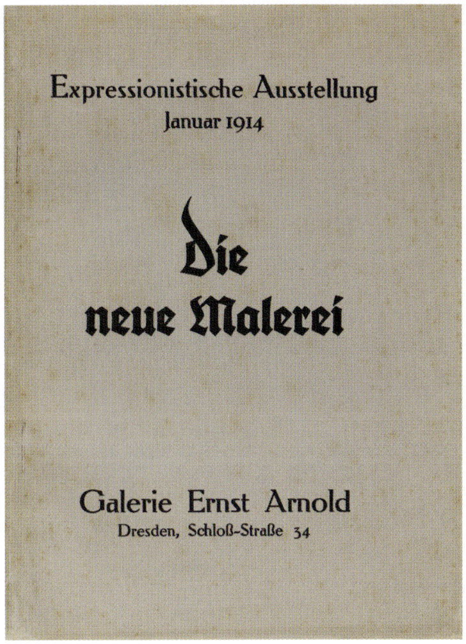

4

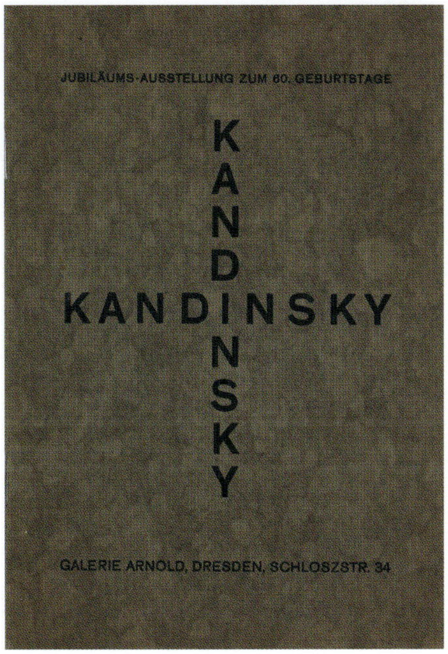

5

3. Vue de Dresde, Belvédère, carte postale, vers 1920
Fonds Kandinsky, Centre Pompidou, Paris

4. Couverture du catalogue *Die neue Malerei*, galerie Ernst Arnold, 1914
Fonds Kandinsky, Centre Pompidou, Paris

5. Couverture du catalogue *Kandinsky*, galerie Ernst Arnold, 1926
Fonds Kandinsky, Centre Pompidou, Paris

Par de nouvelles portes vers de nouvelles joies : Ludwig Gutbier et la galerie Arnold

La première galerie à présenter des œuvres de Kandinsky à Dresde est la galerie Ernst Arnold, fondée en 1818. Ludwig Gutbier, qui la dirige depuis 1893, est parvenu à l'établir comme le lieu phare de l'art moderne à Dresde, aux côtés du Salon artistique d'Emil Richter[12]. En 1905 déjà on peut voir au moins une douzaine de peintures de Kandinsky chez Gutbier[13], et, en 1909, il fait partie des quelque 170 artistes présentés à la IIe Exposition graphique de la Fédération allemande des artistes, où il montre six travaux[14].
Au début de l'année 1914 se tient à la galerie Arnold l'« Exposition expressionniste. La nouvelle peinture », qui réunit un peu moins de cinquante artistes. De Kandinsky sont présentées dix peintures des années 1909-1913, parmi lesquelles *Träumerische Improvisation* [Improvisation rêveuse], et dans le catalogue, en plus d'une reproduction de son *Bild mit weißem Rand* [Peinture au bord blanc], un passage du texte de Reiche-Barmen est consacré à son art. Il se termine par ces réflexions : « La porte de cette peinture absolue, née de la pure imagination personnelle, ouvrira-t-elle au genre humain un nouveau royaume de la beauté ? Ceux qui se tiennent les pieds solidement plantés dans le sol ne répondront pas oui ; les autres, qui portent leur désir au-delà de ce qu'ils ont sous leurs yeux, ont déjà franchi ces nouvelles portes vers de nouvelles joies[15] » (ill. 4).
Le peintre dresdois Otto Griebel se souvient : « C'est ici que j'ai vu pour la toute première fois les tableaux du groupe munichois Der Blaue Reiter [Le Cavalier bleu] et une pleine provision d'autres peintres de même inspiration. Tandis que le grand public tenait tout cela pour une absurdité sans espoir, la communauté artistique s'est enflammée en un violent débat dans lequel nous étions nombreux à nous prononcer favorablement[16]. » La presse réagit elle aussi en conséquence ; Emil Waldman écrit dans la revue *Kunst und Künstler* que l'exposition « fait un effet pour ainsi dire fatal dans la ville de Dresde généralement plus que conservatrice en matière d'art. [...] Une exposition qui compte les *Compositions* de Kandinsky parmi ses chefs-d'œuvre prononce d'emblée un jugement sur elle-même[17]. »
Cinq ans plus tard, en 1919, Gutbier organise à la galerie Ernst Arnold une autre grande exposition de groupe intitulée « Der Sturm. Expressionisten. Futuristen. Cubisten ». L'exposition réunit des peintures, des œuvres graphiques et des sculptures de quelque quarante artistes. Kandinsky y participe une fois de plus, bien qu'il vive de nouveau en Russie depuis 1914. Sont présentées la gravure *Felsen* [Rochers] et quinze peintures à l'huile, parmi lesquelles *Bild mit rotem Fleck* [Tableau à la tache rouge], qui est également reproduite dans le catalogue[18]. En outre, le texte d'introduction à l'ouvrage est de Kandinsky.
Au cours de la décennie 1920, la galerie Ernst Arnold ne présentera qu'une seule fois des œuvres de Kandinsky, mais il s'agit pour le coup d'une exposition de grande envergure, puisque c'est ici en effet que devait avoir lieu en 1926 la rétrospective célébrant les soixante ans de l'artiste[19] (ill. 5).

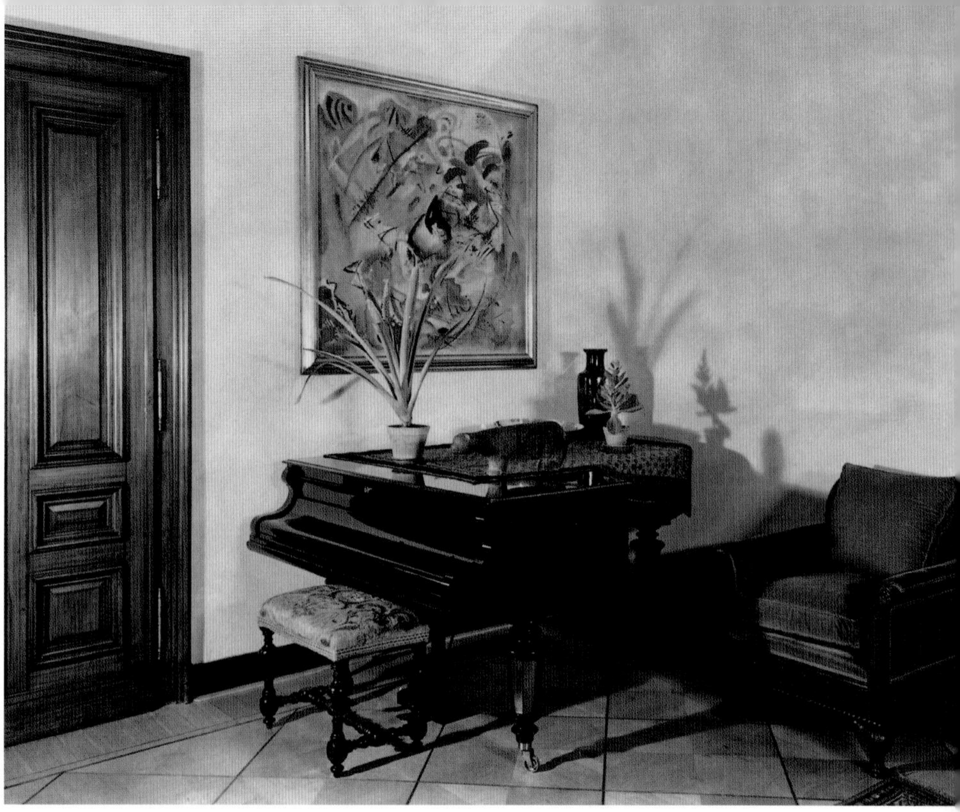

6

6. Villa d'Erwin et Ida Bienert, Dresde, Würzburger Straße 46, salle de réception, 1933-1934
Collection privée

7. Couverture de la revue *Der Cicerone*, 1924
Fonds Kandinsky, Centre Pompidou, Paris

8. Couverture de la version allemande du texte de Will Grohmann dans les *Cahiers d'Art*, 1930
Fonds Kandinsky, Centre Pompidou, Paris

Une « ivresse Kandinsky » : la collectionneuse Ida Bienert

La collectionneuse d'art Ida Bienert achète un des tableaux qui sont exposés à la galerie Arnold en 1914 tels que *Träumerische Improvisation* ; c'est à propos de cette peinture de 1913 que Will Grohmann dira un jour : « Le tableau, souvent reproduit, a été pendant longtemps identique à la notion même de Kandinsky[20]. » Ida Bienert, née en 1870 et mariée depuis 1888 à l'industriel Erwin Bienert, se met à collectionner de l'art contemporain de manière effrénée à partir de 1916. Elle est stimulée et conseillée dans un premier temps par l'écrivain et poète Theodor Däubler, qui a de bons contacts avec Herwarth Walden et la galerie Der Sturm [La Tempête], puis, dans les années 1920, par Will Grohmann. Les deux hommes publient chacun sur la collection[21], à laquelle appartiennent aussi bien des peintures de Renoir, Monet et Cézanne, onze œuvres de Chagall, *La Dame au chapeau noir* de Picasso, que des travaux de George Grosz et d'Oskar Kokoschka, ainsi que différentes œuvres d'El Lissitzky, Moholy-Nagy et Mondrian. Ce dernier conçoit en outre pour la villa Bienert un projet de décoration spatiale qui ne sera cependant jamais exécuté. Le cœur de la collection d'Ida Bienert est constitué de nombreux travaux de Klee, Schlemmer et Kandinsky.

De Kandinsky, Ida Bienert possède, en plus de *Träumerische Improvisation* – qui est accrochée à une place soigneusement choisie, dans la salle de réception de sa villa (ill. 6) –, plusieurs aquarelles et travaux à la détrempe, ainsi que les peintures *Spitzen im Bogen* [Pointes en arc], *Schwer und leicht* [Lourd et léger], *Rot in Schwarz* [Rouge et noir] et *Weiss auf Schwarz* [Blanc sur noir]. Lorsqu'elle se décide pour ces deux dernières toiles, voici ce qu'elle écrit au peintre : « Cher et vénéré Kandinsky ! En haut dans ma chambre bleue, il y a trois tableaux : le tableau noir et blanc de vous, mon Kandinsky au milieu, puis le tableau rouge et noir. Ces trois tableaux en série… c'est quelque chose de fabuleux, c'est une "ivresse Kandinsky"[22]. » Elle possède incontestablement à cette époque-là la plupart des œuvres de Kandinsky qui sont alors à Dresde et si « Paul Klee et Kandinsky ont joué précocement à Dresde un plus grand rôle qu'ailleurs[23] », c'est à elle qu'il convient d'attribuer ce mérite, encore qu'elle ne soit pas la seule à avoir œuvré en ce sens. Son fils, Friedrich Bienert, qui a été marié entre 1924 et 1929 à la danseuse Palucca, peut se flatter de posséder lui aussi plusieurs œuvres de Kandinsky. Figure notamment parmi eux le tableau *Scharfruhiges Rosa* [Le rose vif-calme], qui a « orné » pendant des décennies sa bibliothèque, ainsi que de nombreuses aquarelles[24].

En 1929, Ida et Friedrich Bienert comptent parmi les 102 collectionneurs qui participent à l'exposition intitulée « Œuvres récentes des collections particulières de Dresde ». Ce que ces « collectionneurs ont prêté pour soutenir les idées de la Société des beaux-arts est sans exception si significatif et précieux que même les attentes les plus hautes seront satisfaites[25] ». Au total, quatre œuvres de Kandinsky y sont présentées : deux appartenant à Friedrich Bienert, ainsi que le tableau *Gelbe Begleitung* [Accompagnement jaune] et une « petite aquarelle » provenant de la collection de l'avocat dresdois Fritz Glaser[26].

Toucher juste : le médiateur Will Grohmann

En 1924 paraît dans la revue bimensuelle *Der Cicerone*, destinée aux artistes, amateurs d'art et collectionneurs, un article sur Kandinsky qu'on peut tenir, avec le recul, comme « l'analyse la plus probante de son art qui ait été publiée jusque-là[27] », ainsi que l'écrit Grohmann. Il participe depuis quelque temps à la revue *Der Cicerone* en tant que critique d'art, et reste un fervent défenseur de la Nouvelle Sécession de Dresde[28] (ill. 7).

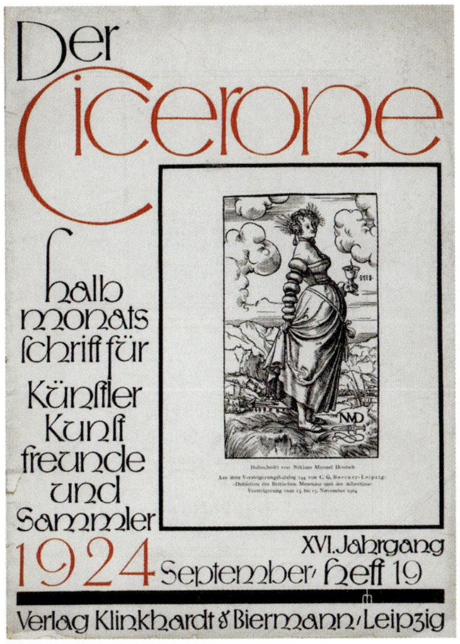

7

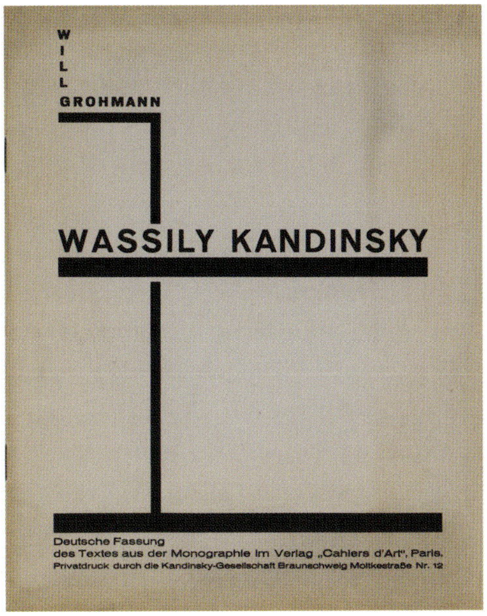

8

Au début des années 1920, Grohmann chercha à entrer en relation avec Kandinsky. Dans un premier temps, il pense cependant « moins à ses livres et à ses articles à écrire alors qu'il entr[e] presque simultanément en relation avec Kirchner, Klee et Kandinsky ; après s'être occupé depuis déjà si longtemps de leurs travaux, il désirait faire leur connaissance[29] ». En sa qualité de membre de la Sécession, Grohmann saisit, semble-t-il, immédiatement l'occasion de recruter de nouveaux membres, et, le 18 avril 1823, Kandinsky le remercie « de son offre amicale de devenir membre de la N. S. de Dresde. J'accepte volontiers, si vous pensez, "pour des raisons de politique artistique", que mon affiliation puisse être avantageuse pour l'association[30]. » Dès le mois de juin, Kandinsky est représenté lors de l'exposition de la Sécession dans le Cabinet graphique du photographe Hugo Erfurth[31] et, un an plus tard, il participe à la « Grosse Kunstausstellung Dresden » dans la section « Sécession dresdoise 1919 » avec quatre peintures et six aquarelles[32]. Kandinsky se montre également favorable à l'article que Grohmann projette de publier dans *Der Cicerone* et lui envoie des photos de ses œuvres ainsi que des copies de ses écrits théoriques[33]. L'article de Grohmann est illustré de douze reproductions et compte cinq pages et demie de texte. Il commence par cette phrase : « Plus Kandinsky vieillit – et il s'approche de sa soixantième année –, plus son art devient problématique[34]. » Il envisage ensuite, dans le même texte, le « miracle coloré de Kandinsky » à partir de différentes perspectives, de manière concrète et diplomate, sans offenser les sceptiques. Ce n'est qu'avec hésitation et timidité que l'auteur formule des impressions personnelles : « On ne trouvera que difficilement une réponse devant des reproductions en noir et blanc, mais face aux originaux, il me semble bien qu'a été créée ici une langue qui, sans recourir à de quelconques moyens extérieurs, contiendrait la vie spirituelle d'un homme dans une sorte d'écriture secrète[35]. » L'article plaît à Kandinsky et, le 5 octobre 1924, le peintre remercie Grohmann « pour le profond sérieux avec lequel vous avez traité les questions. [...] Il est particulièrement beau que vous vous opposiez avec tant d'énergie à la logique du "oui" et du "non", du "pro" et du "contra"[36] ».

Kandinsky est certainement ravi aussi du compte rendu critique de sa première exposition personnelle à Dresde, à la galerie Fides[37], que Grohmann publie dans le même numéro de *Der Cicerone*, quelques pages plus loin. Ici, le critique a des accents plus empreints d'émotion, il parle de « surprise », de « lyrismes », de « couleur bouillonnante, agitée dans toutes les variations », n'hésitant pas à dire qu'« un talent artistique fort ne se trompe au fond jamais[38] ». Lorsqu'un an plus tard, en 1925, l'exposition « Sept maîtres du Bauhaus » se tient au Cabinet graphique de Hugo Erfurth, Grohmann s'exprime non seulement avec un égal enthousiasme dans *Der Cicerone*, mais il inaugure lui-même la manifestation[39]. Dans la presse dresdoise, qui rend compte de cet événement de manière circonstanciée, Kandinsky, qui est présent au vernissage et parle du Bauhaus, est qualifié de « chef de file et tête de tout l'art abstrait » : « La série de ses œuvres est une preuve certaine que même la peinture complètement non-figurative peut être riche et variée. La juxtaposition des différentes feuilles démontre que la rigueur et l'économie des moyens ne conduisent pas à l'appauvrissement des œuvres. On doit simplement apprendre à conclure aussi à leur signification à partir de leurs formes. On voit alors que la peinture de Kandinsky possède plus clairement et plus résolument une expression que maintes peintures figuratives[40]. »

Quelques mois plus tard seulement, des œuvres de Kandinsky sont à nouveau montrées à Dresde, dans le cadre de la « Grosse Kunstausstellung Dresden » de 1925, « Sécession dresdoise 1919 »[41], où l'artiste présente les quatre peintures *Launischer Strich* [Trait capricieux], *Ruhige Spannung* [Tension calme], *Schaukeln* [Balancement] et *Standhaftes Grün* [Vert permanent]. Et en septembre, il revient une nouvelle fois à Dresde, certainement pour visiter l'exposition mais aussi pour discuter d'un nouveau projet avec Grohmann : l'exposition rétrospective destinée à célébrer son soixantième anniversaire. D'une lettre du 29 septembre 1925, il ressort que Grohmann s'est entretenu à ce propos avec Gutbier de la galerie Arnold, qui « prend l'affaire très au sérieux et veut tout faire avec munificence[42] ». Kandinsky aimerait que Dresde soit la première étape de l'exposition ; lui tiennent ensuite à cœur Berlin, Cologne, Hambourg, Wiesbaden, Francfort-sur-le-Main, « éventuellement Munich », Mannheim, Essen. Il est également d'accord avec Leipzig et Chemnitz, proposées par Grohmann, tandis qu'à l'étranger, il envisage qu'elle fasse halte à Prague, Paris, Stockholm, Londres, Zurich et Vienne. Une liste relativement longue, qu'il commente en disant vouloir « exploiter à fond les "possibilités du jubilé"[43] ». Grohmann se charge avec enthousiasme de la chose, et négocie également avec des éditeurs en vue de la publication d'un catalogue. Kandinsky est content et touché ; le 21 novembre 1925, il lui écrit : « Vous avez vraiment beaucoup de travail avec l'exposition et le livre ! Vos soins dans cette entreprise me rendent très heureux, puisque j'en retire un sentiment chaleureux. Sur le plan moral, il m'est tout particulièrement précieux que vous vous occupiez à tel point de mon affaire[44]. » Les négociations s'avèrent cependant plus difficiles que prévu, et les échéances sont sans cesse repoussées.

Entre-temps, un autre projet d'exposition suscite une grande attention à Dresde : l'« Internationale Kunstausstellung » [Exposition internationale d'art], qui s'ouvre en juin 1926 dans le somptueux Palais municipal des expositions. Elle constitue un point culminant de la vie culturelle de la ville, puisque la dernière manifestation artistique internationale a eu lieu en 1912. Hans Posse, qui est depuis 1910 à la tête de la Gemäldegalerie de Dresde, en est le directeur artistique, tandis que Ludwig W. Gutbier est chargé de la « gestion commerciale spécifique » et que Grohmann est membre du comité d'honneur ; ce dernier a également la charge des activités d'organisation et rédige dans le numéro spécial de *Der Cicerone* un texte circonstancié sur l'art présenté. L'exposition comprend cinquante-six salles, dans lesquelles sont montrées des œuvres de peinture et de sculpture de quelque 450 artistes d'une vingtaine de pays. La « salle pour l'art constructif », conçue par El Lissitzky, constitue l'un des points forts de la manifestation. Kandinsky est représenté dans la « section allemande », où il expose sept travaux : excepté *Bild mit rotem Fleck* de 1914, ne sont exposées que des œuvres récentes comme *Im Blau* [En bleu], *Oben und links* [En haut et à gauche], *Loses im Rot* [Relâché dans le rouge] et *Einige Spitzen* [Quelques pointes] de 1925,

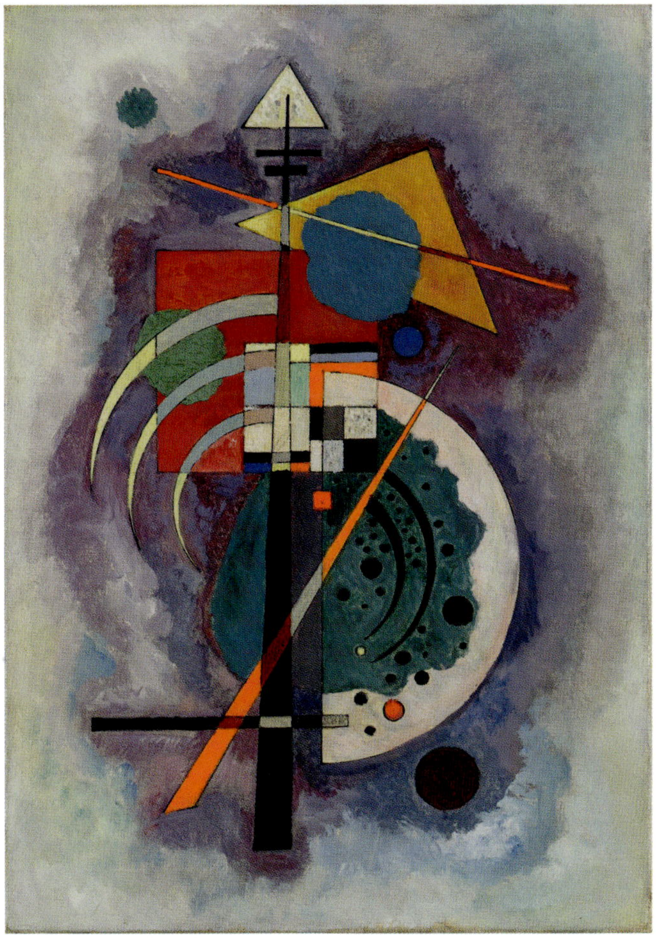

9

9. *Composition n° 350*, 1926, huile sur toile, 35,3 x 24,1 cm, cadeau d'anniversaire à Will Grohmann, dédicacé par Kandinsky
Staatsgalerie Stuttgart

ainsi que *Spannung im Rot* [Tension en rouge] et *Einige Kreise* [Quelques cercles] de 1926[45] (voir cat. p. 159). La peinture de grand format *Einige Kreise* n'est pas seulement l'unique reproduction dans le catalogue d'une œuvre abstraite géométrique : elle éveille également l'intérêt d'un acheteur de premier rang. La Société de patronage souhaite en effet en faire l'acquisition pour la Gemäldegalerie en l'achetant directement à l'artiste, ce qui est de fait mené à bien à la suite d'âpres négociations financières : le 30 juillet 1926, Kandinsky annonce à Grohmann : « M. Posse m'a demandé une remise et je me suis déclaré disposé à céder le tableau 30 % moins cher. Je lui ai écrit que je faisais dans ce cas le plus qu'il m'était possible, car ce tableau est l'un de mes meilleurs travaux, que dans pareil cas je ne suis pas pressé de vendre parce que de tels tableaux voient très certainement leur prix augmenter avec le temps. [...] Les musées n'hésitent pas à payer 20 mille marks et plus pour les tout derniers tableaux de Kokoschka, sans le moindre "marchandage"[46]. » Mais pour finir, le peintre écrit avec fierté à Galka Scheyer : « C'est le premier tableau parfaitement abstrait de moi qui est accroché dans un grand musée, donc une victoire de principe[47]. »

Peu après que l'« Internationale Kunstausstellung » eut fermé ses portes, la rétrospective célébrant le soixantième anniversaire de Kandinsky est enfin inaugurée, le 6 octobre 1926, à la galerie Arnold. Après la répétition générale à Brunswick[48], elle marque le départ d'un voyage qui comprendra bien moins d'étapes qu'initialement prévu[49]. Mais c'est l'artiste lui-même qui a donné l'exclusivité à la galerie Arnold sur tous les autres candidats allemands, « en exprimant du même coup que c'est à Dresde précisément qu'avec son art, il se sent chez lui et compris[50] », selon la formule de Felix Zimmermann dans le quotidien *Dresdner Neueste Nachrichten*. Lors de l'ouverture de l'exposition, qui se présente sous la forme d'une grande rétrospective, avec cinquante-deux peintures et quarante aquarelles des années 1908-1926, de hauts représentants de la politique et de la culture rendent hommage à l'artiste : le premier bourgmestre de la ville, le ministère saxon, le général en chef de la Reichswehr de Saxe, un représentant du ministère du Culte de Berlin, les directeurs de la Gemäldegalerie et du Cabinet des estampes de Dresde, ainsi que « des représentants éminents[51] » de la presse régionale et nationale. C'est Grohmann qui inaugure l'exposition, en saisissant l'occasion de dissiper trois malentendus : il ne s'agit pas chez Kandinsky d'« une affaire formelle », il n'introduit pas « de méthodes scientifiques dans l'art » et il n'est pas « un cas singulier »[52]. Aux côtés de Paul Klee, Fannina Halle et Katherine Dreier, Grohmann écrit en outre un court texte dans le catalogue richement illustré[53], et, dans le compte rendu critique de l'exposition qu'il publie dans *Der Cicerone*, il déclare que le débat autour de l'art de Kandinsky est « définitivement préservé puisqu'il appartient désormais à la sphère de la discussion artistique[54] ».

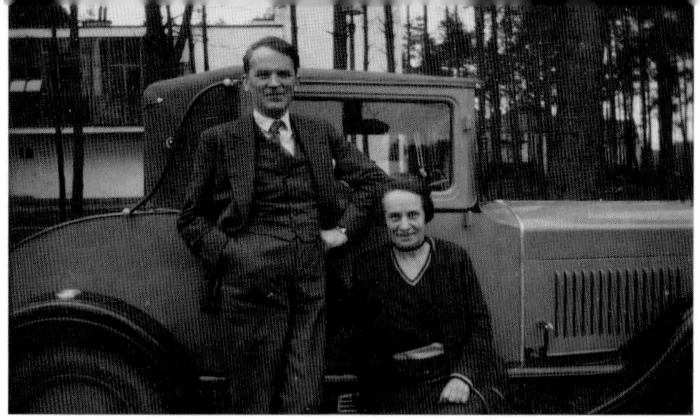

10

10. Will et Eulein Grohmann devant leur voiture à Dessau, 1932
Fonds Kandinsky, Centre Pompidou, Paris

Comme de coutume, l'exposition est amplement commentée dans la presse dresdoise et suscite une fois de plus un achat public : le musée de la Ville de Dresde acquiert les deux aquarelles *Graue Form* [Forme grise], 1922 et *Drei freie Kreise* [Trois cercles libres], 1923, permettant ainsi à la collection qui avait été élaborée dans les années 1919-1923 par l'historien de l'art Paul Ferdinand Schmidt de s'élargir. Ce dernier est un admirateur de l'art de Kandinsky, comme il l'avait clairement donné à entendre dès 1920 dans sa préface à la monographie de Zehder.

Au cours des années suivantes, les couples Nina et Vassily Kandinsky et Eulein et Will Grohmann se rendent mutuellement visite à Dessau ou à Dresde[55] et ne manquent jamais de fêter ensemble l'anniversaire des deux hommes, nés l'un comme l'autre un 4 décembre : « On se retrouvait au petit-déjeuner pour échanger nos cadeaux, des tableaux contre des livres. La journée devenait ensuite bien remplie : visites des collègues, élèves, représentants municipaux, amis et connaissances, mais le matin, le petit-déjeuner était une tradition que rien ne venait déranger. C'était l'assurance réciproque annuelle des sentiments d'amitié et des projets de travail en commun[56] » (ill. 10). Après chaque visite, « après chaque nouvel entretien », Kandinsky a l'impression que « nous nous rapprochons spirituellement l'un de l'autre et que si suffisamment de temps nous était laissé, nous finirions par nous comprendre absolument parfaitement sur l'essentiel[57] ». Lorsque Grohmann publie pour la première fois en 1929 un article sur l'art de Kandinsky dans une revue française, *Cahiers d'art*, ce but semble définitivement atteint : « J'aimerais, par ces quelques lignes hâtives, vous remercier cordialement pour l'article que mon épouse a lu deux fois de suite avec une grande satisfaction. Peindre des tableaux n'est pas difficile, mais être compris l'est grandement. Il faut que cela soit interprété dans le bon sens : ce n'est pas l'éloge qui réjouit l'artiste, mais que l'on touche juste. Et vous avez touché juste[58]... »

L'année suivante, en décembre 1930, paraît aux Éditions Cahiers d'Art une importante monographie (ill. 8). Le texte est à nouveau de la plume de Grohmann et, parmi les nombreuses reproductions qui illustrent l'ouvrage figurent des tableaux qui se trouvent dans des collections dresdoises. Tout au début de son essai très fouillé, Grohmann formule l'objectif de son entreprise : « Vassily Kandinsky occupe au sein de l'art européen une place singulière et unique. À mon avis, on n'a encore jamais réussi à pénétrer son art jusqu'au fond et si, partant de ma connaissance déjà ancienne de l'homme et de son œuvre, je tente encore une fois d'accorder à Kandinsky sa juste valeur, je suis bien conscient non seulement de la difficulté de la chose, mais aussi, simultanément, de la responsabilité qu'elle entraîne[59]. »

Partant de l'hypothèse que « l'impulsion la plus récente de l'art de Kandinsky provient de sources dont lui-même n'a peut-être pas une claire conscience et qui se situent au-delà de notre théorie de l'art européenne », Grohmann découvre des réminiscences manifestes de l'art extrême-oriental, tout spécialement des peintres et des maîtres japonais de l'estampe. Et après avoir constaté que le père de Kandinsky était « né en Sibérie orientale, où ses ancêtres avaient été chassés de Sibérie occidentale pour des motifs politiques », ce qui signifiait que le sang de ses ancêtres qui avaient vécu pendant de longues générations en Mongolie coulait probablement encore dans les veines de l'artiste, il paraît assez sûr de son hypothèse et établit plusieurs parallèles. Dans un premier temps, Kandinsky est frappé par cette théorie extrême-orientale, mais, comme Grohmann devait le rapporter après-coup, c'était un trait « caractéristique de sa personnalité que dès le lendemain, il se fût familiarisé avec cette idée et qu'il ne lui ait fait aucune objection[60] ».

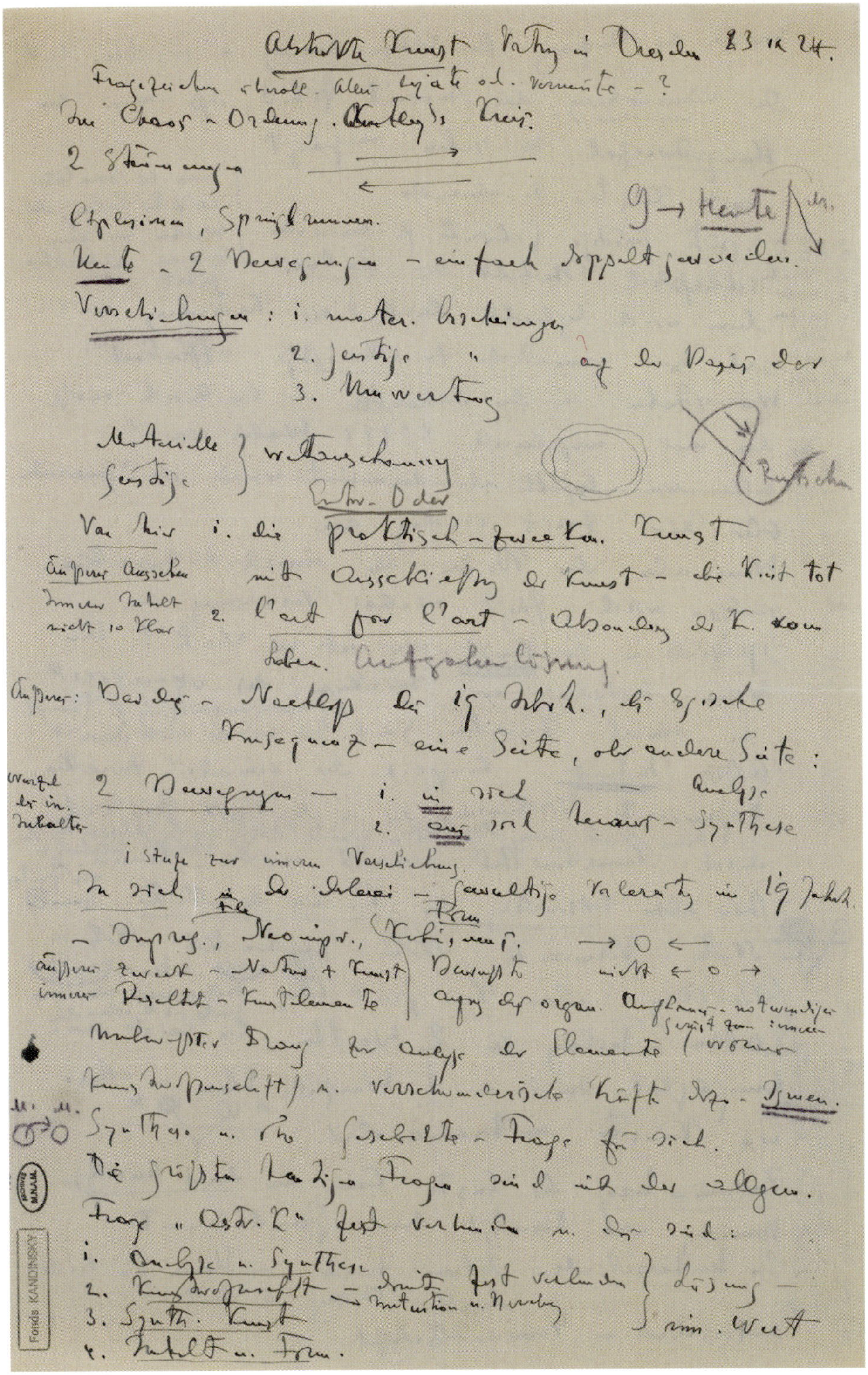
Abstrakte Kunst Vortrag in Dresden 23 IX 24.

Fonds KANDINSKY

11

11. Manuscrit
de Vassily Kandinsky
pour sa conférence
sur l'art abstrait à
la galerie Fides à Dresde,
23 septembre 1924
Fonds Kandinsky,
Centre Pompidou, Paris

Confiance dans l'art pionnier :
Rudolf Probst et la galerie Neue Kunst Fides

C'est l'agent et le marchand d'art Rudolf Probst qui organise en 1924, à la galerie Neue Kunst Fides qu'il a ouverte un an plus tôt, la première exposition personnelle de Kandinsky à Dresde. Probst, dont les idées, selon Kandinsky, « sont si libres et si profondes que c'est une joie de parler avec lui[61] », a fait ses armes auprès d'Emil Richter, chez qui il a établi, à partir de 1918, un « département moderne ». Lorsqu'en 1923, il se décide à ouvrir sa propre galerie d'art moderne, il témoigne d'un intérêt tout particulier pour les artistes du Bauhaus. Grohmann compte parmi les conseillers de la galerie Fides. Il rend naturellement compte dans la revue *Der Cicerone* de cette exposition qui présente exclusivement de nouveaux travaux : « Pour la plupart des gens, la collection de tableaux de Kandinsky qui est accrochée de septembre à octobre à la galerie Fides sera une surprise. » Car « après son retour de Russie, le lyrique s'est à nouveau éveillé en Kandinsky, le romantique dirais-je, si ce mot ne prêtait pas si aisément au malentendu[62]. » Sont exposées chez Probst, du 16 septembre au 1er novembre 1924, les peintures *Heiteres* [Serein], *Gelbe Spitze* [Pointe jaune], *Rückblick* [Regard sur le passé], *Scharfruhiges Rosa*, *Schweres Rot* [Rouge lourd] et *Verstummen* [Mutisme]. Dans le cadre de son exposition, Kandinsky en personne tient à la galerie une conférence sur l'art abstrait[63] (ill. 11). Un critique, qui figurait dans la foule nombreuse de « gens avides d'écouter et de savoir », accourue pour « faire connaissance, face à face, avec le maître de l'abstraction », est convaincu que dans sa clarté et sa détermination, la conférence apporte beaucoup à la compréhension de l'art de Kandinsky : « Le "peintre pensant", en tant que personnage incontournable de l'époque, était là devant nous, et sous l'influence de sa totale assurance de jugement, les objections contre une pratique de l'art qui semble mettre sur un pied d'égalité la raison et l'âme, l'abstraction et le sentiment faisaient provisoirement silence[64]. »

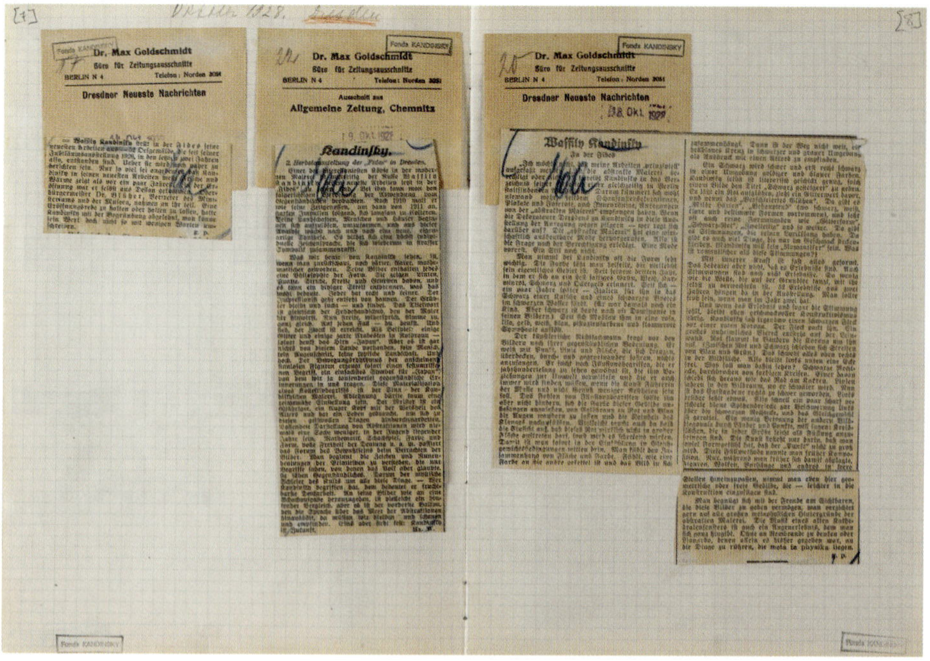

12

12. Extrait de la revue de presse constituée par Vassily Kandinsky, contenant des articles sur son exposition chez Fides à Dresde, 1928
Fonds Kandinsky, Centre Pompidou, Paris

Dès l'année suivante, la galerie Fides convie à nouveau son public à voir des travaux de Kandinsky. Dans le cadre d'une grande rétrospective consacrée au mouvement Der Sturm, l'artiste expose en avril 1925 avec entre autres Itten, Klee, Kesting, Léger. La presse dresdoise réagit à l'unanimité de façon négative ; un article va jusqu'à prétendre que Kandinsky est « très surestimé comme père de la peinture absolue, sans qu'on puisse attribuer quelque valeur durable à l'une de ces créations agitées, informes de sa première période[65] ».

Cependant, lorsque Kandinsky expose à nouveau tout seul trois ans plus tard, du 12 octobre au 5 novembre 1928, dans les nouveaux espaces de la galerie Fides aménagés par le maître du Bauhaus, Hinnerk Scheper[66], l'accueil dans la presse est globalement favorable. Y sont donnés à voir « cinquante-deux tableaux des années 1926, 1927, 1928. C'est comme cela qu'on doit exposer. Les cercles annuels que l'arbre a fait naître. Tous les trois, quatre ans. Et alors, tous. (Seulement, bien sûr, si l'on est quelqu'un comme Kandinsky[67]) » – ainsi que l'écrit l'un des nombreux critiques, en énumérant les œuvres suivantes : *Diskret* [Discret], *Aufleuchten* [Reluisant], *Vertiefte Regung* [Vibration approfondie], *Schwarz-Rot* [Noir-rouge], *Gitterform* [Forme de grille] (ill. 12).

Comme deux ans auparavant déjà, lors de l'ouverture de la rétrospective de ses soixante ans, l'inauguration de l'exposition est un événement social, car aux côtés de Kandinsky, qui donne à nouveau une conférence[68], on note la présence du premier bourgmestre de la ville et des représentants du ministère et des musées[69]. Probst remarque que le premier bourgmestre Blüher est particulièrement intéressé par une des œuvres exposées, la peinture *Einfach* [Simple] de 1927, et tente d'initier une acquisition : « Cette œuvre est justement tout à fait représentative de la dernière maturité de cet art pionnier. Elle exploite si magnifiquement le secret et l'inépuisable de la forme et de la couleur les plus simples. Permettez-moi d'exprimer à nouveau ici ma conviction que l'accueil de tableaux de Kandinsky dans l'espace public des musées pourrait être d'une grande importance artistique, tout particulièrement aussi pour former la jeune génération[70]. » Sur ce, la commission municipale d'achat d'œuvres d'art vient effectivement visiter l'exposition et se montre également intéressée par trois autres travaux, car elle souhaite compléter par l'acquisition d'une nouvelle œuvre la série déjà en possession des musées de la ville, la peinture à l'huile de la Gemäldegalerie et les deux aquarelles du Stadtmuseum[71]. Mais l'achat ne se fait pas et pour l'expliquer, on allègue en bref un manque de moyens financiers, ainsi que « les besoins de la communauté artistique locale[72] ». En revanche, la Société de patronage – lors de sa séance inaugurale le 13 mars 1930, Kandinsky donne une conférence très remarquée[73] – acquiert en 1931 une autre peinture de l'artiste pour la Gemäldegalerie, *Blauer Berg* [La Montagne bleue] de 1909[74]. Des travaux plus anciens, datant de la période munichoise, font également partie de l'exposition Kandinsky que Probst organise en novembre 1932 dans sa galerie, car il s'agit cette fois-ci de montrer les diverses évolutions dans l'œuvre de l'artiste[75]. Dessins et aquarelles sont présentés « dans leur succession chronologique. Si l'artiste Kandinsky se place d'emblée en dehors de tout débat, ce panorama d'ensemble mettra à nu la loi fondamentale de sa création[76] ».

L'exposition présente jusqu'aux feuillets les plus récents, qui sont exécutés dans une nouvelle technique de pulvérisation au pochoir[77]. La presse dresdoise réagit à nouveau avec enthousiasme. Un critique termine son article en énonçant un vœu devenu entre-temps célèbre : quand on voit les travaux de Kandinsky, « on reçoit des décharges d'énergie, on plonge du regard dans des possibilités inépuisées, on éprouve une personnalité au sang chaud et créatrice – on devrait appeler Kandinsky à l'Académie, si tant est seulement qu'il vaille encore la peine d'en pourvoir les postes vacants[78] ! »

Cinq ans plus tard, en 1937, des œuvres de Kandinsky seront présentées à l'exposition « Entartete Kunst » [Art dégénéré]. Ainsi, la manifestation chez Fides, en novembre 1932, reste non seulement la dernière exposition Kandinsky en Allemagne jusqu'en 1948, mais aussi la dernière à Dresde jusqu'à ce jour. En 2006, lors de l'exposition « De Monet à Mondrian. Chefs-d'œuvre de l'art moderne dans les collections privées de Dresde de la première moitié du XXe siècle[79]», on a pu revoir quelques-unes des œuvres de Kandinsky qui se trouvaient à Dresde dans les années 1920 et qui appartiennent aujourd'hui, tout comme les tableaux de la Gemäldegalerie et du Stadtmuseum, aux collections des musées renommés de Cologne, de Munich et de New York[80].

L'auteur remercie la Société Kandinsky pour la bourse qui lui a permis de mener à bien ce travail de recherche.

notes

1— Texte en français du Dresdois Will Grohmann, tapuscrit sans titre, n. d., Fonds Kandinsky, Centre Pompidou, Paris.

2— L'auteur de ce mince ouvrage bleu, paru aux éditions Rudolf Kaemmerer de Dresde, est Hugo Zehder. Le livre a été édité par Paul Ferdinand Schmidt, qui lui a donné une préface enthousiaste. Zehder, lui-même éditeur d'une revue expressionniste et cofondateur de la Sécession dresdoise, a rédigé son texte de quarante-cinq pages en faisant un usage autorisé de l'autobiographie russe de Kandinsky. Dans son propre exemplaire conservé aujourd'hui au Fonds Kandinsky du Centre Pompidou, Kandinsky a signalé dans la marge le passage suivant (dans lequel il a également souligné une phrase) p. 33-34 : « Aussi étrange que cela puisse paraître : les tableaux de Kandinsky sont la victoire de l'art dans "l'art". Pour la première fois, les formes de la nature ne sont plus représentées "artistiquement", mais c'est la nature particulière de l'art, l'anorganique qui est mis en confrontation avec la nature organique. C'est la victoire de l'art absolu. »

3— Vassily Kandinsky, « Tanzkurven. Zu den Tänzen von Palucca », dans *Das Kunstblatt*, 1926, n° 3, p. 117 *sq*.

4— Dans les années 1920, Nina et Vassily Kandinsky logeaient toujours chez des particuliers quand ils venaient à Dresde, souvent chez Friedrich Bienert et Palucca, qui l'évoque dans ses souvenirs : « Nina allait toujours chez le coiffeur à Dresde, et sa permanente prenait toujours beaucoup de temps... » (*Künstler um Palucca*, cat. exp., Dresde, Staatliche Kunstsammlungen, 1987, p. 21.)

5— Lettre de V. Kandinsky à W. Grohmann, 23 novembre 1924, Staatsgalerie Stuttgart, Archives Will Grohmann. Ce miracle ne s'est pas produit, car c'est Otto Dix, et non Kandinsky, qui succède en 1926 à Oskar Kokoschka au poste de professeur de peinture à l'Académie des beaux-arts de Dresde.

6— « Grosse Kunstausstellung Dresden », 1er mai-fin octobre 1904. Les deux travaux sont : *Das Dorf* [Le Village] (n° 765), dessin, et *Abend* [Soir] (n° 1256), gravure sur bois en couleur.

7— *Gabriele Münter. Die Jahre mit Kandinsky. Photographien 1902-1914*, cat. exp., Munich, Lenbachhaus, 2007, p. 22.

8— C'est probablement après le voyage qu'ont été peints les deux tableaux *Bahngleise bei Dresden* [Voie ferrée près de Dresde] et *Kornfeld bei Dresden* [Champ de blé près de Dresde]. Voir Hans K. Roethel, Jean K. Benjamin, *Kandinsky. Catalogue raisonné de l'œuvre peint. Premier volume, 1900-1915*, Paris, Éditions Karl Flinker, 1982, n°s 138, 139.

9— *Gabriele Münter. Die Jahre mit Kandinsky*, *op. cit.*, p. 22.

10— « Brücke – Holzschnitt-Ausstellung I », Dresden-Löbtau, Lampenfabrik Seifert, 3 décembre 1906-31 janvier 1907. Voir Horst Jähner, *Künstlergruppe Brücke*, Berlin, Henschel Verlag, 1984, p. 83.

11— Trois de ses œuvres seront présentées lors de la « Grosse Kunstausstellung Dresden », 1er mai-15 octobre 1908. Dans le catalogue : *Szene* [Scène] (n° 1156), gouache, *Spiegel* [Miroir] (n° 1157), gravure sur bois, et *Die Nacht* [La Nuit] (n° 1158), tempera.

12— Ruth Negendanck, *Die Galerie Ernst Arnold. Kunsthandel und Zeitgeschichte*, Weimar, Vdg-Verlag, 1998.

13— Hans K. Roethel, Jean K. Benjamin, *Kandinsky. Catalogue raisonné…*, *op. cit.*

14— IIe Graphische Ausstellung des Deutschen Künstlerbundes, Dresde, 1909. Dans le catalogue, les six œuvres de Kandinsky portent les numéros 329 à 334 : *Gravur mit grünen Frauen* [Gravure aux femmes vertes], *Leier* [Lyre], *Mondnacht* [Nuit de lune], *Gravur mit Kirche* [Gravure avec une église], *Gravur mit Vögeln* [Gravure aux oiseaux] et *Gravur mit Reiter* [Gravure au cavalier].

15— Richart Reiche-Barmen, *Expressionistische Ausstellung. Die neue Malerei*, cat. exp., Dresde, galerie Arnold, 1914, p. 7.

16— Otto Griebel, *Ich war ein Mann der Strasse. Erinnerungen eines Dresdner Malers*, Altenbourg, DZA-Verlag, 1995, p. 18.

17— Emil Waldmann, « Dresden. Neue Kunst : Ausstellung im Kunstsalon », *Kunst und Künstler*, 1914, p. 344.

18— *Der Sturm. Expressionisten. Futuristen. Kubisten*, cat. exp., Dresde, galerie Arnold, 1919, n° 94, n° 124-138.

19— Voir cat. p. 269.

20— W. Grohmann, *Die Sammlung Ida Bienert Dresden*, Potsdam, Müller & Kiepenheuer, 1933. Les photos sont de W. Peterhans, du Bauhaus de Berlin ; la couverture et la reliure, de Moholy-Nagy.

21— Theodor Däubler, « Die Sammlung Bienert-Dresden », *Das Kunstblatt*, n° 6, 3e année (1919).

22— Ida Bienert, Lettre à V. Kandinsky, 21 décembre 1931, Fonds Kandinsky, Centre Pompidou, Paris.

23— W. Grohmann, *Die Sammlung Ida Bienert Dresden*, *op. cit.*, p. 8.

24— Friedrich Bienert possédait en outre la peinture *Verstummen* [Mutisme] de 1924.

25— F. Z., « Sächsischer Kunstverein. Neuere Kunstwerke aus Dresdner Privatbesitz », *Dresdner Nachrichten*, 14 avril 1929.

26— En constituant sa vaste collection, Glaser s'est concentré sur les tableaux et les travaux graphiques d'artistes qui vivaient et travaillaient à Dresde. Le tableau *Gelbe Begleitung* de Kandinsky fait exception à cette règle, Glaser l'a acquis en 1926, lors de la rétrospective présentée à la galerie Arnold, à l'occasion des soixante ans du peintre.

27— *Kandinsky. Russische Zeit und Bauhausjahre 1915-1933*, cat. exp., Berlin, Bauhaus-Archiv, 1984, p. 80.

28— « Will Grohmann, qui était encore à cette époque conseiller d'étude dans un lycée, fit beaucoup à titre d'organisateur jusqu'à la dissolution définitive du groupe en 1925. C'est lui également qui édita le premier portfolio graphique de la Sécession, s'attribuant ainsi ses premiers succès autour de l'art moderne » (cité par Fritz Löffler, « Die Dresdner Sezession. Gruppe 1919 », dans *Kunst im Aufbruch. Dresden 1918-1933*, cat. exp., Dresde, Staatliche Kunstsammlungen, 1980, p. 42).

29— Stephan Waetzold, « Will Grohmann. Fünf Maler und ihr Interpret », *Jahrbuch Preussischer Kulturbesitz*, vol. V, 1967, p. 96.

30— La première carte postale connue date du 18 avril 1923 ; la première lettre de Kandinsky à Grohmann est datée du 31 janvier 1924. Une correspondance régulière s'établit ensuite entre les deux hommes. Pour la seule année 1924, ont été conservées une dizaine de lettres de Kandinsky à Grohmann. Voir Karl Gutbrod, Lieber Freund, *Künstler schreiben an Will Grohmann. Eine Sammlung von Briefen aus fünf Jahrzehnten*, Cologne, DuMont Buchverlag, 1968.

31— Le photographe Hugo Erfurth avait aménagé dans sa maison et son atelier du Palais Lüttichau de Dresde un « cabinet graphique », qui est devenu peu à peu un lieu de rencontre pour les artistes. Voir Bernd Lohse, *Hugo Erfurth 1874-1948*, cat. exp., Seebruck, Heering, 1977, p. 25-28.

32— « Kunstausstellung Dresden », 28 juin-fin septembre 1924. Les quatre tableaux, portant dans le catalogue d'exposition les numéros 415 à 418, sont *Kreise im Kreis* [Cercles dans le cercle], *Rosaviereck* [Carré rose], *Offenes Grün* [Vert ouvert] et *Tiefes Braun* [Brun profond]. Les six aquarelles sont numérotées de 467 à 472.

33— Voir la lettre que Kandinsky adresse à Grohmann le 31 janvier 1924, Staatsgalerie Stuttgart, Archives Will Grohmann.

34— W. Grohmann, « Vassily Kandinsky », *Der Cicerone*, n° 19, septembre 1924, p. 888.

35— *Ibid.*, p. 892.

36— V. Kandinsky, Lettre à W. Grohmann, 5 octobre 1925, Staatsgalerie Stuttgart, Archiv Will Grohmann.

37— Voir cat. p. 271.

38— W. Grohmann, « Vassily Kandinsky », art. cité, p. 936.

39— L'exposition eut lieu du 15 février au 18 mars 1925. L'article a paru dans *Der Cicerone*, n° 5, 1925, p. 266 *sq*.

40— H. G., « Ausstellung der Bauhausmeister »,

Dresdner Neueste Nachrichten, 17 février 1925. Voir aussi : Kr., « Die Bauhausausstellung in Dresden », *Volkszeitung*, 17 février 1925, et Dr. F. , « Graphisches Kabinett Erfurth », *Sächsische Staatszeitung*, 9 mars 1925.

41— « Kunstausstellung Dresden », 4 juillet-début octobre 1925. Ces quatre œuvres sont numérotées de 348 à 351 dans le catalogue de l'exposition.

42— V. Kandinsky, Lettre à W. Grohmann, 29 septembre 1925, dans K. Gutbrod, L. Freund, *Künstler schreiben an Will Grohmann…, op. cit.*, p. 48.

43— *Ibid.*

44— V. Kandinsky, Lettre à W. Grohmann, 21 novembre 1925, dans K. Gutbrod, L. Freund, *Künstler schreiben an Will Grohmann…, op. cit.*, p. 49.

45— « Internationale Kunstausstellung Dresden », juin-septembre 1926. Ces sept œuvres sont numérotés de n° 514-520 dans le catalogue de l'exposition.

46— V. Kandinsky, Lettre à W. Grohmann, 30 juillet 1926, Staatsgalerie Stuttgart, Archiv Will Grohmann.

47— V. Kandinsky, Lettre à Galka Scheyer, 28 décembre 1926. Voir *Kandinsky. Russische Zeit und Bauhausjahre 1915-1933, op. cit.*, p. 82.

48— Au château de Brunswick ne furent montrées en mai que des œuvres des années 1921-1926, au total vingt-trois peintures et trente aquarelles. Voir le tract de l'exposition, Fonds Kandinsky, Centre Pompidou, Paris.

49— À Dresde, l'exposition est ouverte jusqu'au 10 novembre. Viennent ensuite Berlin, Dessau et Munich.

50— Dr. Felix Zimmermann, « Kandinsky-Ausstellung bei Arnold », *Dresdner Neueste Nachrichten*, 18 octobre 1926.

51— Comme le rapportait un journaliste de Brunswick, en faisant en outre remarquer qu'à Brunswick, les autorités municipales et étatiques avaient « manifesté peu d'intérêt pour ce grand événement », *Braunschweiger Neueste Nachrichten*, 14 octobre 1926.

52— W. Grohmann, « Discours d'ouverture de l'exposition », Fonds Kandinsky, Centre Pompidou, Paris.

53— Notons toutefois que ce ne sont pas les œuvres exposées qui sont reproduites dans le catalogue, mais surtout des tableaux se trouvant dans des collections internationales.

54— W. Grohmann, *Der Cicerone*, n° 20, 1926, p. 681.

55— Après 1926, il est attesté que Nina et Vassily Kandinsky ont séjourné à Dresde en 1928, 1929 et 1930.

56— W. Grohmann, *Die Persönlichkeit*, tapuscrit, n. d., Fonds Kandinsky, Centre Pompidou, Paris.

57— V. Kandinsky, Lettre à W. Grohmann, 16 juillet 1927, dans K. Gutbrod, L. Freund, *Künstler schreiben an Will Grohmann…, op. cit.*, p. 52.

58— V. Kandinsky, Lettre à W. Grohmann, 22 novembre 1929, dans *ibid.*, p. 55.

59— W. Grohmann, *Kandinsky*, Paris, Éditions Cahiers d'art, 1930.

60— W. Grohmann, *Die Persönlichkeit*, *op. cit.*

61— V. Kandinsky, Lettre à W. Grohmann, 16 juillet 1925, dans K. Gutbrod, L. Freund, *Künstler schreiben an Will Grohmann…, op. cit.*, p. 48.

62— W. Grohmann, *Der Cicerone*, n° 19, 1924, p. 935 et suivantes.

63— Le manuscrit est conservé au Fonds Kandinsky, Centre Pompidou, Paris.

64— Fritz Zimmermann, « Vassily Kandinsky », *Dresdner Nachrichten*, 24 septembre 1924.

65— Dr. R.P., « Sturmausstellung Neue Kunst Fides », *Dresdner Anzeiger*, 5 avril 1924.

66— Scheper était à cette époque directeur du département de peinture murale au Bauhaus de Dessau. La galerie a déménagé à deux reprises : elle s'est ouverte en 1923 au 2a de la Zinzendorfstrasse, en 1926 elle a déménagé Struvestrasse 6 et à partir de 1932, elle s'est établie dans de plus petits espaces sur la Prager Strasse 24.

67— « Kandinsky. Zu seiner Ausstellung in der Fides », *Dresdner Volkszeitung*, 25 octobre 1928.

68— Le manuscrit est conservé au Fonds Kandinsky, Centre Pompidou, Paris.

69— G. P., « Vassily Kandinsky », *Dresdner Neueste Nachrichten*, 14 octobre 1928.

70— R. Probst, Lettre au premier bourgmestre Blüher, 23 octobre 1928, Archives municipales de Dresde.

71— Procès-verbal de la séance de la Commission municipale d'achat d'œuvres d'art, 5 novembre 1928, Archives municipales de Dresde.

72— Lettre du Conseil municipal de Dresde à Probst, 6 novembre 1928, Archives municipales de Dresde.

73— F. Z., « Kandinsky über abstrakte Kunst », *Dresdner Nachrichten*, 13 mars 1930. W. Holzhausen, « Kandinsky über abstrakte Kunst », *Dresdner Anzeiger*, 14 mars 1930.

74— Anonyme, « Der Patronatsverein der Staatlichen Gemäldegalerie », *Sächsische Staatszeitung*, Dresde, 12 novembre 1931.

75— Plus précisément, l'exposition s'est déroulée du 12 novembre au 17 décembre 1932. Dans ses salles annexes, la galerie Neue Kunst Fides présentait simultanément des œuvres de Karl Hofer et de Gerhard Marcks.

76— W. Holzhausen, « Kandinsky. Aquarelle und Zeichnungen in der Fides », *Dresdner Anzeiger*, 27 novembre 1932.

77— Dr. Georg Paech, « Kandinsky-Hofer-Marcks in der Fides », *Dresdner Neueste Nachrichten*, 16 novembre 1932.

78— G. N., « Abstrakte Kunst », *Dresdner Volkszeitung*, 23 novembre 1932.

79— « Von Monet bis Mondrian. Meisterwerke der Moderne aus Dresdner Privatsammlungen der ersten Hälfte des 20. Jahrhunderts ». Cette exposition s'est déroulée aux Staatliche Kunstsammlungen de Dresde du 16 septembre 2006 au 14 janvier 2007.

80— Le tableau *Scharfruhiges Rosa* de la collection Friedrich Bienert se trouve aujourd'hui au Museum Ludwig de Cologne. *Träumerische Improvisation* de la collection Ida Bienert est conservé à la Pinakothek der Moderne de Munich, tandis que les œuvres *Einige Kreise* de la Gemäldegalerie de Dresde, *Blauer Berg* de la Städtische Galerie de Dresde et *Gelbe Begleitung* de la collection Fritz Glaser se trouvent aujourd'hui au Solomon R. Guggenheim Museum de New York.

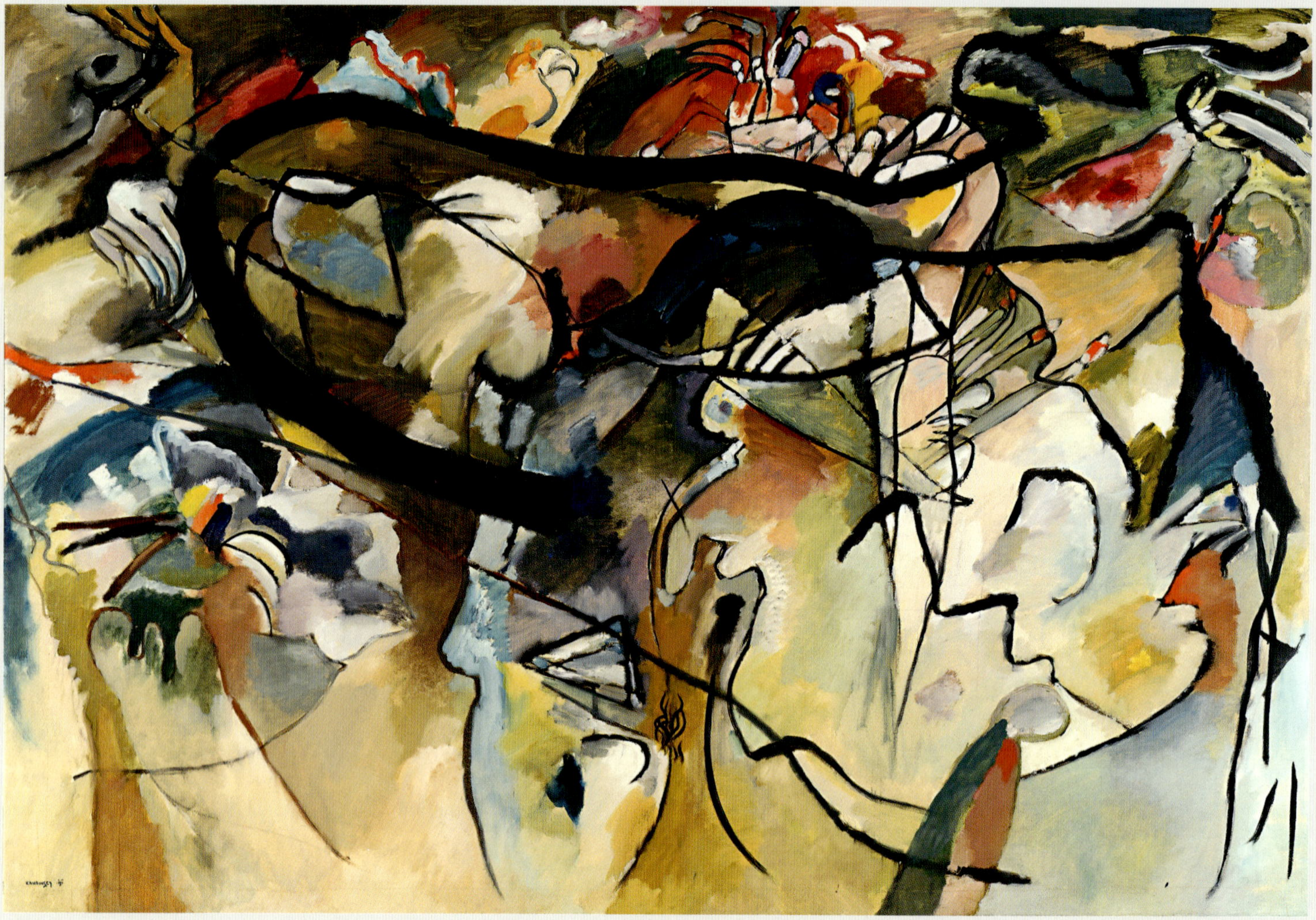

1

1. *Komposition V*
[Composition V], 1911
huile sur toile,
190 x 275 cm
Neue Galerie, New York

Théâtre de l'image

L'abstraction de l'abstraction de Kandinsky

Matthias Haldemann

Traduit de l'allemand par Corinne Graber Guillou

Penser en images

« Vous pensez en Européen, et moi en Russe, c'est-à-dire que vous pensez de manière logique, ce que nous faisons aussi, bien sûr, mais nous pensons également avec des images[1]. » Cette remarque de Kandinsky, faite à son interprète Will Grohmann, outre sa dimension russophile, est révélatrice de la distinction que l'on peut établir entre deux modes de pensées : l'un s'appuyant sur la logique et l'autre sur les images. Les images sont-elles dépourvues de logique ou possèdent-elles leur logique propre ? Kandinsky leur attribue une place particulière dans la pensée et distingue pour cela images mentales et images matérielles. Que signifie pour lui une pensée en images ? Dans quelle mesure son abstraction est-elle liée spécifiquement à l'image ? En quoi la pensée en images est-elle compatible avec *le spirituel dans l'art* ?

Nos interrogations supposent que la notion d'image est d'une importance particulière dans sa peinture. Peut-on observer chez Kandinsky cet « iconic turn », terme lourd de sens et abondamment discuté par les scientifiques de l'époque, précisément en ce qui concerne la « pensée en images » ?

Tout d'abord, il est facile de montrer que la notion d'« image » est essentielle pour lui dès son passage à l'abstraction à partir de 1908. Non seulement cette notion apparaît très souvent à cette époque, mais on peut aussi la relier à la justification que donne Kandinsky lui-même de sa peinture, c'est-à-dire à la pensée en images. L'autobiographie littéraire « Rückblicke » [Regards sur le passé] (1913) peut à bon droit se lire comme une histoire de souvenirs d'images et de confrontations avec des œuvres d'art. Deux passages essentiels peuvent servir d'exemples : le premier décrit l'expérience de Kandinsky devant un tableau de Claude Monet représentant une meule de foin. Le flou du motif, qui le rend illisible, et la « puissance de la palette », insoupçonnée, aurait provoqué chez lui une expérience qui aura des conséquences importantes dans sa peinture, ainsi écrit-il : « Et soudain, pour la première fois, je voyais une [image][2]. » Celle-ci se serait imprégnée en tant que telle dans sa mémoire « indépendamment de l'objet lui-même[3] ». Le deuxième passage décrit le souvenir d'un coucher de soleil près du Kremlin à Moscou. Il ne s'agit pas de l'expérience d'un phénomène naturel en tant que tel, mais plutôt de la transformation imageante d'une expérience des sens. Dans ce paysage urbain, le spectateur perçoit dans l'instant une « image » abstraite faite de couleurs et de lignes qui se condense en une tache[4]. Kandinsky fonde en conséquence sa peinture sur deux axes : image matérielle et image mentale.

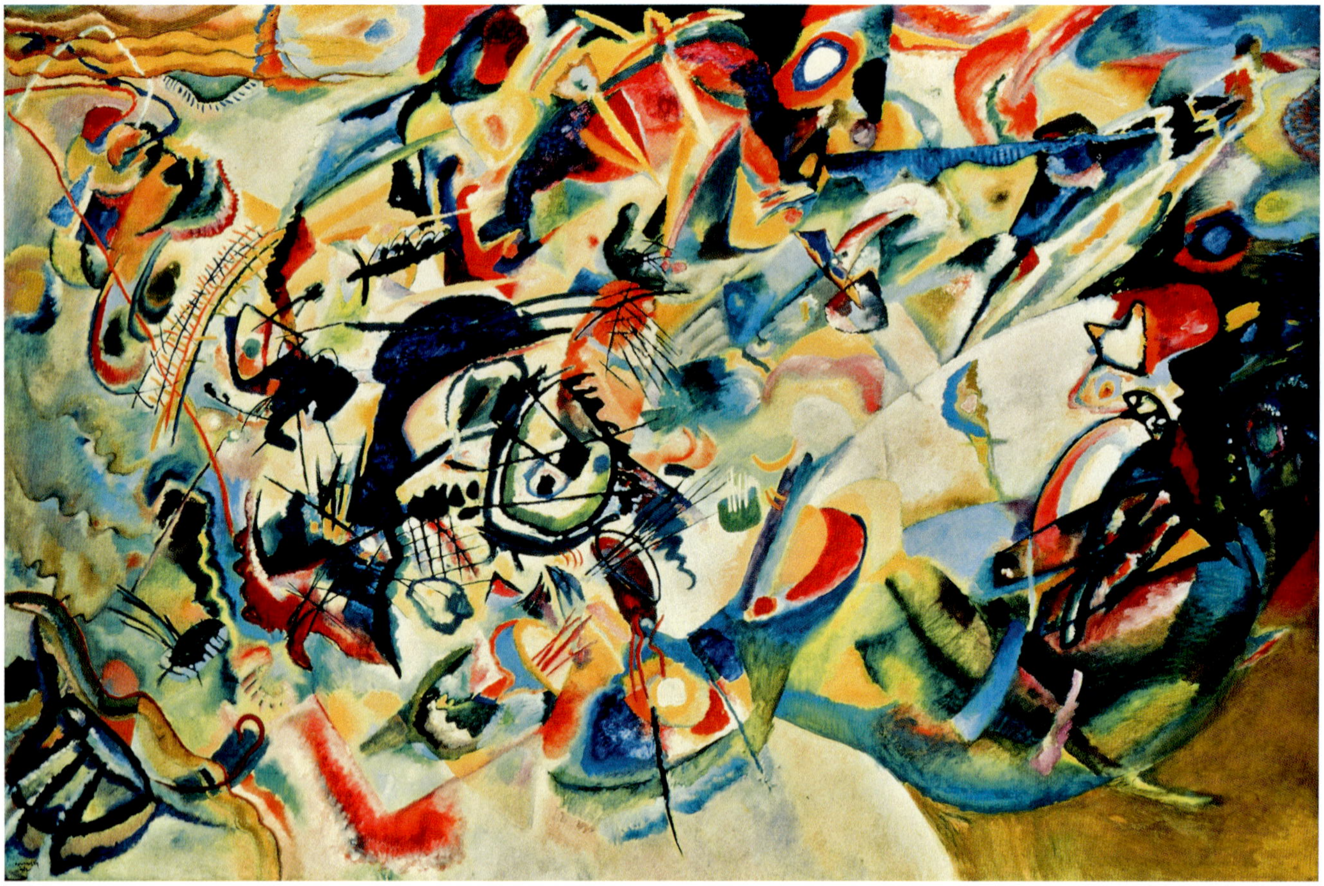

2. *Komposition VII* [Composition VII], huile et tempera sur toile, 200 x 300 cm Galerie nationale Tretiakov, Moscou

2

Le rôle de la géométrie

Les propos de Kandinsky à Grohmann rapportés plus haut se réfèrent à la période du Bauhaus. C'est une période tout particulièrement marquée par l'attirance de l'artiste pour un langage des formes de type géométrique constructif. Ne faut-il pas y voir alors un effort de rationalisation et d'objectivation des moyens artistiques qui se rapprocherait de la pensée logique au détriment de la pensée en images ? Les phases « expressivement subjectives » et « objectivement constructives » de l'œuvre de Kandinsky ne se comportent-elles pas de façon contradictoire ? L'artiste semble confirmer cette hypothèse lorsqu'il parle d'un « saut d'une “extravagance” à l'autre » et oppose une période chaude à une « période froide »[5].

La géométrie, toutefois, se prête mal à l'opposition des périodes[6] puisque c'est un thème qu'on trouve déjà dans *Über das Geistige in der Kunst, insbesondere in der Malerei* [*Du spirituel dans l'art, et dans la peinture en particulier*]. Le modèle euclidien de la ligne et du point, qui constitue le fond du texte de Kandinsky à l'époque du Bauhaus, *Punkt und Linie zu Fläche* [*Point et ligne sur plan*], est mentionné déjà une première fois dans « Rückblicke[7] ». On peut aisément le détecter dans les œuvres de cette époque, en particulier dans *Komposition VII* [Composition VII] (1913) (ill. 2). Les formes circulaires de la période du Bauhaus s'y rattachent (voir cat. p. P64 et P70). En outre, les essais pour une « théorie de la composition » de Kandinsky publiés

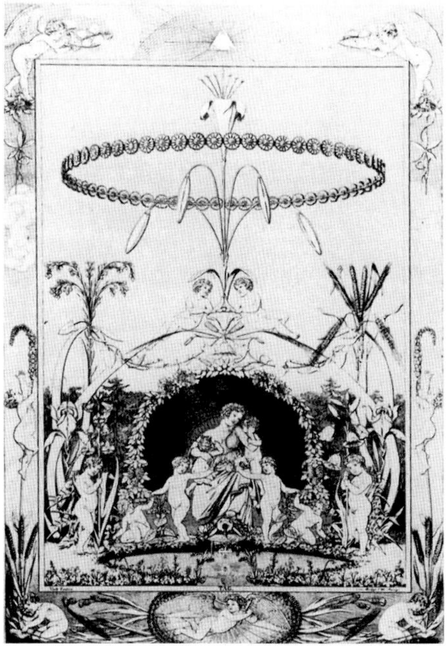

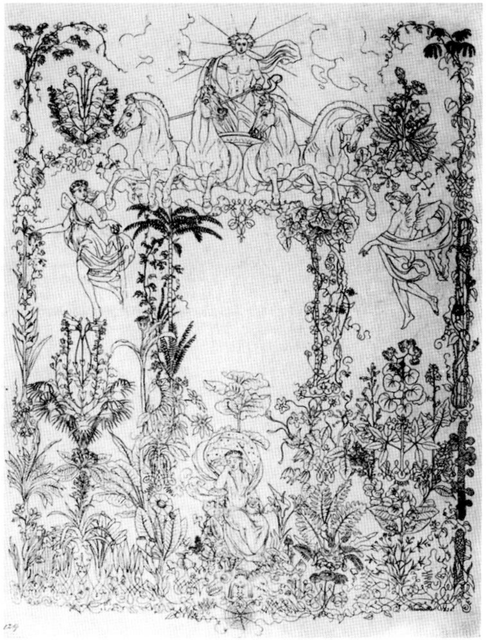

3 4

3. Philipp Otto Runge, *Der Tag* [Le Jour], 1805, gravure

4. Eugen Napoleon Neureuther, *Die Tageszeiten* [Les Quatre temps de la journée], 1826, lithographie

avant 1914[8] prouvent qu'il avait déjà mis en œuvre l'idée fondatrice mentionnée dans son essai du Bauhaus, comme je le démontrerai ultérieurement.

Sa conception de la géométrie n'a pourtant rien à voir avec un goût particulier pour les mathématiques, ni même avec une tentative de mise en relation de la peinture avec la modernité technique. Ce qui lui importe, ce n'est pas la relation d'étrangeté mais plutôt celle d'autoréflexivité de moyens autonomes. L'œuvre se construit pour lui autour d'une articulation hiérarchique qui va du point, en tant que plus petit élément, vers la ligne pour aboutir au plan, puis à des formes de plus en plus complexes. De la même manière, il définit le point au centre d'un carré comme « l'élément premier de la peinture[9] ». Chacune des configurations en tout lieu du plan peut y être ramenée. Le plan originel représente le niveau zéro pour tout ce qui s'y trouve et se réduit finalement, de par son origine (le point) à l'invisible, au néant : « La toile est le néant – le monde d'avant la création, d'avant le Chaos. Son premier mouvement est un point – le moment de la toute première rencontre avec l'outil (crayon, gouge, pinceau). Le point est l'origine de l'incarnation, embryon de la création. Il recèle en lui des possibilités infinies. La première ligne qui en résulte peut se diriger in spe dans toutes les directions… La ligne est à son tour à l'origine du plan, première étape du cosmos, de l'embryon[10]. » Ainsi, pour Kandinsky, la couleur prend naissance dans le néant originel de la toile blanche et trouve sa fin dans le noir[11].

Le modèle pictural géométrique se réfère à la théorie du point telle qu'elle est définie dans les traités de la Renaissance de Leon Battista Alberti ou Piero della Francesca, mais surtout de Léonard de Vinci, que Kandinsky a plus particulièrement étudié[12]. Léonard de Vinci a résolu le problème de la double nature – invisible-visible – du point en tant qu'objet de mesure géométrique intelligible et plus petit point de départ de l'action de peindre non pas de manière logique, mais visuelle : il est parti d'un « œil spirituel[13] » qui relie en quelque sorte pensée logique mathématique et pensée en images. Sa conception d'un point mouvant et temporel établit par ailleurs une relation avec la ligne. L'œuvre dans son ensemble ne représente donc pas pour lui une somme d'éléments, comme chez Alberti, mais plutôt une sorte de continuité dynamique.

Ce qui est formulé de façon théorique chez Léonard de Vinci, mais qui ne peut se manifester directement dans la peinture, devient explicite dans *Komposition VII*[14] de Kandinsky. Tous les éléments visibles se rapportent à ce point précis parce qu'il est le seul à se distinguer par son évidence de la profusion des éléments colorés « incomplets » et souvent imbriqués les uns dans les autres. En référence à ce point, le tout se charge d'une double dimension temporelle : on ne sait pas si le point incarne le début ou la fin d'une évolution, interprétée simultanément comme construction et déconstruction de la forme. Ces éléments sont transitoires : « pré- ou post-historiques[15] ». La géométrie est en conséquence partie prenante d'une conception formelle non-objective et dynamique.

À cette époque, Kandinsky entreprend tout pour déstabiliser ses œuvres et leur ôter toute référence à leur matérialité. Par le jeu infini des contrastes de couleurs et de l'indécision des formes, il les transforme en un champ visuel qui se dérobe à toute identification, et en particulier à toute description par le langage (voir cat. p. 70 et 121).

Se référant au modèle musical, il met en œuvre un processus esthétique qu'il pousse à l'extrême pour transformer une œuvre qui s'inscrit dans l'espace en une œuvre qui s'inscrit dans le temps. Pour exemple, citons *Impression III (Konzert)* [Impression III (Concert)] (1911) (voir cat. p. 83)[16] : les taches colorées et les linéaments noirs n'apparaissent pas comme des éléments non-figuratifs cohérents mais semblent surgir « in statu nascendi » du blanc immatériel ; le jaune, qui s'étend largement, contraste avec le petit point jaune de la verticale médiane. En dessous, on trouve une forme circulaire noire avec un point rouge à côté de taches colorées partiellement ouvertes. Les configurations amorphes et les figures géométriques ne s'excluent donc pas : elles sont liées entre elles par un processus commun. Devant ces points, lignes, taches et plans qui s'entremêlent, l'impression vient d'elle-même. L'image est devenue en elle-même le modèle d'une réalité dynamique qui n'est plus une représentation. Entre le monde des objets et la peinture, pour Kandinsky, contrairement à Léonard de Vinci, il n'existe plus de correspondance mimétique.

Les représentations romantiques de Philipp Otto Runge (ill. 3) et d'Eugen Napoleon Neureuther (ill. 4) constituent une étape intermédiaire entre Léonard de Vinci et Kandinsky. De complexes réseaux de lignes incarnent l'allégorie du jour et des heures du jour. Mais comment un processus temporel peut-il être illustré par une représentation figurative singulière ? En élevant l'arabesque de simple ouvrage ornemental à un moyen porteur de sens : l'arabesque occupe une position médiane entre objet et configuration abstraite, et l'œil, en l'interprétant d'un motif à un autre, est conduit au travers d'un réseau sinueux du « matin » jusqu'au « soir ». Werner Busch a démontré que les constructions d'arabesques complexes d'une gueule de poisson ou d'un moyeu de toile d'araignée ont une origine cachée : le point[17]. Celui-ci marque chez Neureuther la transition entre un tout invisible, représenté par un fond clair, et les motifs visibles représentés par des lignes. Chez Runge, il représente la liaison entre l'élément d'une fontaine et la grotte du fond : du trou noir de la gueule du poisson, l'eau jaillit des ténèbres vers la lumière du jour et met en mouvement la composition du jeu des arabesques.

Avant de nous intéresser de plus près au rôle des arabesques chez Kandinsky, revenons sur la notion du point à la Renaissance, cette fois-ci chez Alberti. Pour lui, le point en tant que signe représente une partie de l'ordre linguistique, qui est le résultat d'une suite de lettres, de syllabes et de mots[18]. De la même façon, Kandinsky conçoit la suite ordonnée des points, lignes et plans comme un alphabet formel ingénieux. Mais quelle signification revêtent ces signes abstraits ? À la Renaissance, les textes iconographiques et la rhétorique de la représentation assimilent déjà l'image à un langage. Kandinsky s'oriente en revanche vers un modèle de langage doté d'un vocabulaire et d'une grammaire. Il échoue cependant lorsque, pour construire un système unitaire, il attribue aux couleurs fondamentales et aux formes géométriques des contenus spécifiques issus de ses expériences physio-psychologiques. Au fond, un tel monisme a assez peu à faire avec la question de l'image. Toutefois Kandinsky distingue la définition des éléments dans l'absolu – et ceci est essentiel – de leurs effets relatifs[19]. Le tableau abstrait est insignifiant au niveau des éléments particuliers, mais la syntaxe qui s'élabore dans le contexte de la totalité du plan, là où des qualités sémantiques entrent en jeu grâce à des contrastes « éloquents » qui confèrent à l'œuvre sa fonction de modèle réel[20]. Nous reviendrons plus en détail sur cette question. Déjà, dans son article « Über die Formfrage » [Sur la question de la forme] (1912), Kandinsky, tout comme Alberti d'ailleurs, distingue le point et la ligne d'un langage. Il montre comment, par de menues entorses à la règle, ils perdent leur signification en tant que signes, et comment la lecture se transforme en vision. L'écriture, dans son « iconic turn », devient image. Kandinsky a toujours thématisé dans ses travaux, en particulier dans son œuvre tardif, l'aspect figuré du signe comme élément d'écriture hiéroglyphique secret et indéchiffrable (voir cat. p. 177).

L'arabesque comme peinture pure

Revenons à l'utilisation par Kandinsky de l'arabesque. Dans l'œuvre expressif de 1908 à 1914, l'arabesque résulte en tant que contour autonome abstrait des motifs figuratifs. Plus tard également, les configurations organiques et parfois sinueuses appartiennent à un « vocabulaire ». La notion d'arabesque sert même de titre à une de ses œuvres[21]. Mais comment la fonction d'une forme peut-elle perdurer après la disparition de sa relation à un objet ? Questionnons-nous pour cela sur la notion de forme abstraite chez Kandinsky. Très tôt, il constate avec surprise que la dissolution des motifs corporels rendent les formes abstraites corporelles. Dans « Über die Formfrage » il parle de « choses[22] » qu'il assimile à des objets bien qu'il n'existe en fait pas réellement de relation factuelle entre les uns et les autres. Dans le même temps apparaît pour la première fois, comme actrice principale de la *Komposition V* [Composition V] de 1911 (ill. 1), une entité linéaire assimilable à une arabesque. Pourquoi alors Kandinsky attribue-t-il à cette entité abstraite des qualités de poids, de surface et de mouvement[23] ? Nous savons aujourd'hui que même l'œuvre la plus formellement indéfinie, mais la plus forte en termes de contrastes, demeure liée à l'expérience que nous avons du monde des objets. Pourquoi ? La perception ne consiste pas à se représenter ce que l'on voit en termes d'isomorphisme, mais constitue toujours une action d'interprétation et de construction. Inconsciemment, dans le cerveau, se met en branle un processus qui compare les signaux forts avec un modèle du monde qu'il a lui-même créé et pour lequel il recherche les solutions les plus probables. Ces informations visuelles seront regroupées en figures[24] selon des critères innés ou appris : c'est la Théorie de la forme (*Gestaltgesetze*). Ce que nous voyons est toujours une interprétation, une esquisse du monde. Même l'abstraction ne peut interdire ce processus d'interprétation inconscient. Kandinsky compte même sur lui quand il utilise des formes vagues, incomplètes ou plurisémantiques : « ne-pas-tout-dire » pour « donne[r] libre champ au travail de l'imagination »[25]. Le spectateur complète le potentiel visuel tracé par l'artiste, il interprète dans une direction donnée les potentialités multiples de l'existant et élimine les informations inopportunes qu'il pourra au besoin détourner dans une autre direction. Kandinsky laisse intentionnellement à chacun des éléments de nombreuses possibilités de développement. Leur indécision fait d'eux un « lieu de questionnement » pour l'imagination du spectateur qui doit aller sonder à la marge leur contenu en tant qu'expression de leur vitalité créatrice[26].

Jusqu'alors, nous cherchions encore des éléments figuratifs dans les œuvres de Kandinsky et puis, à partir de 1912, uniquement des éléments formels, auxquels nous attribuons encore des caractéristiques figuratives virtuelles ou de spatialité, sachant pourtant qu'il s'agit de peinture abstraite. La couleur, dont les contrastes sont à même d'être reconnus par l'œil structurant, même si les éléments sont éloignés les uns des autres, participe également de ce phénomène[27]. Ainsi, ce même élément peut jouer sur l'impression de taille (grand ou minuscule), de proximité ou d'éloignement, d'agitation ou de calme. Ces variables de la perception visuelle s'ajustent selon leur environnement. Le cerveau est en outre capable d'associer ces entités prégnantes, telles qu'elles apparaissent dans les travaux du Bauhaus, à des éléments figuratifs : astres, cellules, embryons, villes, poupées, créatures, chevaliers, barques, armes, plantes, livres, images, etc. Kandinsky expérimente ces associations de façon cryptée dans un premier temps, comme à Moscou, Dessau et Paris, puis ensuite de façon explicite : elles remplacent alors le rôle des éléments figuratifs auparavant implicitement identifiables. L'univers de l'image devient une étendue cosmique imaginée[28]. Les motifs virtuels et les formes optiquement complétées par l'œil interne demeurent en suspens ou finissent par se décomposer et des interprétations toujours nouvelles en résultent[29]. La limite entre image matérielle et image mentale s'estompant, la vision est doublement définie : dans le processus sensible de perception, l'imagination est également sollicitée. C'est ce dont les œuvres de Kandinsky nous font prendre conscience : nous y voyons toujours plus que ce qui s'y trouve réellement, nous nous voyons regarder.

Cela nous ramène à l'arabesque. En faisant le lien d'une manière nouvelle entre visibilité formelle abstraite et invisibilité imaginaire, elle radicalise chez Kandinsky la conception de l'arabesque qu'on trouvait chez Runge[30]. À la différence de l'art romantique, elle ne représente plus une entité idéale absente, mais invente de nouvelles possibilités grâce à son immense potentiel d'interprétation : « Un trait peut tout dire[31]. » Solidaire de la couleur et de la forme, l'arabesque, dans son autonomie est, chez Kandinsky, l'essence visuelle de la réalité imaginaire et sensitive accessible à l'œil spirituel.

Prenons un autre exemple particulier d'arabesque : la tache. On connaît bien le conseil de Léonard de Vinci à ses disciples de se représenter, pour exercer leur imagination, toutes sortes de motifs à partir d'un mur couvert de taches. Victor Hugo, dans son art audacieux de la tache colorée, a transposé de façon convaincante à partir de 1849 des éléments similaires dans sa peinture[32]. Dans ses dessins symbolistes d'océans, de ciels et de ruines, les motifs se déploient à partir de structures de taches amorphes pour la plupart non-figuratives (ill. 5). Par la seule stimulation de l'imagination, ils se décomposent et se reforment ou se noient littéralement dans la matière colorée délayée des étendues marines. L'exercice d'imagination de Léonard de Vinci est devenu chez Hugo la métaphore de la réalité d'un monde métamorphosé par la catastrophe. Souvenons-nous de la tache de Kandinsky. En tant qu'élément formel ouvert, elle peut s'interpréter de différentes manières : en tant que point, plan géométrique ou association d'objets. Comme elle est indéfinie, on peut au fond « tout » faire de cette forme informelle et transitoire. Kandinsky la relie au conseil de Léonard de Vinci[33], comme dans son expérience du Kremlin mentionnée plus haut et qui apparaît dans son tableau

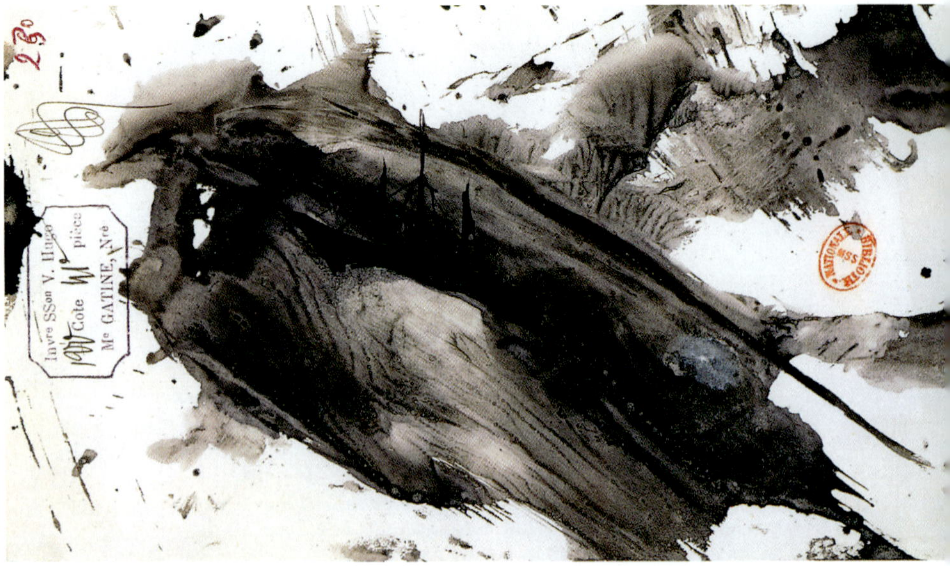

5

5. Victor Hugo,
Tache, vers 1875
Bibliothèque nationale
de France, Paris

Rückblick [Regards sur le passé] de 1924 (voir cat. p. 154). Plus radical que Hugo, Kandinsky laisse ce travail de concrétisation imaginative de l'esquisse entièrement à la charge de l'œil spirituel du spectateur. Ce dernier est ainsi appelé à participer de manière créative au processus de métamorphose. Les linéaments autonomes, les taches ou autres configurations sont, en tant que principe métamorphique formel, devenues arabesques dans un sens nouveau. Cela se vérifie avec l'exemple de *Komposition VI* [Composition VI] (1913) (voir cat. p. 250). Dans cette peinture non-figurative, dérivée du thème du déluge, la métaphore de la réalité marine de Hugo est poussée à son terme. Les thèmes eschatologiques de Kandinsky apparaissent finalement à cette époque comme des métaphores d'un monde en perpétuel mouvement et qui se délaye en incorporant le spectateur. L'activité de ce dernier se mue en *analogon* créatif de la « natura naturans », une somme indéfiniment extensible selon Hugo, qui sans cesse se « décompose et se recompose » et se déploie « par voisinages grandissants ou décroissants » selon le jeu « des prises de force jusque dans le point géométrique »[34].

Dans la « peinture compositionnelle » de Kandinsky, les notions de point, d'arabesque linéaire et d'art de la tache colorée sont liées. Elles créent, en incluant l'allusion à des motifs figuratifs, une continuité imaginative visible et universellement métamorphique : « La peinture comme pure picturalité, rien que l'arabesque[35]. » (Friedrich Schlegel)

6. « Point dans le centre », illustration dans V. Kandinsky, *Point et ligne sur plan*, 1926, fig. 4

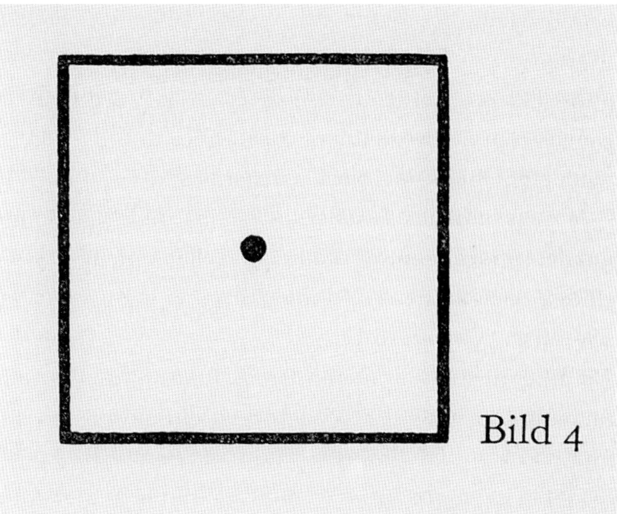

6

Le principe de la marionnette

Durant sa période abstraite, Kandinsky ne s'intéresse pas seulement à la musique, mais aussi au théâtre et à la danse. À partir de 1908, il développe des idées scénographiques innovantes et expose ses représentations dans plusieurs articles. Je ne traiterai dans ce contexte qu'un seul élément, qui me semble être un modèle particulièrement probant pour la compréhension de sa peinture de l'époque du Bauhaus : le principe de la marionnette.

Kandinsky a eu connaissance du nouveau théâtre de Maeterlinck, Edward Gordon Craig, Vsevolod Meyerhold et Oskar Schlemmer[36]. Leurs positions anti-illusionnistes ont en commun la renonciation à l'acteur psychologisant. À la place, on expérimente en intégrant des éléments de la pantomime, de la Commedia dell'arte, du cirque, du théâtre de marionnettes ou de la technique machiniste. Ce n'est pas le présumé naturel, mais l'artificialité obtenue au moyen de la distanciation, qui doit exprimer le « contenu pur ». Craig exige que l'acteur transforme son corps en machine ou en un élément de matière inanimée, ou mieux encore en une « sur-marionnette ». Meyerhold lui préfère même la machine et Schlemmer réalise avec le *Triadisches Ballett* [Ballet triadique] une danse mécanique des corps. Ces innovations radicales, qui se retrouvent de manière évidente autant dans les pièces de théâtre que dans les tableaux aux figures de poupées et de marionnettes de Kandinsky après 1908 (voir cat. p. 59, 64 et 69), remontent en fin de compte à l'article « Über das Marionettentheater » [Sur le théâtre des marionnettes] de Heinrich von Kleist de 1810. Il y est proclamé que la poupée mécanique articulée aurait paradoxalement plus d'élégance et de grâce qu'un danseur. Car, par le mouvement d'une seule articulation, l'objet inanimé se transforme en un objet vivant et il en résulte un mouvement comparable à la danse. Pour Kleist, ce mouvement est « antigrav » [antigravitationnel], c'est-à-dire indépendant de la gravitation qui lie l'homme à la terre. Une puissance multipliée de l'animation s'opère chez la marionnette inanimée. Kleist affirme qu'elle libère l'esprit en tant que forme véritable, alors qu'une forme impropre se l'aliène[37]. Pour Craig également, son point fort est qu'elle va au-delà de la vie plutôt que de rivaliser avec elle[38]. Le mouvement comme expression de l'animation devient le critère commun de ces nouveaux concepts du théâtre. Simultanément, ceux-ci mettent en évidence l'image, que ce soit par le ralentissement voulu de la chorégraphie en « moments instantanés[39] », par le renoncement à la scène-kaléidoscope au profit d'un effet de plan-relief, par un jeu autonome des lumières, par la stylisation de l'action ou par le mouvement autonome des décors et des accessoires. Le recours volontaire à l'artificialité par le truchement des moyens du théâtre a pour but de stimuler le spectateur qui est ainsi intégré directement à l'action sans qu'il y ait de rampe.

Pour en revenir aux œuvres de la période du Bauhaus de Kandinsky, relions son « élément premier » constituée d'un carré et d'un point central (ill. 6) au principe de la marionnette. S'agit-il d'ailleurs dans cet « élément premier » véritablement d'une image ? Pour Kandinsky, c'en est une parce que la configuration, toute banale qu'elle soit, comporte une tension intrinsèque entre l'élément et le tout. Il démontre que, même en regardant un plan originel vide rectangulaire et symétrique, nous impliquons inconsciemment nos expériences corporelles : nous ne pourrons jamais la regarder de façon neutre. Notre relation au haut et au bas (gravitation) la transforme en un « miroir réfléchissant[40] ». C'est pourquoi des éléments disposés de façon planimétrique apparaissent visuellement comme des figures virtuelles (voir cat. p. 164)[41]. Kandinsky travaille, en particulier à l'époque de Dessau, avec le principe de balance basé sur une manière de voir corporelle et dimensionnelle les entités verticales non-figuratives (voir cat. p. 163). Il observe en outre que les arêtes du plan réagissent avec une résistance inégale et que les quatre cadrans ont un poids inégal. Optiquement, le plan géométrique univoque est soumis à un état de tension pluriel et il « pulse[42] ». L'apparition d'un élément dépend par conséquent fortement de son positionnement relatif sur le plan originel. Ses « proportions optiques » se distinguent clairement de ses proportions « mathématiques » ainsi que le souligne Kandinsky[43]. De l'interaction de l'élément avec le tout résulte l'effet pictural : « Ainsi la somme figurerait le chaînon qui manque pour l'équilibre des composantes. De cette façon les composantes résulteraient de la somme – les lignes et les plans – et inversement[44]. » L'image matérielle pour Kandinsky n'est donc pas uniquement un objet physique, mais aussi quelque chose d'invisible, une structure relationnelle : « Une structure faite d'éléments autonomes et d'éléments liés entre eux qui, réunis dans l'image, établissent la structure unitaire du tout[45]. » En cela, il définit une logique picturale ingénieuse qui se caractérise par l'interaction de l'ensemble de l'œuvre avec ses éléments internes, ce que Gottfried Boehm qualifie de différence iconique[46].

Krasnoe piatno n° 2 [Tache rouge II] (1921) illustre cette différence iconique (voir cat. p. 137) : les différents éléments peuvent en effet s'additionner en une forme spirale qui se « transforme » en entraînant avec elle le plan support dans un mouvement de rotation à la fois concentrique et excentrique. La forme de la composition apporte une nouvelle dimension, un plus iconique, qui est supérieur à la somme

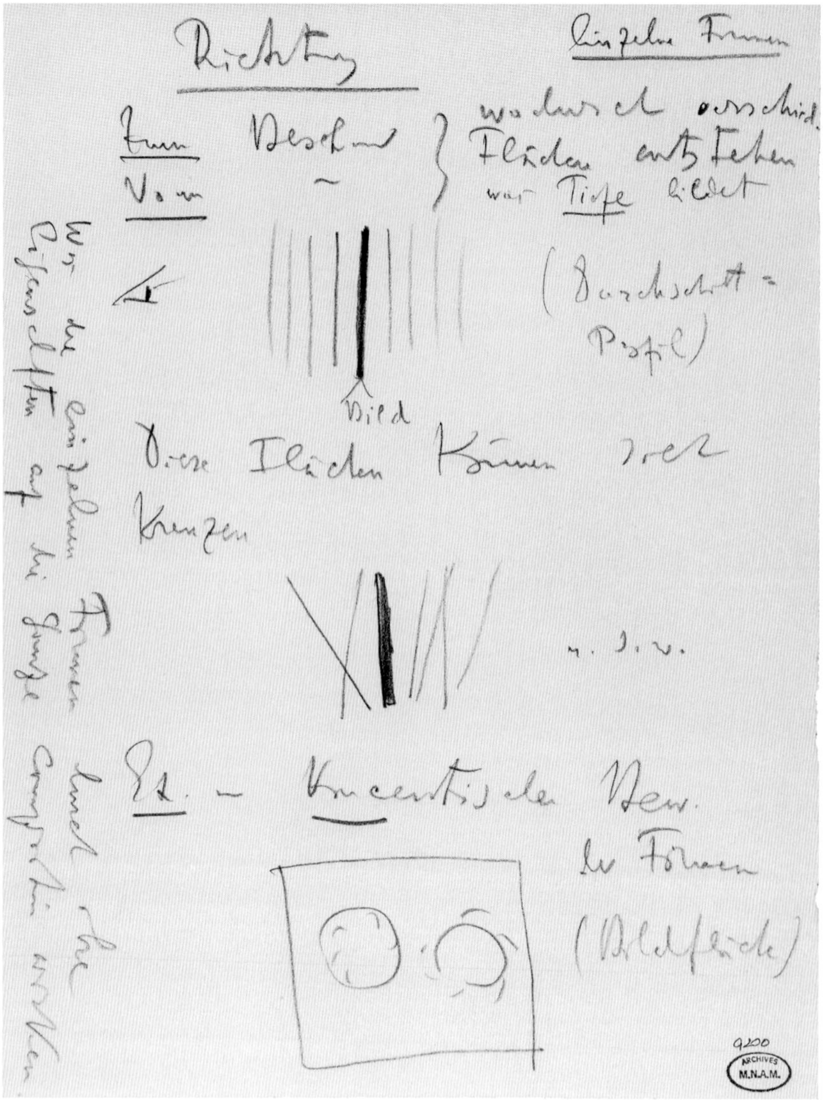

7

des éléments statiques figurant sur le plan. Ils sont en apparence aspirés vers les profondeurs d'où ils « rejaillissent » à rebours. La grande tache rouge semble pour sa part flotter devant le tableau, dans l'espace réel du spectateur. Les œuvres de Kandinsky acquièrent ainsi une double spatialité virtuelle, ouvrant une profondeur et une proximité « en-deçà » et « au-delà » de la surface matérielle (ill. 7). Cette surface se déploie dans l'espace à la manière d'un « accordéon[47] » : une constellation spatiale dynamique, qui ne peut se réduire à sa simple logique, et dont la complexité des caractéristiques des éléments dépasse de loin ce qu'ils produisent. La distinction iconique décrit ce saut du niveau des éléments simples vers un tout aux multiples significations. Comme dans le théâtre nouveau, la frontière esthétique entre l'œuvre et le spectateur est abolie : il se voit « quelque part[48] ».

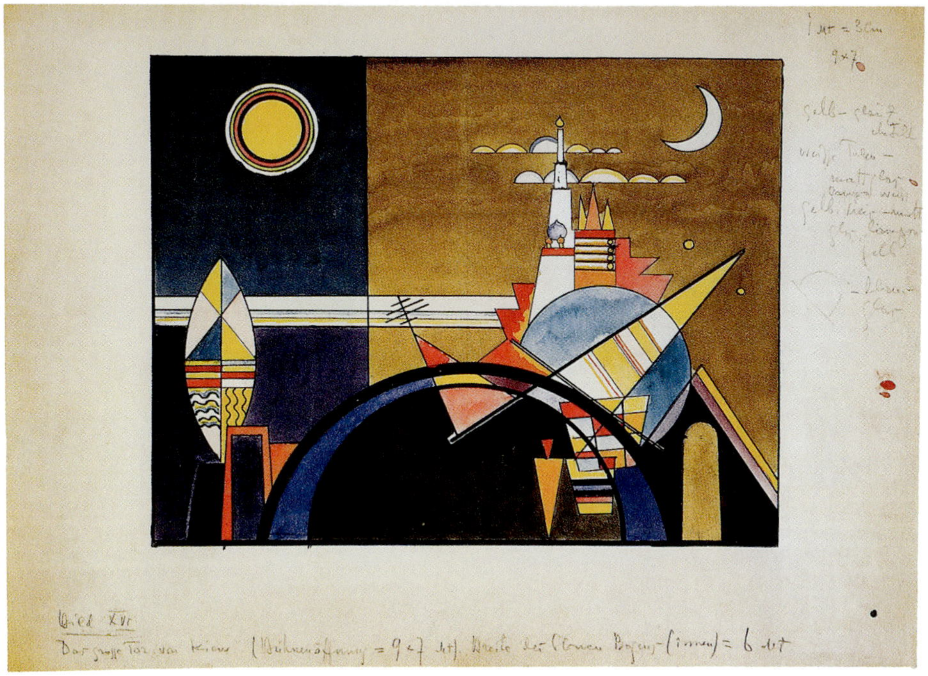

8

7. V. Kandinsky, *Note (Sans titre)*, non-daté
Bibliothèque Kandinsky, Centre Pompidou, Paris

8. *Tableaux d'une exposition. Bild XVI, Das Grosse Tor von Kiew* [Image XVI, La Grande porte de Kiev], 1928, aquarelle et encre sur papier, 21,3 x 27,1 cm
Centre Pompidou, Musée national d'art moderne, Paris

Ici, ce n'est pas l'expressivité de la forme individuelle qui produit le sentiment ou la « résonance », mais plutôt l'interaction des éléments désormais volontairement « raréfiés » ou « dénués d'expressivité » avec le tout[49], c'est-à-dire la structure relationnelle invisible. Les éléments sont saisis dans l'instant comme une totalité, comme pour la marionnette où il suffit de l'impulsion d'une articulation pour mettre en mouvement l'ensemble du corps. Alors que dans « Über die Formfrage » Kandinsky pose encore la « grande abstraction » comme une alternative aux « formes-contours » [Hülsen, la coquille] figuratives du « grand réalisme », il transpose au Bauhaus ce principe du « grand réalisme » à son abstraction avec des formes-contours non-figuratives. Les formes-contours simples confèrent à l'image matérielle une superficialité et une artificialité pure. C'est seulement dans l'acte perceptif qu'elles déploient mouvement et spatialité, impliquant l'impulsion optique de l'œil et le réseau relationnel comme voie neurologique picturale – de la même manière que pour le pantin articulé, la main cachée du marionnettiste tire les fils invisibles.

Kandinsky emploie désormais des notions de physique pour caractériser la qualité immatérielle du contenu de ses œuvres : « La *composition* n'est donc qu'une *organisation précise et logique* des *forces vives* contenues dans les éléments sous forme de tensions[50]. » Son concept vise l'oscillation entre facticité et effet : « L'œil éduqué doit être capable d'une part de voir la surface de l'œuvre comme telle, et de l'ignorer, d'autre part, quand cette surface exprime l'espace. Un simple complexe linéaire peut être traité de deux façons – ou bien elle est intégrée au plan originel, ou elle flotte librement dans l'espace. Le point, qui s'incruste dans le plan, peut lui aussi se libérer de la surface et "planer" dans l'espace[51]. » L'intérieur, chez Kandinsky, n'est jamais caché, il se trouve en quelque sorte à la surface des formes-contours que le spectateur met, comme pour les marionnettes, dans une situation de suspension anti-gravitationnelle, séparant la forme de l'esprit en tant que « vie de l'incorporel[52] », et « animant » la rigidité de la surface par l'action intentionnelle de son regard[53].

Les idées scénographiques de Kandinsky, en particulier les mises en scène de Modest Moussorgski pour *Tableaux d'une exposition*, réalisées à Dessau en 1928, peuvent être reliées à ce qui précède (ill. 8). Les tableaux de scène fixés par des cordes se meuvent mécaniquement : ces formes-contours fonctionnent comme des marionnettes. Schlemmer saisit leur différence iconique dans cette phrase paradoxale : « Tout ce qui peut être mécanisé est mécanisé. Résultat : la connaissance de ce qui n'est pas mécanisable[54]. » La relation directe de l'œuvre abstraite et du principe de marionnette peut être illustrée aussi par les travaux d'Alexander Calder. Par le moyen d'objets plastiques, d'images-objets et d'expérimentations scéniques et cinétiques, il réalise ses mobiles suspendus : des marionnettes arabesques non-figuratives en suspension et en mouvement (ill. 9) ; ils sont comparables aux travaux tardifs de Kandinsky, réalisés au même moment à Paris, par exemple les figurations biomorphes qui flottent en apesanteur au-dessus du fond de *Composition IX* (1936) (voir cat. p. 181 et p. 173). Ces arabesques océaniques rappellent aussi les « Grandes Méduses[55] » de Paul Valéry, sortes de danseuses absolues en forme de méduses translucides, comme des incarnations métamorphologiques d'un mouvement libre et antigravitationnel.

Le principe de l'image dans l'image

L'arabesque et le principe de la marionnette renvoient au caractère artificiel du tableau et mettent en œuvre, avec la théorie du point, un processus autoréflexif. La question matérielle s'expose visuellement : qu'est-ce que la forme, qu'est-ce que l'image ? Si cette dernière est plus que la somme de ses formes, comment ces deux notions sont-elles liées ? Le principe point-ligne-plan établit que le plan originel fait partie d'un alphabet formel. Dans le point réside son commencement et sa fin. Kandinsky en a, par conséquent, déduit le principe de l'image dans l'image. On peut comprendre la configuration centrale de *Komposition VII* comme une première tentative allant dans ce sens[56]. *Bild mit Weissem Rand (Moskau)* [Peinture au bord blanc (Moscou)] de 1913 délimite pour la première fois nettement une image dans l'image par un « cadre » intérieur (voir cat. p. 107). À Moscou et au Bauhaus, le principe est amené à maturation avec des images qui s'emboîtent les unes dans les autres (voir cat. p. 129, 151 et 164). Ce principe sert aussi de titre à l'œuvre[57]. À Paris, Kandinsky expérimente les images-bandeaux et les images-trames (voir cat. p. 181 et 186). Elles représentent des « sommes d'images » qui déploient une vie autonome en tant que « formes corporelles » obéissant à un rythme propre. Ce plus iconique ne peut être déduit du nombre des « formes articulées ». La pièce de théâtre *Tableaux d'une exposition* est en revanche un événement pictural concret : un théâtre d'images. L'interaction de l'image matérielle et de l'image mentale élargit le principe de l'image dans l'image au domaine de la perception et de l'imagination. La peinture, la réalité et l'œil spirituel sont unis dans l'image qui instaure une continuité là où n'existe plus de correspondance mimétique entre l'art et la réalité. La peinture abstraite de Kandinsky, par conséquent, ne se détourne pas de la réalité visible, quoi qu'on en dise. Comme le montre son expérience du Kremlin, le monde reconnaissable s'abstrait dans le champ visuel en tant qu'image couleur-forme autonome.

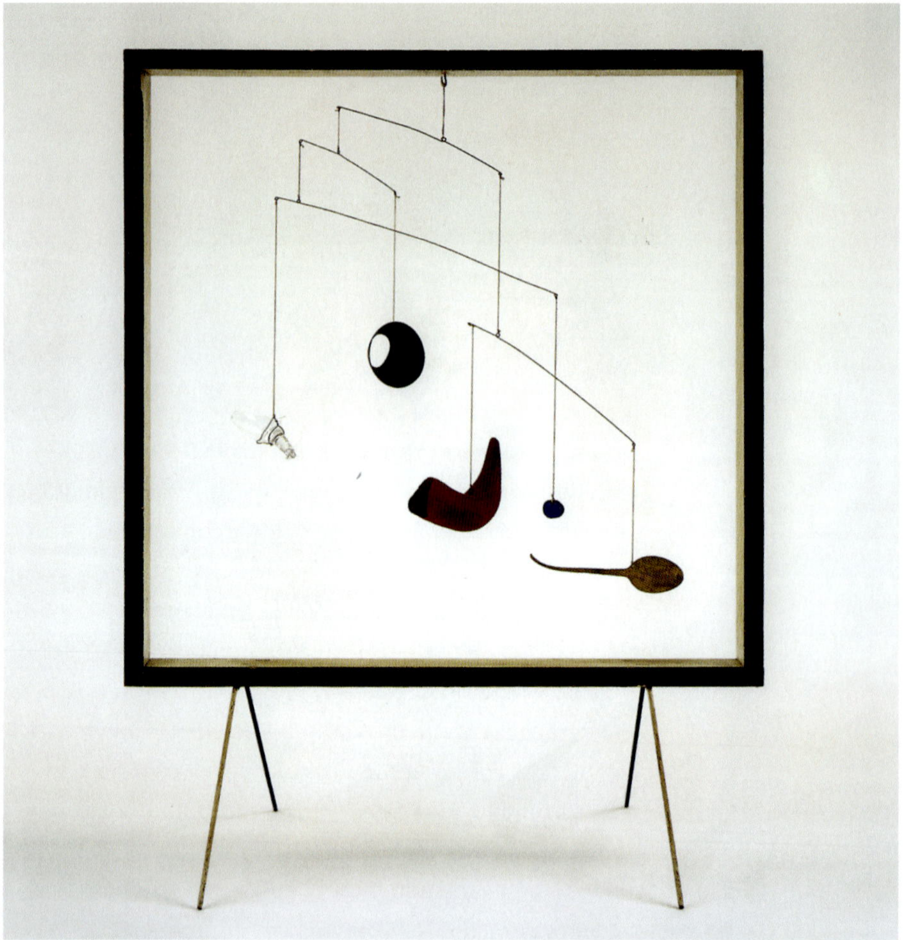

9

9. Alexander Calder, *Sans titre*, vers 1942, corne, verre, bois, corde, métal et peinture
Collection particulière

Alors qu'à Weimar, Kandinsky allie ces formes-contours de multiples façons, tant sur le plan de la forme que sur celui de la couleur, à Dessau et à Paris, il fragmente et isole ces éléments en réduisant leur nombre. Les moyens complémentaires utilisés ont le même but : ancrer l'image dans la forme, la charger de significations multiples et mettre en œuvre à partir d'elle un jeu d'éléments particuliers qui fonctionnent comme un tout d'un niveau inférieur. Même les allusions faites aux poupées de l'époque tardive se défont, si on les examine en détail, en une image particulière (voir cat. p. 191 et 197). Pourquoi ? Pour l'œil qui focalise sur lui son champ de vision, chaque élément se donne comme un espace possible dans lequel surgissent d'autres éléments, plus petits. En observant le même élément, mais cette fois à l'horizon de son environnement, il devient à l'inverse un objet au sein d'un espace. Kandinsky utilise la notion paradoxale de « corpuscules spatiaux[58] ». Par exemple, le point, dans ses œuvres, est-il un objet ou un trou noir, le commencement ou la fin (voir cat. p. 155 et 159) ? De manière calculée, il met en pratique le principe du « [tendre] à l'extrême[59] » de ses divers éléments et entraîne l'œil dans un mouvement bondissant : malgré toute sa clarté formelle, la figure ne peut être stabilisée et se livre sous la forme d'une « question ». Pour Kandinsky, l'image n'est en fin de compte pas un problème de forme, mais plutôt un phénomène de contrastes rendant accessible à l'œil spirituel ce processus de division et d'unification[60]. À l'évidence, on ne peut ici distinguer l'image de la forme. Le tout n'est rien sans les parties et inversement. Le plus petit élément microcosmique et le plus grand élément macrocosmique dans la cosmogonie picturale métaphorique de Kandinsky interagissent de façon dynamique sur le mode « Division – Unité[61] », un « tout dans tout[62] », un monde constitué d'un nombre infini de compositions autonomes[63]. Cette vision illimitée mène finalement à l'invisible, représenté par le point intelligible, par la toile blanche et vierge et par l'imagination subjective du spectateur qui demeure inaccessible à autrui. Par une sorte de réflexion, le principe de l'image dans l'image fait comprendre comment la visibilité se génère et se défait dans l'interaction de l'extérieur et de l'intérieur, en se soumettant aux conditions de l'image.

Images paradoxales

Kandinsky a conscience que la dissolution des motifs figuratifs et l'affirmation de formes colorées concrètes et autonomes ne dématérialisent pas sa peinture. L'aspect physique même de l'œuvre s'impose à un regard « libéré de l'illusion ». Sa facture et sa perception restent toujours physiquement déterminées.

Dès le début, un scepticisme formel caractérise sa démarche artistique. En premier lieu, parce que la nécessité intérieure de la forme lui importe plus lors du choix formel que sa fin en soi externe. Arabesque, principe de la marionnette et principe de l'image dans l'image ont en outre également montré que Kandinsky aspire en quelque sorte à la spiritualisation de la forme non-figurative : l'abstraction de l'abstraction[64]. L'opposition de contrastes exacerbés doit permettre de percevoir des tensions, des forces, des émotions, des espaces imaginés et un rythme parcourant l'ensemble qui vont au-delà de la durée. Pour lui, l'œuvre ne doit donc pas se priver d'être un objet esthétique univoque. Kandinsky combine de façon logique des éléments contradictoires, comme par exemple des fragments abstraits et des fragments figuratifs (voir cat. 121 et 127). Il recherche les ruptures, il utilise les résistances pour faire surgir des tensions qui rendent accessible à la perception et à l'imagination une œuvre en apparence hétérogène. Ce qui explique que tout en lui donnant les allures de l'objectivité, il la désigne comme la métaphore d'un monde brisé.

La dissociation entre la conscience et la nature perceptible, propre à la modernité, se manifeste chez Kandinsky dans l'unité brisée de l'image et chez Kleist dans la perte de la grâce et de l'élégance naturelle. Les deux artistes compensent cette perte en délimitant le champ de la conscience réflexive et utilisent pour ce faire le paradoxe. Ainsi, de nombreuses déclarations sur l'art de Kandinsky sont paradoxales : « Harmonie de la disharmonie » ou « expression claire dans un langage clair sur l'incertitude. Ce qui ne peut être représenté, mais qui est représenté. Ce qui ne peut être comparé mais qui est considéré, l'incommensurable pourtant conçu. Dans la temporalité, l'intemporalité. C'est cela le contenu. C'est cela le but[65]. » Les paradoxes jouent un grand rôle également dans son art du langage et apparaissent parfois dans le titre de ses œuvres : *Kühle Energie* [Énergie froide], *Milde Härte* [Dureté tendre], *Leicht im Schwer* [Légèreté dans la pesanteur], *Eins in Zwei* [Un dans deux], *Fixierter Flug* [Vol fixé], *Complexité simple*.

Cela nous ramène au début de nos réflexions. Le paradoxe a, dans toute sa mesure, à faire avec la logique de l'image. À la différence du langage linéaire, les images connaissent le « non seulement... mais encore » et réussissent à désigner le paradoxe comme une tension signifiante : étendue flottante, rigidité mobile, froideur chaude, etc. À la différence de la logique du langage, la logique de l'image ne connaît pas de séparation entre le sujet et le verbe. Dans l'imbrication de la partie et du tout, les éléments se relativisent les uns les autres et puisent justement leur potentiel iconique signifiant dans cette indécision. Par conséquent, les images sont toujours fondamentalement paradoxales : matérielles/immatérielles, réelles/irréelles.

Kleist ne se contente pas seulement de représenter le paradoxe, comme avec la marionnette gracieuse par exemple, mais il le soumet également à un processus. Selon le principe de la « progressive élaboration des pensées dans l'acte de parole », le narrateur, comme le danseur et lui-même, met sans cesse en œuvre de nouveaux paradoxes dans son dialogue avec la marionnette. Le paradoxe devient une forme ouverte de la conscience active, une opération cognitive sans fin, une « construction fantastique de ce qui n'est pas encore pensé » ou une « nouvelle naissance de l'esprit dans l'inconscient »[66]. Le paradoxe pictural de Kandinsky est également soumis à ce processus sans fin. Il est à la fois produit et cause de la pensée en images, de la construction, lors de la perception et de l'imagination, de l'image pas encore vue, et de l'émergence de l'image du néant « à la surface de la conscience[67] ». S'appuyant sur un autre paradoxe, Kleist conclut ainsi, ce qui vaut également pour les œuvres conceptuelles de Munich et de Weimar de Kandinsky : « Quand une représentation est exprimée de façon confuse, il ne faut absolument pas en déduire qu'elle ait été pensée de façon confuse, il se pourrait plutôt que ce qui est exprimé de la façon la plus confuse soit pensé justement de la façon la plus précise[68]. »

Ce surprenant revirement de la facticité transforme en effet pour « l'œil ouvert[69] » un monde désenchanté, brisé, rigidifié et glacé – celui du matérialisme et du rationalisme – en un monde pictural réunifié, réanimé et « réenchanté[70] ». Le « nouveau romanticisme » de Kandinsky est « un morceau de glace où brûle une flamme[71] ». L'art ne doit pas pratiquer le « ou bien... ou bien » de la matière contre l'esprit, mais le « et[72] ». L'objet et le sujet dans leur relation à la matière et à l'esprit, la facticité et son effet, l'interne et l'externe, la physique et la psychologie, la physiologie et l'imagination rattachent Kandinsky à la terminologie objective de son collègue du Bauhaus et ami Josef Albers : une correspondance entre « factual fact » et « actual fact », entre faits « objectifs » et faits « effectifs de la conscience »[73]. Le concept pictural de Weimar de Kandinsky représente ce paradoxe de manière particulière : il incarne le matérialisme dans sa facticité, objectivement dur et hétérogène, pour renvoyer de façon inattendue dans son champ d'effets au « et ».

Pour Albers, la couleur – qui fut tout au long de sa vie au cœur de sa création – devient une actrice sur la surface picturale : « Peindre signifie laisser la couleur devenir actrice... Quand une couleur entre en scène, nous ne savons jamais de quelle couleur elle est[74]. » L'abstraction de l'abstraction de Kandinsky renvoie elle aussi au théâtre de l'image. C'est le lieu des « faits vivants[75] », le lieu du spirituel dans l'art.

notes

1— Vassily Kandinsky, cité dans Will Grohmann, *Wassily Kandinsky. Leben und Werk*, Cologne, DuMont Schauberg, 1958, p. 158.

2— V. Kandinsky, « Regards sur le passé » [1913], dans *Regards sur le passé et autres textes. 1912-1922*, éd. par J.-P. Bouillon, Paris, Hermann, 1974, p. 97 (traduction modifiée). Voir Matthias Haldemann, « Kandinsky sieht Monet. Zum Verhältnis von Abstraktion und Impressionismus », dans Richard Hoppe-Sailer, Claus Volkenandt, Gundolf Winter, *Logik der Bilder. Präsenz, Repräsentation*, Berlin, Reimer, 2005, p. 203-218.

3— V. Kandinsky, cité dans M. Haldemann, « Kandinsky sieht Monet. Zum Verhältnis von Abstraktion und Impressionismus », art. cité, p. 203.

4— V. Kandinsky, « Regards sur le passé », art. cité, p. 91.

5— V. Kandinsky, « Leere Leinwand undsoweiter » [1935], dans *Essays über Kunst und Künstler* [1955], Berne, Benteli, 1973, p. 179.

6— M. Haldemann, *Kandinsky Abstraktion. Die Entstehung und Transformation seines Bildkonzepts*, Munich, Fink, 2001.

7— V. Kandinsky, « Regards sur le passé », art. cité, p. 93.

8— V. Kandinsky, « Texte zur Kompositionslehre », dans *Gesammelte Schriften*, Munich/Berlin/Londres/New York, Prestel, 2007, p. 549-622.

9— V. Kandinsky, *Punkt und Linie zu Fläche* [1926], Berne, Benteli, 1973, p. 36. Voir traduction française : *Point et ligne sur plan*, trad. de l'allemand par S. et J. Leppien, Paris, Gallimard, 1991.

10— V. Kandinsky, « Kompositionselemente » [1912-1914], dans *Gesammelte Schriften*, *op. cit.*, p. 609.

11— V. Kandinsky, *Du spirituel dans l'art, et dans la peinture en particulier*, éd. par Ph. Sers, Paris, Éditions Denoël, coll. « Folios Essais Gallimard », 1989, p. 161, 164.
En outre, Kandinsky met la couleur en relation avec la lumière, voir V. Kandinsky « Inhalt und Form » [vers 1910], dans *Gesammelte Schriften*, *op. cit.*, p. 403.

12— V. Kandinsky, *Du spirituel dans l'art...*, *op. cit.*, p. 140. Le *Traité sur la peinture* de Léonard de Vinci figure dans une liste bibliographique sur un cahier de notes inédit de Kandinsky conservé à la Fondation Gabriele Münter et Johannes Eicher, Munich. Voir M. Haldemann, *Kandinskys Abstraktion...*, *op. cit.*, note 192, p. 45. Voir Gottfried Boehm, « Der Topos des Anfangs. Geometrie und Rhetorik in der Malerei der Renaissance », dans Ulrich Pfisterer, Max Seidel (dir.), *Visuelle Topoi, Erfindung und tradiertes Wissen in den Künsten der italienischen Renaissance*, Munich/Berlin, Dt. Kunstverl., 2003, p. 49-59.

13— G. Boehm, « Der Topos des Anfangs. Geometrie und Rhetorik in der Malerei der Renaissance », art. cité.

14— Voir l'analyse de l'œuvre dans M. Haldemann, *Kandinskys Abstraktion...*, *op. cit.*, p. 179-230.

15— V. Kandinsky, « Alle Formen sind eckig oder rund », dans *Gesammelte Schriften*, *op. cit.*, p. 572. Pour Kandinsky, toutes les formes sont des variations de formes géométriques fondamentales qui se réfèrent au point et à la ligne. Voir V. Kandinsky, *Gesammelte Schriften*, *op. cit.*, p. 571-573. La forme angulaire par exemple est non seulement une structure linéaire, mais aussi un plan « en formation » (V. Kandinsky, *Point et ligne sur plan*, *op. cit*, p. 83). On peut également comprendre la notion analytique de la forme chez Kandinsky comme un divisionnisme de la forme et la mettre en relation avec le divisionnisme néo-impressionniste de la couleur de Paul Signac. Voir M. Haldemann, « Das Sehen sehen. Neoimpressionismus und Moderne », dans *Das Sehen sehen. Neoimpressionismus und Moderne. Signac bis Eliasson*, cat. exp., Ostfildern, Hatje Cantz, 2008, p. 116-118.

16— Voir Andreas Brenner, M. Haldemann, Michael Roth, « Ut pictura musica. Ein interdisziplinäres Gespräch », dans *Harmonie und Dissonanz. Gerstl, Schönberg, Kandinsky. Malerei und Musik im Aufbruch*, cat. exp., Ostfildern, Hatje Cantz, p. 253-273.

17— Werner Busch, *Die notwendige Arabeske. Wirklichkeitsaneignung und Stilisierung in der deutschen Kunst des 19. Jahrhunderts*, Berlin, Mann, 1985, p. 60.

18— Voir G. Boehm, « Der Topos des Anfangs. Geometrie und Rhetorik in der Malerei der Renaissance », art. cité.

19— V. Kandinsky, « Gegensatz » [1902-1904] et « Gesetze der Komposition » [1912-1914], dans *Gesammelte Schriften*, *op. cit.*, p. 605-607 et p. 241 ; « Analyse der primären Elemente der Malerei » [1928], dans *Essays über Kunst und Künstler*, *op. cit.*, p. 114. Pour le propos de Kandinsky concernant son cours sur la peinture, voir M. Haldemann, *Kandinskys Abstraktion...*, *op. cit.*, p. 48-54.

20— « L'instant dynamique commence avec la juxtaposition d'au moins deux émotions : éléments, couleurs, lignes, tonalités, mouvements etc. (Le "contraste" !) "Deux tons intérieurs" » (V. Kandinsky, « Die Kunst von heute ist lebendiger denn je » [1935], dans *Essays über Kunst und Künstler*, *op. cit.*, p. 166).

21— *Une Arabesque* (1938), dans Hans K. Roethel, Jean K. Benjamin, *Kandinsky. Catalogue raisonné de l'œuvre peint. Deuxième volume 1916-1944*, Paris, Éditions Karl Flinker, 1984, n° 1085.

22— V. Kandinsky, « *Der Blaue Reiter*. Sur la question de la forme » [1912], dans *Regards sur le passé...*, *op. cit.*, p. 147.

23— V. Kandinsky, « Elemente, Bewegung der Formen » [1912-1914], dans *Gesammelte Schriften*, *op. cit.*, p. 559 ; « Bild ist Kombination der Farbe und Linie... » [avant 1914], dans *Gesammelte Schriften*, *op. cit.*, p. 555.

24— Wolf Singer, « Das Bild in uns – Vom Bild zur Wahrnehmung », dans Christa Maar, Hubert Burda (dir.), *Iconic Turn. Die neue Macht der Bilder*, Cologne, DuMont-Literatur-und-Kunst-Verl., 2004, p. 56-76.

25— V. Kandinsky, « *Der Blaue Reiter*. De la composition scénique », dans *Regards sur le passé...*, *op. cit.*, p. 169, note 1. L'artiste doit donner un « point de départ » à l'imagination du spectateur afin qu'elle se mette en marche et puisse découvrir de « nouveaux pays et de nouvelles vies » (V. Kandinsky, « Skizze war immer besser (interessanter) als fertiges Werk... » [1908-1909], dans *Gesammelte Schriften*, *op. cit.*, p. 323). L'intégration de l'imagination du spectateur chez Kandinsky se référe à Maeterlinck et à son utilisation de décors scéniques simples visant à animer l'imagination du spectateur. Voir V. Kandinsky, *Du spirituel dans l'art…, op. cit.*, p. 81, note 1.

26— V. Kandinsky, « Alle Formen sind eckig oder rund » [avant 1914], dans *Gesammelte Schriften, op. cit.*, p. 576.

27— Les cours de Kandinsky sur la couleur au Bauhaus contiennent des exercices similaires. Voir Clark V. Poling, *Kandinsky-Unterricht am Bauhaus. Farbenseminar und analytisches Zeichnen, dargestellt am Beispiel der Sammlung des Bauhaus-Archivs Berlin*, Weingarten, Kunstverlag Weingarten, 1982, p. 69-71.

28— « L'art abstrait autonome, subit, là encore, les "lois naturelles" et évoluera, obligatoirement, comme jadis la nature, qui, partant des formes primitives du protoplasme et de la cellule, évolue progressivement vers des organismes plus complexes » (V. Kandinsky, *Point et ligne sur plan, op. cit.*, p. 131, note 1). Dans le tableau *Stilles* [Calme] (1926), il a formulé la relation de la géométrie avec l'association de figures (H. K. Roethel, J. K. Benjamin, *Kandinsky. Catalogue raisonné…, op. cit.*, n° 801).

29— Concernant la tension du souvenir des motifs et de l'autonomie des lignes, voir V. Kandinsky, « Wie eine lockere Form eine grosse Präcisität bilden kann… » [1913], dans *Gesammelte Schriften, op. cit.*, p. 581.

30— « Ne vous laissez pas enfermer dans ces quelques lignes, passez outre, pour l'amour de Dieu, cela me va, et je vous accorde volontiers ce que chaque ambiance pourra vous rappeler et quelles interprétations vous en ferez personnellement ou comment vous vous imaginerez ce qu'il pourrait y avoir d'autre » (Philipp Otto Runge, cité dans Roger Fornoff, *Die Sehnsucht nach dem Gesamtkunstwerk. Studien zu einer ästhetischen Konzeption der Moderne*, Hildesheim/Zurich/New York, Olms, 2004, p. 77).

31— V. Kandinsky, cité dans W. Grohmann, *Wassily Kandinsky. Leben und Werk, op. cit.*, p. 144.

32— Voir Georges Didi-Huberman, « L'immanence figurale. Hypocondrie et morphologie selon Victor Hugo », *Les Cahiers du Musée national d'art moderne*, n° 85, automne 2003, p. 90-119.

33— V. Kandinsky, « Wohin geht die "Neue" Kunst ? » [1911], dans *Gesammelte Schriften, op. cit.*, p. 428.

34— Victor Hugo, « La mer et le vent » [1865], cité dans G. Didi-Huberman, « L'Immanence figurale… », art. cité, p. 101.

35— Friedrich Schlegel, cité dans R. Fornoff, *Die Sehnsucht nach dem Gesamtkunstwerk, op. cit.*, p. 60.

36— Voir Thomas Schober, *Das Theater der Maler. Studien zur Theatermoderne anhand dramatischer Werke von Kokoschka, Kandinsky, Barlach, Beckmann, Schwitters und Schlemmer*, Stuttgart, M und P, Verl. für Wiss. und Forschung, 1994, et Jelena Hahl-Koch, *Kandinsky*, Stuttgart, Hatje, 1993, p. 13-151.

37— Clemens Heselhaus, « Das Kleistsche Paradox », dans Walter Müller-Seidel (dir.), *Kleists Aufsätze und Essays*, Darmstadt, Wissenschaftliche Buchges,1967, p. 112.

38— Voir R. Fornoff, *Die Sehnsucht nach dem Gesamtkunstwerk, op. cit.*, p. 271.

39— V. Kandinsky, « Tanzkurven » [1926], dans *Essays über Kunst und Künstler, op. cit.*, p. 87.

40— V. Kandinsky, *Point et ligne sur plan, op. cit*, p. 150.

41— On peut trouver cette observation également dans l'exemple des formes géométriques : V. Kandinsky, « Alle Formen sind eckig oder rund » [avant 1914], dans *Gesammelte Schriften, op. cit.*, p. 574f.

42— V. Kandinsky, *Point et ligne sur plan, op. cit*, p. 169.

43— V. Kandinsky, « Die materielle Fläche » [1912-1914], dans *Gesammelte Schriften, op. cit.*, p. 591f ; « Der Wert eines Werkes der konkreten Kunst » [1938], dans *Essays über Kunst und Künstler, op. cit.*, p. 240.

44— V. Kandinsky, *Point et ligne sur plan, op. cit*, p. 91. Voir aussi la conclusion de Kandinsky : « […] les sonorités et les caractéristiques des composantes donnent, en certains cas, un total de caractéristiques qui ne recouvre pas les caractéristiques premières » (*ibid.*, p. 89). Plus tard, il a remplacé la notion de « somme » par celle de « multiplication » : V. Kandinsky, « Die Kunst von heute ist lebendiger denn je », art. cité, p. 169.

45— V. Kandinsky, « Briefe aus München » [1910], dans *Gesammlte Schriften, op. cit.*, p. 373.

46— Voir G. Boehm, *Wie Bilder Sinn erzeugen. Die Macht des Zeigens* [Cologne], Berlin Univ. Press, 2007.

47— V. Kandinsky, *Point et ligne sur plan, op. cit*, p. 156 ; « Arabisches III (Zweikampf) » [1911], dans *Gesammelte Schriften, op. cit.*, p. 447; *Richtung. Einzelne Formen* [avant 1914], *ibid.*, p. 565.

48— V. Kandinsky, « Leere Leinwand undsoweiter », art. cité, p. 181. Y participe même la charge contrastée des couleurs en pâte ou en lasure, voir V. Kandinsky, « Die Technik – das Auftragen der Farbe (Faktur)… » [avant 1914], dans *Gesammelte Schriften, op. cit.*, p. 551.

49— V. Kandinsky, « Gesetze der Komposition » [1912-1914], dans *Gesammelte Schriften, op. cit.*, p. 606 ; « Mein Werdegang » [1914], *ibid.*, p. 57.

50— V. Kandinsky, *Point et ligne sur plan, op. cit*, p. 111 ; « Analyse der primären Elemente der Malerei » [1928], dans *Essays über Kunst und Künstler, op. cit.*, p. 116.

51— V. Kandinsky, *Point et ligne sur plan, op. cit*, p. 182.

52— V. Kandinsky, [Entwurf zu « Bezeichnung der Mitglieder der NKVM »], manuscrit inédit sans titre, dans *Gesammelte Schriften, op. cit.*, p. 382.

53— Dès 1910, il constate : « Notre œuvre ne doit pas toujours déverser toute son âme, tout son contenu devant les gens. Souvent, sous la froideur de la surface se cache la chaleur… Souvent, la coquille est indifférente, froide et dure. Le fruit de la noix est à l'intérieur. Ce qui est caché est doté d'une force qui ne peut se trouver ailleurs, s'il est découvert en secret »

(V. Kandinsky, « In jedem Bild ist eine Hauptgewichtsform », dans *Gesammelte Schriften*, *op. cit.*, p. 382).

54— Oskar Schlemmer, « Mensch und Kunstfigur », dans O. Schlemmer *et al.*, *Die Bühne im Bauhaus* [Bauhausbücher vol. 4], Munich, A. Langen, 1925, p. 7.

55— Paul Valéry, « Degas danse dessin. *De la danse* », dans *Œuvres*, éd. par J. Hytier, Paris, Gallimard, 1960, t. I, p. 1173. Voir Gregor Gumpert, *Die Rede vom Tanz. Körperästhetik in der Literatur der Jahrhundertwende*, Munich, Fink, 1994, p. 217-219.

56— Kandinsky parle ici de « grande composition » faite « de compositions plus petites » (V. Kandinsky, *Du spirituel dans l'art…*, *op. cit.*, p. 122).

57— *Bild im Bild* [Tableau dans le tableau] (1929), dans H. K. Roethel, J. K. Benjamin, *Kandinsky. Catalogue raisonné…*, *op. cit.*, n° 911.

58— V. Kandinsky, *Point et ligne sur plan*, *op. cit*, p. 44.

59— *Ibid.*, p. 116 (traduction modifiée).

60— Voir note 20.

61— *Division – Unité* (1943), dans H. K. Roethel, J. K. Benjamin, *Kandinsky. Catalogue raisonné…*, *op. cit.*, n° 1146.

62— V. Kandinsky, « Kleine Welt » [1914], dans *Gesammelte Schriften*, *op. cit.*, p. 543. Kandinsky utilise une expression de Runge, voir R. Fornoff, *Die Sehnsucht nach dem Gesamtkunstwerk*, *op. cit.*, p. 87.

63— V. Kandinsky, *Point et ligne sur plan*, *op. cit*, p. 44.

64— Il distingue « élément » et "élément" comme « tension » et « forme ». Pour lui ce qui est abstrait est la tension et non la forme. *Ibid.*, p. 37.

65— Texte de 1920 inédit. Vasili Rakitin, « Zwischen Himmel und Erde oder wie befreit man das Rationale vom trockenen Rationalismus », dans S. Ebert-Schifferer *et al.*, *Wassily Kandinsky. Die erste sowjetische Retrospektive. Gemälde, Zeichnungen und Graphik aus sowjetischen und westlichen Museen*, cat. exp., Francfort-sur-le-Main, Shirn Kunsthalle Frankfurt, 1989, p. 79.

66— C. Heselhaus, « Das Kleistsche Paradox », art. cité, p. 129.

67— V. Kandinsky, *Point et ligne sur plan*, *op. cit*, p. 16.

68— Heinrich von Kleist, « Über die allmähliche Verfertigung der Gedanken beim Reden », cité dans C. Heselhaus, « Das Kleistsche Paradox », art. cité, p. 130, note 25.

69— V. Kandinsky, *Point et ligne sur plan*, *op. cit*, p. 27.

70— V. Kandinsky, « Leere Leinwand undsoweiter », art. cité, p. 181. Pour l'abstraction de Kandinsky comme image de conte de fées, voir M. Haldemann, *Kandinskys Abstraktion…*, *op. cit.*, p. 265-269.

71— V. Kandinsky, Lettre à Will Grohmann, 21 novembre 1925, archives Will Grohmann, Staatsgalerie Stuttgart.

72— V. Kandinsky, « Und » [1927], dans *Essays über Kunst und Künstler*, *op. cit.*, p. 97-108.

73— Josef Albers, *Interaction of Color. Grundlegung einer Didaktik des Sehens*, Cologne, DuMont Schauberg, 1970, p. 117.

74— *Josef Albers*, cat. exp., Cologne, Galerie Karsten Greve, 1989.

75— V. Kandinsky, *Point et ligne sur plan*, *op. cit*, p. 183.

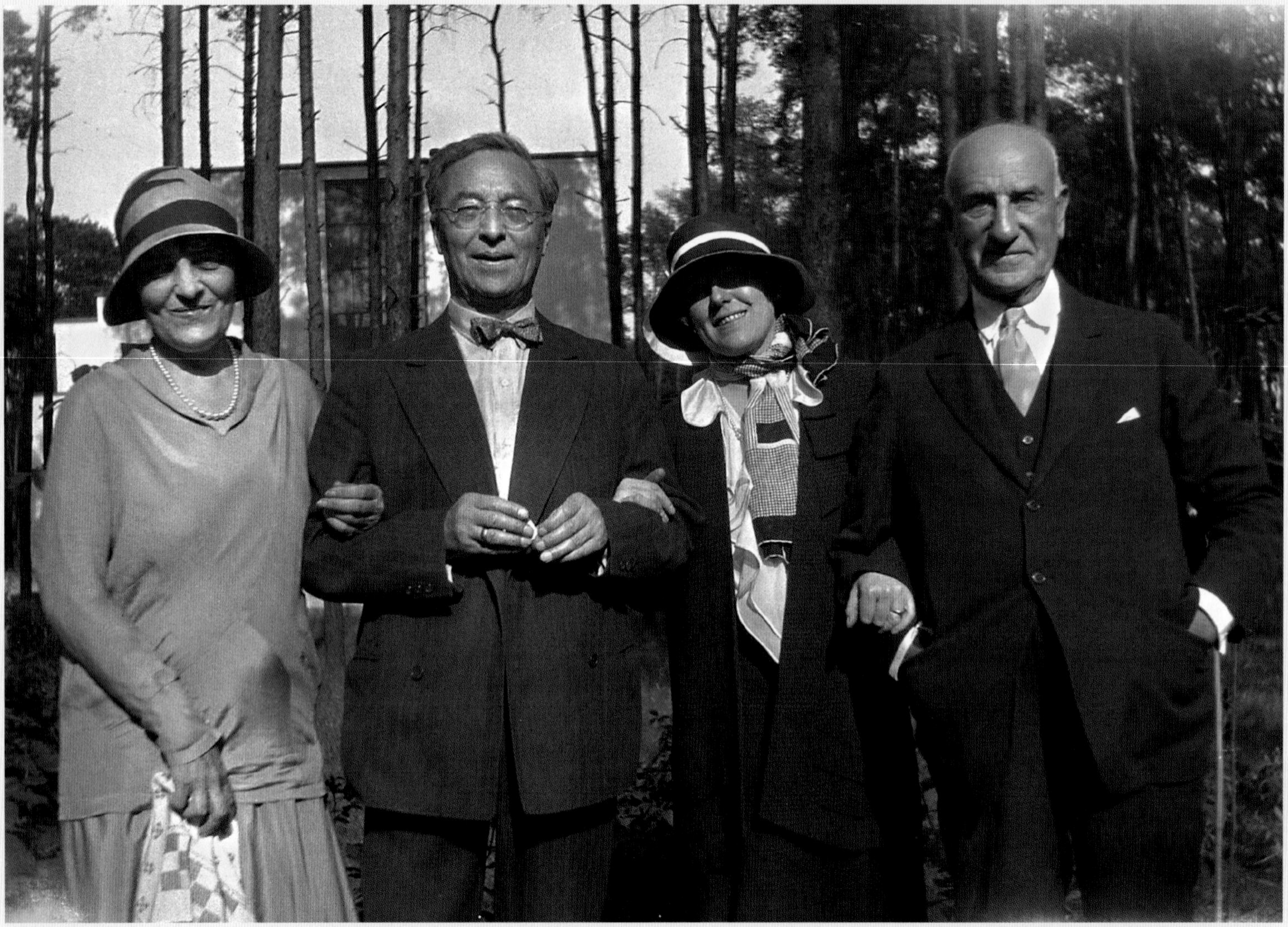

1

1. Irene Guggenheim,
Vassily Kandinsky,
Hilla Rebay et Solomon
R. Guggenheim,
Dessau, 1930
Bibliothèque Kandinsky,
Centre Pompidou, Paris

2. *Trübe Lage*
[Situation morose],
juillet 1933,
aquarelle, gouache et mine
de plomb sur papier
Solomon R. Guggenheim
Museum, New York,
The Hilla Rebay Collection

Kandinsky et « l'Amérique en général »

Tracey Bashkoff
Traduit de l'anglais par Jean-François Allain

2

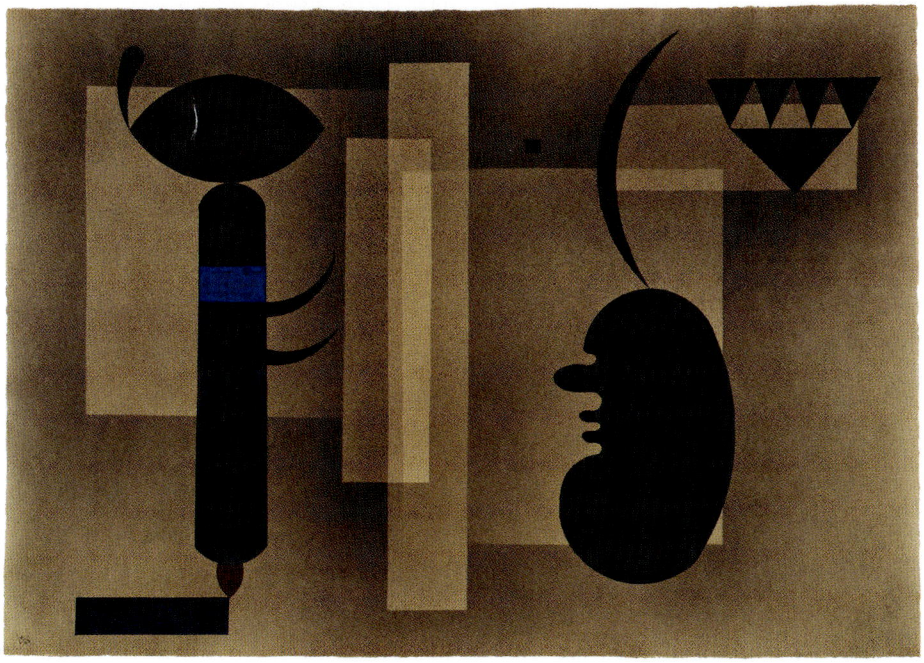

« La situation est très mauvaise ici en Allemagne, et il ne semble pas qu'elle aille en s'améliorant. Mais nous gardons courage. La droite essaie de nouveau de couler le Bauhaus, mais sans succès. De ce point de vue, la situation s'est vraiment aggravée depuis quelques mois. Mais nous continuons à travailler dans le calme. […] Me conseilleriez-vous d'avoir une exposition à New York dans un proche avenir, ou en Amérique en général[1] ? »

Dans cette lettre à Hilla Rebay, artiste et conseillère artistique de Solomon R. Guggenheim, Vassily Kandinsky évoque les répercussions du climat politique sur le Bauhaus de Dessau à la fin de janvier 1932. En août de cette même année, le conseil municipal de Dessau publie un décret ordonnant la fermeture au 1er octobre de cette école progressiste des arts appliqués. Kandinsky reprendra son enseignement lorsque le Bauhaus rouvrira ses portes à Berlin en décembre. En janvier 1933, Adolf Hitler est nommé chancelier d'Allemagne et, dans les mois qui suivent, les mesures prises à l'encontre des intellectuels conduisent les enseignants du Bauhaus à voter la fermeture définitive de l'établissement le 20 juillet. En quelques jours, Kandinsky peint *Trübe Lage* [Situation morose] (ill. 2), composition où se mêlent des formes géométriques et biomorphiques, isolées dans un obscur brouillard de couleurs pulvérisées. Le caractère direct du titre de cette œuvre n'est pas typique de Kandinsky, mais il correspond bien à la teneur de ses lettres de l'époque, qui expriment un mélange de peur, de frustration, de détermination optimiste et de raisonnement pragmatique[2].

Par ses œuvres, Kandinsky est représenté aux États-Unis, où il attire l'attention des collectionneurs, des critiques, des artistes et du public depuis 1912, et plus particulièrement depuis sa participation à l'« Armory Show » de 1913 à New York[3]. Sa réputation dans le pays est naturellement liée aux

3

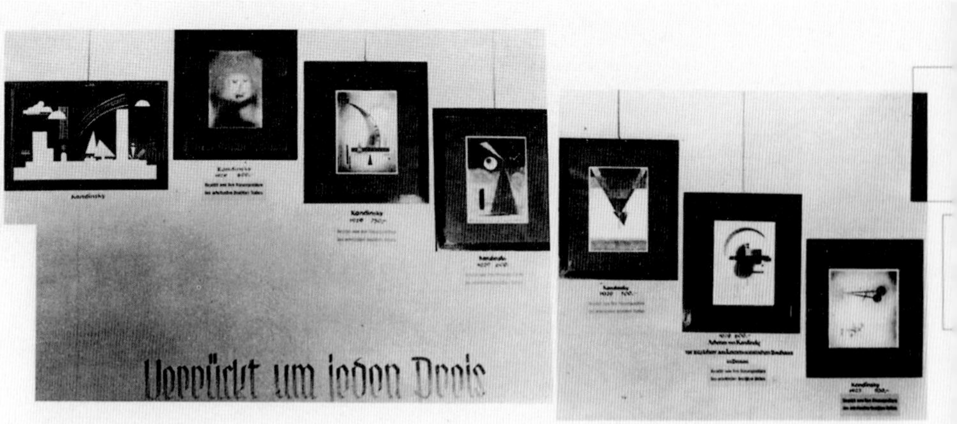

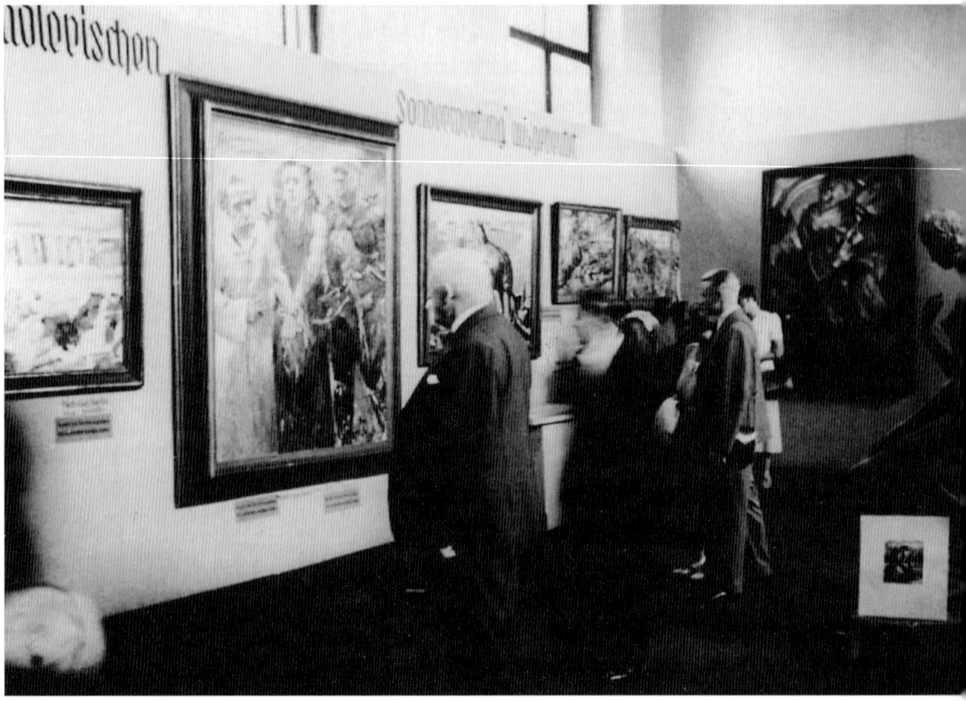

4

3, 4. Les œuvres de Kandinsky lors de l'exposition « Entartete Kunst » [Art dégénéré], Munich, 1937

changements qui interviennent dans la réception de l'abstraction en général et de l'art moderne russe et allemand en particulier. Parmi les personnes qui soutiennent l'artiste après son départ d'Allemagne pour la France, certaines vont contribuer à faire évoluer l'abstraction américaine dans la première moitié du XXe siècle. Le 7 octobre 1933, Kandinsky fait part à Galka Scheyer – qui défend son œuvre aux États-Unis depuis 1924 – de l'hostilité de Hitler envers les artistes modernes, telle qu'elle s'est exprimée en septembre lors du congrès du parti national-socialiste à Nuremberg : « Le Führer a récemment déclaré que les artistes “modernes” étaient soit des escrocs (l'argent !) – auquel cas il faut les mettre en prison – soit des fanatiques convaincus (l'idéal !) – auquel cas il faut les enfermer dans un asile d'aliénés[4]. » Bien que conscient de la position de plus en plus inconfortable des artistes, Kandinsky est réticent à abandonner toute foi dans le gouvernement allemand, et il conseille même à Willi Baumeister d'adhérer à la Kampfbund für Deutsche Kultur [Ligue de combat pour la culture allemande], dans l'idée naïve qu'il serait possible d'améliorer la situation de l'intérieur. Néanmoins, Kandinsky et sa femme Nina quittent l'Allemagne fin décembre et s'installent à Neuilly-sur-Seine, en France. Dans une lettre de février 1934, il explique les raisons de son départ : « Après mûre réflexion, j'ai décidé de m'installer à Paris pour quelque temps. Nous y resterons au moins un an. Ce qui se passera après, il est difficile de le dire compte tenu de l'instabilité des conditions actuelles. Ma situation en Allemagne est devenue très incertaine, car j'ai trois “mauvaises notes” : 1) je ne suis pas vraiment allemand (je suis même un “ancien Russe”) ; 2) j'ai enseigné au Bauhaus (ce qui aujourd'hui, curieusement, signifie presque que l'on est marxiste) ; 3) je suis un peintre abstrait. J'ai donc, pour ainsi dire, trois talons d'Achille. Je subis des attaques ou, plus simplement, on me bat froid. Les groupes d'artistes dont j'ai fait partie durant des années ne m'invitent plus dans leurs expositions. Les musées ont rangé mes tableaux dans leurs réserves. Le Reichsverband, association à laquelle il est obligatoire d'adhérer, a refusé ma candidature. Mon contrat avec Dessau, selon lequel j'ai encore droit à la moitié de mon salaire jusqu'au 1er avril 1935, a été subitement rompu. Il me devient impossible d'exposer, même dans les galeries privées. Les marchands d'art ne peuvent donc plus me défendre. En d'autres termes, j'avais les mains liées et ne pouvais plus rien faire. J'ai quitté l'Allemagne le cœur gros, car j'y vivais depuis 1897 et j'y avais implanté de solides racines[5]. »

Kandinsky pensait que la crise en Allemagne serait de courte durée. Peu avant son départ de Berlin, il rappelle dans une lettre à Will Grohmann les liens qui l'unissent à son pays d'adoption : « Nous ne quittons pas l'Allemagne pour de bon. Je ne pourrais pas faire ça. J'ai des racines trop profondes dans le sol allemand[6]. » Kandinsky revendique, dans ses écrits et dans ses actes, une séparation entre l'art et la politique, ce qui l'amène parfois à prendre des positions qui ne semblent pas vraiment aller dans le sens de la cause des artistes opprimés[7]. À l'été 1935, il va jusqu'à demander à son neveu, Alexandre Kojève, qui était de passage en Allemagne, d'expliquer aux autorités allemandes que « les raisons pour lesquelles [il est] absent d'Allemagne depuis deux ans n'ont rien à voir avec la politique mais seulement avec l'art[8]. » En 1937 et 1938, quatorze œuvres de Kandinsky figurent dans l'exposition « Entartete Kunst » [Art dégénéré] (ill. 3, 4) et cinquante-sept autres sont confisquées dans les musées allemands ; pour autant, le peintre reste en dehors des cercles d'artistes qui ont fui l'Allemagne[9]. En France, il ne s'associe pas à la Ligue des artistes libres, fondée en septembre 1937, et ne participe pas à l'exposition qu'elle organise en 1938 sous le titre « Art allemand libre », en réaction à l'exposition « Entartete Kunst ». Après quelques hésitations, il prêtera cinq tableaux pour une exposition similaire organisée en 1938 dans les New Burlington Galleries, à Londres, sous le titre « Exhibition of Twentieth Century German Art » [Exposition de l'art allemand du XXe siècle]. De plus, le soutien qu'il accorde aux futuristes italiens – par exemple en parrainant la conférence donnée à Paris, en 1935, par Filippo Tommaso Marinetti, et ses contacts avec la galerie fasciste Galleria Il Milione à Milan – complique ses relations avec les surréalistes et les autres artistes d'avant-garde installés à Paris[10].

Le régime nazi n'est pas le premier obstacle politique auquel Kandinsky se trouve confronté[11], et sa situation à Paris le conduit à réfléchir sur le passé dans une lettre à Rebay du 4 juillet 1936 : « Je vois dans mon "catalogue maison" qu'il ne me reste qu'un tableau, *V serom* [En gris], de la période 1916 à 1920 compris. C'était l'époque de la guerre et des premières années de la révolution, que j'ai passées à Moscou. Je ne voudrais pas revivre ces années. En dehors des chocs "moraux", j'ai subi d'énormes pertes financières. Juste avant la révolution, je pouvais subvenir à mes besoins jusqu'à la fin de mes jours. Je n'étais pas riche mais j'avais assez d'argent pour travailler sans m'inquiéter, sans avoir à me soucier de gagner ma vie. Cette situation n'a duré que quelques mois. Après, j'ai dû enseigner durant quatorze ans, ce que je ne détestais pas, mais cela a porté préjudice à mon travail. [...] Cependant, je suis heureux que ces circonstances difficiles ne m'aient pas empêché de créer des œuvres très importantes. Mais voilà que je fais mon propre éloge[12] ! » Bien que répondant probablement à une question posée par Rebay sur la disponibilité de ses toiles, Kandinsky exprime aussi, à travers ces commentaires, ses difficultés à exposer et à vendre à Paris. Il ressent un manque d'intérêt et de compréhension du public français pour le type d'abstraction qu'il défend, abstraction très éloignée de l'héritage du cubisme qui domine alors. Dans une lettre à Rebay de mars 1936, il évoque cette relative indifférence de la France : « J'ai peint mon premier tableau abstrait il y a à peu près vingt-cinq ans. Après, j'ai fait quelques petites incursions ici ou là mais je me suis concentré de plus en plus sur la forme abstraite. Je ne voulais rien précipiter ni me forcer à quoi que ce soit. En Allemagne, tout ceci a fait beaucoup de bruit et a lentement traversé diverses frontières, mais la frontière la plus difficile à franchir fut celle de la France. Là, on explique que l'art abstrait est dérivé du cubisme, ce qui n'est vrai que pour le constructivisme[13]. » André Dézarrois, conservateur du musée du Jeu de Paume, confirme en 1939, dans une correspondance concernant l'éventuelle acquisition d'une œuvre de Kandinsky, l'absence de soutien à l'artiste : « J'ai dit l'été dernier que je n'avais pas réussi à trouver de mécène qui puisse faire donation de ce tableau. Mais le genre de mécène qui apprécierait le travail de Kandinsky est rare et, pour ma part, je n'en connais aucun en France[14]. »

De même, Kandinsky n'apprécie pas le surréalisme. Bien qu'entretenant des liens d'amitié avec André Breton et attiré par les possibilités qu'offrent les formes abstraites des artistes surréalistes, il n'adopte ni leurs méthodes ni leurs motivations. Grâce à sa brève affiliation avec le groupe Abstraction-Création, il devient l'ami de Hans Arp, de Sophie Taeuber-Arp, de Jean Hélion et de Hans Hartung. Il apprécie aussi la compagnie de Fernand Léger, Alberto Magnelli et Enrico Prampolini, mais, de plus en plus, il préfère travailler dans la solitude.

À Neuilly-sur-Seine, Kandinsky est prolifique et intrépide dans sa production d'œuvres nouvelles, expérimentales par leur technique ou leur style[15]. En avril 1935, il parle avec enthousiasme de ses premières grandes œuvres françaises : « Notre vie ici a ses avantages et nous serions parfaitement heureux s'il n'y avait cette menace constante de difficultés financières. Le plus important ici est que je peux bien travailler. Récemment, j'ai surtout peint des tableaux assez grands, ce qui me procure beaucoup de plaisir. J'aime les grands formats, mais, pendant de nombreuses années, j'ai dû me refuser ce plaisir parce que le travail au Bauhaus occupait trop de mon temps et interrompait constamment ma peinture[16]. »

Kandinsky acquiert la nationalité française en 1939, avant que n'éclate la Seconde Guerre mondiale. À partir de 1942, il devra abandonner les grands formats et se replier sur de petits cartons à cause de la pénurie de toile. Dans ses lettres, il minimise souvent les privations de la guerre, qu'il s'agisse du manque de nourriture ou de matériel d'artiste. Il écrit par exemple, dans une lettre à Pierre Bruguière datée du 14 mars 1942 : « Dans l'ensemble, nous n'avons pas de grosses raisons de nous plaindre. Le 3 mars, nous avons très bien vu le bombardement depuis notre fenêtre et nous avons été assez naïfs pour penser que c'était un merveilleux spectacle de feu d'artifice. [...] Tout cela ne m'empêche pas de travailler dur[17]. »

Pour Kandinsky, artiste et théoricien, développer son audience internationale signifie promouvoir ses œuvres

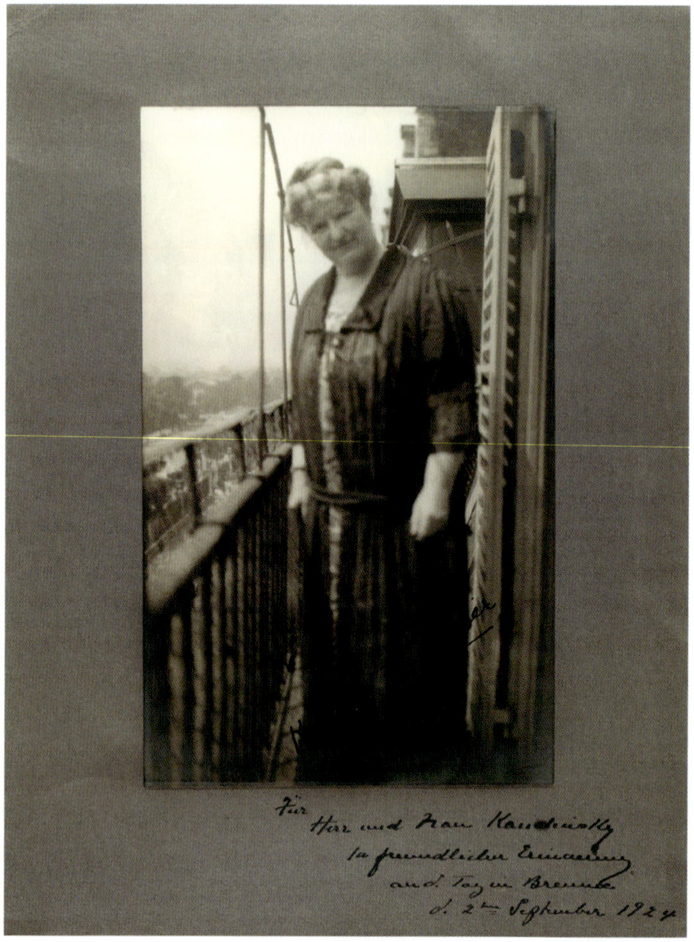

5

5. Katherine S. Dreier, 1924
Bibliothèque Kandinsky, Centre Pompidou, Paris

et diffuser ses idées. De toute sa vie, il ne se rendra jamais aux États-Unis, mais, dès les années 1930, il est très au fait des réactions américaines à l'abstraction et de la réception de ses œuvres par les collectionneurs, les historiens, les marchands d'art et les artistes. Quand Alfred Stieglitz achète *Improvisation 27 (Garten der Liebe II)* [Improvisation 27 (Jardin de l'amour II)] (1912, voir cat. p. 99) pour 500 dollars à l'occasion de l'exposition de l'« Armory Show » de 1913, il fait part à l'artiste de son indignation face aux réactions très bornées qu'a suscitées le tableau : « Je n'avais aucun droit moral et je n'avais même pas l'argent pour acheter votre tableau, mais j'ai été tellement enragé par la stupidité des

visiteurs de l'exposition et encore plus par celle de la plupart de ses organisateurs, qui n'avaient aucune conscience de l'importance de votre tableau, que j'ai décidé de l'acheter. Je savais ainsi que je pouvais encourager le public à le regarder autrement, ce qui me paraissait important pour lui[18]. »
Dans une réponse à Stieglitz, Kandinsky accepte l'explication et exprime le souhait que cette œuvre, la seule qu'il ait présentée à l'exposition, poursuive son voyage et soit exposée à Chicago et à Boston[19]. Les deux hommes envisagent d'organiser une exposition personnelle dans la galerie 291 de Stieglitz, mais la Première Guerre mondiale fera échouer le projet.

Katherine S. Dreier, artiste et collectionneuse américaine, expose à l'« Armory Show », mais elle ne se convertira à l'abstraction que vers 1918. Avec Marcel Duchamp, elle fonde en 1920 la Société Anonyme, « organisation internationale destinée à promouvoir en Amérique l'étude de l'art progressiste[20] ». Acquéreuse d'une œuvre de Kandinsky à la galerie Der Sturm à Berlin, en 1920, Dreier rencontre le peintre au Bauhaus de Weimar en 1922 ; c'est la première d'une longue série de visites à l'artiste et à sa femme Nina (ill. 5). En 1923, Dreier monte la première exposition personnelle de Kandinsky à New York et elle nomme le peintre vice-président honoraire de la Société Anonyme, poste qu'il conservera jusqu'à sa mort. Dans sa correspondance, Kandinsky conseille Dreier sur le programme d'exposition de la Société Anonyme et la tient au courant de ce qui se passe sur la scène artistique européenne. Partageant un même intérêt pour la théosophie et pour la croyance en la dimension spirituelle de l'art, les deux artistes deviendront très amis. L'esthétique de Kandinsky influence aussi beaucoup la peinture de Dreier qui, dans de nombreux textes ou exposés, se fait l'écho des sentiments de Kandinsky sur les méfaits du matérialisme américain, sentiments qu'il exprime entre autres dans une lettre qu'il lui adresse le 29 février 1927 depuis le Bauhaus de Dessau : « Il est vraiment triste que les Américains s'intéressent aussi peu à l'art nouveau (et surtout, apparemment, à l'art abstrait). Ils achèteront nos tableaux plus tard, quand nous serons tous morts, et que nos tableaux vaudront des dizaines de milliers de dollars. Mais j'ai plaisir à voir que, malgré toutes les difficultés, vous ne perdez jamais votre courage ni votre incroyable énergie ; vous continuez de travailler sans jamais vous laisser rebuter par aucune tâche. [...] J'espère que vos compatriotes apprendront un jour à apprécier vos mérites[21]. »

Lors de son dernier voyage en Europe, en 1937, Dreier rend visite à Kandinsky à Paris. Elle prévoit de publier en anglais *Punkt und Linie zu Fläche* [*Point et ligne sur plan*] (1926), mais ce projet sera finalement concrétisé par Rebay[22], à qui elle vend les droits, et par Howard Dearstyne. La version anglaise paraîtra en 1947 sous le titre *Point and Line to Plane*.

Un autre émissaire de Kandinsky aux États-Unis est Galka Scheyer qui, ayant quitté l'Allemagne, arrive à New York en mai 1924. S'étant liée d'amitié avec Alexeï von Jawlensky puis, au Bauhaus de Weimar, avec Lyonel Feininger, Kandinsky et Paul Klee, Scheyer se consacre à la promotion de leurs œuvres en Europe et dans le reste du monde[23]. En 1923, à l'invitation du peintre Rajah von Rubio, elle prépare un voyage en Amérique et écrit à Jawlensky en septembre : « Je vais organiser une exposition de vos œuvres là-bas, et peut-être pourrai-je vous envoyer quelques dollars pour que vous n'ayez pas besoin de courir à votre banque[24]. » Feininger, Jawlensky, Kandinsky et Klee accueillent avec enthousiasme l'idée de Scheyer qui propose de les représenter collectivement, et Kandinsky lui écrit en janvier 1924 : « Concernant notre petit groupe d'amis, nous – Feininger, Klee et moi-même – avons discuté entre nous et vous proposons le nom "The Four" [les Quatre], c'est-à-dire quatre amis ou quatre camarades ; on peut l'interpréter comme on veut mais, globalement, c'est une appellation caractéristique et modeste. Et Feininger dit que le "quatre" est bon pour l'Amérique. Nous sommes tous les quatre très différents, ce qui me paraît être un avantage supplémentaire[25]. »

En mars, Scheyer rencontre Feininger, Kandinsky et Klee au Bauhaus, et le nom du groupe se transforme alors en « Blue Four » [Quatre bleus]. Un accord est officiellement signé, qui regroupe ces trois artistes ainsi que Jawlensky pour former « le groupe libre des Blue Four » et qui autorise Scheyer à agir en leur nom « pour la diffusion à l'étranger de leurs idées artistiques, notamment par le biais de conférences et d'expositions ». Le contrat prévoyait aussi un accord financier concernant la vente des œuvres[26].

Après l'exposition initiale du Blue Four, qui se tient à la Daniel Gallery à New York en février 1925, Scheyer décide de poursuivre son cycle d'expositions et de conférences en Californie. Avec le soutien, entre autres, de William Clapp à la Oakland Art Gallery, d'Arthur B. Clark à la Standford University et du galeriste Paul Elder, elle contribue fortement à diffuser l'art moderne auprès des collectionneurs et du public de la Côte ouest. Pendant cinq ans, elle voyagera beaucoup, passant incidemment un peu de temps en Allemagne (ill. 6). Observant en 1932 une évolution du climat politique en Allemagne, elle achète 250 œuvres aux artistes du Blue Four, puis rentre aux États-Unis et elle s'installe à Los Angeles en 1933. Elle propose de monter des expositions personnelles en 1934, « puisque les musées n'ont pas d'argent aujourd'hui pour [lui] payer [ses] frais de voyage et [ses] honoraires de conférencière[27] ». Kandinsky accepte la décision de Scheyer, et sa réponse montre qu'il est conscient des contraintes de l'époque : « L'idée même de présenter aussi nos œuvres sous forme de collections individuelles me plaît beaucoup. Aujourd'hui, il ne faut pas mettre tous ses œufs dans le même panier[28]. » La crise économique que traverse l'Amérique des années 1930 rend les transactions difficiles, mais Scheyer continue de vendre jusque dans les années 1940. À l'automne 1944, peu avant la mort de Kandinsky, la dernière exposition du Blue Four organisée du vivant de Scheyer se tient dans la Buchholz Gallery de Curt Valentin, à New York.

Rebay – de son véritable nom baronne Hildegard Rebay von Ehrenwiesen, née en Alsace – est entrée en 1917 dans le cercle des artistes qui gravitaient autour de la galerie Der Sturm de Herwarth Walden, à Berlin. Quand elle arrive à New York en janvier 1927, elle s'attend à trouver une Amérique moderne conforme à son goût. Déçue, elle explique dans ses lettres à Rudolf Bauer : « L'Amérique n'a pas de style. Je suis trop moderne pour ce pays. [...] Dans ce pays, il n'y a aucun chantre de l'art non-objectif[29]. » Elle observe également qu'il y sévit un préjugé défavorable envers les immigrés allemands, et conseille à Bauer de changer de nom s'il doit venir à New York, car « les gens qui ont des noms allemands n'ont pas de succès ici[30] ! » Rebay expose bientôt ses collages à New York et attire l'attention de la femme de Solomon R. Guggenheim, Irene (qui commença avant son mari à faire collection d'œuvres d'art). Rebay est chargée en 1928 de peindre le portrait de Solomon et, durant les séances de pose à son atelier de Carnegie Hall, elle défend l'art et les artistes avec lesquels elle a été associée à la galerie Der Sturm. En 1929, elle conseille Solomon dans ses acquisitions, qui vont bientôt comprendre des œuvres de Bauer, Marc Chagall, Robert Delaunay, Albert Gleizes, Kandinsky, Fernand Léger et László Moholy-Nagy, la plupart ayant été achetées lors de voyages à Paris ou grâce à ses relations dans le monde artistique européen.

Rebay est très consciente des réactions probables du public vis-à-vis de l'orientation résolument moderne et expérimentale que prend la collection de Solomon R. Guggenheim. Elle avertit Bauer, qui intervient dans le choix des œuvres et en fournit beaucoup : « Guggenheim sera critiqué pour cette collection ; il faut donc qu'elle soit de toute première qualité[31]. » En 1930, elle accompagne Irene et Solomon R. Guggenheim en Europe pour rencontrer des artistes et acheter de nouvelles œuvres, mais aussi pour montrer que la peinture non-objective y est mieux acceptée qu'en Amérique. Leur séjour comprend une visite à Kandinsky au Bauhaus de Dessau, qui débouche sur l'achat de *Komposition VIII* [Composition VIII] (juillet 1923, voir cat. p. 153), l'une des premières œuvres du peintre

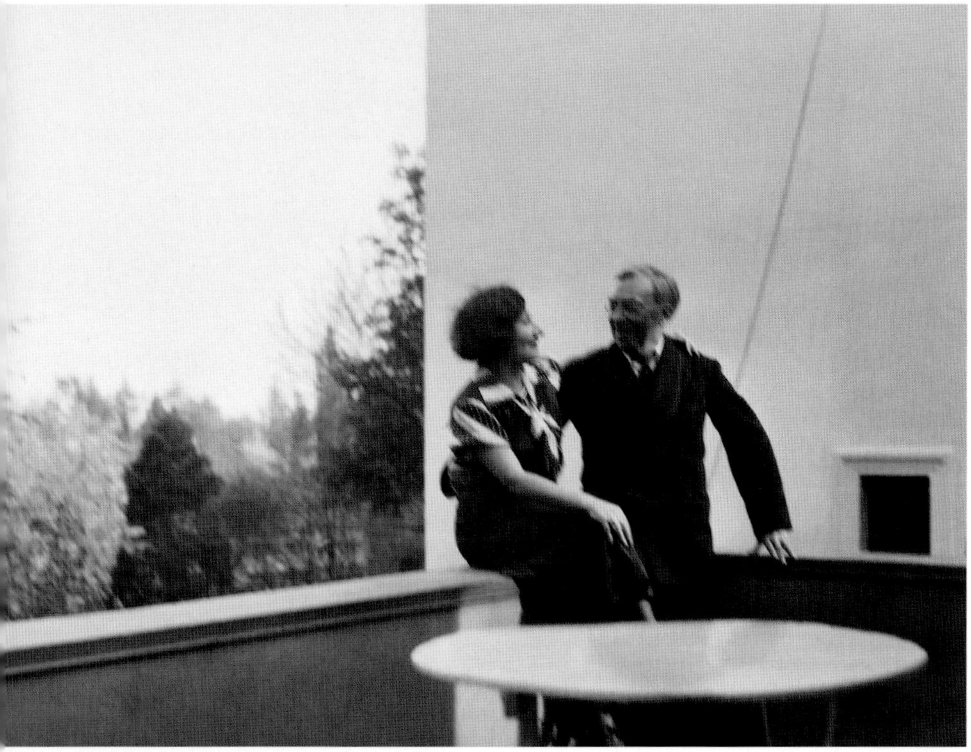

6

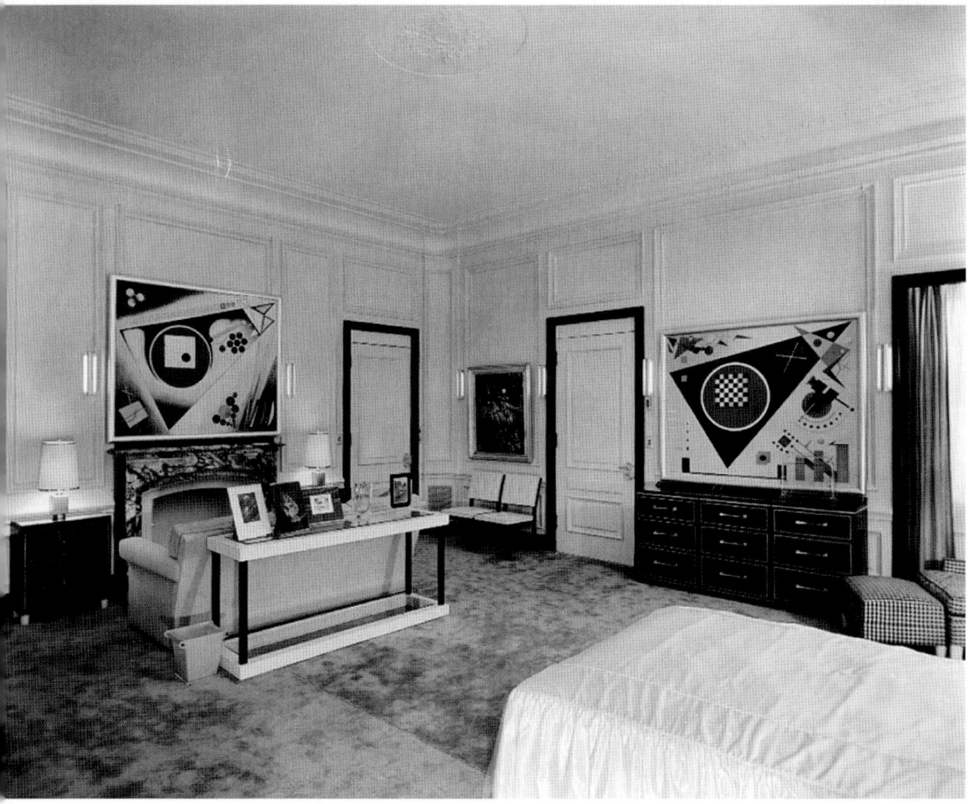

7

6. Galka Scheyer
et Vassily Kandinsky,
Berlin, 1933
Bibliothèque Kandinsky,
Centre Pompidou, Paris

7. La suite de Solomon
R. Guggenheim
au Plaza Hotel,
New York, v. 1930,
avec des tableaux
de Rudolf Bauer

parmi les 150 ou plus que compte aujourd'hui la collection de la Solomon R. Guggenheim Foundation. À partir de 1931, Guggenheim installe sa collection dans sa suite au Plaza Hotel (ill. 7). Rebay continue d'acheter des œuvres pour lui, et en particulier deux toiles de Kandinsky qui ont été exposés en 1932 à la Valentine Gallery à New York. Toutefois, un peu plus tard dans les années 1930, même Guggenheim cessera d'acheter pendant un temps[32].
Par ailleurs, Rebay organise des expositions, écrit ou fait des conférences sur la peinture non-objective. La collection Guggenheim donne lieu à de grandes expositions à la Gibbes Memorial Art Gallery, à Charleston (Caroline du Sud) en 1936 et en 1938, à la Philadelphia Art Alliance en 1937 et au Baltimore Museum of Art en 1939. Kandinsky se réjouit de ces manifestations et des catalogues qui les accompagnent, car il y voit un bon moyen de faire la « propagande » de l'art non-objectif et de contrer les efforts déployés de leur côté par les surréalistes[33]. À l'époque, Rebay envisage un projet de musée à New York. Kandinsky, alors à Neuilly-sur-Seine, est ému par cette perspective : « Il est inutile de vous dire à quel point je suis intéressé par ce projet de musée. Est-ce que vous et M. G. comptez exposer la collection à NY (c'est-à-dire au grand public) telle qu'elle est aujourd'hui, ou souhaitez-vous attendre que le musée devienne une réalité ? Cette deuxième solution produirait une belle "explosion"[34] ! »
Kandinsky donne également des conseils sur ce quc pourrait contenir la collection, et propose que l'on construise dans ce nouveau musée la salle de musique carrelée qu'il avait conçue pour le Bauhaus[35]. En 1937, la Solomon R. Guggenheim Foundation est créée et, sous la direction de Rebay, la collection s'enrichit et s'élargit rapidement, notamment pour compléter les sections insuffisamment représentées[36].

En 1938, les tableaux sortis des musées allemands à l'occasion des purges contre l'art dit « dégénéré » deviennent disponibles pour les collectionneurs américains. Les ventes aux Allemands sont interdites (ce qui ne les empêche pas totalement de se produire), et les nombreuses œuvres vendues à l'étranger font rentrer des devises. Valentin essaie de prendre contact avec Rebay à Paris et écrit, en septembre 1938, que « le gouvernement veut vendre la plupart des tableaux modernes appartenant aux musées allemands. [...] J'ai pensé que vous pourriez être intéressée par certains tableaux de Klee, Kandinsky et Franz Marc[37]. » Rebay, de son côté, entend parler de tableaux à vendre par le biais du peintre Otto Nebel qui, au printemps 1939, va faciliter les transactions par l'intermédiaire de Gutekunst & Klipstein à Berne[38]. Bauer continue d'être une importante source d'approvisionnement pour Rebay jusqu'à ce qu'il émigre finalement aux États-Unis, cette même année, aux frais de Solomon R. Guggenheim. Durant cette période, le soutien de Guggenheim aux tendances novatrices en peinture devient inséparable de son désir de sauvegarder les œuvres d'art européennes. Ayant rencontré Guggenheim en 1939, le peintre Hans Richter parle des efforts que celui-ci déploie « pour évacuer de l'Europe en danger des œuvres datant de toutes les périodes importantes, et en particulier celles de la dernière génération qui est si cruciale pour l'avenir ; il veut les faire venir en Amérique pour planter le "germe de la culture" directement dans le sol américain. [...] C'est une noble idée. [...] Cet homme fait l'histoire[39]. »

La correspondance de Kandinsky avec Rebay et avec les Guggenheim cesse vers 1938, essentiellement à cause de désaccords ou de tensions sur le rôle joué par Bauer[40]. Dans la dernière lettre qu'il adresse à Solomon R. Guggenheim, datée du 18 avril 1938, le peintre souhaite le meilleur avenir possible à la fondation et commente la résistance du public à tout ce qui est nouveau : « Il est incroyable de voir avec quelle lenteur les gens s'adaptent à ce qui est nouveau. Ils commencent toujours par un rejet brutal (mon Dieu, que d'insultes il faut entendre durant les premières années), puis ils commencent progressivement à tendre l'oreille et, finalement (mais il faut encore du temps), ils comprennent. Cette compréhension progressive prépare le terrain pour votre Fondation[41]. »

Le Museum of Non-Objective Painting ouvre ses portes en juin 1939 avec une première présentation de la collection Guggenheim sous le titre « The Art of Tomorrow » [L'Art de demain]. La moitié des œuvres exposées, soit 215 tableaux, sont de Bauer, considéré par Rebay (dans le texte qu'elle écrit pour le catalogue, « The Power of Spiritual Rhythm ») comme l'exemple ultime de la non-objectivité. Kandinsky est représenté par 104 tableaux. Dans la presse, les avis sur la mission de Rebay et de Guggenheim sont partagés. Pour le *New York Times*, « [à] première vue, l'art non-objectif présente une ressemblance notable avec les gribouillis que l'on trouve souvent dans les cabines téléphoniques. La toile non-objective typique est décorée de formes qui ressemblent à des sphères, des triangles, des carrés et autres motifs géométriques connus. Madame Rebay explique toutefois que si un tableau non-objectif peut donner l'impression de n'avoir pas plus de sens qu'un gribouillis, il porte néanmoins un "message spirituel" qui ne peut être compris que par les personnes dotées d'une "vision cosmique"[42]. » Dans le *New York World Telegram*, Emily Genauer remarque le travail de Kandinsky, qu'elle juge supérieur à celui de Bauer : « Les œuvres de Kandinsky sont complexes, dynamiques, elles présentent un contrepoint sensible, subtilement équilibré, d'infinies variations de ton, de forme et de texture qui sont fascinantes. Elles évoquent des feux d'artifice à une foire ou une fontaine transformée en paillettes par le soleil, ou un morceau de musique, ou un coupon d'étoffe particulièrement brillant. Certains tableaux de Bauer ont cette même qualité excitante, mais la plupart sont des créations totalement stériles, antiseptiques qui font penser [...] à une bulle sur un paquet de Wonderbread ou à ce que l'on voit dans un kaléidoscope d'enfant[43]. »

8
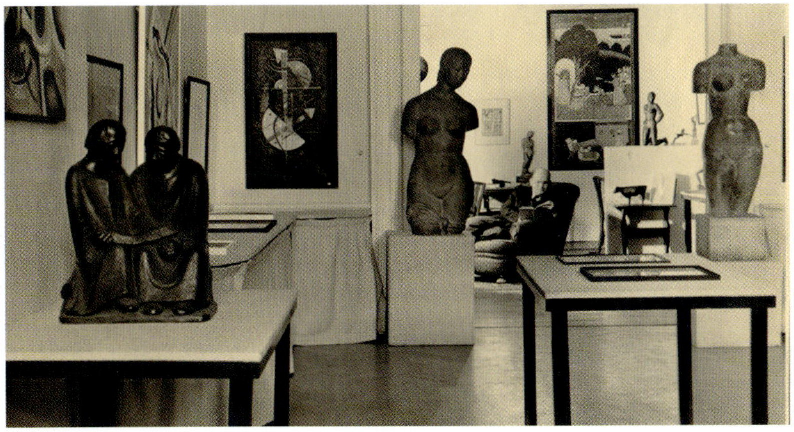

8. Karl Nierendorf dans sa galerie, New York, 1937
Archives de la galerie Nierendorf, Berlin

S'il existe, dans les États-Unis des années 1930, un soutien institutionnel croissant à l'abstraction – on citera les expositions du Museum of Modern Art « Cubism and Abstract Art » (1936) et « Fantastic Art, Dada, and Surrealism » (1936-1937) –, l'importance accordée par Rebay aux liens entre la spiritualité et la non-objectivité est souvent source de confusion et de critiques. L'association des American Abstract Artists (AAA), fondée en 1936 pour promouvoir différents styles d'art abstrait et non-objectif (ill. 8), s'inscrit ouvertement en faux, dans une lettre adressée à *Art Front* en 1937, contre l'interprétation étroite défendue par Rebay : « Nous ne pouvons approuver les positions que semble défendre la baronne Rebay selon lesquelles l'art abstrait "n'a pas de signification", qu'il est "le prophète de la vie spirituelle", quelque chose de "surnaturel" ; que les abstractions sont "des univers en eux-mêmes" qui se constituent parce que leurs créateurs "se détournent de la contemplation de la terre". La signification implicite de ces commentaires est que les artistes abstraits excluent de leurs œuvres, mais aussi de leur vie (car, après tout, un artiste doit vivre une existence surnaturelle pour pouvoir créer des œuvres d'art surnaturelles), les réalités du monde et consacrent leur vie à faire des carrés spirituels et des "triangles peut-être moins spirituels" qui vont exalter les rares âmes qui auront réussi à faire fi du "matérialisme", et qui en ont les moyens[44]. »

Les AAA contestent l'interprétation de Rebay mais acceptent les œuvres de Kandinsky et de Bauer, qui inspireront d'ailleurs de nombreux artistes américains[45], mais les peintres de ce groupe seront eux-mêmes critiqués pour s'être trop inspirés de sources européennes. Dans un article consacré à leur exposition de 1938, Jerome Klein écrit dans le *New York Post* : « Ce sont des artistes qui sont au-dessus de l'imitation de la nature, mais beaucoup d'entre eux ne se privent pas d'imiter de la façon la plus servile d'autres artistes[46]. »

Lorsque Kandinsky s'établit en France, en 1934, il écrit à Rebay : « Je viens de m'installer dans un appartement moderne à Neuilly ; en envisageant de déménager, j'ai pensé il y a quelques mois à partir pour l'Amérique, mais je me suis ravisé, car cela aurait été un plaisir trop coûteux. Peut-être une autre fois[47] ! » En 1931, on lui avait demandé d'enseigner à l'Art Students League à New York et, en 1935, il sera invité à séjourner en tant qu'artiste résident au Black Mountain College, en Caroline du Nord[48]. Il refuse les deux invitations. En juin 1940 est créé à New York l'Emergency Rescue Committee [Comité de secours d'urgence] qui, en août de la même année, envoie Varian Fry dans le sud de la France avec une liste d'artistes fournie par Alfred H. Barr Jr., directeur du Museum of Modern Art. Fry écrit immédiatement à Kandinsky : « M. Alfred Barr s'intéresse beaucoup à vous comme j'ai essayé de vous le dire à plusieurs reprises. Il vous garantit la traversée à New York pour vous et Madame Kandinsky et tous les frais de voyage. Vous n'avez pas à vous inquiéter sur ce plan. Tout ce que vous devez faire, c'est vous rendre à Marseille dès que possible et vous occuper des formalités de votre départ. Monsieur Barr aimerait tout particulièrement que vous preniez vos toiles avec vous, et notamment vos premières œuvres[49]. » Mais Kandinsky ne quittera pas la France.

Environ 700 artistes et 380 architectes ont émigré aux États-Unis entre 1933 et 1944[50]. Du fait de cet afflux de créateurs européens, les critiques américains ne peuvent plus totalement ignorer l'art abstrait. Cependant, avec l'imminence de l'entrée en guerre des États-Unis, les artistes allemands ont plus de mal à émigrer. Dès ses débuts à New York, Rebay avait bien senti que la réticence vis-à-vis de l'art qu'elle défendait reposait en partie sur des préférences nationalistes : « Les amis de Madame G. sont contre moi et prétendent que ce n'est pas de l'art, que ça ne durera pas ; c'est de la géométrie ; ça n'a pas de valeur, ça vient de l'Allemagne avec son horrible manque de goût[51]. » On lui préfère l'art moderne français, au moins après l'« Armory Show ». Lorsque Kandinsky se fait connaître du public américain, c'est en tant qu'artiste russe ; on évoque, par exemple, « Wassili Kaudansky [*sic*], l'artiste russe qui a fait sensation dans les milieux artistiques », et on rattache son abstraction radicale à l'anarchisme politique[52]. Dans les années 1920, Dreier pouvait jouer sur cette association dans ses conférences, par exemple dans « Revolution in Art » qu'elle prononce en 1921 à la Ligue socialiste pour la démocratie industrielle. Dans la préface du catalogue de la première exposition du Blue Four à New York, en 1925, Scheyer espère que cette manifestation contribuera « à un échange intellectuel entre les artistes des deux continents[53] ». Barr inclut Kandinsky dans son étude parue en 1931 sur la peinture et la sculpture allemandes ainsi que dans l'exposition de 1938 sur le Bauhaus. Quand Guggenheim achète *Improvisation 28 (Zweite Fassung)* [Improvisation 28 (deuxième version)] (voir cat. p. 103) au Museum Folkwang d'Essen pour 9 000 Reichsmarks, le directeur du musée, Klaus von Baudissin, annonce dans la presse : « Le prix élevé atteint par cette œuvre pourra profiter au type d'art auquel nous nous intéressons vraiment. [...] une bonne photographie suffit pour nous souvenir de cette tentative pour russiser l'art allemand[54]. » En 1937, Karl Nierendorf crée une galerie à New York pour y défendre une forme d'art qui met sa galerie berlinoise en péril. Sa nouvelle galerie, comme il l'annonce dans le numéro d'*Art News* de février 1937, « entend familiariser l'Amérique avec les grandes figures de l'Allemagne expérimentale[55] » (ill. 9). Kandinsky est représenté chez Nierendorf avant la guerre mais aussi après, notamment lors d'une exposition qui se tiendra en 1945 sous le titre « Forbidden Art in the Third Reich » [L'art interdit sous le IIIe Reich].

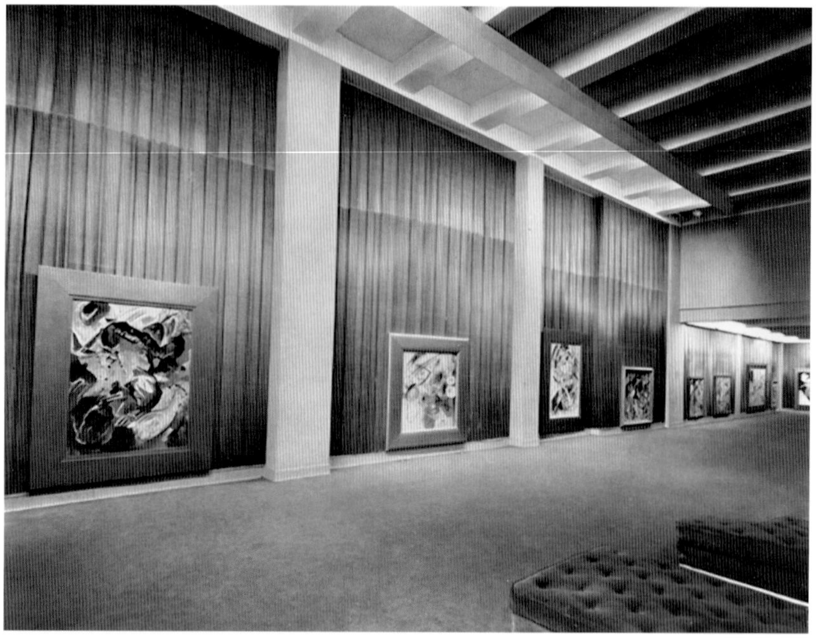

9

9. Exposition mémoriale « Vassily Kandinsky », Museum of Non-Objective Painting, New York, 1945
Hilla von Rebay Foundation Archive (M0007), Solomon R. Guggenheim Foundation

Le décès de Kandinsky, le 13 décembre 1944, est annoncé dans *The New York Times*. Le second paragraphe de sa nécrologie rappelle les tribulations qu'il a connues dans le Paris de la guerre : « Il a démontré son amour pour la peinture à Paris, il y a trois ans, sous l'occupation nazie, en continuant à peindre en portant des gants, un chapeau et un manteau à cause du froid lié aux rigueurs de la guerre[56]. » Dans une lettre à Rebay, Kandinsky avait parlé de son souhait d'avoir une exposition rétrospective aux États-Unis, dans l'espoir qu'elle aiderait la cause des artistes non-objectifs : « [...] si on pouvait se servir de mon anniversaire [ses soixante ans] pour monter une imposante exposition qui serait suivie d'une grande exposition des œuvres de Bauer, notre art serait bien mis en valeur[57]. » Nierendorf avait déjà participé, en 1937, à l'organisation d'une rétrospective de l'œuvre de Kandinsky pour le Cleveland Museum of Art mais, à la mort du peintre, Rebay considère qu'il est de son devoir de monter une nouvelle rétrospective majeure au Museum of Non-Objective Painting.

Réunissant des œuvres conservées dans plusieurs collections institutionnelles (notamment la Solomon R. Guggenheim Foundation, le Museum of Modern Art, la Yale University Art Gallery, the Art Institute of Chicago, la Société Anonyme, la galerie Nierendorf), ou appartenant à des particuliers comme Walter Arensberg, Dreier, Katherine Kuh, Duncan Phillips et elle-même, la présentation, riche de 227 œuvres, remplit trois salles du musée. Rebay publie deux catalogues, *In Memory of Wassily Kandinsky. The Solomon R. Guggenheim Foundation Presents a Survey of the Artist's Paintings and Writings* et *Kandinsky*, ainsi qu'une épaisse brochure intitulée *Wassily Kandinsky, 1866-1944*. Selon le critique du journal *The Sun*, « l'exposition mémoriale "Wassily Kandinsky" est certainement l'une des choses à voir. Hébergée dans les salles du Solomon R. Guggenheim Museum of Non-Objective Art, 24 East 54th Street, elle présente 227 œuvres de ce maître considéré comme le premier artiste à avoir éliminé les objets de sa peinture. Si au moins viennent à cette exposition les modernistes américains qui se sont inspirés de son exemple, ce sera un hommage impressionnant qui lui sera rendu. Dès qu'on entre dans les salles, on est sous le charme du maître ; on ne sait pas pourquoi, et sans doute cela n'a-t-il pas d'importance. Peut-être des sentiments montent-ils de profondeurs insoupçonnées pour remuer la compréhension profonde des choses qui accompagne notre pensée consciente. Une musique venue de quelque source cachée nous suit dans les salles en apportant à cette forme d'art un accompagnement approprié, peut-être le seul possible. Et l'on éprouve un sentiment diffus de satisfaction et d'excitation en passant devant cette diversité de toiles, brillantes ou sombres dans leurs couleurs, selon l'humeur, et apparemment illimitées dans leur invention. Et malgré ce que disent ceux qui ne voient rien dans l'art non-objectif, on se rend compte que ce sont des choses avec lesquelles on pourrait vivre, et avec lesquelles on serait content de vivre si seulement elles étaient assez petites pour pouvoir être accrochées aux murs de nos modestes habitations[58]. »

notes

1— Vassily Kandinsky, Lettre à Hilla Rebay, 30 janvier 1932, citée dans Joan M. Lukach, *Hilla Rebay. In Search of the Spirit in Art*, New York, George Braziller, 1983, p. 114.

2— Kandinsky renie toute interprétation politique d'*Improvisation 30 (Kanonen)* [Improvisation 30 (Canons)] : « La présence des canons dans le tableau s'explique sans doute par les conversations que nous avions eues toute l'année au sujet de la guerre. Mais il n'entrait nullement dans mes intentions de donner une image de la guerre ; pour cela, il eût fallu disposer de moyens picturaux différents ; par ailleurs de telles tâches ne m'intéressent pas – tout au moins pour l'instant. » V. Kandinsky, Lettre à Arthur Jerome Eddy, dans Arthur Jerome Eddy, *Cubists and Post-Impressionism*, Chicago, A.C. McClurg & Co., 1914, p. 125 *sq.*, citée dans V. Kandinsky, *Regards sur le passé et autres textes. 1912-1922*, trad. de l'allemand par M. Dupont, éd. par J.-P. Bouillon, Paris, Hermann, 1974, p. 224.

3— Dans « Kandinsky's Début in America », Gail Levin présente une analyse détaillée de la réception de l'œuvre du peintre aux États-Unis. Voir Gail Levin, Marianne Lorenz, *Theme and Improvisation. Kandinsky and the American Avant-Garde, 1912-1950*, Boston (Mass.), Little Brown & Co., 1992 p. 10 *sq.* Avant ses débuts controversés à cette célèbre manifestation qu'est l'« Armory Show » de 1913, Kandinsky avait participé à une exposition organisée par Martin Birnbaum pour les bureaux new-yorkais de la Berlin Photographic Company en décembre 1912. L'exposition s'était ensuite rendue à la Albright Art Gallery à Buffalo, au City Art Museum de Saint Louis, au Carnegie Institute à Pittsburgh et dans d'autres musées à travers le pays.

4— V. Kandinsky, cité par Peg Weiss, repris dans Stephanie Barron *et al.*, *Degenerate Art. The Fate of the Avant-Garde in Nazi Germany*, cat. exp., Los Angeles, Los Angeles County Museum of Art, 1991, p. 263.

5— V. Kandinsky, Lettre à H. Rebay, 1er février 1934, citée dans J.M. Lukach, *Hilla Rebay. In search...*, *op. cit.*, p. 115. Le peintre emploie des termes comparables dans une lettre plus ancienne à Scheyer, le 7 octobre 1933 : « En Allemagne, ma position est particulièrement mauvaise, parce que j'ai trois qualités, dont chacune suffit à elle seule à me nuire : 1) ancien Russe ; 2) peintre abstrait ; 3) ancien professeur au Bauhaus jusqu'à son dernier jour. » Cité par Peg Weiss, repris dans S. Barron *et al.*, *Degenerate Art…*, *op. cit.*, p. 263.

6— V. Kandinsky, Lettre à Will Grohmann, 14 décembre 1933, citée dans *ibid.*, p. 264.

7— On trouvera une analyse des implications politiques du refus par Kandinsky de lier l'art et la politique dans *Kandinsky in Paris, 1934-1944*, cat. exp., New York, Guggenheim Museum, 1985, et dans Keith Holz, « Scenes from Exile in Western Europe. The Politics of Individual and Collective Endeavor among German Artists », dans S. Barron *et al.*, *Exiles + Émigrés. The Flight of European Artists from Hitler*, cat. exp., Los Angeles, Los Angeles County Museum of Art, 1997, p. 45-56.

8— Cité dans *Kandinsky in Paris, 1934-1944*, *op. cit.*, p. 20.

9— S. Barron *et al.*, *Degenerate Art…*, *op. cit.*, p. 263. Selon les chiffres donnés dans *Exiles + Émigrés*, (*op. cit.*, p. 391), 12 000 estampes et 5 000 tableaux et sculptures ont été retirés des 101 musées allemands. Deux millions de personnes ont visité l'exposition « Entartete Kunst » [Art dégénéré], qui s'est rendue ensuite, entre autres villes, à Berlin, Leipzig, Düsseldorf et Francfort. Les excellents catalogues de Stephanie Barron donnent toutes sortes de précisions sur ces expositions, leur contexte et leurs conséquences.

10— Voir Barbara Copeland Buenger, « Wassily Kandinsky in Paris, 1933-44 », dans S. Barron *et al.*, *Exiles + Émigrés*, *op. cit.*, p. 70. Les sympathies de Kandinsky pour l'Italie fasciste en cette période critique semblent guidées par l'intérêt du gouvernement italien pour les nouveaux mouvements artistiques : « Évidemment, c'est un grand regret pour nous, en tant qu'"artistes modernes", que le nouveau régime [allemand] ne comprenne pas le nouvel art. En Italie, la situation est toute différente ; la nouvelle architecture et le nouvel art [le futurisme] y sont reconnus comme art fasciste. » V. Kandinsky, Lettre à Werner Drewes, 10 avril 1933, citée dans Peter Hahn, « Bauhaus and Exile. Bauhaus Architects and Designers between the Old World and New », dans S. Barron *et al.*, *Exiles + Émigrés*, *op. cit.*, p. 213.

11— Christian Derouet a dressé le bilan de « l'état continuel de guerre froide ou d'engagement total dans la guerre » qui marque la vie de Kandinsky, avec, notamment, la guerre russo-japonaise, la Révolution russe de 1905, la Première Guerre mondiale, la Révolution russe de 1917, la « guerre communiste » en Russie en 1921 et les nombreuses autres périodes difficiles que traverse le peintre. Voir Ch. Derouet, « On War in General and Vassily Kandinsky in Particular », dans *New Perspectives on Kandinsky*, Malmö, Malmö Konsthall och Sydsvenska Dagbladet, 1990, p. 133-152.

12— Cité dans J.M. Lukach, *op. cit.*, p. 116.

13— *Ibid.*, p. 102.

14— Cité dans Ch. Derouet, « On War in General… », art. cité, p. 151. Derouet raconte l'anecdote passionnante du désaccord sur le prix de vente de *Composition IX* (voir cat. p. 181) et les problèmes auxquels se heurte Kandinsky pour se faire naturaliser français.

15— Âgé de plus de soixante-dix ans, et bien que n'ayant plus la stimulation de ses confrères du Bauhaus et travaillant dans des conditions difficiles à cause des restrictions liées à la guerre, Kandinsky est en effet très prolifique durant cette période, réalisant un nombre d'œuvres qui représente quantitativement près de la moitié de ce qu'il avait produit durant sa période au Bauhaus. Voir B.C. Buenger, art. cité, p. 68.

16— V. Kandinsky, Lettre à H. Rebay, 1er avril 1935, cité dans J.M. Lukach, *op. cit.*, p. 116.

17— Cité dans Ch. Derouet, « On War in General… », art. cité, p. 139. Il est intéressant de noter que la nécrologie américaine du peintre, décédé le 13 décembre 1944, évoque clairement les épreuves qu'il a endurées pendant la guerre.

18— Cité dans G. Levin, *Theme and Improvisation…*, *op. cit.*, p. 12.

19— *Ibid.*, p. 13.

20— George Heard Hamilton (dir.), *Collection of the Société Anonyme. Museum of Modern Art 1920*, New Haven, Yale University Art Gallery, 1950, cité dans *ibid.*, p. 29.

21— Cité dans Jennifer R. Gross, « Believe Me, Faithfully Yours », dans J.R. Gross (dir.), *The Société Anonyme. Modernism for America*, cat. exp., Los Angeles, Hammer Museum, 2006, p. 130.

22— Rebay admirait beaucoup Dreier, alors âgée, et leur correspondance témoigne de leur collaboration et des efforts qu'elles déploient pour défendre le travail de Kandinsky. Voir J.M. Lukach, *Hilla Rebay. In Search…*, *op. cit.*, p. 226-233.

23— On trouvera un résumé assez complet et habilement construit de la vie et de l'œuvre de Scheyer dans Vivian Endicott Barnett, « Galka Scheyer. The Transformation from E.E.S to G.E.S. », dans *The Blue Four Collection at the Norton Simon Museum*, cat. exp., New Haven/Pasadena, Yale University Press/Norton Simon Art Foundation, 2002, p. 11-21.

24— *Ibid.*, p. 12.

25— *Ibid.*, p. 13. Feininger, l'Américain du groupe, pense en effet que le mot « quatre » [four] parlerait aux Américains en raison de la ligne de chemin de fer, célèbre à l'époque, appelée « The Big Four ».

26— *Ibid.*, p. 14. L'artiste devait recevoir 50% du montant des ventes, Scheyer 30%, les 20% restants constituaient un fonds collectif pour rembourser les frais engagés par Scheyer.

27— G. Scheyer, Lettre à V. Kandinsky, 26 octobre 1934, *ibid.*, p. 17.

28— V. Kandinsky, Lettre à G. Scheyer, 17 octobre 1944, *ibid.*

29— Cité dans J.M. Lukach, *Hilla Rebay. In Search…*, *op. cit.*, p. 44.

30— *Ibid.*, p. 46.

31— *Ibid.*, p. 60.

32— *Ibid.*, p. 81.

33— V. Kandinsky, Lettre à H. Rebay, 10 février 1936, cité dans M. Lorenz, « Kandinsky and American Abstraction. New York and Europe in the 1930s and 1940s », dans G. Levin, *Theme and Improvisation…*, *op. cit.*, p. 175.

34— V. Kandinsky, Lettre à H. Rebay, 16 octobre 1936, citée dans J.M. Lukach, *Hilla Rebay. In Search…*, *op. cit.*, p. 104.

35— V. Kandinsky, Lettre à H. Rebay, 16 décembre 1936, citée dans *ibid.*, p. 105.

36— H. Rebay : « Où peut-on trouver un tableau futuriste ? Un Severini ou un Balla ? Cela manque dans la collection. » Lettre à R. Bauer, 1938, cité dans *ibid.*, p. 105.

37— Cité dans V. E. Barnett, « Banned German Art. Reception and Institutional Support of Modern German Art in the United States, 1933-45 », dans S. Barron *et al.*, *Exiles + Émigrés*, *op. cit.*, p. 276.

38— *Ibid.*, p. 276. La lettre complète d'Otto Nebel, datée du 19 août 1938, est reproduite dans J.M. Lukach, *Hilla Rebay. In Search…*, *op. cit.*, p. 121 *sq*.

39— *Ibid.*, p. 122.

40— V. E. Barnett, « Rereading the Correspondence. Rebay and Kandinsky », dans *Art of Tomorrow. Hilla Rebay and Solomon R. Guggenheim*, cat. exp., New York, Guggenheim Museum, 2005, p. 86-100. Lukach signale que Rebay a écrit à Kandinsky quelques semaines après la Libération de Paris, mais Kandinsky meurt avant de recevoir la lettre. Voir J.M. Lukach, *Hilla Rebay. In Search…*, *op. cit.*, p. 117.

41— *Ibid.*, p. 117.

42— « Exhibition is opened of Guggenheim Art, Paintings Shown in Special Building », *The New York Times*, 1er juin 1939.

43— Emily Genauer, « Art of Tomorrow in Colorful Design », *New York World Telegram*, 3 juin 1939.

44— Hananiah Harari, Jan Matulka, Emanuel Herzl, Byron Browne, Leo Lances, Rosalind Bengelsdorf et George McNeil, Lettre au directeur d'*Art Front*, *Art Front*, n° 7, octobre 1937, p. 20 *sq*.

45— Voir G. Levin et M. Lorenz, *op. cit.*

46— Jerome Klein : « […] quelle que soit la sincérité de leurs prétentions, celles-ci ne sont pas confirmées par leurs œuvres qui, dans l'ensemble, sont creuses dans leur conception et dépassent rarement le stade de la décoration superficielle. » Cité dans Sandra Kraskin, *Pioneers of Abstract Art. American Abstract Artists, 1936-1996*, cat. exp., New York, Sidney Mishkin Gallery/Baruch College, 1996, p. 9.

47— Manuscrit en allemand, Hilla von Rebay Foundation Archive (M0007), Solomon R. Guggenheim Museum Archives, New York.

48— Voir M. Lorenz, « Kandinsky and American Abstraction », art. cité, p. 173.

49— Cité dans Ch. Derouet, « On War in General… », art. cité, p. 141.

50— Cynthia Jaffee McCabe, « A Century of Artist-Immigrants », dans *The Golden Door. Artists-Immigrants of America, 1876-1976*, Washington D.C., Hirshhorn Museum and Sculpture Garden, 1976, p. 31, cité dans S. Kraskin, *Pioneers of Abstract Art…*, *op. cit.*, p. 18.

51— H. Rebay, Lettre à R. Bauer, 25 décembre 1929, citée dans J.M. Lukach, *Hilla Rebay. In Search…*, *op. cit.*, p. 59.

52— On trouvera une analyse complète de ce genre de liens dans la presse de l'époque dans G. Levin, *Theme and Improvisation…*, *op. cit.*

53— Cité dans V. E. Barnett, *The Blue Four Collection at the Norton Simon Museum*, *op. cit.*, p. 14.

54— S. Barron *et al.*, *Degenerate Art…*, *op. cit.*, p. 122.

55— Cité dans V. E. Barnett, « Banned German Art. Reception and Institutional Support of Modern German Art in the United States, 1933-45 », art. cité, p. 275, note 12.

56— « Kandinsky, Leader in Modern Art », *The New York Times*, 19 décembre 1944, p. 21.

57— V. Kandinsky, Lettre à H. Rebay, 21 avril 1936, Hilla von Rebay Foundation Archive (M0007), Solomon R. Guggenheim Museum Archives, New York.

58— Melville Upton, « Kandinsky in Retrospect », *The Sun*, 24 mars 1945, scrapbook 6, Solomon R. Guggenheim records A0033, Solomon R. Guggenheim Museum Archives, New York.

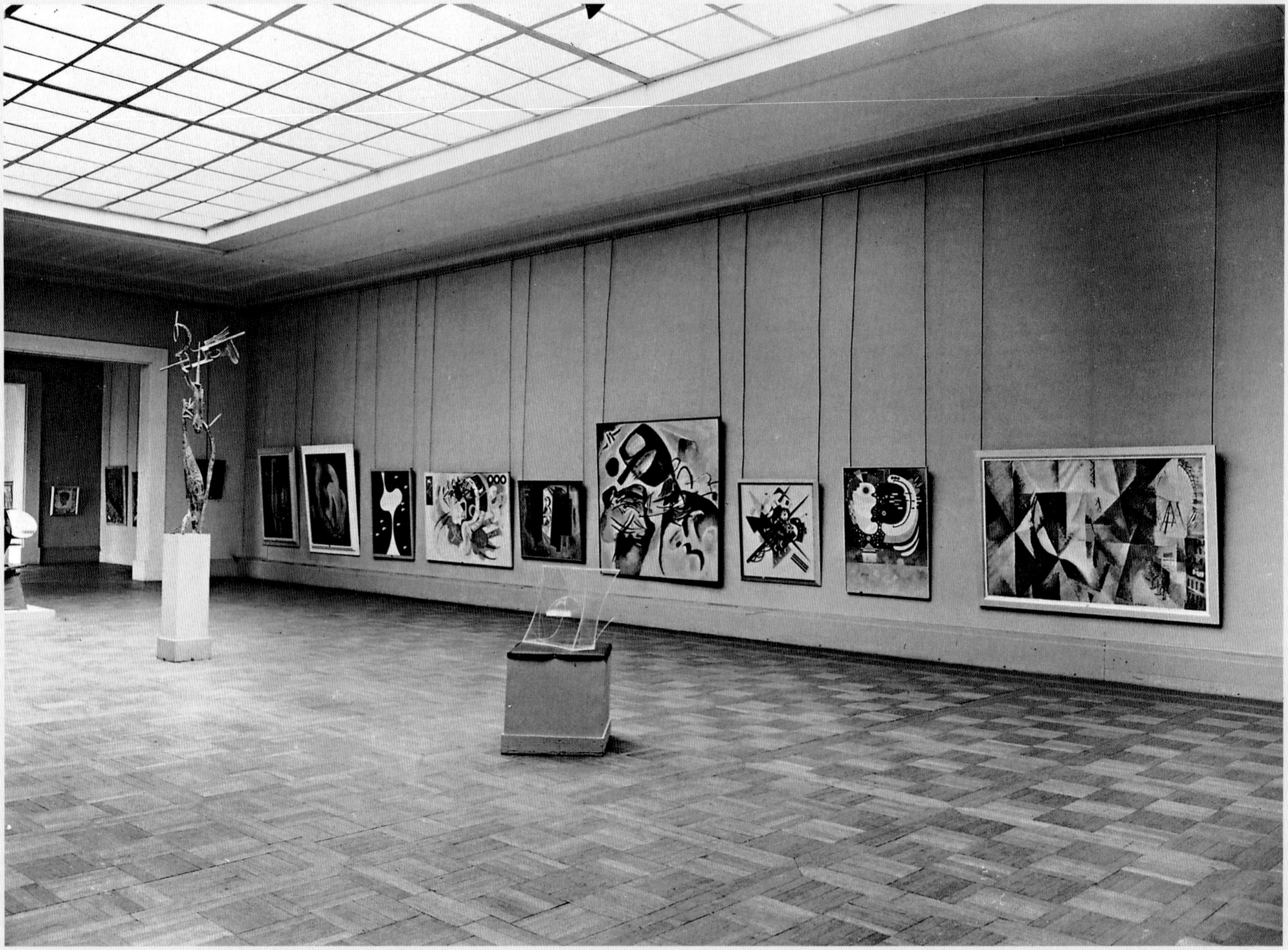

1

1. Exposition « Origines et développement de la peinture Internationale indépendante », musée du Jeu de Paume, juillet 1937.
Vue de la salle XIV, cimaise Kandinsky, Archives des Musées nationaux.
De gauche à droite : peintures de Theodor Werner, relief de Hans Arp.
Au centre : Vassily Kandinsky : *Courbe dominante*, 1936, *Entwicklung in Braun* [Développement en brun], 1933, *Bild mit Schwarzem Bogen* [Tableau avec l'arc noir], 1912, *Auf Weiss II* [Sur blanc II], 1923 et *Entre-deux*, 1934.
À droite : peinture de Robert Delaunay.
Dans la salle, de gauche à droite : sculptures d'Antoine Pevsner, Julio González et Naum Gabo

Kandinsky et les *Cahiers d'Art* (1927-1944)

Christian Derouet

> « **Un tout petit changement presque invisible, d'une seule couleur, donne d'un seul coup à l'œuvre une irréprochabilité illimitée[1].** »

Kandinsky se maintient toujours au plus près de l'avant-garde internationale même si une propension naturelle le porte à se tenir en marge des milieux artistiques dans lesquels il évolue. Il compense cet isolement par un flux de publications avec lequel il suscite, attise ou tempère la polémique autour de son nom. C'est pour cette raison qu'il accueille avec curiosité en décembre 1927 Christian Zervos (1889-1970), rédacteur propriétaire d'une revue d'art parisienne, les *Cahiers d'Art* (ill. 2). Un partenariat immédiat s'établit qui explique à lui seul l'installation des Kandinsky à Neuilly-sur-Seine à la fin de 1933. La période dite « parisienne » commence, en quelque sorte, à Dessau six ans plus tôt. Kandinsky (ill. 3), en quête d'un véritable marchand, transforme un éditeur en agent de sa peinture. Il faudrait rappeler l'intérêt direct et même financier qu'il avait porté au début du siècle à une autre revue française, *Les Tendances nouvelles*, dirigée à Paris par un peintre médiocre, Alexis Mérodack-Jeaneau. Le numéro 26, livraison de Noël 1906, avait publié un article sur la xylographie, illustré de ses gravures sur bois. Ce fut une tentative ratée dont Kandinsky ne souffla mot. Depuis son dernier envoi au Salon des Indépendants en 1912, plus personne ne médisait de lui dans la presse parisienne. Aussi, quinze ans plus tard, la visite inopinée de Christian Zervos, hellène francisé égaré au 6 de la Burgkühnauer Allee à Dessau, ravive un vieux rêve : s'imposer dans la Babylone artistique européenne.

Kandinsky correspondant des *Cahiers d'Art* en Allemagne, 1928-1933

Zervos a l'aplomb de s'introduire chez Kandinsky avec le plus grand marchand de Berlin. Ne lui écrit-il pas du Central Hotel à Berlin en décembre 1927 : « Cher Monsieur Kandinsky, / Je viendrai le 28 ou le 31 janvier vous voir avec M. Flechtheim et choisir ensemble les toiles qu'il veut vous acheter. / Tout marche bien. Naturellement M. Flechtheim est enchanté de mon idée de vous organiser une exposition à Paris. / Cela lui donnera plus de possibilités d'action en Allemagne. / Mes hommages à Mme Kandinsky qui a enchanté tout le monde. / Bien cordialement vôtre. / Christian Zervos[2] » (ill. 4). Kandinsky va, jusqu'à sa mort, suivre Zervos en ses adresses successives : de la rue de

2

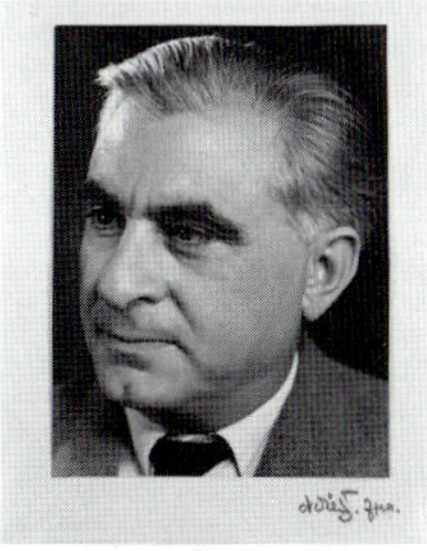

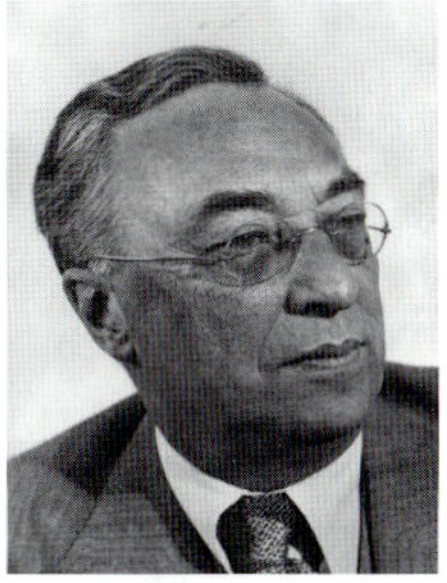

3

2. *Christian Zervos*, photographie signée Dietz, Francfort, 1931
Coll. Yves de Fontbrune, galerie Cahiers d'Art, Paris

3. *Vassily Kandinsky*, photographie par Florence Henri, 1934, reproduite dans les *Cahiers d'Art* n° 5-8, 1934, p. 152

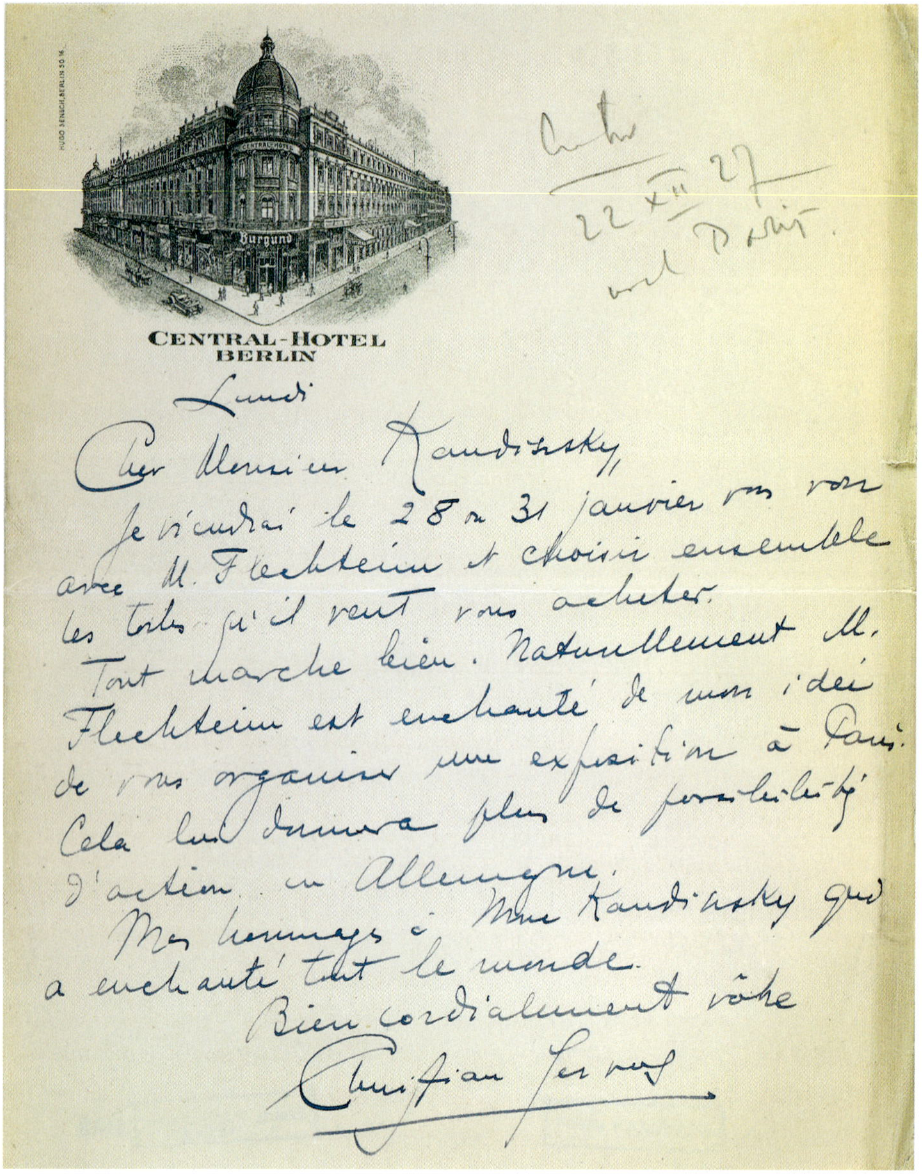
CENTRAL-HOTEL
BERLIN

22 XII 27

Lundi

Cher Monsieur Kandinsky,

Je viendrai le 28 ou 31 janvier voir vous avec M. Flechtheim et choisir ensemble les toiles qu'il veut vous acheter.

Tout marche bien. Naturellement M. Flechtheim est enchanté de mon idée de vous organiser une exposition à Paris. Cela lui donnera plus de possibilités d'action en Allemagne.

Mes hommages à Mme Kandinsky qui a enchanté tout le monde.

Bien cordialement vôtre

Christian Zervos

4

4. Facsimilé d'une lettre adressée par Christian Zervos à Vassily Kandinsky, Berlin, le 22 décembre 1927
Bibliothèque Kandinsky, Centre Pompidou, Paris

Lisbonne, Paris VIIIe jusqu'au siège de la revue 14 rue du Dragon, Paris VIe, etc. Pendant la Seconde Guerre mondiale, Kandinsky porte au crayon dans son carnet les deux dernières : 40 rue du Bac et celle de la maison de campagne des Zervos, La Goulotte par Vézelay (Yonne).

Les deux hommes ont en commun d'être des anciens universitaires et de demeurer des étrangers dans leurs pays d'adoption ; leur naturalisation récente endigue mal la xénophobie à leur encontre. Ce qu'ils s'apportent est avant tout stratégique. Kandinsky, maître au Bauhaus, introduit aux *Cahiers d'Art* Will Grohmann, son critique attitré, le Dr. Ludwig Grote, conservateur du Kunstverein de Dessau, et Walter Peterhans, le photographe de l'école. Il explique à Zervos les mécanismes des sociétés d'amateurs qui permettent aux artistes de subsister en ces années de crise comme la Gesellschaft zur Förderung der Jungen Kunst [Société des amis de l'art moderne], animée par Otto Ralfs à Brunswick. Il fait bloc pour représenter l'art allemand avec son collègue Paul Klee, qui jouit à Paris d'une notoriété dont Kandinsky a tendance à prendre ombrage. Il se réfère désormais aux *Cahiers d'Art* dans les cours qu'il délivre aux élèves, et réclame en 1932 des défets à Zervos pour monter sur carton des reproductions de l'art en train de se faire (ill. 5).

Zervos, après s'être formé pendant quatre ans aux Éditions Albert Morancé, a créé sa propre revue en 1926. Il l'oriente tout de suite vers Berlin, bien qu'il ignore l'allemand. Il charge Curt Valentin, l'assistant d'Alfred Flechtheim, de lui louer un bureau sur la Sprée. Le fait de confier de 1928 à 1934 les pages « architecture » à un Suisse alémanique, Sigfried Giedion, colporte la peinture de Kandinsky jusqu'au Kunsthaus de Zurich. À Paris, Zervos a, en fait, peu de crédit auprès des puissantes galeries de la rive droite, où il est en cheville avec les galeries Percier et Georges Bernheim ; mais sur la rive gauche, à Saint-Germain-des-Prés, il agit en directeur artistique auprès de petites galeries. De 1928 à 1932, il bénéficie de la complicité d'E. Tériade et de Maurice Raynal qui tiennent la page

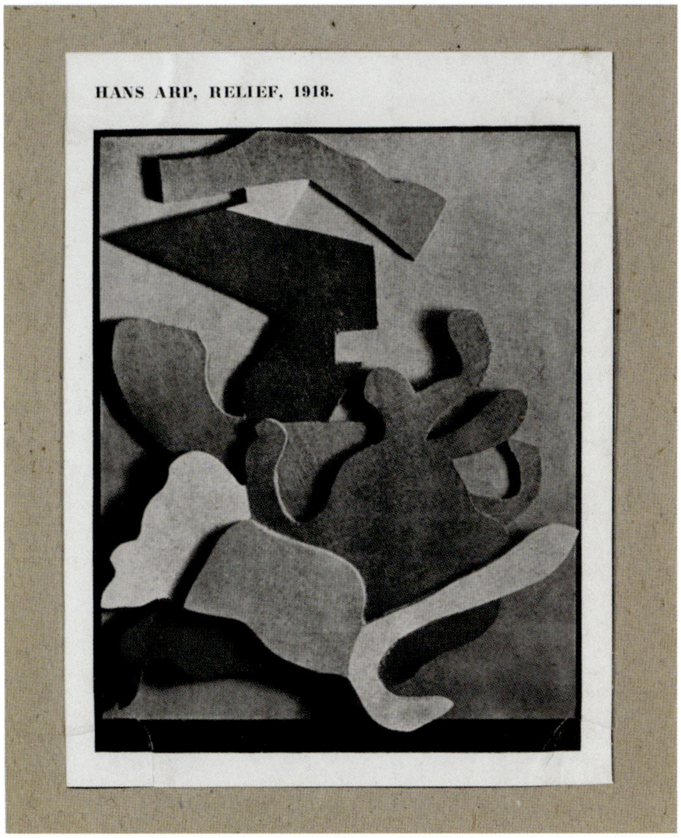

5

5. Hans Arp, *Relief*, 1918. Reproduction extraite de l'article de Georges Hugnet, « L'Esprit Dada dans la peinture. 1er. Zurich et New York », *Cahiers d'Art*, 7e année, n° 1-2, 1932, contrecollée sur carton pour les cours de Kandinsky au Bauhaus
Bibliothèque Kandinsky, Centre Pompidou, Paris

artistique du quotidien *L'Intransigeant*. Ils invitent aussitôt Kandinsky à répondre à leurs enquêtes et donnent écho dans les éphémérides à la moindre de ses activités en Allemagne. À New York et à Londres, la diffusion des *Cahiers d'Art* s'affermit, associant Kandinsky aux maîtres reconnus de l'école de Paris.

Zervos, quant à lui, organise une modeste exposition d'aquarelles à la galerie Zak, place Saint-Germain-des-Prés, en janvier 1929. Il en fait un événement grâce aux *Cahiers d'Art* : « Personnellement, je ne connaissais l'œuvre de Kandinsky que par des reproductions parues dans des revues allemandes et par son livre *Punkt und Linie zu Fläche* [*Point et ligne sur plan*] qui résume ses théories enseignées aux étudiants du "*Bauhaus*". Aussi ce fut pour moi une véritable surprise lorsque, l'hiver dernier, lors de mon voyage en Allemagne, j'ai eu le plaisir de voir à Dessau les œuvres de Kandinsky. Je venais de rendre visite à son voisin Paul Klee, professeur lui aussi au "Bauhaus" de Dessau. J'avais vu chez Klee des toiles admirablement peintes, qui m'avaient révélé certaines origines du surréalisme en France. Chez Kandinsky, je retrouvais le complément de ces origines. Ainsi, ce qu'on admirait chez nous comme une création originale n'était, somme toute, que la continuation des recherches de Klee et de Kandinsky[3]. » L'amalgame expéditif avec les surréalistes est à l'origine d'une méprise durable ; elle s'explique d'autant mieux que parmi les acheteurs figure le poète André Breton, qui emporte l'aquarelle *Kleines Weiss* [Petit blanc]. Peu après, Zervos publie dans les *Cahiers d'Art* une première étude bien illustrée sur « Wassily Kandinsky », par Will Grohmann ; il commet une bévue en reproduisant à l'envers son premier « bas en haut » : *Bild mit Weißer Form* [Peinture à la forme blanche] (1913), de la collection Otto Ralfs[4].

En mars 1930, Zervos monte une exposition plus ambitieuse « Kandinsky, peintures récentes », à la galerie de France, rue de l'Abbaye, près de Saint-Germain-des-Prés. Il fait clicher quatre des tableaux exposés et imprime un beau catalogue (ill. 6). Il tente de dissiper le malentendu en titrant correctement sa préface « Kandinsky et l'art abstrait ». Dans ses analyses, il ne risque jamais une perspective historique ; il transpose en style indirect des propos de l'artiste : « [...] ce qu'il y a de plus précieux dans les tableaux de Kandinsky, c'est la parfaite ordonnance des tons qui, pour être souvent intenses, ne sont pas moins d'une parfaite logique. La couleur de Kandinsky ne vise jamais au pittoresque et à l'effet. Souvent même, par la plus simple concurrence de petits moyens, elle laisse l'impression d'extrême sobriété et de tenue. C'est que l'artiste est préoccupé au plus haut degré de l'harmonie totale du tableau et qu'il connaît mieux que personne la nécessité d'une couleur générale. Attentif aux superficies de ses toiles, Kandinsky évite le danger de laisser ses intentions de détail se contredire dans l'effet d'ensemble. Il en résulte que sa couleur ne manque jamais de mélodie[5]. »

Puis Kandinsky encourage les éditions Cahiers d'Art à publier une monographie comme celle que Zervos et Grohmann viennent de réaliser pour Klee. Il est convenu que la parution de ce volume, financé par Kandinsky, coïncidera avec son exposition de peintures et d'aquarelles à la galerie Flechtheim à Berlin : l'ouvrage vise plus la clientèle allemande que les collectionneurs parisiens. Le texte original en allemand de Grohmann fait l'objet d'une brochure aux dépens de la Kandinsky-Gesellschaft à Brunswick. Les planches reproduites en héliotypie couvrent la production du peintre de 1909 à 1929. Kandinsky tente l'acheteur en incorporant à chaque exemplaire une gravure sur bois en trois couleurs et glisse aquarelles, dessins et eaux-fortes dans les tirages de tête (ill. 7, 8 et 9). Les huit *Compositions* s'enchaînent à la suite. Grohmann assume l'introduction et établit la table de concordance des titres en allemand et en français, la bibliographie des écrits de Kandinsky ; il rappelle les charges qu'il a assumées de 1919 à 1921 en URSS en une succincte et efficace reconstitution de carrière.

En 1931, les *Cahiers d'Art* lancent une enquête-réquisitoire : « De l'art abstrait ». Zervos formule de véritables chefs d'accusation où il faut lire entre les lignes les réticences de Matisse et de Picasso, les véritables patrons des *Cahiers d'Art* contre cette intrusion des Allemands sur leur marché : « 1° d'être cérébral à l'excès et, par conséquent, de se trouver en contradiction avec la nature même de l'art véritable qui serait essentiellement d'ordre sensuel et émotif. / 2° d'avoir remplacé l'émotion par un exercice plus ou moins adroit et subtil, mais toujours objectif, de tons purs et de dessins géométriques. / 3° d'avoir restreint les possibilités qui s'offraient à la peinture et à la sculpture, au point de réduire l'œuvre d'art à un simple jeu de couleurs et à des formes purement ornementales qui conviendraient tout au plus à l'affiche et au catalogue de publicité. / 4° d'avoir ainsi engagé l'art dans une impasse et d'avoir supprimé toutes ses possibilités d'évolution et de développement[6]. » Kandinsky, qui refuse d'être *taxé de* bolchevisme, relève le défi après Piet Mondrian : les peintres « abstraits » sont les accusés. Ils doivent se défendre et prouver que la peinture sans « objet » est vraiment de la peinture et qu'elle a le droit d'existence à côté de l'autre. Il dissocie art abstrait et mathématique : « Je dessinai, par exemple, l'image projetée sur une surface calculée selon des proportions mathématiques, mais la couleur déjà modifiait les proportions du dessin si profondément que l'on ne pouvait s'en remettre uniquement à la seule "mathématique" », affirmant que le peintre devait s'en remettre à son intuition. Aux « purs constructivistes » il oppose l'intuition, « la voix de [la] femme défunte » de Henri Rousseau, et conclut par une boutade : « Le contact de l'angle aigu d'un triangle avec un cercle n'a pas d'effet moindre que celui du doigt de Dieu avec le doigt d'Adam chez Michel-Ange. »[7] Ces anicroches ne remettent pas en cause leur faire-valoir mutuel, chacun s'attachant à conforter la position de l'autre. Zervos publie un compte rendu par Will Grohmann d'une exposition de dessins de Kandinsky à la galerie F. Moeller à Berlin comme il annonce la « fermeture du "Bauhaus" par le gouvernement national-socialiste d'Anhalt ». Ce sont là des informations bien éloignées de ses lecteurs. Mais elles appuient l'autorité de Kandinsky auprès de Ludwig Mies van der Rohe. Quand, en 1932, Zervos lance l'idée d'un portfolio de gravures pour alléger ses arriérés vis-à-vis des imprimeurs, il trouve en Kandinsky l'ami qui adresse sans rechigner une eau-forte de qualité[8]. Immédiatement après, Zervos lui propose, ainsi qu'à Klee, de réaliser bénévolement un pochoir en deux couleurs au format de la page blanche des *Cahiers*

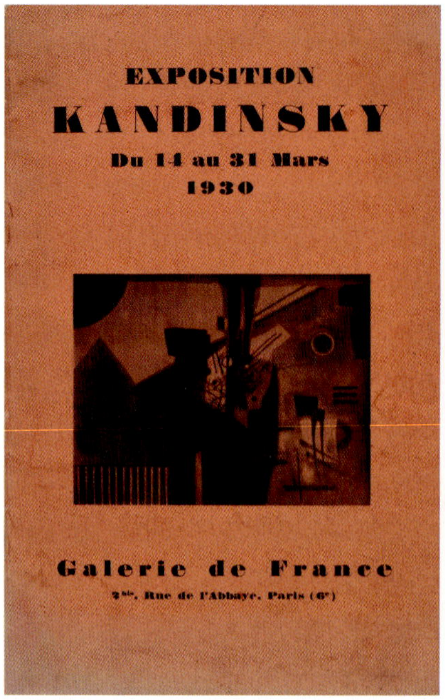

6

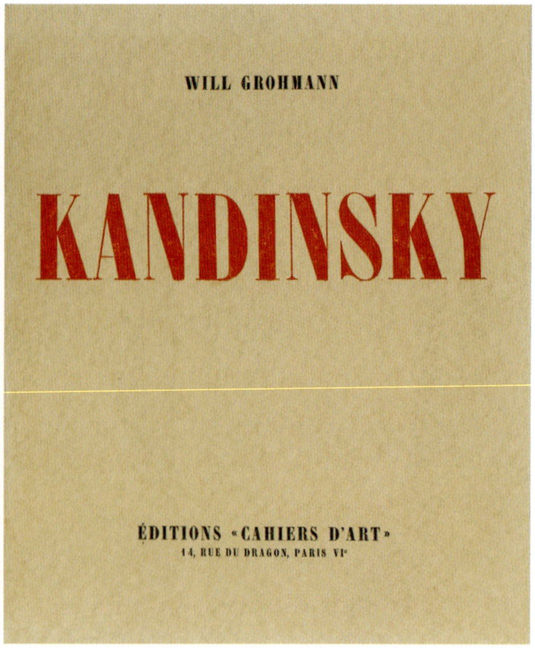

7

6. Couverture du catalogue *Exposition Kandinsky, peintures récentes, Galerie de France*, 2bis, rue de l'Abbaye, près de Saint-Germain-des-Prés, 14-31 mars 1930
Bibliothèque Kandinsky, Centre Pompidou, Paris

7. Couverture de la monographie de Will Grohmann, *Kandinsky*, Paris, Éditions Cahiers d'art, achevé d'imprimer 15 janvier 1931
Bibliothèque Kandinsky, Centre Pompidou, Paris

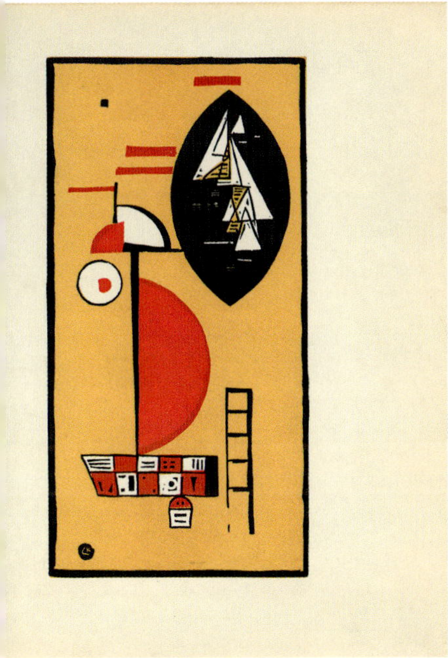

8

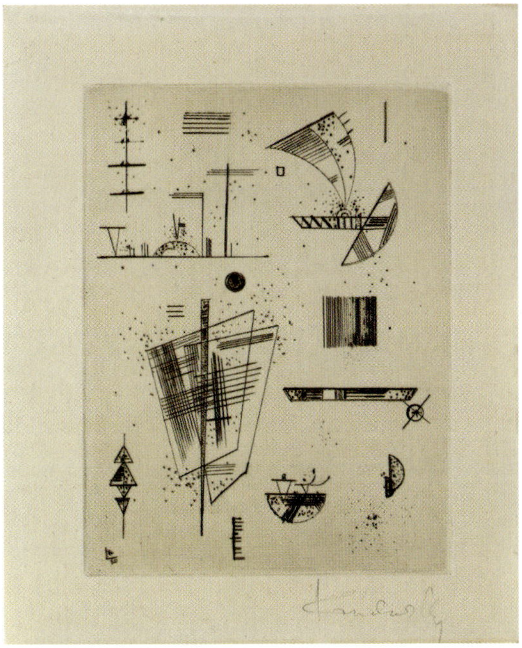

9

8. Vassily Kandinsky, gravure sur bois en trois couleurs pour la monographie des Cahiers d'Art, voir H. K. Roethel, *Kandinsky, Das graphische Werk*, 1970, n° 193, Holzschnitt (bois gravé), 1930

9. Vassily Kandinsky, eau-forte pour la monographie des Cahiers d'Art, voir H. K. Roethel, *Kandinsky, Das graphische Werk*, 1970, n° 194, Erste Radierung für die Editions Cahiers d'Art, 1930

d'Art pour fidéliser les abonnés. Le mois suivant, il le sollicite encore : « Malgré tous mes embêtements je me suis entendu avec un imprimeur de faire imprimer six volumes, un de chacun des meilleurs poètes d'aujourd'hui et dont voici les noms : André Breton, Eluard, Tristan Tzara, Péret, Arp, Hugnet. Ce sera un volume de 50 pages avec trois eaux-fortes. Le premier volume que je ferai sera des vers d'Eluard, à mon avis le meilleur poète français de l'heure actuelle, dont les vers sont dans la même tradition que l'art que je soutiens. Eluard lui-même, quand il a vu l'eau-forte que vous avez faite pour l'album, m'a demandé s'il pouvait compter sur vous pour l'illustration de son volume[9]. » Kandinsky se met avec ardeur au travail pour apprendre peu après que Zervos sursoit car il n'a « plus un sou ». Pour la vente aux enchères qu'organise Zervos afin de sauver les *Cahiers d'Art* de la faillite, le 12 avril 1933, Kandinsky fait porter par son neveu Alexandre Kojève une peinture de format honorable, *Linie-Fleck* [Ligne tache], en le priant simplement de ne pas l'abandonner pour rien. L'année précédente, sur les instances de Zervos, Kandinsky avait gratifié un bailleur de fond, E. Friedrich à Zurich, de l'envoi de *Leiterform (auf Flecken)* [Forme d'échelle (sur tache)] ; en 1935, il remet *Gelber Bogen* [Arc jaune] pour une vente *Cahiers d'Art* à New York[10].

Tout se gâte en Allemagne. Klee, qui a quitté le Bauhaus, est chassé de sa chaire à l'Académie des beaux-arts de Düsseldorf ; puis le 20 juillet 1933, le collège professoral du Bauhaus décide à Berlin la dissolution de l'école devant les exigences des nazis. Klee se déplace à Paris pour parer avec Zervos à ce désastre. Ne le trouvant pas, il passe une convention avec le marchand Daniel-Henry Kahnweiler. Il déménage à Berne et garde rancune à Zervos. Kandinsky se rend à son tour à Paris pour quelques jours, début octobre. Zervos n'est toujours pas rentré. Il rencontre Tériade, Breton, Eluard, qui lancent une nouvelle revue artistique et littéraire appelée *Minotaure*. Kandinsky est invité à exposer fin octobre avec les surréalistes au Salon des Surindépendants, à la porte de Versailles. Sa présence prend valeur d'une protestation contre la réaction hitlérienne. Mais cette alliance contre nature tourne au gâchis. Nina Kandinsky, dans *Kandinsky et moi*, rappelle que « Paul Eluard, que nous avions rencontré en 1933 à une réception chez Tristan Tzara [...] a senti que nous n'avions pas beaucoup de sympathie pour le communisme et nous l'avons donc beaucoup déçu. Il a interrompu la conversation de façon abrupte[11] ».

Zervos était en Grèce depuis le mois d'août, rassemblant les matériaux nécessaires à une livraison des *Cahiers d'Art* consacrée exclusivement à l'art grec. Il s'en excuse auprès de Kandinsky le 20 novembre 1933 : « Nous voici de retour de Grèce après une absence de trois mois et demi. J'ai beaucoup regretté de vous avoir manqué [...][12]. » Il découvre les abysses où sombre tout ce qu'il apprécie en Allemagne. Curt Valentin fait déjà le ménage à la galerie Flechtheim. Kandinsky annonce à Grohmann, son confident, que le 4 décembre 1933, il a loué un bel appartement au 135 boulevard de la Seine à Neuilly-sur-Seine.

Kandinsky aux *Cahiers d'Art*.
Les années jubilatoires d'un « Auslandsdeutscher » [Allemand exilé à l'étranger], 1934-1936

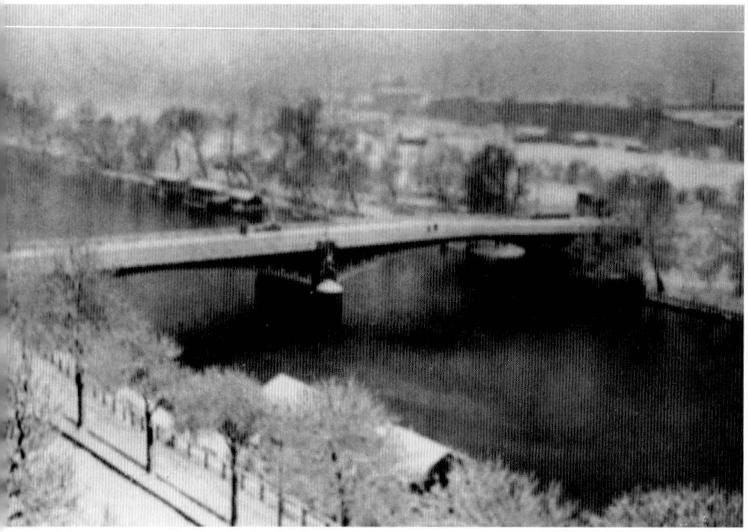

10

D'après la correspondance avec Josef Albers, ancien élève puis collègue au Bauhaus, fraîchement émigré à la Black Mountain School, en Caroline du Nord aux États-Unis, les Kandinsky quittent Berlin le 16 décembre, après de pénibles journées et des tracasseries de toutes sortes. Ils passent cinq jours à Berne avant d'arriver à Paris le 21 décembre 1933. Le 2 janvier, ils emménagent dans un bâtiment loin d'être terminé. Situé au sixième étage, l'appartement rappelle la disposition de l'atelier que Kandinsky s'était réservé au sommet de son immeuble de rapport à Moscou en 1913. Mais ici, il n'y a plus le Kremlin en perspective. Des trois pièces en enfilade, ils voient couler la Seine en contrebas, plus loin, une île inondable puis, sur l'autre rive la zone industrielle de Puteaux. Puis un ciel immense au-dessus du mont Valérien. Cette location prévue pour un an devient sa dernière attache. Il s'y éteint onze ans plus tard en 1944. Nina Kandinsky y habitera jusqu'à sa mort en 1980 (ill. 9).

Les Zervos font tout ce qu'ils peuvent pour que les Kandinsky se fondent le plus vite possible dans le milieu artistique de Saint-Germain-des-Prés. Ils leur rendent visite à Neuilly et leur programment des visites d'atelier, des rencontres à la campagne, comme l'excursion à Varengeville en avril (ill. 11). Les bureaux des *Cahiers d'Art* au 14 rue du Dragon sont transformés en galerie d'exposition : succède à de grands collages de Miró une première exposition « Kandinsky. Peintures de toutes les époques, aquarelles, dessins », mai-juin 1934 (ill. 12). Yvonne Zervos a remis à Kandinsky un schéma coté des salles pour qu'il puisse préparer son accrochage. Christian Zervos écrit à Giuseppe Ghiringhelli, directeur de la Galleria Il Milione, à Milan, le 19 mai 1934 : « L'exposition que Mme Zervos a organisée dans les bureaux de la revue est vraiment splendide. Le vernissage a eu lieu hier. Tout le monde a été unanime pour reconnaître la beauté des œuvres exposées. Nous avons montré en tout 45 peintures dont une dizaine de très grandes toiles qui donnent une impression très forte de l'œuvre de ce merveilleux artiste[13]. » Paul Westheim, ancien directeur de *Das Kunstblatt*, en rend compte dans *Pariser Tageszeitung*, journal allemand édité à Paris pour les réfugiés[14].
Zervos accompagne l'exposition par ses « Notes sur Kandinsky. À propos de sa récente exposition à la galerie des "Cahiers d'Art" » dans la revue : « Vigueur et aristocratie de la pensée, sobriété de la forme, puissance dans l'exécution, lui viennent indiscutablement de sa vie, dont le relief anime constamment ses œuvres. [...] Ses tableaux récents se distinguent peut-être des plus anciens par la maturité de l'âge, ils n'en sont pas moins marqués au coin de cette jeunesse, qui a fait à toutes les époques, ses toiles vivantes, neuves, étincelantes d'esprit et d'imagination, comme une série constante de débuts. » Il s'époumone encore à dénier à cette peinture ce qu'elle est : « C'est pourquoi la peinture de Kandinsky n'est jamais abstraite ; elle excelle, au contraire, à animer les inventions de l'artiste, à faire vivre l'univers, voire les choses apparemment les plus inertes[15]. » Il ne reproduit, à son habitude, que des

10. La Seine, le pont et les usines de Puteaux sous la neige : vue des fenêtres de l'appartement des Kandinsky à Neuilly-sur-Seine
Fonds Kandinsky, Bibliothèque Kandinsky, Centre Pompidou, Paris

11. Rencontre à Varengeville (Normandie). Devant la maison de l'architecte américain, Paul Nelson et de la décoratrice Francine Nelson, son épouse : au premier plan au centre debout, C. Zervos, et, assise, Yvonne Zervos ; derrière elle, Francine Nelson et Nina Kandinsky ; à droite, en retrait coiffé d'un chapeau, V. Kandinsky ; près de lui, Susi Magnelli et Alberto Magnelli (1934)
Fonds Kandinsky, Bibliothèque Kandinsky, Centre Pompidou, Paris

12. Carton d'invitation pour la première exposition de Kandinsky aux Cahiers d'Art, du 23 mai-9 juin 1934
Bibliothèque Kandinsky, Centre Pompidou, Paris

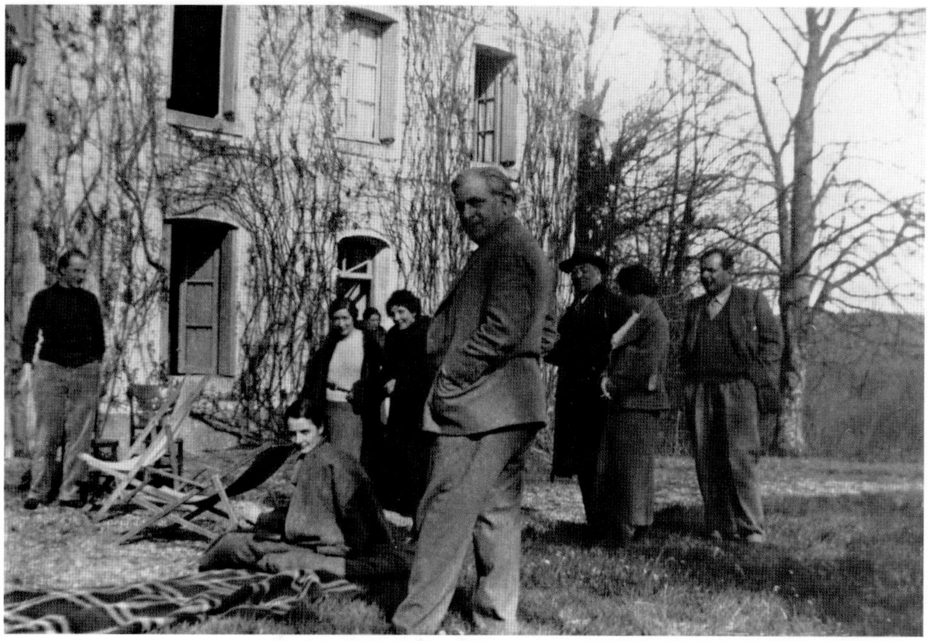

11

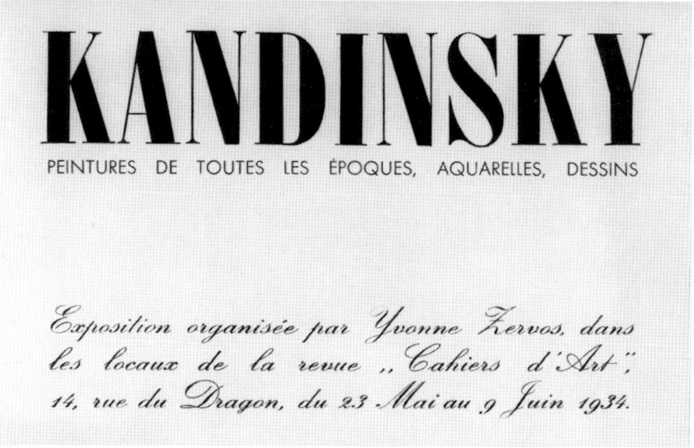

12

toiles inédites : *Entwicklung in Braun* [Développement en brun] (voir cat. p. 167) Berlin (1933), *Chacun pour soi* (1934), *Ensemble* (1934), *Formes noires sur blanc* (1934), *Entre-deux* (1934, voir cat. p. 306), *Monde bleu* (1934), *Violet dominant* (1934). Yvonne Zervos complimente sincèrement Kandinsky le 13 juin 1934 : « Au moment de me séparer de vos tableaux, je tiens à vous dire combien j'ai été heureuse d'avoir vécu en leur compagnie pendant deux semaines et de les avoir fait voir à tous ceux qui aiment encore la bonne peinture[16]. » Kandinsky la gratifie d'une toile au titre paradoxal : *Formes noires sur blanc*, qu'il dédicace au revers : « à MADAME YVONNE ZERVOS / avec des sentiments vifs de respect et d'amitié / cordiale / Kandinsky / Paris 1934 » (ill. 13 et 14). Dans cette variation en noir et blanc, Kandinsky vérifie la validité de ses nouvelles recherches sur les contrastes du « dur » et du « mou », du vivant et du géométrique, des illusions d'optique et du biomorphisme.

Auprès d'Albers, Kandinsky se félicite d'un vrai retournement de fortune, le 19 juin 1934 : « J'y ai montré des tableaux des années 1921 à 1934, par conséquent certains d'entre eux ont été peints à Paris. Ma femme m'oblige à vous dire que cette exposition a été considérée comme un événement et qu'elle a connu un succès extraordinaire. [...] Le groupe à venir est constitué d'artistes qui ont fait auparavant partie du groupe Abstraction-Création et en sont sortis récemment, comme ils auraient dû le faire depuis longtemps, car les expositions de Abstraction-Création étaient généralement de peu d'intérêt[17]. » Par la suite, les Kandinsky reviennent honorer une exposition Max Ernst présentée en mai-juin 1934, puis celle du groupe en question, Arp, Taeuber-Arp, Ghika, Hélion.

Les imprécations de Kandinsky face aux surréalistes percent dans la correspondance avec Albers. À propos de Max Ernst, le 6 septembre 1934, il écrit sans le nommer : « La seule chose véritablement terrible, c'est l'art qui tourne autour de la libido, car il connaît vraiment aujourd'hui un grand succès. En l'occurrence, le mot libido peut aisément se traduire par "cochonnerie". Les adeptes sont le plus souvent des homosexuels, ou de purs snobs. Que l'on extraie aussi de l'obscurité cet aspect de l'existence pour l'exposer à la lumière, c'est tout à fait bien. Mais il est moins bien de réduire la vie à cet aspect-là[18]. » Kandinsky retourne à la galerie des Cahiers d'Art pour voir les fers forgés de Julio González qu'il trouve magnifiques. Dans le numéro des *Cahiers d'Art*, n° 9-10, 1934, paru début 1935, Zervos publie inopinément « Deux tableaux inédits de Henri Rousseau appartenant à M. W. Kandinsky[19] », (sans les légender, *La Basse-cour*, et le *Peintre et son modèle*, aujourd'hui au Centre Pompidou). C'est plus qu'un simple addendum à la monographie qu'il avait consacrée au Douanier Rousseau en 1927 : Zervos prouve la sympathie qu'il porte à Kandinsky par une publication qui authentifie les œuvres en question et qui décerne, par ailleurs, au peintre « allemand » un brevet de culture parisienne.

Comme Albers souhaite présenter ses œuvres à Paris, Kandinsky lui vante, le 15 décembre 1934, les modalités des expositions aux Cahiers d'Art: « Le meilleur endroit où exposer, là où vont les gens les plus intéressants et d'où la nouvelle se répand. » À la différence des vrais marchands d'art qui louent leurs espaces ou refusent tout simplement de faire quoi que ce soit car la crise qui a atteint le marché de l'art perdure et décourage toute spéculation, « les Zervos n'exposent que par conviction, sans en tirer profit personnellement[20] ». Une exposition aux Cahiers d'Art ne peut avoir qu'un bénéfice moral : montrer et se montrer ; sur le point pratique de la vente, les Zervos n'y connaissent rien et n'assurent point de suivi.

Dans le Salon « Art et décoration » au Grand Palais en mai 1935, Yvonne Zervos et de jeunes architectes, Barret et Buffetaut, improvisent une confrontation des deux tendances qui se disputent l'art abstrait à Paris. Sur les murs de ce qui est censé être le « salon d'un intellectuel », se font face une des dernières toiles de Kandinsky, *Brun supplémenté*, terminée en mars 1935, et une composition rythmée d'horizontales et de verticales de Mondrian. Sans rien dire de ce vis-à-vis, Kandinsky écrit à son homme d'affaires, Hermann Rupf, à Berne le 9 mai 1935 : « Il y a en ce moment une grande exposition "Art et Décoration" qui, dit-on est incroyablement mauvaise, à l'exception toutefois d'un espace qui a été installé par un jeune architecte et Mme Yvonne Zervos. Il paraît que cet espace est superbe[21]. » Une seconde exposition Kandinsky aux Cahiers d'Art occupe les trois salles de juin à septembre 1935 : dix nouvelles toiles, aquarelles ou gouaches, dessins de toutes les époques. Elle coïncide avec la parution dans les *Cahiers d'Art* de la réponse de Kandinsky à une enquête sur l'art d'aujourd'hui : il réitère sa prétention à libérer la peinture, du moins la sienne, de l'objet. À Paris, des initiés viennent d'apprendre la mort de Kasimir Malevitch et Kandinsky prétend faire barrage au radicalisme des « "constructivistes", dont la plupart affirment que les impressions-émotions reçues par l'artiste du dehors sont non seulement inutiles, mais

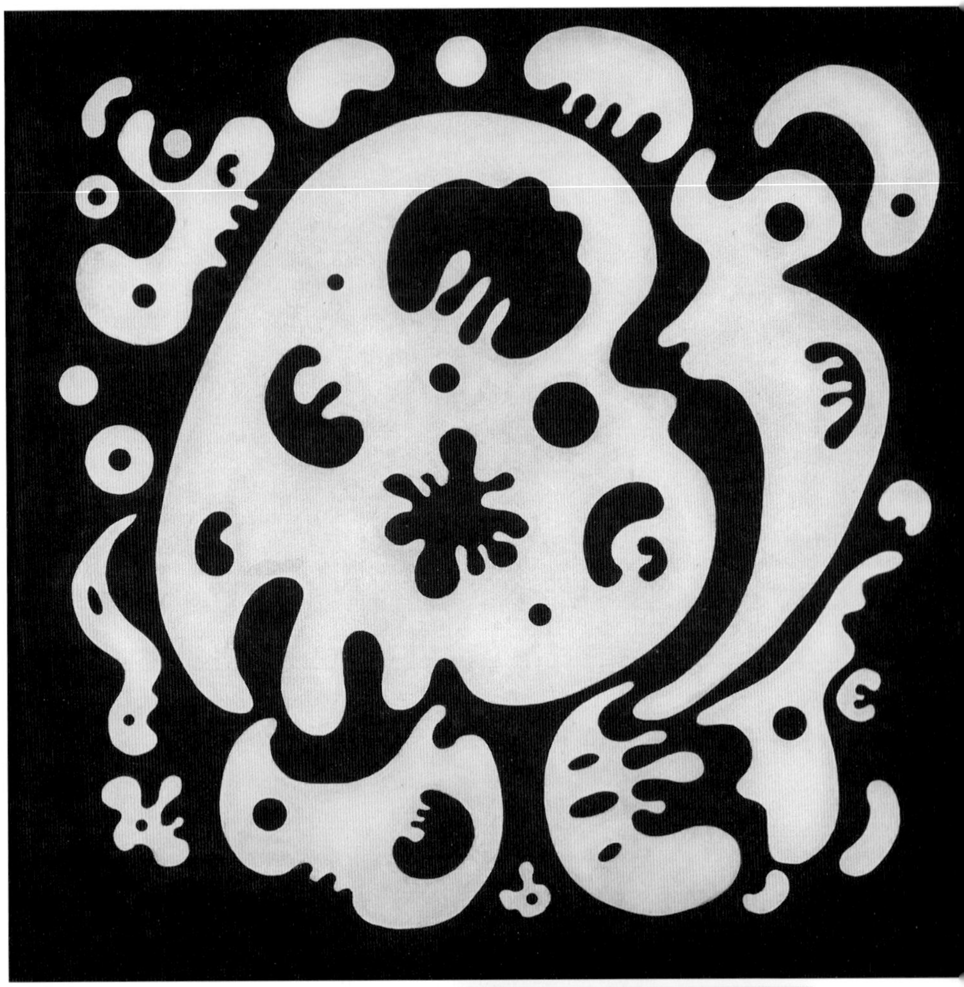

13

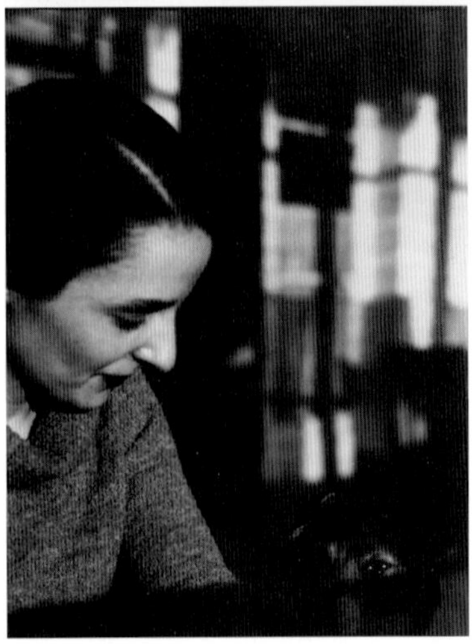

14

13. *Formes noires sur blanc*, 1934, huile sur toile, 70 x 70 cm, Musée Zervos, Vézelay (MZ. 133), annotée au verso en haut à gauche : « K/ n° 600/ avril 1934 ». Dédicacée au verso à droite : « à MADAME YVONNE ZERVOS / avec des sentiments vifs de respect et d'amitié / cordiale / Kandinsky / Paris 1934 ». Publiée dans *Cahiers d'Art*, n° 5-8, 1934. p. 153

14. *Yvonne Zervos*
Fonds Kandinsky, Bibliothèque Kandinsky, Centre Pompidou, Paris

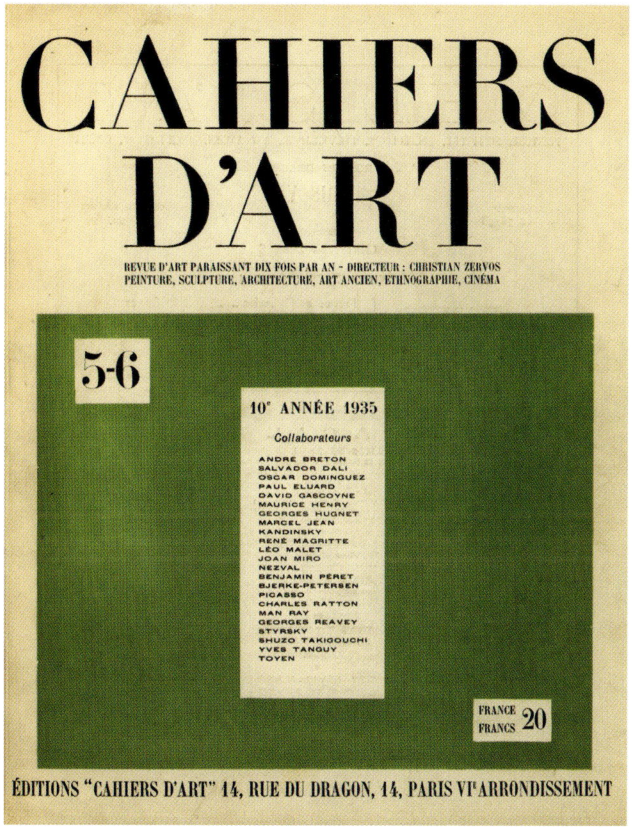

15

15. Couverture des *Cahiers d'Art*, n° 5-6, 1935. Numéro surréaliste dans lequel Kandinsky publie son essai « Toile vide etc. » ; les autres contributions sont d'André Breton, Paul Eluard, Salvador Dalí, David Gascoyne, Benjamin Péret, Georges Reavey, Marcel Jean, Léo Malet, Maurice Henry, Man Ray, René Magritte, Nezval, Charles Ratton, Vilh. Bjerke-Petersen et Georges Hugnet

doivent être combattues [comme] des "restes de la sentimentalité bourgeoise" et doivent être remplacées par l'intention pure du processus mécanique[22]. » Il s'élève contre l'imposture de la couleur pure qui n'existe pas dans la réalité et préconise de réintroduire au contraire dans la peinture des compositions complexes et « riches » ; il célèbre la nécessité intérieure, le subconscient et la subjectivité qui « mènent toujours la main ». Il loue l'artiste capable d'aimer « la forme passionnément comme il aime ses instruments ou l'odeur de la térébenthine, parce qu'ils sont des moyens puissants d'exprimer le contenu[23]. » Et Kandinsky indique un moyen sûr pour reconnaître la bonne de la mauvaise peinture : « [...] si le récit littéraire l'emporte sur les moyens picturaux, une reproduction en blanc et noir ne fait pas remarquer douloureusement le manque de couleurs. Si, au contraire, le contenu est purement pictural, ce manque devient douloureux[24]. » Reste à appliquer ce principe à sa peinture puisque Zervos reproduit en noir et blanc trois de ses toiles exposées : *Fragile – fixé*, automne 1934 ; *Rayé*, automne 1934 (voir cat. p. 173) ; *Voltige*, 1935.

L'exposition obtient un compte rendu fleuve dans *Il Lavoro Fascista* (28 juillet) : « Lettere de Parigi. Il Pittore Kandinsky a la sua idée intorno all'arte » [Lettre de Paris. Le peintre Kandinsky et son idée de l'art]. À cette saison se fait sentir l'influence de Ben Nicholson et des artistes anglais à Paris. Jean Hélion et le critique Anatole Jakovsky démarchent les artistes à Paris en faveur de la revue *Axis*, éditée à Londres, qui prend le relais des publications moribondes de l'association parisienne Abstraction-Création. Zervos n'apprécie pas cette concurrence et sacrifie ceux qui s'y rallient. Kandinsky donne de nouvelles remarques sur la peinture pour le numéro suivant des *Cahiers d'Art* : « Toile vide, etc. » « En apparence : vraiment vide, gardant le silence, indifférente[25]. » Puis elle se charge harmonieusement de contrastes : dur et mou ; froid et chaud, comme dans un « gâteau chinois » ; positif et négatif ; « conte de fées » et « réalité ». Et Kandinsky partage avec son lecteur une observation personnelle : « Je regarde à travers ma fenêtre. Plusieurs cheminées d'usines froides se dressent silencieuses. Elles sont inflexibles. Tout soudainement la fumée monte d'une seule cheminée. Le vent la courbe et elle change à tout instant de couleur. Le monde entier a changé[26]. » Cette livraison des *Cahiers d'Art* est consacrée exclusivement aux surréalistes, ce dont s'étonne Kandinsky auprès d'Albers, le 19 décembre 1935 : « Ce que je vous dis là doit rester entre nous. Zervos a toujours rejeté les surréalistes, il trouvait que c'était d'un niveau artistique assez faible. À ma grande surprise, il en a brusquement exposé trois – Max Ernst, Tanguy, Man Ray. Et le numéro est plein de gens de cette espèce, comme vous le voyez vous-même. Il faut croire que Zervos est "obligé" de "présenter" tous les courants artistiques, de montrer dans ses *Cahiers* "ceci et cela" (ill. 15). Mais il me semble qu'il devrait aussi porter un jugement sur ces phénomènes. Je suis ami avec lui, j'apprécie ses qualités, mais je n'aborde pas ce genre de sujet, parce que cela nous mènerait à la politique. Et, politiquement, nous ne sommes pas d'accord du tout, car il tend vers le communisme, tout en refusant le matérialisme. Or tous les surréalistes étaient, jusqu'à hier soir encore, communistes, ce qui est très à la mode ici parmi les "modernes"[27]. »

Kandinsky reste fidèle au 14 rue du Dragon mais doute de plus en plus de la sincérité du rédacteur en chef des *Cahiers d'Art* à son égard : Zervos n'a plus besoin de lui comme correspondant pour l'art allemand. Cette bataille entre les abstraits et les surréalistes pousse Kandinsky à regarder ailleurs. Il confie à Albers le 8 mai 1936 : « [...] les Français sont peu portés vers "l'abstraction", peut-être ne le sont-ils même pas du tout. Enfin, d'une façon générale, on confond l'art abstrait dans son ensemble avec le seul constructivisme et son abord "mécanique". J'ai écrit quelque chose là-dessus dans les *Cahiers*, ce que certains artistes m'ont beaucoup reproché. J'entends souvent dire par les gens qui s'intéressent à l'art, ou qui jouent un rôle actif en ce domaine, que je ne suis pas un peintre "abstrait" [...]. Vous savez ce qui m'intéresse dans l'art abstrait, ce qui m'y attache : sa spiritualité supérieure. À part cela, la question ne me touche guère. Du reste, on emploie ici couramment un autre terme que "abstrait"– "non figuratif". La baronne Rebay fait à peu près la même chose en employant en anglais le mot "*non objective*"[28]. » Kandinsky trouve un diffuseur capable de le vendre, en la personne de Jeanne Bucher qui rouvre une galerie boulevard du Montparnasse. Il se laisse approcher par Arp et Domela pour un nouveau projet de revue *Plastic / Plastique* financé par le mécène américain, A. E. Gallatin. C'est d'ailleurs à cette époque qu'Alexandre Kojève, le neveu aimé de Kandinsky nouvellement chargé de délivrer des cours sur Hegel à l'École pratique des hautes études, rédige un essai sur « les peintures (objectives, mot biffé) concrètes de Kandinsky » daté : Vanves 23-25 juillet 1936 ; surtitré au crayon par Kandinsky : *Analyse de contenu !* Le manuscrit – long certes mais bien charpenté – reste sans éditeur (voir cat. p. 338). Il est permis de supposer que l'oncle destinait cet « inédit » aux *Cahiers d'Art*. Quant au qualificatif « concret », que Kandinsky juge plus adéquat pour qualifier sa pratique picturale, il n'apporte qu'une confusion supplémentaire.

Zervos accorde une dernière tribune à Kandinsky pour une protestation plus politique[29]. Un livre édité à Berlin par la Rembrandt Verlag en 1936 est parvenu à Neuilly : la monographie *Franz Marc* par le professeur Alois J. Schardt. Elle est immédiatement interdite en Allemagne. Kandinsky intitule son article, simplement : « Franz Marc ». Dans ce numéro d'actualité allemande, Zervos salue chaleureusement l'exposition « Kandinsky – Toiles récentes – Aquarelles – Graphiques de 1910-1935 » organisée chez Jeanne Bucher en décembre 1936 mais pour mieux l'exempter encore de l'abstraction : « C'est la première fois que nous avons vu réunie l'œuvre graphique de Kandinsky : dessins, gravures sur bois, gravures sur cuivre, gravures en couleurs, etc. Cette exposition a confirmé ce que nous avons toujours écrit de Kandinsky, qu'il est non seulement un coloriste étonnant mais aussi un maître du trait et de l'arabesque. [...] En regardant cette exposition, on se rendait mieux compte de l'écart qui sépare Kandinsky des peintres dits abstraits. Tous ceux qui n'ont aucune idée de l'organisation intérieure du tableau, ceux qui peignent sans donner à leur œuvre une vie puissante, s'affublent du nom d'abstrait, pensant ainsi faire passer pour de la peinture quelques taches de couleur dont l'apparence dynamique ne saurait tromper un œil averti. Ainsi l'exposition des œuvres graphiques de Kandinsky a permis à la fois d'admirer un grand dessinateur, de tirer une leçon d'art et d'éclaircir l'équivoque créée par des peintres sans talent pour donner le change et dissimuler leur impuissance[30]. »

Les désillusions de Kandinsky vont croissant. Par mesquinerie, Zervos refuse en février d'envoyer le numéro 5-6 des *Cahiers d'Art* au Dr. Huggler, qui prépare une rétrospective Kandinsky à la Kunsthalle de Berne. Il ne répond pas plus à la proposition qui lui est faite d'en publier l'accrochage. Pire, Zervos engage, mais en vain, la toile et des aquarelles offertes par Kandinsky auprès de Me Alphonse Bellier, commissaire-priseur et caution bancaire des *Cahiers d'Art*. Par ailleurs, Kandinsky se déconsidère pour le plus grand plaisir de ses détracteurs auprès de Zervos en accordant, depuis 1935, une vive attention aux conférenciers du futurisme italien, reçus à l'École du Louvre, et totalement ralliés à Mussolini. Il conserve une lettre compromettante révélatrice d'une pensée plus ou moins partagée que lui adresse, le 16 avril 1937, Ghiringhelli, le directeur de la Galleria Il Milione, dans laquelle celui-ci dénonce « une situation très désagréable et très dangereuse entre les milieux de la modernité européenne. En Italie, il n'y est jamais question de politique dans les affaires de l'art ; mais on fait trop de confusions depuis bien des années en Russie, et en Allemagne, et en France maintenant. Des affaires comme cela du dernier *Cahiers d'Art*, payé évidemment par le Komintern et par l'actuelle névralgie des pays démocratiques et ploutocratiques, vont justifier toutes bêtises qu'on peut inventer de la politique à l'art. » Il ajoute : « (Hitler, c'est une exaspération due à l'égoïsme français et au danger immédiat, physique du bolchévisme, par des masses qui n'avaient pas une préparation à la résistance spirituelle), nous entendons en Italie qu'il faut défendre du point de vue fasciste notre modernité, contre les équivoques d'une modernité bourgeoise et antirévolutionnaire ; et d'autre part, nous défendrons notre modernité contre toutes réactions de toute notre conception fasciste de la modernité[31]. » Kandinsky reçoit chez lui tour à tour Filippo Tommaso Marinetti, puis Carlo Belli, l'auteur d'un essai « Kn », où il développe des thèses identiques.

« Origines et développement de la peinture internationale indépendante ». Une imprévisible rivalité, 1937

Jeanne Bucher et Marie Cuttoli ont mis Kandinsky en relation directe avec André Dézarrois, conservateur au musée des Écoles étrangères au musée du Jeu de Paume, pour préparer une exposition sur l'art abstrait. Dézarrois lui propose de « prêter pour l'exposition "Origines et développement de l'art international Contemporain" : "1. Le Grand tableau qui se trouve dans son atelier. 2. Le tableau en brun, le dernier peint à Berlin. 3. Un tableau récent de la même dimension que le N° 2 afin d'équilibrer son panneau" en ajoutant : "Au cas où mon choix ne vous convenait pas veuillez nous donner les tableaux de votre choix, à condition de ne pas dépasser 6 mètres de cimaises"[32]. » Kandinsky se préoccupe dans sa réponse du 15 juillet 1937 d'obtenir huit mètres de cimaises pour représenter au moins quatre périodes de son « développement » avec *Bild mit Schwarzem Bogen* [Tableau avec l'arc noir], 1912, période dite « "lyrique" (une de mes premières toiles "non-fig. " ; *Auf Weiß II* [Sur blanc II], 1923, "froid" ; *Entwicklung in Braun*, 1933, "surfaces approfondies" ; *Entre-deux*, 1934, et *Courbe dominante*, 1936, "synthétique" des exemples de ma production parisienne. » Il indique un ordre à respecter pour l'accrochage, déterminé par les « gammes des couleurs des toiles présentées »[33].

À l'Exposition internationale des Arts et des Techniques dans la vie moderne en 1937, toute la société européenne tourbillonne des Invalides à la Concorde, du Champ-de-Mars au palais de Chaillot. Les Allemands obtiennent plus facilement l'autorisation de se déplacer et ils viennent à Paris. Les Kandinsky reçoivent à Neuilly, ou rencontrent entre les pavillons, les Grohmann, les Ralfs, les Grote, Ida Bienert et son fils Friedrich, Peterhans, Lilly Reich, Herbert Bayer et Mies van der Rohe. La radio, la presse quotidienne allemande, d'opposition mais aussi de propagande à Paris, retransmettent le discours tenu par Hitler le 18 juillet 1937 pour l'ouverture du « Grosse Deutsche Kunstausstellung », à la Haus der deutschen Kunst, à Munich et sur son corollaire celle consacrée à l'art dégénéré « Entartete Kunst » où des œuvres de Kandinsky sont exhibées.

L'exposition « Origines et développement de la peinture internationale contemporaine » est inaugurée le 30 juillet (ill. 1). Elle ferme le 15 novembre. Elle est devenue une contestation de l'exposition artistique officielle organisée au Petit Palais « Les maîtres de l'art indépendant de 1895 à 1937 ». Car Zervos a fini par se faufiler comme secrétaire général dans le comité du Jeu de Paume. Il attribue les plus beaux espaces à Matisse, Picasso, Braque, qui s'estimaient relégués dans les sous-sols du Petit Palais, et transforme le concept initial de l'exposition voulue par Kandinsky en un florilège de l'art parisien de Cézanne à nos jours. Un malaise avec Zervos s'ensuit; il est officialisé par une longue lettre amère que Kandinsky se résout à lui adresser le 1er juin 1937[34].

Kandinsky confie plus tard à Albers ses déboires, le 5 décembre 1937 : « Mais grâce à la "collaboration" de M. Zervos, même ces artistes ont obtenu une des deux grandes salles (par ex. Picasso avait un des murs les plus longs) ; il a donc fallu réduire la liste. [...] En ce qui me concerne personnellement, j'ai participé au début à des pourparlers préparatoires, mais j'ai vite abandonné parce que le tour que prenaient les choses ne me plaisait plus. Je n'ai donc vu l'exposition qu'en assistant au vernissage. Pour ma part, j'avais une belle place, qui ne suffisait pas tout à fait, mais qui était quand même acceptable. Et si j'ai eu une aussi belle place, c'est uniquement parce que j'avais été invité personnellement par le directeur du musée et que c'était lui qui m'avait attribué cette place[35]. » Zervos, mesquin, minimise dans des communiqués non signés l'importance de Kandinsky dans la découverte d'un art pur : « L'Art non figuratif. Sous l'influence de Cézanne et de Matisse, Kandinsky a décomposé la représentation des objets en 1911 pour en faire des simples prétextes à développements de formes et de couleurs. En France, Picabia (1909), Archipenko, Delaunay avaient établi les premières bases de l'art dit abstrait. En Russie, Tatline, Malevitch et Lissitzky ont travaillé dans la même voie, malheureusement, faute de temps, nous n'avons pu faire venir leurs œuvres[36]. » Kandinsky résume l'affaire à Jean Hélion, oublié dans sa lointaine Virginie, le 21 novembre 1937 : « Cette exposition était importante et intéressante, et pourrait être encore plus importante, si le premier projet serait [*sic*] réalisé d'une manière très pure. Mais... comme ça arrive trop souvent quelques "complications" ont causé des changements peu favorables. J'admets que c'est M. Zervos qui a fait la préface du catalogue, où vous et moi jouons le rôle principal dans la section "Art abstrait"[37]. » La presse est peu prolixe sur cette contre-exposition, qui, improvisée et lacunaire, n'en constitue pas moins rétrospectivement une des plus belles expositions d'art contemporain organisées à Paris au XXe siècle. Kandinsky constate avec dépit que « Klee était aussi représenté parce qu'on pouvait se procurer ses œuvres sur place, et qu'ici il est très connu[38] ». Il est choqué par contre de la façon dont Arp a été traité. Il serait favorable à une protestation, mais en aucun cas sous la forme de la lettre ouverte qui paraît dans la presse et qu'il refuse de signer.

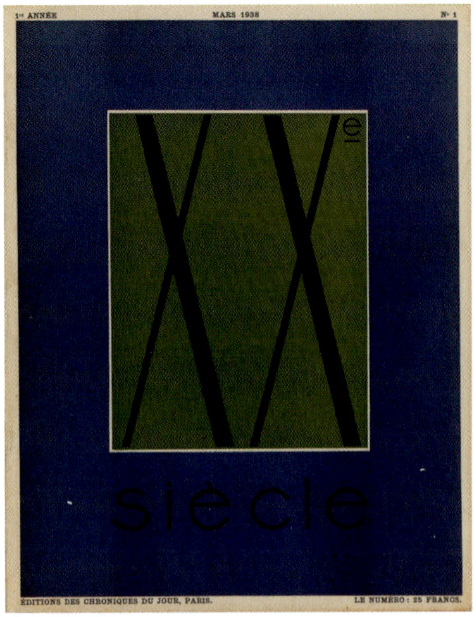

16

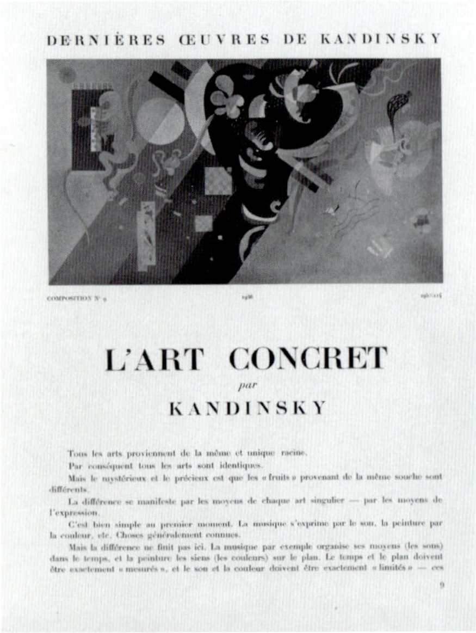
DERNIÈRES ŒUVRES DE KANDINSKY

L'ART CONCRET

par

KANDINSKY

Tous les arts proviennent de la même et unique racine.

Par conséquent tous les arts sont identiques.

Mais le mystérieux et le précieux est que les « fruits » provenant de la même souche sont différents.

La différence se manifeste par les moyens de chaque art singulier — par les moyens de l'expression.

C'est bien simple au premier moment. La musique s'exprime par le son, la peinture par la couleur, etc. Choses généralement connues.

Mais la différence ne finit pas ici. La musique par exemple organise ses moyens (les sons) dans le temps, et la peinture les siens (les couleurs) sur le plan. Le temps et le plan doivent être exactement « mesurés », et le son et la couleur doivent être exactement « limités » — ces

9

17

16. Couverture de *XXe Siècle*, n° 1, mars 1938

17. Page d'ouverture de « L'Art concret » de Vassily Kandinsky, dans *XXe Siècle*, n° 1, 1er mars 1938, p. 9

Kandinsky contre les Cahiers d'Art, 1938

La rupture avec Zervos devient définitive après la parution différée de l'*Histoire de l'art contemporain, de Cézanne à nos jours* qui avait été annoncée à la suite de l'exposition du Jeu de Paume. Zervos y range Picabia, un artiste qu'il méprise, et Kandinsky sous un titre ironique : « Au-delà du concret ». Zervos force le trait : Kandinsky « trouvera dorénavant la poésie, non seulement dans une forme gravée sur le bois ou peinte sur la toile, dans la lune ou dans les fleurs, mais également dans un bout froid de cigarette perdue dans le cendrier, dans un bouton blanc qui vous regarde avec patience, dans une flaque d'eau, dans le petit

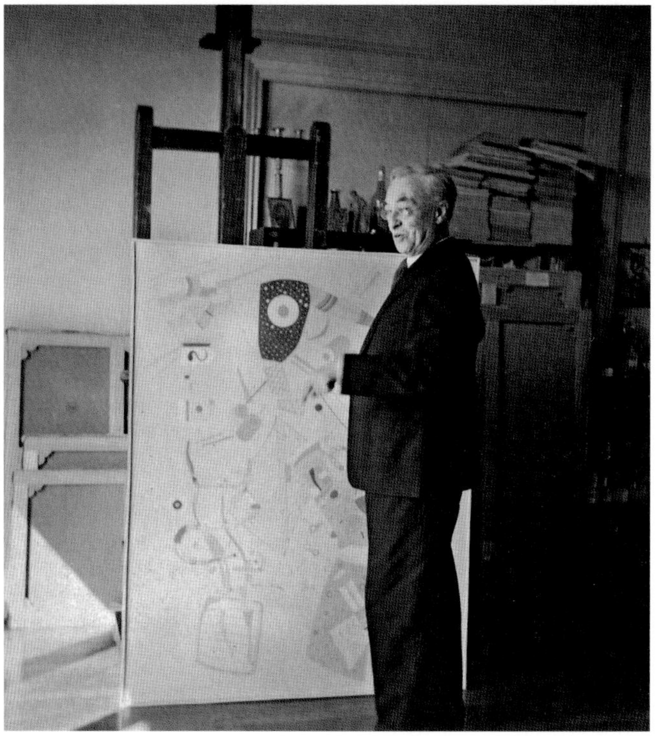

18

18. Kandinsky dans son atelier, photographié devant *Sérénité*, achevée en août 1938, huile sur toile, 146 x 114 cm
Fonds Kandinsky, Bibliothèque Kandinsky, Centre Pompidou, Paris

morceau d'écorce tiré par les mâchoires puissantes d'une fourmi à travers l'herbe épaisse pour des buts qui nous échappent, mais extraordinairement importants[39]. » Deux des onze Kandinsky reproduits sont à l'envers (bas/haut). À Albers, Kandinsky fait part de son mécontentement devant ce « gros volume avec beaucoup de reproductions, qui coûte 350 francs. Bien sûr, nous ne l'avons vu qu'en passant, mais il nous a bien semblé que Picasso était et restait le commencement, la suite et l'avenir de cet art moderne. En revanche, il manque un certain nombre d'artistes importants. [...] Ici, les gens sont révoltés par le livre de Zervos. Certains refusent même de le vendre, parce qu'ils estiment impossible de défendre un ouvrage pareil[40]. » Dans la même lettre, Nina Kandinsky demande à son mari de raconter que Zervos a reçu une bonne gifle de la part de Kurt Seligman dans un grand café parisien.

Kandinsky envoie désormais textes, maquettes de couverture, poèmes, à d'autres revues : *Transition* d'Eugène Jolas, *Verve* de Tériade. Il soutient financièrement Gualtieri di San Lazzaro, le rédacteur en chef des éditions des Chroniques du Jour dans la création de *XXe Siècle*, pour défendre l'art abstrait et « en finir avec les Picasso des *Cahiers d'Art* ». Aux sommaires de ce magazine qui se « veut être l'opposé d'une revue de tendance » apparaissent des artistes, amis de Kandinsky, Miró, Alberto Magnelli, Max Bill ; des auteurs brouillés avec Zervos, Pierre Guéguen, Georges Hugnet. Kandinsky s'en explique auprès d'Albers : « Avec ces nouvelles parutions, les *Cahiers d'Art* tomberont encore plus bas, si Zervos ne se ressaisit pas. Il est malheureusement trop égocentrique, c'est-à-dire que les relations personnelles et les avantages matériels en tous genres jouent chez lui un rôle primordial. Ces derniers temps, c'est devenu insupportable[41]. » Kandinsky (ill. 18), dans le numéro 1 de *XXe Siècle*, 1er mars 1938, répond à Zervos par un manifeste consacré à « l'Art concret » (ill. 16 et 17) : « On ne trouvera jamais des possibilités de faire la peinture sans "couleurs" et "dessin", mais la peinture sans objet existe dans notre siècle depuis plus de 25 ans. [...] je vois la force immense de l'"Habitude", et en même temps la force immense de la peinture nommée "abstraite" ou "non figurative", et que je préfère nommer "concrète". [...] L'art "concret" est en plein développement, surtout dans les pays libres, et le nombre de jeunes artistes partisans de ce "mouvement" augmente dans ces pays. L'avenir ![42] » En 1939, il laisse découper en feuilleton son dernier texte théorique, « La valeur d'une œuvre concrète[43] ». La cabale dure jusqu'à la déclaration de la guerre : *XXe Siècle* disparaît ; deux numéros des *Cahiers d'Art* paraissent encore pendant la « drôle de guerre ». Sous l'Occupation, seule *Verve* survit dans les méandres de la censure.

Kandinsky et le réveil des Cahiers d'Art, 1944

Après avoir rencontré des difficultés auprès du consulat allemand pour la prolongation de son passeport en 1938 par incapacité de produire les papiers de ses grands-parents paternels nés en Sibérie orientale, Kandinsky devient citoyen français par l'entremise d'un jeune juge collectionneur, Pierre Bruguière, familier des *Cahiers d'Art*. Quand le conflit éclate, Kandinsky est en vacances sur la Riviera française. Il rentre à Neuilly pour envoyer en sécurité ses tableaux dans une propriété de l'Aveyron. Il aménage sa cave selon les recommandations de la Défense passive et continue de peindre dans un atelier vide.

Les marchands d'art ont évacué la capitale. Dans un local loué rue Bonaparte, Yvonne Zervos fonde la galerie M.A.I. (Meubles, Architecture, Installation), où elle a le mérite de secouer l'atonie artistique par de somptueux accrochages. Kandinsky s'y rend comme il le confie à Rupf le 9 février 1940 : « Depuis quelque temps, Mme Zervos a ouvert une nouvelle galerie d'art, où elle fait d'intéressantes expositions – au moment : Marc Chagall. » Mais il précise en bas de sa lettre à la plume : « Mes relations personnelles surtout avec M. Zervos restent "tendues". Il s'était très mal conduit envers moi. C'est vrai que sa manière est de parler mal de tout le monde et [surtout] de mentir[44]. » Kandinsky y rencontre Chagall puisqu'il écrit à son ancien élève Otto Nebel, le 13 février 1940 : « Après-demain nous irons prendre une tasse de café aux Champs-Élysées avec Marc Chagall et sa femme[45]. »

Le 11 juin 1940, Paris est déclarée ville ouverte. Les troupes allemandes défilent sous l'Arc de triomphe, les Kandinsky sont à Cauterets dans les Pyrénées. Ils rentrent à Neuilly, fin août. Ils se calfeutrent misérablement dans l'atelier pendant l'hiver rigoureux de 1941. Kandinsky crâne un peu quand il écrit à Arp installé dans le sud à Grasse, le 15 janvier 1942 : « Tout est blanc devant nos fenêtres et de temps en temps, de gros flocons de la neige descendent lentement du ciel. Au lieu du soleil nous avons à mon atelier un bon poêle, ainsi je peux travailler normalement et nous y prenons nos repas[46] » (ill. 9). Dans son « exil intérieur », il s'absorbe dans ses dessins à défaut de pouvoir peindre. Il expose chez Jeanne Bucher en juillet-août 1942. San Lazzaro en fait un compte rendu dans *L'Italie nouvelle*, le 22 juillet 1942. Il vend directement à des collectionneurs allemands comme Helmut Beck, qui lui rend visite à Neuilly. Il ne voit de la guerre que ce qu'il en aperçoit de sa fenêtre. Il décrit les bombardements à Pierre Bruguière. Le 14 mars 1942 : « Nous avons parfaitement bien vu le bombardement du 3 mars par nos fenêtres et nous étions assez naïfs pour le prendre assez longtemps pour un feu d'artifice merveilleux. Ma femme est un peu inquiète en voyant la masse de cheminées à Puteaux notre vis-à-vis, mais je suis sûr que les Anglais ne jetteront pas des bombes sur une ville où les maisons d'habitation entourent de tous les côtés et à proximité les usines qui sont assez petites à Puteaux, mais après un grand "entr'acte", nous entendons de nouveau le chant des sirènes, musique étrange et énervante. Tout cela ne m'empêche pas de travailler beaucoup, et je vais vous montrer avec le plus vif plaisir mes nouvelles toiles[47]. » Le 7 avril 1943 : « Vous aviez justement reçu ma lettre du 4.4., et ainsi vous saviez déjà le 5 ou hier que le bombardement nous a épargnés. En vous écrivant des questions théoriques, j'avais complètement oublié cet événement qui nous a fait un moment une impression violente. Nous étions justement à la fin du déjeuner quand on entendit le bruit des avions, sûrement pas allemands, alors anglais ou américains. L'alerte était en retard, quand deux explosions violentes ont fait tomber toutes nos vitres. C'était les explosions au Champ de courses où elles ont fait tant de victimes, un peu plus tard, on apercevait de nos fenêtres un incendie immense du côté de Saint-Cloud. C'était l'usine Coti [*sic*] qui brûlait. Les explosions des bombes sur Raynault [*sic*] n'étaient pas à entendre chez nous ; on dit que ce sont des dégâts formidables[48]. »

C'est du premier bombardement que l'on peut dater le rétablissement des relations entre Kandinsky et Zervos. Pendant la guerre, Zervos séjourne souvent à Vézelay, où il rédige et édite un double volume du catalogue de l'œuvre peint et dessiné de Picasso, tout en préparant un numéro des *Cahiers d'Art* pour l'après-guerre. Peu après avoir assisté à l'enterrement de Kandinsky, il écrit le 24 décembre 1944, à sa collaboratrice à New York, le sculpteur Mary Callery : « Ici nous sommes en vie à l'exception de Marcoussis, de Delaunay et depuis trois jours de Kandinsky. » Information qu'il développe, le 13 janvier 1945 : « Kandinsky, après une vie heureuse de 79 ans, est mort le 13 décembre 1944 après

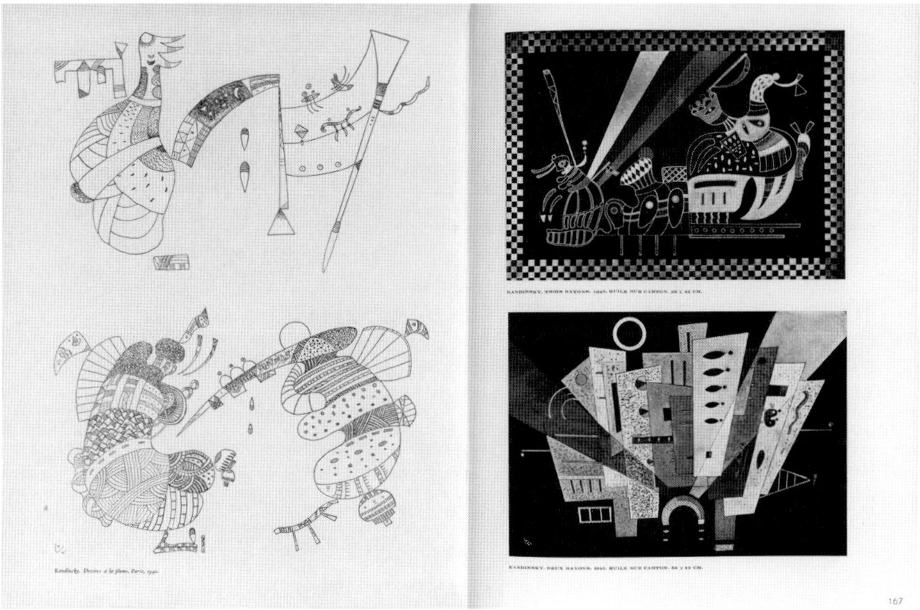

19

19. Double page du numéro *Cahiers d'Art, 1940-1944*, 1945, p. 166-167.
Page de gauche : deux dessins à la plume du carnet Sennelier, 1941.
Page de droite : deux peintures sur carton, V. Kandinsky, *Trois rayons*, septembre 1943 et *Deux rayons*, juin 1943

6 mois de paralysie. Je dis une vie heureuse, parce que cet homme n'a jamais connu la maladie, pas plus que la souffrance physique ou morale. C'est un homme qui a vécu en-dehors de la vie quotidienne d'une façon ahurissante. Les années de guerre et d'Occupation n'ont en rien entamé son bonheur. Vous allez voir. Un soir, les Anglais et les Américains avaient exécuté un bombardement terrifiant contre les usines Renault proches de la maison de Kandinsky. Le lendemain matin, nous lui avions téléphoné pour savoir s'ils étaient encore vivants. Je lui avais demandé comment ils avaient passé leur soirée. Magnifiquement, m'a répondu Kandinsky. Comment ça ? Figurez-vous qu'hier soir les Allemands installés dans le camp en face de la maison ont donné une grande fête avec […] un feu d'artifice superbe qui a duré plus de deux heures. Nous étions tout le temps de ce feu d'artifice au balcon et nous n'en avons pas perdu un détail. Il a fallu que je lui explique que c'était un bombardement terrible, qu'il ne restait plus beaucoup de maisons près de la sienne pour se rendre compte qu'il avait assisté à un des plus durs bombardements de Paris. Et n'empêche qu'il a peint un tableau avec comme sujet "le feu d'artifice" : au moins comme ça il n'a connu rien des atrocités de la vie et a passé son existence dans un état de béatitude totale[49]. »

Les Cahiers d'Art, 1940-1944 est un gros almanach diffusé en mai 1945 où sont reproduites des œuvres réalisées par les peintres et les sculpteurs qui ne se sont pas compromis sous l'Occupation. Zervos illustre deux essais d'esthétique musicale : René Leibowitz, « Introduction à la musique de douze sons » et Vladimir Jankélévitch, « La fille aux cheveux de lin », avec des dessins de Kandinsky de 1941. Puis il publie des planches sans commentaire, quatre dessins à la plume de 1941 et douze peintures récentes sur carton que le peintre exécute de l'été 1942 à mars 1944 (ill. 19).

L'encore plus volumineux *Cahiers d'Art, 1945-1946* sort des presses en novembre 1946 ; Zervos s'autorise une exceptionnelle nécrologie, « Wassily Kandinsky (1866-1944) » : « Kandinsky, mort à Neuilly-sur-Seine le 13 décembre 1944, a joué un rôle important dans l'évolution esthétique contemporaine. En le frappant la mort supprimait une personnalité remarquable composée d'artiste, de savant et de philosophe, en même temps qu'elle arrêtait l'essor d'un esprit dont l'imagination anticipait l'avenir. […] Quelques jours encore avant que la maladie n'eût éteint ses facultés d'esprit, il écrivait qu'un fleuve ne se laisse pas arrêter, même par des écluses et des barrages, que celui-ci retardé un instant saute par-dessus l'obstacle et poursuit sa course […]. Jusqu'au moment où la main de Kandinsky, sous l'influence du mal, se refusa à conduire le pinceau, la matière colorée qui sortait d'un tube sous la pression de son doigt lui fut toujours une cause de perpétuel enivrement. […] Or, je suis persuadé, pour avoir bien connu les attitudes de l'âme quotidienne de Kandinsky, que celle-ci était ainsi placée qu'elle touchait pleinement aux petites heures de la vie comme aux autres[50]. »

Épilogue

Après avoir accordé un mur entier à Kandinsky face à Picasso, lors de l'extraordinaire exposition d'art contemporain au palais des Papes en Avignon, en 1947, Zervos et les *Cahiers d'Art* assistent à la redécouverte du Kandinsky du Blaue Reiter au lendemain de la donation de Gabriele Münter à la Städtische Galerie im Lenbachhaus à Munich en 1957. Kandinsky cesse brusquement d'être un dilettante ; sa dimension internationale se profile à New York avec l'ouverture tant attendue du Solomon R. Guggenheim Museum. Zervos charge Pierre Volboudt, un protégé de Nina Kandinsky, de couvrir l'événement. Lui, il réitère par une simple « note de la rédaction » son opposition devenue obsessionnelle à l'encontre de l'art abstrait : « Nous publions ici une étude approfondie de l'œuvre de Kandinsky dont le travail d'artiste n'a pas consisté uniquement à peindre, mais à inventer des raisons pour que sa peinture fût vivante et appropriée aux aspirations de son temps. Dans l'art dit abstrait, Kandinsky représente la rêverie, alors que Mondrian représente le fait précis qui aide, lui aussi, à rêver. C'est que Kandinsky a toujours su composer avec sa nature et donner à son œuvre le reflet de son être original. En même temps, il a su garder au meilleur de lui-même cette observation des formes revêtues par le réel qui lui font rejeter tout ce qui n'est pas essentiel. L'extrême rigueur de son œuvre et sa haute tenue sont d'autant plus sensibles aujourd'hui que l'art non-figuratif tend de plus en plus à donner dans le maniérisme et dans l'arbitraire[51]. »

Ces laborieuses explications attestent une indéniable fidélité de Zervos à un créateur qui lui en avait beaucoup imposé. *Formes noires sur blanc* est une des œuvres capitales du musée Zervos à Vézelay. Elle sert de trait d'union entre *La Sauterelle* de Max Ernst et les compositions abstraites de Jean Hélion. Ces toiles de 1934 partagent avec les Giacometti et les Miró voisins un air de famille « Cahiers d'Art » où se réconcilient subitement surréalistes et abstraits.

Remerciements

Nos remerciements vont à Jessica Boissel,
Emmanuelle Etchecopar, Christiane Rojouan,
Stéphanie Bouvier, Isabelle Limousin, Angelika Weißbach,
Yves de Fontbrune, Adam Rzepka
et à nos collaborateurs de la Bibliothèque Kandinsky.

notes

1— Vassily Kandinsky, Lettre à Pierre Bruguière, 30 janvier 1944, citée dans Christian Derouet, « Notes et documents sur les dernières années du peintre Vassily Kandinsky. 25 lettres de Kandinsky à Pierre Bruguière », *Les Cahiers du Musée national d'art moderne*, n° 9, 1982, p. 99.

2— Christian Zervos, Lettre à Vassily Kandinsky, 22 décembre 1927, dans *Vassily Kandinsky. Correspondances avec Zervos et Kojève*, hors-série Archives des *Cahiers du Musée national d'art moderne*, textes présentés, établis et annotés par Christian Derouet, trad. du russe par N. Ivanoff, 1992, p. 25.

3— Christian Zervos, « Les expositions (Galerie Zak) », *Cahiers d'Art*, n° 10, 1928, p. 451.

4— Will Grohmann, « Wassily Kandinsky », *Cahiers d'Art*, n° 7, 1929, p. 325.

5— C. Zervos, « Les expositions à Paris et ailleurs. Kandinsky (Galerie de France) », *Cahiers d'Art*, n° 2, 1930, p. 104.

6— C. Zervos, « De l'art abstrait », *Cahiers d'Art*, n° 1, 1931, p. 41.

7— Vassily Kandinsky, « Réflexions sur l'art abstrait », *Cahiers d'Art*, n° 7-8, 1931, p. 351-352.

8— Hans Konrad Roethel, *Kandinsky, Das graphische Werk*, Cologne, DuMont Schauberg, 1970 (n° 196 : Zweite Radierung für die Éditions Cahiers d'Art [2e eau-forte pour les Éditions] 1932).

9— C. Zervos, Lettre à V. Kandinsky, 8 novembre 1932, dans *Vassily Kandisky, correspondances avec Zervos et Kojève, op. cit.*, p. 109-110.

10— Hans K. Roethel, Jean K. Benjamin, *Kandinsky. Catalogue raisonné de l'œuvre peint. Deuxième volume 1916-1944*, Paris, Éditions Karl Flinker, 1984 : n° 852 : *Linie-Fleck* [Ligne tache] ; n° 893 : *Leiterform (auf Flecken)* [Forme d'échelle sur taches] ; n° 960 : *Gelber Bogen* [Arc jaune].

11— Nina Kandinsky, *Kandinsky et moi*, trad. de l'allemand par J.-M. Gaillard-Paquet, Paris, Flammarion, 1978, p. 198-199.

12— C. Zervos, Lettre à V. Kandinsky, 20 novembre 1933, dans *Vassily Kandinsky, Correspondances avec Zervos et Kojève, op. cit.*, p. 129.

13— Fonds Cahiers d'Art, Bibliothèque Kandinsky, Centre Pompidou, Paris.

14— Paul Westheim, coupure de presse sans indication du titre du journal (*Pariser Tages Zeitung*). Fonds Kandinsky, Bibliothèque Kandinsky, Centre Pompidou, Paris.

15— C. Zervos, « Notes sur Kandinsky. À propos de sa récente exposition à la galerie "Cahiers d'Art" », *Cahiers d'Art*, n° 5-8, 1934, p. 149-150. Ce texte avec un commentaire par Frederike Kitschen est repris dans *Deutsche Kunst – Französische Perspektiven, 1870-1945. Quellen und Kommentare zur Kunstkritik*, Berlin, Akademie Verlag, 2007, p. 277-286.

16— Yvonne Zervos, Lettre à V. Kandinsky, 13 juin 1934, dans *Vassily Kandinsky, Correspondances avec Zervos et Kojève, op. cit.*, p. 129.

17— V. Kandinsky, Lettre à Josef Albers, 19 juin 1934, dans *Kandinsky-Albers. Une correspondance des années trente = Ein Briefwechsel aus den dreissiger Jahren*, hors-série *Les Cahiers du Musée national d'art moderne*, texte établi et annoté par Jessica Boissel, 1998, p. 31-32.

18— V. Kandinsky, Lettre à J. Albers, 6 septembre 1934, *ibid.*, p. 39.

19— *Cahiers d'Art*, n° 9-10, 1934 [p. 269].

20— V. Kandinsky, Lettre à J. Albers, 15 décembre 1934, dans *Kandinsky-Albers. Une correspondance…, op. cit.*, p. 43.

21— « Kandinsky : Briefe an Hermann Rupf, 1931-1943 », *Berner Kunstmitteilungen*, n° 150-151, mai-juin 1974.

22— V. Kandinsky, « Réponse à l'enquête sur l'art d'aujourd'hui », *Cahiers d'Art*, n° 1-4, 1935, p. 54.

23— *Ibid.*, p. 56.

24— *Ibid.*

25— V. Kandinsky, « Toile vide, etc. », *Cahiers d'Art*, n° 5-6, 1935, p. 117.

26— *Ibid.*

27— V. Kandinsky, Lettre à J. Albers, 19 décembre 1935, dans *Kandinsky-Albers. Une correspondance…, op. cit.*, p. 70.

28— V. Kandinsky, Lettre à J. Albers, 8 mai 1936, *ibid.*, p. 75.

29— V. Kandinsky, « Franz Marc », *Cahiers d'Art*, n° 8-10, 1936, p. 273-275. Dans la même livraison, Christian Zervos publie la première partie de son essai, « Réflexions sur la tentative d'esthétique dirigée du IIIe Reich », p. 209-212.

30— C. Zervos, « Les expositions », *Cahiers d'Art*, n° 8-10, 1936, p. 277.

31— Bibliothèque Kandinsky, Centre Pompidou, Paris (9200-594).

32— André Dézarrois, Lettre à V. Kandinsky, Musée du Louvre, Archives des Musées nationaux (2HH.1).

33— V. Kandinsky, Lettre à A. Dézarrois, Musée du Louvre, Archives des Musées nationaux (2HH.1).

34— V. Kandinsky, Lettre à C. Zervos, 1er juin 1937, dans *Vassily Kandinsky. Correspondances avec Zervos et Kojève, op. cit.*, p. 138-139. Fonds Kandinsky, Bibliothèque Kandinsky, Centre Pompidou, Paris (9200-1540).

35— V. Kandinsky, Lettre à J. Albers, 5 décembre 1937, dans *Kandinsky-Albers. Une correspondance…, op. cit.*, p. 97.

36— Brochure anonyme éditée à l'occasion de l'exposition « Origines et développement de l'art international indépendant », exposition organisée par le musée du Jeu de Paume, du 30 juillet au 31 octobre 1937. Voir également l'annonce de cette exposition dans *Cahiers d'Art*, n° 1-3, 1937, p. 95, et son compte rendu dans *Cahiers d'Art*, n° 4-5, 1937, p. 162-164.

37— Anciennes archives Pierre Bruguière.

38— V. Kandinsky, Lettre à J. Albers, 18 novembre 1937, *Kandinsky-Albers. Une correspondance…, op. cit.*, p. 95.

39— C. Zervos, « Au delà du concret », dans *Histoire de l'art contemporain*, Paris, Éditions Cahiers d'Art, 1938, p. 311 et planches, p. 314-320.

40— V. Kandinsky, Lettre à J. Albers, 28 avril 1938, dans *Kandinsky-Albers. Une correspondance…, op. cit.*, p. 107.

41— *Ibid.*, p. 106.

42— V. Kandinsky, « L'Art concret », *XXe Siècle*, n° 1, 1er mars 1938, p. 14-15. La correspondance de Kandinsky avec Gualtieri di San Lazzaro manque dans le Fonds Kandinsky. On trouverait des informations sur les liens entretenus entre l'éditeur des *Chroniques du jour* et Kandinsky dans les papiers d'un intermédiaire, le peintre Alberto Magnelli, si ceux-ci étaient accessibles. Pour l'instant, on se contentera de relire les deux essais du critique italien Gualtieri di San Lazzaro, publiés peu après la guerre : *Parigi era Morta*, Milan, Garzanti, 1947 et *Parigi era viva*, Milan, Gargzanti, 1948 : « Ne mêlons pas l'art à la politique, continuava a dire la signora Kandinsky... » ou encore dans son essai traduit en anglais, *Painting in France, 1895-1949*, Londres, The Harvill Press, 1949, et plus particulièrement le chapitre « At the Gates of the Absolute » ; San Lazzaro rappelle : « Kandinsky était un Russe, et son seul trait germanique était son puritanisme scientifique, qu'il avait hérité de sa grand-mère maternelle. [...] La lutte commencée quelque quarante ans plus tôt entre les cubistes et les abstraits se prolonge encore de nos jours entre les post-cubistes et les tenants de l'art "concret". »

43— V. Kandinsky, « La valeur d'une œuvre concrète » [texte daté de novembre 1938], *XXe Siècle*, n° 5-6, février-mars 1939, p. 48 ; p. 40 : dessins inédits de Kandinsky ; p. 53 : gravure sur bois en deux couleurs. Voir aussi « La valeur d'une œuvre concrète et suite », *XXe Siècle*, n° 1, IIe année, 1940, « Supplément au n° 5-6 de *XXe Siècle* », n. p.

44— Dès la déclaration de la guerre, la correspondance de Kandinsky avec ses amis de langue allemande est rédigée en français. Archives Hermann Rupf, Kunstmuseum, Berne.

45— « Vassily Kandinsky-Briefe an Otto Nebel, 1926-1940 », *Berner Kunstmitteilungen*, n° 203, janvier-février 1981, p. 19.

46— Archives Arp, Fondation Arp, Meudon.

47— V. Kandinsky, Lettre à Pierre Bruguière, 14 mars 1942, cité dans C. Derouet, « Notes et documents sur les dernières années du peintre Vassily Kandinsky. 25 lettres de Kandinsky à Pierre Bruguière », art. cité, p. 96.

48— *Ibid.*, p. 97.

49— Anne-Laure Deburaux, *Mary Callery (1903-1977), sculpteur. Découverte des archives privées*, mémoire inédit, Université Paris I-Panthéon-Sorbonne, 2007, p. 190-191.

50— C. Zervos, « Wassily Kandinsky (1866-1944) », *Cahiers d'Art*, 1945-1946, p. 114-127.

51— Note signée NDLR [Note de la rédaction] en chapeau au texte de Pierre Volboudt, « Wassily Kandinsky », *Cahiers d'Art*, 1956-1957, p. 177-215.

En hommage à Madame Claude Pompidou

Le Fonds Kandinsky et la Société Kandinsky

Classement et conditionnement, acquisitions et publications depuis 1984

Christian Derouet

325	FONDS KANDINSKY
326, 327	DER BLAUE REITER
328, 329	MATÉRIEL D'ENSEIGNEMENT DU BAUHAUS
330 à 333	MANUSCRITS CLASSÉS TRÉSOR NATIONAL, ACQUIS EN 2008
334, 335	RECLASSEMENT RÉCENT : FONDS PHOTOGRAPHIQUE ET LIVRE DE RAISON
336, 338	DON DES ARCHIVES ALEXANDRE KOJÈVE
337, 339, 340, 342	ACQUISITION DES AQUARELLES ET DESSINS DE LA COLLECTION ALEXANDRE KOJÈVE, 2001
341, 343	AQUARELLE, DATION (ancienne collection Karl Flinker)
344	AQUARELLE, DATION (ancienne collection André Breton)
345	AQUARELLE, DON DE LA SOCIÉTÉ KANDINSKY
346 à 353	PORTFOLIO POUR LE SOIXANTIÈME ANNIVERSAIRE DE KANDINSKY, DESSAU, 1926
354 à 357	RECLASSEMENT DES COUPURES DE PRESSE

Le Fonds Kandinsky et la Société Kandinsky

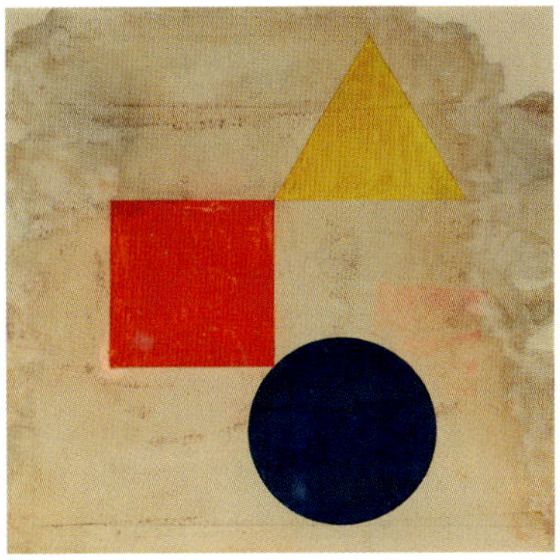

Triangle, carré, cercle, 32,1 × 31,1 cm
Entré avec le legs Nina Kandinsky, 1981, provient de la malle remisée dans la cave et ayant subi les effets de l'eau

Cabinet d'art graphique, Fonds Kandinsky, Paris, AM 1981-65-953

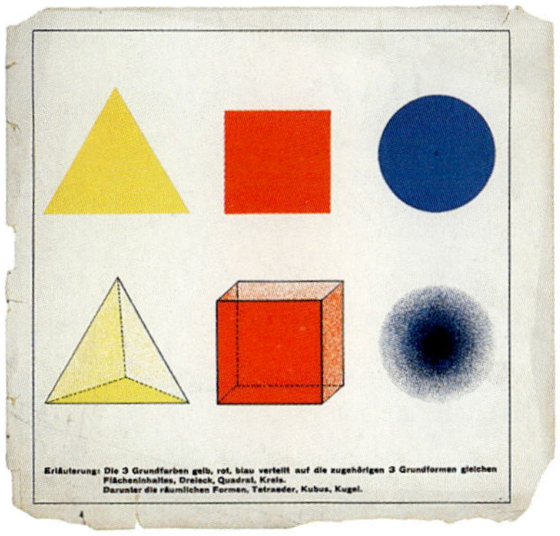

Page reproduite dans le catalogue de l'exposition d'été du Bauhaus, 1923

Bibliothèque Kandinsky, Fonds Kandinsky, Paris

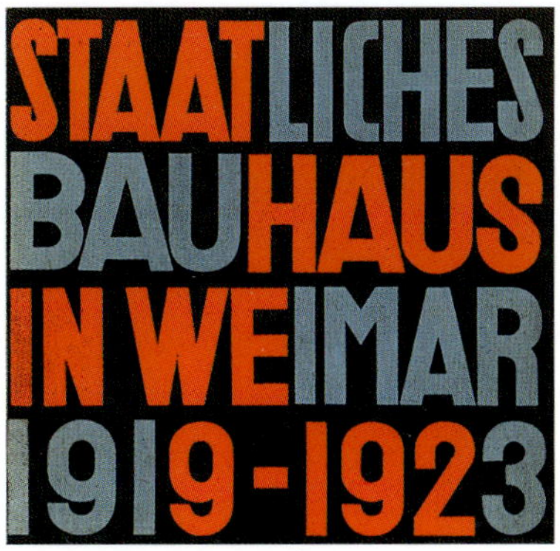

Couverture de Herbert Bayer, *Staatliches Bauhaus in Weimar 1919-1923* (Die erste Bauhaus Ausstellung in Weimar Juli bis September, 1923), Weimar/Munich, Bauhaus Verlag, 1923

Don de la Société Kandinsky, Paris

En parallèle à la sélection internationale qui met en avant un Kandinsky peintre dans la présente exposition, trois petites salles et ce dossier présentent au visiteur le foisonnement de l'œuvre d'un artiste qui a imaginé d'autres expérimentations.
Le legs Kandinsky, qui comprend un chef-d'œuvre : *V serom* [En gris] et des tableaux importants, transporte au Musée national d'art moderne un fonds d'atelier et d'activités qui témoignent des avant-gardes européennes traversées pendant la première moitié du XXe siècle. Un vaste puzzle de documents et d'objets montre en action le penseur, l'éditeur et l'animateur de manifestations artistiques qu'était également Kandinsky. La bibliothèque et l'environnement de l'artiste ont souffert de déperditions répétées au cours d'une existence nomade. Chaque déménagement posa le dilemme d'emporter le nécessaire, d'abandonner ce qui alourdit. De cette dure nécessité résulte aujourd'hui l'existence de deux grands fonds de son œuvre sur papier (dessins, aquarelles, manuscrits et photographies) : la Gabriele Münter- und Johannes Eichner-Stiftung à Munich et le Fonds Kandinsky à Paris. Ce dernier tente depuis 1987, grâce aux crédits modestes de la Bibliothèque Kandinsky et surtout à la bienveillance constante de la Société Kandinsky, de reconstituer le bien d'un honnête homme à qui l'on a souvent volé son passé.

Vassily Kandinsky, de nationalité russe mais naturalisé français, est mort le 13 décembre 1944 à son domicile, 135 boulevard de la Seine à Neuilly-sur-Seine. Par un testament du 25 octobre 1939, il institue son épouse Nina Andreievskaïa comme sa légataire universelle. C'est elle qui crée progressivement l'un des plus beaux fonds du Musée national d'art moderne. Après un don manuel en 1966 au Musée national d'art moderne et une donation au Centre Pompidou en 1976 de quinze tableaux qu'elle choisit avec Pontus Hulten, Nina Kandinsky lègue par un testament olographe les œuvres de son époux le 12 janvier 1980 afin que « l'ensemble des œuvres de Kandinsky, peintures, aquarelles, dessins et œuvres graphiques, ainsi que tous les documents concernant Kandinsky et son œuvre, deviennent après [sa] mort la propriété du Musée national d'art moderne au Centre Pompidou. » Philippe Lecat, ministre de la Culture et de la Communication, rend publique cette intention par une conférence de presse. Le 2 septembre 1980, Nina Kandinsky meurt à Gstaadt. Le 23 septembre 1981, par décision du Tribunal de Grande Instance de Nanterre, le Centre Pompidou entre en possession de ce legs particulier.

Le Musée national d'art moderne n'a pas encore de département de design et n'a donc pas vocation à accueillir les objets du Bauhaus qui constituent une partie de l'ameublement des Kandinsky ; seule la salle à manger de Marcel Breuer, commandée par Kandinsky, et les chevalets sont attribués au musée. Sont dispersés en vente publique à Puteaux, le 16 juin 1983 à la requête de Maître Raymond Caron, administrateur de la succession : le lit en citronnier et noyer, un guéridon, un tabouret de l'époque de la maison « am Horn » réalisée à Weimar en 1923, une coiffeuse murale en bois ciré et laqué jaune, rouge et bleu, deux petites tables basses à piètement en acier tubulaire conçues pour l'équipement des maisons des professeurs à Dessau, en 1926, des incunables de Marcel Breuer.
Mince compensation : lors de l'enlèvement des pièces pour le placement sous séquestre de la succession en attendant la décision de justice, il est permis de ranger en catastrophe sans inventaire dans des cartons de déménagement une partie du contenu d'une malle remisée à la cave, qui n'a pas été épargnée par l'eau. Le dessin gouaché reproduit ici, symbolisant la rupture qui s'opère dans la pratique picturale de Kandinsky, provient de cette archive du Bauhaus malencontreusement détrempée. Les cartons sont ensuite attribués avec l'ensemble de la bibliothèque.

Le 6 décembre 1979, Nina Kandinsky avait créé l'association Société Kandinsky, par une lettre remise à Pontus Hulten, directeur du Musée national d'art moderne. Elle charge l'association, après sa mort, de « protéger et promouvoir l'œuvre de Kandinsky [...] de veiller à l'édition du catalogue raisonné de l'œuvre complet [...] d'être l'autorité compétente à laquelle on s'adresse en matière de Kandinsky. » Le siège de l'association est fixé au Centre Pompidou. La première réunion se tient le 30 septembre 1980, dans le Salon de la Juryfreie Kunstchau, reconstitution d'un mural de Kandinsky, à l'entrée du musée : Claude Pompidou en accepte la présidence. Le 14 avril 1982, le *Journal Officiel* publie les statuts. Le 26 octobre 1988, par décision de justice, le Tribunal de Grande Instance de Nanterre attribue à la Société Kandinsky les droits de reproduction et de représentation afférents à l'œuvre de Vassily Kandinsky et la cession des droits d'exploitation de l'œuvre de Kandinsky, qui font partie des droits patrimoniaux de l'auteur.

Les catalogues autographes de l'œuvre peint et aquarellé conservés au Cabinet d'art graphique garantissent la cohérence et la protection d'une œuvre magistrale dont le catalogue raisonné est achevé sous le patronage de la Société Kandinsky qui, depuis 1996, subventionne seule l'opération. Sont parus : Hans Konrad Roethel, *Kandinsky. Das graphische Werk* en 1970 ; Hans K. Roethel et Jean K. Benjamin, *Kandinsky. Catalogue raisonné de l'œuvre peint. Premier volume, 1900-1915*, en 1982, *Deuxième volume, 1916-1944*, en 1984 ; Vivian Endicott Barnett, *Kandinsky, aquarelles. Catalogue raisonné. Premier volume, 1900-1921*, en 1992, *Deuxième volume, 1922-1944*, en 1994 ; V. E. Barnett, *Kandinsky, Drawings. Catalogue raisonné. Volume one, Individual Drawings*, en 2006, *Volume Two, Sketchbooks*, en 2007. Ces dernières éditions ont été réalisées à la Städtische Galerie im Lenbachhaus à Munich.

Der Blaue Reiter. Deux lettres de Kandinsky

De Kandinsky, on ne connaît ni journal, ni mémoires. La recherche supplée à cette absence de chronique en collectant ses correspondances.
Les deux lettres reproduites ici sont deux instantanés de la période de Munich adressés à des collègues parisiens.

Lettre à Pierre Girieud

Au cours d'un court séjour à Paris non-recensé, Kandinsky invite par un mot anodin Pierre Girieud (1875-1940) à venir « chiner », le 5 mai 1911 :

« Vendredi. J'ai tout à fait oublié que demain (samedi) est le commencement de la foire de mois de mai. Puisqu'on trouve là des fois des antiquités bien intéressantes nous y allons toujours. Voulez-vous venir avec nous s'il ne pleuve en B.[oulevard] Arago ? En tous cas nous serons chez vous vers 3 heures. Mais si la pluie nous empêche, nous vous attendrons chez nous à 4 1/2 h comme vous m'avez promis. Salutations cordiales de Mlle Münter et de votre Kandinsky. »

Œuvre de Pierre Girieud dans le legs par Nina Kandinsky : peinture, 1911, AM 1981-65-863.
Pierre Girieud expose à la Neue Künstlervereinigung München, E.V., 1909-1910, 1910-1911 et 1911-1912.
Il est proche du peintre Adolf Erbslöh, rival de Kandinsky au sein de l'association.
Des archives de Pierre Girieud, correspondances et catalogues rares, ont été acquises auprès du fils du peintre par la Bibliothèque Kandinsky, en 1999.

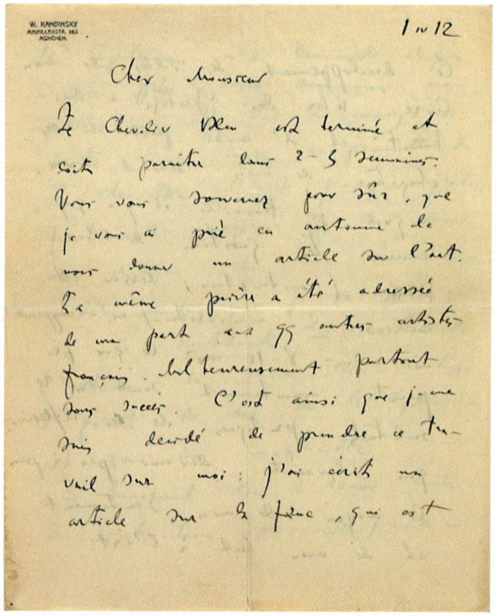
W. KANDINSKY
AINMILLERSTR. 38 I
MÜNCHEN

1 IV 12

Cher Monsieur

Le Chevalier Bleu est terminé et doit paraître dans 2-3 semaines. Vous vous souvenez pour sûr, que je vous ai prié en automne de vous donner un article sur l'art. La même prière a été adressée de ma part aux qq. autres artistes français. Malheureusement partout sans succès. C'est ainsi que je me suis décidé de prendre ce travail sur moi : j'ai écrit un article sur la forme, qui est

Lettre à Robert Delaunay, recto du premier feuillet, lot acquis à Genève (vente), collection Albert Skira, Christie's, 19 mai 1999

Don de la Société Kandinsky
à la Bibliothèque Kandinsky,
Fonds Kandinsky, 10583

Lettre à Robert Delaunay

Une lettre appelée à circuler dans le milieu de l'art parisien est adressée par Kandinsky à Robert Delaunay (1885-1941), le 1er avril 1912 :

« W. Kandinsky Ainmillerstr. 38 / 1 München
1 IV 12
Cher Monsieur
Le Chevalier Bleu est terminé et doit paraître dans 2-3 semaines. Vous vous souvenez pour sûr que je vous ai prié en automne de nous donner un article sur l'art. La même prière a été adressée de ma part aux qq. autres artistes français. Malheureusement partout sans succès. C'est ainsi que je me suis décidé de prendre ce travail sur moi : j'ai écrit un article sur la forme, qui est le développement des idées de mon livre *Über das Geistige in der Kunst* et d'autre part un des chapitres de mon second livre, auquel je travaille il y a qq. années. Les questions de l'expression (construktion ; dessin et couleur ; des compositions) m'occupent au moins 8-10 ans. ce que je peint maintenant sont les résultats pratiques de ces réflexions, qui devraient devenir peu à peu le moyen de mon sentiment et de mon but à l'art
Mr Apollinaire m'a demandé il y a à peu près deux semaines mes publications. Je lui ai envoyé de suite mon livre, en promettant *Le Chev. Bleu*. C'est pourquoi j'étais fortement surpris de lire dans sa critique sur mon envoie aux Indépendants, que je n'opère qu'avec le sentiment, [et : biffé] en tirant l'extrême du principe de... Matisse. Ce point de vue de Mr. Apollinaire est pour moi inexplicable. Le touchant dans la racine toutes les constructions (personnelles sont infiniment diverses. Ce qu'à moi mon âme aime plus la construction caché : elle n'est pour moi qu'un moyen l'expression (sans doute essentiel. Quand j'ai écrit à Mme Epstein, que je suis étonné de votre sympathie pour mon art, j'ai pensé justement à cette différence entre le clair et le caché. Ma base est la "nécessité intérieure", qui demande des fois ainsi dire une construction négative : la négation semblable de la construction peut être des fois une construction positives. Malheureusement mon dictionnaire français est bien petits : ça m'est très difficile de m'exprimer. Madame Delaunay vous traduira peut-être mon article du *Ch. B.*, où je traite cette question d'un point de vue un peu différent à celui de maintenant, mais qui vous donnera quand même une idée de mes réflexions. Vous écrivez à Mr Koehler, que le cubisme est la dernière conséquance de l'impressionnisme. C'est bien vrai. Mais d'autre il est une des racines de l'art pur (peinture pure) qui commence, une racine encore bien enfantine, mais avec des possibilités d'évaluation. C'est pour çà que nous ne sommes pas trop loin des cubistes. Je parle de toutes ces formes dans mon livre, que je vous aurai envoyer avec un plaisir spécial, mais la première édition est presque épuisée. J'avais encore 4 exemplaires, que j'ai donné en librairie justement ces jours.
La seconde édition est en préparation et doit paraître en qq. semaines. Si ça vous intéresse je vous enverrai un exemplaire très volontiers. ce qu'à votre opinion sur mon art et sur ces questions je suis très intéressée de les entendre.
Le plaisir d'exposer à Paris est bien cher. J'ai pensé des fois de faire une collection de 20-30 de mes toiles avec des compositions plus grandes, mais ça couterait si cher, que mon porte-monnaie ne le permet pas. Outre ça pour un étranger qui n'habite pas Paris le succès serait trop platonique. C'est ainsi qu'on montre seulement des petits échantillons, qui sont inutiles est même dangereux.
J'attends votre longue lettre promis et je vous salut cordialement
Kandinsky
Un artiste suisse habitant Munich vous visitera ces jours. C'est Mr. Paul Klee. Il a beaucoup de talent et est très sympathique. »

Les réticences de Kandinsky à l'encontre de Guillaume Apollinaire se comprennent (voir la citation de l'article de ce dernier paru dans *L'Intransigeant*, 25 mars 1912 et reproduite dans le présent catalogue p. 55). Les allusions à Matisse renvoient au voyage de Matisse à Moscou en 1911 et à la publication d'un entretien dans *Rousskie Vedemosti*, 27 octobre 1911.
Le Fonds Delaunay au département des manuscrits occidentaux de la Bibliothèque nationale, legs Sonia Delaunay, 1980, comprend 24 lettres et cartes postales adressées par Kandinsky entre le 28 octobre 1911 et le 13 avril 1912. La réponse écourtée de son dernier paragraphe de Robert Delaunay, datée du 3 avril 1912, est conservée à la Gabriele Münter- und Johannes Eichner-Stiftung.
Voir Christian Derouet, « Kandinsky – Delaunay. Un échange de lettres en avril 1912 », *Les Cahiers du Musée national d'art moderne*, n° 73, automne 2000, p. 74-83.

Der Blaue Reiter. Aquarelle, dation (ancienne collection Karl Flinker) et une publicité

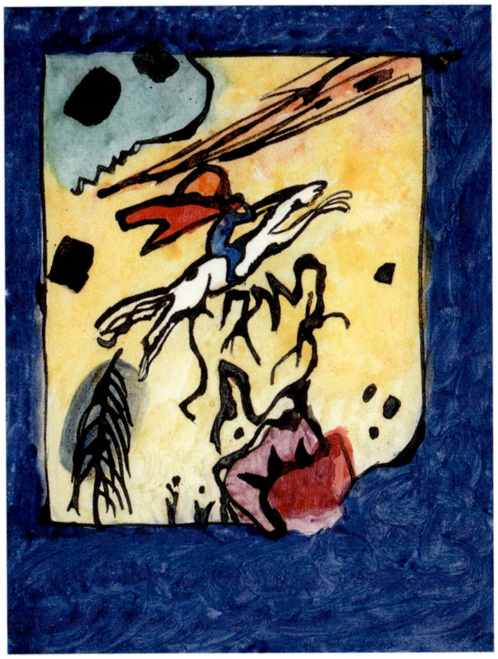

Maquette pour la couverture de l'almanach *Der Blaue Reiter*, aquarelle, 27,5 x 21 cm, 1911, dation (ancienne collection Karl Flinker)
AM 1994-70 (voir V. E. Barnett, *Catalogue raisonné*, tome I, n° 285) « Entwurf für den Umschlag des Almanachs Der Blaue Reiter », p. 255, ni signé, ni daté, ni dans le catalogue de raison. Cette aquarelle est d'un format légèrement plus grand que les autres propositions pour la couverture de l'Almanach, conservées à la Städtische Galerie im Lenbachhaus.

Vassily Kandinsky écrit à Gabriele Münter, le 29 septembre 1912 :
« [...] Delaunay projette une édition française du Cavalier Bleu et Madame Epstein serait désireuse de le traduire, à supposer, évidemment, qu'on trouve un éditeur. Il me demande si je suis d'accord » (Gabriele Münter- und Johannes Eichner-Stiftung).

Kandinsky et Marc préparent un communiqué en français pour annoncer la publication de leur almanach.

Tapuscrit, 4 feuillets, Bibliothèque Kandinsky, Fonds Kandinsky, 10746. Le Fonds Kandinsky compte plusieurs exemplaires de ce tapuscrit, provenant du legs par Nina Kandinsky et de l'acquisition du Trésor national, don de la Société Kandinsky :

« Le Chevalier Bleu, organe d'un art naissant
Une grande époque commence - a commencé : celle du "réveil intellectuel" : celle de la tendance naissante à regagner l'équilibre perdu : l'inévitable nécessité des créations spirituelles : l'épanouissement des premiers bourgeons.
Nous nous trouvons sur le seuil d'une des plus grandes époques que l'humanité ait vues jusque-là, et que nous appelons l'époque du "Grand Spirituel".
Au temps de la pseudo-fleurosaison, du grand triomphe du matérialisme au siècle qui vient de s'éteindre, les premiers éléments "nouveaux" de l'atmosphère spirituelle naquirent, presque inaperçus, qui [ajout manuscrit] alimenteront et alimentent l'épanouissement du "Spirituel".
L'art, la littérature et même les sciences positives se trouvent être en relations diverses au "temps nouveau" et en subissent tous l'influence.
Notre almanach tend à refléter les événements qui, en fait d'art, se trouvent en connexion directe avec ce virement du temps, puis tous les faits nécessaires à l'éclaircissement de ces événements, même dans les autres sphères de la vie intellectuelle. Ceci est notre but principal.
On ne trouvera donc dans notre Almanach que des œuvres qui ont, dans le sens indiqué, une affinité mentale entre elles, bien qu'elles n'aient souvent aucune ressemblance extérieure.
Au lieu de montrer des œuvres qui ne vivent que par une forme de goût, orthodoxe et approuvée par des "écoles", nous cherchons les œuvres qui ont une vie intérieure forte et qui sont en relations avec la grande évolution du temps : ce qui est clair, car nous ne cherchons pas des œuvres factices, mais vivantes.
Comme l'écho de la voix humaine n'est qu'une apparition illusoire qui n'est pas créée par une nécessité organique et intérieure ; ainsi naîtront et se multiplieront toujours davantage les vides échos de ces œuvres sérieuses, nées de la nécessité.
Des contrefaçons mensongères, s'insinuant partout, empoisonnent l'atmosphère intellectuelle et fourvoieront les esprits chancelants. Leur[s] impostures tueront l'esprit au lieu de l'éveiller. Par tous les moyens possibles nous essayerons de démasquer le vide de la Tromperie. Ceci est l'autre but de l'Almanach.
Il est naturel que, dans les questions d'art, c'est l'artiste d'abord qui est appelé à parler. Ainsi les collaborateurs de notre almanach seront principalement les artistes qui auront enfin l'occasion de dire franchement tout ce qu'ils ont dû taire jusque-là. En conséquence de quoi nous invitons tous les artistes qui se sentent <u>intérieurement</u> poursuivre le même but que nous à se mettre en rapports fraternels avec nous ; si nous osons nous exprimer ainsi, c'est que nous pensons qu'une "tournure officielle" ne peut exister dans notre cas.
Il va sans dire que ceux pour qui l'artiste en fin de compte travaille, ceux que nous comprenons sous les noms de laïques et de public et qui ne trouvent que rarement l'occasion d'exprimer leurs idées sur les choses d'art, trouveront dans nos feuilles l'occasion d'extérioriser leurs sensations et leurs idées sur l'art.
Nous sommes prêts à donner place dans nos colonnes à chaque manifestation sérieuse de ce côté. De plus sous la rubrique "Voix" nous donnerons places à des témoignages brefs.
Dans la situation actuelle des Arts il est impossible de ne pas avoir égard aux intermédiaires entre les artistes et le public : la critique qui contient actuellement beaucoup de malsain. Dans les rangs des interprètes sérieux de l'art des éléments indignes se sont aujourd'hui mêlés, grâce au développement du journalisme. Par leurs phrases vides ils élèvent un mur au devant du public au lieu de lui jeter un pont.
Pour que l'artiste non seulement mais le public aussi ait l'occasion de voir, bien éclairée, la face grimaçante de la critique d'aujourd'hui, nous vouerons une rubrique spéciale à cette triste et pernicieuse puissance.
Comme les œuvres saillent à l'heure indécise et les événements vivants ne surgissent pas sur commande l'apparition de nos brochures ne sera pas fixée d'avance mais aura lieu chaque fois qu'un matériel assez important pour être publié sera recueilli.
Il peut paraître superflu de souligner qu'il n'existe pas dans notre cas d'autre principe que celui de l'internationalisme, mais de nos jours il est nécessaire de noter spécialement ce fait. Un peuple seul n'est qu'un créateur partiel de l'ensemble, mais ne peut jamais être pris pour l'ensemble même. qu'il y a du nationalisme et du personnel dans chaque œuvre forte, s'y reflète de soi-même. Du reste cette couleur spéciale est de second ordre. L'œuvre unique qui est "l'Art" ne connait ni de confins ni de peuples mais seule l'humanité.
La rédaction Kandinsky. Franz Marc. »

Matériel d'enseignement du Bauhaus

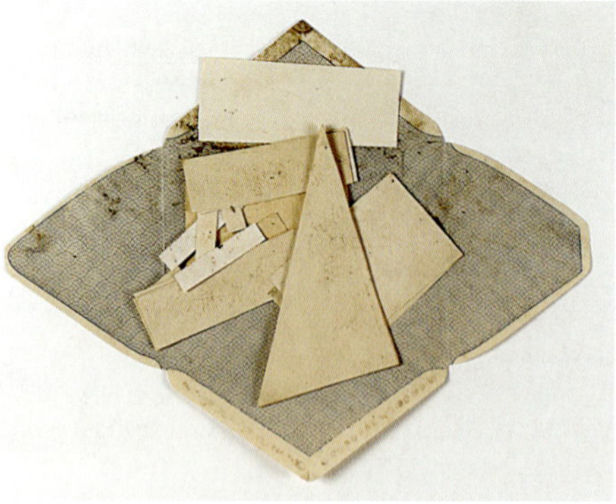

1

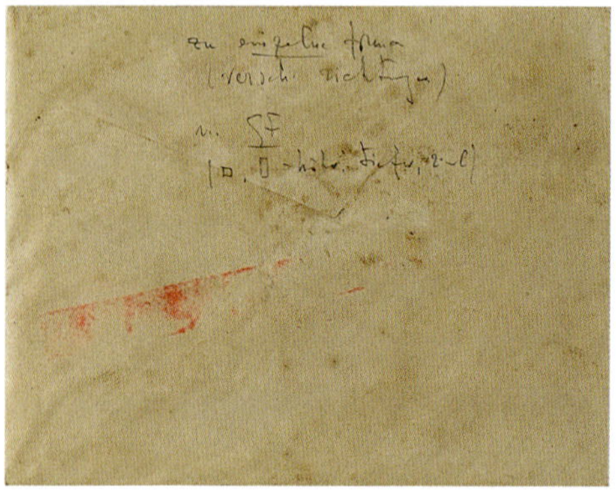

2

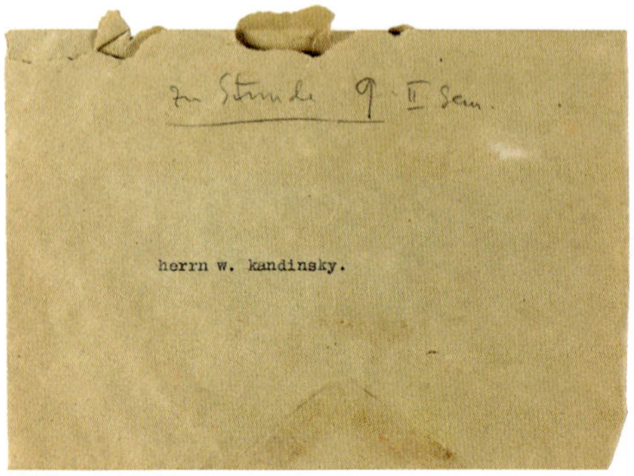

3

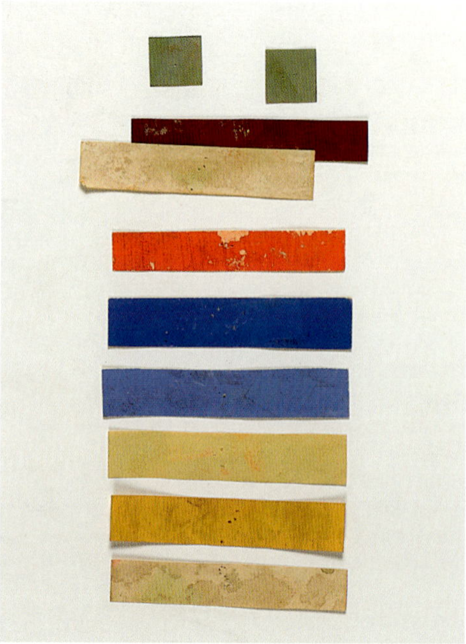

4

1
Enveloppe : *zu einzelnen Formen (versch.[iedene] Richtungen) S.F. (... höher, tiefer)* [concernant de formes singulières (directions différentes) S.F. (...plus haut, plus bas)], legs Nina Kandinsky, 1981, provient de la malle remisée dans la cave et ayant subi des effets de l'eau

Bibliothèque Kandinsky, Fonds Kandinsky, Paris (en cours d'inventaire)

2-3
Enveloppe : *Zu Stunde 9 II Sem* (au crayon) [Pour cours 9 II semestre] / *herrn W. Kandinsky* (tapuscrit recto et verso), legs Nina Kandinsky, 1981, provient de la malle remisée dans la cave et ayant subi des effets de l'eau

Bibliothèque Kandinsky, Fonds Kandinsky, Paris (en cours d'inventaire)

4
Dix éléments découpés et colorés, certains portent des inscriptions autographes de Kandinsky au verso. Legs Nina Kandinsky, 1981, provient de la malle remisée dans la cave et ayant subi des effets de l'eau

Bibliothèque Kandinsky, Fonds Kandinsky, Paris (en cours d'inventaire)

Les manuscrits et le matériel d'enseignement de Kandinsky au Bauhaus documentent les activités de l'atelier d'art mural, les responsabilités administratives, le cours de dessin analytique, puis les cours particuliers de peinture. Malheureusement, les plans du discours et tapuscrits repris au crayon manquent à la Bibliothèque Kandinsky ; ils sont consultables aujourd'hui à Los Angeles. Le Getty Research Institute a acquis en 1986 quatre gros dossiers distraits des archives Kandinsky :
« Bauhaus, matériel d'enseignement. Dessau, 1925-1933 » ;
« Notes pour les semestres I, II, et IV. 1925-1933 » ;
« Autre matériel de conférences, 1922-1933 ».
Plus des manuscrits en russe de *Über das Geistige in der Kunst* (sans date), des fragments d'autres textes de Kandinsky (sans date), des tapuscrits en russe, et des comptes rendus des séances à l'Académie de sciences artistiques en 1921 à Moscou, qui ont été publiés par John Bowlt dans sa revue *Experiment* ; enfin, des correspondances dont des lettres adressées par Arnold Schönberg à Kandinsky.
Le transfert de ces archives aux États-Unis est élucidé par une note du 17 novembre 1985 remise par Arthur Cohen de la maison Ex-libris à New York à Thomas Messer, vice-président de la Société Kandinsky.
Cohen explique comment il a été approché en 1983 : « Attached herewith a letter to M. Lucien Treillard, the dealer from whom I purchased the Kandinsky collection, written by M. Philippe Sers who owned the material. M. Sers published in 1968 a three volume works, *Les Écrits de Kandinsky*, which contained none of the variora or manuscript translation of the Russian revision of *Concerning the Spiritual in Art*. The Bauhaus material was published, however without any annotation or commentary and as such is worthless from a scholarly point of view. From 1968 to the present M. Sers has been the owner of Philippe Sers, Éditeur, which publishes works on modern architecture. The document sets forth Sers's relationship with Nina Kandinsky her gift to him of the papers offered here. Note that Nina Kandinsky died in 1982 [1980] and during the fourteen years that M. Sers had the material no demand was made for the return of the papers by Mme Kandinsky. It was clearly a gift as stated, not unusual, it should be noted, since artists invariably make gifts of works or comparable material to scholars who have labored to produce critical or documentary works on their subject. In purchasing the material with the document I had no doubt about the legitimacy of the provenance. The second document states that there are no photocopies in existence of all the material relating to *Concerning the Spiritual in Art*. »
Maître Caron, administrateur de la succession, avisé du caractère clandestin de cette exportation, invite Philippe Sers à produire un titre de propriété écrit. Il lui est répondu par lettre le 27 novembre 1984 : « Ce don m'ayant été fait à titre amical, et comme il n'était pas dans l'habitude des amis de Madame Nina Kandinsky de lui demander cette sorte de papier quand elle faisait bénéficier d'un présent, je n'ai donc pas de pièce écrite en ma possession. » Cette affaire est portée à l'ordre du jour de l'assemblée générale de la Société Kandinsky à New York en 1985, mais elle ne peut agir car elle n'a pas encore reçu par décision de justice la cession des droits d'exploitation de l'œuvre de Kandinsky.
Deux remarques : Nina Kandinsky, en 1979, ne porte pas le nom de Philippe Sers sur la liste des membres de la Société Kandinsky. Philippe Sers exclut le Musée national d'art moderne, pourtant tout désigné par la testatrice Nina Kandinsky quand il spécifie par lettre à Lucien Treillard, son mandataire, qu'il se défait de ce lot d'archives « sous les conditions express qu'il ne soit pas séparé et qu'il reste consultable par le monde scientifique ». C'est ainsi que le Getty Research Institute est devenu un partenaire pour l'étude de Kandinsky.

1

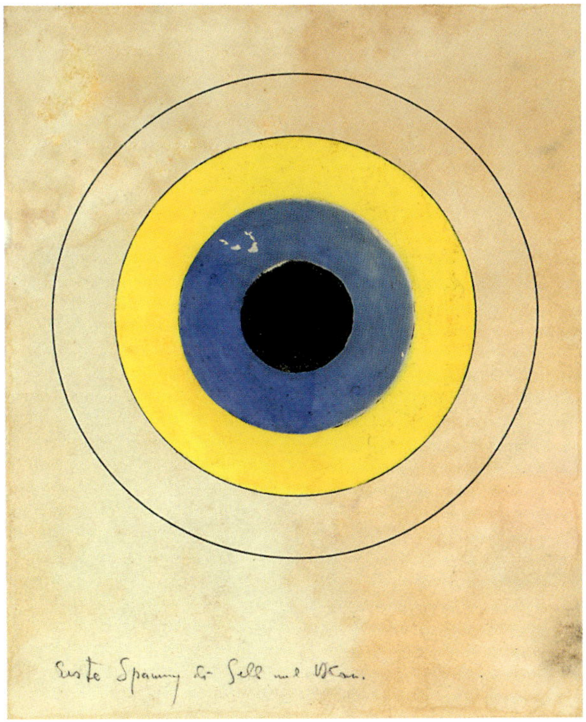

3

2

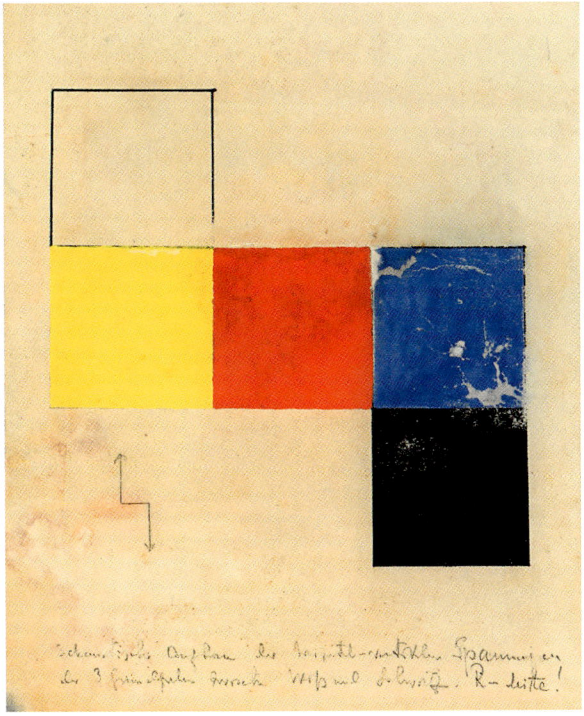

4

1
Carré blanc sur carré noir, gouache sur papier teinté bleu, 27 x 17 cm, annoté au crayon au verso : « Kandinsky / carré blanc sur carré noir / (origine) 1922 », don de la Librairie Plantureux, 2009

Bibliothèque Kandinsky, Fonds Kandinsky
(en cours d'inventaire)

2
Carré noir sur carré blanc, gouache sur papier teinté bleu, 27 x 17 cm, annoté au crayon au verso : « Kandinsky / carré noir sur carré blanc / (fin) 1922 », don de la Librairie Plantureux, 2009

Bibliothèque Kandinsky, Fonds Kandinsky
(en cours d'inventaire)

Ces documents graphiques ne sont pas inclus dans le catalogue manuscrit des aquarelles de l'artiste ni dans le catalogue raisonné de l'œuvre de Kandinsky. Ce sont des documents à usage pédagogique ni signés, ni datés qui peuvent avoir été produits par des tiers à titre d'exercice.

3
Sans titre (Cercles concentriques), gouache, crayon sur feuillet détaché d'un bloc à dessin, 22,6 x 18 cm. Inscription au crayon par Kandinsky en bas « Erste Spannung des Gelb und Blau » [Première tension du jaune et bleu], legs Nina Kandinsky, 1981, provient de la malle remisée dans la cave et ayant subi des effets de l'eau

Bibliothèque Kandinsky, Fonds Kandinsky,
AM 1981-65-938

4
Sans titre (Carrés colorés), gouaches, crayon sur feuillet détaché d'un bloc à dessin, 22,6 x 18 cm. Inscription au crayon par Kandinsky en bas « Schematischer Aufbau der horizontal vertikalen Spannungen der 3 Grundfarben zwischen Weiss und Schwarz. R-Mitte! » [Composition schématique des tensions horizontale et verticale de 3 couleurs de base entre blanc et noir. R- au milieu !], legs Nina Kandinsky, 1981, provient de la malle remisée dans la cave et ayant subi des effets de l'eau

Bibliothèque Kandinsky, Fonds Kandinsky,
AM 1981-65-939

Manuscrits classés Trésor national, acquis en 2008

1

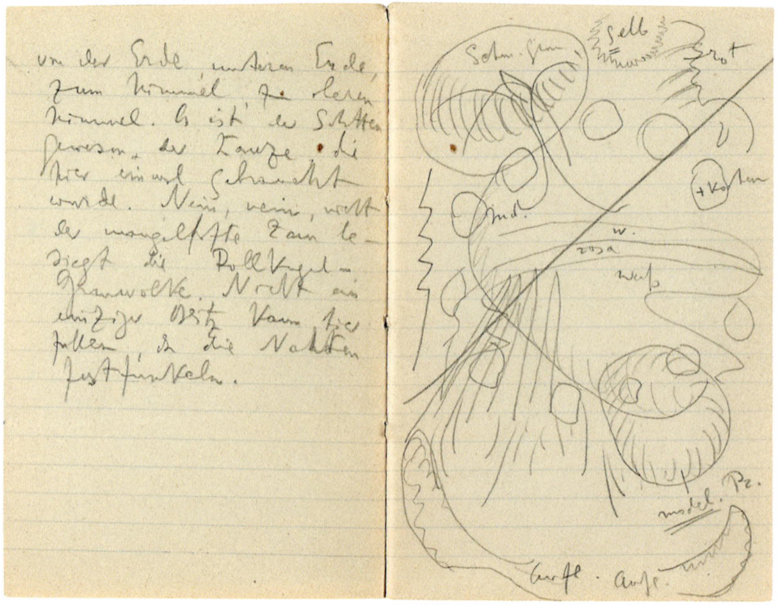

2

L'affaire de Trésor national résulte du manque de clarté qui pèse sur les éditions des textes originaux ou traduits de Kandinsky. En 1912, Kandinsky autorise la parution de la traduction en anglais par Michael T.H. Sadler du *Über das Geistige in der Kunst, insbesondere in der Malerei*, sous le titre *The Art of Spiritual Harmony* qui paraît à Londres et à Boston en 1914.
À sa disparition, parce que les droits d'auteurs sont encore mal établis et parce que Nina Kandinsky n'est pas parfaitement préparée, la situation devient confuse. Ainsi à New York, Hilla Rebay, directrice du Museum of Non-Objective Painting, sous le copyright de la Solomon R. Guggenheim Foundation, publie *On the Spiritual in Art by Wassily Kandinsky* en 1946 et *Point and Line to Plane by Wassily Kandinsky* en 1947. Pour rétablir ses droits, Nina Kandinsky édite à son tour *Concerning the Spiritual in Art and Painting in Particular*, avec un choix de poèmes en prose, des témoignages de Lyonel Feininger et de Stanley W. Hayter dans la collection « Documents of Modern Art » aux éditions Wittenborn-Schultz de New York en 1947. À Paris, Nina Kandinsky autorise René Drouin, son marchand, à publier en plaquettes à tirage limité des traductions improvisées de *Regards sur le passé*, en 1946, puis *Du spirituel dans l'art et dans la peinture en particulier*, en 1949. Nina Kandinsky se hasarde à présenter de nouvelles traductions aux éditions de Beaune de Suzanne de Coninck : *Du spirituel dans l'art et dans la peinture en particulier* en 1952, puis *Point Ligne Surface*, traduit par Christine Boumeester, en 1963. L'expérience n'est pas satisfaisante. En 1963, Nina Kandinsky approche Pierre Bérès. Il en découle une édition qui fait date de *Regards sur le passé et autres textes. 1912-1922*, établie et présentée par Jean-Paul Bouillon dans la collection « Savoir », aux éditions Hermann en 1974. Le 6 octobre 1967, Nina Kandinsky et Philippe Sers, son nouveau chargé d'édition, signent avec les éditions Denoël une cession des droits exclusifs afin d'exploiter la propriété littéraire de l'édition complète des œuvres de Vassily Kandinsky. Le plan prévoit cinq volumes. Quatre volumes sont finalement annoncés. Le tome 2 paraît en 1970 et le tome 3, en 1975. L'édition est suspendue avant le décès de Nina Kandinsky puis abandonnée. Récemment, à une vente publique en mai 2008, la Bibliothèque Kandinsky préempte, avec une subvention de la Société Kandinsky, les traductions des 38 poèmes de *Klänge* que Nina Kandinsky avait confiées en 1973 à Ré et Philippe Soupault, un projet qui traînera jusqu'en 1978 sans aboutir. Trois éditions de poche, dans la collection « Bibliothèques médiations Denoël Gonthier », diffusent des traductions de *Du spirituel dans l'art*, de *Point et ligne sur plan* et de *Cours du Bauhaus*. Actuellement, deux des titres sont repris dans la collection « Folio » aux éditions Gallimard. La Société Kandinsky, en informant les éditions Denoël, prend l'initiative en 1998 de subventionner un Kandinsky, *Du Théâtre/Über das Theater/O TeATPE*, aux éditions Adam Biro. Jessica Boissel, avec la collaboration de Jean-Claude Marcadé, collationne les documents originaux conservés principalement au Lenbachhaus à Munich et à la Bibliothèque Kandinsky, établissant un synoptique des manuscrits russes et allemands avec une traduction française assortie d'un appareil critique. En 2007, les mêmes chercheurs, sous la direction d'Helmut Friedel, directeur de la Städtische Galerie im Lenbachhaus, publient, avec le soutien de la Société Kandinsky, un recueil des textes inédits complets ou fragmentaires en allemand et en russe. La collation s'arrête à 1916. Les *Gesammelte Schriften 1889-1916. Farbensprache, Kompositionslehre und andere unveröffentlichte Texte*, à peine parus aux éditions Prestel en 2007, tombent dans l'obsolescence avec l'arrivée sur le marché de manuscrits inconnus.

1
Couverture du carnet de notes
Konstruktionslehre

Bibliothèque Kandinsky, Fonds Kandinsky, don de la Société Kandinsky agissant comme mécène dans la procédure de l'opération Trésor national, 2008

2
Double page du carnet
Konstruktionslehre intitulée
Um der Erde… [Autour de la terre…]

Bibliothèque Kandinsky, Fonds Kandinsky, 10746, don de la Société Kandinsky agissant comme mécène dans la procédure de l'opération Trésor national, 2008

Manuscrits classés Trésor national, acquis en 2008

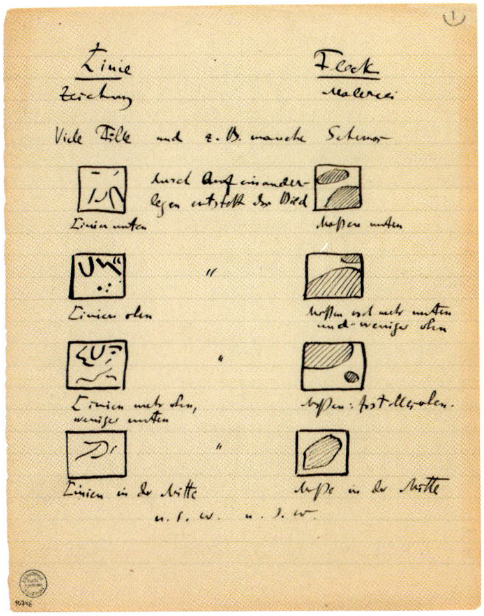

1

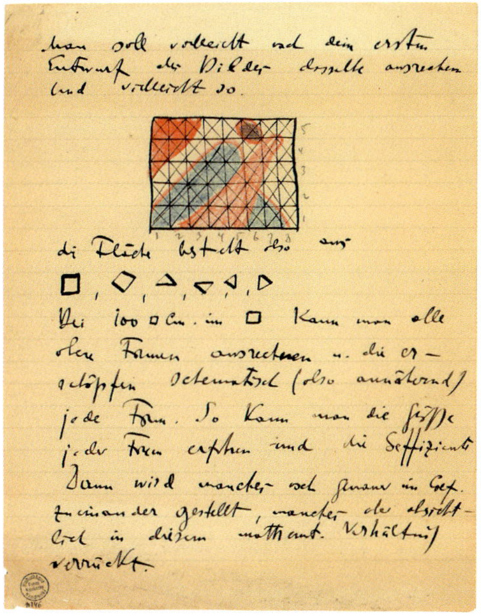

2

À ce jour, la Bibliothèque Kandinsky au Centre Pompidou conserve le seul fonds d'archives en France à couvrir l'existence de Kandinsky. Aussi, en mars et en mai 2007, le Musée national d'art moderne instruit-il quatorze demandes de certificats pour des biens culturels émanant de la Librairie Plantureux que lui transmet la Direction du livre et de la lecture en accord avec le département des manuscrits de la Bibliothèque nationale. Ils sont soumis à l'appréciation de la commission consultative des Trésors nationaux le 18 avril 2007 et le 4 juillet 2007. Le ministre de la Culture et de la Communication prend des arrêtés le 3 mai 2007 et le 25 juillet 2007, refusant la sortie. La commission d'acquisition du Musée national d'art moderne convient le 29 janvier 2008 du caractère complémentaire et essentiel de ces lots. Le vendeur réduit ses prétentions. Les deux liasses principales sont des manuscrits : le premier jet en russe d'un ouvrage sur le matérialisme dans l'art entrepris en 1914 et des fragments de manuscrits en allemand dont les paginations discontinues permettent leur réintégration dans le matériel dépareillé déjà inventorié à la Bibliothèque Kandinsky. Les demandes d'exportation recouvrent également des imprimés de Munich, de Weimar, de Dessau et de Paris, qui réintègrent la bibliothèque de Kandinsky : manifestes des futuristes italiens, exemplaires des revues *Der Sturm*, *Das Kunstblatt*, *Europa*, *Offset Buch und Werbekunst*, *Der Cicerone*, *Der Querschnitt*, *I. 10*, *Zenit*, livraisons marquées du vécu de l'artiste avec des annotations, des surlignés, des signets, etc., des coupures de journaux allemands de 1934 à l'encontre de l'« art dégénéré », des ouvrages rares (Hans Prinzhorn, *Bildnerei der Geisteskranken*), le portfolio confectionné clandestinement pendant la Seconde Guerre mondiale *10 Origins*, des essais de tirages de gravure pour *Klänge*, des photographies de « sciences de la nature » et d'« embryogénie » découpées dans des magazines et collées sur carton pour faciliter leur usage pendant les leçons au Bauhaus. Ce sont autant de titres mentionnés sur des reçus, certains signés et datés par Philippe Sers, retrouvés dans les archives de Nina Kandinsky.

Dans l'incertitude de trouver un mécénat, sous réserve de l'avis de la commission d'acquisition, la Société Kandinsky, au cours de son assemblée générale au Centre Pompidou le 16 mai 2008, achète les documents labellisés Trésor national pour les offrir au Centre Pompidou, rendant à un fonds identitaire ce qui en avait été dissocié. Le don est accepté au nom de l'État par le Centre Pompidou le 27 mai 2008.

1
Linie – Fleck, feuillet 1

Bibliothèque Kandinsky, Fonds Kandinsky, 10746, don de la Société Kandinsky dans le cadre de l'opération Trésor national, 2008

2
Man soll…

Bibliothèque Kandinsky, Fonds Kandinsky, 10746, don de la Société Kandinsky dans le cadre de l'opération Trésor national, 2008

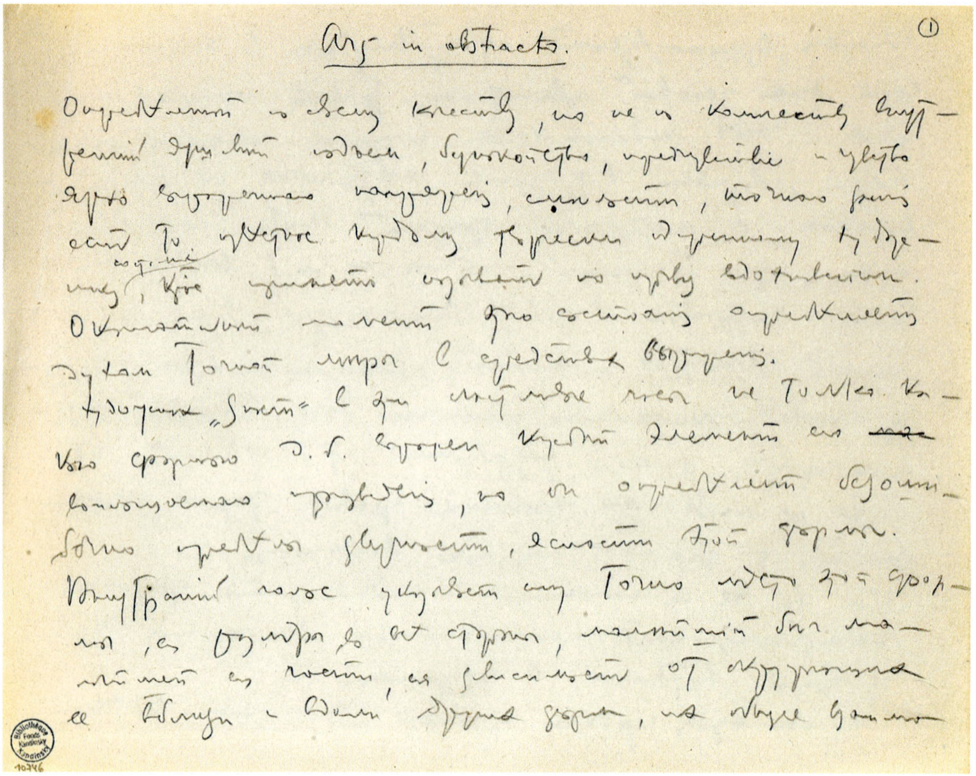

Ars in abstracto.

1

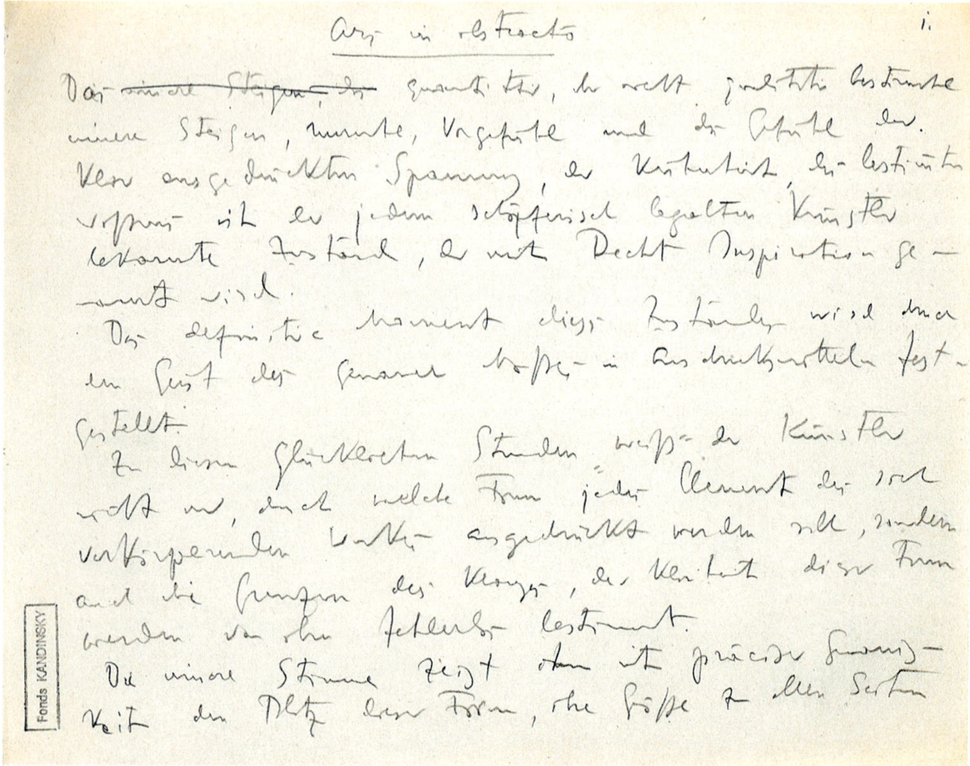

Ars in abstracto

2

1
Ars in Abstracto, manuscrit russe, feuillet 1, autographe au crayon, 17,5 x 22,5 cm

Don de la Société Kandinsky, 2008
Bibliothèque Kandinsky,
Fonds Kandinsky, 10746

2
Ars in Abstracto, manuscrit allemand, feuillet 1, autographe au crayon, 17,5 x 22,5 cm

Legs Nina Kandinsky, 1981
Bibliothèque Kandinsky,
Fonds Kandinsky

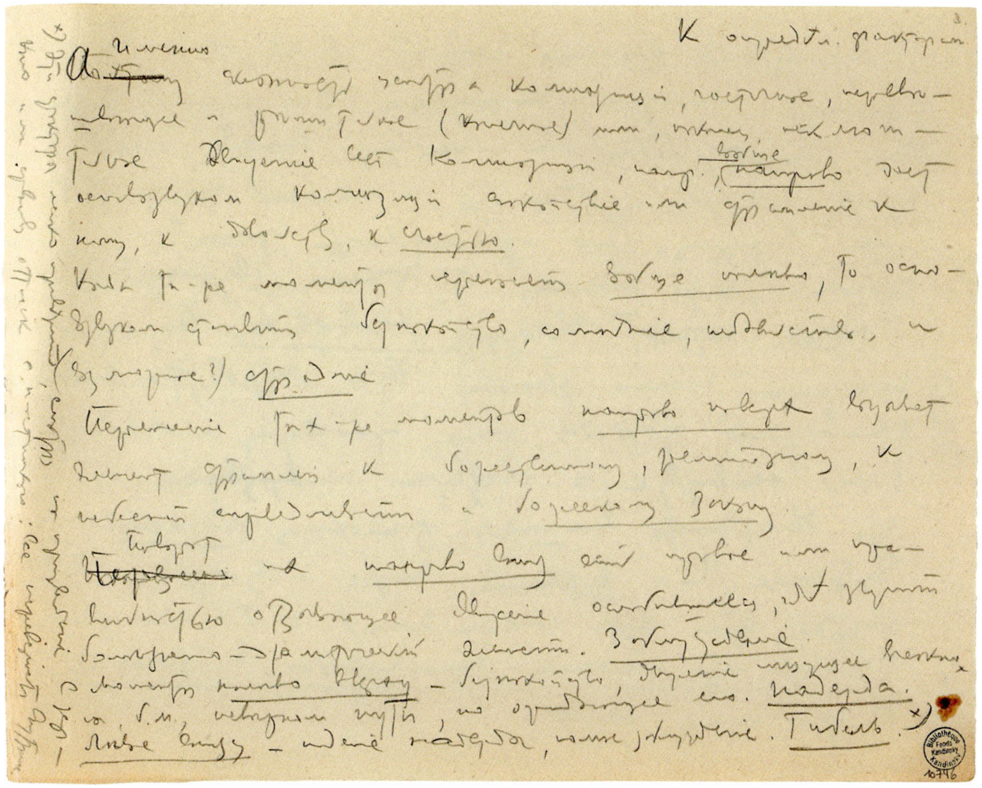

Über das Materielle in der Kunst, 1914,
manuscrit russe, autographe au crayon

Don de la société Kandinsky, 2008,
Bibliothèque Kandinsky, Fonds Kandinsky

Kandinsky arrive début août 1914 à Goldach dans l'expectative d'une fin rapide au conflit dont il n'appréhende ni l'ampleur ni la durée. Il décrit à Paul Klee, plus tard enrôlé en Allemagne, son installation provisoire le 15 août 1914 : « Un ecclésiastique ami nous a laissé ici sa villa inoccupée, où nous vivons le plus économiquement possible : nous trois de l'Ainmillerstrasse, Madame Kandinsky [Gabriele Münter], sa sœur, son mari et sa fille. Notre adresse est : Goldach am Bodensee, Mariahalde… Si vous vous rendez en Allemagne, nous serions très heureux de vous rencontrer lors de votre passage à Rorschach (Goldach n'est à proprement parler qu'un prolongement de R.) ».
Il entreprend de donner à *Über das Geistige in der Kunst*, un équivalent qui considérerait la matérialité de l'art. Et pour ce faire il rédige au crayon un long manuscrit en russe, première approche de ce qui deviendra *Punkt und Linie zu Fläche. Beitrag zur Analyse der Malerischen Elemente.* Kandinsky rappelle cet épisode dans l'avant-propos de la première édition du livre édité au Bauhaus Verlag en 1926 : « Au début de la Grande guerre, j'ai passé trois mois à Goldach sur le lac de Constance et j'ai consacré ce temps presque exclusivement à systématiser mes idées théoriques, souvent encore vagues, avec les expériences pratiques. Il en est résulté une documentation théorique assez importante.
Pendant presque dix ans je n'y ai pas touché, et ce n'est que récemment que la possibilité s'est offerte de m'en occuper à nouveau. Ce livre est un aperçu de ces travaux. Weimar 1923 Dessau 1926 ».

Que de brouillons de textes ! Il faut échantillonner d'un feuillet à l'autre les états successifs d'une pensée. Petites coupures pour de futures « éditions plus que complètes » ! L'autographe au crayon à demi lisible reste hermétique en l'absence de ponctuation ou de passage à la ligne. Les questions que pose cette dualité linguistique entre le russe et l'allemand sont d'abord : quel est le premier texte ? Lequel faut-il traduire ? D'une répétition à une variante, il y a des nuances. Le mot à mot n'aide pas l'exégèse. Où se situe le Kandinsky poète par rapport aux mots en liberté des futuristes ou le langage Zaoum ?
L'illusion qu'il suffit parfois de juxtaposer deux documents pour accéder à une vérité nouvelle sous-tend le lent travail de reclassement. Aujourd'hui, Angelika Weißbach, reprenant le travail de Jessica Boissel, dénombre grossièrement dans le Fonds Kandinsky, en distinguant les tapuscrits des manuscrits autographes : textes sur l'art : 400 feuillets, 90 en russe, 280 en allemand, 30 en français / textes sur les mises en scène (1919-1912) : 320 feuillets, 220 en allemand, 100 en russe / poèmes (1908-1912 et 1936) : 150 feuillets, 75 en allemand, 75 en russe / *L'Almanach Der Blaue Reiter* (1912) : maquette presque complète, 115 feuillets en allemand / épreuves avec des notes manuscrites : 60 feuillets / textes de la période du Bauhaus (1922-1933) : 150 feuillets en allemand / notes : 100 feuillets, 40 en allemand, 30 en russe, 30 en français / carnets de notes : 16 carnets en allemand. En tout 1 300 feuillets et les 16 carnets. Le dossier du Trésor national acquis en 2008 comprend 210 feuillets manuscrits : 80 en allemand, 130 en russe.

Reclassement récent : fonds photographique et livre de raison

Pour garder la maîtrise sur une œuvre qu'il disperse à travers l'Europe, l'Amérique et l'Asie russe, Kandinsky tient un livre de raison dans des cahiers d'écolier à partir de son voyage à Stockholm. Il recopie les notes de Gabriele Münter, qui est non seulement sa compagne, mais aussi son assistante et sa régisseuse jusqu'à leur rupture en 1916.

De 1919 à 1921, Kandinsky se remet activement à la peinture. Il vend beaucoup aux institutions qu'il préside et disperse une quantité non-négligeable de tableaux et d'aquarelles au hasard des musées qu'il contribue à créer. Il organise aussi des expositions itinérantes qui, cessant de tourner, se font oublier pendant trois quarts de siècle dans de lointaines et secrètes réserves, à Kirov et à Tachkent, avant de réapparaître à la faveur d'une exposition organisée à Moscou en 1989. Les nombreux « non-localisés » du catalogue de H. K. Roethel cessent de l'être. Mais deux grandes toiles comme l'esquisse de la *Composition VIII* retitrée *Spitzes Schweben* qu'il expose à la manifestation dans les locaux de la Bochaia Dmitrovska en octobre 1920 disparaissent pour de bon.

En marge de ses activités de réformateur de l'enseignement de l'art, Kandinsky utilise les moyens mis à sa disposition par le Département des beaux-arts (ISO) au Commissariat du peuple à l'éducation (Narkompros) pour éditer l'adaptation en russe *Stoupeni* [*Les Marches*] de son *Rückblicke* où il reproduit de préférence de nouvelles aquarelles et de récents tableaux. Il fait photographier ses œuvres de sorte que, lorsqu'il est invité à quitter Moscou, il emporte avec lui, à défaut de ses plus grands tableaux, un véritable musée imaginaire annoté de sa main ou par son secrétaire, Vassili Bobrov. Les photographies virant au sépia n'indiquent pas les couleurs de ces compositions disparues mais attestent qu'elles ont bien existé. *Spitzes Schweben*, même détruite, n'en a pas moins une valeur certaine : celle d'avoir été exposée et vue. Il est impensable de l'écarter sans considération pour porter un jugement équitable sur l'activité créatrice de l'artiste de 1915 à 1921.

Au Bauhaus, Kandinsky confie ses tableaux à photographier à Weimar à Hüttich Demler, à Dessau à Otto Wedekind, Lucia Moholy-Nagy et Walter Peterhans. À Paris, Kandinsky recourt aux services de G. Thiriet, en 1936, de Maywald, puis de Marc Vaux, dont il annote lui-même les derniers tirages au début de l'année 1944. Le fonds des reproductions photographiques de Kandinsky a été récemment classé par Stéphanie Bouvier.

La base de données photographies iconographiques de Kandinsky établie à partir des collections de la Städtische Galerie im Lenbachhaus et le Fonds Kandinsky est consultable à la Bibliothèque Kandinsky. Le financement de la numérisation et le conditionnement de ce matériel ont été assumés financièrement par la Société Kandinsky.

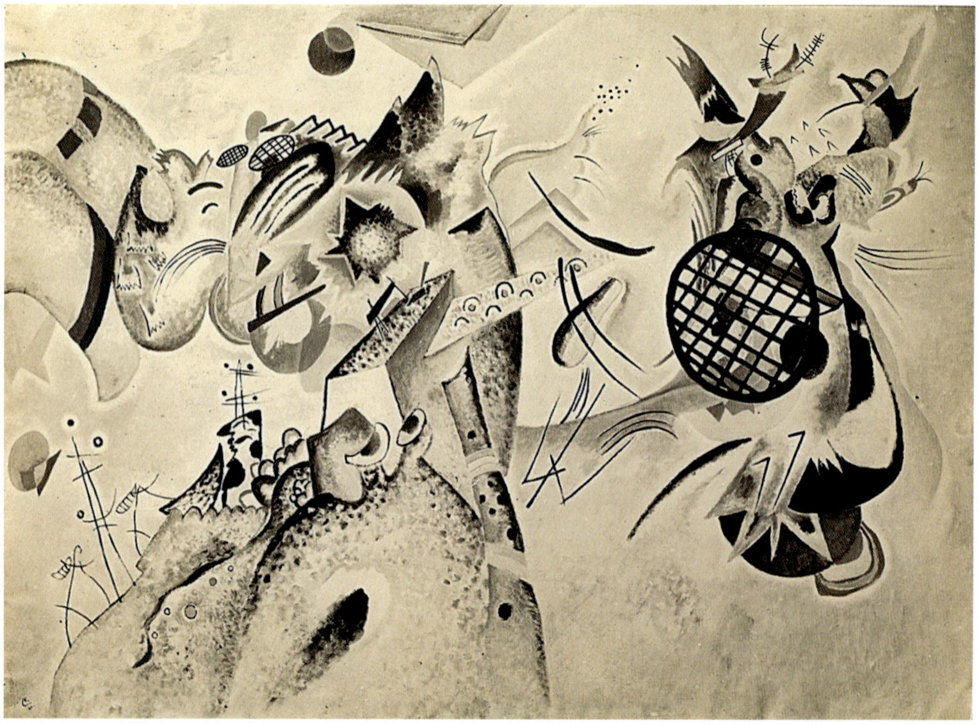

1

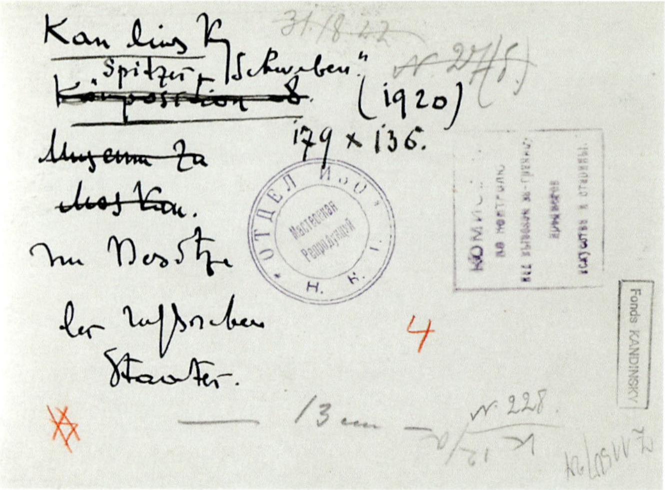

2

1
Spitzes Schweben [Vol plané effilé] (anciennement *Composition VIII*), 1920, huile sur toile, 136 x 179 cm (voir H. K. Roethel, *Catalogue raisonné*, tome II, n° 669). Montré lors de la XIXe Exposition en octobre 1920 à Moscou organisée par le bureau de l'ISO du Narkompros. Puis à la « Erste Russische Kunstausstellung » du 15 octobre à novembre 1922, galerie Van Diemen, Berlin, Unter den Linden 21 (œuvre reproduite dans le catalogue).
Cette exposition est ensuite présentée à Amsterdam, au Stedelijk Museum, en avril-mai 1923

2
Inscription de Kandinsky au verso d'une photographie plus petite de *Spitzes Schweben*, avec le cachet circulaire du studio de photographies de l'ISO et le cachet carré du service de contrôle pour l'autorisation de sortie du territoire des objets d'art

1

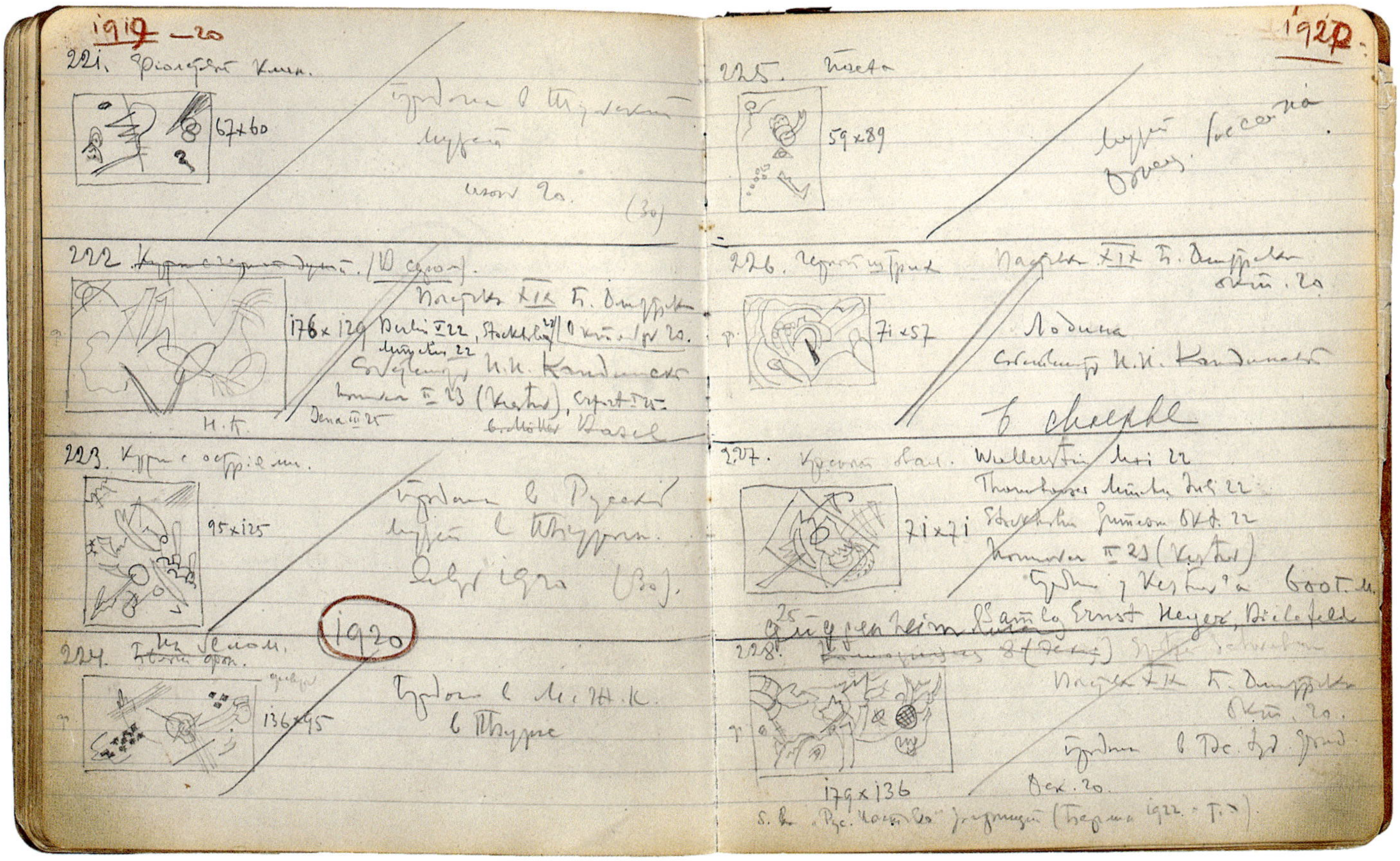

2

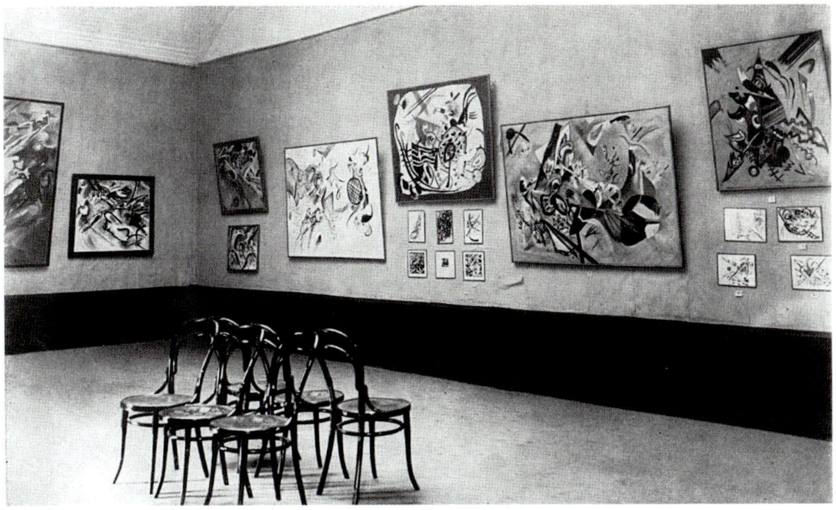

1
Double page du catalogue des œuvres tenu par Kandinsky (peinture année), années 1909-1926

Bibliothèque Kandinsky,
Fonds Kandinsky, Paris

2
Vue de la salle Kandinsky à la XIXe exposition d'État organisée par la section ISO du Narkompros en octobre 1920, avec *V Serom* (n° 222), *Schwarze Striche I* (n° 226), *Krasny oval* (n° 227), *Spitzes Schweben* (n° 228)

Bibliothèque Kandinsky,
Fonds Kandinsky, Paris, AM 1981-65-682

Lors de la XIXe exposition d'État, quatre des tableaux retenus par l'artiste sont présentés actuellement à Paris : *Bild mit Kreis* [Peinture avec cercle] (1911), *Improvisation 20 (Zwei Pferde)* [Improvisation 20 (Deux chevaux)] (1911), *V Serom* [En gris] (1919) et *Schwarze Striche I* [Traits noirs I] (1920).
Cette rétrospective est malmenée dans un compte rendu du critique D. Melnikov : « La peinture de Kandinsky, cette peinture de notre "siècle nerveux" qui périt sous le grondement des pièces d'artilleries, vit dans le néant ses derniers jours. On ne peut parler de différents tableaux de Kandinsky. Ils ne représentent rien et ne portent aucun nom. La *Composition* [VII, 1913], l'*Improvisation*, l'*Opus 7* (300 x 200) [*Composition VII*], le Flou, la Clarté ne veulent rien dire, et la composition elle-même est douteuse. Tout est "flou" et rien n'est clair, comme l'avant-propos imprimé de l'auteur qui est accroché à l'entrée de la pièce Kandinsky. Un tel avant-propos littéraire n'éclaircit rien, car il n'a rien à expliquer. La forme correspond au contenu. En effet, Kandinsky réussit, par des moyens purement picturaux, à transmettre directement et avec précision le "vague balbutiement de l'âme, la vibration des sentiments les plus subtils, la langueur de l'esprit. " » (D. Melnikov, « À propos de la peinture de gauche à la XIXe exposition nationale », *La Création*, 1920, n° 7-10 p. 43, voir *Kandinsky et la Russie*, cat. exp., Martigny, Fondation Pierre Gianadda, 2000, p. 293).

Don des archives Alexandre Kojève

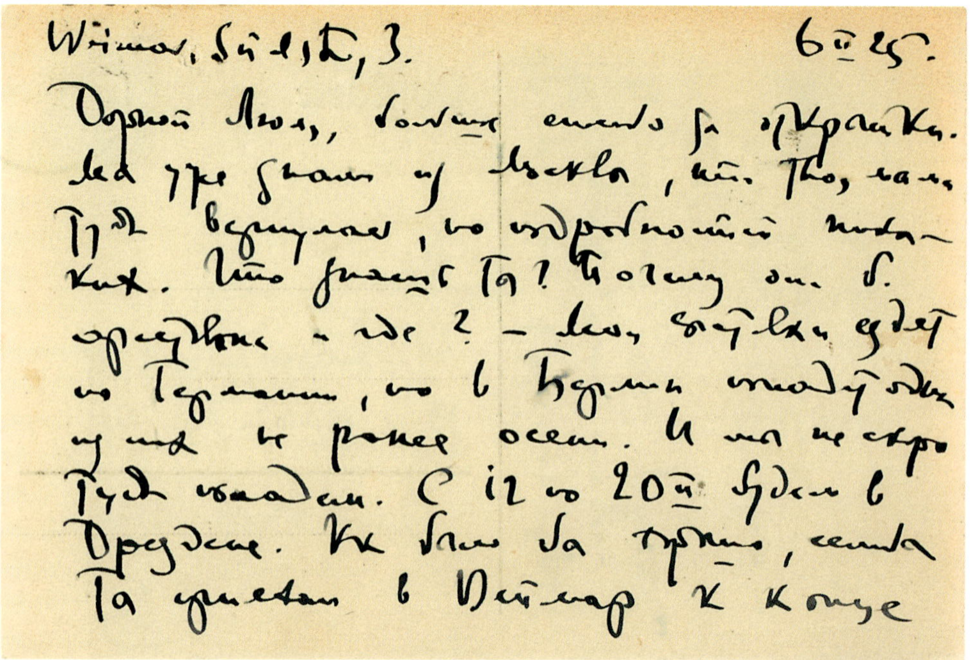

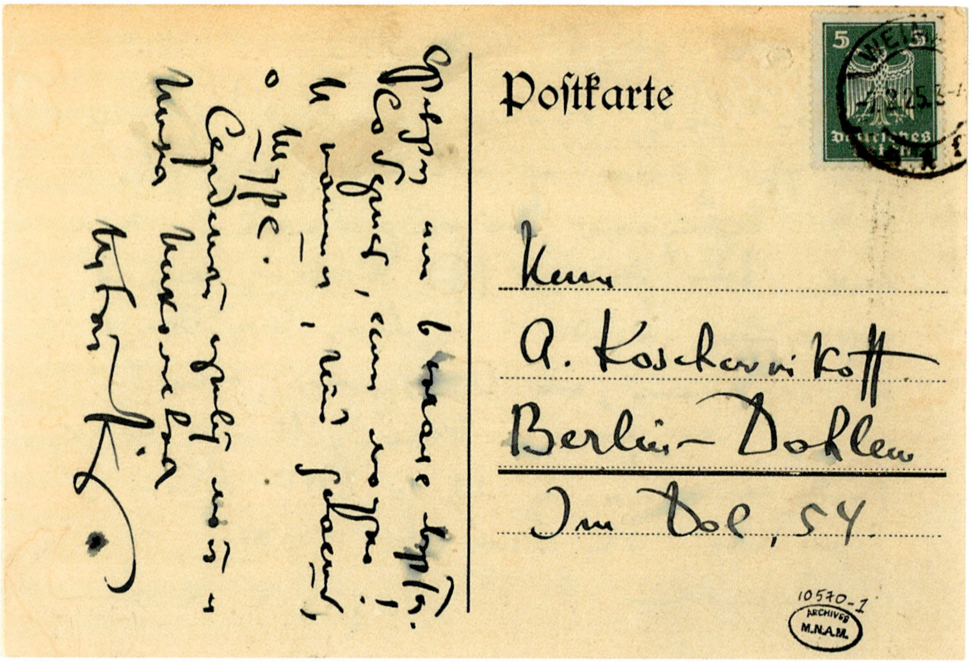

Carte postale adressée par Kandinsky à A. Kojevnikov, Berlin-Dahlem, recto et verso, premier élément des correspondances croisées Kandinsky-Kojève

Bibliothèque Kandinsky, don manuel de Nina Ivanoff en 2003, Fonds Kandinsky, 10570

« Weimar, Südst., 3 6 – II - 25
Cher Liulia, un grand merci pour les cartes postales. Nous savons déjà de Moscou que ta mère y est rentrée, mais n'avons pas de détails. Que sais-tu ? Pourquoi était-elle absente et où ? Mes expositions voyagent en Allemagne, mais seule l'une d'entre elle viendra à Berlin, mais pas avant l'automne. Nous-mêmes n'y serons pas de sitôt. Du 12 au 20 nous serons à Dresde. Que ce serait bien si tu venais à Weimar à la fin février ou début mars.
Essaie si tu peux ! Et écris-nous ce que tu sais de Choura. Salutations cordiales de ma part et de Nina Nikolaevna.
Ton Kd »

(traduction Olga Makroff)

Longtemps, la biographie de Kandinsky repose sur la monographie publiée en 1958 par Will Grohmann, son critique et son ami depuis 1924. S'il cite deux fois Christian Zervos, il ne connaît ni Pierre Bruguière ni Alexandre Kojève. Les premières publications de Hans K. Roethel, l'inventeur de la collection du Lenbachhaus et de la Gabriele Münter- und Johannes Eichner-Stiftung, et celles de Klaus Lankheit sur la genèse du Blaue Reiter focalisent l'intérêt sur Kandinsky et Munich-Murnau, la période géniale 1902-1914, la seule qui vaille selon eux. Les années parisiennes restent négligées. Le Musée national d'art moderne commence à engranger progressivement dans le Fonds Kandinsky des traces d'existence insoupçonnées. Kandinsky est un scripteur assidu, remarquablement précis, capable d'écrire simultanément en russe, en allemand et en français.
La première correspondance est offerte à la seule publication en 1982 par Pierre Bruguière, le juge auprès du Garde des Sceaux qui accélère la naturalisation des époux Kandinsky en 1939. Il s'agit de 25 lettres chaleureuses et habiles où Kandinsky s'entretient de 1939 à 1944 avec ce jeune collectionneur passionné d'art roman. Suivent les correspondances croisées de Kandinsky et de Christian Zervos (1889-1970), le directeur de la revue les *Cahiers d'Art* à Paris. Leur échange épistolaire court de 1927 à 1937 et leur relation interrompue en 1938 se rétablit de 1940 à 1944. En 1989, 34 lettres et une carte postale de Kandinsky sont achetées pour la documentation du Musée national d'art moderne auprès d'Yves de Fontbrune, 4 autres lettres en 1998 en vente publique par la Société Kandinsky. Depuis, il faut ajouter les quelque 120 reproductions d'œuvres de Kandinsky rentrées avec les archives commerciales et éditoriales des *Cahiers d'Art*, don de Monsieur Y. de Fontbrune.
Lors de la préparation de l'exposition Kandinsky en 1984, Madame Nina Ivanoff et Madame Koustnetzoff, sa sœur, apportent spontanément leur concours. Nina Ivanoff a été, à partir des années 1930, la compagne du philosophe Alexandre Kojève (1901-1968), le seul des neveux et nièces de Kandinsky à émigrer à Paris. En 1990, Nina Ivanoff donne la correspondance croisée entre les deux hommes, Nina Kandinsky ayant rendu à Kojève ses propres lettres. Nina Ivanoff et sa sœur déchiffrent ces pages illisibles, frappent le texte en russe puis le traduisent.
Peu avant son décès en 2003, Nina Ivanoff complète ces archives par le don de cartes postales et d'un long manuscrit qu'elle avait écartés, comme la carte-lettre adressée à Berlin en 1925, traduite et reproduite ici pour la première fois.

Voir « Vassily Kandinsky. Correspondances avec Zervos et Kojève », *Les Cahiers du Musée national d'art moderne*, Hors-série/Archives, 1992. Textes présentés, établis et annotés par Christian Derouet. Établissement et traduction des textes russes par Nina Ivanoff. Publié avec le concours de la Société Kandinsky.

Acquisition des aquarelles et dessins de la collection Alexandre Kojève, 2001

Sans titre, 1915, aquarelle et encre de Chine, 33,4 x 25 cm, monogrammé et daté en bas à gauche : K / 1915

Don de la Société Kandinsky (ancienne collection Kojève), Fonds Kandinsky, AM 2001-200 (voir V. E. Barnett, *Catalogue raisonné*, tome I, n° 388)

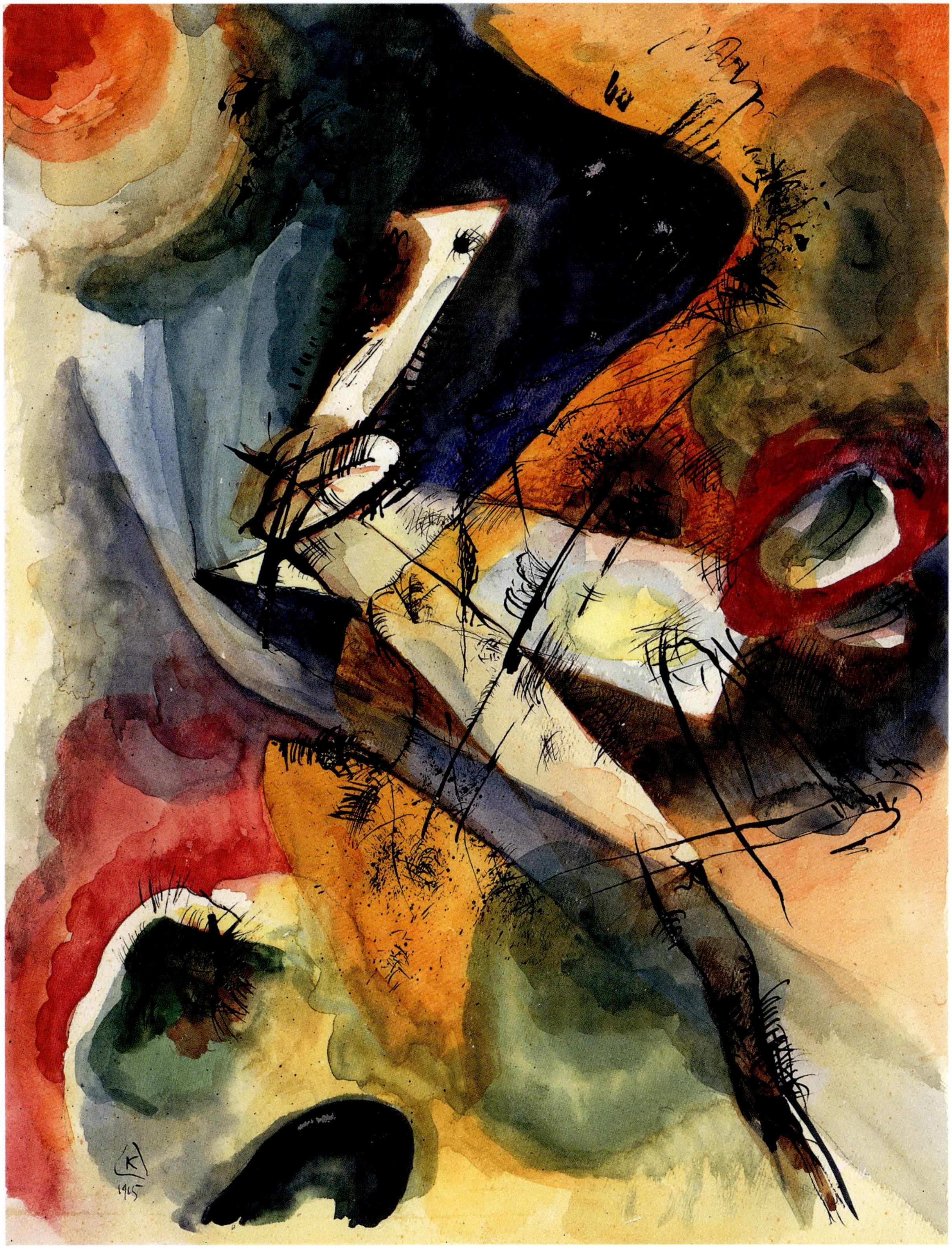

Don des archives Alexandre Kojève

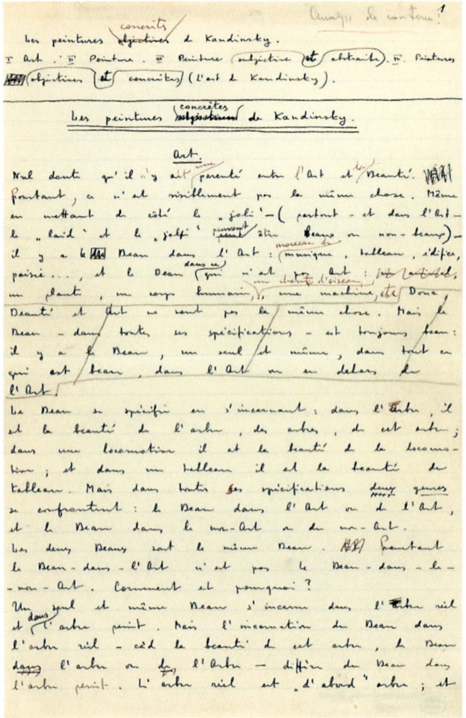

1

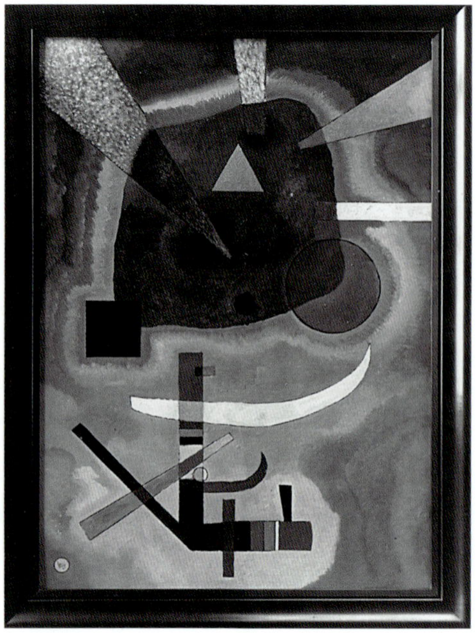

2

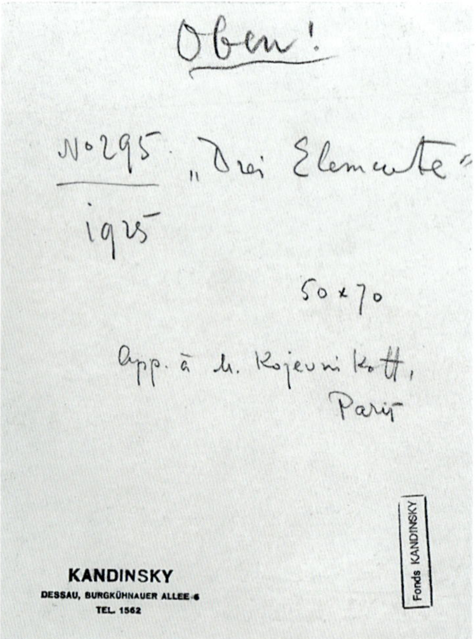

3

1
Manuscrit autographe d'Alexandre Kojève: *Les Peintures concrètes de Kandinsky*, 1936, feuillet 1, recto, annotation au crayon en haut à droite de Kandinsky: «Analyse de contenu». Extrait de 36 feuillets autographes, 33 x 21 cm, recto et verso, don manuel de Nina Ivanoff, 2002

Bibliothèque Kandinsky, Fonds Kandinsky, 10570

2–3
Photographie de *Drei Elemente*, 1925, huile sur carton, 69,5 x 49,5 cm, monogrammé et daté en bas à gauche, recto et verso (catalogué par Kandinsky, n° 295, et voir H. K. Roethel, *Catalogue raisonné*, tome II, n° 738).
Cachet : Kandinsky Dessau, Burgkühnauer Allee 6. Tel. 1562. Autographe de Kandinsky: «Oben! n° 295/ i925 Drei Elemente 50 x 70 / App. à M. Kojevnikoff/ Paris», achat de la Ville de Strasbourg en 2003, Musée d'art moderne et contemporain de Strasbourg. Un des dix-huit tableaux photographiés à Dessau, le plus souvent avec le cadre, par Lucia Moholy à la demande de Kandinsky

Alexandre Kojève (1902-1968), fils de Vladimir Kojevnikov, demi-frère de Kandinsky, quitte la Russie en pleine débâcle révolutionnaire, emportant à l'Université d'Heidelberg, puis à Berlin-Dahlem des aquarelles et des dessins de son oncle. Il se fixe avec son épouse, une pianiste allemande, à Boulogne-sur-Seine, 18 rue Emile Dunois en 1929. Il est ruiné par la crise économique et se sépare de son épouse qui retourne à Berlin. Il s'installe 15 boulevard du Lycée à Vanves et partage dès lors son existence avec Nina Ivanoff.
En 1936, Kojève, naturalisé français, écourte son nom. Il change de condition en suppléant à Alexandre Koyré à l'École pratique des Hautes-Études. Il enseigne la philosophie de Hegel jusqu'en 1939, dans un séminaire fréquenté entre autres par Raymond Aron, Georges Bataille et Jacques Lacan. Kojève insiste sur la thèse marxiste de la fin de l'histoire dans *La Phénoménologie de l'esprit*. Un de ses auditeurs, Raymond Queneau, met en forme et publie son cours, *Introduction à la lecture de Hegel*, 1947. Plus tard, Kojève occupe un poste de négociateur auprès du Ministère des Finances. En 1968, il dédicace à Nina Kandinsky le tome I «Les Présocratiques» de sa grande œuvre: *Essai d'une histoire raisonnée de la philosophie païenne*, publiée par la Nrf Gallimard.
La présence de ce neveu, un intime, incite Kandinsky en 1933 à se réfugier à son tour sur les rives de la Seine. En 1936, Kojève rédige un essai fondamental: *Les Peintures concrètes de Kandinsky*. Le manuscrit reste inédit jusqu'en 1966, où il est abrégé par l'auteur pour être intégré au numéro d'hommage à Kandinsky édité par la revue *XXe Siècle*.
Trois aquarelles et le dessin de Kandinsky, de 1915 et de 1921, affrontent le soleil sur le papier peint de son bureau à Vanves. En 2001, Nina Ivanoff les cède à la Société Kandinsky à un prix extrêmement favorable pour qu'ils puissent rejoindre le Fonds Kandinsky au Cabinet d'art graphique. Cette acquisition conséquente de la Société est décidée à l'assemblée générale de Strasbourg. En 2002, Nina Ivanoff s'inquiète de la sécurité du tableau de Kandinsky *Drei Elemente* qui orne la cheminée de sa chambre et s'en défait très généreusement au profit de la Ville de Strasbourg pour la somme dont elle dispose.
Kojève avait reçu enfant ou jeune homme une aquarelle historiée que Kandinsky avait spécialement exécutée pour lui (reproduite en couleurs dans V. E. Barnett, *Catalogue raisonné*, tome I, n° 252). Il reçut de son oncle une autre peinture dont le placement devait lui permettre d'acheter une voiture. Kandinsky correspondant avec son neveu est ironique, drôle, heureux, et les aquarelles et le dessin de 1915 tout ensoleillés qu'ils aient été, figurent parmi les plus belles feuilles du Cabinet d'art graphique.

Acquisition des aquarelles et dessins de la collection Alexandre Kojève, 2001

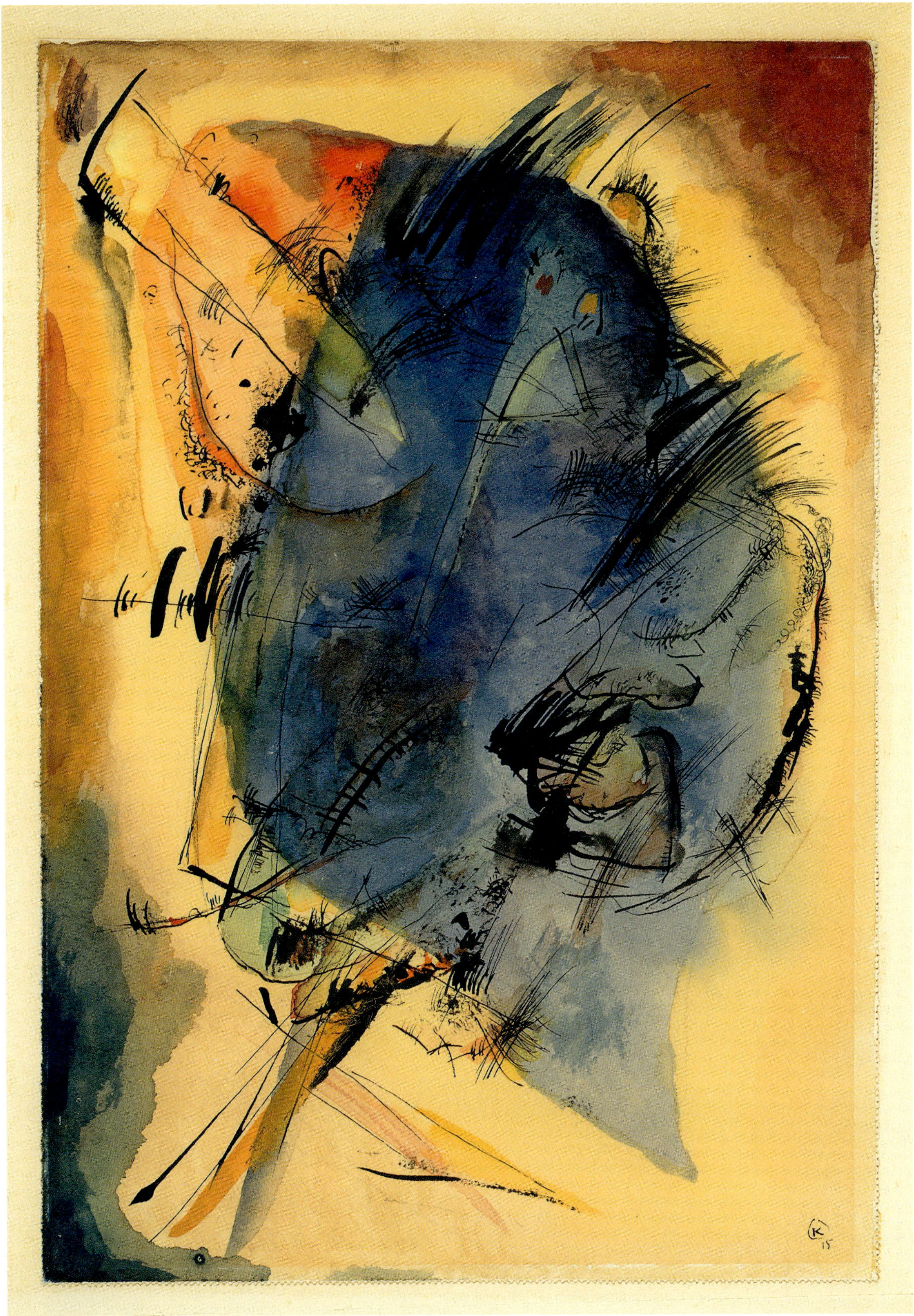

Sans titre, 1915, aquarelle et encre de Chine sur papier, 34 x 22,8 cm, monogrammé et daté en bas à droite : K / 15

Don de la Société Kandinsky (ancienne collection Kojève), Fonds Kandinsky, AM 2001-202 (voir V. E. Barnett, *Catalogue* raisonné, tome I, n° 389)

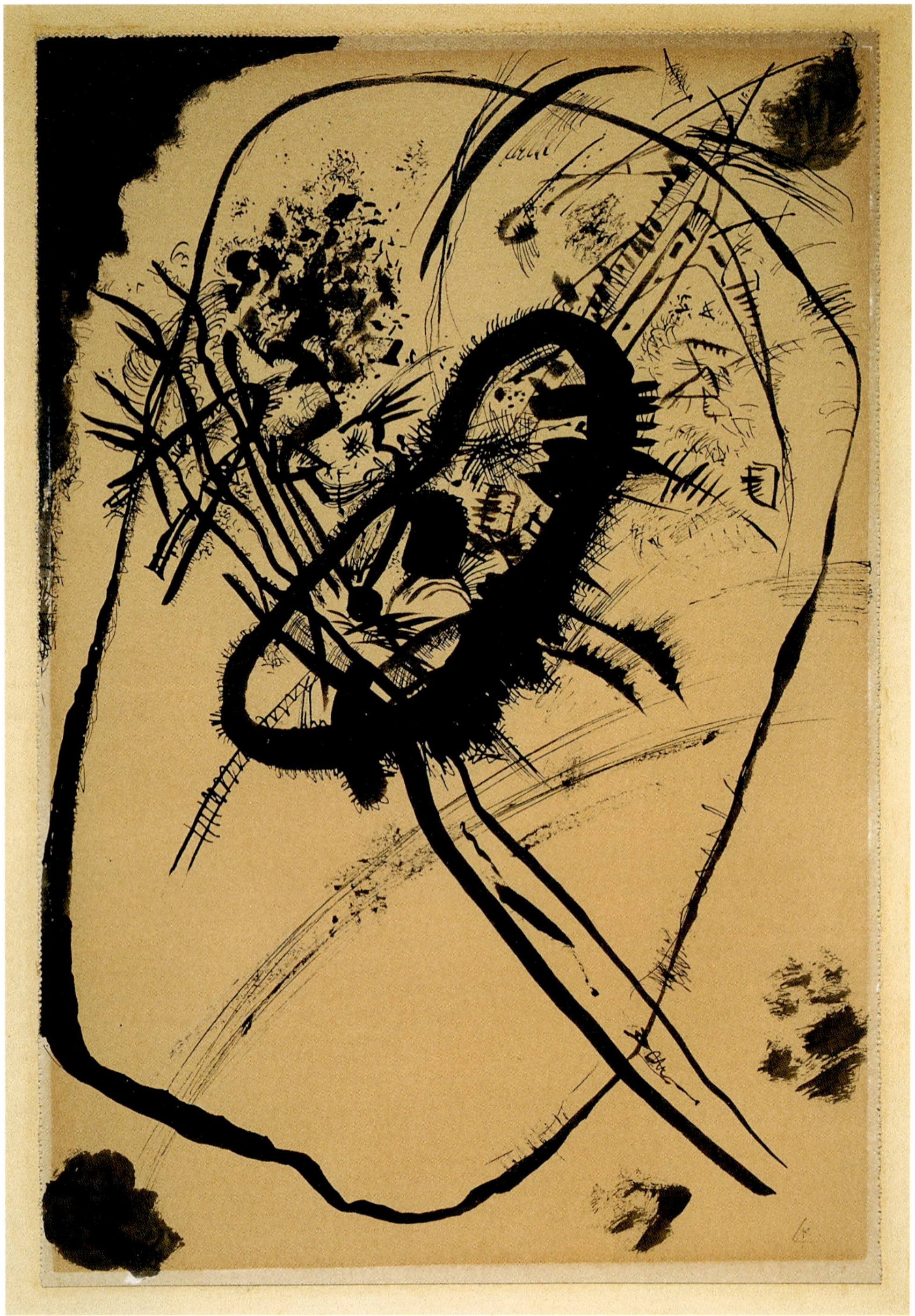

Sans titre, 1915, encre de Chine,
34 x 23 cm, monogrammé et daté
en bas à droite : K. Non-daté

Don de la Société Kandinsky
(ancienne collection Kojève),
Fonds Kandinsky, AM 2001-201
(voir V. E. Barnett, *Catalogue raisonné dessins*,
tome I, n° 357)

Aquarelle, dation (ancienne collection Karl Flinker)

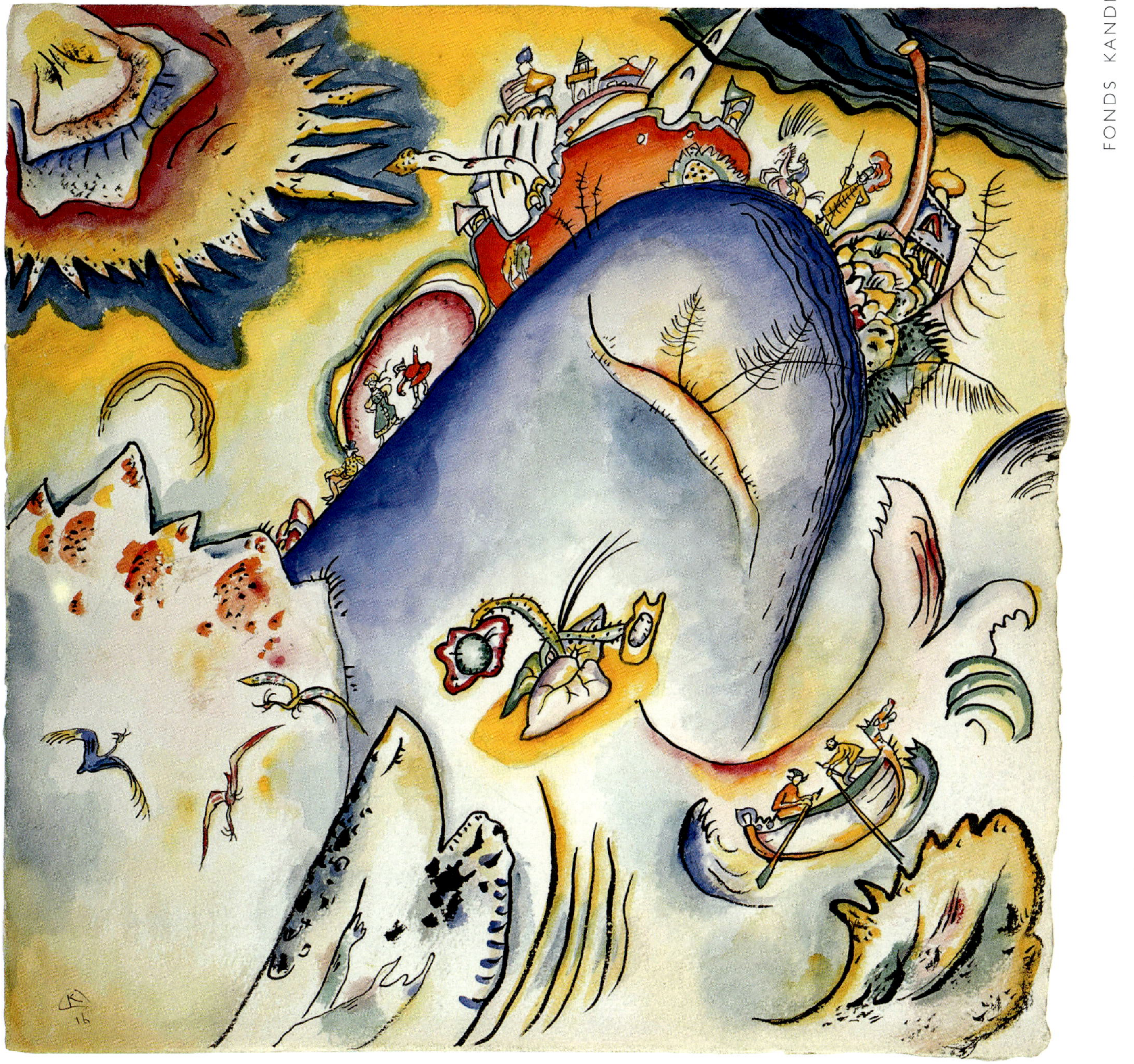

Vögel [Oiseaux], 1916, aquarelle et encre de Chine, 34,2 x 34,2 cm

Dation (ancienne collection Karl Flinker) 1994, Fonds Kandinsky, AM 1994-71 (voir V. E. Barnett, *Catalogue raisonné*, tome I, n° 434)

Karl Flinker (1923-1991) organise en 1961, rue du Bac, une exposition d'aquarelles de Kandinsky, puis, en 1972, ouvre sa nouvelle galerie rue de Tournon par une exposition Kandinsky (peintures, aquarelles, dessins), puis une dernière d'aquarelles en 1977.
Il devient le représentant de Nina Kandinsky qui lui confie ses affaires. Il est actif dans la création de la Société Kandinsky et assiste l'administrateur judicaire de la succession ; il sera le premier trésorier de la Société Kandinsky.
Le Musée national d'art moderne en 1994 accepte en dation six œuvres de Kandinsky (ancienne collection Karl Flinker) : *Le Cavalier bleu*, maquette pour la couverture de l'almanach *Der Blaue Reiter* 1911, *Vögel* [Oiseaux] 1916, *Im schwarzen Viereck* [(Étude pour) Dans le Carré noir], 1923, aquarelle et encre de Chine, 38 x 37 cm, AM 1994-72, *Zweiseitig gespannt* [Tendu dans les deux sens] n° 591, 1933, tempera et gouache sur carton gris, 41,5 x 57 cm, AM 1994-73, *Von hier bis dort* [D'ici jusque-là], 1933, tempera et gouache sur carton gris, 41,5 x 57 cm, AM 1994-74 (n° 592), *Sans titre*, 1941, gouache et encre de Chine sur papier gris, 31 x 48 cm, AM 1994-75 (n° 713).

Acquisition des aquarelles et dessins de la collection Alexandre Kojève, 2001

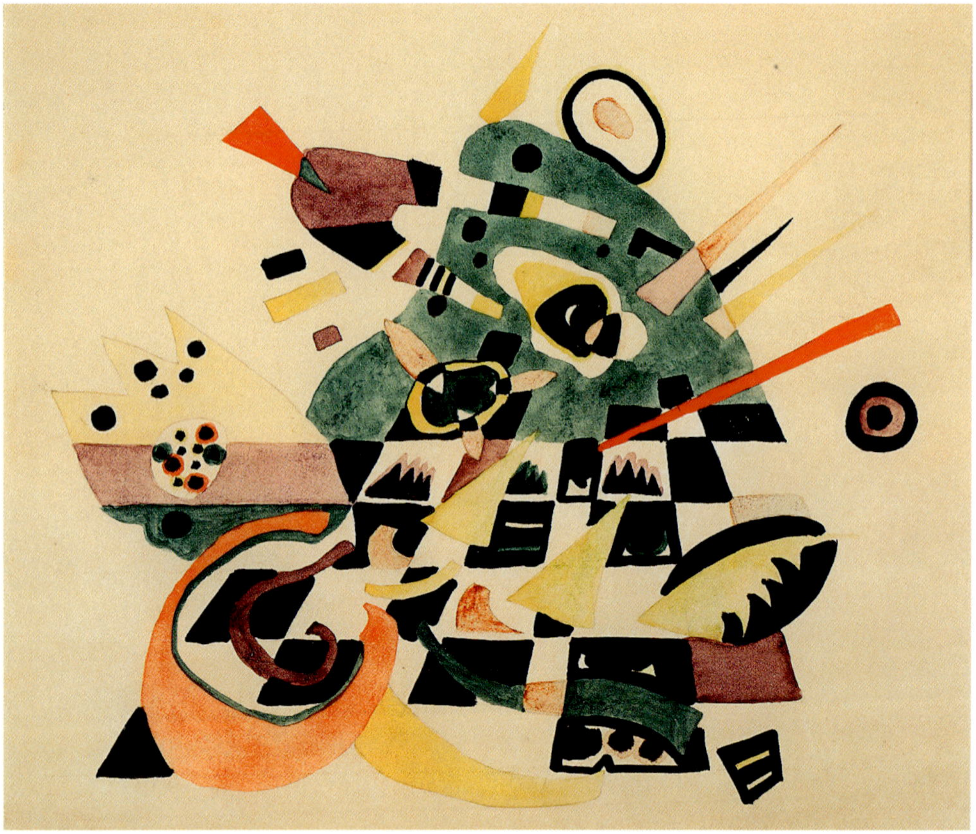

Sans titre, vers 1920-1922,
aquarelle, 19 x 21,5 cm
(proche de la peinture
Schachbrett, voir H. K. Rothel,
Catalogue raisonné, tome II, n°678)

Don de la Société Kandinsky
(ancienne collection Kojève),
Fonds Kandinsky, AM 2001-203
(voir V. E. Barnett, *Catalogue raisonné*, tome II, n° 561)

Aquarelle, dation (ancienne collection Karl Flinker)

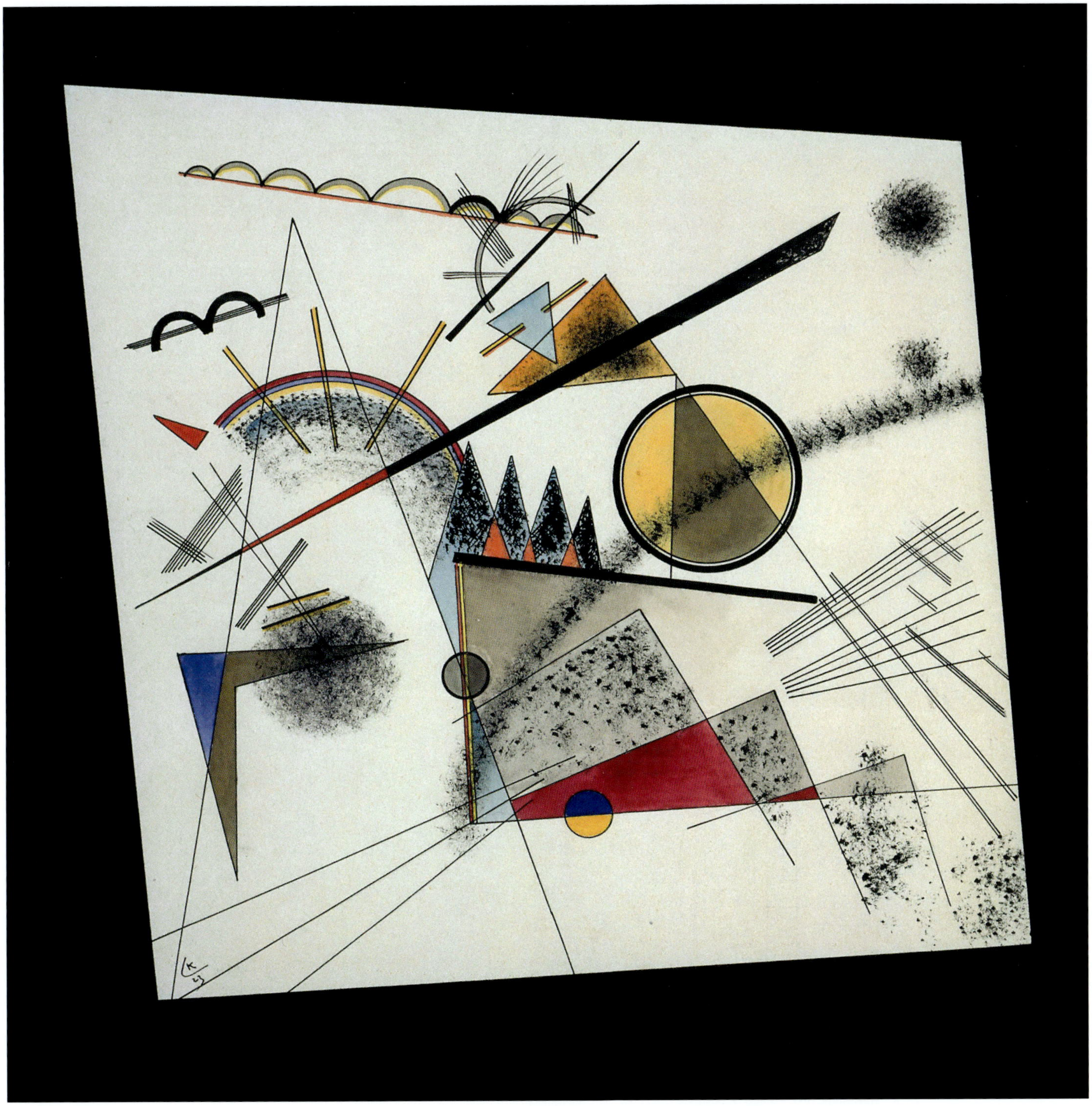

Im schwarzen Viereck
[(Étude pour) Dans le Carré noir],
1923, aquarelle et encre de Chine,
38 x 37 cm, sdbg. : K23

Dation (ancienne collection Karl Flinker),
Fonds Kandinsky, AM 1994-72
(voir V. E. Barnett, *Catalogue raisonné*, tome II, n° 637)

Dans les premières années à Weimar, Kandinsky peint de grandes aquarelles très proches de ses peintures à l'huile *Schwarzer Kreis, Auf Weiss II, Komposition VIII, Schwarze Begleitung*... Si certaines sont de vraies esquisses, d'autres apparaissent comme des répliques ou réductions sur papier.

Aquarelle, dation (ancienne collection André Breton)

1
Kleines Weiss [(Étude pour) Petit Blanc], 1928, aquarelle et encre de Chine, 48,2 x 32 cm, sdbg.: K28, inscription au revers par André Breton: «Kandinsky Petit Blanc (1928)»

Dation Mur de l'Atelier André Breton, don de Mme Aube Breton-Elléouët, 2003, AM 2003-3 (15) (voir V. E. Barnett, *Catalogue raisonné*, tome II, n° 856)

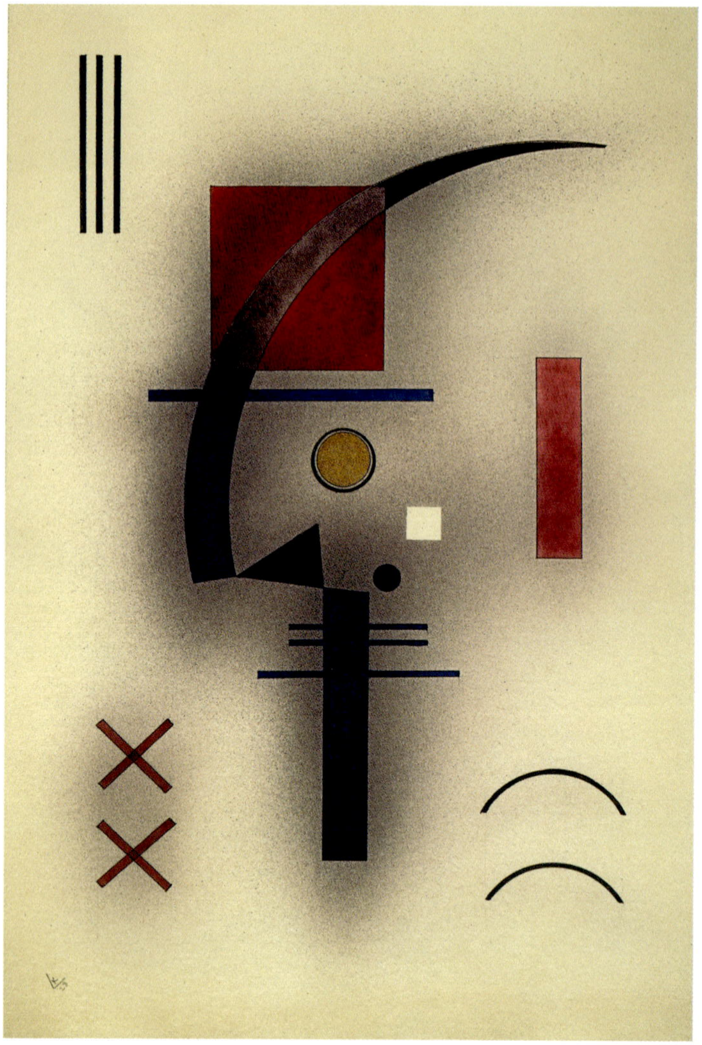

1

Autres documents provenant du poète André Breton dans le legs par Nina Kandinsky, 1981: carnet de Nina Kandinsky, 1923-1940, AM 1981-65- 914, feuillet 31 autographe d'André Breton à l'encre verte: «La beauté sera CONVULSIVE/ ou ne sera pas / * / La beauté sera EROTIQUE – VOILEE / EXPOSANTE – FIXE, / MAGIQUE. CIRCONSTANCIELLE / ou ne sera pas. André Breton». André Breton, *Second manifeste du surréalisme*, Paris, Éditions Kra, 1930, dédicacé sur la page de garde: «à Kandinsky / hommage d'admiration / André Breton». André Breton, Diego Rivera, *Pour un art révolutionnaire indépendant*, Mexico, 1938. Tract imprimé sur papier vert (Trésor national). Autres aquarelles de Kandinsky possédées puis vendues par André Breton: *Gedämpfte Glut* [Ardeur étouffée ou Ardeur réprimée], juin 1938, aquarelle réalisée à l'aérographe avec des pochoirs, acquise auprès de la galerie Zak en 1929, n° 36 de l'exposition (voir V. E. Barnett, *Catalogue raisonné*, tome II, n° 873). *Volant*, juin 1936, gouache et crayon sur papier noir, inscription au revers du montage: «N° 566 / 1936 / Volant / A mon cher M. André Breton / très amicalement / Kandinsky / Paris / Le 22 Sept. 1938» (voir V. E. Barnett, *Catalogue raisonné*, tome II, n° 1195).

Kandinsky est honoré que le poète André Breton ait acquis à la galerie Zack deux des aquarelles exposées. Le montage par ses soins de la reproduction de *Kleines Weiss* sur carton montre qu'il signale cet achat à ses élèves au Bauhaus. Tout corrobore la position paradoxale de Christian Zervos: les surréalistes s'intéressent à Kandinsky donc Kandinsky ne peut être que favorable à cette mouvance. Le poète André Breton (1896-1966) rend visite à Kandinsky à Neuilly-sur-Seine. Il accepte de rédiger une courte préface traduite en anglais et imprimée dans le mince catalogue pour l'exposition Kandinsky qu'organise à Londres Peggy Guggenheim en février 1938. Le manuscrit de ce texte a été dispersé à la vente *André Breton, 42 rue Fontaine*, étude CalmelsCohen, 11 et 17 avril 2003: manuscrit autographe à l'encre verte, daté et signé, 2 février 1938 (n° 2215). Le texte est imprimé en français dans André Breton, *Le Surréalisme et la peinture*, Paris, Gallimard, 1965, p. 286.

2
Reproduction collée sur fort carton de *Kleines Weiss*, 1928, légendée à la machine à écrire par Kandinsky: «Kandinsky 1928 / kleines weiss / (slkg a.breton, paris)». La reproduction provient d'un hors-texte dans le petit catalogue de l'exposition «Aquarelles de Wassily Kandinsky du 15 au 31 janvier 1929», galerie Zak, à Saint-Germain-des-Prés, Paris. L'aquarelle correspond au n° 28 du catalogue.

Bibliothèque Kandinsky, matériel d'enseignement au Bauhaus (en cours d'inventaire)

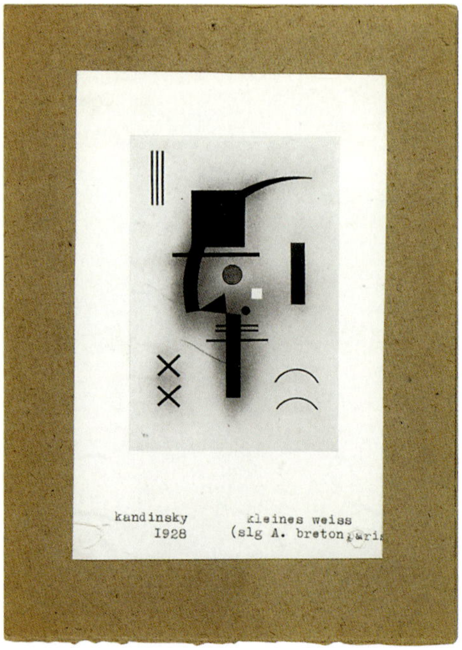

2

Aquarelle, don de la Société Kandinsky

1
Verdunkeln [Obscurcir], septembre 1930, aquarelle et gouache sur papier, 35,8 x 29 cm, inscription au verso : N° 388 / 1930 / "Verdunkeln"

Don de la Société Kandinsky, 2006, Fonds Kandinsky, AM 2006-83 (voir V. E. Barnett, *Catalogue raisonné*, tome II, n° 981)

En mars 1928, Kandinsky adopte un moyen de réaliser des aquarelles sans toucher le papier de la plume, ni du pinceau. Comme son collègue Paul Klee et ses élèves, il utilise un aérographe avec lequel il souffle soit le fond de sa composition soit l'exécute entièrement en recourant comme ici à des caches et des pochoirs.
Il limite l'intervention de la main à l'apposition à la plume du monogramme en bas à gauche et de la date. Ce faisant, il reprend à son compte les essais de déclinaisons de lumières réfléchies de L. Hirschfeld-Mack et K. Schwerdtfeger au Bauhaus. Il se rapproche également du photogramme de L. Moholy-Nagy. Cette pratique lui devient habituelle jusqu'en 1934.

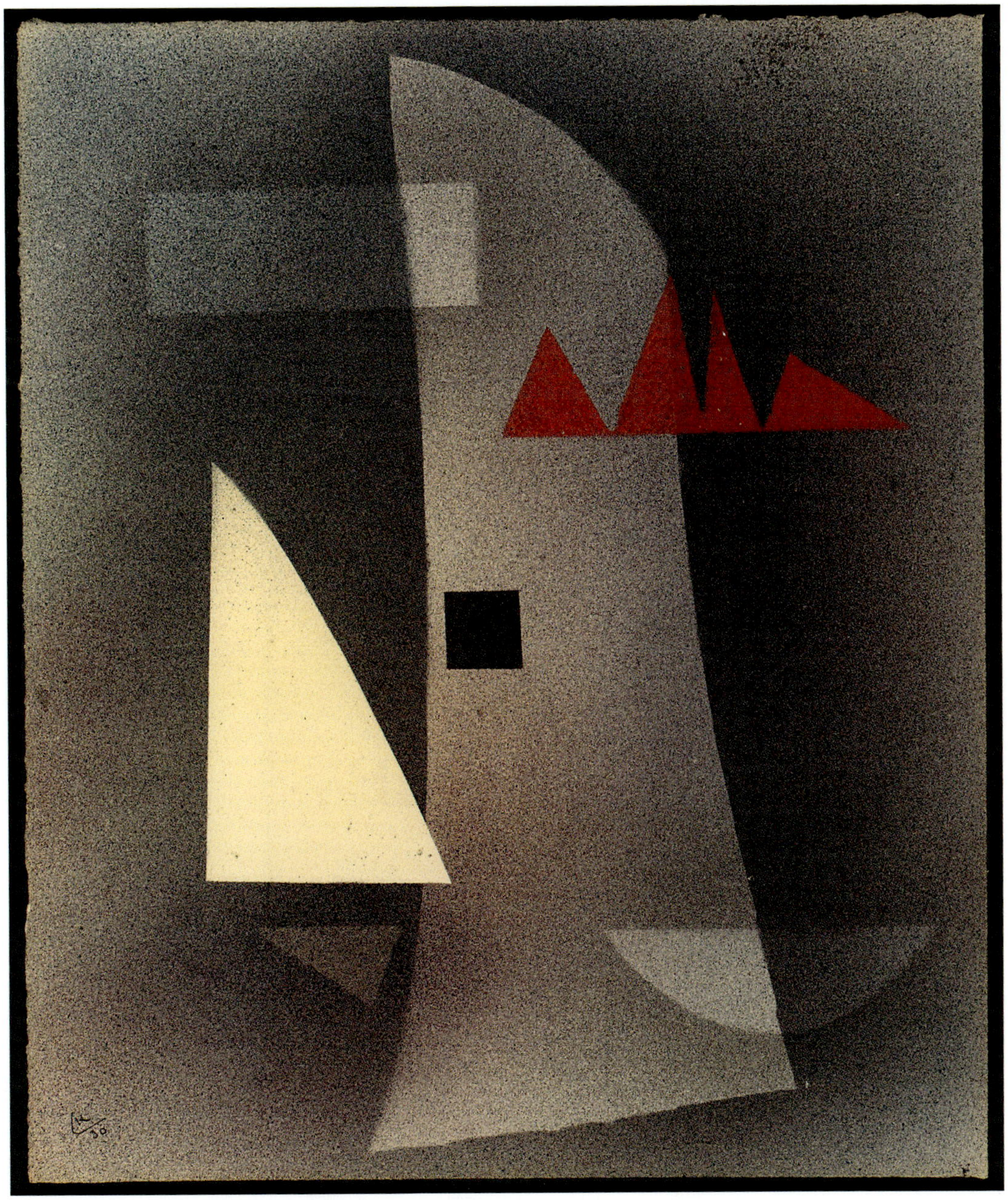

1

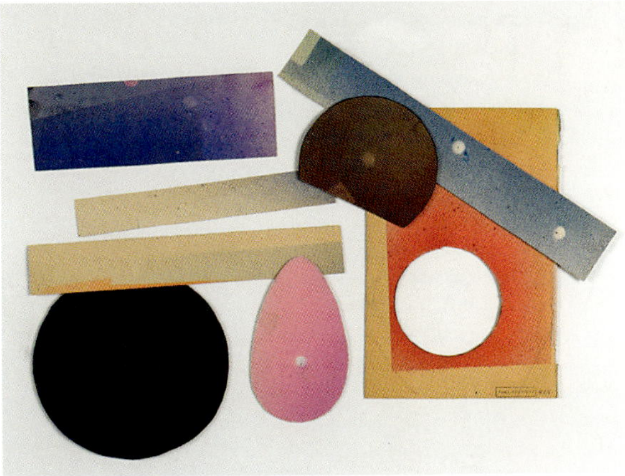

2

2
Outils et pochoirs de carton, Bibliothèque Kandinsky (en cours d'inventaire) (voir Benoît Dagron, « Inventaire du matériel de l'atelier de Vassily Kandinsky », *Techné, Revue du Centre de recherche et restauration des musées de France*, n° 8, 1998, p. 64-76)

PORTFOLIO pour le soixantième anniversaire de Kandinsky, Dessau, 1926

Josef Albers (Bottrop, Allemagne, 1888 – New Haven, États-Unis, 1976)
Élève au Bauhaus, puis chargé des cours préliminaires de 1923 à 1933.
Après le départ de Moholy-Nagy en 1928, Albers et son épouse partagent la maison mitoyenne n° 1 dans le voisinage des Feininger, Burgkühnauer Allee. Il y reste jusqu'en 1932.

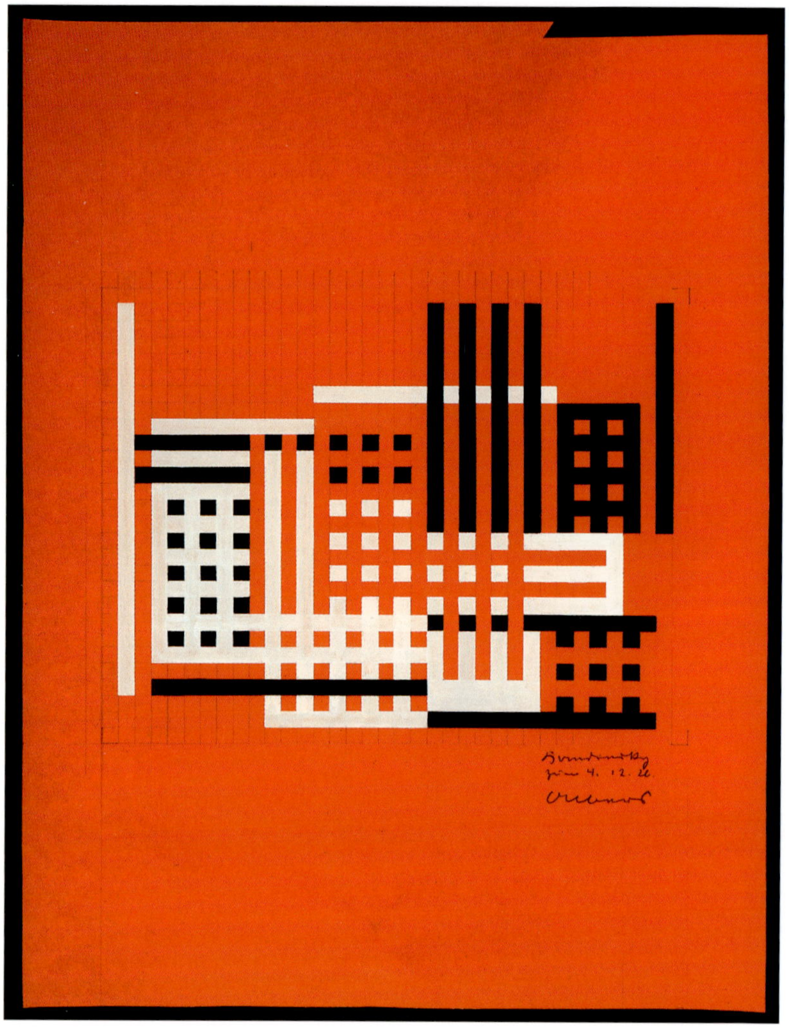

Josef Albers, *Fabrik*, gouache et crayon sur papier, 50 x 37,7 cm, dédicacée « Kandinsky zum 4.12. 26 » et signée « b.d. »

Don de la Société Kandinsky, Fonds Kandinsky, AM 2002-90

Acquisitions complémentaires d'œuvres de Josef Albers : *Aquarium*, 1934, linogravure 17/20, 18 x 26 cm, dédicacée « Herrn Kandinsky herzlichst zum 4. XII. 26 », signée, datée b. d., don de la Société Kandinsky, AM 2002-91 ; *Segments*, 1934, linogravure (épreuve), 24 x 28 cm, dédicacée « Kandinsky zum 4. 12. 26 », signée et datée b.d., don de la Société Kandinsky, AM 2002-92.
Autres œuvres de Josef Albers provenant du legs de Nina Kandinsky : *K= Trio*, 1932, crayon et gouache sur papier Schoellers, 45,7 x 44 cm, AM 81-65-887 ; carnet de Nina Kandinsky, 1925-1927, AM 81-65-915 (f 18) ; neuf gravures 1933 envoyées à Kandinsky pour être montrées à Paris : AM 81-65-963, AM 81-65-694 (2), AM 81-65-1115 à 1121.
Publications : « Kandinsky–Albers. Une correspondance des années trente. Ein Briefwechsel aus den dreißiger Jahren », *Les Cahiers du Musée national d'art moderne*, Hors-série/Archives, 1998, texte établis et annotés par Jessica Boissel, traduction du texte allemand par Jeanne Etoré. 22 lettres d'Albers adressées de Black Mountain College, archives Bibliothèque Kandinsky ; 24 lettres de Kandinsky adressées de Paris, Bibliothèque de Yale University, New Haven. Édition bilingue, financée par la Société Kandinsky, 1998.

Pierre Brullé, qui succède à Karl Flinker à la galerie de la rue de Tournon, permet à la Société Kandinsky d'acquérir de 2002 à 2006 pour le Cabinet d'art graphique des aquarelles qui proviennent du portfolio réalisé à l'occasion du soixantième anniversaire de Kandinsky. Au Bauhaus, depuis la réalisation spécifique d'un portfolio thématique pour le quarante et unième anniversaire de Walter Gropius en 1924, c'est devenu un cadeau d'usage pour fêter les membres dirigeants ou le départ d'un collègue. La remise du portfolio coïncide avec deux grands événements : l'inauguration du bâtiment du Bauhaus le 4 décembre 1926 le jour même de l'anniversaire de Kandinsky, et la présentation au Kunstverein de Dessau du 19 décembre 1926 au 9 janvier 1927 de la « Jubiläumsausstellung », exposition itinérante de Kandinsky pour laquelle Herbert Bayer imprime une affiche au Bauhaus.
D'autres éléments de ce cadeau sont entrés au Musée national d'art moderne avec le legs Kandinsky :
– Walter Gropius (Berlin, 1883-Boston, 1969) : album monté en leporelo avec une inscription sur la couverture, reportage photographique, école et lotissement des Maîtres, photographies par Lucia Moholy, Bibliothèque Kandinsky, Fonds Kandinsky, legs Nina Kandinsky, Musée national d'art moderne, Centre Pompidou. Autres œuvres de Walter Gropius provenant du legs par Nina Kandinsky : carnet de Nina Kandinsky, 1922, AM 1981-65-913, feuillet 20, dessin à la plume ; carnet de Nina Kandinsky, 1923-1940, AM 1981-65-914, feuillet 8, dessin au crayon.
– Marcel Breuer (Pecs, Hongrie, 1902-New York, 1981) : salle à manger réalisée en noir et blanc selon les indications de Kandinsky, 1926 ; une table ronde blanche à piètement métallique, six chaises en bois et métal, AM 1981-65-917 (voir photographie de Lucia Moholy) ; M. Krajewski, plafonnier en métal et en verre dépoli, inscription autographe au crayon par Kandinsky : « Esszimmer im Hause Kandinsky / (Meistersiedlung des Bauhauses in Dessau) », Bibliothèque Kandinsky. Autres œuvres de Marcel Breuer provenant du legs par Nina Kandinsky : carnet de Nina Kandinsky, 1923-1940, AM 1981-65-914, feuillet 24, aquarelle ; carnet de Nina Kandinsky, 1925-1927, AM 1981-65-915 (feuillet) 12 (aquarelle).

PORTFOLIO pour le soixantième anniversaire de Kandinsky, Dessau, 1926

Herbert Bayer (Haag, Autriche, 1900 – Santa Barbara, États-Unis, 1985)
Elève au Bauhaus puis enseignant comme responsable de l'atelier d'imprimerie et de publicité 1925 à 1928.

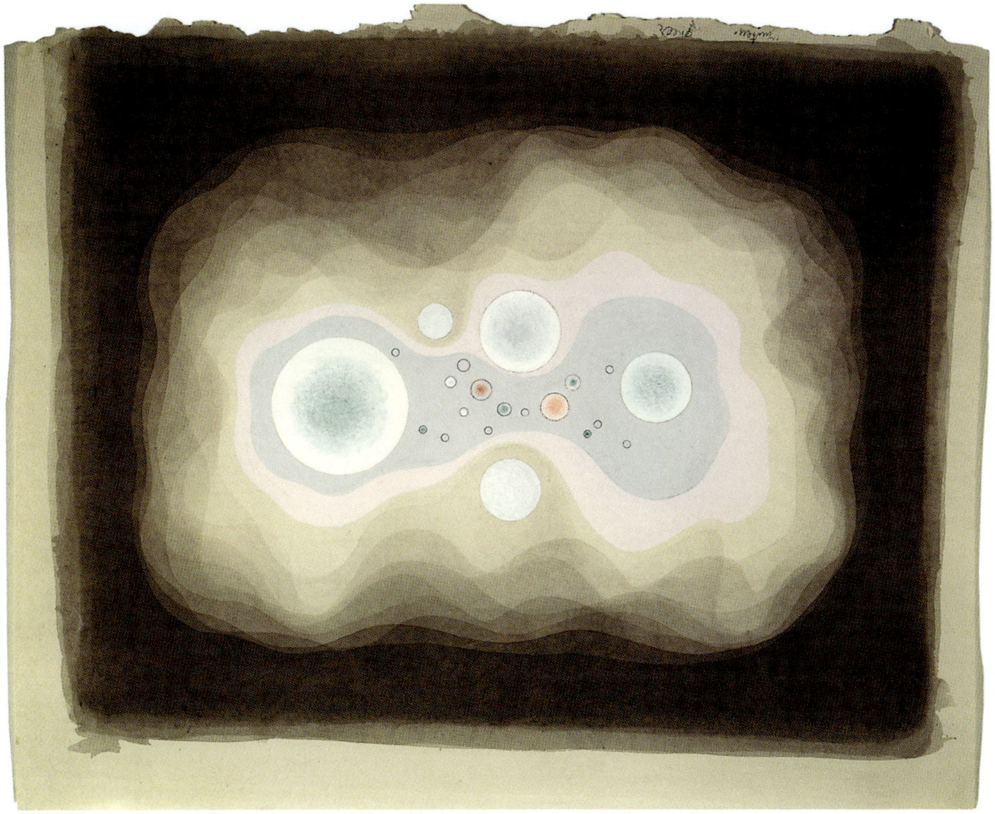

À l'occasion de l'exposition du Bauhaus à Weimar (15 août-30 septembre 1923), Herbert Bayer peint sur trois étages le mur d'un escalier de dégagement du bâtiment principal de la Staatliches Bauhaus à Weimar. Dans cette composition murale ininterrompue, Bayer transpose les théories de Kandinsky sur la correspondance des formes et des couleurs primaires : au rez-de-chaussée, un cercle bleu ; au premier, le carré rouge ; au deuxième, un triangle jaune.

Herbert Bayer, *Sans titre*, 1926,
aquarelle sur papier,
43 x 53 cm, signée et datée b.d.

Don de la Société Kandinsky,
Fonds Kandinsky, AM 2003-132
Le bord supérieur déchiré indique que la feuille a été arrachée de son passe-partout – décadrement hâtif pour occuper moins de place lors du déménagement Berlin-Paris ?

Acquisitions complémentaires d'œuvre d'Herbert Bayer : *Bone and fruit picture* [Os et fruit], 1930, gouache et crayon sur papier, 52,5 x 34,5 cm, provenance : hommage à Julien Lévy, étude Tajan, 5-6-7 octobre 2004, don de la Société Kandinsky, AM 2005-22.
Autres œuvres d'Herbert Bayer provenant du legs par Nina Kandinsky : carte pour l'exposition du Bauhaus à Weimar, 1923, carnet de Nina Kandinsky, 1925-1927, AM 81-65-915 (f 9).

PORTFOLIO pour le soixantième anniversaire de Kandinsky, Dessau, 1926

Lyonel Feininger (New York, 1871 – New York, 1956)
Maître de forme de l'imprimerie en fonction le 15 mars 1921. Membre du groupe de peintres Blue Four (Feininger, Jawlensky, Kandinsky, Klee), 1924. Le 30 juillet 1926, il partage avec sa famille la maison mitoyenne n° 1 avec les Moholy-Nagy, Burgkühnauer Allee. Il y reste jusqu'en 1932.

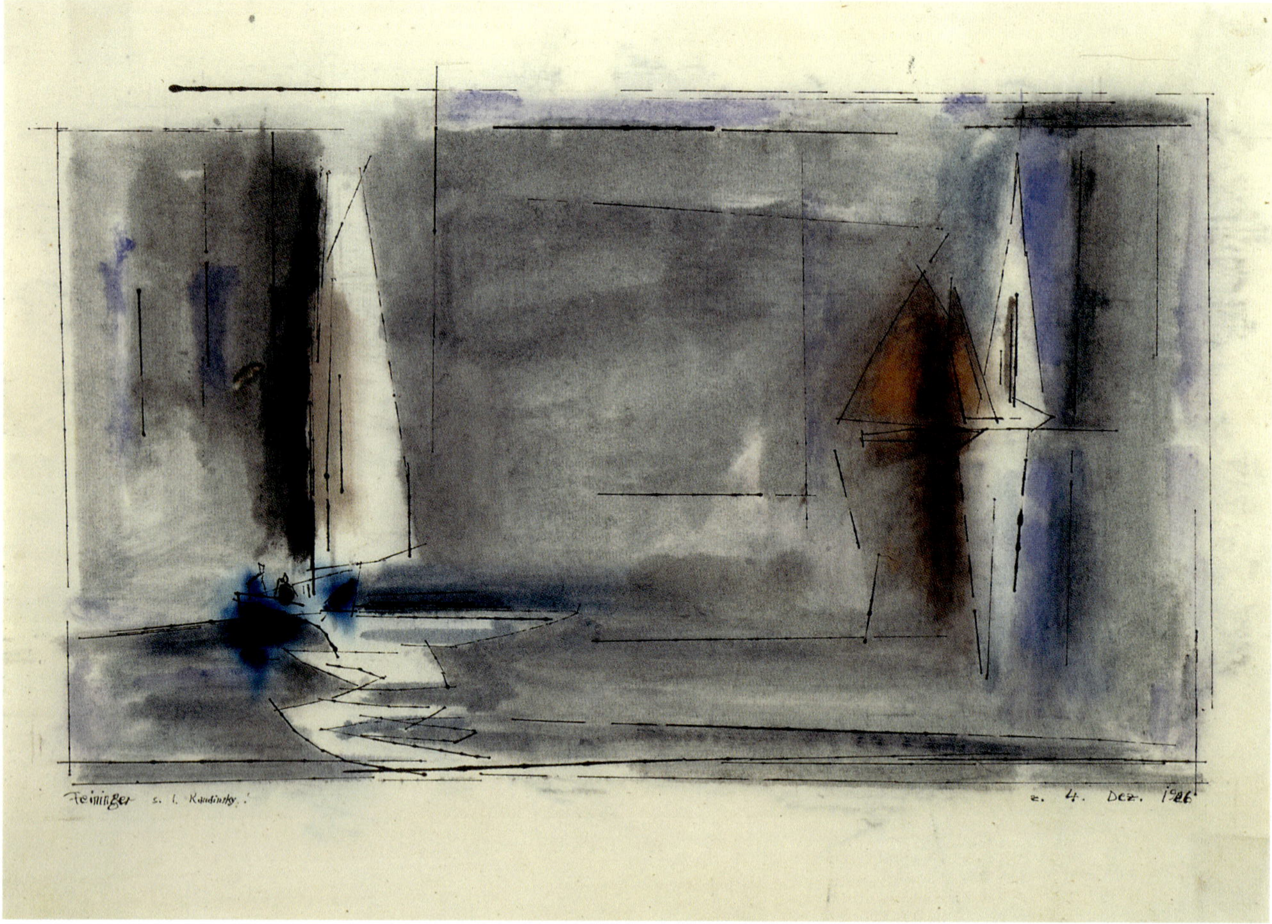

Lyonel Feininger, *Sans titre / Marine*, avant 1961, aquarelle et encre sur papier, 35,5 x 48 cm, dédicacée « S. I. Kandinsky », signée B.g. datée B.d. 4 déc. 1926
Don de la Société Kandinsky, AM 2003-133

Acquisitions complémentaires : *Männer, Häuser, Laterne und Schubkarren*, 1918, gravure sur bois, 19 x 25 cm, don de la Société Kandinsky ; *Gelbe Dorfkirche*, 2, 1921, gravure sur bois, 23 x 24 cm, dédicacée à Kandinsky, don de la Société Kandinsky.
Autres œuvres de Lyonel Feininger provenant du legs par Nina Kandinsky : *Liebespaar. Les Amoureux*, 1916, peinture, AM 1981-65-870, carnet de Nina Kandinsky, 1922, AM 1981-65-913, feuillet 11 ; carte pour l'exposition du Bauhaus à Weimar : 2 ; portefeuille des Maîtres du Bauhaus, 1923, n° 1, gravure sur bois, AM 1981-65-848 1 ; *[DorfKirche] Gelmeroda*, 1920, gravure sur bois 33,3 x 24,5 cm, feuille 40 x 30 cm, datée du 28 novembre 1920 ; carnet de Nina Kandinsky, 1923-1940, AM 1981-65-914, feuillet 4 ; dessin à l'encre de Chine et à l'aquarelle, Feininger 16 juillet 1923 ; *Die Insel*, 1923, huile sur toile, 46,5 x 74,5 cm, collection privée ; *Bateau à vapeur « Odin »*, gravure sur bois, AM 1981-65-868 ; *Marine*, 1924, peinture, AM 1981-65-871 ; *Marine*, 1926, aquarelle, 4 XII. 26, AM 81-65-867 ; *Six maisons*, 1922-1923, bois peint ; *Tête*, 1925, bois peint, AM 1981-65-869.

Un témoignage de Julia et Lyonel Feininger, daté de mai 1945, pour l'édition de *Concerning the Spiritual in Art and painting in Particular*, par Vassily Kandinsky aux éditions Wittenborn, New York en 1946 : « Nous avons été en contact avec lui pendant seulement huit ans, au Bauhaus, à Weimar d'abord, puis à Dessau. Nous avons rencontré Kandinsky pour la première fois à Berlin à la fin 1921. Nous savions qui il était.
Nous avions des amis communs : Alfred Kubin et Maria Marc, la veuve de Franz Marc. Nous avons passé l'été 1922 ensemble au bord de la mer. Ces semaines de détente nous rapprochèrent. Nous l'aimions beaucoup. Il ne riait jamais franchement, mais il partait d'un petit rire bref, qu'il faisait en général suivre d'une remarque ironique. Il aimait beaucoup la musique, il avait beaucoup de contacts avec les musiciens et les compositeurs et ses écrits contiennent beaucoup de références à la musique ; pourtant, nous ne l'avons jamais entendu jouer d'aucun instrument. Le soir, on entendait toujours de la musique dans la maison de Klee et dans la nôtre, mais lorsque nous demandions à Kandinsky s'il voulait venir en écouter, il répondait avec un sourire d'excuse : "J'aimerais bien mais il faut que j'écrive" et il restait dans son salon, qui donnait sur le jardin situé à l'arrière de sa maison, à rédiger ses conférences et ses livres, à tenir à jour son abondante correspondance. [...] Nous nous demandions souvent, alors, si le Kandinsky russe ne pouvait être complètement compris que par un Russe. »
(Traduction Claude Grimal)

PORTFOLIO pour le soixantième anniversaire de Kandinsky, Dessau, 1926

Paul Klee (Münchenbuchsee, 1879 – Muralto-Locarno, 1940)
Maître au Bauhaus de 1921 à 1931, responsable de la peinture sur verre, de l'atelier de tissage et de cours de peinture.
Il partage avec sa famille la maison mitoyenne n° 3, avec les Kandinsky, Burgkühnauser Allee ; il y reste jusqu'en 1933.

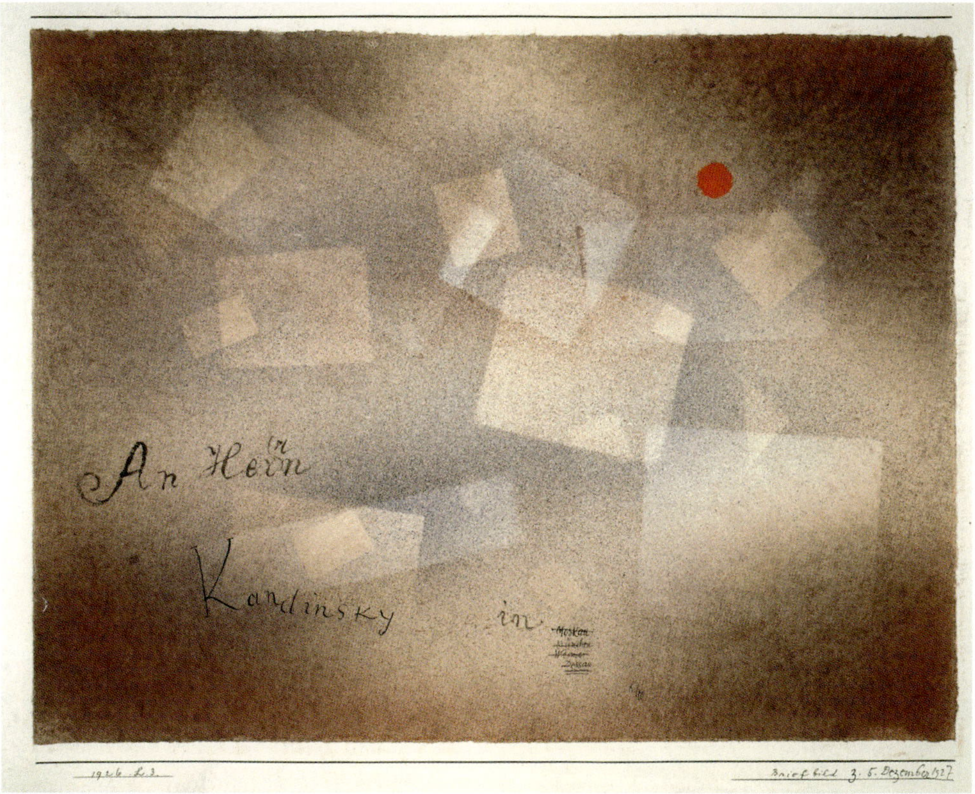

1

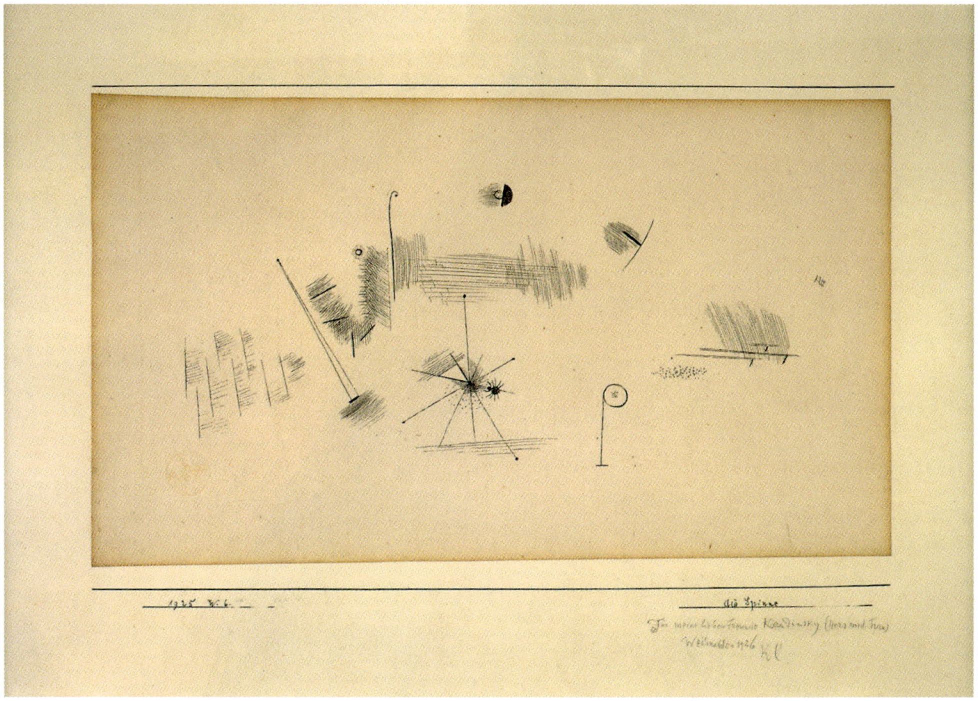

2

1
Paul Klee, *Briefbild z. 5 Dezember 1927*, 1926, aquarelle et gouache sur papier, 23,7 x 30,5 cm, dédicacé 4 décembre 1926, *An Herrn Kandinsky in Moskau*, *München*, *Weimar*, [biffé] *Dessau*

Legs Nina Kandinsky, 1981, AM 81-65-877

2
Paul Klee, *Die Spinne* [L'Araignée], 1925, encre de Chine sur papier collé sur carton, 17,5 x 30 cm, dédicacé en bas à droite au crayon : « Für meinen lieben Freund Kandinsky (Herr und Frau) Weihnachten 1926 Kl »

Ancienne collection Karl Flinker, don de la Société Kandinsky, AM 2005-79

Autres œuvres de Paul Klee provenant d'un don manuel et du legs par Nina Kandinsky :
Saint-Germain près Tunis, 1914, aquarelle, AM 1981 65-876 ;
La Comédie des oiseaux, 1918, lithographie, AM 1981 65-873 ;
Croissance, 1921, peinture, AM 1981 65-879 ;
La Sorcière au peigne, 1922, lithographie, AM 1981 65-874 ;
La Danseur à la corde, 1923, lithographie, AM 1981 65-872 ;
gravure pour le *Portefeuille des Maîtres du Bauhaus*, 1923, lithographie, AM 1981 65-848 (1) ;
Kn. Le Forgeron, 1923, aquarelle, AM 1981 65-881 ;
Paysage d'hiver, 1923, aquarelle, AM 1981 65-880 ;
L'Âne, 1918, lithographie, AM 1981 65-875 ;
Ryhtmes d'une plantation, 1925, aquarelle, AM 1981 65-878 ;
Escalier et échelle, 1928, aquarelle, AM 4345 ;
L'Esprit sur la tige, 1930, aquarelle, AM 4346 ;
carnet de Nina Kandinsky, 1922, AM 1981-65-913, feuillet 10 ;
carte pour l'exposition du Bauhaus à Weimar, 1923 ;
carnet de Nina Kandinsky, 1923-1940, AM 1981-65-914, feuillet 3.

Autres acquisitions :
5 lettres de Paul Klee à Christian Zervos provenant des archives des Cahiers d'Art, achetées en vente publique à l'Hôtel Drouot les 12 et 13 novembre 1998, don de la Société Kandinsky, Bibliothèque Kandinsky (10581-9 à 11 et 10599).

PORTFOLIO pour le soixantième anniversaire de Kandinsky, Dessau, 1926

László Moholy-Nagy (Barcbasod, Hongrie, 1895 – Chicago, 1946)
Professeur au Bauhaus en 1923-1928, chargé du cours préliminaire, apporte une conception spatiale, éditeur au Bauhaus Verlag.

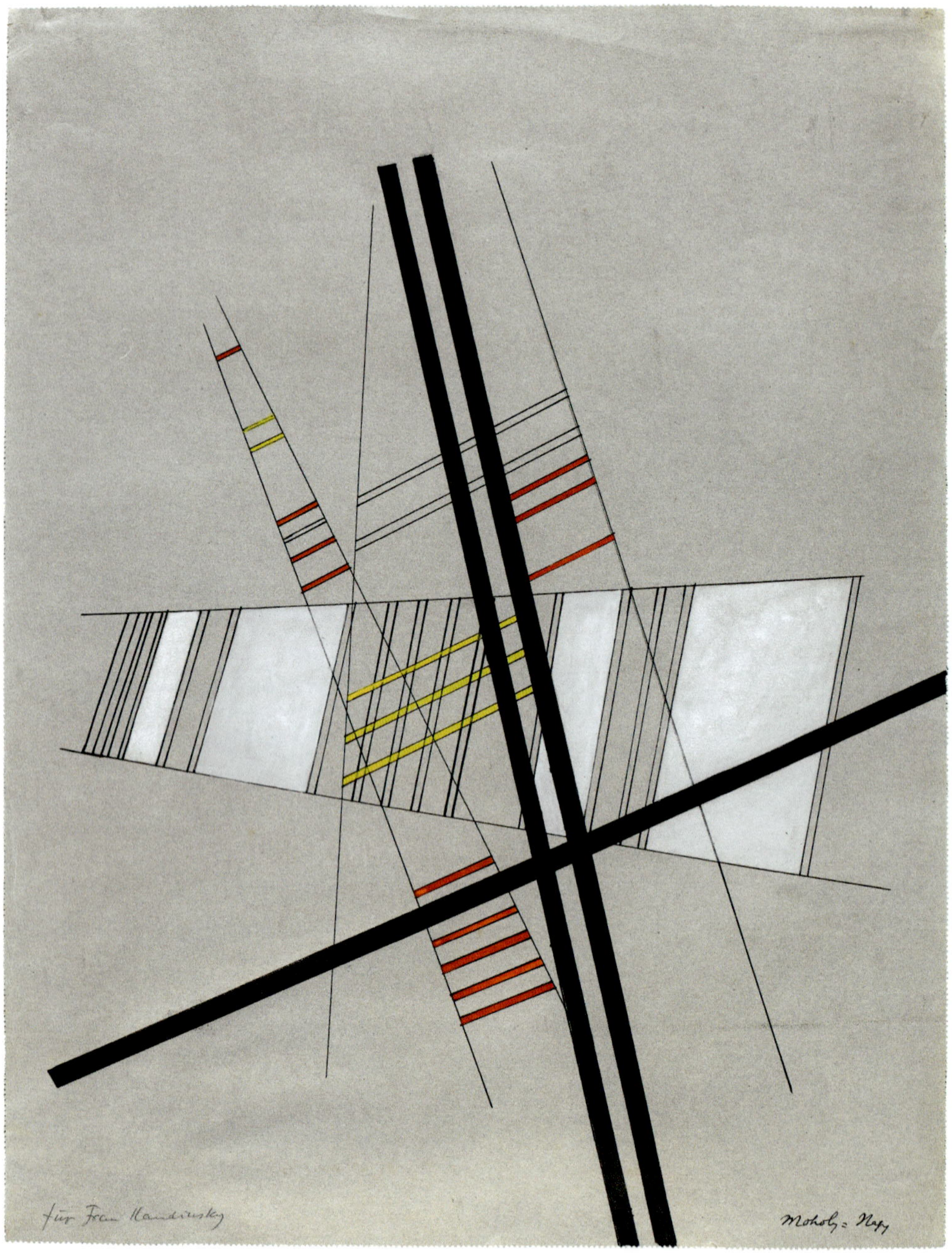

László Moholy-Nagy, *Sans titre*, 1922,
aquarelle et encre sur papier, 41 x 31 cm,
offert à Nina Kandinsky en 1926,
en bas à gauche : « Für Frau Kandinsky » ;
en bas à droite : Moholy-Nagy

Don de la Société Kandinsky, AM 2006-15

Autres œuvres de László Moholy-Nagy provenant du legs par Nina Kandinsky :
carte pour l'exposition du Bauhaus à Weimar ;
Portefeuille des Maîtres du Bauhaus, 1923, lithographie, AM 1981-65-848. 8 ;
carnet de Nina Kandinsky, 1923-1940, AM 1981-65-914, feuillet 7.

Fonds d'archives Moholy-Nagy acheté en 2001 et en 2002, don de la Société Kandinsky à la Bilothèque Kandinsky (10584-1 à 16). Piet Mondrian, Edouard Fuchs, Jan Tschichold, L. Moholy-Nagy à Walter Cyliac, Markalous, H. A. Thies, Mieczyslaw Szczuka. X. à L. Moholy-Nagy, 12 février 1925. Thelma Schwitters, Karel Teige, X. à L. Moholy-Nagy, carte du Bauhaus, Albert Gleizes, Edouard Fuchs, Théo Van Doesburg.
Publication : Christian Derouet, « Laszlo Moholy-Nagy. Contacts avec l'avant-garde parisienne (1924-1945) », *Les Cahiers du Musée national d'art moderne*, n° 79, printemps 2002, p. 100-123.

PORTFOLIO pour le soixantième anniversaire de Kandinsky, Dessau, 1926

László Moholy-Nagy, *Sans titre*, 1923,
papiers peints à la gouache
découpés et collés sur papier,
48 x 29,7 cm,
dédicacé « Für Kandinsky / 4 / XII/ 26 »

Don de la Société Kandinsky, AM 2002-93

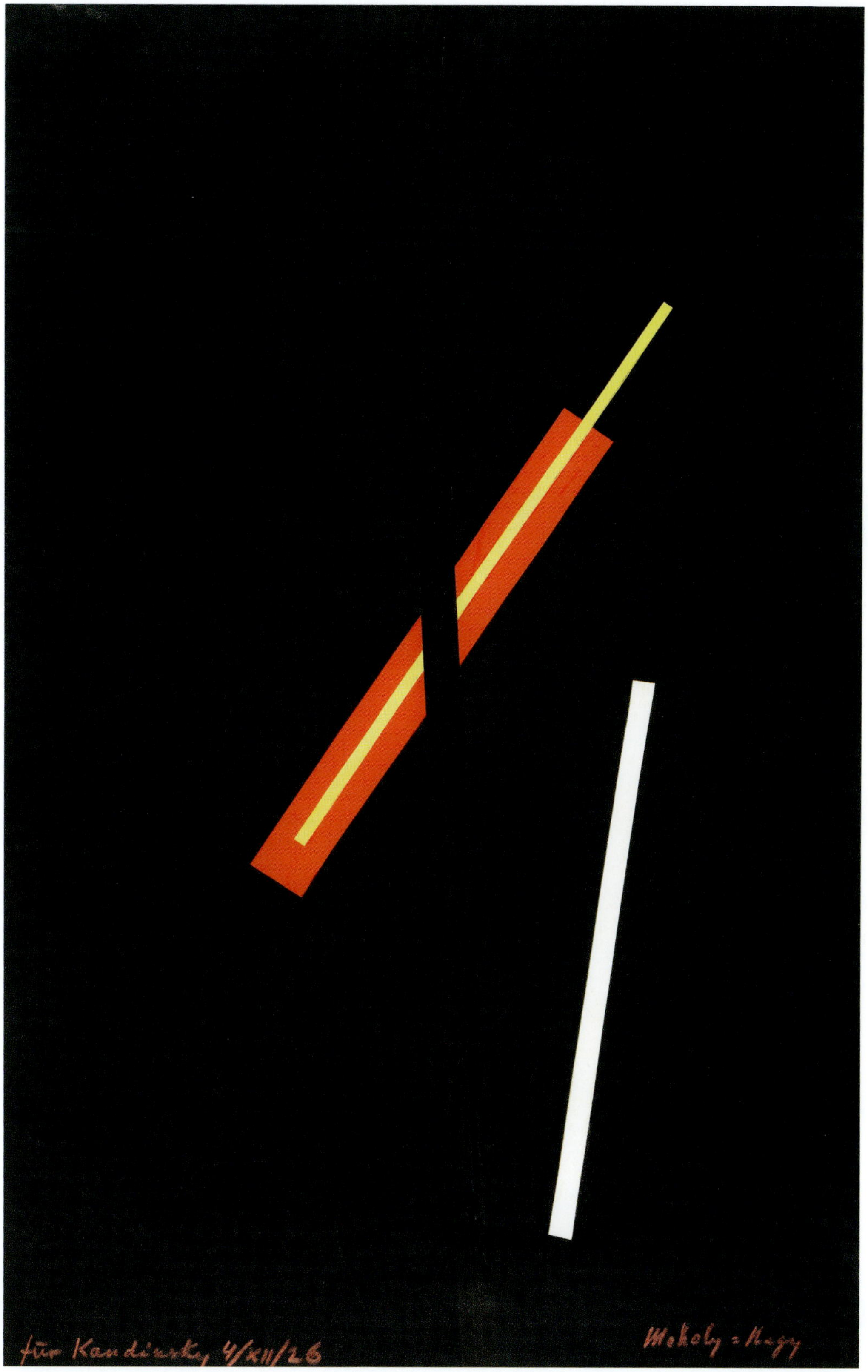

PORTFOLIO pour le soixantième anniversaire de Kandinsky, Dessau, 1926

Georg Muche (Querfurt, Saxe, 1895 – Lindau, 1987)
Maître de la forme au Bauhaus en 1920, dirige l'atelier de tissage jusqu'en 1927.

Gunta Stölzl (Munich, 1897 – Küsnacht, Suisse, 1983)
Élève au Bauhaus, succède à Georg Muche
à la direction de l'atelier de tissage.

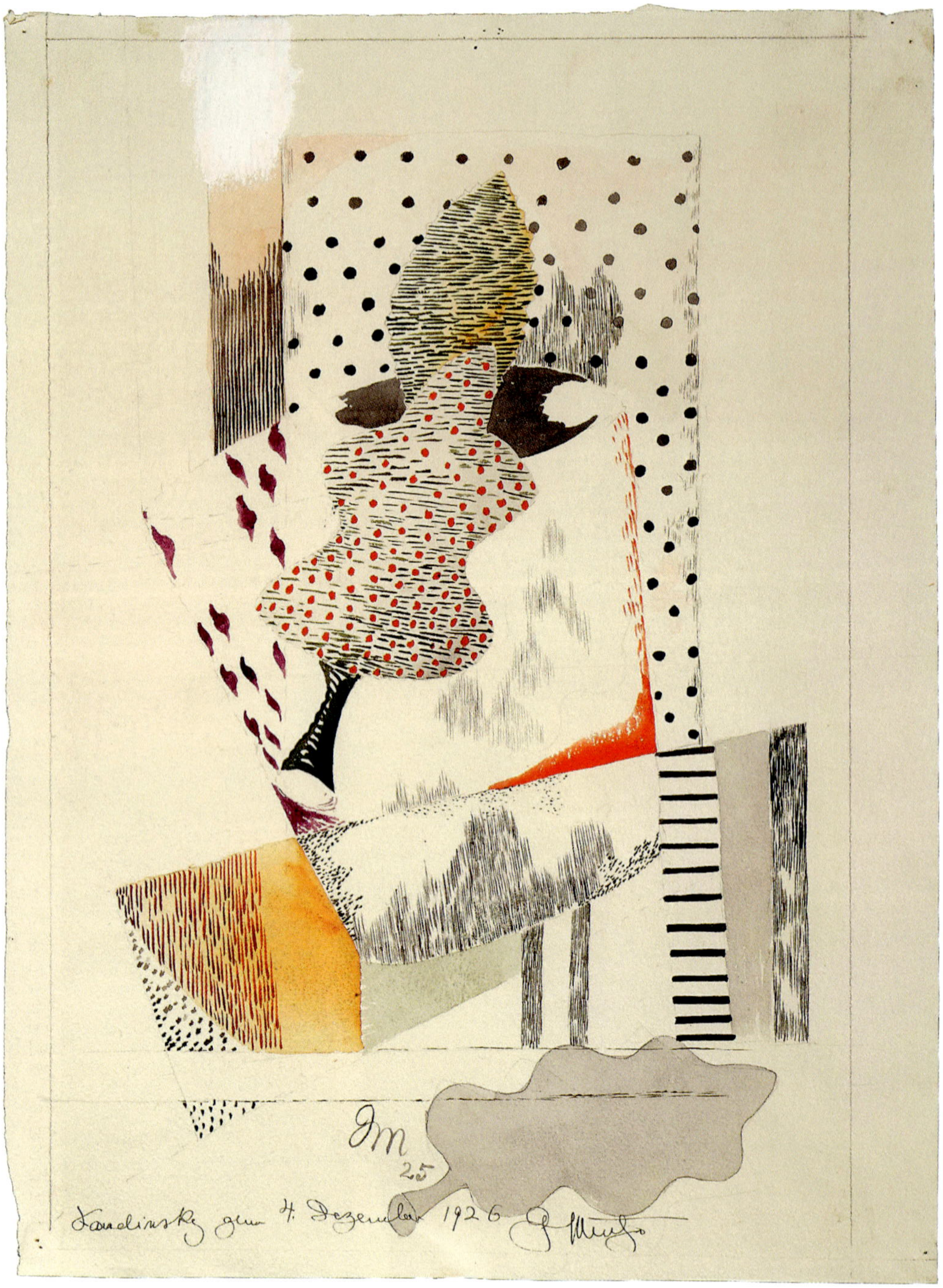

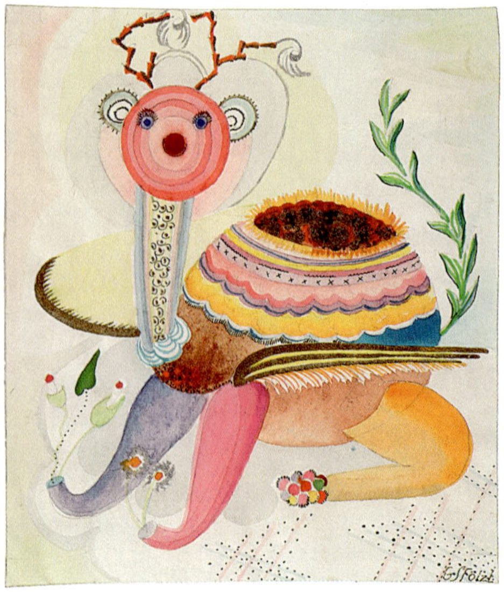

Gunta Stölzl, *Sans titre*,
vers 1926, gouache sur papier,
16, 6 x 14 cm, signée b.d.
[dédicace sur le montage ?]

Don de Pierre Brullé à la Société Kandinsky
pour le Musée national d'art moderne,
AM 2002-95

Georg Muche, *Sans titre*, 1925,
aquarelle et encre sur papier,
38,5 x 28, 5 cm, dédicacée à Kandinsky,
monogrammée GM et datée 1925

Don de la Société Kandinsky, AM 2002-94

Autres œuvres de Georg Muche provenant du legs par Nina Kandinsky : *Sans titre (Nina à sa table de toilette)*, 1925, crayon et fusain sur papier, 36,3 x 27 cm, dédicacée à Kandinsky, monogrammée GM et datée 1925, AM 81-65-883 ; carnet de Nina Kandinsky, 1922, AM 1981-65-913, feuillet 21, dessin à l'encre ; eau-forte pour l'atelier de tissage, 1923 (non-inventoriée) ; *Portefeuille des Maîtres du Bauhaus*, 1923, eau-forte, AM 1981-65-848. 4 ; carnet de Nina Kandinsky, 1923-1940, AM 1981-65-914, feuillet 5, aquarelle.

PORTFOLIO pour le soixantième anniversaire de Kandinsky, Dessau, 1926

Oskar Schlemmer (Stuttgart, 1888 – Baden-Baden, 1943)
Maître au Bauhaus en 1921, chargé de l'atelier de sculpture, puis de la scène et du théâtre en 1925, il quitte l'école pour l'académie de Breslau en 1929.

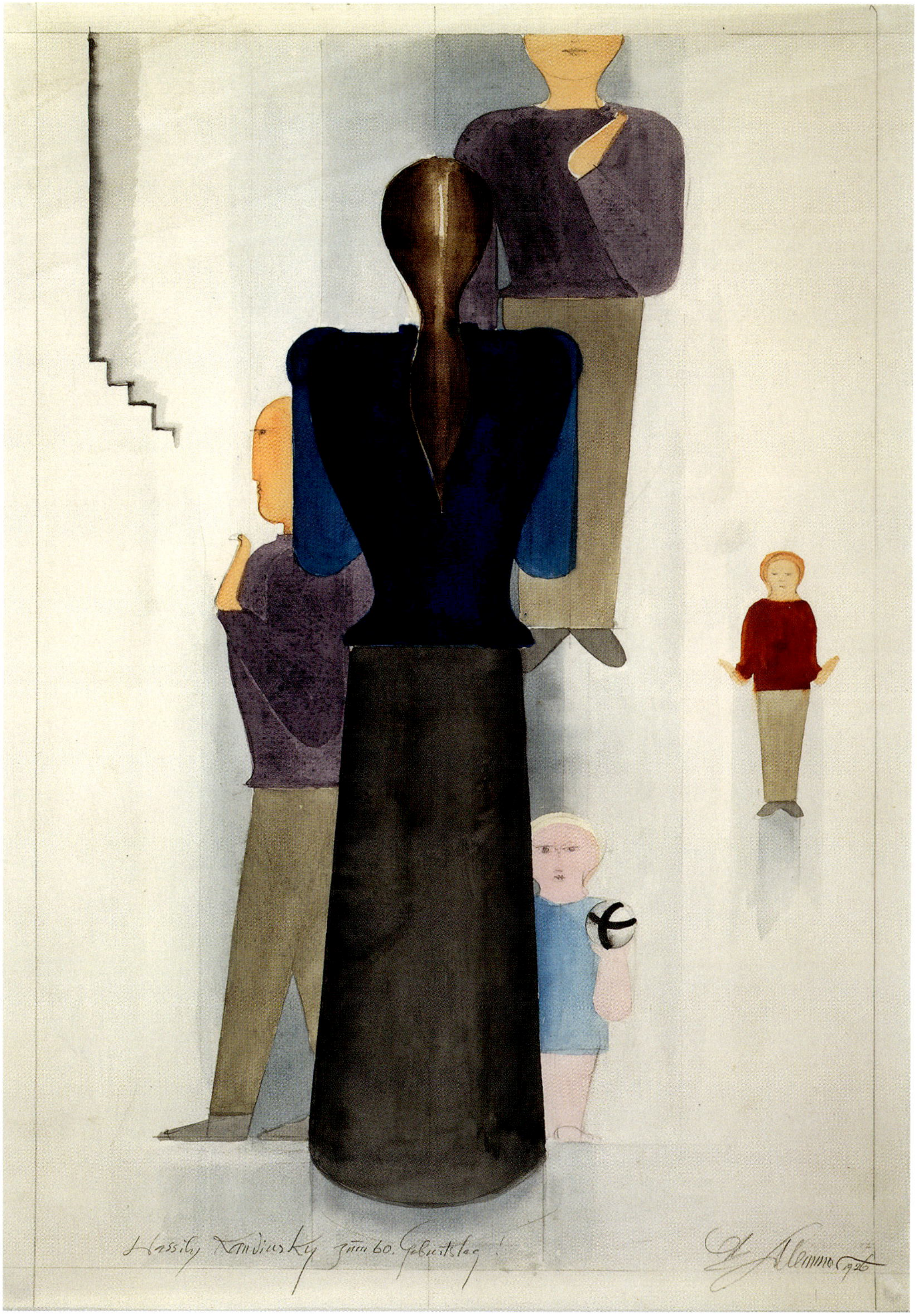

Oskar Schlemmer, *Sans titre (Famille)*, avant 1926, aquarelle et crayon sur papier, 50 x 35 cm, dédicacée en bas à gauche « Wassily Kandinsky zum 60. Geburtstag », signée et datée en bas à droite : « O Schlemmer 1926 »

Don de la Société Kandinsky, AM 2003-134

Autres œuvres d'Oscar Schlemmer dans le legs Kandinsky : carnet de Nina Kandinsky, 1922, feuillet 14, crayon ; carte pour l'exposition du Bauhaus à Weimar, n° 8 ; *Portefeuille des Maîtres du Bauhaus*, 1923, n° 3, eau-forte, 1921-1923 ; carnet de Nina Kandinsky, 1923-1940, feuillet 7, aquarelle : désigné « Aus dem Triadischen, Schlemmer 1923 ».

Reclassement des coupures de presse

Dr. Max Goldschmidt
Büro für Zeitungsausschnitte
Berlin N 4 Telefon: D 1 Norden 3051

Ausschnitt aus

Fonds KANDINSKY

Deutsche Ziegelztg. Berlin 30/9.31

Keramische Raumgestaltung

Auf der Bauausstellung Berlin war die große Halle II dem Thema „Die Wohnung unserer Zeit" gewidmet. Führende Architekten und Raumkünstler hatten hier das Wort und zeigten an einer Reihe von Wohnungsanordnungen und Raumgestaltungen, wie sie sich für Gegenwart und Zukunft die Lösung des Wohnproblems in seinem sehr vielgestaltigen Fragenkomplex vorstellen. Man hatte sich die Aufgabe gestellt, die unser gegenwärtiges Dasein beherrschende Raumnot, Zeitnot und Geldnot „aus innerer Freiheit heraus" zu überwinden. Was wir zu sehen bekamen, war Sachlichkeit, Typisierung und Schmucklosigkeit in der Potenz, eine Beschränkung auf so wenige Formen, auf ein solches Mindestmaß an Wohngerät, daß jede Form, jede Linie aufs sorgfältigste durchdacht, aufs feinste zueinander abgestimmt sein muß, wenn der Eindruck der Harmonie und nicht das bedrückende Gefühl kärglicher Nüchternheit und Unbehaglichkeit erweckt werden soll. Eine Raumkunst also, die, soll sie wirklich eine solche im vollen Sinne des Wortes sein, wiederum nur den begüterten Kreisen zugänglich ist. Die „Romantik der kahlen Wand" dürften außer dem Künstlerkreise, aus dem dieses Wort hervorging, nur wenige empfinden.

Die Keramik kann in einem Kreise, der diesen Begriff prägte, keine wesentliche Geltung haben. Sie spielte denn auch in dieser ganzen Ausstellungsgruppe der „Wohnung unserer Zeit", die doch einer programmatischen Erklärung zufolge alle Materialien und Hilfsmittel der Technik zu Worte kommen lassen wollte, eine völlig untergeordnete, auf die notwendigsten sanitären Einrichtungen beschränkte Rolle. Um so erfreulicher, daß sie wenigstens in einem dieser modernen Räume die raumgestaltende Dominante abgab: In einem Musikraum, entworfen von Prof. Kandinski, ausgeführt von den Oranienburger Werkstätten Körting K.-G., Berlin, in Zusammenarbeit mit der Saxonia Akt.-Ges., Meißen. Es ist Frau Körting zu danken, daß sie einen unserer modernen Maler für das keramische Material interessiert und dadurch die Möglichkeit geschaffen hat, der schmucklosen Kahlheit aller jener modernen Räume, die uns die Ausstellung vorführte, die raumschmückenden, raumbelebenden und raumbestimmenden Eigenschaften des farbigen keramischen Materials eindrucksvoll gegenüberzustellen. Auch wem die abstrakte Formensprache des Malers Kandinski an sich nicht viel zu sagen hat, wird zugeben müssen, daß seine Ornamentik und seine Farbenpalette in ihrer Umwertung auf das keramische Material neue Wege für die keramische Raumausgestaltung zu weisen vermögen und daß in der Ausführung dieses Musikraumes über die individuelle Einzellösung hinaus prinzipielle Grundlagen für die Zusammenarbeit zwischen Künstler, keramischer Werkstätte und keramischem Industriebetrieb geschaffen wurden. Denn um eine solche Zusammenarbeit handelt es sich in diesem Einzelfall, und eine solche grundsätzliche Zusammenarbeit soll bewußt durch ihn angeregt werden. Sie hätte in der Weise zu erfolgen, daß der Künstler Anregungen und Entwürfe zur Verfügung stellt, daß die keramische Werkstätte die Ornamentik dieser Entwürfe in die verschiedenen, dem jeweiligen Zweck entsprechenden Techniken, Glasuren und Farben umwertet und daß der keramische Industriebetrieb das billige, massenfabrikatorisch hergestellte Grundmaterial der Platten, Fliesen oder Ziegel liefert, in die das keramische Ornament einzufügen ist. Auf diese Weise würde es möglich sein, zu durchaus erschwinglichem Preise große Flächen individuell ornamental zu beleben oder einzelne Räume oder Gebäudeteile mit bevorzugten Sonderzwecken betont aus der Gesamtheit herauszuheben. Dabei ist durchaus nicht nur an eine keramisch-ornamentale Ausschmückung von Innenräumen, sondern ebenso an eine Auswertung dieses Schmuckes für jede keramische Außenarchitektur gedacht. Es ist eine Anregung, ausgehend von der herrlichen Schmelzglasurarchitektur Babylons, an deren Wiedererstehen im Berliner Vorderasiatischen Museum die Firma Körting ja ausschlaggebend mitgearbeitet hat, übersetzt in modernes Stilempfinden und moderne Technik.

Zu dem Musikraum selbst ist zu sagen, daß er trotz der Unterschiedlichkeit in der farbigen und technischen Behandlung und im Rhythmus seiner Ornamentik von Kandinski durchaus als Einheit gedacht ist. Die im beifolgenden Bild vorherrschende dunkle Wand ist aus klinkerfarbenen halben Spaltplatten zusammengesetzt. Die Ornamentik, auf bräunlich-rötliche Töne mit dem Blickpunkt eines silbernen Feldes abgestimmt, ist in der schwierigen Technik eines keramischen Mosaiks ausgeführt. Das heißt, die Einzelteile der Ornamentik wurden aus dem lederharten Scherben der Platten ausgeschnitten und nach dem Trocknen, Glasieren und Brennen an der Wand zusammengesetzt, wobei die Breite der Fuge durch den Grad der Schwindung bestimmt wurde. Die rückwärtige Wand des Raumes zeigt auf dem lichten Untergrund silbergrauer, nach bläulichen und grünlichen Farbtönen hinüberspielender Mattglasurplatten ein leichtes, heiteres Ornament in bunten Farben, die durch Stege gegeneinander abgegrenzt sind. Diese Ornamentplatten wurden aus einem Gipsplattennegativ gewonnen, in das die Konturen des Ornaments vertieft eingeschnitten waren, dann durchweg glasiert und bei 1100° gebrannt, worauf zwischen die Stege die entsprechend gefärbten Kali-Kunstglasuren eingetragen und in einem zweiten niedrigeren Brand eingebrannt wurden. Die Trennung dieser hellen Rückwand von der hellen rechten Seitenwand erfolgt durch ein dunkles Zwischenstück aus steinzeugartigen Platten, aus deren brauner Grundfläche das Linienornament ausgekratzt und mit einer weißlichen Engobe gefüllt ist. Die rechte Seitenwand zeigt auf dem spiegelnden Untergrund hellgrün verlaufender Glasurplatten ein Streifen- und Flächenornament, das in bunten Farben zwischen die trennenden Linien dunkel eingefärbter vertiefter Rillen gemalt ist.

Man hat also auf verhältnismäßig kleinem Raume eine ganze Reihe von keramischen Techniken und Ausdrucksmitteln verwertet, ohne dadurch den Gesamteindruck zu zerstören, ja ohne daß die Unterschiedlichkeit in der technischen Durchführung für den Laien überhaupt sichtlich in Erscheinung tritt. Eine solche technisch wie künstlerisch wohldurchdachte und sorgfältig durchgeführte Umwertung der Ideen eines Künstlers in das keramische Material wird immer nur dem auf individuelle Leistung eingestellten Werkstättenbetrieb möglich sein. Da er fast stets finanziell zu schwach ist, um in der heutigen Zeit der Wirtschaftsnot für sich allein zu bestehen, so wäre es zu begrüßen, wenn die in dem Kandinski-Körtingschen Musikraum gegebene Anregung der dreifachen Arbeitsgemeinschaft von Künstler, Werkstätte und Industrieunternehmen sich erfolgreich durchsetzen und dadurch die Möglichkeit geschaffen würde, gute keramische Techniken zu erhalten und dem Massenfabrikat der keramischen Industrie durch das Einfügen solcher werkstättenmäßig hergestellten Ornamente an betonten Stellen eine persönliche, aus dem Alltag herausgehobene Note zu geben.

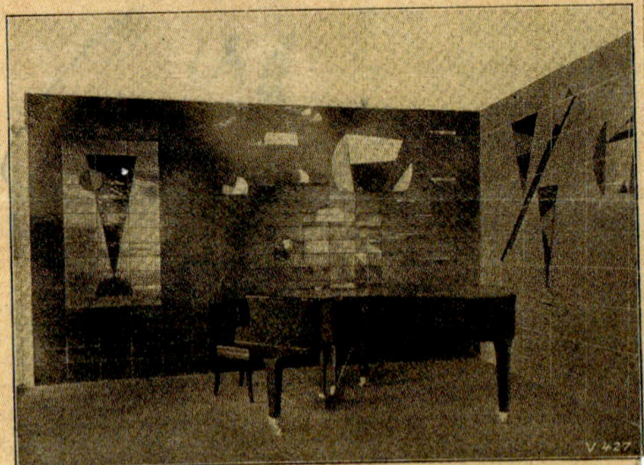

(phot. Becker & Maaß)
Musikraum mit Plattenverkleidung. Entwurf: Prof. Kandinski. Ausführung: Keramische Werkstätten Körting, Berlin, in Arbeitsgemeinschaft mit Saxonia, Meißen

Le Fonds Kandinsky à la Bibliothèque Kandinsky conserve une solide collection de coupures de presse que nous avons récemment exploitée pour le catalogue *Vassily Kandinsky. Le Salon de musique et ses trois maquettes originales*, Musée d'art moderne et contemporain de Strasbourg, en 2006. Cette exposition célébrait la donation par la Société L'Oréal de la reconstitution du Salon de 1931 dans les locaux d'Artcurial en 1975 et des maquettes originales « Entwurf für Keramische Ausführung Deutsche Bauausstellung » à Berlin. Retrouvé au cours du reclassement, un article essentiel complète la fortune critique bilingue allemand-français publiée dans ce catalogue. La Société Kandinsky a subventionné la réalisation de l'exposition et la publication.

Compte rendu de la Deutsche Bauausstellung Berlin, 9 mai-2 août 1931
Dr. Max Goldschmidt (Büro für Zeitungsausschnitte), « Keramische Raumgestaltung »
[Mur latéral gauche du Salon de musique],
Deutsche Ziegelzeitung[1], Berlin, 30 septembre 1931 :

« Décor d'architecture en céramique
"Le logement d'aujourd'hui", voilà le thème auquel était dédiée la grande halle II du centre d'exposition de Berlin, à l'occasion de la *Bauausstellung*[2]. Architectes et artistes décorateurs de renom s'y sont exprimés à travers une série d'agencements et de décors illustrant leur manière de répondre, pour le présent et pour l'avenir, au problème si complexe de l'habitat.
Ils se sont lancés comme défi de surmonter "par la liberté intérieure", la pénurie d'espace, de temps et d'argent qui pèse sur nos existences. Ce qu'il nous a été donné de voir relevait de l'esprit pratique, de la modélisation et d'une sobriété extrême : une restriction à un si petit nombre de formes, un tel minimalisme des systèmes d'habitation que chaque volume, chaque ligne a dû être pensé avec le plus grand soin et parfaitement accordé aux autres afin de donner une impression d'harmonie et non d'austérité ou d'inconfort. En d'autres termes, un art de l'espace, qui s'il veut sérieusement prétendre à ce titre, n'est en réalité accessible qu'aux plus aisés. En dehors des cercles d'artistes qui l'ont formalisé, rares sont donc ceux qui auront le loisir de goûter au "romantisme du mur nu".
Dans un tel contexte, la céramique ne pouvait avoir de valeur particulière. L'exposition "Le logement d'aujourd'hui" avait beau annoncer dans son programme son intention de donner la parole à tous les matériaux et à toutes les techniques, la céramique n'y jouait qu'un rôle subalterne, cantonnée aux seules nécessités des installations sanitaires. Il faut donc se féliciter qu'elle ait été l'élément déterminant de l'un au moins

de ces espaces modernes : le salon de musique conçu par le professeur[3] Kandinsky et réalisé par les ateliers de la firme berlinoise *Oranienburger Werkstätte Körting*, en collaboration avec la société *Saxonia* de Meißen. C'est à Madame Körting que revient le mérite d'avoir intéressé à la céramique l'un de nos peintres modernes. Elle a ainsi rendu possible cette confrontation éloquente entre la sobriété nue des architectures présentées à la *Bauausstellung* et les qualités de décoration et de définition de l'espace propres à ce matériau. Même si le langage abstrait du peintre Kandinsky n'a en lui-même que peu de chose à dire, il faut admettre que la transposition en céramique de sa palette et de son vocabulaire ornemental est de nature à ouvrir de nouvelles voies dans l'usage de cette matière en architecture. Ajoutons qu'au-delà de cette solution individuelle, la réalisation du salon de musique pose les principes fondateurs de la coopération entre artistes, artisans et industriels de la céramique. Car c'est bien ce qui caractérise cette réalisation, laquelle a précisément pour objet de favoriser de telles rencontres. Il conviendrait que ce travail se poursuive, l'artiste offrant projets et idées, l'atelier de céramique transposant ses propositions ornementales dans les techniques, les glaçures et les couleurs appropriées et le fabriquant livrant les matériaux de série pour les plaques, les carreaux ou les briques servant à exécuter le décor. Il deviendrait alors possible d'animer de grandes surfaces, pour un prix tout à fait abordable, et de distinguer des pièces ou des parties de bâtiment, en soulignant ainsi leur fonction. Loin de se limiter aux seuls espaces intérieurs, le projet vaut donc aussi pour les décors extérieurs. Il s'agit en définitive de la traduction dans un style et une technique modernes d'une idée inspirée par la remarquable architecture babylonienne en briques émaillées, reconstituée au Vorderasiatisches Museum[4] de Berlin, avec la participation déterminante des ateliers *Körting*.
Quant au salon de musique lui-même, on peut affirmer qu'en dépit de la diversité des couleurs, des techniques et des compositions ornementales mises en œuvre, Kandinsky l'a conçu comme un seul et même ensemble. Le mur foncé, à l'arrière-plan de la photo ci-dessous[5], présente une succession de demi-carreaux sombres, couleur de clinker[6]. L'ornementation, dans des teintes brun rouge, avec pour point de mire une surface argentée, a été réalisée grâce à la technique délicate de la mosaïque de céramique. Les différents éléments ont fait l'objet d'un découpage à cru dans les carreaux de terre puis, une fois séchés, glaçurés et cuits, ont été assemblés directement sur le mur, la largeur des joints étant déterminée par le degré de contraction de la céramique. Le mur central de la pièce laisse apparaître un fond clair recouvert d'une glaçure mate avec des reflets bleus à verts, sur lequel se détache un décor plaisant de couleurs vives, aux motifs délimités par des rainures. Ces motifs ont été obtenus à partir d'une matrice en plâtre, leurs contours étant marqués en creux. L'ensemble a été entièrement recouvert d'une glaçure et cuit à 1 100°C, avant l'application entre les rainures de glaçures décoratives à la potasse, suivie d'une seconde cuisson à température réduite.
Une séparation entre ce mur clair et la surface également claire du mur latéral droit est ménagée par un pan de mur sombre. Les carreaux imitent ici le grès et leur surface marron a été agrémentée d'un décor de lignes gravées puis remplies d'un engobe blanc.
Quant au mur latéral droit, sur les carreaux glaçurés de teinte verte, il présente un ornement de bandes et de surfaces de couleurs vives, nettement délimitées par des contours plus foncés.
Dans un espace relativement réduit, on retrouve donc tout un éventail de techniques et de modes d'expression en céramique, sans que l'effet d'ensemble n'ait à en souffrir et, mieux, sans que le profane ne puisse percevoir ces différences d'exécution. Une telle transposition des idées d'un artiste, à la fois techniquement et artistiquement pensée puis exécutée avec soin, n'est possible que dans le cadre d'un atelier de céramique se consacrant à des projets individuels. Malheureusement, dans la misère économique actuelle, ce type d'entreprise ne dispose presque jamais de fonds suffisants pour s'autofinancer. Il serait donc souhaitable que s'imposent l'exemple stimulant du salon de musique *Kandinsky-Körting* et la triple collaboration entre artistes, artisans et industriels. Il deviendrait alors possible de préserver d'excellentes techniques de céramique et, grâce à de tels ornements conçus en atelier, de donner un aspect personnel, loin de l'uniformité quotidienne, aux productions de masse de l'industrie de la céramique. » Illustration : Salon de musique à décor en céramique réalisé d'après un projet du professeur Kandinsky par les ateliers Körting de Berlin avec la société *Saxonia* de Meißen, photo Becker & Maas. (Traduction Jean-Léon Muller)

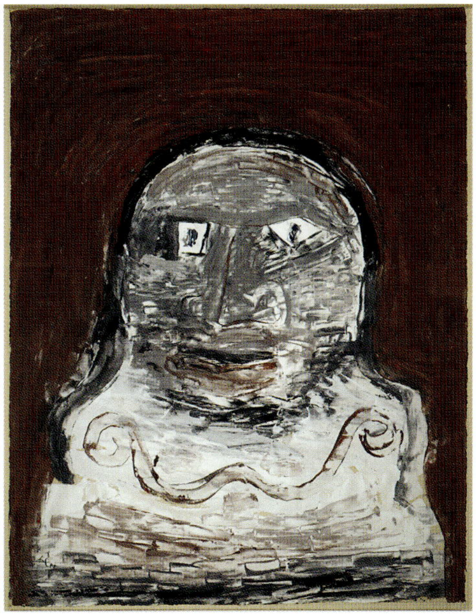

Paul Klee, *Prophet*, 1930, tempera sur papier, 61,5 x 47 cm, signé et daté bas gauche : Klee, légendé sur le montage 75 x 60 : daté en bas à gauche : 1930, titré à droite : *Prophet*

Don de la Société Kandinsky en 2004 en mémoire de Karl Flinker, AM 2004 - 96

Notes :

1.
Revue allemande fondée à la fin du XIXe siècle, spécialisée dans les techniques de la brique et de la céramique.

2.
Exposition d'architecture qui s'est tenue à Berlin du 9 mai au 2 août 1931. L'installation de Kandinsky y était présentée dans la section confiée à l'architecte Mies van der Rohe.

3.
Kandinsky est alors professeur à l'école du Bauhaus à Dessau.

4.
Le Vorderasiatisches Museum ou Musée du Proche-Orient est l'un des quatre établissements réunis dans l'enceinte du Pergamonmuseum de Berlin.

5.
Sur le cliché illustrant l'article, on peut voir le mur latéral gauche du décor et une partie du mur central, avec au centre un piano à queue et une chaise.

6.
Le clinker est une brique d'argile peu calcaire cuite à très haute température, ce qui lui donne en général une couleur sombre.

Autres acquisitions de la Société Kandinsky : Hans Arp, *Papier déchiré*, vers 1933, collage 14 x 14 cm, don de la Société Kandinsky en 2006 (en mémoire de Pierre Bruguière), AM 2006-8 et 9 ; Willi Baumeister, *Der Maler* [Le peintre], 1932, fusain et crayon sur papier teinté, 38 x 27,8 cm / 45 x 34,8 cm, daté en bas à droite : 1932, signé et dédicacé en bas : « Sympathique hommage à Le Corbusier Willi Baumeister La Sarraz », don de la Société Kandinsky, AM 2006-84

À Paris, Kandinsky ne s'abonne pas auprès des services de presse. Il découpe lui-même les articles qui le concernent et classe ceux qu'on lui fait parvenir de l'étranger. Le Paris des années 1930 est cosmopolite. Les réfugiés allemands et russes ont leurs propres quotidiens. Kandinsky se tient en marge mais aussi en contact de ses compatriotes des deux bords. Comme à Goldach en 1914, il est prudent dans l'expectative d'un retour possible en Allemagne puis, après 1938, devient de plus en plus un russe à Neuilly avec des papiers français.

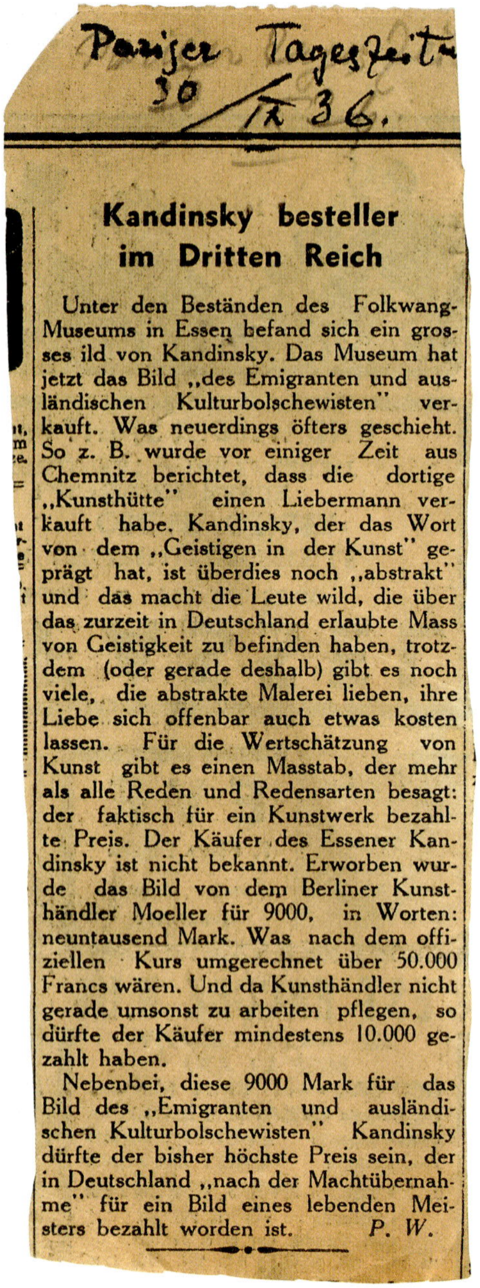

Pariser Tageszeitung
30 / IX 36.

Kandinsky besteller im Dritten Reich

Unter den Beständen des Folkwang-Museums in Essen befand sich ein grosses ild von Kandinsky. Das Museum hat jetzt das Bild „des Emigranten und ausländischen Kulturbolschewisten" verkauft. Was neuerdings öfters geschieht. So z. B. wurde vor einiger Zeit aus Chemnitz berichtet, dass die dortige „Kunsthütte" einen Liebermann verkauft habe. Kandinsky, der das Wort von dem „Geistigen in der Kunst" geprägt hat, ist überdies noch „abstrakt" und das macht die Leute wild, die über das zurzeit in Deutschland erlaubte Mass von Geistigkeit zu befinden haben, trotzdem (oder gerade deshalb) gibt es noch viele, die abstrakte Malerei lieben, ihre Liebe sich offenbar auch etwas kosten lassen. Für die Wertschätzung von Kunst gibt es einen Masstab, der mehr als alle Reden und Redensarten besagt: der faktisch für ein Kunstwerk bezahlte Preis. Der Käufer des Essener Kandinsky ist nicht bekannt. Erworben wurde das Bild von dem Berliner Kunsthändler Moeller für 9000, in Worten: neuntausend Mark. Was nach dem offiziellen Kurs umgerechnet über 50.000 Francs wären. Und da Kunsthändler nicht gerade umsonst zu arbeiten pflegen, so dürfte der Käufer mindestens 10.000 gezahlt haben.

Nebenbei, diese 9000 Mark für das Bild des „Emigranten und ausländischen Kulturbolschewisten" Kandinsky dürfte der bisher höchste Preis sein, der in Deutschland „nach der Machtübernahme" für ein Bild eines lebenden Meisters bezahlt worden ist. P. W.

Pariser Tageszeitung [Le Quotidien de Paris], 30 septembre 1936, coupure de presse annotée à la plume par Kandinsky : « Pariser Tageszeitung / 30 / IX 36 »

Bibliothèque Kandinsky, Fonds Kandinsky, classé mais non-côté

« Un amateur de Kandinsky dans l'Allemagne nazie
Le musée Folkwang d'Essen[1] possédait une peinture de grand format signée Kandinsky. L'établissement vient de vendre l'œuvre[2] de cet "immigré étranger, bolcheviste de la culture", un type de transaction de plus en plus fréquent ces derniers temps. Récemment, on a ainsi appris la vente d'un Liebermann par la *Kunsthütte* de Chemnitz. Kandinsky, qui se réclame du "spirituel dans l'art" est aussi un "abstrait", de quoi rendre fous furieux ceux qui décident aujourd'hui du degré de spiritualité admit en Allemagne. Toutefois, et peut-être justement pour cette raison, les amoureux de la peinture abstraite sont encore nombreux, et ils ne regardent pas à la dépense.
Pour évaluer une œuvre d'art, il existe un critère plus éloquent que tous les discours : le prix auquel elle se négocie. L'acquéreur du Kandinsky d'Essen est resté anonyme. L'œuvre a été achetée par le marchand berlinois Moeller pour 9 000 marks, ce qui au cours actuel représente plus de 50 000 francs. Et puisque les marchands d'art n'ont pas pour habitude de travailler gratuitement, on peut supposer que le commanditaire a au moins déboursé 10 000 marks.
Il y a fort à parier que la somme de départ représente à elle seule la cote la plus élevée atteinte depuis l'arrivée au pouvoir des nazis par le tableau d'un peintre vivant, qui plus est un "immigré étranger, bolcheviste de la culture". P. W.[3] »
(Traduction Jean-Léon Muller)

Notes :

1.
Réponse à deux articles du nouveau directeur du Musée Folkwang à Essen, le comte Klaus Baudissin, qui désherbe ses collections de « l'art dégénéré », « Das Essener Folkwangmuseum stösst einen Fremdkörper ab », dans Deutsches Kulturleben du *National- Zeitung*, journal allemand de NSDAP, Essen, n° 226, 18 août 1936. L'*Improvisation* est reproduite avec la légende « Für diese „Improvisation" von Kandinsky hat sich ein Käufer gefunden » et « Kandinsky und Franz Marc », dans Deutsches Kulturleben du *National- Zeitung*, journal allemand de NSDAP, Essen, n° 263, 24 septembre 1936.

2.
Improvisation 28 (Zweite Fassung) 1912. L'acheteur est Solomon R. Guggenheim en 1936 (voir cat. p. 103).

3.
Sur Paul Westheim (1886-1963), voir Ines Rotermund-Reynard, « Dieses ist ein Land, in dem ein Kunstmensch leben kann ». *Der Kunstkritiker Paul Westheim im Prozess der Akkulturation während der französischen und mexikanischen Emigration 1933-1963*, thèse de doctorat, École des Hautes-Études en sciences sociales, 2006. Carnet de Nina Kandinsky, 1922, AM 1981-65-913, feuillet 19, au crayon « Ueb' immer Nett und Zartigkeit. Westheim" Ueberschrift: Der Kritiker. »

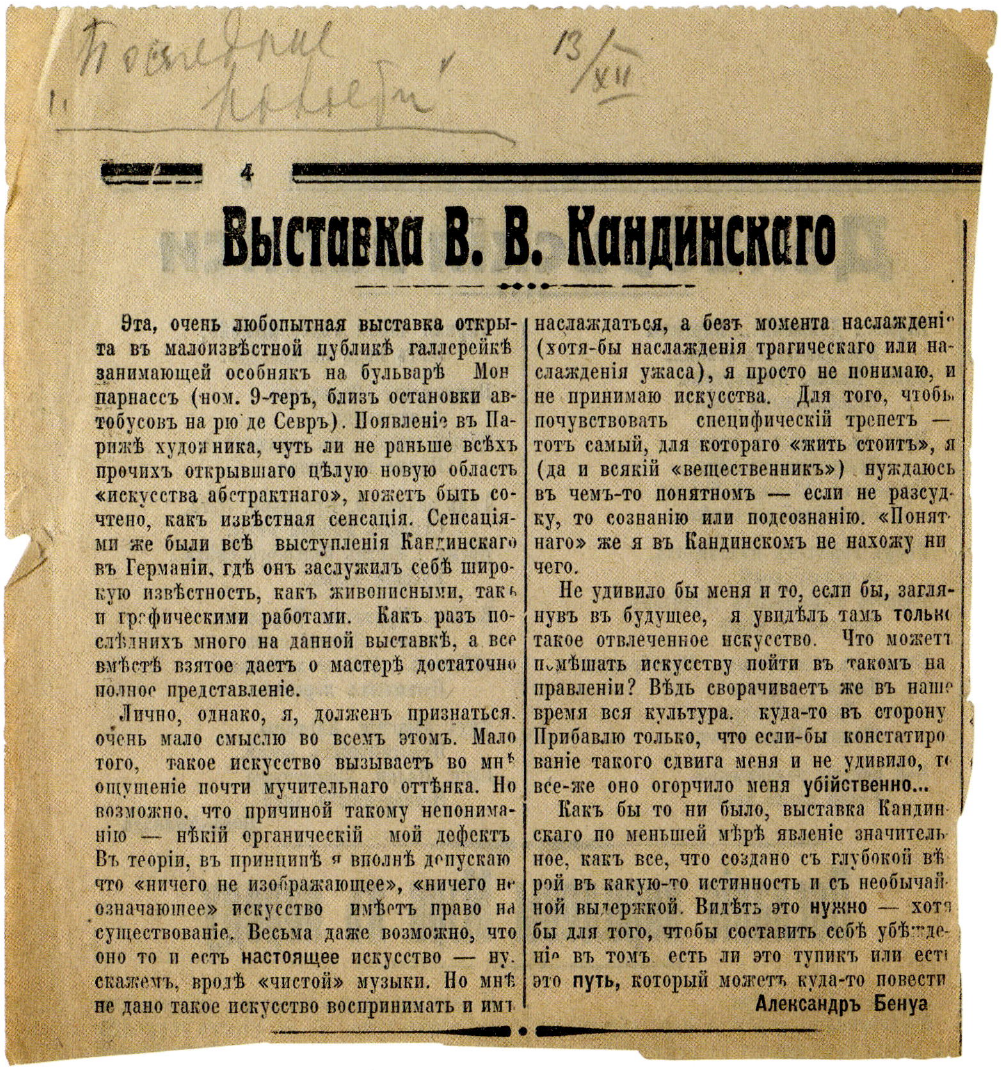

Последние Новости 13/XII

4

Выставка В. В. Кандинскаго

Эта, очень любопытная выставка открыта въ малоизвѣстной публикѣ галлерейкѣ занимающей особнякъ на бульварѣ Мон парнассъ (ном. 9-теръ, близъ остановки автобусовъ на рю де Севръ). Появленіе въ Парижѣ художника, чуть ли не раньше всѣхъ прочихъ открывшаго цѣлую новую область «искусства абстрактнаго», можетъ быть сочтено, какъ извѣстная сенсація. Сенсаціями же были всѣ выступленія Кандинскаго въ Германіи, гдѣ онъ заслужилъ себѣ широкую извѣстность, какъ живописными, такъ и графическими работами. Какъ разъ послѣднихъ много на данной выставкѣ, а все вмѣстѣ взятое дастъ о мастерѣ достаточно полное представленіе.

Лично, однако, я, долженъ признаться. очень мало смыслю во всемъ этомъ. Мало того, такое искусство вызываетъ во мнѣ ощущеніе почти мучительнаго оттѣнка. Но возможно, что причиной такому непониманію — нѣкій органическій мой дефектъ Въ теоріи, въ принципѣ я вполнѣ допускаю что «ничего не изображающее», «ничего не означающее» искусство имѣетъ право на существованіе. Весьма даже возможно, что оно то и есть настоящее искусство — ну, скажемъ, вродѣ «чистой» музыки. Но мнѣ не дано такое искусство воспринимать и имъ наслаждаться, а безъ момента наслажденія (хотя-бы наслажденія трагическаго или наслажденія ужаса), я просто не понимаю, и не принимаю искусства. Для того, чтобы почувствовать специфическій трепетъ — тотъ самый, для котораго «жить стоитъ», я (да и всякій «вещественникъ») нуждаюсь въ чемъ-то понятномъ — если не разсудку, то сознанію или подсознанію. «Понятнаго» же я въ Кандинскомъ не нахожу ничего.

Не удивило бы меня и то, если бы, заглянувъ въ будущее, я увидѣлъ тамъ только такое отвлеченное искусство. Что можетъ помѣшать искусству пойти въ такомъ направленіи? Вѣдь сворачиваетъ же въ наше время вся культура. куда-то въ сторону Прибавлю только, что если-бы констатированіе такого сдвига меня и не удивило, то все-же оно огорчило меня убійственно...

Какъ бы то ни было, выставка Кандинскаго по меньшей мѣрѣ явленіе значительное, какъ все, что создано съ глубокой вѣрой въ какую-то истинность и съ необычайной выдержкой. Видѣть это нужно — хотя бы для того, чтобы составить себѣ убѣжденіе въ томъ есть ли это тупикъ или есть это путь, который можетъ куда-то повести

Александръ Бенуа

Compte rendu par Alexandre Benois de l'exposition « Kandinsky, toiles récentes, aquarelles, graphiques de 1910-1935 »[1], galerie Jeanne Bucher, 9 boulevard Montparnasse 75006, du 3 au 19 décembre 1936, paru dans *Poslednie Novosti* [Les Dernières Nouvelles] du 13 décembre 1936 (quotidien en langue russe paru de 1920 à 1940 à Paris. L'un des journaux de l'émigration russe les plus importants édités à l'étranger) :

« L'exposition de V. Kandinsky
Cette très curieuse exposition s'est ouverte dans une toute petite galerie peu connue du public installée dans un hôtel particulier du boulevard Montparnasse (n° 9 ter, près de l'arrêt de bus de la rue de Sèvres). L'avènement de cet artiste à Paris, l'un des tout premiers à avoir découvert tout un pan de "l'art de l'abstrait", peut être considéré comme une véritable révélation. Toutes les interventions de Kandinsky ont fait sensation en Allemagne, où il a su mériter une célébrité reconnue tant par ses œuvres picturales que graphiques. Ces dernières sont très présentes dans l'exposition et l'ensemble donne une représentation assez complète de son travail.
Cependant, je dois reconnaître que, pour ma part, je ne suis pas très compétent dans tout cela.
De plus, ce type d'art provoque en moi une sensation quasi douloureuse. Mais il est possible que la raison de cette incompréhension soit un défaut organique de ma personne. En théorie et en principe je conçois tout à fait qu'une "œuvre ne représentant rien", "ne signifiant rien" a le droit d'exister. Il est même tout à fait possible que cet art soit l'art véritable, de même que l'on parle de musique "pure". Mais il ne m'est pas donné d'apprécier cet art et d'en jouir, et sans ce moment de jouissance tragique ou effroyable je ne suis pas en état de le comprendre, ni de l'accepter.
Afin de ressentir ce frémissement particulier pour lequel "la vie fait sens", j'ai besoin comme toute personne "faite de matière" de comprendre sinon par la raison, du moins par la conscience ou le subconscient.
Et chez Kandinsky je ne trouve rien "à comprendre".
Si je pouvais me projeter dans le futur, je ne serai pas surpris d'y voir uniquement cet art abstrait. Qu'est-ce qui pourrait empêcher l'art d'emprunter cette voie ?
Aujourd'hui toute la culture emprunte un virage.
J'ajouterai seulement que si le constat d'une telle mutation ne me surprend pas, il me chagrine mortellement…
Quoi qu'il en soit, l'exposition de Kandinsky est néanmoins une manifestation importante, comme tout ce qui est créé avec une foi profonde dans la vérité et une maîtrise de soi extraordinaire. Il faut la voir au moins pour se forger une opinion, s'agit-il d'une impasse ou d'une voie qui peut mener quelque part ?
Alexandre Benois[2] »
(Traduction Olga Makhroff)

Notes :

1.
Courbe dominante (1936) était la plus importante des huit toiles présentées, des dessins et des gravures.

2.
Alexandre Benois (1870, Saint-Pétersbourg – 1960, Paris) peintre, graphiste, scénographe, historien d'art, critique, rédacteur de la revue *Mir Iskousstva, Le Monde des Arts, 1898-1904*, avec Sergueï P. Diaghilev, Savva I Mamontov, princesse Maria K. Tenicheva. Conservateur des peintures de l'école française et anglaise au musée de l'Ermitage (1918-1925), quitte la Russie pour Paris en 1926. Lettres d'Alexandre Benois à Kandinsky, 19 janvier, 9 décembre, 12 décembre 1936, Bibliothèque Kandinsky, Centre Pompidou (9200-75).

Nina Kandinsky reprend un abonnement à l'argus de la presse, en novembre 1944, lors de la dernière exposition organisée du vivant de Kandinsky.

Liste des œuvres exposées

PARIS 1896-1907

Scène russe, Dimanche (Vieille Russie), 1903-1904
Tempera sur carton, 23 x 54,7 cm
Centre Pompidou, Musée national d'art moderne, Paris
Legs Nina Kandinsky, 1981
Œuvre non-reproduite

Chanson de la Volga, 1906
Tempera sur carton, 49 x 66 cm
Centre Pompidou, Musée national d'art moderne, Paris
Legs Nina Kandinsky, 1981
Œuvre non-reproduite

Reitendes Paar [Couple à cheval], 1906-1907
Huile sur toile, 55 x 50,5 cm
Gabriele Münter Stiftung, 1957
Städtische Galerie im Lenbachhaus, Munich
Repr. p. 51

La Vie mélangée (Das Bunte Leben), 1907
Tempera sur toile, 130 x 162 cm
Dépôt permanent de la Bayern LB à la Städtische Galerie im Lenbachhaus, Munich
Repr. p. 53

MUNICH 1896-1914

Landschaft mit Turm
[Paysage à la tour], 1908
Huile sur carton, 74 x 98,5 cm
Centre Pompidou, Musée national d'art moderne, Paris
Donation Nina Kandinsky, 1976
Repr. p. 57

Der blaue Berg [La Montagne bleue], 1908-1909
Huile sur toile, 106 x 96 cm
Solomon R. Guggenheim Museum, New York
Solomon R. Guggenheim Founding Collection, By gift
Repr. p. 59

Berg [Montagne], 1909
Huile sur toile, 109 x 109 cm
Gabriele Münter Stiftung, 1957
Städtische Galerie im Lenbachhaus, Munich
Repr. p. 61

Bild mit Bogenschützen
[Tableau avec archer], 1909
Huile sur toile, 177 x 147 cm
The Museum of Modern Art, New York
Don et legs de Louise Reinhart Smith
Repr. p. 63

Improvisation 3, 1909
Huile sur toile, 94 x 130 cm
Centre Pompidou, Musée national d'art moderne, Paris
Donation Nina Kandinsky, 1976
Repr. p. 64

Improvisation 4, 1909
Huile sur toile, 108,5 x 159,7 cm
Musée national des beaux-arts de Nijnii Novgorod, Moscou
Repr. p. 65

Improvisation 6 (Afrikanisches)
[Improvisation 6 (Africaine)], 1909
Huile sur toile, 107 x 99 cm
Gabriele Münter Stiftung, 1957
Städtische Galerie im Lenbachhaus, Munich
Repr. p. 66

Landschaft bei Murnau mit Lokomotive
[Paysage près de Murnau avec locomotive], 1909
Huile sur panneau, 50 x 65 cm
Solomon R. Guggenheim Museum, New York
Repr. p. 67

Skizze für Komposition II
[Esquisse pour Composition II], 1909-1910
Huile sur toile, 97,5 x 131,2 cm
Solomon R. Guggenheim Museum, New York
Solomon R. Guggenheim Founding Collection
Repr. p. 69

Improvisation 7 (Sturm)
[Improvisation 7 (Tempête)], 1910
Huile sur toile, 131 x 97 cm
Galerie nationale Tretiakov, Moscou
Repr. p. 70

Improvisation 9, 1910
Huile sur toile, 110 x 110 cm
Staatsgalerie Stuttgart
Repr. p. 73

Landschaft mit Fabrikschornstein
[Paysage avec cheminée d'usine], 1910
Huile sur toile, 66,2 x 82 cm
Solomon R. Guggenheim Museum, New York
Solomon R. Guggenheim Founding Collection, By gift
Repr. p. 74

Improvisation 14, 1910
Huile sur toile, 74 x 125,5 cm
Centre Pompidou, Musée national d'art moderne, Paris
Don Nina Kandinsky, 1966
Repr. p. 76

Improvisation 18 (Mit Grabsteinen)
[Improvisation 18 (avec pierres tombales)], 1911
Huile sur toile, 141 x 121 cm
Gabriele Münter Stiftung, 1957
Städtische Galerie im Lenbachhaus, Munich
Repr. p. 77

Bild mit Kreis
[Peinture avec un cercle], 1911
Huile sur toile, 139 x 111 cm
Musée national de Géorgie, Tbilissi
Repr. p. 79

Romantische Landschaft
[Paysage romantique], 1911
Huile sur toile, 94,3 x 129 cm
Gabriele Münter Stiftung, 1957
Städtische Galerie im Lenbachhaus, Munich
Repr. p. 81

Impression III (Konzert)
[Impression III (Concert)], 1911
Huile sur toile, 77,5 x 100 cm
Gabriele Münter Stiftung, 1957
Städtische Galerie im Lenbachhaus, Munich
Repr. p. 83

Lyrisches [Lyrique], 1911
Huile sur toile, 94 x 130 cm
Musée Boijmans Van Beuningen, Rotterdam
Repr. p. 85

Improvisation 19, 1911
Huile sur toile, 120 x 141,5 cm
Gabriele Münter Stiftung, 1957
Städtische Galerie im Lenbachhaus, Munich
Repr. p. 89

Impression IV (Gendarme), 1911
Huile sur toile, 95 x 107,5 cm
Gabriele Münter Stiftung, 1957
Städtische Galerie im Lenbachhaus, Munich
Repr. p. 90

Impression VI (Sonntag)
[Impression VI (Dimanche)], 1911
Huile sur toile, 107,5 x 95 cm
Gabriele Münter Stiftung, 1957
Städtische Galerie im Lenbachhaus, Munich
Repr. p. 91

St. Georg III, 1911
Huile sur toile, 97,5 x 107,5 cm
Gabriele Münter Stiftung, 1957
Städtische Galerie im Lenbachhaus, Munich
Repr. p. 93

Improvisation 20 (Zwei Pferde)
[Improvisation 20 (Deux chevaux)], 1911
Huile sur toile, 94,5 x 108,8 cm
Musée national des beaux-arts Pouchkine, Moscou
Repr. p. 94

Improvisation 21, 1911
Huile sur toile, 108 x 108 cm
Collection particulière
Dépôt au Musée Franz Marc, Kochel
Repr. p. 95

Impression V (Park)
[Impression V (Parc)], 1911
Huile sur toile, 106 x 157,5 cm
Centre Pompidou, Musée national d'art moderne, Paris
Donation Nina Kandinsky, 1976
Repr. p. 96

Improvisation 21A, 1911
Huile sur toile, 96 x 105 cm
Gabriele Münter Stiftung, 1957
Städtische Galerie im Lenbachhaus, Munich
Repr. p. 97

Improvisation 26 (Rudern)
[Improvisation 26 (En ramant)], 1912
Huile sur toile, 97 x 107,5 cm
Gabriele Münter Stiftung, 1957
Städtische Galerie im Lenbachhaus, Munich
Repr. p. 98

Improvisation 27 (Garten der Liebe II)
[Improvisation 27 (Jardin de l'amour II)], 1912
Huile sur toile, 120,3 x 140,3 cm
The Metropolitan Museum of Art, New York
Alfred Stieglitz Collection, 1949
Repr. p. 99

Bild mit schwarzen Bogen
[Tableau avec l'arc noir], 1912
Huile sur toile, 189 x 198 cm
Centre Pompidou, Musée national d'art moderne, Paris
Donation Nina Kandinsky, 1976
Repr. p. 101

Improvisation 28 (Zweite Fassung)
[Improvisation 28 (Deuxième version)], 1912
Huile sur toile, 111,4 x 162,1 cm
Solomon R. Guggenheim Museum, New York
Solomon R. Guggenheim Founding Collection, By gift
Repr. p. 103

Improvisation 31 (Seeschlacht)
[Improvisation 31 (Bataille navale)], 1913
Huile sur toile, 140 x 120 cm
National Gallery of Art, Washington
Board of Trustees, Ailsa Mellon Bruce Found, 1978
Repr. p. 104

Landschaft mit Regen
[Paysage sous la pluie], 1913
Huile sur toile, 70,2 x 78,1 cm
Solomon R. Guggenheim Museum, New York
Solomon R. Guggenheim Founding Collection
Repr. p. 105

Bild mit weissem Rand (Moskau)
[Peinture au bord blanc (Moscou)], 1913
Huile sur toile, 140,3 x 200,3 cm
Solomon R. Guggenheim Museum, New York
Solomon R. Guggenheim Founding Collection, By gift
Repr. p. 107

Kleine Freuden [Petites joies], 1913
Huile sur toile, 109,8 x 119,7 cm
Solomon R. Guggenheim Museum, New York
Solomon R. Guggenheim Founding Collection
Repr. p. 109

Entwurf 2 zu Komposition VII [Esquisse 2 pour Composition VII], 1913
Huile sur toile, 100 x 140 cm
Gabriele Münter Stiftung, 1957
Städtische Galerie im Lenbachhaus, Munich
Repr. p. 111

Helles Bild [Tableau clair], 1913
Huile sur toile, 77,8 x 100,2 cm
Solomon R. Guggenheim Museum, New York
Solomon R. Guggenheim Founding Collection, By gift
Repr. p. 113

Schwarze Striche I [Traits noirs I], 1913
Huile sur toile, 129,4 x 131,1 cm
Solomon R. Guggenheim Museum, New York
Solomon R. Guggenheim Founding Collection, By gift
Repr. p. 115

Improvisation 35, 1914
Huile sur toile, 110 x 120 cm
Kunstmuseum und Museum für Gegenwartskunst, Bâle
Repr. p. 117

Kleines Bild mit Gelb
[Petit tableau avec du jaune], 1914
Huile sur toile, 78 x 100 cm
Philadelphia Museum of Art, Philadelphie
The Louise and Walter Arensberg Collection, 1950
Repr. p. 118

Bild mit rotem Fleck
[Tableau à la tache rouge], 1914
Huile sur toile, 130 x 130 cm
Centre Pompidou, Musée national d'art moderne, Paris
Donation Nina kandinsky, 1976
Repr. p. 119

Fuga [Fugue], 1914
Huile sur toile, 129,5 x 129,5 cm
Fondation Beyeler, Riehen/Bâle
Repr. p. 120

Improvisation Klamm
[Improvisation Gorge], 1914
Huile sur toile
110 x 110 cm
Gabriele Münter Stiftung, 1957
Städtische Galerie im Lenbachhaus, Munich
Repr. p. 121

MOSCOU 1915-1921

Na svetlom fone
[Tableau sur fond clair], 1916
Huile sur toile, 100 x 78 cm
Centre Pompidou, Musée national d'art moderne, Paris
Donation Nina Kandinsky, 1976
Repr. p. 125

Moskau I [Moscou I], 1916
Huile sur toile, 51,5 x 49,5 cm
Galerie nationale Tretiakov, Moscou
Repr. p. 127

Smoutnoe [Obscurci], 1917
Huile sur toile, 105 x 134 cm
Galerie nationale Tretiakov, Moscou
Repr. p. 128

Bely oval [Ovale blanc], 1919
Huile sur toile, 80 x 93 cm
Galerie nationale Tretiakov, Moscou
Repr. p. 129

V serom [En gris], 1919
Huile sur toile, 129 x 176 cm
Centre Pompidou, Musée national d'art moderne, Paris
Legs Nina Kandinsky, 1981
Repr. p. 131

Krasny oval [Ovale rouge], 1920
Huile sur toile, 71,5 x 71,2 cm
Solomon R. Guggenheim Museum, New York
Repr. p. 132

Bely shtrikh [Trait blanc], 1920
Huile sur toile, 98 x 80 cm
Museum Ludwig, Cologne
Repr. p. 133

Tcherny shtrikh II [Traits noirs II], 1920
Huile sur toile, 57 x 71 cm
Musée national de Géorgie, Tbilissi
Repr. p. 135

Krasnoe piatno n°2 [Tache rouge n° 2], 1921
Huile sur toile, 137 x 181 cm
Städtische Galerie im Lenbachhaus, Munich
Repr. p. 137

Siny segment [Segment bleu], 1921
Huile sur toile, 120,6 x 140,1 cm
Solomon R. Guggenheim Museum, New York
Solomon R. Guggenheim Founding Collection
Repr. p. 138

Bely Tsentr [Centre blanc], 1921
Huile sur toile, 118,7 x 136,5 cm
Solomon R. Guggenheim Museum, New York
The Hilla Rebay Collection
Repr. p. 139

BAUHAUS 1922-1933

Krougui na tchernom
[Cercles sur fond noir], 1921
Huile sur toile, 136,5 x 120 cm
Solomon R. Guggenheim Museum, New York
Solomon R. Guggenheim Founding Collection
Repr. p. 142

Blauer Kreis [Cercle bleu], 1922
Huile sur toile, 109,2 x 99,2 cm
Solomon R. Guggenheim Museum, New York
Solomon R. Guggenheim Founding Collection
Repr. p. 143

Weisses Kreuz [Croix blanche], 1922
Huile sur toile, 100,5 x 110,6 cm
The Solomon R. Guggenheim Foundation, Venise
Peggy-Guggenheim Collection
Repr. p. 145

Schwarzer Raster [Trame noire], 1922
Huile sur toile, 96 x 106 cm
Centre Pompidou, Musée national d'art moderne, Paris
Legs Nina Kandinsky, 1981
Repr. p. 146

Auf Weiss II [Sur blanc II], 1923
Huile sur toile, 105 x 98 cm
Centre Pompidou, Musée national d'art moderne, Paris
Legs Nina Kandinsky, 1976
Repr. p. 147

Durchgehender Strich [Trait transversal], 1923
Huile sur toile, 141 x 202 cm
Kunstsammlung Nordrhein - Westfalen, Düsseldorf
Repr. p. 149

Im schwarzen Viereck
[Dans le carré noir], 1923
Huile sur toile, 97,5 x 93 cm
Solomon R. Guggenheim Museum, New York
Solomon R. Guggenheim Founding Collection, By gift
Repr. p. 151

Komposition VIII
[Composition VIII], 1923
Huile sur toile, 140 x 201 cm
Solomon R. Guggenheim Museum, New York
Solomon R. Guggenheim Founding Collection, By gift
Repr. p. 153

Rückblick [Regards sur le passé], 1924
Huile sur toile, 98 x 95 cm
Kunstmuseum Bern
Don de Nina Kandinsky, Neuilly-sur-Seine
Repr. p. 154

Ein Zentrum [Un centre], 1924
Huile sur toile, 140,6 x 99,4 cm
Collection Gemeentemuseum den Haag, La Haye
Dépôt du Solomon R. Guggenheim Museum, New York
Repr. p. 155

Gelb – Rot – Blau [Jaune – Rouge – Bleu], 1925
Huile sur toile, 128 x 201,5 cm
Centre Pompidou, Musée national d'art moderne, Paris
Donation Nina Kandinsky, 1976
Repr. p. 157

Einige Kreise [Quelques cercles], 1926
Huile sur toile, 140,3 x 140,7 cm
Solomon R. Guggenheim Museum, New York
Solomon R. Guggenheim Founding Collection, By gift
Repr. p. 159

Drei Klänge [Trois sonorités jaunes], 1926
Huile sur toile, 59,9 x 59,6 cm
Solomon R. Guggenheim Museum, New York
Solomon R. Guggenheim Founding Collection, By gift
Repr. p. 160

Akzent in Rosa [Accent en rose], 1926
Huile sur toile, 100,5 x 80,5 cm
Centre Pompidou, Musée national d'art moderne, Paris
Donation Nina Kandinsky, 1976
Repr. p. 161

Auf Spitzen [Sur pointes], 1928
Huile sur toile, 140 x 140 cm
Centre Pompidou, Musée national d'art moderne, Paris
Donation Nina Kandinsky, 1976
Repr. p. 163

Etagen [Étages], 1929
Huile sur toile, 59,6 x 40,6 cm
Solomon R. Guggenheim Museum, New York
Solomon R. Guggenheim Founding Collection
Repr. p. 164

Leichtes [Léger], 1930
Huile sur carton, 69 x 48 cm
Centre Pompidou, Musée national d'art moderne, Paris
Achat de l'État, 1974
Repr. p. 165

Entwicklung in Braun
[Développement en brun], 1933
Huile sur toile, 101 x 120,5 cm
Centre Pompidou, Musée national d'art moderne, Paris
Achat de l'État, 1959
Repr. p. 167

PARIS 1934-1944

Monde bleu, 1934
Huile sur toile, 110,6 x 120,2 cm
Solomon R. Guggenheim Museum, New York
Solomon R. Guggenheim Founding Collection
Repr. p. 171

Rayé, 1934
Huile et sable sur toile, 81 x 100 cm
Solomon R. Guggenheim Museum, New York
Solomon R. Guggenheim Founding Collection
Repr. p. 173

Deux entourages, 1934
Huile sur toile, 89 x 116 cm
Stedelijk Museum, Amsterdam
On loan from the Netherlands Institute for Cultural Heritage (ICN), Rijswijk/Amsterdam
Repr. p. 174

Accents délicats, 1935
Huile sur toile, 89 x 116 cm
Collection particulière
Courtesy Pierre Sebastien Fine Arts
Repr. p. 175

Contraste accompagné, 1935
Technique mixte sur toile, 97,1 x 162,1 cm
Solomon R. Guggenheim Museum, New York
Solomon R. Guggenheim Founding Collection, By gift
Repr. p. 176

Mouvement I, 1935
Technique mixte sur toile, 116 x 89 cm
Galerie nationale Tretiakov, Moscou
Legs de Nina Kandinsky, 1979
Repr. p. 179

Composition IX, 1936
Huile sur toile, 113,5 x 195 cm
Centre Pompidou, Musée national d'art moderne, Paris
Achat de l'État et attribution, 1939
Repr. p. 181

Courbe dominante, 1936
Huile sur toile, 129,4 x 194,2 cm
Solomon R. Guggenheim Museum, New York
Solomon R. Guggenheim Founding Collection
Repr. p. 183

Formes capricieuses, 1937
Huile sur toile, 88,9 x 116,3 cm
Solomon R. Guggenheim Museum, New York
Solomon R. Guggenheim Founding Collection
Repr. p. 184

Groupement, 1937
Huile sur toile, 146 x 88 cm
Moderna Museet, Stockholm
Repr. p. 185

Trente, 1937
Huile sur toile, 81 x 100 cm
Centre Pompidou, Musée national d'art moderne, Paris
Donation Nina Kandinsky, 1976
Repr. p. 186

Vers le haut, 1939
Huile sur toile, 116 x 89 cm
Collection particulière
Helly Nahmad Gallery, New York
Repr. p. 187

Parties diverses, 1940
Huile sur toile, 89 x 116 cm
Gabriele Münter- und Johannes Eichner-Stiftung
Dépôt à la Städtische Galerie im Lenbachhaus, Munich
Repr. p. 189

Bleu de ciel, 1940
Huile sur toile, 100 x 73 cm
Centre Pompidou, Musée national d'art moderne, Paris
Donation Nina Kandinsky, 1976
Repr. p. 191

Autour du cercle, 1940
Technique mixte sur toile, 96,8 x 146 cm
Solomon R. Guggenheim Museum, New York
Solomon R. Guggenheim Founding Collection
Repr. p. 193

Accord réciproque, 1942
Huile et laque sur toile, 114 x 146 cm
Centre Pompidou, Musée national d'art moderne, Paris
Donation Nina Kandinsky, 1976
Repr. p. 195

Tensions délicates, 1942
Huile sur toile, 81 x 100 cm
Collection J. Shafran, Londres
Repr. p. 196

Balancement, 1942
Technique mixte sur toile, 89 x 116 cm
Collection particulière
Repr. p. 197

Crédits photographiques

Archives de la galerie Nierendorf, Berlin : 301

Bayerische Staatsgemäldesammlugen – Pinakothek der Moderne, Munich : 75

Bibliothèque nationale de France, Paris : 282

Centre Pompidou, Bibliothèque Kandinsky, Paris : 15, 17, 19, 20, 22, 31, 33, 34, 35, 36, 37, 38, 39, 40, 41, 44, 46, 48 (b.), 54, 122, 131, 140, 168, 199, 203, 205, 210, 215, 217, 218, 219, 223, 264, 265, 267, 270, 271, 272, 284, 292, 296, 299 (h.), 308, 309, 310 (g.), 312, 313, 314 (b.), 319

Collection Centre Pompidou, Paris, diffusion RMN.
Photo Gérard Blot : 146, DR : 161, 165, 167, 181, 236 (h.), 285, Jacques Faujour : 125, Georges Meguerditchian : 195, Philippe Migeat : 101, 147, 163, 186, 191, Bertrand Prévost : 57, 76, 96, Adam Rzepka : 64, 119, 157

Collection Gemeentemuseum, La Haye, the Netherlands longterm loan from a private collector : 155, 236 (b.)

Collection Stedelijk Museum, Amsterdam : 174, 249 (b.)

Collection Yves de Fontbrune, galerie Cahiers d'Art, Paris : 307, 310 (b.), 315, 321

Digital image © The Museum of Modern Art, New York / Licensed by Scala / Art Ressource : 63

DR : 95, 175, 202 (h.), 220, 230, 231, 235, 246, 247 (g.), 250 (h.), 254, 259, 266, 279, 283, 286, 294, 299 (b.), 311

© Edzard Dietz : 307 (h.)

© Erich Lessing / Magnum Photos : 238

© Florence Henri : 307 (b.)

Fondation Beyeler, Riehen/Basel. Photo Robert Bayer : 121

Gabriele Münter- und Johannes Eicher-Stiftung, Munich : 20, 22, 23, 24, 25, 26, 27, 28, 29, 48 (h.), 198, 204

Galerie nationale Tetriakov, Moscou : 70, 127, 128, 129, 179, 207 (h.), 278

Helly Nahmad Gallery, New York : 187, 197

Kunsthaus Zurich : 258

Kunstmuseum Bern : 154, 256 (h.)

Kunstmuseum und Museum für Gegenwartskunst, Bâle.
Photo Martin P. Bühler : 117

Kunstmuseum Winterthur : 71

Kunstsammlung Nordrhein-Westfalen / Walter Klein, Mettmann : 87, 149

Moderna Museet, Stockholm : 185

Musée de l'Ermitage, Saint-Pétersbourg : 250 (b.)

Musée des beaux-arts Pouchkine, Moscou : 94, 207 (b.)

Musée national de Géorgie, Tbilissi : 79, 135

Musée national des beaux-arts de Nijnii Novgorod, Moscou : 65

Musée national russe, Saint-Pétersbourg : 238, 253

Musée Zervos, Vézelay : 314 (h.)

Museum Boijmans van Beuningen, Rotterdam : 85

National Gallery of Art / Board of Trustees, Washington D.C. : 104

Neue Galerie, New York : 276

Philadelphia Museum of Art : 118

Rheinisches Bildarchiv, Cologne : 133

SLUB Dresden / Deutsche Fotothek, E.A. Donadini : 262

Staatsgalerie Stuttgart : 73, 269

Städtische Galerie im Lenbachhaus, Munich : 51, 53, 61, 66, 77, 81, 83, 89, 90, 91, 93, 97, 98, 111, 121, 137, 189, 201, 202 (b.), 206, 233, 247 (d.), 249 (h.)

© Studio Lipnitzki / Roger-Viollet : 43, 168

Solomon R. Guggenheim Foundation, New York : 59, 67, 69, 74, 103, 105, 107, 109, 113, 115, 132, 138, 139, 142, 143, 151, 153, 159, 160, 163, 171, 173, 176, 183, 184, 193, 213, 256 (b.), 293, 302

The Metropolitan Museum of Art, New York : 99

Theobald Jennings, Londres : 196

The Phillips Collection, Washington D.C. : 177

The Solomon R. Guggenheim Foundation, New York, Peggy Guggenheim Collection, Venise / David Heal : 145

Achevé d'imprimer en mars 2009 sur les presses de l'imprimerie Graphicom, Vérone, Italie

Imprimé en Italie